Tu mundo

español sin fronteras

Second Edition

Magdalena Andrade
Irvine Valley College

María José Cabrera Puche
West Chester University
of Pennsylvania

Jeanne Egasse
Irvine Valley College

Elías Miguel Muñoz

Mc
Graw
Hill
Education

TU MUNDO: ESPAÑOL SIN FRONTERAS, SECOND EDITION

1 2 3 4 5 6 7 8 9 0 LWI 21 20 19 18

ISBN 978-1-260-08491-7
MHID 1-260-08491-4

mheducation.com/highered

Tu mundo immerses the Introductory Spanish classroom in a culturally rich world full of opportunities to discover and explore the powerful connections between language and culture. Instructors are provided user-friendly resources to guide students as they dive into intensive communicative practice, building confidence in their ability to interact in meaningful ways in Spanish. Importantly, instructors are also provided with the tools to build a sense of community in face to face, hybrid, and online classes, resulting in a unique personal experience that evolves organically and sparks a natural curiosity about their world.

In the *Tu mundo* classroom, we:

- **Embrace the language, not the rules:** *Tu mundo* is designed to work well with a variety of communicative approaches. The goal is to provide an ideal environment where acquisition can take place, without fear of making mistakes. By jumping directly into communicative practice, students immerse themselves in the experience of active learning. This involves preparing at home using an array of learning resources and prepping the necessary vocabulary and grammar in advance, in order to come to class ready to engage in conversation.

- **Achieve consistent performance:** *Tu mundo* offers a dynamic adaptive learning tool called LearnSmart that focuses students on the grammar and vocabulary they haven't yet mastered, filling the gaps to prepare them for in-class communication. As the system tracks their progress, instructors are provided a unique window into their progress through extensive built-in reporting. Instructors can leverage additional tools in Connect like Voicethread to ensure that students are getting ample practice time whether they are working in a face to face, hybrid, or online format.

- **Create community and connections:** Creating a sense of community in the face-to-face or virtual classroom is a huge part of language learning and something that *Tu mundo* does implicitly. Whether in a physical classroom or in Connect Spanish, students are provided with opportunities to engage in meaningful conversations and collaborative task-based activities. The **Amigos sin Fronteras,** a cast of young Hispanic students who share common interests, are showcased in the **Amigos sin Fronteras** video segments. Throughout the program, the characters serve as models to help students understand how to apply the Spanish they've learned to interactions with classmates. Furthermore, *Tu mundo* presents an interactive online environment that applies engaging content and task-based scenarios to enable students to practice their language skills in a fun, immersive, and motivating way.

- **Find meaning through high-interest culture and comparisons:** Culture is featured throughout *Tu mundo,* through the cast of characters who share information about themselves and their countries. Each chapter features the home country and sometimes region of one of the cast of characters through the cultural readings and features, as well as through the activities themselves. In addition, the *amigos* narrate the **Mi país** video program, where they take turns offering information and anecdotes about their native country and region. This window into the lives of the *amigos* provides a point of comparison in which students can interact with language and culture in a meaningful way.

Embrace the language, not the rules

Only realistic communicative experiences can help learners acquire a second language. Because communication is the primary goal and the core of this program, *Tu mundo* provides opportunities for students to communicate with their classmates naturally.

©David R. Frazier Photolibrary, Inc./Alamy

Communicative activities play a vital role in *Tu mundo*, while grammar serves as an aid in the language acquisition process. The text presents key grammar concepts and vocabulary that students will need in order to engage in interpersonal communication with native speakers. In *Tu mundo*, the grammar and vocabulary are taught through comprehensible input as well as communicative activities, all presented in a congenial atmosphere in which students feel free to express themselves in Spanish.

McGraw-Hill's Connect platform provides a digital solution for schools with multiple course formats, whether they be 100% online, hybrid, or face-to-face programs. Online communication tools allow students to fulfill their full potential and practice communicative skills online as they would in a face to face classroom.

Achieve consistent performance

Introductory Spanish classrooms typically contain a mix of true beginners, false beginners, and even heritage speakers in the same classroom. Based on our research, we learned that the varying levels of language proficiency among students represent one of the greatest course challenges for the majority of instructors of introductory Spanish.

©Hero/Corbis/Glow Images

McGraw-Hill LearnSmart is an intelligent learning system that uses a series of adaptive questions to pinpoint the unique knowledge gaps of each individual student. LearnSmart then provides a customized learning path so that students spend less time in areas they already know and more time in areas they don't. The result is that LearnSmart's super-adaptive learning path helps students retain more knowledge, learn faster, and study more efficiently.

Create community and connections

The characters who appear throughout the *Tu mundo* program are all members of a student club called **Amigos sin Fronteras**. As the name suggests, these characters are from all over the world. The members of **Amigos sin Fronteras** meet to socialize, share food, go dancing, listen to music, and help each other out. Some of these characters are U.S.-born, some are immigrants, some are foreign students, and a couple of them live and go to school in their native countries.

©Shutterstock/Monkey Business Images

Each chapter focuses on one of the fifteen characters and his or her home country in depth. These people share stories about their countries, families, and customs in the **Mi país** video segments. It is through the **Amigos sin Fronteras** characters that the Spanish-speaking world is presented and through which the Introductory Spanish student can explore his or her own culture from a variety of different perspectives.

Eloy Ramírez Ovando, 21, is Mexican American. He is a pre-med student majoring in biology. Eloy is also co-founder of the club **Amigos sin Fronteras**.

Claudia Cuéllar Arapí, 19, is from Paraguay and studies economics. Claudia co-founded the club **Amigos sin Fronteras** with Eloy.

Omar Acosta Luna, 29, is Ecuadorian. He is married to Marcela Arellano Macías, and they have two children, Carlitos, age 6, and Maritza, age 4. Omar is a graduate student of business administration at the Pontífica Universidad Católica de Ecuador.

Camila Piatelli de la Fuente, 18, is Argentinean and studies psychology.

Xiomara Asencio Elías, 20, was born in the United States to Salvadoran parents. She is a student of Latin American literature.

Lucía Molina Serrano, 23, is from Chile. She studies marketing.

Rodrigo Yassín Lara, 27, is a single father and a student of political science. He is from Colombia.

Nayeli Rivas Orozco, 18, is Mexican. She studies history.

Sebastián Saldívar Calvo, 18, is from Perú. He is a student of social science.

Radamés Fernández Saborit, 24, is a Cuban-American graduate student of ethnomusicology. He is a singer-songwriter and a member of the musical group Cumbancha.

Ana Sofía Torroja Méndez, 20, is from Spain. She studies English as a Second Language (ESL) at the College of Alameda and is a good friend of Franklin. She is planning to transfer to Berkeley soon.

Jorge Navón Rojas, 21, is Venezuelan. He studies computer engineering.

Franklin Sotomayor Sosa, 28, is from Puerto Rico. He teaches Spanish at the College of Alameda.

Estefanía Rosales Tum, 24, is from Guatemala and studies anthropology. Estefanía is Franklin's girlfriend.

Juan Fernando Chen Gallegos, 19, is from Costa Rica. He studies pharmaceutical chemistry at the University of Costa Rica and lives in San José.

Find meaning through high-interest culture and comparisons

In addition to the cultural opportunities presented in the video, *Tu mundo* features activities, readings, and illustrations that showcase the culture and peoples of Spain, Mexico, Central America, and South America. This program helps students develop cultural awareness by focusing on one or more countries in each of its fifteen chapters. After learning Spanish with *Tu mundo*, students will have a wide-ranging knowledge of the Spanish-speaking world. This integration of language and culture will create a stimulating and meaningful learning experience for all types of Introductory Spanish classrooms.

©Shutterstock/Jacob Lund

The **Cultura** section of each chapter consists of various components that present the culture of the focus country:

- **Mundopedia:** Brief readings on the country of focus
- **Palabras regionales:** Regional lexical variants and expressions from the featured country or countries
- **Conexión cultural:** Introduction to a reading that appears in the *Cuaderno de actividades* (workbook/lab manual) and in Connect Spanish

Cultural exploration continues in **Videoteca**, a video-based section that features activities based on the **Amigos sin Fronteras** and **Mi país** videos.

The *Tu mundo* program is the result of volumes of visionary input provided by today's instructors and students of Introductory Spanish—thank you!

©Shutterstock/LuckyImages

Whether you're using the *Tu mundo* program in print form, in digital form through Connect Spanish, or a combination of both, a variety of additional components are available to support your needs and those of your students. Many components are free to adopting institutions. Please contact your local McGraw-Hill representative for details on policies, prices, and availability.

- **CONNECT™ SPANISH:** Used in conjunction with *Tu mundo*, Connect Spanish provides a digital solution for schools with multiple course formats, whether they be 100% online, hybrid, or face-to-face programs. Some of the key features and capabilities of Connect Spanish include:

  - complete integration of textbook, workbook / laboratory manual (*Cuaderno*), audio, and video material

  - additional practice with key vocabulary, grammar, and cultural material

  - our suite of collaboration tools, which allows students to engage in online communication via VoiceThread and Blackboard Instant Messenger (BbIM) tools

  - interactive, task-based scenarios, known as **Mundo interactivo**, that explore a wide variety of topics based on behind-the-scenes interviews with the cast of the **Amigos sin Fronteras** video segments

  - LearnSmart™, a unique adaptive learning system that offers individualized study plans to suit individual students' needs

  - fully integrated gradebook

  - ability to customize a syllabus and assignments to fit the needs of individual programs

- ***CUADERNO DE ACTIVIDADES*** **(Workbook / Laboratory Manual):** Written entirely by the program authors, the *Cuaderno de actividades* to accompany *Tu mundo* links culture to the main text and to students' lives. The *Cuaderno* addresses writing, listening comprehension, speaking, and reading practice: writing activities integrate and reinforce the content presented in the corresponding chapter of the main text. Both the **Escríbelo tú** and the **Conexión cultural** sections are introduced in the *Tu mundo* main text and are fully explored in the *Cuaderno*, thus offering exciting cultural content linked to the Spanish-speaking world. The **Enlace auditivo** section in each chapter features two extended listening segments that include dialogues, ads, and announcements.

  The full **audio program** is available directly within Connect Spanish audio-based activities or as separate MP3s available online. An audio CD program is also available upon request.

- **DVD PROGRAM:** The DVD program contains two unique video segments per chapter: **Amigos sin Fronteras** (scripted situational story lines featuring the *Tu mundo* cast of characters) and **Mi país** (country-specific "virtual tours" in the format of video and photo essays delivered by each of the **amigos)**. The videos are further explored in the **Videoteca** feature that appears in every chapter of the main text and in the *Cuaderno*.

- **INSTRUCTOR RESOURCES** Many instructor resources are available for use with *Tu mundo*, all within Connect Spanish throughout the life of the edition. Some of these resources include:

  - **Annotated Instructor's Edition:** A key instructor resource with extensive notes and annotations that offer bountiful pre-text activities, teaching hints, and suggestions for using and expanding materials, as well as references to the supplementary activities in the PowerPoint presentations, Instructor's Manual, and the Instructor's Resource Kit

  - *Instructional Videos:* short video segments shot in the classroom on how to teach communicatively with *Tu mundo*, available in Connect with the Second Edition

  - *Instructor's Manual:* Extensive introduction to teaching techniques, guidelines for instructors, suggestions for lesson planning, detailed chapter-by-chapter suggestions, and more

  - *Instructor's Resource Kit:* A chapter-specific source for ACTFL Oral Proficiency Interview (OPI)-type situations and role-plays, as well as simple short stories and legends in Spanish

  - *PowerPoint Slides:* Extensive lesson-planning tips and guidelines to use as you prepare for classroom instruction or for use in class as your students follow along

  - *Testing Program:* A series of tests for every chapter that fully assess the vocabulary, grammar, and culture presented in the program

  - *Connect Spanish Instructor's Guide:* A helpful guide for adopters of Connect Spanish, with many how-to tips and guidelines for administering an online component of your course

  - *Audioscript* (full transcript to accompany the *Cuaderno de actividades*) and *Videoscript* (complete transcript of the **Amigos sin Fronteras** and **Mi país** video segments)

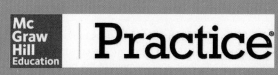

Acknowledgments

We would like to thank the overwhelming number of friends and colleagues who served as consultants, completed reviews or surveys, and attended symposia or focus groups. Their feedback was indispensible in creating this exciting new *Tu mundo* program. We couldn't have done it without them! The appearance of their names in the following lists does not necessarily constitute their endorsement of the program or its methodology.

Symposia, Focus Groups, and Webinars

Susana Alaíz Losada
Queensborough Community College

Corinne L. Arrieta
American River College

Luisa Bascur
Ivy Tech Community College

Sofia Bedoya-Gil
Temple University

Malu Benton
Hudson Valley Community College

Karla Blecke
University of Central Missouri

Chesla Ann Bohinski
Temple University

Rose Brougham
The University of Akron

Denise Cabanel-Bleuer
Orange Coast College

Cynthia Carrillo Pérez
Asheville-Buncombe Technical Community College

Oriol Casanas
Metropolitan State University of Denver

Isabel Castro Vázquez
Towson University

Dulce de Castro
Collin County College

An Chung Cheng
University of Toledo

Kimberlie R. Colson
The University of Toledo

Adam V. Crofts
College of Southern Idaho

Susann Davis
Western Kentucky University

Tania DeClerck
Ventura College

María del Carmen García
Texas Southern University

Miroslava Detcheva
Southern Methodist University

Liv Detwiler
East Tennessee State University

John Deveny
Oklahoma State University

Felipe Dobarganes
Tarrant County College—South Campus

Elizabeth V. Dowdy
State College of Florida

Denise Egidio
Guilford Technical Community College

Luz Escobar
Tarrant County College—South Campus

Cindy Espinosa
Central Michigan University

Dina A. Fabery
University of Central Florida

Tanya Farnung
Temple University

Susana Fernández Solera Adoboe
Southern Methodist University

Matthew Fischetti
Temple University

Bridget Fong-Morgan
Indiana University South Bend

Robert K. Fritz
Ball State University

Inés García
American River College

Sandy García
Pacific University

Susana García Prudencio
The Pennsylvania State University

James J. Garofolo
Southern Connecticut State University

Dorothy Gaylor
Riverside City College

Amy Ginck
Messiah College

Christine Gonzales
Salt Lake Community College

Marie Guiribitey
Florida International University

James Hart
County College of Morris

Florencia Henshaw
University of Illinois at Urbana-Champaign

Charles Hernando Molano
Lehigh Carbon Community College

Alex Herrera
Cypress College

Heidi L. Herron-Johnson
Ivy Tech Community College

Marie-Laure Hinton
Long Beach City College

Anne Hlas
University of Wisconsin—Eau Claire

Lauri Hutt Kahn
Suffolk Community College

Alex Idavoy
Brookdale Community College

Carmen Jany
California State University, San Bernardino

Yun Sil Jeon
Coastal Carolina College

Dallas Jurisevic
Metropolitan Community College

Pedro G. Koo
Missouri State University

Michelle Kopuz
Burlington County College

Joseph Lavalle
Gainesville State College

Barbara A. León
Pasadena City College

Melissa A. Logue
Columbus State Community College

Nuria R. López-Ortega
University of Cincinnati

Lunden MacDonald
Metropolitan State College of Denver, Auraria Campus

Maya Márquez
California State University, Los Angeles

Karen Martin
Texas Christian University

Frances Matos-Schultz
University of Minnesota

Bryan McBride
Eastern Arizona College

Rick McCallister
Delaware State University

Leticia McGrath
Georgia Southern University

Mary McKinney
Texas Christian University

Eva Mendieta
Indiana University Northwest

Ana Menéndez-Collera
Suffolk County Community College

Mandy Menke
Grand Valley State University

Adriana Merino
Villanova University

Theresa A. Minick
Kent State University

Iván E. Miño
Tarrant County College—Southeast Campus

Gerry Monroy
Brookdale Community College

Kara Moranski
Temple University

Oscar Moreno
Georgia State University

José L. Morillo
Marshall University

Sarah Mould
East Tennessee State University

Jerome Mwinyelle
East Tennessee State University

Benjamin J. Nelson
University of South Carolina Beaufort

Dana Nichols
Lanier Technical College

Michelle Orecchio
University of Michigan

Angie Pantoja
Ivy Tech Community College

Teresa Pérez-Gamboa
University of Georgia

Marian Quintana
George Mason University

Lea Ramsdell
Towson University

Tony Rector-Cavagnaro
Cuesta College

Casey Reynolds
Lake Land College

Robert Rineer
Lehigh Carbon Community College

Sarah Rissler
Kirkwood Community College

David Rodríguez
Indiana University Northwest

Teresa M. Roebuck
Ozarks Technical Community College

Amy Rossomondo
University of Kansas

Pedro Rubio
Temple University

Ana Isabel Rueda-García
Tennessee State University

Lilia Ruiz Debbe
State University of New York at Stony Brook

Latasha Lisa Russell
Florida State College at Jacksonville

Victoria Russell
Valdosta State University

Alicia Sánchez
University of California San Diego

Daniel Sánchez-Velásquez
University of Georgia

Dora Schoenbrun-Fernández
San Diego Mesa College

Dennis Seager
Oklahoma State University

Louis Silvers
Monroe Community College

Stacy Southerland
University of Central Oklahoma

Nancy Stucker
Cabrillo College

March Jean Sustarsic
Pikes Peak Community College

Silvia Upton
McDaniel College

Amy Uribe
Lone Star College

Gayle Vierma
University of Southern California

Celinés Villalba
Rutgers, The State University of NJ

Natalie S. Wagener
University of Texas at Arlington

Matthew A. Wyszynski
University of Akron

Marjorie Zambrano-Paff
Indiana University of Pennsylvania

María Zeballos
Coastal Carolina University

Kate Zimmer
Indiana State University

U. Theresa Zmurkewycz
Saint Josephs University

Reviewers

Giselle Acosta
Pasadena City College

Luz-María Acosta-Knutson
Waubonsee Community College

Amy Adrian
Ivy Tech Community College

María Akrabova
Metropolitan State University of Denver

Susana Alaíz Losada
Queensborough Community College

Jorge A. Alas
Monroe Community College

Victoria Albright
Moorpark Community College

K. Allen Davis
Indiana University—Bloomington

Ana Alonso
Northern Virginia Community College

Frances Alpren
Vanderbilt University

Stacy Amling
Des Moines Area Community College

Regine Ananou
Westminster College

Debra D. Andrist
Sam Houston State University

Eileen M. Angelini
Canisius College

Inés Anido
Houston Baptist University

Manuel Apodaca-Valdez
University of Southern Indiana

Elisabeth Arevalo-Guerrero
University of Maryland, Baltimore County

Corinne L. Arrieta
American River College

Teresa Arrington
Blue Mountain College

Bárbara Ávila-Shah
University at Buffalo, State University of New York

Pam Ayuso
Danville Community College

Antonio Baena
Louisiana State University

Adam Ballart
Ball State University

Ann Baker
University of Evansville

María Ballester
University of California, Riverside

Lisa Barboun
Coastal Carolina University

Valeria Barragán
Cypress College

Oksana Bauer
Passaic County Community College

Emily S. Beck
College of Charleston

Flavia Belpoliti
University of Houston

Clare Bennett
University of Alaska Southeast, Ketchikan Campus

Cheryl Berman
Howard Community College

Encarna Bermejo
Houston Baptist University

Martha Bermúdez-Gallegos
Otterbein University

Julie Bezzerides
Lewis-Clark State College

Mara-Lee Bierman
Rockland Community College

Rosa Bilbao
Alamance Community College

Rosa Julia Bird
University of Central Oklahoma

Jeff Birdsong
St. Andrews University

Diane Birginal
Gonzaga University

María Elena Blackmon
Ozarks Technical Community College

Tom Blodget
Butte College

Kristee Boehm
St. Norbert College

Aymara Boggiano
University of Houston

Chesla Ann Bohinski
Temple University

Joelle Bonamy
Columbus State University

Jacalyn Book
University of Maryland East Shore

Amanda Boomershine
University of North Carolina Wilmington

Ana Börger-Greco
Millersville University of Pennsylvania

Graciela Boruszko
Pepperdine University

Carolina Bown
Salisbury University

Pat Brady
Tidewater Community College

Cathy Briggs
North Lake College

Monica Brito
Pima Community College

Kristy Britt
University of South Alabama

Frank Brooks
Indiana University of Pennsylvania

Rose Marie Brougham
The University of Akron

Nancy Broughton
Wright State University

Jeff Brown
Orange Coast College

Barbara Buedel
Lycoming College

John Burns
Rockford College

Julia Emilia Bussade
University of Mississippi

Deborah Cafiero
University of Vermont

Majel Campbell
Pikes Peak Community College

Douglas W. Canfield
University of Tennessee, Knoxville

Kathy Cantrell
Spokane Community College

Ana Carballal
University of Nebraska—Omaha

Beth B. Cardon
Georgia Perimeter College

Oriol Casañas
University of Colorado Denver

Sara Casler
Sierra College

Aurora Castillo
Georgia College & State University

Isabel Castro
Towson University

Esther Castro-Cuenca
Mount Holyoke College

Tulio Cedillo
Lynchburg College

Mireya Cerda
Mt. San Jacinto College

Matthieu Chan Tsin
Coastal Carolina University

Elías Chamorro
Foothill Community College

Samira Chater
Valencia College

Rosa Chávez-Otero
The University of Georgia

Chyi Chung
Northwestern University

An Chung Cheng
University of Toledo

Sonia Ciccarelli
San Joaquin Delta College

Dr. Deb Cohen
Slippery Rock University

Magdalena Coll-Carbonell
Edgewood College

Kimberlie R. Colson
The University of Toledo

Elizabeth Combier
North Georgia College & State University

Lilian A. Contreras Silva
Hendrix College

Rifka Cook
Northwestern University

W. David Cooper
Shasta College

Carol Copenhagen
Berkeley City College

Emanuela Corbett
Washington University

Norma Corrales-Martín
Temple University

Angela Cresswell
Holy Family University

Adam Crofts
College of Southern Idaho

Ana Cruz
Georgia Institute of Technology

Felicia Cruz
St. Catherine University

Jorge Cubillos
University of Delaware

Cathleen G. Cuppett
Coker College

Sarah Cyganiak
Carthage College

Lori Czerwionka
Purdue University

Stephanie Daffer
Santa Clara University

Dulce de Castro
Collin County College

Tania DeClerck
Ventura College

Lucy DeFranco
Southern Oregon University

Alicia de Gregorio
University of Wisconsin—Whitewater

Roberto E. del Valle
Cascadia Community College

María Dentel
Aquinas College

Alberto Descalzo de Blas
Franciscan University of Steubenville

Aileen Dever
Quinnipiac University

Karen Díaz Anchante
Washburn University

Joanna Dieckman
Belhaven University

Tim Ditoro
Angelina College

Deborah Dougherty
Alma College

Elizabeth Dowdy
State College of Florida

Carlos Drumond
Riverside City College

Domnita Dumitrescu
California State University, Los Angeles

Carolyn Dunlap
Austin Community College

Mónica Alexandra Durán, Ph.D.
University of Miami

Anne Edstrom
Montclair State University

Denise Egidio
Guilford Technical Community College

Gayle Eikenberry
Ivy Tech Community College

María Enciso
Chapman University

Liliana Endicott
The World Languages Center

María Enrico
Borough of Manhattan Community College

Margaret Eomurian
Houston Community College

Milagro Escalona
Estrella Mountain Community College

Lunden Eschelle MacDonald
Metropolitan State College of Denver, Auraria Campus

Cindy Espinosa
Central Michigan University

Miryam Espinosa-Dulanto
Valdosta State University

Héctor Fabio Espitia
Grand Valley State University

Juliet Falce-Robinson
University of California, Los Angeles

Tanya Farnung
State Unversity of New York at Buffalo

Ronna S. Feit
Nassau Community College

María Ángeles Fernández Cifuentes
University of North Florida

Sandra Fernández-Tardani
Grand Valley State University

Ana Figueroa
Pennsylvania State University, Lehigh Valley

Wayne H. Finke
Baruch College

JoAnne Flanders
Coastal Carolina University

Charles Fleis
Bridgewater College

Kristin Fletcher
Santa Fe College

Leah Fonder-Solano
The University of Southern Mississippi

Benjamin Forkner
Louisiana State University

Katie Fowler-Córdova
Miami University

Kathleen Fueger
Saint Louis University

Khedija Gadhoum
Clayton State University

Paula Gamertsfelder
Terra State Community College

Inés M. García
American River College

Susana García Prudencio
The Pennsylvania State University

José M. García Sánchez
Eastern Washington University

Tania Elena Garmy
University of Tulsa

Dorothy A. Gaylor
Riverside Community College

Heidi Gehman-Pérez
Southside Virginia Community College

Amy George-Hirons
Tulane University

Deborah Gill
Pennsylvania State University, DuBois

Amy Ginck
Messiah College

Ángelo Glaviano
Middlesex Community College

Liliana Goens
Butler University

Diego Emilio Gómez
Concordia University, Irvine

Arcides González
California University of Pennsylvania

Diana González
Northwestern College

Juan M. González
Northern State University

Cancace J. Goodman
Chapman University

Kenneth A. Gordon
Winthrop University

Frozina Goussak
Collin College

Elena Grajeda
Pima Community College

Lynda Gravesen
Saddleback College

Steven Gregory
Vincennes University

Dinorah Guadiana-Costa
Southwestern College

Marie Guiribitey
Florida International University

Marina Guntsche
Ball State University

Sergio Guzmán
College of Southern Nevada

Angela Haensel
Cincinnati State Technical and Community College

Shannon Hahn
Durham Technical Community College

María Hahn-Silva
Dutchess Community College

Eve Halterman
The Women's College at the University of Denver

James W. Hammerstrand
Truman State University

Michelle Harkins
Rowan College at Burlington County

Michael Harney
Asheville Buncombe Technical Community College

Cheryl A. Harris
Gainesville State College—Oakwood Campus

Richard Harris
Northland Pioneer College

Michael Harrison
Monmouth College

James R. Hart
County College of Morris

Mary Hartson
Oakland University

Denise L. Hatcher
Aurora University

Richard A. Heath
Kirkwood Community College

Florencia Henshaw
University of Illinois at Urbana—Champaign

Alejandro Hernández
Jr., Ventura College

Milvia Hernández
University of Maryland, Baltimore County

Todd A. Hernández
Marquette University

Heidi L. Herron-Johnson
Ivy Tech Community College

Patricia Herskowitz
Southern Nazarene University

Dan Hickman
Maryville College

Miriam F. Hill
Chapman University

Jean M. Hindson
University of Wisconsin—La Crosse

Marie-Laure Hinton
Long Beach City College

Dominique Marie Hitchcock
Norco College

Anne Hlas
University of Wisconsin—Eau Claire

Vanessa Holanda Gutiérrez
MiraCosta College

Stanley W. Holland
University of Tennessee—Martin

Eunice Horning
San Jacinto College

Laura Hortal
Forsyth Technical Community College

Bea Houston
Western Iowa Tech Community College

Lisa Huempfner
University of Wisconsin—Whitewater

Todd Hughes
Vanderbilt University

Christina Huhn
Marshall University

Carmen Jany
California State University, San Bernardino

Yun Sil Jeon
Coastal Carolina University

Tatiana Johnston
Colorado State University, Pueblo

Robert J. Jones
Fulton-Montgomery Community College

Alicia Juárez
Bethel University

Vanessa Jurado
Binghamton University

Dallas Juresevic
Metropolitan Community College

Hilda M Kachmar
Saint Catherine University

Lauri Hutt Kahn
Suffolk Community College

Amos Kasperek
University of Oklahoma

Melissa Katz
Albright College

Cynthia Kauffeld
Macalester College

Constance Kihyet
Saddleback College

Silvia Kijel
Saddleback College

Michael A. Kistner
The University of Toledo

Julie L. Kling
Northwest State Community College

Linda Koch Fader
Holy Family University

Michelle Kopuz
Burlington County College

Kevin Krogh
Utah State University

Allison Krogstad
Central College

Ryan LaBrozzi
Bridgewater State University

Vernon LaCour
Mississippi Gulf Coast Community College

Stephanie Langston
Georgia Perimeter College

Luis E. Latoja
Columbus State Community College

María Jesús Leal
Hamline University

Odilia Leal-McBride
Angelina College

Mike D. Ledgerwood
Samford University

Michael Leeser
Florida State University

Rita Leitelt Lew
North Central University

Kathleen Leonard
University of Nevada, Reno

Ornella Lepri Mazzuca
Dutchess Community College

Frederic Leveziel
Augusta State University

Roxana Levin
St. Petersburg College

Rita Lew
North Central University

Kim Lewis
Birmingham Southern College

Katherine V. Lincoln
Tarleton State University

Willy Lizarraga
Berkeley City College

Susan Lloyd
Cuesta Community College

Marta Silvia López
Santiago Canyon College

Nelson López
Bellarmine University

Gillian Lord
University of Florida

Sheldon Lotten
Louisiana State University

Andrea Lucas
Sacramento City College

María V. Luque
DePauw University

Enrique Lutgen
Community College of Vermont

Lunden E. MacDonald
Metropolitan State University of Denver

Debora Maldonado-DeOliveira
Meredith College

Bernard Manker
Grand Rapids Community College

Marilyn S. Manley
Rowan University

Celeste Mann
Georgian Court University

María Manni
University of Rochester

H.J. Manzari
Washington and Jefferson College

María F. Márquez
California State University, Los Angeles

Dora Y. Marrón Romero
Broward College

Anne-Marie Martin
Portland Community College

Rob A. Martinsen
Brigham Young University

Anne Massey
King's College

María R. Matz
University of Massachusetts—Lowell

Ornella Mazzuca
Dutchess Community College

Leticia McGrath
Georgia Southern University

Peggy McNeil
Louisiana State University

Erin McNulty
Dickinson College

Janie McNutt
Texas Tech University

Nelly A. McRae
Hampton University

Myra M. Medina
Miami Dade College

Dawn Meissner
Anne Arundel Community College

Marco Mena
MassBay Community College

Dolores Mercado
University of Central Missouri

Adriana Merino
Villanova University

Adrienne Merlo
Orange Coast College

Sandra D. Merrill
University of Central Missouri

Janice Middleton
University of Southern Indiana

Mónica Millán
Eastern Michigan University

Dennis Miller
Jr., Clayton State University

Rhonda Miller
Coastline Community College

Rosemary Miller
Coastal Carolina University

Linda Miller Jensen
Tidewater Community College

Steven Mills
Buena Vista University

Iván E. Miño
Tarrant County College—Southeast

Montserrat Mir
Illinois State University

Jose Luis Mireles
Coastal Carolina University

Deborah Mistron
Middle Tennessee State University

Geoff Mitchell
Maryville College

Lee S. Mitchell
Henderson State University

Clara Mojica
Tennessee State University

Charles Hernando Molano
Lehigh Carbon Community College

Amalia Mondríguez
University of the Incarnate Word

Gerry Monroy
Brookdale Community College

Patricia Moore-Martínez
Temple University

Lourdes Morales-Gudmundsson
La Sierra University

Olga Marina Morán
Cypress College, California

José A. Moreira
College of Charleston

José Luis Morillo
Marshall University

Javier Morin
Del Mar College

Noemi Esther Morriberon
Chicago State University

Jeanette Morris Ellian
State University of New York at Fredonia

Kelly Mueller
St. Louis Community College Florissant Valley

Alejandro Muñoz-Garcés
Coastal Carolina University

Esperanza Muñoz Pérez
Kirkwood Community College

Alicia Muñoz Sánchez
University of California, San Diego

Nelly Muresan
Dawson College

Kathryn A. Mussett
Penn State Altoona

Burcu Mutlu
University of Houston

Jerome Mwinyelle
East Tennessee State University

Lisa Nalbone
University of Central Florida

Daniel Nappo
University of Tennessee at Martin

Nanette Naranjo
Calumet College of St. Joseph

Marta Navarro
University of California, Santa Cruz

Thomas C. Neal
University of Akron

Germán Negrón Rivera
University of Nevada, Las Vegas

Benjamin J. Nelson
University of South Carolina Beaufort

Esperanza Newman
Collin College

Cynthia Nicholson
Asheville Buncombe Technical Community College

Circe Niezen
Polytechnic University of Puerto Rico

Pedro Niño
North Carolina A&T State University

Andrea Nofz
Schoolcraft College

Marta Q. Nunn
Virginia Commonwealth University

Eva Núñez
Portland State University

Gabriela Olivares-Cuhat
University of Northern Iowa

Rafael Ocasio
Agnes Scott College

Rocío Ocon
Texas Lutheran Unversity

Michelle Orecchio
University of Michigan

Arthur Orme
Oakland University

Jennifer Ort
Benedictine College

Dolores Ortega Carter
Temple University

Rosalba Ovalle
Fairmont State University

Kathy Ozment
Albright College

Hannah Padilla Barajas
San Diego Mesa College

Jacqueline Painter
Alvernia University

Ángela Pantoja
Ivy Tech Community College

Deborah A. Paprocki
University of Wisconsin—Waukesha

Yelgy Parada
Los Angeles City College

Cristina Pardo
Iowa State University

Sofía Paredes
Drake University

Tanesha Parker
Cape Fear Community College

Mike Pate
Western Oklahoma State College

Christine Payne
Sam Houston State University

Dennis Pearce
McLennan Community College

Tammy Pérez
San Antonio College

Teresa Pérez-Gamboa
University of Georgia

Ana María Pérez-Gironés
Wesleyan University

Federico Pérez-Pineda
University of South Alabama

Johana Pérez-Weisenberger
Campbellsville University

Inmaculada Pertusa
Western Kentucky University

Luisa Piemontese
Southern Connecticut State University

J. R. Pico
Indiana University Kokomo

Erich Polack
Lone Star College

Gina Ponce de León
Niagara University

Joshua Pongan
Temple University

Joshua Pope
University of Wisconsin—Madison

Ruth Ellen Porter
Brewton-Parker College

Sayda Postiglione
Sierra College

Christine E. Poteau
Rowan University

Stacey L. Powell
Auburn University

Linda Prewett
East Texas Baptist University

Kayla Price
University of Houston

Marian Quintana
George Mason University

Debbie Quist-Olivares
Columbia Basin College

Michael Raburn
Kennesaw State University

Debora J. Rager
Simpson University

Michelle F. Ramos-Pellicia
California State University, San Marcos

Aida Ramos-Sellman
Goucher College

Bernie Rang
El Camino College

Frances L. Raucci
Dutchess Community College

Tony Rector-Cavagnaro
Cuesta College

Nancy Reese
Central Community College

Claire Reetz
Florida State College at Jacksonville

Alice Reyes
Marywood University

Óscar S. Reynaga
Central College

Casey J Reynolds
Lake Land College

David Richter
Utah State University

Rita Ricaurte
Nebraska Wesleyan University

Robert Rineer
Lehigh Carbon Community College

Norma A. Rivera-Hernández
Millersville University of Pennsylvania

Edison Robayo
Marlton school disctrict

Sharon Robinson
Lynchburg College

David Diego Rodríguez
Indiana University Northwest

Judy Rodríguez
California State University, Sacramento

Margarita Rodríguez
Lone Star College

Mileta Roe
Bard College at Simons Rock

Marlene Roldan Romero
Georgia College

Marcos Romero
Aquinas College

Mirna Rosende
County College of Morris

Shelli Rottschafer
Aquinas College

Cristina Rowley
Monroe Community College

Linda A. Roy
Tarrant County College

Ana Isabel Rueda-García
Tennessee State University

Diana Ruggiero
Monmouth College

Lilia Ruiz-Debbe
Stony Brook Unversity

Victoria Russell
Valdosta State University

Annie Rutter
University of Georgia

Anita Saalfeld
University of Nebraska at Omaha

María Sabló-Yates
Delta College

Sally E. Said
University of the Incarnate Word

Eric Sakai
Community College of Vermont

Edward Sambriski
Delaware Valley College

Arthur Sandford
Ventura College

Bethany Sanio
University of Nebraska

Peter Santiago Lebron
Moberly Area Community College—Hannibal Campus

Roman C. Santos
Mohawk Valley Community College

Michael Sawyer
University of Central Missouri

Carmen Schlig
Georgia State University

Irene Schmidt
Johnson County Community College

Dora Schoenbrun-Fernández
San Diego Mesa College

Laura Schultz
Longwood University

Daniela Schuvaks Katz
Indiana University—Purdue University Indianapolis

Gladys V. Scott
William Paterson University

Gabriela Segal
Arcadia University

Amy Sellin
Fort Lewis College

Virginia Shen
Chicago State University

Jocelyn Sherman Falconi
Orange Coast College

Elizabeth K. Shumway
Lakeland College

Sharon Lynn Sieber
Idaho State University

Paul Siegrist
Fort Hays State University

María Sills
Pellissippi State Community College

Roger K. Simpson
Clemson University

Ana Skelton
The University of Alabama

Maggie Smallwood
Guilford Technical Community College

Jerry Smartt
Friends University

Anita Smith
Pitt Community College

Benjamin Smith
Minnesota State University Moorhead

Jason Smith
Southern Utah University

Elizabeth Smith Rousselle
Xavier University of Louisiana

Gilda Socarras
Auburn University

Leonardo Solano
University of Maryland

Mariana Solares
Southern Illinois University Edwardsville

Juan Manuel Soto-Arriví
Indiana University Bloomington

Stacy Southerland
University of Central Oklahoma

Sabrina Spannagel
University of Washington

Cristina Sparks-Early
Northern Virginia Community College—Manassas

Linda Stadler
Cincinnati State Technical and Community College

Wayne C. Steely
University of Saint Joseph

Julie Stephens de Jonge
University of Central Missouri

Craig R. Stokes
Dutchess Community College

Robert Stone
U.S. Naval Academy

Laura Strickling
University of Maryland, Baltimore County

Jorge W. Suazo
Georgia Southern University

Georgette Sullins
Lone Star College

March Jean Sustarsic
Pikes Peak Community College

Erika M. Sutherland
Muhlenberg College

Charles Swadley
Oklahoma Baptist University

Christine Swoap
Warren-Wilson College

Cristina Szterensus
Rock Valley College

Sarah Tahtinen-Pacheco
Bethel University

Russell Tallant
Saint Louis University

Michael Tallon
University of the Incarnate Word

Clay Tanner
The University of Memphis

Lucia Taylor, Ph.D.
Dixie State University

Rosalina Téllez-Beard
Harrisburg Area Community College

Joe Terantino
Kennesaw State University

Gigi Terminel
Long Beach City College

Victoria Thomas
Collin Community College

Rhonda Thompson
Freed-Hardeman University

Carmen Tomassini
Ozark Technical Community College

Lorna Tonack
Blue Mountain Community College

Mirna Trauger
Muhlenberg College

Beatrice Tseng
Irvine Valley College

Marco Tulio Cedillo
Lynchburg College

Sierra R. Turner
University of Alabama

Juff Tuttle
North Mississippi Community College

Victoria Uricoechea
Winthrop University

Julia Urla
Oakland University

Vanessa K. Valdés
The City College of New York

María Van Liew
West Chester University

Elizabeth Vargas Dowdy
State College of Florida

María Vázquez
Sacred Heart University

Miguel Vázquez
Florida Atlantic University

Clara L. Vega
Alamance Community College

Freddy O. Vilches
Lewis and Clark College

Andrés Villagrá
Pace University

Elena Villanueva
Georgian Court University

Patricia Villegas-Bonno
Orange Coast College

María Volynsky
Pennsylvania State University, Abington

Ami Vonesh
Gainesville State College

Oswaldo Voysest
Beloit College

Michael Vrooman
Grand Valley State University

Natalie S. Wagener
University of Texas at Arlington

Grazyna Walczak
Fisk University

Sandra Watts
University of North Carolina at Charlotte

Wesley J. Weaver III
SUNY—Cortland

Germán F. Westphal
University of Maryland, Baltimore County

Jessica Whitcomb
McHenry County College

Carla A. White
Sandhills Community College

Emma Widener
Southern Connecticut State University

Joseph Wieczorek
Community College of Baltimore County

Sarah Williams
Slippery Rock University

Richard Winters
University of Louisiana at Lafayette

Delma Wood
Castleton College

Karen Wooley Martin
Union University

Dr. Amy Elisabeth Wright
St. Louis University

Matthew A. Wyszynski
The University of Akron

Bridget E. Yaden
Pacific Lutheran University

LingLing Yang
Sam Houston State University

Íñigo Yanguas
San Diego State University

Olivia Yáñez
College of Lake County

Mary Yetta McKelva
Grayson College

Kelley Young
University of Missouri—Kansas City

Kim Yúñez
Messiah College

Jennifer A. Zachman
Saint Mary's College

Linda Zee
Utica College

Melissa Ziegler
University of Wisconsin—Madison

Katherine Zimmer
Indiana State University

U. Theresa Zmurkewycz
Saint Josephs University

Elizabeth Zúñiga Irvin
University of North Carolina Wilmington

Many people participated in the creation of this second edition of *Tu mundo*. Our Portfolio Manager, Katie Crouch, once again supported our vision for this book, bringing a wealth of exciting ideas to our project and helping us to solidify the design of our program. Katie green-lighted many of our suggestions enthusiastically and made sure we were able to develop them. We would like to thank the *Tu mundo* production team, Matt Backhaus, Verónica Esteban, Kelly Heinrichs, Brianna Kirschbaum, and Lynne R. Lemley for their tireless efforts in developing and polishing these materials. We also thank photo researcher Steve Rouben of Photo Affairs, Inc., who found for us several of the beautiful photographs featured in *Tu mundo*, Second Edition. Jennifer Rodes of Klic Production deserves special thanks for producing our exciting video program and for filming the new training video to accompany this edition. We are grateful to Erin Melloy, who patiently trained us to use a new digital authoring platform to work on content. We knew we could count on Erin to get all the technical and technological answers we needed.

We owe an immense debt of gratitude to our lead editor, Pennie Nichols, the most talented textbook editor our author team has ever had. Pennie is creative, patient, knowledgeable about the latest editing technology, and she has a great sense of humor! She not only edited the text and the workbook but supervised the production of the art in these materials, trying to honor our requests and making changes that were pedagogically necessary but also keeping us and the project on track. She did all of this while also preparing the audio script for inclusion in the online platform. Thank you Pennie for your guidance, expertise, and support!

There are also several other people who shared with us their first-hand knowledge of their countries, supplying us with valuable insights, photos, and realia: Antonio Blanco García, Ricardo Basto Mesa, Sofía Basto Cabrera, Pedro Cabrera Puche, Marcos Campillo Fenoll, Gloria M. Hernández, Yadira Hernández, Michelle Laversee, Carmen Lenz, Flor Medina, Anthony Melo, Aidan Muñoz-Christian, Annika Muñoz-Christian, Sigfrido Narváez, Circe Niezen, Olga Núñez, Ana Park, Vivian Pinochet Cobos, Joshua Pongan, Edison Robayo, Javier Rivas Rosales, Ana C. Sánchez, Xiomara Santiago-Beech, Christine Swoap, Macarena Urzúa.

The *Tu mundo* team is indebted to Tracy D. Terrell and Stephen D. Krashen, visionary men whose research in second language acquisition and methodology made our communicative approach possible. *Tu mundo* would not have been possible without their valuable insights into the teaching of foreign languages.

Contents

¡Bienvenidos!

1 ¡A conversar!

ESTADOS UNIDOS

2 Amigos y compañeros

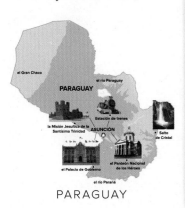

PARAGUAY

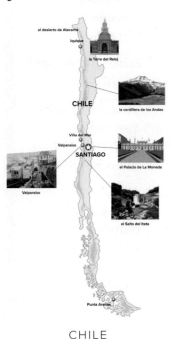

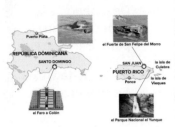

15 Nuestro porvenir

COSTA RICA

About the Authors

Magdalena Andrade received her first B.A. in Spanish and French and a second B.A. in English from California State University, San Diego. After teaching in the Calexico Unified School District Bilingual Program for several years, she taught elementary and intermediate Spanish at both San Diego State and the University of California, Irvine, where she also taught Spanish for Heritage Speakers and Humanities Core Courses. Upon receiving her Ph.D. from the University of California, Irvine, she continued to teach there for several years and also at the University of California, Riverside, and California State University, Long Beach, where she taught the graduate foreign language methods courses, coordinated the Spanish and French TA Programs as well as the Credential Program for foreign languages. Currently an instructor at Irvine Valley College, Professor Andrade has co-authored the textbook *Dos mundos: Comunicación y comunidad* and the readers *Mundos de fantasía: Fábulas, cuentos de hadas y leyendas* and *Cocina y comidas hispanas* (McGraw-Hill).

María José Cabrera Puche received her B.A. from Universidad de Murcia, Spain, her M.A. and M.Ed. from West Virginia University, and her Ph.D. on Second Language Acquisition and Bilingualism from Rutgers University. She has taught Spanish at public schools and universities, foreign language methodology courses in both face-to-face and hybrid formats, and supervised foreign language student teachers for the Department of Education at Rutgers University and for the Department of Languages and Cultures at West Chester University of Pennsylvania (WCU). She frequently participates as director or committee member in MA theses and PhD dissertations in the US and abroad. Currently she is an Associate Professor of Spanish at WCU, where she coordinates the lower-level Spanish courses, and she is also the assessment coordinator in the Department of Languages and Cultures at WCU. Professor Cabrera-Puche is co-editor of *Romance Linguistics 2006: Selected papers from the 36th Linguistic Symposium on Romance Languages* (John Benjamins).

Jeanne Egasse received her B.A. and M.A. in Spanish Linguistics from the University of California, Irvine. She also holds California Credentials for Spanish as well as for Bilingual Cross-cultural Education. Professor Egasse has taught foreign language methodology courses and supervised foreign language and ESL teachers in training for the Department of Education at the University of California, Irvine. Since 1980 she has been a full time professor of Spanish and coordinator of the Spanish Department at Irvine Valley College. Currently she also serves as co-chair of World Languages. In addition, Professor Egasse serves as a consultant for local schools and colleges on implementing the Natural Approach in the language classroom. She has co-authored the first-year college Spanish text, *Dos mundos: Comunicación y comunidad* and the readers *Cocina y comidas hispanas* and *Mundos de fantasía: Fábulas, cuentos de hadas y leyendas* (McGraw-Hill).

Elías Miguel Muñoz holds a Ph.D. in Spanish from the University of California, Irvine, and he has taught language and literature at the university level. Dr. Muñoz is the author of *Viajes fantásticos* and *Ladrón de la mente*, titles in the Storyteller's Series by McGraw-Hill, and coauthor of the textbook *Dos mundos: Comunicación y comunidad*, also from McGraw-Hill. He has published six novels, which include *Vida mía, Brand New Memory*, and *Diary of Fire*; two books of literary criticism, and two poetry collections. One of his plays was produced off-Broadway, and his creative work has been featured in numerous anthologies and source books, including Herencia: *The Anthology of Hispanic Literature of the United States, The Encyclopedia of American Literature,* W.W. Norton's *New Worlds of Literature,* and *The Scribner Writers Series: Latino and Latina Writers*. He is currently at work on a sci-fi novel.

About the Team

About the McGraw-Hill Education World Languages product team: McGraw-Hill Education, we're proud of the extensive experience and expertise held by our World Languages team. In collaboration with our authors, we build best-in-class content and digital tools to improve outcomes in language courses. At McGraw-Hill Education, our mission is to unlock the potential of every learner, and this group embraces that mission with intense passion.

Jorge Arbujas, Senior Marketing Manager: Jorge holds a Ph.D. in Spanish Applied Linguistics and a research background in Teaching Methods and Sociocultural Theory from the University of Pittsburgh and spent several years as the language coordinator at Louisiana State University, Baton Rouge. In 2006, he made the leap from academia into publishing where he continues to improve the lives of students and instructors in his role as Senior Faculty Development Manager for World Languages. With twenty two years of experience in education and publishing, Jorge feels lucky to be in a position to help customers have the best experience possible and to help them reach their personal goals.

Janet Banhidi, Senior Director of Digital Content: Janet has a bachelor's degree in Civil Engineering and master's in Spanish Literature. She taught Spanish at Marquette University for nine years and English and Math at Sylvan Learning Center for seven. Janet is passionate about education with a special interest in adaptive and interactive content.

Shaun Bauer, Product Developer: As a language educator at heart, Shaun taught higher education Spanish and developed digital learning materials for his students for ten years before being part of the MHE World Languages team. He has a Ph.D. from Tulane University, and has traveled to many parts of the Spanish-speaking world.

Katie Crouch, Senior Portfolio Manager: Katie Crouch has a B.A. in Comparative Literature, Creative Writing, and French from the University of Michigan. She studied and worked in France for three years before returning stateside to launch her publishing career in San Francisco. With seventeen years at MHE across four US cities, Katie is now based in Chicago and has spent over ten years as an editorial leader on the World Languages team. She enjoys collaborating with educators to create innovative solutions that inspire learners and open doors to new and exciting possibilities.

Sadie Ray, Senior Product Developer: Prior to joining the MHE World Languages team, Sadie taught university-level Spanish for eleven years, most recently at the University of Puget Sound. She holds a Masters from UCLA and a Ph.D. in Spanish and Spanish American Literature from The University of Texas at Austin.

Kim Sallee, Senior Portfolio Manager: Kim calls upon her fourteen years of college-level Spanish teaching and coordinating experience at the University of Missouri Columbia and St Louis campuses every day in her role at MHE where she collaborates with authors, colleagues, faculty, and students to create and deliver quality solutions that inspire today's students. She holds a master's degree in Spanish from the University of New Mexico and has traveled, studied, and lived throughout Latin America and Spain.

What's New in the Second Edition?

Downloadable eBook and mobile eBook experience: Students and instructors can download the *Tu mundo* eBook and access all the associated audio and video files on the go, ensuring that learners have the materials they need at their fingertips at all times.

Expanded instructor resources: The instructor resources provided with *Tu mundo* are consistently one of the most popular aspects of the program. In order to continue to provide the best support to instructors, particularly those teaching this approach for the first time, we've made the following updates:

- Revised instructor annotations reflect the best on-the-spot advice following years of classroom testing.

- The Instructor's Manual, Instructor's Resource Kit, and PowerPoints have all been revised to correspond to major changes of the Second Edition.

- The Testing Program has been entirely reworked to include one discrete-point and one open-ended sample test per chapter; both types are ready to print and go. All questions are part of the Connect Test Bank, which also includes listening and reading passages and comprehension follow-ups.

- With the second edition, we are offering brand-new *Instructional Videos:* short video segments shot in a live classroom that demonstrate how to teach communicatively with *Tu mundo*. These videos are available to instructors in Connect.

Changes to scope and sequence of grammar: Based on feedback from current *Tu mundo* users, we made some significant changes to the scope and sequence of grammar, primarily in the early chapters. Here are a few highlights:

- We added a new preliminary chapter called **¡Bienvenidos!** This chapter gives students a brief introduction to some basic vocabulary and phrases as a starting point to build up their confidence in the first few days of class. While considered optional, instructors may choose to assign this chapter and assign related practice activities in Connect and the *Cuaderno de actividades*.

- We moved **gustar** earlier (from Chapter 3 to Chapter 2) so that students have earlier access to this important structure.

- We moved family-related vocabulary earlier for the same reason; some family vocabulary is now presented in Chapter 1, with the remainder in Chapter 3.

- We moved possessives (**tener** and **ser de**) earlier as well (from Chapter 4 to Chapter 3)

- We also moved reflexive verbs earlier (from Chapter 5 to Chapter 4) in order to separate it from irregular verbs.

Decreased quantity of vocabulary: We've decreased the overall amount of vocabulary, designating active vocabulary as *Vocabulario* and passive vocabulary as *Vocabulario de consulta*.

Readings now more student-friendly: All readings have been updated, in many cases shortened, and made more level-appropriate.

Renaming of chapter sections: In order to label chapter sections more clearly, we've renamed the following:

- The **Infórmate** section is now **Gramática.**

- The **Entérate** boxes and sections are now **Cultura.**

- The **Voces** feature at the end of each chapter is now **Palabras regionales.**

Video divided into manageable chunks: Current users requested more "chunked" presentations of the video, so that students wouldn't have to hunt for a relevant scene. The video is now available in entire episodes as well as in shorter segments and related questions.

LearnSmart: The incredibly-popular and effective personalized adaptive learning tool that helps each student assess his or her own trouble spots, and then provides practice for strengthening those particular areas has been updated to align with the changes made in this edition.

¡Bienvenidos!° *Welcome!*

Algunos de los miembros del club Amigos sin Fronteras que vas a conocer en *Tu mundo*. (*Some of the members of the Amigos sin Fronteras club whom you will get to know in* Tu mundo.)

In this short introductory chapter, you will learn to understand a good deal of spoken Spanish and get to know your classmates. You will also meet some of the characters who appear throughout *Tu mundo*. The listening skills you develop during these first days of class will enhance your ability to understand Spanish and make the process of learning to speak it easier.

Upon successful completion of the **¡Bienvenidos!** chapter you will be able to: ask people their names; introduce yourself and others; greet people and say good-bye to them; describe people's physical appearance and clothing; follow some commands; and say and use numbers 0-49 to express quantity.

Comunícate

¿Cómo te llamas?

¿Cómo estás?

¿Quién es?

¡Muévete!

¿Qué ropa llevas?

¿Cuántos hay?

www.mhhe.com/connect

EL ESPAÑOL

México
Cuba
República Dominicana
Puerto Rico
Guatemala
El Salvador
Honduras
Nicaragua
Costa Rica
Panamá
Ecuador
Venezuela
Colombia
Perú
Bolivia
Paraguay
Uruguay
Chile
Argentina
España
Guinea Ecuatorial

Conócenos°
Amigos sin Fronteras

Get to Know Us

Eloy
(México y Estados Unidos)

Claudia
(Paraguay)

Omar
(Ecuador)

Camila
(Argentina)

Xiomara
(El Salvador y Estados Unidos)

Lucía
(Chile)

Rodrigo
(Colombia)

Nayeli
(México)

Sebastián
(Perú)

Radamés
(Cuba y Estados Unidos)

Ana Sofía
(España)

Jorge
(Venezuela)

Franklin
(Puerto Rico)

Estefanía
(Guatemala)

Juan Fernando
(Costa Rica)

Comunícate°

¿Cómo te llamas?

Eloy y Claudia son
estudiantes de la universidad.

Se llama Eloy
Ramírez Ovando.

Se llama Claudia
Cuéllar Arapí.

Martha Brizuela y Ricardo González son
profesores de la universidad.

Claudia y Eloy son amigos.

Preséntate°

Introduce yourself

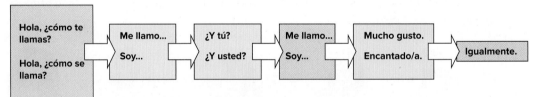

Hola, ¿cómo te llamas? / Hola, ¿cómo se llama?	Me llamo... / Soy...	¿Y tú? / ¿Y usted?	Me llamo... / Soy...	Mucho gusto. / Encantado/a.	Igualmente.

Presenta a tu amigo/a

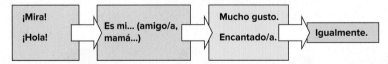

¡Mira! / ¡Hola!	Es mi... (amigo/a, mamá...)	Mucho gusto. / Encantado/a.	Igualmente.

Gramática *The Difference Between* ¿Cómo te llamas? *and* ¿Cómo se llama?

This box appears throughout the text to help you with grammar structures and some aspects of the Spanish language.

¿Cómo te llamas?	*What is your name? (familiar setting)*
Me llamo...	*My name is . . .*
¿Cómo se llama?	*What is his/her name?* *What is your name? (polite setting)*
Se llama...	*His/her name is . . .* *Your name is . . . (polite setting)*

Actividad 1   ¿Cómo te llamas? / ¿Cómo se llama?

Completa las conversaciones.

Hola, ¿_____?

_____, ¿Y tú?

_____.

_____.

Igualmente.

Camila   Eloy

1.

Hola, ¿_____?

Soy_____, ¿Y usted?

_____.

Eloy, estudiante   La profesora Ávila

2.

Actividad 2   ¿Cómo se llama?

Conversa (Habla [*Speak*]) con tu compañero/a (*partner, classmate*). Sigue (*Follow*) el modelo.

Vocabulario

The **Vocabulario** box appears with some activities to provide you with key vocabulary for the task. English translations of words and phrases will be included in **¡Bienvenidos!** and **Capítulo 1** only. From **Capítulo 2** onward your instructor will present unfamiliar vocabulary in the **Vocabulario** boxes, or you can look up vocabulary items that you don't know in the end-of-chapter **Vocabulario** or in the Spanish-English **Vocabulario** section at the end of the text.

este, esta   this

MODELO: ESTUDIANTE 1:   ¿Cómo se llama *esta persona famosa*?

                  ESTUDIANTE 2:   Se llama _____.

1.

2.

3.

4.

5.

6.

Actividad 3 ¿Cómo se llama tu amigo?

Completa las conversaciones de Camila y Rodrigo.

Camila y Rodrigo son amigos

RODRIGO: Mira, Camila. Es mi amigo de Ecuador.

CAMILA: ¿Cómo _____ ?

RODRIGO: Se llama _____.

CAMILA: Mira, Claudia. Es mi amigo. _____ Rodrigo.

CLAUDIA: Mucho gusto.

RODRIGO: Igualmente.

C ¿Cómo estás?

Actividad 4 ¿Qué dices?

Vocabulario	
¿Qué dices?	What do you say?

Escucha (*Listen*) a tu profesor(a) y escribe (*write*) el número de la pregunta (*question*) al lado de la respuesta correspondiente.

____   Adiós.

____   Buenos días, profesor(a).

____   Igualmente.

____   Me llamo *Claudia*.

____   Muy bien, gracias. ¿Y tú?

© ¿Quién es?

alto, delgado, moreno

alto, guapo, el pelo ondulado

atlético, fuerte

Roberto, un chico

el señor López, un hombre

bonita

rubio

el pelo largo, rizado

el pelo corto, lacio

bajo

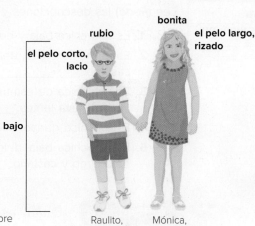

Raulito, un niño

Mónica, una niña

gordo, elegante, el pelo canoso

el bigote

la barba

el señor Rosales, un hombre

de estatura mediana, vieja

los lentes

la señora Mendoza, una mujer

joven, alta

el pelo castaño, largo, lacio

Ximena, una joven

Sebastián

Xiomara

Lucía

el profesor de arte

Nayeli

Vocabulario

lleva
is wearing

Lee (*Read*) las descripciones y di (*say*) quién es.

1. Es una chica baja y delgada. Tiene el pelo corto y castaño. _____
2. Es un hombre alto, delgado y fuerte. Tiene el pelo largo y castaño. _____
3. Es una chica de estatura mediana. Tiene el pelo largo, castaño y rizado. Lleva lentes. _____
4. Es un chico guapo, atlético y delgado. Tiene el pelo corto. _____
5. Es una chica baja, delgada y bonita. Tiene los ojos castaños y el pelo largo y castaño. _____

 Actividad 6 ¿Quién es?

Escucha a tu profesor(a) y di a quién describe.

Eloy

Ángela

Marcela y Omar

Antonella y Camila

¡Muévete!

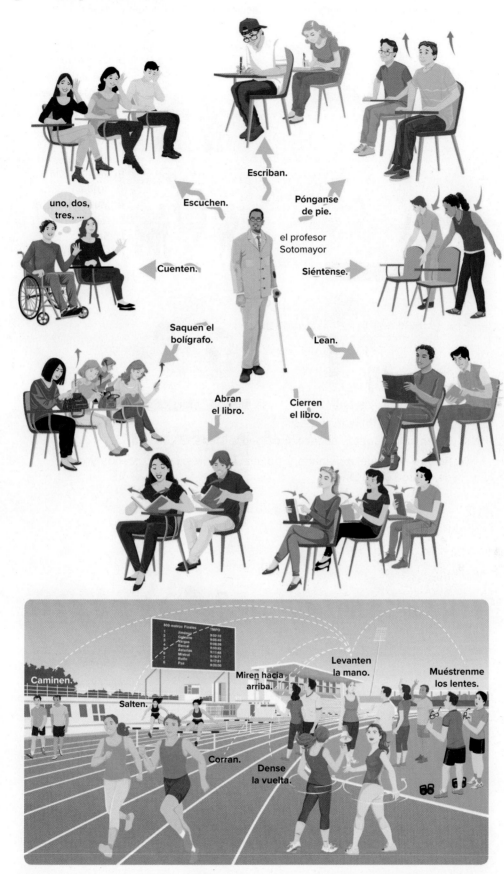

Escriban.

Escuchen.

Pónganse de pie.

uno, dos, tres, ...

el profesor Sotomayor

Cuenten.

Siéntense.

Saquen el bolígrafo.

Lean.

Abran el libro.

Cierren el libro.

Caminen.

Miren hacia arriba.

Levanten la mano.

Muéstrenme los lentes.

Salten.

Corran.

Dense la vuelta.

Escucha los mandatos (*commands*) de tu profesor(a) e indica el dibujo (*indicate*) correcto.

___ **1.**

___ **2.**

a. Abran el libro.

b. Caminen.

c. Corran.

d. Dense la vuelta.

e. Escriban en la pizarra.

f. Levanten la mano.

g. Miren hacia arriba.

h. Muéstrenme el reloj.

i. Salten.

j. Saquen el bolígrafo.

___ **3.**

___ **4.**

___ **5.**

___ **6.**

___ **7.**

___ **8.**

___ **9.**

___ **10.**

C ¿Qué ropa llevas?

un sombrero gris

una camisa negra

una corbata gris

un saco gris

un traje gris

unos pantalones grises

unos vaqueros azules

unos zapatos negros

Omar

una camiseta negra

una sudadera anaranjada

unos pantalones cortos color kaki

unos zapatos de tenis color café claro

Marcela

Carlitos

un vestido rosado

unas sandalias blancas

Maritza

una camisa azul

una blusa verde

unos vaqueros negros

unas sandalias color café

unos pantalones color kaki

unos zapatos amarillos

Claudia

Eloy

un abrigo rojo

un gorro blanco

una bufanda blanca

una falda blanca y negra

unas botas rojas

Camila

un gorro morado

una chaqueta morada

unos pantalones negros

unas botas negras

Rodrigo

Actividad 8 ¿Quién lleva... ?

Mira los dibujos de las personas en la sección **¿Quién es?** (página 7). Empareja (*Match*) las descripciones con las personas.

_____ **1.** Lleva un vestido rosado y unas sandalias blancas.

_____ **2.** Lleva unos vaqueros largos azules y una camiseta azul. También lleva unos zapatos de tenis grises.

_____ **3.** Lleva sombrero, un abrigo rojo y unas botas color café. También lleva lentes.

_____ **4.** Lleva un traje negro, una corbata negra, unos zapatos negros y una camisa blanca. ¡Qué elegante!

_____ **5.** Lleva un traje color café, una camisa beige y una corbata azul. También lleva unos zapatos color café.

_____ **6.** Lleva una falda negra, una blusa blanca y unas botas negras.

_____ **7.** Lleva unos pantalones cortos verdes y una camiseta blanca y verde. También lleva unos zapatos de tenis blancos.

a. el señor López

b. el señor Rosales

c. la señora Mendoza

d. Mónica

e. Raulito

f. Roberto

g. Ximena

Actividad 9 Los amigos del club

Mira a los amigos del club y conversa con tu compañero. Describan a dos de estas personas (ropa y descripción física).

> MODELO: E1: Es *un hombre* (*una mujer / un chico / una chica*). Es *alto* (*alta, bajo/a, de estatura mediana*) *y delgado* (*delgada, gordo/a*). *No tiene pelo* (*Tiene el pelo largo/corto/rizado/ lacio/ondulado*).
>
> E2: ¿Qué ropa lleva?
>
> E1: Lleva *un traje azul, una corbata roja y unos zapatos negros.*
>
> E2: ¿Es *Omar*?
>
> E1: *¡Sí!*

Omar   Xiomara Eloy   Camila   Ana Sofía Claudia   Rodrigo

Actividad 10 Busca las diferencias

Mira los dibujos y encuentra (*find*) las diez (*ten*) diferencias.

> MODELO: En el dibujo uno, Eloy lleva unos pantalones cortos azules y en el dibujo dos, (Eloy) lleva unos pantalones cortos color café.

Vocabulario
busca look for

Dibujo 1 (uno)

Ángela Antonella Camila Eloy Marcela Omar Ana Sofía Claudia Rodrigo Sebastián Xiomara Lucía el profesor de arte

Dibujo 2 (dos)

Ángela Antonella Camila Eloy Marcela Omar Ana Sofía Claudia Rodrigo Sebastián Xiomara Lucía el profesor de arte

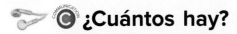 **¿Cuántos hay?**

¡A contar! Los números del 0 al 49				
0 cero	10 diez	20 veinte	30 treinta	40 cuarenta
1 uno	11 once	21 veintiuno	31 treinta y uno	41 cuarenta y uno
2 dos	12 doce	22 veintidós	32 treinta y dos	42 cuarenta y dos
3 tres	13 trece	23 veintitrés	33 treinta y tres	43 cuarenta y tres
4 cuatro	14 catorce	24 veinticuatro	34 treinta y cuatro	44 cuarenta y cuatro
5 cinco	15 quince	25 veinticinco	35 treinta y cinco	45 cuarenta y cinco
6 seis	16 dieciséis	26 veintiséis	36 treinta y seis	46 cuarenta y seis
7 siete	17 diecisiete	27 veintisiete	37 treinta y siete	47 cuarenta y siete
8 ocho	18 dieciocho	28 veintiocho	38 treinta y ocho	48 cuarenta y ocho
9 nueve	19 diecinueve	29 veintinueve	39 treinta y nueve	49 cuarenta y nueve

Los materiales para la universidad

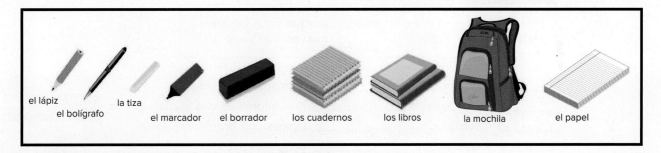

el lápiz   el bolígrafo   la tiza   el marcador   el borrador   los cuadernos   los libros   la mochila   el papel

¿Hablas español?

Actividad 11 En mi clase de español

Cuenta (*Count*) los estudiantes en la clase que...

LLEVAN		TIENEN	
pantalones vaqueros	_____	barba	_____
lentes	_____	el libro de español	_____
minifalda	_____	el pelo largo	_____
blusa	_____	los ojos castaños	_____
zapatos de tenis	_____	tatuajes	_____
camiseta	_____	móvil	_____

Vocabulario

el móvil
cell phone

el tatuaje
tattoo

¿Cuántos estudiantes hay en tu clase de español?

Hay _____ estudiantes.

Actividad 12 Los materiales de clase

Escucha a tu profesor(a). ¿Cuántos materiales necesita él/ella? Escribe el número correcto.

Vocabulario

(no) necesito	I (do not) need	**porque**	because
viejos	old	**nuevos**	new

_____ cuadernos		_____ marcadores amarillos	
_____ libros de texto		_____ marcadores verdes y anaranjados	
_____ mochilas		_____ lápices con borrador	
_____ tizas blancas		_____ bolígrafos azules	
_____ tizas de colores		_____ bolígrafos rojos	

Lo que aprendí

After completing this chapter, I can:

- ☐ say my name when asked in Spanish,
- ☐ ask other people their names,
- ☐ introduce myself and others,
- ☐ greet and say good-bye to people,
- ☐ describe people's physical appearance and clothing,
- ☐ follow some commands,
- ☐ say and use numbers 0-49.

Now I also know more about . . .

- ☐ which countries have Spanish as the official language.

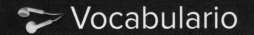

The chapter **Vocabulario** includes thematic and comprehension vocabulary that will help you understand and converse with native speakers. **Palabras semejantes** are cognates, words that have the same meaning, and often the same spelling, as their counterparts in English. Spanish and English share a great many cognates, and this will make learning Spanish easier for you.

Las preguntas y las respuestas	Questions and Answers
¿Cómo está usted / estás tú?	How are you (*pol./fam. sing.*)?
(Muy) Bien, gracias.	(Very) Well, thanks.
Estoy bien (regular).	I'm fine (OK).
(Muy) mal.	Not (at all) well.
¿Y usted/tú?	And you (*pol./fam. sing.*)?
¿Cómo se llama?	What is his/her name?
Se llama...	Her/His name is . . .
¿Cómo se llaman?	What are their names?
Se llaman...	Their names are . . .
¿Cómo se llama usted / te llamas (tú)?	What is your (*pol./fam. sing.*) name?
Me llamo...	My name is . . .
¿Cuántos/as hay?	How many are there?
¿Qué tal?	How's it going? / What's up?
¿Quién es?	Who is it?

Las personas	People
el/la amigo/a	friend
los Amigos sin Fronteras	Friends without Borders
el/la chico/a	boy/girl
el hombre	man
el/la joven (los jóvenes)	young man/woman (young people)
la mujer	woman
el niño / la niña	boy/girl
el señor	man; Mr.
la señora	woman; Mrs.
la señorita	young lady; Miss
yo, tú, usted, él/ella	I, you (*fam. sing.*), you (*pol. sing.*), he/she
nosotros/as, vosotros/as, ustedes, ellos/ellas	we, you (*fam. pl., Sp.*), you (*pol. pl.*), they
Palabras semejantes: el/la estudiante, la mamá, el/la profesor(a)	

Los saludos y las despedidas	Greetings and Good-byes
Adiós.	Good-bye.
Buenas noches.	Good night.
Buenas tardes.	Good afternoon.
Buenos días.	Good morning.
Chao.	Bye.
Hasta luego.	See you later.
Hola.	Hello., Hi.
Nos vemos.	See you later.

Las presentaciones	Introductions
Encantado/a.	Pleased to meet you. / Delighted.
Igualmente.	Likewise.
Mucho gusto.	Nice to meet you.
Preséntate.	Introduce yourself (*fam. sing.*).
Presenta a tu amigo/a.	Introduce (*fam. sing.*) your friend.

La descripción de las personas	Describing People
Es...	He/She is . . .
alto/a	tall
bajo/a	short
bonito/a	pretty
de estatura mediana	medium height
delgado/a	thin
fuerte	strong
gordo/a	fat
guapo/a	handsome, good-looking
joven	young
moreno/a	brunette; dark-skinned
rubio/a	blond
viejo/a	old
Tiene...	He/She has . . .
barba	a beard
bigote	a mustache

La descripción de las personas	Describing People
Tiene el pelo...	His/Her hair is . . . (He/She has . . . hair)
canoso/a	white-haired
castaño (negro, rubio)	brown (black, blond)
corto	short
lacio	straight
largo	long
ondulado	wavy
rizado	curly
Tiene los ojos...	His/Her eyes are . . .
azules	blue
castaños	brown
negros	dark brown (black)
verdes	green
Palabras semejantes: atlético/a, elegante	

Los mandatos (ustedes)	Commands (*pol. pl.*)
Abran	Open
Caminen	Walk
Cierren	Close
Corran	Run
Cuenten	Count
Dense la vuelta	Turn around
Escriban	Write
Escuchen	Listen
Lean	Read
Levanten la mano	Raise your hands
Miren hacia abajo/arriba	Look down/up
Muéstrenme	Show me
Pónganse de pie	Stand up
Salten	Jump
Saquen	Take out
Siéntense	Sit down

La ropa	Clothing
¿Qué ropa lleva?	What is he/she / are you (*pol. sing.*) wearing?
¿Qué ropa llevas tú?	What are you (*fam. sing.*) wearing?
Llevo...	I'm wearing (a/an) . . .
¿Quién lleva... ?	Who's wearing (a/an) . . . ?
abrigo	overcoat
blusa	blouse
botas	boots
bufanda	scarf
camisa	shirt
camiseta	T-shirt
chaqueta	jacket
corbata	tie
falda	skirt
gorro	cap
pantalón (*m.*) / **pantalones**	pants
pantalones cortos	shorts
saco	sport coat; suit jacket
sandalias	sandals
sombrero	hat
sudadera	sweatshirt
suéter (*m.*)	sweater
traje (*m.*)	suit
vaqueros	jeans
vestido	dress
zapatos (de tenis)	(tennis) shoes

Los colores	Colors
¿De qué color es?	What color is it?
amarillo/a	yellow
anaranjado/a	orange
azul	blue
blanco/a	white
color café (claro)	(light) brown
color kaki	khaki colored
gris	gray
morado/a	purple
negro/a	black
rojo/a	red
rosado/a	pink
verde	green

Los números del 0 al 49	Numbers from 0 to 49
cero, uno, dos, tres, cuatro, cinco, seis, siete, ocho, nueve, diez, once, doce, trece, catorce, quince, dieciséis, diecisiete, dieciocho, diecinueve, veinte, veintiuno, veintidós, veintitrés, veinticuatro, veinticinco, veintiséis, veintisiete, veintiocho, veintinueve, treinta, treinta y uno, treinta y dos... cuarenta, cuarenta y uno... cuarenta y nueve	

Las cosas	Things
el bolígrafo	pen
el borrador	eraser
el cuaderno	notebook
el lápiz	pencil
los lentes (de sol)	(sun)glasses
el libro	book
el marcador	marker
la mochila	backpack
el papel	paper
la tiza	chalk
Palabras semejantes: los materiales, la universidad	

Los verbos	Verbs
es	he/she/it is; you (pol. sing.) are
hay	there is, there are
son	they/you (pol. pl.) are
soy	I am

Palabras y expresiones útiles	Useful Words and Expressions
de	of, from; by
el, los, la, las	the
mi(s)	my (sing., pl. possessive pronouns)
no	no; not
para	for
sí	yes
Tengo una pregunta.	I have a question.
tu(s)	your (fam. sing., pl. possessive pronouns)
un (una) / unos (unas)	a, an / some
y	and

Palabras y expresiones del texto	Words and Expressions from the Textbook
¡Bienvenido/a(s)!	Welcome!
la actividad	activity
el capítulo	chapter
el español	Spanish
Mandatos (tú)	Commands (fam. sing.)
Mira	Look
Muévete	Move
la página	page
Palabra semejante: el modelo	

Design elements: (Headphones): ©McGraw-Hill Education; (Globe): ©McGraw-Hill Education; (Laptop): ©D. Hurst/Alamy RF.

Cuatro amigos en la universidad

Upon successful completion of **Capítulo 1,** you will be able to: ask people their names both politely and informally; spell in Spanish; converse about your immediate family; describe people's clothes, their physical appearance, and their personality; say and use the numbers 50–299 to express quantity and prices; greet and say good-bye to people; and introduce yourself and others. Additionally, you will have learned about some interesting places and people from Spanish-speaking areas of the U.S.

Comunícate

Los compañeros de clase

Los saludos y las presentaciones

Descripción: la familia y los amigos

Hablando de la familia y los amigos Los hispanos en el mundo

¿Cuánto cuesta?

Exprésate

Escríbelo tú ¿Cómo eres?

Cuéntanos Mi mejor amigo/a

Cultura

Mundopedia Los nombres en el mundo hispano

Conexión cultural La presencia vital de los hispanos

Videoteca

Amigos sin Fronteras, Episodio 1 Los nuevos amigos

Mi país Estados Unidos

Gramática

1.1 Subject Pronouns and the Verb **ser**

1.2 Gender and Number of Nouns

1.3 Using Adjectives and Nouns Together: Agreement and Placement

1.4 Negation

www.mhhe.com/connect

©Caia Image/Glow Images RF

ESTADOS UNIDOS

Estados Unidos

los Grandes Lagos

Chicago

Maryland
Washington, D.C.

Nueva York

Festival de La Parada
Nueva York

Via Crucis en
Langley Park, Maryland

San Francisco
Berkeley
California
Los Ángeles

Iglesia de Nuestra Señora
la Reina de Los Ángeles
en la Placita Olvera

Texas

San Antonio

el río Misisipí

Florida

Miami

Festival de El Cinco
de Mayo, San Antonio

Festival de la Calle Ocho
en la Pequeña Habana. Miami

Amigos sin Fronteras

In this episode, two people meet each other on campus. They also decide to start a club. What kind of club and for whom is it intended?

www.mhhe.com/connect

©McGraw-Hill Education/Klic Video Productions

Conócenos°

Get to Know Us

Eloy Ramírez Ovando
©McGraw-Hill Education/Klic
Video Productions

Eloy Ramírez Ovando es mexicoamericano y es de Los Ángeles. Tiene veintiún años y es estudiante de biología en la Universidad de California, Berkeley. Sus actividades favoritas son leer blogs, ver partidos de fútbol e ir al cine.

Eloy Ramírez Ovando is Mexican-American and he is from Los Angeles. He's 21 years old and is a biology student at the University of California, Berkeley. His favorite activities are reading blogs, watching soccer matches, and going to the movies.

©Lars A. Niki

Mi país

*Starting with **Capítulo 2,** descriptions of **Amigos sin Fronteras** characters will not be accompanied by an English translation.

Comunícate

C Los compañeros de clase

Lee *Gramática 1.1*

Él se llama Eloy. Su amiga se llama Susan. Son compañeros de la clase de biología.

Actividad 1 ¿Cómo se llama?

El profesor Franklin Sotomayor Sosa en su clase de español.

Jerry Black conversa con Destiny Wallace.

E1: ¿Cómo se llama el profesor?

E2: Se llama _____.

E1: Y, ¿cuáles son sus apellidos?

E2: Son _____.

E1: ¿Cómo se llama el/la compañero/a de _____?

E2: Se llama _____.

E1: Y, ¿cuál es su apellido?

E2: Es _____.

Gramática *Using* su *and* sus

Su and **sus** can mean *his/her* as well as *their*. They also mean *your* (pol.). **Su** is used with singular nouns, whereas **sus** is used with plural nouns.

su apellido	*your* (pol.), *his/her/their last name*
sus apellidos	*your* (pol.), *his/her/their last names*

Note that there is also a grammar section at the end of each chapter, right before the **Vocabulario.**

Vocabulario

el apellido / los apellidos
last name(s)

¿Cómo se llama?
What is his/her name?

Se llama...
His/Her name is . . .

¿Cuál(es)... ?
Which/What . . . ?

Es... / Son...
It is . . . / They are . . .

su(s)
his, her, their

Actividad 2 El abecedario en español

El abecedario en español					
a	a	j	jota	r	erre,* ere
b	be, be grande	k	ca	s	ese
c	ce	l	ele	t	te
d	de	m	eme	u	u
e	e	n	ene	v	uve, ve chica
f	efe	ñ	eñe	w	doble ve, uve doble
g	ge	o	o	x	equis
h	hache	p	pe	y	ye,* i griega
i	i, i latina	q	cu	z	zeta

Di cómo se escriben los nombres de los estudiantes del club.

> **MODELO:** ¿Cómo se escribe Xiomara?
> Se escribe así: *equis, i latina, o, eme, a, ere, a.*

1. ¿Cómo se escribe *Eloy*?
2. ¿Cómo se escribe *Ángela*?
3. ¿Cómo se escriben el nombre *Xiomara* y el apellido *Asencio*?
4. ¿*Arapí* se escribe con hache o sin hache?
5. ¿*Ovando* se escribe con be grande o ve chica?
6. ¿Cómo se escribe el apellido de Claudia (*Cuéllar*)? ¿Con ce o con cu? ¿Y el apellido de Rodrigo (*Yassín*) se escribe con una ese o con dos? ¿Con i griega o con doble ele (*elle*)?

Vocabulario

¿Cómo se escribe... ?
  How do you spell . . . ? / How is . . . spelled?

Se escribe así...
  It is spelled . . .

con
  with

sin
  without

Actividad 3 ¡A conversar!

Conversa (Habla [*Speak, Talk*]) con un compañero / una compañera.

> **MODELO:**
> **E1:** Hola, ¿cómo te llamas?
> **E2:** Me llamo _____.
> **E1:** ¿Cómo se escribe tu nombre?
> **E2:** Se escribe _____.
> **E1:** ¿Y cómo se escribe tu apellido?
> **E2:** Es muy fácil/difícil. Se escribe _____.
> **E1:** ¿Cuál es tu email?
> **E2:** Es _____.

Vocabulario

arroba	@, "at" sign
com	*just pronounce* **com**
difícil	*difficult*
edu	*spell out:* **e, de, u**
fácil	easy
org	*spell out:* **o, ere, ge**
punto	dot

Gramática *The Difference Between* tú *and* tu

Note that **tú** with an accent mark over the **u** means *you,* but **tu** without an accent means *your.*

tu *your*   tú *you*

---

*Official recommendation (2010) made by Real Academia Española (RAE).

Actividad 4 ¿Qué ropa llevan mis compañeros de clase?

Mira a (*Look at*) cuatro de tus compañeros de clase. Escribe (*Write*) el nombre de cada (*each*) estudiante, la ropa que lleva (*is wearing*) y el color de la ropa que lleva.

 MODELO: *Claudia lleva una blusa blanca.*

NOMBRE		ROPA	COLOR
1. ____	lleva	____	____ .
2. ____	lleva	____	____ .
3. ____	lleva	____	____ .
4. ____	lleva	____	____ .

Lengua *Using the Verb* **llevar** (*to wear*)

The verb **llevar** is often used with clothing.

Los saludos y las presentaciones

Lee *Gramática 1.1*

ELOY: Hola, Claudia. ¿Qué tal?

CLAUDIA: Regular, Eloy, ¿y tú?

ELOY: Muy bien, gracias.

CLAUDIA: Oye...

PROFESOR GARCÍA: Buenos días. ¿Cómo estás hoy, Pilar?

PROFESORA RUIZ: Muy bien. ¿Y tú, Andrés?

PROFESOR GARCÍA: No muy bien, un poco cansado.

PROFESORA RUIZ: ¡Lo siento!

ELOY: Buenas tardes, profesora Ávila. ¿Cómo está usted?

PROFESORA ÁVILA: Bien, bien gracias. ¿Y usted?

ELOY: Muy bien, profesora, gracias. Nos vemos más tarde en clase.

PROFESORA ÁVILA: Sí, Eloy, hasta luego.

 Cultura Los saludos (*Greetings*)

Para los hispanos, los saludos son muy importantes. En situaciones informales, es normal dar un abrazo (*hug*) y un beso (*kiss*), pero en España y Paraguay ¡son dos besos! En situaciones formales se da la mano (*hand*), como (*like*) en Estados Unidos. También es importante preguntar (*to ask*) cómo está la familia.

The goal of this **Cultura** feature found throughout *Tu mundo* is twofold: to help you get acquainted with cultural products, practices and perspectives across the Spanish-speaking world as well as provide you with the tools to compare the cultures of the Spanish-speaking world, with your own and find similarities and differences between the two.

The goal of this **Lengua** feature, found throughout *Tu mundo*, is twofold: to help you get acquainted with specific linguistic uses across the Spanish-speaking world and to provide you with the tools to find similarities and differences between Spanish and your own language.

Lengua *Gracias y De nada*

Las expresiones **Gracias** (*Thank you*) y **De nada** (*You're welcome*) son muy comunes en español. ¡Úsalas!

Los saludos

A. Saluda a (*Greet*) un compañero / una compañera.

    E1: Buenas tardes, ____. ¿Qué tal?

    E2: Bien, bien, gracias. ¿Y tú?

    E1: ____. Gusto de verte.

B. Saluda a un profesor / una profesora.

    ESTUDIANTE: Buenos días, profesor(a). ¿____ está ____?

    PROFESOR(A): ____. ¿Y usted?

    ESTUDIANTE: ____, gracias.

    PROFESOR(A): Hasta luego.

    ESTUDIANTE: ____, profesor(a).

¿Recuerdas?°   *Do you remember?*

Use **tú** to speak with a classmate, but use **usted** to speak with a professor.

Las presentaciones

A. Saluda a un compañero nuevo (*new*) / una compañera nueva y preséntate (*introduce yourself*).

MODELO:

    ELOY: Hola, ¿cómo te llamas?

    CLAUDIA: Me llamo *Claudia Cuéllar Arapí,* ¿y tú?

    ELOY: Me llamo *Eloy Ramírez Ovando.* Mucho gusto.

    CLAUDIA: Igualmente.

Ahora tú.

    E1: Hola (Buenos días, Buenas tardes/noches), ¿cómo te llamas?

    E2: Me llamo ____, ¿y tú?

    E1: Me llamo ____. Mucho gusto.

    E2: Encantado/a. (Igualmente).

B. Mira los dibujos y lee los diálogos.

Cultura *Addressing Each Other* ¿Tú o usted?

Simple rule of thumb: if people address each other using their first names, they use **tú.** If they say **profesor(a), doctor(a), señor(a), señorita** (sometimes they add a last name), they use **usted.**

Ahora presenta tú a (*introduce*) dos de tus compañeros/as.

    E1: ____, te presento a un amigo nuevo / una amiga nueva, ____.

    E2: Mucho gusto, ____.

    E1: Encantado/a (Igualmente), ____.

Descripción: La familia y los amigos

Lee *Gramática 1.2, 1.3, 1.4*

La familia de Eloy
los hermanos

la hermana   los hermanos

Eloy Ramírez Ovando

el padre

Ricardo Alberto Ramírez Ovando   la madre

Antonio Ramírez del Valle

Estela Ovando Hernández

Patricia Ramírez Ovando   Eduardo Antonio Ramírez Ovando

los hijos de Antonio y Estela
(el hijo / la hija)

Los amigos de Eloy
Tres amigas y un amigo

Ángela McNeil-Mendívil   Sebastián Saldívar Calvo   Antonella Piatelli de la Fuente   Camila Piatelli de la Fuente

Actividad 7 ¿Cómo son estas personas?

Mira los dibujos y describe a los amigos y a la familia de Eloy con tu compañero/a. Mira el modelo también.

Vocabulario

¿Cómo son estas personas?	What are these people like?
¿Cómo es... ?	What is . . . like?
es	he/she is
ni	nor
niño/a	boy/girl
tiene*	he/she has

MODELO:

E1: ¿Cómo es Antonella?

E2: Antonella es una niña, pero no es muy pequeña. Tiene el pelo rubio, largo y lacio.

E1: ¿Es gorda y fea?

E2: No, ella no es gorda ni fea; es delgada y bonita.

E1: ¿Cómo es *el padre* de Eloy? (*la madre, el hermano, la hermana*)

E2: Él/Ella es _____. No es _____.

E1: ¿Tiene el pelo rubio?

E2: No, no tiene el pelo rubio; tiene el pelo _____.

E1: ¿Y cómo es tu *madre*? (tu *hijo/a, tu hermano/a, tu padre*)

E2: Él/Ella es _____. No es _____. Tiene _____.

E1: ¿Es *alto/a*? (*gordo/a, fuerte, guapo/bonita...*)

E2: Sí, es *alto/a*. / No, no es *alto/a*, es _____.

Antonella Piatelli de la Fuente

*You will learn more about the verb **tener** in **Gramática 2.2** and **3.1**.

24 veinticuatro   **Capítulo 1** ¡A conversar!

Actividad 8   Estereotipos y generalizaciones

Reacciona (*React*) a las siguientes afirmaciones. ¡Algunas están basadas (*Some are based*) en estereotipos tontos (*silly, foolish*)!

MODELOS: Todas las mujeres son impulsivas.
No, no todas las mujeres son impulsivas.

Los niños pequeños son cómicos.
Sí, los niños pequeños son cómicos y simpáticos.

Vocabulario

el/la muchacha
   young man/woman
todos/as   all

Palabras para describir la personalidad

agresivo/a	difícil	inteligente	sincero/a
antipático/a (*unpleasant, unfriendly*)	egoísta	materialista	tacaño/a (*stingy*)
	entusiasta	mentiroso/a (*lying, liar*)	temperamental
callado/a (*quiet*)	estudioso/a	pequeño (*small*)	tímido/a (*shy*)
cómico/a	filosófico/a	perezoso/a (*lazy*)	tonto/a
conservador(a)	generoso/a	práctico/a	trabajador(a) (*hardworking*)
considerado/a	idealista	serio/a	
creativo/a	impulsivo/a	simpático/a (*pleasant, nice*)	

1. Los hombres son muy materialistas.
2. Los republicanos son conservadores.
3. Mis compañeros de clase son estudiosos.
4. Todas las (mujeres) rubias son tontas.
5. Todos los mexicanos son trabajadores.
6. Las personas viejas son tacañas
7. Los políticos son mentirosos.
8. Todos los chicos/muchachos son perezosos.
9. Muchas personas tímidas son calladas.
10. Las mujeres son temperamentales.

Cultura *Expressing* stingy

Para expresar que una persona es **tacaña** (que no es generosa), los hispanos se tocan el codo con la mano.

En España y México **tacaño** es **codo duro** (*stiff, hard elbow*), en Chile es **manito de guagua** (*baby's hand*) y en Argentina es **amarrete/a.**

Actividad 9   La personalidad

¿Cómo eres tú? Describe tu personalidad. Describe también a tu mejor (*best*) amigo/a. Usa (*Use*) el vocabulario de la **Actividad 8.**

E1: ¿Cómo eres tú?
E2: Soy _____, _____ y _____.
      No soy _____ ni _____.
E1: ¿Cómo es tu mejor amigo/a?
E2: Él/Ella es _____, _____ y _____.
      No es _____ ni _____.

Actividad 10 ¿Cómo eres tú?

Mira el modelo y luego (*then*) preséntate a tu grupo. Usa el **Vocabulario.**

Vocabulario

llevo	I am wearing
me llamo	my name is
soy (alto/a, delgado/a, ...)	I am (tall, thin, . . .)
soy (trabajador[a], estudioso/a, ...)	I am (hard-working, studious)

MODELO: Buenos días. Me llamo Rodrigo Yassín Lara. Hoy llevo una camisa blanca, vaqueros y zapatos de tenis negros. No soy ni alto ni bajo; soy de estatura mediana y gordito (un poco gordo). Tengo el pelo negro. Soy serio, estudioso y trabajador. No soy ni tonto ni perezoso.

Ahora tú.

Buenos días (Buenas tardes/noches, Hola). Me llamo...

 C Hablando de° la familia y los amigos

LOS HISPANOS EN EL MUNDO Hablando... *Speaking of*

©Hero/Corbis/Glow Images RF

La mayoría[a] de los hispanos vive[b] en países[c] hispanos grandes y pequeños, por ejemplo, España, Nicaragua, Chile, Argentina y México. Pero muchos viven en otros países como Estados Unidos, Italia, Reino Unido, Alemania, Francia[d] y Canadá, unos con documentos legales, otros sin ellos.[e] Los hispanos emigran de su país por muchos motivos, el más común: oportunidades económicas. También, algunos estudian en las universidades de otros países y después trabajan allí.[f] Muchos inmigrantes son trabajadores y responsables. Algunos países aprecian[g] sus contribuciones y otros no, especialmente cuando ellos mismos[h] tienen problemas económicos. ¡Así es la situación de todos los inmigrantes!

[a]*majority* [b]*live* [c]*countries* [d]*Reino... United Kingdom, Germany, France* [e]*sin... without them* [f]*there* [g]*value* [h]*ellos... they themselves*

C ¿Cuánto cuesta?

Lee *Gramática 1.2*

$159,00

los vaqueros

$200,00

las botas

$199,99

el abrigo

$89,98

las botas de vaquero

$77,99

el sombrero

$65,49

los lentes de sol

¡A contar! Los números del 50 al 299					
cincuenta	50	setenta y cinco	75	cien	100
cincuenta y uno	51	ochenta	80	ciento uno	101
sesenta	60	ochenta y seis	86	ciento diez	110
sesenta y dos	62	ochenta y siete	87	ciento cincuenta	150
sesenta y tres	63	noventa	90	doscientos	200
setenta	70	noventa y tres	93	doscientos doce	212
setenta y cuatro	74	noventa y ocho	98	doscientos noventa y nueve	299

Lengua *Variaciones léxicas*

- En Cuba **la falda** es **la saya** y **los pantalones vaqueros** son **el bluyín.**
- En México **la camiseta** es **la playera** y en Argentina es **la remera.**
- **El suéter** es **el jersey** en España y **la chompa** en Ecuador, Colombia y Perú.

Actividad 11 Descripciones

Habla con tu compañero/a sobre la ropa que aparece (*appears*) en los dibujos. Di qué es, de qué color es y cuánto cuesta.

MODELO:
E1: ¿Qué es?
E2: Es *un vestido elegante*. (Es una ____. / Son unos/unas ____.)
E1: ¿De qué color es?
E2: Es rojo. (Son ____.)
E1: ¿Cuánto cuesta(n)?
E2: Cuesta(n) *$197.00* (*ciento noventa y siete dólares*).

$197,00

un vestido elegante

Vocabulario

los centavos	cents
los dólares	dollars
—¿Qué es/son?	What is it / are they?
—Es/Son...	It is / They are . . .
—¿De qué color es/son?	What color is it / are they?
— Es/Son...	It is / They are . . .
—¿Cuánto cuesta(n)?	How much is it / does it cost (are they / do they cost)?
—Cuesta(n)...	It is/costs (They are/cost) . . .

$88,99

una falda bonita

$225,00

un abrigo para hombre

$166,98

unos zapatos caros

$76,50

un sombrero para mujer

$55,98

una bufanda y el gorro

$57,69

una camisa y la corbata

$113,99

una chaqueta de esquí

$136,27

un suéter para hombre

$299,99

un traje azul

$185,99

el libro de biología

MODELO: E1: ¿Cuánto cuesta?
E2: Cuesta *$185,99 (ciento ochenta y cinco
dólares y noventa y nueve centavos)*.
E1: Tiene buen precio. / Es barato.
E2: No, cuesta mucho. / Es caro.

Vocabulario

Tiene buen precio. / Es barato.	It has a good price. / It is inex pensive.
¡Cuesta mucho! / Es caro.	It costs a lot! / It is expensive.

$199,99

la tableta

$66,99

la mochila

$177,99

el reloj

$189,98

el celular / móvil

$77,50

el teclado ergonómico

$159,98

la silla confortable

$100,00

el pupitre

Los chicanos

Eloy Ramírez Ovando

Eloy Ramírez Ovando es mexicoamericano o chicano. Es un chico estudioso y trabajador. Ahora es estudiante de la Universidad de California, Berkeley y, en el futuro, estudiante de medicina. Sus comidas favoritas son los tacos, los tamales y los burritos, pero también las hamburguesas y los sándwiches.

> «Soy chicano: mi familia es de México pero yo soy de Los Ángeles, California. Hablo inglés y español.»

Eloy admira a dos activistas chicanos, Edward James Olmos y Antonio González. Olmos es actor de cine y televisión; también trabaja para la comunidad hispana aquí en Estados Unidos, especialmente como promotor del Festival Latino del Libro y la Familia. Antonio González es presidente de una organización que promueve el voto de los hispanos: *Southwest Voter Registration Education Project*. Para él, es muy importante el voto hispano. En el futuro, Eloy planea ser médico (doctor) y activista como estos dos chicanos.

Una familia hispana saluda a la bandera.

> «Admiro a dos activistas chicanos por su participación en los eventos de la comunidad hispana.»

 # Exprésate°

ESCRÍBELO TÚ°

(You) Write It

¿Cómo eres?

Escribe una composición corta en cuatro partes: 1) saluda, 2) di cómo te llamas, 3) da una buena descripción de tu apariencia física y de tu personalidad y finalmente 4) describe la ropa que llevas frecuentemente (*frequently*). Usa la información de las **Actividades 3, 5, 10** como modelos. Prepara la información y luego escribe tu composición en el *Cuaderno de actividades* o en *Connect Tu mundo*.

Vocabulario

hola

llevo
  I'm wearing

me llamo

soy

tengo

CUÉNTANOS°

Tell Us

Mi mejor amigo/a

Trae (*Bring*) a clase una foto de tu mejor amigo/a. Muestra (*Show*) la foto y descríbela (*describe it*) con tres de tus compañeros. Contesta estas preguntas para describir a la persona en la foto.

- ¿Cómo se llama (él/ella)?
- ¿Qué ropa lleva en la foto y de qué color es?
- ¿Cómo es (físicamente)?
- ¿Cómo es su personalidad?

Ahora prepara tu descripción.

Es mi mejor amigo/a. Se llama _____. En la foto lleva _____.
Es/Son _____. Tiene _____.
Es _____.

Vocabulario

This is the last time the **Vocabulario** box will appear with any English translations. From **Capítulo 2** onward, your instructor will present unfamiliar vocabulary in the **Vocabulario** boxes, and/or you can look up any vocabulary items that you don't know in the **Vocabulario** section at the end of the chapter or in the Spanish-English Vocabulary at the very back of the book.

Se llama...

Es (alto/a, bajo/a, delgado/a, lleva lentes, tiene el pelo...)

Tiene el pelo (rubio, castaño..., largo, corto, rizado...)

Es (entusiasta, tímido/a, conservador[a], ...)

En la foto lleva...

Cultura

Mundopedia

Los nombres y los apellidos en el mundo hispano

Vocabulario de consulta

pero	but
solamente	only
algunos	some
hijos	children
primer	first
cada	each
segundo	second
si	if
viven	they live
casi	almost
todos	everybody

LOS NOMBRES

En Estados Unidos muchas personas tienen dos nombres, **pero** usan uno **solamente**. Muchos hispanos tienen dos nombres: María Cristina, Ana Sofía, Juan Fernando, Carlos Antonio, Miguel Ángel. **Algunos** usan los dos, otros usan solamente uno.

LOS APELLIDOS

Los hispanos tienen dos apellidos, el de su padre y el de su madre. Por ejemplo, Omar Acosta Luna y Marcela Arellano Macías tienen dos **hijos**. Los hijos se llaman Carlos Antonio Acosta Arellano y Maritza Acosta Arellano. El **primer** apellido de **cada** hijo es el primer apellido de su padre (Acosta); el **segundo** es el primer apellido de su madre (Arellano). **Si** la persona usa uno o dos nombres no es importante, pero en los documentos legales es necesario usar los dos apellidos.

DIFERENCIAS

Muchos hispanos que **viven** en Estados Unidos, no solamente los chicanos, con frecuencia tienen nombres en inglés (Brandon, Jonathan, Michelle, Stephanie). Pero **casi todos** usan solamente un apellido, el de su padre, como muchas personas de este país.

Omar Acosta **Luna**   **Marcela** Arellano **Macías**

Maritza Acosta **Arellano**   **Carlos Antonio** Acosta Arellano

= casados

COMPRENSIÓN

¿Cierto o falso?

1. En este país (Estados Unidos) muchas personas usan dos nombres y dos apellidos.
2. En el mundo hispano muchas personas tienen dos nombres.
3. Los apellidos de Manuel Luis, hijo de Luis Mario Ramos Solís y Martha Lucía Ruiz Vega son: Ramos Ruiz.
4. En documentos legales, los hijos solamente usan los apellidos de su padre.
5. Los hispanos que viven en Estados Unidos tienen nombres en español o en inglés.
6. Los hispanos usan dos apellidos en este país también.

CONEXIÓN CULTURAL

Muchos hispanos —¡cincuenta y cinco millones!— *viven* en Estados Unidos. La mayoría vive en el sudoeste (*southwest*), especialmente en California, Nuevo México y Texas; pero hay hispanos en los cincuenta estados de la unión americana. Lee la lectura (*reading*) **La presencia vital de los hispanos** en el *Cuaderno de actividades* o en Connect Spanish y ¡entérate de (*find out about*) las contribuciones culturales de los hispanos!

Videoteca

Amigos sin Fronteras°   Amigos... *Friends without Borders*

Episodio 1: Los nuevos amigos

©McGraw-Hill Education/Klic Video Productions

Vocabulario de consulta

Vamos
  Let's go

¡Qué nervios!
  It's nerve-racking!

No te preocupes, no hay problema.
  Don't worry, there's no problem.

vos*
  you (*sing. fam.*)

tienes
  you have

equipo
  team

economía
  economics (class)

biología
  biology

Tu turno.
  Your turn.

Mañana te llamo.
  I'll call you tomorrow.

Resumen (*Summary*)

In the student lounge, Mexican-American student Eloy Ramírez Ovando is watching a soccer match on TV while he studies and does his homework. He is cheering for the Spanish national team. Claudia Cuéllar Arapí, a student from Paraguay, passes by. They meet, exchange personal information, and come up with the idea of starting the **Amigos sin Fronteras** club.

Preparación para el video

A. **¡Comencemos!** Contesta las preguntas antes de ver (*before watching*) el video.

1. Mira la foto. ¿Cuántas personas hay?

2. ¿Cuáles son los deportes (*sports*) favoritos de los hispanos? Indica las respuestas correctas.

    a. el rugby   c. el béisbol
    b. el fútbol (soccer) d. el karate

3. ¿Llevas la camiseta de tu equipo favorito cuando juega (*when it plays*)? ¿De qué color es?

4. ¿Qué información le das a un amigo nuevo? Indica las respuestas correctas.

    a. el nombre   b. el número de teléfono   c. el correo electrónico (*e-mail*)

©McGraw-Hill Education/Klic Video Productions

---

*Vos** is an informal form of address in Paraguay and other Latin American countries, similar to the pronoun **tú**. **Vos hablás** means **tú hablas** and **vos sos** means **tú eres**.

©McGraw-Hill Education/Klic Video Productions

B. **La idea principal** (*main*) ¿Cuál es la idea principal del video?

1. Reciclar (*Recycling*) es importante.
2. Dos estudiantes se hacen (*become*) amigos y deciden formar un club.
3. El fútbol es el deporte favorito de los hispanos.

C. **¿Cierto o falso?** Lee las oraciones (*sentences*) y decide si son ciertas (*true*) (C) o falsas (*false*) (F).

1. Hay dos personajes (*characters*) en este video.
2. El equipo favorito de Eloy lleva una camiseta verde.
3. La chica estudia biología.
4. El chico habla español pero la chica no.
5. Los dos estudiantes intercambian (*exchange*) información personal.

D. **Detalles.** Contesta estas preguntas según (*according to*) el video.

1. ¿Cómo se llaman las personas del video?
2. ¿Qué deciden formar estos estudiantes?
3. ¿Cuál es el número de teléfono de la chica? ¿y del chico?
4. ¿Cuál es el correo electrónico del chico?

Mi país ESTADOS UNIDOS

1. ¿Cuál es uno de los sitios favoritos de Eloy?
2. Algunos deliciosos platos mexicanos incluyen tacos, enchiladas y _____.
3. ¿En qué estado se celebra la cultura cubana en el Festival de la Calle Ocho?
4. ¿Qué famosa celebración mexicana menciona Eloy?
5. ¿Cierto o falso? Los hispanos son una parte importante de la cultura de Estados Unidos.

En la Placita Olvera, Los Ángeles, California
©Ian Dagnall/Alamy

La Parada, Nueva York
©Lars A. Niki

Gramática

Introduction

The **Gramática** section of this book is designed for your use outside of class. It contains grammar explanations and exercises. The explanations present concepts in nontechnical language, so it should not be necessary to go over all of them in class.

In every chapter, at the beginning of most **Comunícate** sections, there is a note indicating the grammar (**Gramática**) point(s) you should read for that topic. Study the specified grammar point(s), complete the exercises, and check your answers. If you have little or no trouble with the exercises, you have probably understood the explanation. Remember, it is not necessary to memorize these grammar rules.

Keep in mind that successful completion of a grammar exercise means only that you have understood the explanation. It does not mean that you have *acquired* the rule. True acquisition comes not from the study of grammar but from hearing and reading a great deal of meaningful Spanish. Learning the rules of grammar through study will allow you to use those rules when you have time to think about correctness, as during careful writing. It can also help you understand what you read.

The grammar explanations in the **Gramática** sections of *Tu mundo* contain basic information about Spanish grammar. If you find an exercise too challenging or if you don't understand the explanation, ask your instructor for assistance. In difficult cases, your instructor will go over the material in class to be sure everyone has understood, but probably will not spend too much time on the explanation in order to save class time for real communication experiences.

Some Useful Grammatical Terms

You may recall from your study of grammar in your native language that sentences can be broken down into parts. All sentences have at least a subject (noun or pronoun) and a verb.

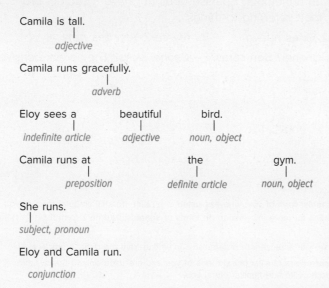

Camila   runs.
| |
noun, subject   *verb*

In addition, sentences may have objects (nouns and pronouns), modifiers (adjectives and adverbs), prepositions, conjunctions, and/or articles.

Camila is tall.
|
adjective

Camila runs gracefully.
|
adverb

Eloy sees a   beautiful   bird.
| | |
indefinite article   *adjective*   *noun, object*

Camila runs at   the   gym.
| | |
preposition   *definite article*   *noun, object*

She runs.
|
subject, pronoun

Eloy and Camila run.
|
conjunction

1.1 Subject Pronouns and the Verb ser

ser = to be
(identification)
Soy estudiante. *I
am a student.*

A. Spanish uses the verb **ser** (*to be*) to identify people and things.

—¿Quién **es** ese chico?　　　*Who is that young man?*

—**Es** Eloy.　　　*It's Eloy.*

—¿Qué **es** esto?　　　*What is this?*

—**Es** una camisa.　　　*It is a shirt.*

B. Personal pronouns are used to refer to a person without mentioning the person's name. Here are the personal pronouns that can serve as the subject of a sentence. They appear with the corresponding forms of the verb **ser.**

ser			
(yo)	**soy**	*I*	*am*
(tú)*	**eres**	*you (fam. sing.)*	*are*
usted*	**es**	*you (pol. sing.)*	*are*
él†/ella	**es**	*he/she*	*is*
(nosotros/nosotras)	**somos**	*we*	*are*
(vosotros/vosotras‡)	**sois**	*you (fam. pl.)*	*are*
ustedes	**son**	*you (pol. pl.)*	*are*
ellos/ellas	**son**	*they*	*are*

fam. = *familiar*
pol. = *polite*
sing. = *singular*
pl. = *plural*
m. = *masculine*
f. = *feminine*

—¿Usted **es** profesor?　　　Are you a professor?
—Sí, soy profesor de biología.　　　*Yes, I am a biology professor.*

C. Spanish-speakers do not use subject pronouns as often as English-speakers do. In most cases there is no confusion since the verb forms tell native speakers what the subject is. The personal pronouns that are used most of the time are: **usted, ustedes, él, ella, ellos,** and **ellas.** These subject pronouns share verb forms, so it is important to clarify. For example, **Soy inteligente** can only mean *I am intelligent* but **Es inteligente** can mean *You (pol. sing.) are intelligent* or *He is intelligent* or *She is intelligent.* When the other subject pronouns (**yo, tú, nosotros/as, vosotros/as**) are used in Spanish, they often express emphasis.

Yo soy de Nuevo México.　　　*I am from New Mexico.*

An important fact to remember: Spanish does not have a subject pronoun for *it* or for *they*, referring to things.

¿Mi automóvil? Sí, **es** nuevo.　　　*My car? Yes, it is new.*

¿Las faldas de Chanel? **Son** caras.　　　*Chanel skirts? They are expensive.*

---

*Tú is a familiar (informal) singular form of *you*, whereas **usted** is a polite (formal) singular form of *you.* See **Gramática 2.1, 2.2** and **3.3** for more information on forms of address. Alternate form for recognition only: **vos sos.**

†The pronoun **él** (*he*) is written with an accent to distinguish it in writing from the definite article **el** (*the*).

‡The pronouns **vosotros/vosotras** are familiar plural forms of *you* and are used only in Spain. Latin America uses **ustedes** for both polite and familiar plural *you.*

D. The pronouns **ellos** (*they*), **nosotros** (*we*), and **vosotros** (*you, fam. pl.*) can refer to groups of people that consist of males only or of males and females. On the other hand, **ellas** (*they, f.*), **nosotras** (*we, pl. f.*), **vosotras** (*you, fam. pl. f.*) can refer only to two or more females.

—¿Quiénes son **ellos**?	*Who are those guys?*
—¿Eloy y Claudia? Son amigos de Camila.	*Eloy and Claudia? They are Camila's friends.*
—¿Y **ellas**? ¿Son compañeras de clase?	*What about them (f.)? Are they classmates?*
—No, Estefanía y Xiomara son amigas.	*No, Estefanía and Xiomara are friends.*
—¿Y Eloy y Xiomara son amigos también?	*And are Eloy and Xiomara friends too?*
—Sí, **ellos** son amigos también.	*Yes, they are friends too.*

Ejercicio 1

Choose the correct pronoun.

> **MODELO:**　—¿*Ella* lleva pantalones?
> 　　　　　　—¿Camila? No, lleva una falda color café.

1. —¿ _____ es profesor en esta universidad?　　**a.** ellos

　　—¿Quién, Eloy? No, es estudiante.　　　　　　　　**b.** nosotras

2. —¿ _____ son argentinas?　　　　　　　　　　**c.** él

　　—Sí, Camila y Antonella son argentinas.　　　　　**d.** ellas

3. ¡¿Viejas, _____?! ¡No! Ángela y yo somos muy jóvenes.　**e.** usted

4. —Señor Ramírez, _____ no tiene bigote, ¿verdad?

5. —¿Y _____? ¿Son estudiantes aquí en Berkeley?

　　—No, Omar y su amigo son estudiantes en Ecuador.

Ejercicio 2

Complete the dialogues with the correct form of the verb **ser: soy, eres, es, somos, son.**

1. —¿Es usted Omar?

　　—Sí, _____ Omar Acosta Luna.

2. —¿Quién _____ ella?

　　—¿La chica rubia de falda blanca? Se llama Camila. Ella y Omar _____ amigos.

3. —¿ _____ profesores ustedes?

　　—No, Omar y yo _____ estudiantes de la universidad.

1.2 Gender and Number of Nouns

Masculine nouns usually end in **-o.** Feminine nouns usually end in **-a.**

A. Nouns (words that represent people and things) in Spanish are classified as either *masculine* or *feminine*. Masculine nouns often end in **-o** (**el sombrero**); feminine nouns often end in **-a** (**la falda**). In addition, words ending in **-ción, -sión,** or **-d** (with suffixes like **-dad, -tad,** and **-tud**) are also feminine.

Madrid es una ciu**dad** muy bonit**a.**	*Madrid is a beautiful city.*
La civiliza**ción** maya fue muy avanzad**a.**	*The Mayan civilization was very advanced.*

But the terms *masculine* and *feminine* are grammatical classifications only; Spanish speakers do not perceive things such as notebooks or doors as being "male" or "female." On the other hand, words that refer to males are usually masculine (**el amigo**), and words that refer to females are usually feminine (**la amiga**).

You will acquire these endings later. For now, don't worry about them as you speak. You can refer to your text if you have any doubts when you are editing your writing.

Eloy es mi **amigo** y Claudia es **amiga** de él.	*Eloy is my friend and Claudia is a friend of his.*

B. Because Spanish nouns have gender, adjectives (words that describe nouns) also have gender, to agree with the corresponding noun: **camis**a **negra; sombrer**o **negro**. They end in **-o** or **-a** according to the gender of the nouns they modify. (See **Gramática 1.3C** for information on adjectives that end in **-e, -ista,** or a consonant.)

The words **el** and **la** both mean *the*. **El** is used with masculine nouns and **la** is used with feminine nouns.

C. Like English, Spanish has definite articles (to express *the*) and indefinite articles (to express *a, an*). Articles in Spanish also change form according to the gender of the nouns they accompany.

	DEFINITE (*the*)	INDEFINITE (*a, an*)
masculine	**el** suéter, **el** sombrero	**un** suéter, **un** sombrero
feminine	**la** blusa, **la** chaqueta	**una** blusa, **una** chaqueta

Hoy Claudia lleva un vestido nuevo.	*Claudia is wearing a new dress today.*
La chaqueta de Omar es roja.	*Omar's jacket is red.*

The words **un** and **una** both mean *a* or *an*. **Un** is used with masculine nouns and **una** is used with feminine nouns.

D. How can you determine the gender of a noun? The gender of the article and/or adjective that modifies the noun will usually tell you whether the noun is masculine or feminine. In addition, the following two simple rules will help you determine the gender of a noun most of the time.

Spanish nouns are classified as either masculine or feminine. The articles change according to grammatical gender and agree with the nouns they modify.

un abrigo = *a coat*

una blusa = *a blouse*

una universidad = *a university*

el libro = *the book*

la casa = *the house*

Rule 1: A noun that refers to a male is masculine; a noun that refers to a female is feminine. Sometimes they are a pair distinguished by the endings **-o/-a**; other times they are completely different words.

un amigo	una amiga	(*male*) *friend* / (*female*) *friend*
un hombre	una mujer	*man/woman*
un muchacho	una muchacha	*boy/girl*
un niño	una niña	(*male*) *child* / (*female*) *child*

For some nouns referring to people, the masculine form ends in a consonant and the feminine form adds **-a** to the masculine noun.

un profesor	una profesora	(*male*) *professor* / (*female*) *professor*
un señor	una señora	*a man* (*Mr.*) / *a woman* (*Mrs., Ms.*)

Other nouns do not change at all; only the accompanying article changes.

un estudiante	(*male*) *student*	una estudiante	(*female*) *student*
un joven	*young man*	una joven	*young woman*
un recepcionista	(*male*) *receptionist*	una recepcionista	(*female*) *receptionist*

Rule 2: For most nouns that refer to things (rather than to people or animals), the gender is reflected in the last letter of the word. Nouns that end in **-o** are usually grammatically masculine (**un/el vestido**) and nouns that end in **-a** are usually grammatically feminine (**una/la puerta**).*

Nouns that end in **-dad**, **-tad,** or **-tud** (**una/la universidad una/la libertad, una/la actitud**) or in the letter combinations **-ción** or **-sión** (**una/la nación; una/la división**) are always feminine.

MASCULINE: -o	FEMININE: -a, -ción, -sión, -dad
un/el abrigo	una/la camisa
un/el sombrero	una/la descripción
un/el vestido	una/la falda
un/el zapato	una/la universidad

Words that refer to things may also end in **-e** or in consonants other than **-d** or **-n** from the letter combinations **-dad, -tad, -tud, -sión,** or **-ción**. Most of these words that you have heard so far are masculine but some are feminine.

un/el automóvil	*automobile*	un/el lápiz	*pencil*
una/la clase	*class*	un/el reloj	*clock*
un/el color	*color*	un/el traje	*suit*
una/la luz	*light*	un/el país	*country*

---

*Three common exceptions are **la mano** (*hand*), **el día** (*day*), and **el mapa** (*map*).

> Don't worry if you can't remember all these rules! Note where they are in this book so you can refer to them when you are editing your writing and when you are unsure of which gender a noun is.

E. Spanish and English nouns may be singular (**la camisa** [*shirt*]) or plural (**las camisas** [*shirts*]). Almost all plural words in Spanish end in **-s** or **-es**: **blusas** (*blouses*), **suéteres** (*sweaters*), **zapatos** (*shoes*), **niñas** (*little girls*), and so on. In Spanish, unlike English, articles before plural nouns and adjectives that describe plural nouns must also be plural. Here are some basic rules for forming plurals in Spanish.

1. Words that end in the vowels **a**, **e**, and **o** form their plural by adding **-s**.

Singular	Plural
la corbata	**las corbatas**
el muchacho	**los muchachos**
el traje	**los trajes**

2. Words that end in a consonant add **-es**.

Singular	Plural
la muje**r**	las mujer**es**
la pare**d**	las pared**es**
el suéte**r**	los suéter**es**

3. If the consonant at the end of a word is **-z**, it changes to **-c** and adds **-es.**

Singular	Plural
el lápi**z**	los lápi**ces**
la lu**z**	las lu**ces**

Ejercicio 3

Complete the sentences with **El** or **La**. Use **La** if the noun is feminine; use **El** if it is masculine. Sometimes the noun will help you, sometimes the adjective, so look at the entire sentence before deciding which article to use.

1. _____ estudiante es rubia.
2. _____ profesor de español es guapo.
3. _____ clase de biología es buena.
4. _____ señorita Asencio es baja.
5. _____ automóvil es negro.
6. _____ universidad no es pequeña.
7. _____ muchacho es joven.
8. _____ sudadera es amarilla.
9. _____ abrigo es muy feo.
10. _____ niño es cómico.

1.3 Using Adjectives and Nouns Together: Agreement and Placement

A. In Spanish, adjectives generally follow the noun they modify: **zapatos nuevos, camisas blancas, corbatas bonitas, sombreros negros.** In a few cases, adjectives that express inherent characteristics may precede the noun: **la blanca nieve.*** For now, you should remember the main rule: place descriptive adjectives after the noun, except in **(mi) mejor amigo/a.**

> A singular adjective is used to describe a singular noun. A plural adjective is used to describe a plural noun.

B. Adjectives must agree in gender and number with the nouns they describe; that is, if the noun is singular and masculine, the adjective must also be singular and masculine. Adjectives that end in **-o** in the masculine form and **-a** in the feminine form, including those that indicate nationality, will appear in the vocabulary lists in *Tu mundo* like this: **bonito/a, mexicano/a.** Such adjectives have four possible forms.

	Singular	Plural
masculine	viejo	viejos
feminine	vieja	viejas

Claudia lleva un suéter **bonito** y una falda **larga** y **roja.**
Claudia is wearing a pretty sweater and a long red skirt.

Mis zapatos de tenis **negros** son **viejos.**
My black tennis shoes are old.

> Adjectives that describe plural nouns must also be plural: **ojos azules** (*blue eyes*), **niños cómicos** (*funny boys*).

C. Adjectives that end in a consonant, the vowel **-e,** or the ending **-ista** have only two forms because the masculine and feminine forms are the same.†

Singular adjective	Plural adjective
azul	azules
costarricense	costarricenses
elegante	elegantes
interesante	interesantes
joven	jóvenes
pesimista	pesimistas

Xiomara lleva una blusa **azul** y zapatos **azules.**
Xiomara is wearing a blue blouse and blue shoes.

Mi amigo Franklin es **pesimista,** pero mi amiga Estefanía es **optimista.**
My friend Franklin is pessimistic, but my friend Estefanía is optimistic.

Yo no soy **joven,** pero todos mis amigos son **jóvenes.**
I am not young, but all my friends are young.

D. If an adjective modifies a masculine and a feminine noun at the same time, the adjective will take the masculine form.

Feminine Only	Masculine and Feminine
Claudia es creativa y filosófica.	Eloy y Claudia son creativos y filosóficos.
Mi blusa y mi falda son blancas.	Mi blusa y mi vestido son blancos.

> You will notice that the word **joven** does not have a written accent but its plural form, **jóvenes,** does. This happens when a syllable is added to a word, thus shifting the stressed syllable back as the third syllable from the end. Whenever the stress is on this syllable, there is always a written accent.

E. In Spanish, adjectives of nationality (**argentino, chilena, colombianos, panameñas**) and the names of languages (**español, inglés**) are not capitalized. However, names of countries are capitalized: **Colombia, Panamá, Chile, Argentina.**

---

*Adjectives that express inherent characteristics may precede the noun: **la blanca nieve** (*the white snow*). *Limiting adjective* (numerals, possessives, demonstratives, and indefinite adjectives) also precede the noun: **dos amigos, mis zapatos, esta mesa, otro ejemplo.**

†There are some exceptions to this. Adjectives that end in **-r** have four forms: **trabajador, trabajadora, trabajadores, trabajadoras.** Adjectives of nationality that end in a consonant also have four forms: **español, española, españoles, españolas.**

Ejercicio 4

Select *all* the possible descriptions from the list, based on the gender of each person. Keep in mind masculine/feminine and singular/plural.

alto	chicas	hombre	mujer
amigos	creativo	inteligentes	niño
bajo	delgada	(muy) joven	rubias
bonita	guapos	moreno	vieja

MODELO: el profesor de arte → hombre, creativo, alto, moreno

1. Camila y Antonella
2. Eloy
3. Carlitos (6 años [*six years old*])
4. el profesor de arte (45 años)
5. Ana Sofía
6. Rodrigo y Sebastián
7. la señora Pérez (85 años)

Ejercicio 5

Write correct sentences in Spanish by adding the necessary verb and changing the endings of the adjectives appropriately. Use plural for two or more people; use feminine forms for women. Remember that if the sentence is about a man and a woman (a masculine and a feminine noun), you must use masculine forms for the adjectives.

MODELOS:
el gato Garfield: agresivo, perezoso → El gato Garfield es agresivo y perezoso.

Hillary Clinton: inteligente, rubio → Hillary Clinton es inteligente y rubia.

1. Javier Bardem: alto, guapo
2. Penélope Cruz: bajo, delgado, moreno
3. Jack Black: bajo, cómico
4. Beyoncé: bonito, creativo
5. Justin Bieber y Jaden Smith: joven, impulsivo, materialista
6. Mark Zuckerberg y Scarlett Johansson: rico, famoso, trabajador

Ejercicio 6

Use the information to create complete sentences. Remember to use the correct form: masculine or feminine, singular or plural depending on the subject of the sentence. If there are three adjectives, place the first one before the verb (as in the second **modelo**).

MODELOS:
el automóvil: nuevo, pequeño → El automóvil es nuevo y pequeño.

las blusas: rojo, viejo, feo → Las blusas rojas son viejas y feas.

1. las mujeres: considerado, trabajador
2. los chicos: perezoso, creativo
3. el libro: interesante, difícil
4. los zapatos: blanco, nuevo, pequeño
5. los políticos: mentiroso, agresivo
6. el sombrero: negro, elegante, caro
7. la amiga: impulsivo, sincero
8. la casa: amarillo, viejo, bonito
9. los hermanos: generoso, tímido
10. las faldas: azul, corto, bonito

Capítulo 1 ¡A conversar!

1.4 Negation

Statements in Spanish are normally formed by using a subject, then the verb, and then an object and/or description.

Las blusas	son	bonitas.		Jorge	tiene	un traje	gris.
subject	verb	adjective		subject	verb	object	adjective

In a negative sentence, the word **no** precedes the verb.

Las blusas **no** son bonitas.	The blouses are not pretty.
Jorge **no** tiene un traje gris.	Jorge does not have a gray suit.
Xiomara es una chica muy entusiasta. **No** es tímida.	Xiomara is a very enthusiastic girl. She is not shy.
Franklin **no** es mi novio. Es el novio de Estefanía.	Franklin is not my boyfriend. He is Estefanía's boyfriend.

There are no additional words in Spanish that correspond to the English negatives *don't* and *doesn't*.

Eloy **no** tiene el pelo largo ahora.	Eloy doesn't have long hair now.

Spanish, like many other languages, often uses more than one negative in a sentence. (You will learn more about negative words and their placement in **Gramática 9.2**.)

No hay **nada** en este salón de clase.	There is nothing in this classroom.

When answering a question affirmatively, start your answer with **Sí,** but if you want to answer negatively, you may start your sentence with **No, no.** However, if a pronoun or a name should appear after that first **No,** make sure to place the second **no** directly before the verb.

—Rodrigo, ¿eres estudiante?	Rodrigo, are you a student?
—**Sí,** soy estudiante aquí en la universidad. / **No, no** soy estudiante. Soy profesor.	Yes, I am a student here at the university. / No, I am not a student. I am a professor.
—¿Lleva falda hoy Camila?	Is Camila wearing a skirt today?
—**No,** Camila **no** lleva falda. Hoy lleva pantalones. Claudia lleva falda.	No, Camila is not wearing a skirt. Today she is wearing pants. Claudia is wearing a skirt.

If you do not wish to repeat the entire question, you may also answer using **no** just once, then provide additional information.

—Omar, ¿eres de México?	Omar, are you from México?
—No, soy de Ecuador.	No, I am from Ecuador.
—¿Cuesta $40,00 (cuarenta dólares) este vestido?	Does this dress cost $40?
—No, cuesta $36,49 (treinta y seis dólares con cuarenta y nueve centavos).	No, it costs $36.49.

Ejercicio 7

Rewrite these affirmative statements in the negative form.

MODELO: Eloy es gordo. → Eloy no es gordo.

1. El ex presidente Obama es muy cómico.
2. Justin Bieber es muy feo.
3. Los estudiantes son millonarios.
4. Tú eres muy materialista.
5. Nosotros somos tontos.
6. Penélope Cruz es vieja.

Ejercicio 8

Answer the following questions in the negative form, using the information in parentheses. The **modelos** show the three possible answers.

MODELOS: —¿Son unos vaqueros? (pantalones cortos)
—No, no son unos vaqueros. / No, son unos pantalones cortos. / No, no son unos vaqueros. Son unos pantalones cortos.

—¿Es una niña? (niño)
—No, no es una niña. / No, es un niño. / No, no es una niña. Es un niño.

1. ¿Qué es? ¿Es una falda? (vestido)
2. ¿Meryl Streep es hombre? (mujer)
3. ¿Es muy alto Jack Black? (bajo)
4. ¿Es la Pequeña Habana una zona de Nueva York? (de Florida)
5. ¿Son zapatos de mujer? (de hombre)
6. ¿La corbata cuesta $40,00? ($25,00)
7. ¿Es Madrid la capital de México? (de España)
8. ¿Es la Placita Olvera una zona de Florida? (de California)

Lo que aprendí*

At the end of this chapter, I can:

- ☐ ask other people their names, politely and informally.
- ☐ spell in Spanish.
- ☐ recognize and use some words to express basic family relationships.
- ☐ describe people: clothing and color, physical characteristics, and personality.
- ☐ say and use numbers 50-299.
- ☐ greet and say good-bye to people.
- ☐ introduce myself and others.

Now I also know a lot more about:

- ☐ places in the United States where many Hispanics live.
- ☐ some of the members of the club **Amigos sin Fronteras.**

I also know this information:

- ☐ Hispanics have and use two last names.
- ☐ Hispanics greet people by kissing one or more times on the cheeks.

---

*Lo... *What I Learned*

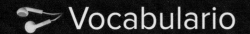
Vocabulario

The chapter **Vocabulario** includes thematic and comprehension vocabulary that will help you understand and converse with native speakers. **Palabras semejantes** are cognates, words that have the same meaning, and often the same spelling, as their counterparts in English. Spanish and English share a great many cognates, and this will make learning Spanish easier for you.

Las preguntas y las respuestas

Repaso: ¿Cómo está usted / estás? → (Muy) bien gracias. ¿Y usted (tú)?, ¿Cómo se llama (usted)? / ¿Cómo te llamas? → Me llamo..., ¿Cómo se llama él/ella? / ¿Cómo se llaman ellos/ellas? → Se llama(n)...; ¿Qué tal?

¿Cómo es usted / eres?	What are you (*pol./fam. sing.*) like?
Soy...	I am . . .
¿Cómo es él/ella?	What is he/she like?
Es...	He/She is . . .
¿Cómo son ellos/ellas?	What are they like?
Son...	They are . . .
¿Cómo se escribe tu apellido?	How do you spell your (*fam. sing.*) last name?
Se escribe ele-o-pe-e-zeta.	It's spelled l-o-p-e-z.
Se escribe así...	It's written (spelled) like this . . .
¿Cuál es su/tu nombre?	What is your (*pol./fam. sing.*) name?
Mi nombre es...	My name is . . .
¿Cuánto cuesta(n)?	How much does it (do they) cost?
Cuesta(n)...	It costs (They cost) . . .
Tiene(n) buen precio.	That's a good price.
¿Qué es?	What is it?

Los saludos y las presentaciones

Repaso: adiós, buenas noches, buenas tardes, buenos días, encantado/a, es mi amigo/a..., hasta luego, hola, igualmente, mucho gusto, nos vemos; presenta a...; preséntate

Te presento a...	I'd like to introduce you to . . . / This is . . .
Gusto de verte.	Nice to see you (*fam. sing.*).

La ropa

Repaso: ¿Qué ropa lleva(s)? → Llevo... / Lleva...; el abrigo, la blusa, la bufanda, la camisa, la camiseta, la corbata, la falda, el gorro, el pantalón, los pantalones, el saco, las sandalias, el sombrero, la sudadera, el suéter, el traje, los vaqueros, el vestido, los zapatos de tenis

¿Qué ropa llevan?	What are they / you (*pol. pl.*) wearing?
las botas de vaquero	cowboy boots
la chaqueta de esquí	ski jacket

Las personas

Repaso: el/la amigo/a; el/la chico/a, el/la estudiante, el hombre, el/la joven, los/las jóvenes, la mamá, la mujer, el/la niño/a, el/la profesor(a), el/la señor(a), la señorita

el/la mejor amigo/a	best friend
el/la compañero/a de clase	classmate
el hermano / la hermana	brother / sister
los hermanos	siblings
el hijo / la hija	son / daughter
los hijos	sons and daughters (children)
la madre	mother
el muchacho / la muchacha	boy / girl
el padre / los padres	father / parents

Palabras semejantes: el/la doctor(a), el/la político/a

La descripción de las personas

Repaso: tiene barba/bigote, tiene el pelo canoso (castaño, negro, rubio) / corto / lacio / largo / ondulado / rizado; tiene los ojos azules (castaños, negros, verdes); alto/a, atlético/a, bajo/a, bonito/a, delgado/a, elegante, fuerte, gordo/a, guapo/a, joven, moreno/a, viejo/a; de estatura mediana

Es...	He / She is . . .
antipático/a	unpleasant
callado/a	quiet
chico/a	small
egoísta	selfish
feo/a	ugly
gordito/a	chubby
mentiroso/a	liar
perezoso/a	lazy
serio/a	serious
simpático/a	nice
tacaño/a	stingy
tímido/a	shy
tonto/a	silly, foolish
trabajador(a)	hardworking

Palabras semejantes: agresivo/a, cómico/a, conservador(a), considerado/a, creativo/a, entusiasta, estudioso/a, famoso/a, generoso/a, filosófico/a, idealista, impulsivo/a, inteligente, materialista, práctico/a, sincero/a, temperamental

Los verbos

contar (ue)	to count; to tell
describir	to describe
hay	there is; there are
llevar	to wear
ser (*irreg.*): **soy, eres, es, somos, sois, son**	to be
tengo	I have
tiene(n)	he/she has / you (*pol. sing.*) have (they have / you [*pol. pl.*] have)

Los sustantivos / Nouns

Repaso: la cosa, los lentes (de sol), el modelo, la palabra

el abecedario	alphabet
la arroba	@ sign
el centavo	cent
el dibujo	drawing
el móvil	(mobile) phone, cell(phone)
el país	country
el punto	dot; point
el pupitre	student desk
el reloj	clock; wrist watch
la silla	chair
el teclado	keyboard

Palabras semejantes: la biología, el celular, la clase, el club, el diálogo, el dólar, el email, el estereotipo, la familia, la generalización, el grupo, la personalidad, el precio, la tableta

Los adjetivos / Adjectives

alguno/a(s) (algún)	some (*form used before m. sing. noun*)
barato/a	inexpensive, cheap
basado/a	based
bueno/a (buen)	good (*form used before m. sing. noun*)
(un poco) cansado/a	a little tired
caro/a	expensive
difícil	difficult
fácil	easy
grande	big
mucho/a(s)	many, a lot; many (*pl.*)
nuevo/a	new
pequeño/a	small, little
siguiente	following
todo/a(s)	all

Palabras semejantes: confortable, ergonómico/a, mexicano/a

Palabras y expresiones útiles

Repaso: de, mi(s), no, para, tu(s) sí, y

a	to
¡A contar!	Let's count!
ahora	now
aparece	it appears
cada	each
con	with
¿Cuál? / ¿Cuáles?	Which? Which one? / Which ones?
de nada	you're welcome
del	of/from/by the
en	in, on
Estados Unidos	the United States
este/a	this
estos/as	these
gracias	thank you
hoy	today
Lo siento.	I'm sorry.
luego	then
más tarde	later
No soy... ni...	I am not/neither . . . nor . . .
o	or
pero	but
un poco	a small amount, a little bit
sin	without
sobre	about
su(s)	his/her, their (*sing., pl. possessive pronouns*)
también	also

Los números del 50 al 299

cincuenta, cincuenta y uno...

sesenta..., sesenta y dos...

setenta..., setenta y tres...

ochenta..., ochenta y seis...

noventa..., noventa y ocho...

cien, ciento uno...

ciento diez..., ciento cincuenta...

doscientos..., doscientos doce..., doscientos noventa y nueve

Palabras y expresiones del texto

Repaso: la actividad, el capítulo, el español, la gramática

¡A conversar!	Let's talk!
la afirmación	statement
la cultura	culture
la lengua	language
Mandatos (tú)	Commands (*fam., sing.*)
Repaso: Mira, Muévete	
Di	Say
Escribe	Write
Habla	Talk
Lee	Read
¡Oye!	Listen!
Saluda	Say hello, Greet

Palabras semejantes: Conversa, Describe, Reacciona, Usa

2 Amigos y compañeros

¿Qué te gusta hacer en tu tiempo libre? A estos chicos les gusta conversar en el parque.

Upon successful completion of **Capítulo 2,** you will know your classmates better as you converse with them in Spanish. You will recognize and use practical vocabulary for a variety of topics: the classroom, the human body, days of the week, months of the year, and people's birthdays and ages. You will also be able to talk about leisure activities and sports, as well as nationalities. Additionally, you will have learned some interesting things about the people and places of Paraguay.

Comunícate
En el salón de clase
Los cumpleaños y la edad
Las actividades favoritas
Amigos sin Fronteras
Hablando de los Amigos sin Fronteras El árabe y los idiomas indígenas

Exprésate
Escríbelo tú Amigos hispanos
Cuéntanos ¡Describe a tus padres!

Cultura
Mundopedia El arpa paraguaya
Palabras regionales Paraguay
Conexión cultural Paraguay, corazón de América

Videoteca
Amigos sin Fronteras, Episodio 2 ¡Buenos días, profesor!
Mi país Paraguay

Gramática
2.1 Expressing Location: The Verb **estar**
2.2 Expressing Age: The Verb **tener**
2.3 Using **gustar** to Express Likes and Dislikes
2.4 Origin: **ser de**

www.mhhe.com/connect

PARAGUAY

el Gran Chaco

el río Paraguay

PARAGUAY

Estación de trenes

la Misión Jesuítica de la
Santísima Trinidad

ASUNCIÓN

Salto
de Cristal

el Panteón Nacional
de los Héroes

el Palacio de Gobierno

el río Paraná

Amigos sin Fronteras

In this episode, Eloy and Claudia meet to discuss the club. They also meet a new club member. What is the idea that she explains to Eloy and Claudia?

www.mhhe.com/connect

©McGraw-Hill Education/Klic Video Productions

Conócenos

Claudia Cuéllar Arapí
©McGraw-Hill Education/Klic
Video Productions

Claudia Cuéllar Arapí es paraguaya. Tiene diecinueve años y estudia economía. Claudia nació en Asunción y su cumpleaños es el veintiuno de junio. Sus actividades favoritas son pasar tiempo con los amigos y andar en bicicleta.

©Prisma Bildagentur AG/Alamy

Mi país

Comunícate

En el salón de clase

Lee *Gramática 2.1*

El salón de clase del profesor Franklin Sotomayor Sosa

las luces

el techo

el reloj

la pared

el proyector

el cartel

Puerto Rico

la pantalla

una ventana pequeña

la puerta

la pizarra

el mapa

el profesor

la computadora portátil

el pupitre

los estudiantes

la mesa

el escritorio

la silla   el piso

el (teléfono) celular/móvil

la cabeza

los ojos   el pelo

la oreja

la cara   la nariz
la boca

la espalda   el hombro   el cuello

el brazo

la pierna   la mano

el pie

el cuerpo

Lengua *Los objetos del salón de clase*

Some classroom objects have other names as well. For example, **bolígrafo** is also called **pluma** and **lapicero.** The standard word for poster in Spanish is **cartel,** but you will also hear **afiche** and **póster.** There are several words for whiteboard: **pizarra** (the most common), **pizarrón, tablero,** and **encerado.** And **tiza** can be called **gis, yeso,** and **tizate.**

Actividad 1 ¿Qué hay en el salón de clase?

A. Describe los objetos de tu salón de clase.

MODELOS: En el salón de clase hay *un lápiz amarillo.*
En el salón de clase hay *una computadora pequeña.*

> ## Vocabulario
>
> | | |
> |---|---|
> | azul | gris |
> | blanco/a | negro/a |
> | color café | |
>
> ---
>
> | | |
> |---|---|
> | complicado/a ≠ simple | largo/a ≠ corto/a |
> | fácil ≠ difícil | moderno/a ≠ antiguo/a |
> | grande ≠ pequeño/a | viejo/a ≠ nuevo/a |
> | interesante ≠ aburrido/a | |

1. una ventana   **5.** un bolígrafo   **9.** un móvil

2. una pizarra   **6.** una pantalla   **10.** un cartel

3. una mesa   **7.** un libro

4. un reloj   **8.** un mapa

B. Ahora mira el dibujo del salón de clase del profesor Sotomayor Sosa que está en esta sección. ¿Dónde están las cosas? Marca las respuestas correctas.

1. La computadora portátil está _____.

    a. debajo de la mesa.   **c.** al lado de la mesa.

    b. encima de la mesa.

2. El cartel está _____.

    a. al lado de la pantalla.   **c.** entre la pantalla y la puerta.

    b. detrás de la pizarra.

3. La pizarra está _____.

    a. al lado del mapa.   **c.** delante de la puerta.

    b. detrás del escritorio.

Gramática *Saying Where Things Are Located*

In Spanish, the following words are used for saying where things are located. Try to identify them as your professor uses them.

al lado (de)	*next to, beside*
debajo (de)	*below*
delante (de)	*in front (of)*
detrás (de)	*behind*
encima (de)	*on top (of)*
entre	*between*
—¿Dónde está el lápiz amarillo?	*Where is the yellow pencil?*
—Está **encima de** la mesa.	*It's on top of the table.*

Actividad 2 ¿Quién es?

Mira los dibujos. Escucha la descripción que da tu profesor(a) y di cómo se llama cada figura.

Juan Fernando   Camila   el extraterrestre   Franklin   Nayeli   Lucía

Actividad 3 ¡Hay un extraterrestre en tu clase!

Con tu compañero/a, inventen un extraterrestre raro, fantástico o cómico. ¿Cómo se llama el extraterrestre? ¿Cuántos años tiene? ¿Cómo se llama su planeta? Describan su cuerpo y su personalidad.

MODELO: **E1:** El extraterrestre se llama _____.

           E2: Sí, y tiene una cabeza pequeña, un estómago grande, tres brazos largos y _____.

           E1: ¡Y una mano en cada brazo y tres dedos en cada mano!

           E2: Su planeta se llama _____.

Los cumpleaños y la edad

Lee *Gramática 2.2*

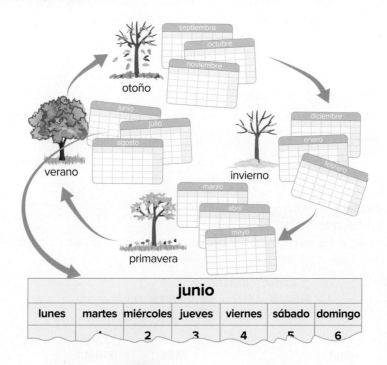

otoño		
septiembre		
octubre		
noviembre		

verano — junio, julio, agosto

invierno — diciembre, enero, febrero

primavera — marzo, abril, mayo

junio						
lunes	martes	miércoles	jueves	viernes	sábado	domingo
	2	3	4	5	6

JORGE: ¿Cuándo naciste?

CLAUDIA: Nací el veintiuno de junio.

JORGE: ¡Hoy es el veintiuno de junio! ¡Feliz cumpleaños, Claudia!

Vocabulario

hoy

mañana

   Si hoy es martes, mañana es miércoles.

ayer

   Si hoy es martes, ayer fue lunes.

pasado mañana

   Hoy es viernes y pasado mañana es domingo.

anteayer

   Hoy es jueves y anteayer fue martes.

Lengua *Cómo escribir la fecha* (How to Write The Date)

In Hispanic countries, the week begins on Monday, not Sunday. Also, the words for days and months are not capitalized.

lunes   Monday
abril   April

When writing the date in Spanish, the order is day, month, and year.

06/11/17 = el seis de noviembre de 2017

When writing the date in Spanish, the month can be written with Roman numerals.

3-III = el tres de marzo
21-VI = el veintiuno de junio

Cultura *El doce de octubre*

Note that October 12 is an important holiday in Hispanic countries and also in the United States: **el Día de la Raza.** Do you know its name in English?

Actividad 4   ¿Cuándo naciste?

Pregúntales a tus compañeros sobre sus cumpleaños. Busca (*Look for*) una firma para cada mes del año.

MODELO: **E1:** ¿Cuándo naciste?
          E2: Nací *el veintinueve de septiembre.*
          E1: Firma aquí (en *septiembre*), por favor.

Vocabulario

firma

MES	FIRMA	MES	FIRMA
enero	_____	julio	_____
febrero	_____	agosto	_____
marzo	_____	septiembre	_____
abril	_____	octubre	_____
mayo	_____	noviembre	_____
junio	_____	diciembre	_____

Gramática *When Were You Born?*

To ask a classmate or a friend for his/her birth date, use **naciste.**

   Cory, ¿cuándo **naciste?**   *When were you born, Cory?*

To ask your professor, use **nació.**

   Profesor(a), ¿cuándo **nació** usted?   *When were you born, professor?*

To say when you were born, use **nací.**

   Nací el doce de octubre.   *I was born on October 12.*

Cultura *Un día de mala suerte* (A Day of Bad Luck)

In English, Friday the 13th is considered a day of bad luck. But in Spanish, Tuesdays are what to watch out for, especially if they fall on the 13th. A popular Spanish saying warns not to get married or travel on Tuesdays: **El martes ni te cases ni te embarques.**

Actividad 5 ¡Feliz cumpleaños!

Habla con tu compañero/a sobre los dibujos.

MODELO:
    E1: ¿Cuándo es el cumpleaños *de Claudia*?
    E2: Es *el veintiuno de junio.*
    E1: ¿Quién nació *el trece de junio?*
    E2: *Lucía Molina Serrano.*

junio

L	Ma	Mi	J	V	S	D
					1	2
3	4	5	6	7	8	9
10	11	12	13	14	15	16
17	18	19	20	(21)	22	23
24	25	26	27	28		

Claudia Cuéllar Arapí

febrero

L	Ma	Mi	J	V	S	D
					1	2
3	4	5	6	7	8	9
10	11	12	13	14	15	16
(17)	18	19	20	21	22	23
24	25	26	27	28		

Ana Sofía Torroja Méndez

diciembre

L	Ma	Mi	J	V	S	D
1	2	3	4	5	6	7
8	9	10	11	12	13	14
15	16	17	18	19	20	21
22	23	(24)	25	26	27	28
29	30					

Antonella Piatelli de la Fuente

marzo

L	Ma	Mi	J	V	S	D
					1	2
(3)	4	5	6	7	8	9
10	11	12	13	14	15	16
17	18	19	20	21	22	23
24/31	25	26	27	28	29	30

Camila Piatelli de la Fuente

¡Feliz cumpleaños, Claudia!

octubre

L	Ma	Mi	J	V	S	D
			1	2	3	4	5
6	7	8	9	10	11	12
13	14	15	16	17	18	19
20	21	22	(23)	24	25	26
27	28	29	30	31		

Sebastián Saldívar Calvo

abril

L	Ma	Mi	J	V	S	D
1	2	3	4	5	6	
7	8	9	10	11	12	13
14	(15)	16	17	18	19	20
21	22	23	24	25	26	27
28	29	30				

Jorge Navón Rojas

septiembre

L	Ma	Mi	J	V	S	D
1	2	3	4	5	6	7
8	9	10	11	12	13	14
15	16	17	18	19	20	21
22	23	24	25	26	27	28
29	(30)					

Rodrigo Yassín Lara

junio

L	Ma	Mi	J	V	S	D
30						1
2	3	4	5	6	7	8
9	10	11	12	(13)	14	15
16	17	18	19	20	21	22
23	24	25	26	27	28	29

Lucía Molina Serrano

julio

L	Ma	Mi	J	V	S	D
1	2	3	4	5	6	
7	8	9	10	11	12	13
14	15	16	17	18	19	20
21	(22)	23	24	25	26	27
28	29	30	31			

Radamés Fernández Saborit

Actividad 6 ¿Cuántos años tienes?

Conversa con tu compañero/a.

Esta es mi mamá. Se llama Teresa y tiene cuarenta y seis años.

MODELOS:
    E1: ¿Cuántos años tienes?
    E2: Tengo _____ años.

    E1: ¿Y tu mamá?
    E2: Mi mamá tiene _____ años.

    E1: ¿Cuántos años tiene tu papá?
    E2: Él tiene _____ años.

    E1: ¿Cómo es tu papá/mamá?
    E2: Es *alto/a, delgado/a y muy cómico/a.*

¡Tu mamá es muy joven!

¡A contar! Los números del 300 al 2.000			
trescientos	300	ochocientos	800
cuatrocientos	400	novecientos	900
quinientos	500	mil	1.000
seiscientos	600	dos mil	2.000
setecientos	700		

Penélope Cruz y Javier Bardem, estrellas de cine
(*movie stars*) de España.
©Dominique Faget/AFP/Getty Images

Actividad 7   La edad de las personas famosas

En grupos, decidan cuántos años tienen estas personas famosas. Luego, pongan a las personas en orden de edad, de menor (*youngest*) a mayor (*oldest*).

___ 1. **a.** Taylor Swift nació el trece de diciembre de 1989. **edad:** ___

___ 2. **b.** Hillary Clinton nació el veintiséis de octubre de 1947. **edad:** ___

___ 3. **c.** Betty White nació el diecisiete de enero de 1922. **edad:** ___

___ 4. **d.** Meryl Streep nació el veintidós de junio de 1949. **edad:** ___

___ 5. **e.** John Travolta nació el dieciocho de febrero de 1954. **edad:** ___

___ 6. **f.** Shakira nació el dos de febrero de 1977. **edad:** ___

___ 7. **g.** Justin Bieber nació el primero de marzo de 1994. **edad:** ___

___ 8. **h.** La reina Isabel de Inglaterra nació el veintiuno de abril de 1926. **edad:** ___

___ 9. **i.** Javier Bardem nació el primero de marzo de 1969. **edad:** ___

___ 10. **j.** Mark Zuckerberg nació el catorce de mayo de 1984. **edad:** ___

___ 11. **k.** George Clooney nació el seis de mayo de 1961. **edad:** ___

___ 12. **l.** Penélope Cruz nació el veintiocho de abril de 1974. **edad:** ___

Vocabulario

la misma edad

 **Las actividades favoritas**

Lee *Gramática 2.3*

A Sebastián le gusta ver videos en YouTube.

A Xiomara le gusta salir a bailar.

A Omar le gusta jugar al fútbol.

A Camila le gusta mucho ir de compras y textear a sus amigos.

A Franklin le gusta leer las noticias en línea.

A Eloy le gusta andar en patineta.

A Juan Fernando le gusta levantar pesas en el gimnasio.

Actividad 8   Mis actividades favoritas

¿Qué te gusta hacer? Responde con **sí, no, mucho** o **¡para nada!**

MODELOS: Generalmente por la noche,   → Sí.
me gusta ver la televisión.

Durante las vacaciones, me   → ¡Para nada!
gusta acampar en la montaña.

1. Generalmente por la noche, me gusta...

   a. ver la televisión.   c. hacer Snapchat.

   b. leer un libro.

2. Durante las vacaciones, me gusta...

   a. nadar en una piscina.   c. conversar y janguear con mis
                                        amigos.
   b. acampar en las montañas.

3. Los fines de semana, me gusta...

   a. cenar en restaurantes.   c. ir al cine o al teatro.

   b. bailar en un club.

4. Cuando estoy con mis amigos, me gusta...

   a. cocinar.   c. pasear / dar un paseo.

   b. tocar la guitarra / el piano.

5. En la universidad, me gusta...

   a. escuchar a mis profesores.   c. escuchar música en mi teléfono.

   b. tomar apuntes.

Actividad 9   Las actividades de los estudiantes

Conversa con tu compañero/a sobre las actividades de estos estudiantes.

MODELOS: E1: ¿A quién le gusta *jugar al fútbol con sus hijos en el parque*?
           E2: A *Omar.*

           E1: ¿Cuándo?
           E2: *Los domingos*

           E1: ¿A quién le gusta *leer novelas todos los días*?
           E2: A *Xiomara.*

Nombre	Todos los días le gusta...	Los domingos le gusta...
Sebastián Saldívar Calvo, dieciocho años, Lima, Perú	mirar videos y noticias en YouTube	cocinar con Daniel, su compañero
Xiomara Asencio Elías, veinte años, Langley Park, Maryland	leer novelas latinoamericanas	salir a bailar con un grupo de amigos
Omar Acosta Luna, veintinueve años, Quito, Ecuador	escuchar música ecuatoriana	jugar al *fútbol* (*soccer*) con sus hijos en el parque
Eloy Ramírez Ovando, veintiún años, Los Ángeles, California	ver la televisión, programas de misterio y detectives	andar en patineta cerca de la playa
Camila Piatelli de la Fuente, dieciocho años, Buenos Aires, Argentina	textear y hacer Snapchat	ir de compras y jugar al tenis
Ángela McNeil-Mendívil, cuarenta y dos años, Oakland, California	nadar en la piscina y conversar con sus amigas	ir al cine o al teatro

Source: Destino Córdoba Siempre, http://www.destinocbaciudad.com.ar/

Actividad 10 Los Juegos Panamericanos

Conversa con tu compañero/a sobre las competiciones de los Juegos Panamericanos. Di qué día y cuándo son (**por la mañana, por la tarde** y **por la noche**).

MODELOS: E1: ¿Qué días hay competición de *baloncesto*?
E2: Del *veintisiete de julio* al *cuatro de agosto*.

E1: ¿Cuándo son las competiciones de *béisbol* el *dos de agosto*?
E2: *Por la mañana, por la tarde y por la noche.*

Gramática
From... to...

del... al... =
from . . . to . . .

Gramática *Morning, Afternoon, or Nighttime*

To say whether something is happening during the morning, afternoon, or nighttime in Spanish, use **por** + **la mañana/tarde/noche.**

Me gusta hacer ejercicio **por la mañana.** *I like to exercise in the morning.*

XVIII Juegos Panamericanos, Lima, Perú
julio–agosto de 2019, Calendario de competiciones

Evento	V 26	S 27	D 28	L 29	M 30	M 31	J 1°	V 2	S 3	D 4	L 5	M 6	M 7	J 8	V 9	S 10	D 11
Acto de inauguración	•																
Natación		•	•	•	•	•	•	•	•	•							
Baloncesto		•	•	•	•	•	•	•	•	•	•	•	•				
Béisbol		•	•	•	•	•	•	•	•	•	•		•	•			
Boxeo							•	•	•	•	•	•	•	•	•		
Ciclismo							•	•	•	•	•	•	•	•	•	•	
Fútbol				•		•	•	•	•	•	•						
Gimnasia							•	•	•	•			•	•	•	•	
Surf				•	•	•											
Tenis							•	•	•	•	•	•	•				
Voleibol							•	•	•	•	•	•	•	•	•	••	

Leyenda: ● Mañana ● Tarde ● Noche

Medallero de los países hispanos en los Juegos Olímpicos de verano

País	🥇	🥈	🥉	Total
Cuba	72	67	69	208
España	34	49	30	113
Argentina	18	24	28	70
México	13	21	28	62
Chile	2	7	4	13
Uruguay	2	2	6	10
Perú	1	3	0	4
Venezuela	2	2	8	12

País	🥇	🥈	🥉	Total
Colombia	2	6	11	19
Costa Rica	1	1	2	4
República Dominicana	3	2	1	6
Ecuador	1	1	0	2
Puerto Rico	0	2	6	8
Paraguay	0	1	0	1
Panamá	1	0	2	3

Actividad 11 ¡A conversar!

Vocabulario

comer	comida rápida	deportes	mirar series en maratón

A. Conversa con tu profesor(a).

1. ¿Le gusta ver la televisión? ¿Cuáles son sus programas favoritos? ¿Tiene servicio de *streaming*? ¿Le gusta mirar series en maratón?

2. ¿Le gusta jugar al tenis (fútbol, voleibol, básquetbol)? ¿Le gusta ver deportes en la televisión?

3. ¿Le gusta comer en restaurantes? ¿Con quién? ¿En qué tipo de restaurante le gusta comer, en los restaurantes elegantes o en los restaurantes de comida rápida? ¿Por qué?

4. ¿Le gusta viajar? ¿Adónde? ¿Con quién?

5. ¿Le gusta escuchar música? ¿Qué tipo de música le gusta?

Lengua *Un código de texteo*

¿Te gusta textear? Mira este código de texteo que usan algunos jóvenes paraguayos y úsalo con tus amigos de la clase de español. ¡También puedes inventar tu propio (*your own*) código!

bn	bien	**simos sa?**	¿Salimos el sábado?
mml	muy mal	**nc**	No sé.
Salu2	Saludos	**grcs**	Gracias.
q tal?	¿Qué tal?	**xam!**	¡Hay examen!
q tpasa?	¿Qué te pasa?	**TKI**	Tengo que irme.
tb	también	**flz qmple!**	¡Feliz cumpleaños!
xq?	¿Por qué?	**NPH**	No puedo hablar ahora.
NT1G	No tengo un guaraní. (No tengo dinero.)	**M1M**	Mándame un mensaje.
QS?	¿Quieres salir?	**ymam pf!**	¡Llámame por favor!

B. Ahora, ¡conversa con tu compañero/a!

1. ¿Te gusta ver la televisión? ¿Cuáles son tus programas favoritos? ¿Tienes servicio de *streaming*? ¿Te gusta mirar series en maratón?

2. ¿Te gusta comer en restaurantes? ¿Con quién? ¿En qué tipo de restaurante te gusta comer, en los restaurantes elegantes o en los restaurantes de comida rápida (por ejemplo, McDonald's y Burger King)? ¿Por qué?

3. ¿Te gusta viajar? ¿Adónde? ¿Con quién?

4. ¿Te gusta escuchar música? ¿Qué tipo de música te gusta (la música clásica, rock, popular, alternativa, indie, jazz, folclórica, etcétera)?

5. ¿Te gusta textear? ¿Te gusta hacer Snapchat también?

Capítulo 2 Amigos y compañeros

Amigos sin Fronteras

Lee *Gramática 2.4*

¿De dónde son los miembros del club?

NORTEAMÉRICA, CENTROAMÉRICA y EL CARIBE

EUROPA

NORTE
OESTE · ESTE
SUR

ESPAÑA
español(a)

Ana Sofía Torroja Méndez
Murcia, España

Eloy Ramírez Ovando
Los Ángeles, Estados Unidos
mexicoamericano/a,
(estadounidense)

Radamés Fernández Saborit
Miami, Florida
cubanoamericano/a
(estadounidense)

CUBA
cubano/a

PUERTO RICO
puertorriqueño/a

Franklin Sotomayor Sosa
Quebradillas, Puerto Rico

MÉXICO
mexicano/a

Nayeli Rivas Orozco
México, D.F., México

GUATEMALA
guatemalteco/a

LA REPÚBLICA DOMINICANA
dominicano/a

Estefanía Rosales Tum
Quetzaltenango, Guatemala

PANAMÁ
panameño/a

EL SALVADOR
salvadoreño/a

HONDURAS
hondureño/a

NICARAGUA
nicaragüense

COSTA RICA
costarricense

Juan Fernando Chen Gallegos
San José, Costa Rica

Xiomara Asencio Elías
San Salvador, El Salvador
Langley Park, Maryland
salvadoreñoamericano/a
(estadounidense)

COLOMBIA
colombiano/a

Rodrigo Yassín Lara
Cali, Colombia

VENEZUELA
venezolano/a

Jorge Navón Rojas
Caracas, Venezuela

ECUADOR
ecuatoriano/a

BRASIL
brasileño/a

Omar Acosta Luna
Quito, Ecuador

PERÚ
peruano/a

BOLIVIA
boliviano/a

PARAGUAY
paraguayo/a

Claudia Cuéllar Arapí
Asunción, Paraguay

Sebastián Saldívar Calvo
Lima, Perú

URUGUAY
uruguayo/a

CHILE
chileno/a

ARGENTINA
argentino/a

SUDAMÉRICA

Lucía Molina Serrano
Valparaíso, Chile

Camila Piatelli de la Fuente
Buenos Aires, Argentina

Lengua *Los países y las nacionalidades*

In Spanish, the names of countries are capitalized, as in English, but adjectives of nationality are not.

argentino/a	Argentinean
mexicano/a	Mexican
paraguayo/a	Paraguayan
Claudia Cuéllar Arapí es de **Paraguay.** Ella es **paraguaya.**	*Claudia Cuéllar Arapí is from Paraguay. She is Paraguayan.*

Actividad 12 Las capitales del mundo hispano

A. Consulta los mapas en el texto para completar las oraciones.

1. La capital de Paraguay es _____.
   - **a.** La Habana
   - **b.** Santo Domingo
   - **c.** Asunción
   - **d.** Buenos Aires
2. La capital de Venezuela es _____.
   - **a.** Bogotá
   - **b.** Tegucigalpa
   - **c.** Caracas
   - **d.** La Paz
3. _____ es la capital de Ecuador.
   - **a.** Quito
   - **b.** La Habana
   - **c.** Montevideo
   - **d.** Lima
4. La capital de Chile es _____.
   - **a.** Asunción
   - **b.** Bogotá
   - **c.** Santiago
   - **d.** San José
5. _____ es la capital de Nicaragua.
   - **a.** Managua
   - **b.** Buenos Aires
   - **c.** Guatemala
   - **d.** Panamá
6. La capital de la República Dominicana es _____.
   - **a.** San Salvador
   - **b.** Madrid
   - **c.** Lima
   - **d.** Santo Domingo

B. Ahora conversa con un compañero / una compañera de clase. Miren los miembros del club Amigos sin Fronteras en el mapa de esta sección y digan quiénes son de los países en la parte **A** de esta actividad.

MODELO: E1: ¿Hay un estudiante de *Paraguay*?
E2: Sí, *Claudia* nació en Paraguay. (Sí, *Claudia* es paraguaya.)

Actividad 13 ¿De dónde son... ?

Mira los miembros del club Amigos sin Fronteras en el mapa de esta sección y conversa con tu compañero/a.

1. E1: ¿De dónde es Nayeli?
   E2: Es de _____.
2. E1: Y Camila, ¿de dónde es ella?
   E2: Camila es de _____.
3. E1: ¿Cuál es la nacionalidad de Ana Sofía?
   E2: Ella es _____.
4. E1: ¿Tienes un amigo de algún país hispano?
   E2: Sí, tengo un amigo (una amiga) de _____. (o No, no tengo amigos de países hispanos.)
5. E1: ¿Cómo se llama tu amigo/a?
   E2: Se llama _____.

Capítulo 2 Amigos y compañeros

Actividad 14 El mapa de Sudamérica: ¿Dónde están los países?

Trabajen en grupos. Un(a) estudiante lee las descripciones. Los otros escuchan y escriben los nombres de los países en el mapa que les da su profesor(a). **OJO:** ¡Los estudiantes que escuchan deben (*must*) cerrar sus libros!

Lengua *¡Es muy importante!*

In the Hispanic world, the word **OJO** is used to indicate that something is particularly important.

Vocabulario

a la derecha/izquierda (de)	**debajo (de)**
al lado (de)	**entre**
al lado derecho/izquierdo (de)	**estrecho/a**
arriba (de)	**lejos (de)**
cerca (de)	

DESCRIPCIONES

1. Brasil es el país más grande de Sudamérica. Está al lado derecho del mapa. Venezuela está al norte de Brasil, a la izquierda de Guyana. Escriban *Venezuela* en el lugar apropiado.

2. Ahora vamos a Colombia. Está a la izquierda de Venezuela. Escriban *Colombia.*

3. Ahora escriban *Ecuador* en el país pequeño que está al sur, debajo de Colombia y al lado del océano Pacífico.

4. A la izquierda de Brasil, en medio del mapa, está Bolivia. Está lejos del mar. Escriban *Bolivia.*

5. A la izquierda de Brasil y debajo de Ecuador y Colombia, escriban *Perú.*

6. Debajo de Perú, al sur, está Chile. Este es un país largo y estrecho. Está al lado del océano Pacífico. Escriban *Chile.*

7. A la derecha de Chile, está otro país muy grande, Argentina. Escriban *Argentina.*

8. A la derecha de Argentina y a la izquierda del océano Atlántico está Uruguay. Es un país muy pequeño. Escriban *Uruguay.*

9. Arriba de Argentina, al norte, y debajo de Bolivia y Brasil está otro país pequeño, Paraguay. No está cerca del mar. Escriban *Paraguay.*

10. Ahora, comparen sus mapas con el mapa que aparece en el texto.

Hablando de los Amigos sin Fronteras

EL ÁRABE* Y LOS IDIOMAS INDÍGENAS

Los países hispanos tienen un idioma[a] en común: el español. Pero en el español hay palabras de idiomas indígenas y del árabe. La influencia del idioma árabe en España es muy fuerte. Los árabes ocuparon[b] España por ochocientos años y en el español hay muchas palabras de su idioma, como *álgebra, barrio*[c] y *café*. En Latinoamérica, hay un gran número de idiomas indígenas. En la región del Caribe, está el taíno o arahuaco, con muchas palabras que hoy usamos, como *canoa* y *tabaco*. El idioma indígena que más se habla en México es el náhuatl, la lengua[d] del imperio azteca. ¡Pero en México hay 300 idiomas indígenas! En Guatemala y El Salvador, muchas personas hablan dialectos del idioma maya. La palabra *cigarro*,[e] por ejemplo, viene de la palabra maya *siyar*. El quechua es la lengua del imperio inca y se habla en Colombia, Ecuador, Bolivia y Perú. Las palabras *cóndor, puma* y *papa*[f] son del quechua. Y del idioma guaraní —que hablan los bolivianos y los paraguayos— son las palabras *petunia, tapir, tapioca* y *maraca*. En Paraguay, el guaraní es un idioma oficial.

Una mujer indígena (Quito, Ecuador)
©John & Lisa Merrill/Getty Images

[a]*language*   [b]*occupied*   [c]*neighborhood*   [d]*language*   [e]*cigar*   [f]*potato*

*Note that words for languages in Spanish are not capitalized: **árabe** (Arabic), **maya** (Mayan). You may recall that this same rule applies to days, months, and nationalities: **lunes** (Monday), **febrero** (February), **paraguayo** (Paraguayan).

 Exprésate

ESCRÍBELO TÚ

Amigos hispanos

Describe a un amigo hispano o a una amiga hispana. ¿Cómo se llama? ¿De dónde es? ¿Cuántos años tiene? Incluye cinco características físicas y tres características de su personalidad. ¿Es hombre o mujer? ¿Es alto/a, delgado/a, creativo/a, entusiasta, talentoso/a? Si no tienes amigos hispanos, inventa uno. Escribe tu composición en el *Cuaderno de actividades* o en Connect Spanish.

CUÉNTANOS

¡Describe a tus padres!

Cuéntanos sobre tus padres. Describe su apariencia física y un poco de su personalidad. ¿Cómo se llaman? ¿Qué edad tienen? ¿Cómo son ellos? ¿Tu papá es joven? Y tu mamá, ¿es alta o baja? Puedes usar el vocabulario del **Capítulo 1** también para tu descripción. ¿Tienen tus padres un amigo hispano / una amiga hispana? ¿De qué país es esta persona? ¿Cómo se llama? Usa la siguiente tabla para organizar tus ideas y luego... ¡a conversar!

Mis padres se llaman _____ **y** _____.

	MI PADRE	MI MADRE
¿Cómo se llama?		
¿De dónde es?	Es de... (*país/estado*).	Es de... (*país/estado*).
¿Cuándo es su cumpleaños?	Su cumpleaños es el... de... (*día y mes*).	Su cumpleaños es el... de... (*día y mes*).
¿Cuántos años tiene?	Tiene ... años.	Tiene ... años.
Descripción física	Es...	Es...
Descripción de su personalidad	Es...	Es...
¿Tiene amigos hispanos?	(No) Tiene amigos hispanos.	(No) Tiene amigos hispanos.

Cultura

  Mundopedia

El arpa paraguaya

EL ARPA

El **arpa** es un instrumento musical muy **antiguo**; ¡es el instrumento que **toca** el **rey** David en la Biblia! Los españoles **traen** el arpa a las Américas durante la colonización y hoy es parte del repertorio musical de México, Venezuela, Ecuador, Perú, Argentina y otros países. Pero en Paraguay el arpa es un símbolo nacional.

EL ARPA PARAGUAYA

El arpa paraguaya es más pequeña que el arpa clásica; tiene entre treinta y dos y treinta y seis **cuerdas** y produce una música clara y bonita. Como es pequeña, es posible **ponerla** sobre el hombro para **tocarla** en procesiones y **desfiles**. Hay países hispanoamericanos donde el arpa se toca como acompañamiento con otros instrumentos, pero en Paraguay el arpa es el instrumento más importante de un **conjunto**.

CANCIONES POPULARES

Hay muchas **canciones** populares que usan el arpa, como «Cascada», «Melodía para ti», «Guyra pu», «Llegada» y «Pájaro Campana». La más representativa de todas estas canciones es «Pájaro Campana». Muchos arpistas **tocan** esta **bella** composición folclórica.

ARPISTAS FAMOSOS

El arpista paraguayo más famoso es Félix Pérez Cardozo. Pero Paraguay también tiene otros excelentes músicos del arpa, como Silvio Diarte, Clelia Carolina Sanabria, Ismael Ledesma y Rito Pedersen. **Además** hay **intérpretes** del arpa en otros países; por ejemplo en Japón están Lucía Shiomitsu y Toshiko Nezu Sandoval; en Uruguay, Anibal Sampayo; en Chile, los Hermanos Silva. **Te recomendamos** la música de estos intérpretes, especialmente la canción «Pájaro Campana». ¡Es bonita y **alegre**!

Vocabulario de consulta	
arpa	harp
antiguo	old
toca(n)	play(s)
rey	king
traen	they bring
cuerdas	strings
ponerla	place it
tocarla	play it
desfiles	parades
conjunto	band
canciones	songs
bella	beautiful
además	additionally
intérpretes	performers
Te recomendamos	We recommend to you
alegre	happy

El arpa paraguaya
©DEA/G. Kiner/Getty Images

Indica las respuestas correctas.

1. El arpa es un instrumento _____.
   a. nuevo
   b. antiguo
   c. francés

2. El arpa paraguaya es _____.
   a. grande
   b. un instrumento importante
   c. pequeña

3. La canción más representativa que usa el arpa es _____.
   a. «Melodía para ti»
   b. «Pájaro Campana»
   c. «Guyra pu»

4. El arpista paraguayo más famoso es _____.
   a. Ismael Ledesma
   b. Toshiko Nezu Sandoval
   c. Félix Pérez Cardozo

Palabras regionales: Paraguay	
acarasy*	hangover
yiyi	girl, young woman
julepe	a big scare
pororó*	popcorn

CONEXIÓN CULTURAL

PARAGUAY, CORAZÓN[a] DE AMÉRICA

Hay muchos datos interesantes sobre Paraguay. Por ejemplo, ¿sabías que el noventa por ciento de los paraguayos son mestizos? Los mestizos son personas de ascendencia[b] indígena y ascendencia europea. Lee la lectura «Paraguay, corazón de América» en el *Cuaderno de actividades* o en Connect Spanish y ¡descubre muchos datos más!

[a]*heart* [b]*ancestry*

*palabras de origen guaraní

Videoteca

Amigos sin Fronteras

Episodio 2: ¡Buenos días, profesor!

©McGraw-Hill Education/Klic Video Productions

Vocabulario de consulta

Buen día	**Buenos días**
paciencia	patience
Mirá (vos)	Look
historia	history
músico	musician
ciencias	sciences
miembros	members (*of a club*)
vosotros	you (*pl. fam. Sp.*)
bienvenida	welcome
A propósito, ¡escuchad!	By the way, listen up!
quiere estar	he wants to be
sorpresa	surprise
español de primer año	first-year Spanish
no aparecen en mi lista	(they) don't appear on my roster
¿Saben... ?	Do you know . . . ?
hermoso	beautiful

Resumen

Claudia and Eloy are reading e-mail messages from students who want to join the **Amigos sin Fronteras** club. Two days later, they meet new member Ana Sofía Torroja, who is from Spain. Ana Sofía tells Claudia and Eloy about her Puerto Rican friend Franklin Sotomayor, a professor at the College of Alameda who wants to join the club. Ana Sofía has a surprise in mind for Franklin.

Preparación para el video

A. **¡Comencemos!** Contesta estas preguntas antes de ver el video.

1. Mira la foto. ¿Cuántas personas hay en el primer plano (*foreground*)?

2. ¿Qué hacen las personas de la foto?
   a. Caminan por el parque.
   b. Toman un examen.
   c. Charlan (*They chat*) en un café.

3. ¿Qué países son del Caribe (son caribeños)? Indica todas las respuestas correctas.
   a. Cuba
   b. Paraguay
   c. España
   d. Puerto Rico

4. ¿Dónde hablan los amigos, por lo general? Indica todas las respuestas correctas.
   a. en la universidad
   b. en línea
   c. en el hospital
   d. en una cafetería

B. **La idea principal**. Indica la idea principal del video.

   1. Eloy y Claudia están en la clase de Franklin.
   2. Ana Sofía toma café con Eloy y Claudia en un café de la universidad.
   3. El club tiene nuevos miembros y Eloy y Claudia le dan un nombre (*give a name*) al club.

©McGraw-Hill Education/Klic Video Productions

C. **¿Cierto o falso?** Indica cierto (C) o falso (F), según el video.

   1. Nayeli es mexicana.
   2. Radamés es de Perú.
   3. Sebastián tiene dieciocho años.
   4. Franklin es caribeño (del Caribe).
   5. Claudia, Eloy y Ana Sofía planean una sorpresa para Franklin.

©McGraw-Hill Education/Klic Video Productions

D. **Detalles**. Contesta estas preguntas, según el video.

   1. ¿Cuántos años tiene Nayeli?
   2. ¿De dónde es Sebastián?
   3. ¿De dónde es Ana Sofía?
   4. ¿De dónde es el profesor Sotomayor?
   5. ¿De dónde es Claudia?

Ⓒ Mi país PARAGUAY

Comprensión

   1. ¿De qué ciudad es Claudia?
   2. ¿Dónde hay menos personas, en el norte o en el sur de Paraguay?
   3. ¿Las cataratas del Iguazú están en la frontera de cuáles países?
   4. ¿Cómo se llama el gran centro hidroeléctrico en el río Paraná?
   5. ¿Cuál es el lugar favorito de Claudia?

La represa y el lago Itaipú
©Prisma Bildagentur AG/Alamy

Estación Central del Ferrocarril
©J. Enrique Molina/Alamy

Gramática

You will learn other uses of the verb **estar** in **Capítulo 5**.

2.1 Expressing Location: The Verb **estar**

You already know the verb **estar** (*to be*) when used in greetings.

—¿Cómo estás?	*How are you?*
—Estoy bien, gracias.	*I'm fine, thank you.*

You can also use **estar** to locate people and objects.

—¿Dónde está el profesor Sotomayor?	*Where is Professor Sotomayor?*
—Está en clase.	*He's in class.*
—Eloy, ¿dónde está tu móvil?	*Eloy, where is your phone?*
—Está en mi carro.	*It's in my car.*

Note that, like the verb **ser** (**Gramática 1.1**) the verb **estar** also has two forms for *you*: (**tú**) **estás** and **usted está**. In fact all verbs in Spanish make a distinction between these two forms of *you*. You will learn more about forms of address in **Gramática 3.3**.

Here are the present tense forms of the irregular verb **estar**.

estar	
(yo) est**oy**	*I am*
(tú) est**ás***	*you (fam. sing.) are*
(usted, él/ella) est**á**	*you (pol. sing.) are; he/she is*[†]
(nosotros/as) est**amos**	*we are*
(vosotros/as) est**áis**	*you (fam. pl., Sp.) are*
(ustedes, ellos/as) est**án**	*you (pl.) are; they are*

Ejercicio 1

Di dónde están los objetos y las personas.

MODELO: El profesor *está* en el salón de clase.

1. Yo _____ en la universidad.
2. Los estudiantes _____ en su clase de español.
3. Eloy _____ al lado de Claudia.
4. El teléfono _____ encima de la mesa.
5. Xiomara y Camila _____ detrás de Rodrigo.
6. Ángela y yo _____ en la fiesta del club Amigos sin Fronteras.
7. ¿Por qué (tú) no _____ en tu pupitre?
8. Los libros _____ debajo de la silla.

---

*For recognition only: **vos estás**. **Vos** is a regional variant of informal singular address used in Argentina, Uruguay, Paraguay, and some parts of Chile, as well as most of Central America. Other Spanish-speaking countries use **tú**. Spanish speakers from regions that use **vos** understand the use of **tú**, and if you travel to or live in areas where **vos** is used, you will soon acquire this form.

[†]Remember that there is no Spanish equivalent for the English subject pronoun *it*. The third-person verb form conveys the meaning of *it* as well as of *he* or *she*.

2.2 Expressing Age: The Verb **tener**

¿Recuerdas?

In **Gramática 1.1** you learned the forms of **ser**.

La falda **es** roja. Los zapatos **son** nuevos.

In English, the verb *to be* (*am, is, are*) is used for telling age (*I am 21 years old*), but in Spanish the verb **tener** (*to have*) is used. To ask about age, use the question **¿Cuántos años... ?** (*How many years . . . ?*) with a form of the verb **tener**.

—Profesor Sotomayor, **¿cuántos años tiene** usted?

Professor Sotomayor, how old are you?

—**Tengo** veintiocho (años).

I'm 28 (years old).

The verb **tener**, like the verb **ser**, is classified as an irregular verb because of changes in its stem. However, the endings that attach to the stem are regular.*

tener	
(yo) ten**go**	*I have*
(tú) ti**enes**†	*you (fam. sing.) have*
(usted, él/ella) ti**ene**	*you (pol. sing.) have; he/she has*
(nosotros/as) ten**emos**	*we have*
(vosotros/as) ten**éis**	*you (fam. pl., Sp.) have*
(ustedes, ellos/as) ti**enen**	*you (pl.) have; they have*

In **Gramática 3.1** you will learn more uses of the verb **tener**.

Note that, like the verb **estar** (**Gramática 2.1**) the verb **tener** also has two forms for *you*: (**tú**) **tienes** and **usted tiene**.

The number **uno** shortens to **un** before masculine nouns.

En el salón de clase hay cuarenta y **un** pupitres.

Mi madre tiene cincuenta y **un** años.

Mi amigo tiene veinti**ún** años.

Ejercicio 2

Escribe la edad de estas personas.

MODELO: Claudia Cuéllar Arapí / diecinueve → Claudia *tiene diecinueve años.*

1. Eloy Ramírez Ovando / veintiuno (veintiún)
2. Rodrigo Yassín Lara / veintisiete
3. Yolanda Lara (mamá de Rodrigo) / cincuenta y cuatro
4. Sebastián Saldívar Calvo / dieciocho
5. Eduardo Saldívar (papá de Sebastián) / cuarenta y cinco
6. Omar Acosta Luna / veintinueve
7. Mi papá y el amigo de mi papá / cincuenta y uno (cincuenta y un)
8. Mi amigo y yo / veintitrés
9. Mi profesor / sesenta y dos

---

*See **Gramática 3.3** for more information on verb stems.

†Alternative form for recognition only: **vos tenés.**

Mira los dibujos y escribe la edad de estas personas. Usa palabras para expresar los números.

MODELO: Alfredo Cuéllar tiene *cuarenta y nueve* años (en 2018).

Alfredo Cuéllar, papá de Claudia (n. 1969)

1. Teresa Arapí, mamá de Claudia (n. 1972)

2. Claudia Cuéllar Arapí (n. 1999)

3. Franklin Sotomayor Sosa (n. 1990)

4. don Rafael Sotomayor, abuelo (*grandfather*) de Franklin (n. 1930)

5. Ángela McNeil Mendívil, club Amigos sin Fronteras (n. 1976)

2.3 Using **gustar** to Express Likes and Dislikes

A. *Gustar* + infinitive

The Spanish verb **gustar** expresses the meaning of the English verb *to like*. Its literal translation is *to be pleasing*. Just as in English, you can express liking a thing (noun) or an activity (verbal form). When speaking about a favorite activity, the verb form that follows **gustar** is always an infinitive, such as **hablar, aprender** (*to learn*), or **vivir** (*to live*).

Me **gusta** estudiar español.   *I like to study Spanish. (Studying Spanish is pleasing to me.)*

You may have noticed that in this structure the subject is what is liked: the person, object, or action that is pleasing to someone. The following table shows the pronouns used with **gustar** to express *to whom* something is pleasing (the person who likes). The pronouns precede **gusta(n)** in this structure.

me	*to me*	nos	*to us*
te	*to you* (tú; vos)	os	*to you* (vosotros/as, *Sp.*)
le	*to you* (usted), *to him/her*	les	*to you* (ustedes), *to them*

—¿Qué **te gusta** hacer en el verano?	*What do you (fam. sing.) like to do in the summer?*
—**Me gusta** nadar en el mar.	*I like to swim in the ocean.*
—¿Qué **les gusta** hacer por la noche?	*What do you (pl.) like to do at night?*
—**Nos gusta** mucho leer.	*We really like to read.*

Since **le** can refer to *you* (**usted**) *him*, or *her*, and **les** can refer to *you* (**ustedes**) or *them*, the prepositional phrase **a** (*to*) + *noun/pronoun* is often used to clarify to whom the pronoun refers: **a mi papá, a Juan, a los estudiantes, a ellos.** The prepositional phrase is used in addition to the pronoun **le** or **les.**

A Omar le gusta pasar tiempo con la familia.	*Omar likes to spend time with his family.*
—¿**A usted le** gusta ver telenovelas?	*Do you like to watch soap operas?*
—No, no me gusta.	*No, I don't like to.*
—¿**Les** gusta escuchar música a los estudiantes?	*Do students like to listen to music?*
—Sí, **a ellos les** gusta mucho.	*Yes, they like it very much.*

B. **Gustar + noun**

Gustar is used with nouns to express likes and dislikes when referring to people, places, or things.

Me **gusta** el té pero no me **gusta** el café.	*I like tea, but I don't like coffee.*
A mis hijos les **gustan** mucho los perros.	*My children like dogs a lot.*
A ellos no les **gustan** los gatos.	*They don't like cats.*
Me **gusta** mucho esta piscina.	*I really like this (swimming) pool.*
¿Te **gusta** la música de Shakira?	*Do you like Shakira's music?*

If the person, place, or thing that is liked (the grammatical subject of **gustar** in this structure) is singular, use the singular form of **gustar: gusta.** If the noun liked is plural, use the plural form of **gustar: gustan. OJO: gustar** does not become plural even if two activities (infinitives) are liked.

Me **gusta** esa bicicleta roja.	*I like that red bicycle. (Lit., That red bicycle **is pleasing** to me.)*
Me **gustan** esas dos bicicletas.	*I like those two bicycles. (Lit., Those two bicycles **are pleasing** to me.)*
A Omar le **gusta** el té verde.	*Omar likes green tea. (Lit., Green tea **is pleasing** to Omar.)*
A Camila le **gustan** los vinos argentinos.	*Camila likes Argentinean wines. (Lit., Argentinean wines **are pleasing** to Camila.)*
A nosotros nos **gusta** nadar y jugar al tenis.	*We like to swim and play tennis.*

The following table includes examples of the verb **gustar** with all pronouns and with both infinitives and nouns.

Me gusta leer y mirar series en maratón.	*I like to read and binge watch series.*
Me gusta mi nuevo móvil.	*I like my new phone.*
Me gustan las novelas de ciencia ficción.	*I like science fiction novels.*
Te gusta textear a tus amigos.	*You like to text your friends.*
¿Te gustan los deportes?	*Do you like sports?*
Le gusta el carro azul.	*He/She likes (You [pol. s.] like) the blue car.*
Nos gustan los perros y los gatos.	*We like dogs and cats.*
¿Os gusta visitar sitios históricos?	*Do you like to visit historical sites?*
Les gusta jugar al baloncesto y levantar pesas.	*They/You (pol. pl.) like to play basketball and lift weights.*

Ejercicio 4

Completa cada diálogo con **me, te, le, nos** o **les**.

MODELO: —Omar, ¿qué *les* gusta hacer a tu esposa y a ti?
—*Nos* gusta mucho jugar con nuestros hijos.

1. —Camila, ¿_____ gusta jugar al ráquetbol?

   —No, Radamés. No _____ gusta mucho.

2. —Xiomara, ¿_____ gusta viajar?

   —Sí, Jorge. _____ gusta mucho pero no tengo dinero.

3. —Eloy y Claudia, ¿a ustedes _____ gusta dar fiestas?

   —Sí, _____ gusta mucho dar fiestas para el club Amigos sin Fronteras.

4. —Omar, ¿a tu esposa _____ gusta cocinar?

   —Sí, a ella _____ gusta cocinar pero solamente para la familia.

5. —Claudia, ¿qué _____ gusta hacer a tus amigos y a ti (a ustedes)?

   —A nosotros _____ gusta mucho bailar y escuchar música.

6. —Ángela, ¿a tus hijos _____ gusta jugar al fútbol americano?

   —A ellos _____ gusta jugar un poco.

Ejercicio 5

A. Mira los dibujos y di qué (no) les gusta hacer a los amigos del club Amigos sin Fronteras.

Vocabulario

bailar	
cocinar	
escribir	to write
escuchar	
jugar	
lavar	to wash
leer	

1. A Eloy _____ mucho _____ blogs.
2. A Claudia y a su amigo _____.
3. A los hijos de Omar _____ con su perro Jefe.
4. A Camila no _____ los platos.
5. A Xiomara _____ novelas.

B. Ahora completa las oraciones para decir qué cosas les gustan a estos amigos. Usa **le gusta(n)** o **les gusta(n)**.

1. A Claudia _____ mucho las canciones de Adele.
2. A Omar y a Eloy _____ el gimnasio de la universidad.
3. A Camila _____ las películas de Gael García Bernal.
4. ¿_____ el fútbol a Eloy?
5. A Ángela _____ mucho todas sus clases.

2.4 Origin: ser de

A. A form of the verb **ser** (*to be*) followed by **de** (*from, of*) can specify origin. The following questions show you how to ask where someone is from.

—Nayeli, ¿**de dónde es** Camila Piatelli de la Fuente?   *Nayeli, where is Camila Piatelli de la Fuente from?*

—**Es de** Argentina.   *She is from Argentina.*

—Y tú, ¿**de dónde eres**?   *And where are you from?*

—**Soy de** México.   *I am from Mexico.*

As you know, **ser** can be followed directly by an adjective of nationality (see **Gramática 1.3**).

—Sr. Sotomayor, ¿**es** usted dominicano?   *Mr. Sotomayor, are you Dominican?*

—No, **soy** puertorriqueño.   *No, I am Puerto Rican.*

B. Two verbs in Spanish correspond to the English verb *to be*. **Estar** can be used to express location, while **ser** is used with **de** to tell where someone is from.

Ana Sofía **es de** España, pero este año **está en** los Estados Unidos.   *Ana Sofía is from Spain, but this year she is in the United States.*

Omar y Marcela **son de** Ecuador, pero ahora **están en** California.   *Omar y Marcela are from Ecuador, but now they are in California.*

Ejercicio 6

Di de dónde son las siguientes personas y dónde están ahora.

MODELO: Nayeli Rivas Orozco: México (Berkeley) →
                 Nayeli es de México, pero ahora está en Berkeley.

1. Omar Acosta Luna y Marcela Arellano Macías: Ecuador (Los Ángeles)

2. Juan Fernando Chen Gallegos: Costa Rica (Nueva York)

3. Estefanía Rosales Tum: Guatemala (Santo Domingo)

4. Claudia Cuéllar Arapí: Paraguay (España)

5. Sebastián Saldívar Calvo: Perú (México)

> **¿Recuerdas?**
>
> In **Gramática 1.1** you saw how the verb **ser** is used to identify people and things, whereas the verb **estar** is used to locate people and objects (**Gramática 2.1**). Review these verbs and their conjugations now, if necessary.

Lo que aprendí

At the end of this chapter, I can:

- ☐ ask questions about birthdays and age in Spanish.
- ☐ describe classroom objects and say where they are located.
- ☐ describe people's physical characteristics, personality, and nationality.
- ☐ talk about parts of the body.
- ☐ talk about location of things.
- ☐ talk about my favorite activities and those of others.
- ☐ name some sports.

Now I also know a lot more about:

- ☐ Paraguay.
- ☐ indigenous languages of the Hispanic world.

Las cosas en el salón de clase	Things in the Classroom
Repaso: el bolígrafo, el borrador, el cuaderno, el lápiz, el libro, el marcador, la mochila, el móvil, el reloj, el pupitre, el papel, la silla, la tiza	
el cartel	poster
el escritorio	(office) desk
la luz (*pl.* las luces)	light
la mesa	table
la pantalla	screen
la pared	wall
el piso	floor
la pizarra	(chalk)board; whiteboard
la computadora (portátil)	laptop (computer)
la puerta	door
el salón	classroom
el techo	ceiling
la ventana	window
Palabras semejantes: el mapa, el proyector, el teléfono, el texto	

¿Dónde está(n)... ?	Where is (are) . . . ?
a la derecha/izquierda (de)	to the right/left (of)
al lado (derecho/izquierdo) (de)	to the (right/left) side (of)
al norte/sur (de)	to the north/south (of)
arriba (de)	above
cerca (de)	close (to)
debajo (de)	below, under, underneath
delante (de)	in front (of)
detrás (de)	behind
en medio (de)	in the middle (of)
encima (de)	on top (of)
entre	between
lejos (de)	far (from)

The chapter **Vocabulario** includes thematic and comprehension vocabulary that will help you understand and converse with native speakers. **Palabras semejantes** are cognates, words that have the same meaning, and often the same spelling, as their counterparts in English. Spanish and English share a great many cognates, and this will make learning Spanish easier for you.

El cuerpo humano	The Human Body
la boca	mouth
el brazo	arm
la cabeza	head
la cara	face
el cuello	neck
el dedo	finger
la espalda	back
el estómago	stomach
el hombro	shoulder
la mano	hand
la nariz	nose
el ojo	eye
la oreja	ear
el pie	foot
la pierna	leg

Los cumpleaños y los meses del año	Birthdays and Months of the Year
¿Cuándo es tu/su cumpleaños?	When is your (*fam./pol. sing.*) birthday?
¿Cuándo naciste / nació usted?	When were you (*fam./pol.*) born?
Nací el ocho de enero.	I was born on January 8.
Naciste/Nació el primero de julio.	You (*fam. sing*) were born / You (*pol. sing.*) were (he/she was) born on July first.
Es mayor/menor que...	He/She is (You [*pol., sing.*] are) older/younger than . . .
¡Feliz cumpleaños!	Happy birthday!

Las estaciones y los meses del año	Seasons and Months of the Year
el otoño	fall
el invierno	winter
la primavera	spring
el verano	summer
Los meses del año: enero, febrero, marzo, abril, mayo, junio, julio, agosto, septiembre, octubre, noviembre, diciembre	

La edad	Age
¿Cuántos años tiene(n)?	How old is he/she (are they)?
¿Cuántos años tienes / tiene usted?	How old are you (*fam./pol.*)?
Tengo... años.	I am . . . years old.
Tiene... años.	He/She is (You [*pol. sing.*] are) . . . years old.
Tienen... años.	They / You (*pol. pl.*) are . . . years old.

Los días de la semana	Days of the Week
lunes	Monday
martes	Tuesday
miércoles	Wednesday
jueves	Thursday
viernes	Friday
sábado	Saturday
domingo	Sunday
el fin de semana	weekend
el jueves	on Thursday
los jueves	on Thursdays

¿Cuándo?	When?
anteayer	day before yesterday
ayer	yesterday
del... al...	from . . . to . . .
Las vacaciones son del 20 de junio al 31 de julio.	The vacation is from June 20 to July 31.
mañana	tomorrow
pasado mañana	day after tomorrow
¿Qué día es hoy?	What day is today?
Hoy es el quince de febrero.	Today is February 15th.
¿Qué día es mañana?	What day is tomorrow?
Mañana es martes.	Tomorrow is Tuesday.

El origen y las nacionalidades	
¿De dónde eres (tú) / es usted?	Where are you (*fam./pol.*) from?
Soy de...	I am from . . .
¿De dónde es/son?	Where is he/she (are you [*pol. sing.*]) / are they/you (*pol. pl.*) from?
Es/Son de...	He/She is (You [*pol. sing.*] are) / They/You (*pol. pl.*) are from . . .
el país (hispano)	(Hispanic) country

Las nacionalidades: argentino/a, boliviano/a, brasileño/a, chileno/a, colombiano/a, costarricense, cubano/a, cubanoamericano/a, dominicano/a, ecuatoriano/a, español(a), estadounidense, guatemalteco/a, hondureño/a, latinoamericano/a, mexicoamericano/a, nicaragüense, panameño/a, panamericano/a, paraguayo/a, peruano/a, puertorriqueño/a, salvadoreño/a, salvadoreñoamericano/a, uruguayo/a, venezolano/a

Las regiones y los países: Argentina, Bolivia, Brasil, el Caribe, Centroamérica, Chile, Colombia, Costa Rica, Cuba, Ecuador, El Salvador, España, Europa, Guatemala, Honduras, México, Nicaragua, Norteamérica, Panamá, Paraguay, Perú, Puerto Rico, la República Dominicana, Sudamérica, Uruguay, Venezuela

Los lugares	Places
la montaña	mountain
el mundo	world
la playa	beach

Palabras semejantes: el gimnasio, el parque, el planeta, el océano (Atlántico/Pacífico)

Las actividades favoritas	Favorite activities
¿Que te / le gusta hacer?	What do you (*fam. sing.*) / you (*pol. sing*) like to do?
Me gusta...	I like to . . .
acampar	to camp
andar (*irreg.*) en patineta	to skateboard
bailar	to dance
cocinar	to cook
comer (en restaurantes)	to eat (out)
dar (*irreg.*) un paseo	to go for a walk
escuchar música	to listen to music
hacer (*irreg.*)	to do; to make
hacer Snapchat	to Snapchat
ir (*irreg.*)	to go
ir al cine (al teatro)	to go to the movies (to the theater)
ir de compras	to go shopping
ir de vacaciones	to go on vacation
jugar (*irreg.*) al tenis	to play tenis
al básquetbol (al baloncesto)	basketball
al fútbol	soccer
al voleibol	volleyball
leer	to read
leer las noticias (en línea)	to read the news (on line)
leer novelas	to read novels

78 setenta y ocho   **Capítulo 2** Amigos y compañeros

levantar pesas	to lift weights		

levantar pesas	to lift weights
mirar	to watch, look at
mirar series en maratón	to binge watch
nadar	to swim
nadar en el mar	to swim in the ocean
nadar en una piscina	to swim in a pool
pasear	to stroll, go for a walk
salir (irreg.) a bailar	to go out dancing
textear	to text
tocar la guitarra (el piano)	to play the guitar (the piano)
ver (irreg.)	to see, watch
ver deportes	to watch sports
ver televisión	to watch television
ver videos	to watch videos
viajar	to travel

Los verbos
completar	to complete
estar (irreg.)	to be
llevar	to take
tener (irreg.)	to have
tomar apuntes	to take notes

Los sustantivos
la comida rápida	fast food
el extraterrestre	alien, extraterrestrial
el juego	game
el miembro	member
el/la profe	prof. (abbreviation of profesor[a])
el rey / la reina	king / queen

Palabras semejantes: la capital, la competición, el detective, el misterio, el papá, el/la presidente/a, el programa, el servicio, el tipo

Los adjetivos
Repaso: algún, alguno/a(s), barato/a, caro/a, difícil, fácil, grande, interesante, mucho/a(s), pequeño/a

aburrido/a	bored
antiguo/a	old; ancient
apropiado/a	appropriate; suitable
feliz (pl. felices)	happy
mismo/a	same
otro/a	other, another
raro/a	strange

Palabras semejantes: clásico/a, complicado/a, correcto/a, fantástico/a, famoso/a, favorito/a, folclórico/a, popular, moderno/a, rápido/a, simple

Los números del 300 al 2.000
trescientos, cuatrocientos, quinientos, seiscientos, setecientos, ochocientos, novecientos, mil, dos mil

Palabras y expresiones útiles
¿Adónde?	To where?
aquí	here
¿Cuál? / ¿Cuáles?	Which? / What?
generalmente	generally
más	more
¡para nada!	not at all!
por ejemplo	for example
por favor	please
por la mañana	in the morning
por la noche	at night
por la tarde	in the afternoon
¿Por qué?	Why?
todos los días	every day

Palabras y expresiones del texto
la firma	signature
Los mandatos (tú)	Commands (fam. sing.)
Repaso: Conversa, Describe, Di, Habla, Lee, Mira	
Busca	Look for
Escucha	Listen
Firma	Sign
Pregunta	Ask
Palabras semejantes: Consulta, Marca, Responde	
Los mandatos (ustedes)	Commands (pol. pl.)
Repaso: Escriban, Miren	
Digan	Say
Hablen	Talk
Muevan	Move
Pongan	Put
Trabajen	Work
Palabras semejantes: Comparen, Decidan, Describan, Inventen	
la oración	sentence
la respuesta	answer
si	if

Palabras semejantes: la figura, el objeto, el orden, la parte, la sección; alternativo/a

Esta pareja (*couple*) toma mate por la tarde.

Upon successful completion of **Capítulo 3,** you will be able to: talk about your family; tell time and describe daily activities and places, as well as talk about the weather and seasons. Additionally, you will have learned about some interesting places and people from Argentina and Uruguay.

Comunícate
En familia
La hora
Las actividades y los lugares
¿Qué tiempo hace?
Hablando del tiempo Las estaciones del año en el mundo

Exprésate
Escríbelo tú Actividades típicas
Cuéntanos Un fin de semana perfecto

Cultura
Mundopedia El cine argentino
Palabras regionales Argentina y Uruguay
Conexión cultural ¡A tomar mate!

Videoteca
Amigos sin Fronteras, Episodio 3 Una noche de juegos
Mi país Argentina y Uruguay

Gramática
3.1 Possession: **tener, ser de,** and Possessive Adjectives
3.2 Telling Time: **¿Qué hora es? ¿A qué hora... ?**
3.3 Present Tense of Regular **-ar, -er,** and **-ir** Verbs
3.4 Demonstratives

www.mhhe.com/connect

©Azul Images/Getty Images RF

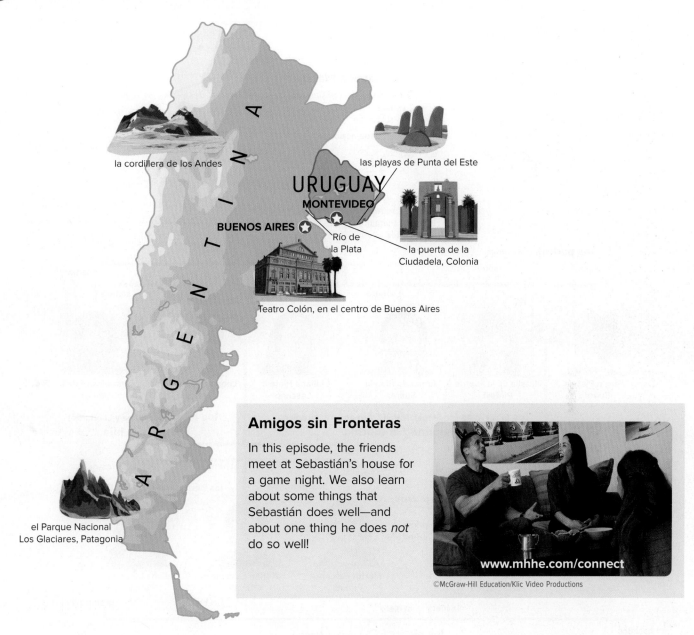

la cordillera de los Andes

las playas de Punta del Este

URUGUAY

MONTEVIDEO

BUENOS AIRES

Río de la Plata

la puerta de la Ciudadela, Colonia

Teatro Colón, en el centro de Buenos Aires

el Parque Nacional Los Glaciares, Patagonia

Amigos sin Fronteras

In this episode, the friends meet at Sebastián's house for a game night. We also learn about some things that Sebastián does well—and about one thing he does *not* do so well!

www.mhhe.com/connect

©McGraw-Hill Education/Klic Video Productions

Conócenos

Camila Piatelli de la Fuente
©Purestock/SuperStock RF

Camila Piatelli de la Fuente es argentina. Tiene dieciocho años y es estudiante de psicología. Su cumpleaños es el tres de marzo. Sus padres y su hermana menor, Antonella, viven en Buenos Aires. Sus actividades favoritas son salir a bailar, jugar al tenis, cocinar y textear a sus amigos.

©Image Source RF

Mi país

Comunícate

En familia

Lee *Gramática 3.1*

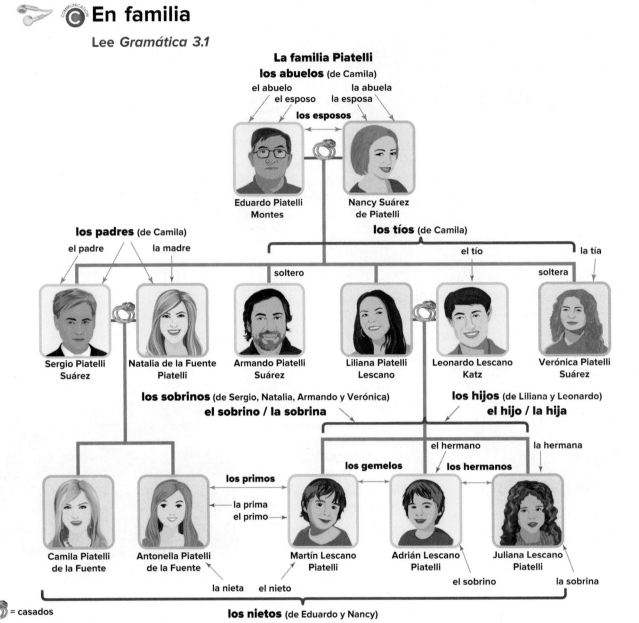

La familia Piatelli

los abuelos (de Camila)

el abuelo   la abuela
el esposo   la esposa

los esposos

Eduardo Piatelli Montes   Nancy Suárez de Piatelli

los padres (de Camila)   **los tíos** (de Camila)

el padre   la madre   el tío   la tía

soltero   soltera

Sergio Piatelli Suárez   Natalia de la Fuente Piatelli   Armando Piatelli Suárez   Liliana Piatelli Lescano   Leonardo Lescano Katz   Verónica Piatelli Suárez

los sobrinos (de Sergio, Natalia, Armando y Verónica)   **los hijos** (de Liliana y Leonardo)

el sobrino / la sobrina   **el hijo / la hija**

el hermano   la hermana

los gemelos   **los hermanos**

los primos

la prima
el primo

Camila Piatelli de la Fuente   Antonella Piatelli de la Fuente   Martín Lescano Piatelli   Adrián Lescano Piatelli   Juliana Lescano Piatelli

la nieta   el nieto   el sobrino   la sobrina

= casados   **los nietos** (de Eduardo y Nancy)

Gramática *Relatives*

The plural **hermanos** can include sisters as well. It is the same with all members of the family: **padres (padre/papá y madre/mamá), hijos (hijos e hijas), abuelos (abuelo y abuela), tíos (tío y tía), primos (primo y prima), sobrinos (sobrino y sobrina).**

Cultura *Los apellidos*

¿Recuerdas la información sobre los nombres hispanos en **Mundopedia, Capítulo 1**? Muchos hispanos usan dos apellidos, el de su padre primero y después el de su madre. En Argentina y en muchos otros países hispanos, es necesario usar los dos apellidos en documentos legales. En Argentina una nueva ley (*law*) dice que el primer apellido puede ser (*can be*) el de la madre o el del padre pero que todos los hijos en la familia deben (*must*) usar los mismos dos apellidos.

Actividad 1 La familia Piatelli

A. **¿Cierto o falso?** Contesta según el dibujo.

1. La esposa de Leonardo se llama Liliana.
2. Eduardo y Nancy tienen cuatro hijos: tres hijos y una hija.
3. Natalia es hermana de Sergio.
4. Armando es soltero, pero su hermano Sergio es casado.
5. Juliana y Adrián son idénticos porque son hermanos gemelos.
6. Verónica y Armando son tíos; tienen cinco sobrinos.
7. Nancy tiene cinco nietos en total, dos nietos y tres nietas.
8. Juliana no tiene primas.
9. Sergio y Natalia son los padres de Camila y Antonella.
10. Los abuelos de Martín y Adrián se llaman Eduardo y Natalia.

B. Trabaja con tu compañero/a para hacer y contestar preguntas según el dibujo.

MODELO: **E1:** ¿Cómo se llama *el hermano de Sergio, Liliana y Verónica?*
E2: Se llama *Armando.*
E1: ¿Cuántos *hermanos* tiene *Juliana?*
E2: Tiene dos.

Cultura *La familia hispana*

En general, las familias hispanas son grandes y muy unidas (*close*). A veces, en una casa viven varios miembros de la familia: los padres con sus hijos, los abuelos y, en algunos casos, también los tíos.

Actividad 2 Una conversación sobre tu familia

Habla con tu compañero/a sobre tu familia.

1. —¿Cómo te llamas?
   —Me llamo _____.

2. —¿Cómo se llama tu padre (madre, hermano/a, abuelo/a)?
   —Mi _____ se llama _____.

3. —¿Cuántos hermanos (primos, tíos, abuelos, nietos) tienes?
   —Tengo _____ hermano(s) (primo[s], abuelo[s], nieto[s]).

4. —¿Eres casado/a o soltero/a? ¿Tienes hijos?
   —Soy _____. Tengo _____ hijos. (No tengo hijos.)

Gramática *Possession*

Note that Spanish does not express possession by adding an apostrophe (').

Mary's father   El padre **de** Mary

Mary's father

El padre **de** Mary

Actividad 3 ¿De quién es... ?

Contesta las preguntas según los dibujos.

MODELOS: ¿De quién es *el libro*?
Es de *Ángela*.

¿Quién tiene *dos gatos*? ¿Cómo son?
Andrés. Un gato es anaranjado y el otro es gris y negro.

1. ¿De quién son los trajes nuevos? ¿De qué color son?

2. ¿Quién tiene dos libros? ¿Cómo son (los libros)?

3. ¿Quiénes tienen bicicletas nuevas?

4. ¿De quién son los perros? ¿Cómo son?

5. ¿De quién es el coche nuevo? Descríbelo.

6. ¿Quién tiene un vestido de fiesta? ¿Cómo es?

Este anuncio es parte de una campaña (*campaign*) del Consejo Publicitario Argentino (*Argentinean Ad Council*) para promover las relaciones familiares y desconectarse del Internet. Para más información visita la página **www.haceelclickhoy.org**

Source: Consejo Publicitario Argentino

Actividad 4   ¿Qué tengo?

Charla con tu compañero/a sobre tus mascotas, tu carro y otras cosas.

1. —¿Tienes mascota(s)?

   —Sí, tengo un(a) _____ *perro* (gato, pájaro, pez, tortuga). (No, no tengo mascota.)

2. —¿Cómo se llama(n) tu(s) mascota(s)?

   —Se llama(n) _____.

3. —¿Cómo es? (¿Cómo son?)

   —Mi _____ es _____. (Mis _____ son _____ .)

4. —¿Tienes *carro*? (motocicleta, bicicleta, patineta)

   —Sí, tengo un _____ (Ford, Toyota, Volvo). / No, no tengo *carro*.
   Tengo una *motocicleta*. (bicicleta)

5. —¿Cómo es tu *carro*? (motocicleta, bicicleta)

   —Mi *carro* (motocicleta, bicicleta) es _____.

La hora

Lee *Gramática 3.2*

¿Qué hora es?

Es medianoche.

Son las once menos veinte de la noche.

Son las tres menos veinticinco.

Son las siete y seis.

Es la una y media.

Es mediodía.

Son las once y cuarto de la mañana.

Es la una de la tarde.

Son las diez menos diez.

—Oye, Franklin, ¿qué hora es?
—Es casi medianoche.
—¡Ya es tarde!

Actividad 5 ¿Qué hora es?

Indica la hora que corresponde a cada reloj.

1.

2.

a. Son las cinco y cuarto.

b. Son las dos menos veinte.

c. Son las seis menos cuarto.

d. Es la una y cinco.

e. Son las once y veinte.

f. Son las doce en punto.

3.

4.

5.

6.

©Joaquín S. Lavado, QUINTO, *Toda Mafalda*, Ediciones de La Flor.

Actividad 6 La hora alrededor del mundo

La hora es diferente en cada país porque... ¡el mundo es loco! Di qué hora
es en la ciudad que menciona tu profesor(a). Luego, hazle preguntas a tu
compañero/a, según el modelo.

La hora alrededor del mundo

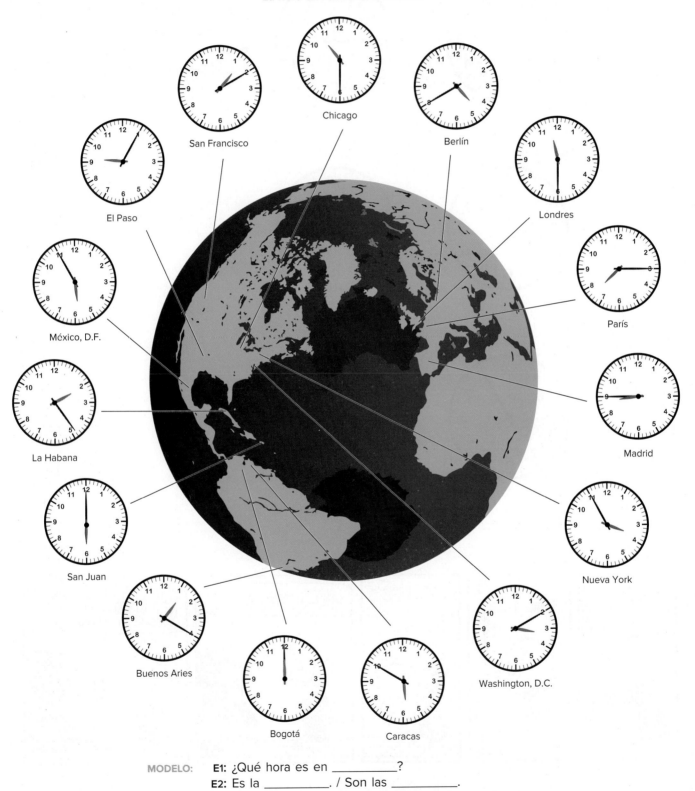

MODELO: E1: ¿Qué hora es en _____?
E2: Es la _____. / Son las _____.

Cultura *El reloj de veinticuatro horas*

En muchos países hispanos se usa el reloj de veinticuatro horas. Después del mediodía (12:00), la una es las 13:00, las dos son las 14:00, las tres son las 15:00, etcétera. La medianoche es a las 00:00 y a las 00:00 comienza el día. (Lee la explicación en **Gramática 3.2B**.)

  Actividad 7 El canal TNU de Uruguay

Mira la programación del Canal de Televisión Nacional Uruguay (TNU) para el viernes y contesta las preguntas.

TNU PROGRAMACIÓN

00:00 Historias debidas
00:30 Ponete cómodo
02:00 Historias invisibles
04:30 Amar en tiempos revueltos-drama
05:30 Buscadores
07:30 Agroinforme
08:00 InfoTNU - Mañana
11:00 El Canal de los Niños
12:00 InfoTNU - Mediodía
13:00 Buscadores
15:00 Café literario
16:00 Rico y abundante
16:30 Lo de Narda
17:00 El Canal de los Niños
18:30 El Ministerio del Tiempo - drama
20:00 InfoTNU
21:00 La Sirga - cine
23:00 ¡Ven a ver mi mundo!
23:30 InfoTNU - Fin de jornada

©Digital Archive Japan/Alamy RF

Vocabulario

poesía	se presenta
vez (veces)	termina

1. ¿Hay un programa para los niños? ¿Cómo se llama? ¿A qué hora es?

2. ¿Y cómo se llama el programa sobre libros y poesía? ¿A qué hora es?

3. ¿A qué hora es el programa *Buscadores*? ¿Se presenta también a otra hora? ¿Cuántas veces se presenta?

4. ¿Cuántas veces se presenta el programa *InfoTNU*?

5. ¿A qué hora es *¡Ven a ver mi mundo!*? En tu opinión, ¿cómo es este programa, posiblemente? ¿Es de aventuras? ¿Es una serie de acción?

6. ¿A qué hora termina la transmisión del Canal TNU?

Las actividades y los lugares

Lee *Gramática 3.3, 3.4*

Un día en la vida de la familia Acosta

Todos los días Omar toma café y lee el periódico en el patio.

Por la mañana los Acosta desayunan juntos.

Omar y los niños salen de la casa a las ocho menos cuarto. Omar lleva a sus hijos a la escuela y luego él va al trabajo.

Marcela limpia la casa por la mañana y por la tarde hace la compra en el supermercado.

Por la tarde Omar y sus hijos juegan al fútbol en el parque.

Por la noche Marcela descansa y lee una novela.

Vocabulario

aquí / acá
allí / allá

Cultura *El almuerzo del domingo*

En algunos países hispanos, muchas familias se reúnen (*get together*) los domingos a la hora del almuerzo, generalmente en casa de los abuelos.

Actividad 8   Las actividades diarias

Di quién hace las actividades y cuándo.

MODELOS: **E1:** ¿Quién trabaja en una librería?
E2: Juan Fernando.

E1: ¿Cuándo sale a cenar Marcela?
E2: Los viernes por la noche.

¿Quién? → ¿Cuando? ↓	Juan Fernando Chen Gallegos; San José, Costa Rica	Marcela Arellano Macías; Quito, Ecuador	Radamés Fernández Saborit; Berkeley, California
los lunes por la mañana	Asiste a clases en la Universidad de Costa Rica.	Corre cuatro kilómetros en el parque.	Toma café en la cafetería de la universidad.
los miércoles por la tarde	Trabaja en la librería de la universidad.	Prepara la cena.	Va a la biblioteca para estudiar.
los viernes por la noche	Sale a bailar con su novia en un club.	Cena con su esposo en un restarante en el centro.	Toca la guitarra con el grupo (musical) Cumbancha.
los sábados por la mañana	Levanta pesas en el gimnasio.	Anda en bicicleta con sus hijos.	Desayuna con sus compañeros del club Amigos sin Fronteras.
los domingos por la tarde	Va al cine con su novia.	Almuerza con toda la familia.	Hace su tarea en casa.

Cultura *El mate*

El mate y la bombilla: El mate es una bebida muy popular en Argentina y Uruguay.
©Aneta_Gu/Shutterstock RF

El *mate* es una bebida muy popular en Argentina y Uruguay. Es un tipo de té que proviene de una planta indígena. Los amigos o familiares toman mate juntos y comparten sus experiencias. Para más información lee **Conexión cultural.**

Narra el día típico de Camila, primero con tu profesor(a) y después con tu compañero/a.

Vocabulario

¿A qué hora... ?	primero	luego
A la(s)...	después	finalmente
por la mañana/tarde/noche	más tarde	por último

Di con qué frecuencia haces estas actividades durante la semana.

> **Vocabulario**
>
> siempre   de vez en cuando
> con frecuencia   (casi) nunca
> a veces

MODELO: **E1:** *Casi nunca* lavo el carro. ¿Y tú?
           E2: Lavo el carro *de vez en cuando*.

Gramática *El verbo* ver

Note that the **yo** form of **ver** is irregular with an added **-e**.

Veo partidos de fútbol los fines de semana.

1. Veo la televisión por la noche.
2. Ceno con la familia.
3. Texteo cuando manejo el carro.
4. Como algo en el carro, un sándwich, por ejemplo.
5. Veo películas en mi tableta.
6. Lavo el carro.
7. Hago ejercicio aeróbico o yoga.
8. Preparo la cena.
9. Escucho música en el móvil mientras estudio.
10. Visito sitios Web.

Este muchacho y su perro juegan al fútbol en el parque.
©Comstock Images/Getty Images RF

Actividad 11 ¿Qué hacen estas personas?

Empareja los dibujos con las actividades de la lista. **OJO:** Hay más actividades que dibujos.

MODELO: Eloy, Rodrigo y Sebastián *hacen snowboard*.

Vocabulario

anda(n) en patineta
baila(n) en las fiestas
hace(n) snowboard
juega(n) videojuegos
lava(n) el carro
lee(n) una novela por la noche

nada(n) en la piscina
trabaja(n) los sábados
va(n) a la playa en verano
va(n) al cine los sábados
ve(n)/mira(n) la televisión
viaja(n) a España en vacaciones

Eloy, Rodrigo y Sebastian...

¡Hoy es sábado! Voy a la oficina a las diez.

1. Claudia...

2. Camila y Antonella...

3. Xiomara...

4. Omar...

5. Rodrigo, Nayeli y Lucía...

6. Ana Sofía...

7. Eloy y su novia...

¿Qué tiempo hace?

Es invierno y hace mucho frío.

Es primavera y hace fresco.

Es verano y hace mucho calor.

Es otoño y hace viento.

Hace mal tiempo.

Hace sol. / Hace buen tiempo.

Está nublado.

Llueve.

Nieva.

¿Cuándo te gusta ir a las montañas, en verano o en invierno? (San Carlos de Bariloche, Argentina)
©Image Source RF

Cultura *Los grados centígrados*

Para hablar de la temperatura en español usamos grados (°):
12°C = doce grados (centígrados). Si (*If*) hace mucho frío, lo expresamos así: –7°C = siete grados/centígrados bajo cero.

Actividad 12 El clima en varias ciudades

Mira la tabla y hazle preguntas a tu compañero/a sobre la temperatura y el tiempo en estas ciudades.

MODELO: **E1:** ¿Cuál es la temperatura *mínima* en *Bariloche* en *agosto*?
E2: La temperatura *mínima* en *Bariloche* en *agosto* es *de un grado centígrado bajo cero* (–1°C).

E1: Entonces, ¿qué tiempo hace en *Bariloche* en *agosto*?
E2: Hace *frío*.

Ciudad	Temperatura	febrero	agosto
Asunción, Paraguay	temperatura máxima	34°C	26°C
	temperatura mínima	22°C	14°C
Quito, Ecuador	temperatura máxima	18°C	19°C
	temperatura mínima	14°C	6°C
Bariloche, Argentina	temperatura máxima	22°C	18°C
	temperatura mínima	5.7°C	–1°C
Nueva York, Estados Unidos	temperatura máxima	6°C	28°C
	temperatura mínima	–2°C	20°C
Montevideo, Uruguay	temperatura máxima	24°C	15°C
	temperatura mínima	16°C	6°C
Barcelona, España	temperatura máxima	14°C	28°C
	temperatura mínima	5°C	19°C

Hablando del tiempo

LAS ESTACIONES DEL AÑO EN EL MUNDO

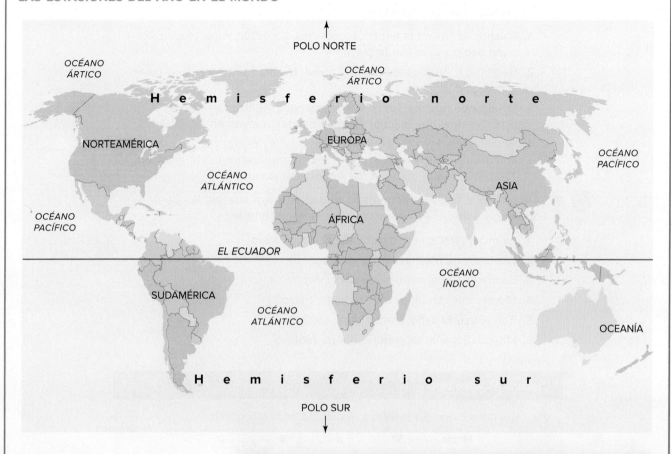

El planeta se divide en dos hemisferios: el hemisferio del norte y el del sur. En el hemisferio norte de la Tierra[a] tenemos cuatro estaciones: la primavera que empieza aproximadamente el 21 de marzo, el verano el 21 de junio, el otoño el 21 de septiembre y el invierno el 21 de

ESTACIONES: HEMISFERIO NORTE	MESES/FECHAS	ESTACIONES: HEMISFERIO SUR
primavera	21 marzo a 21 junio	otoño
verano	21 junio a 21 septiembre	invierno
otoño	21 septiembre a 21 diciembre	primavera
invierno	21 diciembre a 21 marzo	verano

diciembre. Pero cuando es invierno en los países del hemisferio norte, como Estados Unidos y Canadá, pues hace mucho calor en Argentina y Uruguay porque es verano. Cuando es otoño en los Estados Unidos, las hojas de los árboles son de muchos colores (anaranjado, rojo y amarillo) y empiezan las clases; en el hemisferio sur los argentinos y los uruguayos disfrutan del[b] clima agradable[c] de la primavera.

En contraste, en los países ecuatoriales y tropicales hay dos estaciones: la estación de las lluvias y la estación seca.[d] En lugares como Costa Rica, Panamá, Colombia y Ecuador la temperatura varía muy poco y el clima tropical mantiene una temperatura uniforme la mayor parte[e] del año.

En muchos países hispanos, hay variación en el clima. En la península de Yucatán en México hace calor y hay mucha humedad pero en las montañas de la Sierra Madre Occidental hace calor en el verano y mucho frío en el invierno. En el norte de Chile está el desierto Atacama, el lugar más seco del mundo donde casi nunca llueve, mientras que en el sur de este país llueve bastante y hay muchos árboles y lagos.[f]

[a]la... *Earth* [b]disfrutan... *enjoy* [c]*pleasant* [d]*dry* [e]mayor... *majority* [f]*lakes*

Actividad 13 Las estaciones y el clima

A. Lee estas descripciones y di qué estación representa cada una: **la primavera, el verano, el otoño** o **el invierno**.

1. Muchos estudiantes tienen vacaciones. La gente viaja. Hace calor y buen tiempo para ir a la playa.

2. Hace frío y en algunos lugares nieva. Mucha gente esquía o hace snowboard.

3. En algunos lugares llueve y a veces hace viento. Las montañas están verdes; hay muchas flores y plantas nuevas en los jardines.

4. Hace fresco. En algunos lugares los árboles cambian de verde a anaranjado, rojo y amarillo. Las clases empiezan en esta estación. También es la temporada del fútbol americano.

B. Ahora di qué estación tiene cada ciudad en estos meses. Recuerda la diferencia entre el hemisferio norte y el hemisferio sur.

1. Asunción, Paraguay: diciembre, enero, febrero

2. Guadalajara, México: junio, julio, agosto

3. Santiago, Chile: septiembre, octubre, noviembre

4. Montevideo, Uruguay: marzo, abril, mayo

5. Barcelona, España: marzo, abril, mayo

6. Madrid, España: diciembre, enero, febrero

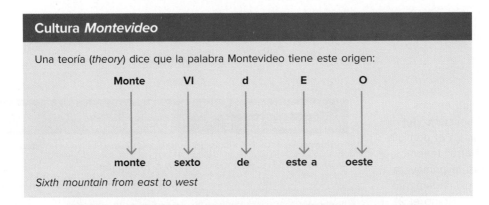

Cultura *Montevideo*

Una teoría (*theory*) dice que la palabra Montevideo tiene este origen:

Monte	VI	d	E	O
↓	↓	↓	↓	↓
monte	**sexto**	**de**	**este a**	**oeste**

Sixth mountain from east to west

A muchas personas les gusta ir a la playa de Punta del Este, Uruguay en diciembre y enero.
©Domino/Getty Images RF

Actividad 14 Las actividades y el tiempo

A. Conversa con tu profe sobre la ropa y las actividades relacionadas con (*related to*) el clima.

1. ¿Qué le gusta hacer cuando hace frío?
2. ¿Qué ropa lleva usted en el verano?
3. ¿Qué le gusta hacer cuando llueve?
4. ¿Le gusta ir a la playa cuando hace calor? ¿Qué hace en la playa normalmente?
5. ¿Esquía en la nieve o practica otro deporte de invierno?

B. Ahora, conversa con tu compañero/a

1. ¿Qué te gusta hacer cuando hace frío? ¿Y qué ropa llevas en el invierno?
2. ¿Qué ropa llevas en el verano? ¿Y qué te gusta hacer cuando hace calor?
3. ¿Llevas suéter o abrigo cuando hace fresco? ¿Qué te gusta hacer cuando hace fresco?
4. ¿Qué haces cuando llueve? ¿Y cuando hace viento?
5. ¿Te gusta ir a la playa cuando está nublado? ¿Por qué? ¿Qué haces normalmente en la playa? ¿Nadas? ¿Surfeas? ¿Tomas el sol? ¿Comes algo?
6. ¿Qué ropa llevas cuando nieva y hace mucho frío? ¿Esquías durante el invierno? ¿Haces snowboard?

 Exprésate

ESCRÍBELO TÚ

Actividades típicas

Escribe una composición sobre las actividades típicas de los jóvenes de tu edad (tus amigos y tú) y las actividades de los adultos como tus padres. Primero, haz una lista de cinco actividades de los jóvenes y luego haz otra lista con cinco actividades de los adultos. Puedes usar el vocabulario de las **Actividades 8, 9, 10** y **11** para expresar qué hacen los jóvenes. También puedes entrevistar (*interview*) a tus padres y a los amigos de tus padres para saber qué hacen los adultos. Después, escribe dos párrafos en el *Cuaderno de actividades* o en Connect Spanish con la información de tu lista y agrega (*add*) detalles importantes e interesantes.

CUÉNTANOS

Un fin de semana perfecto

Cuéntanos sobre un fin de semana de verano perfecto o sobre un fin de semana de invierno perfecto. ¿Qué te gusta hacer el viernes por la noche? Generalmente, ¿qué haces el sábado por la mañana? ¿Qué haces el domingo por la mañana? Y el domingo por la tarde, ¿qué te gusta hacer?

Cultura

Mundopedia

El cine argentino

La directora argentina Lucrecia Martel
©Alberto E. Rodríguez/Getty Images

Muchas de las películas que miran los hispanos son de Hollywood. Pero hay países hispanos con una fuerte industria cinematográfica; entre ellos están México, España, Cuba y Argentina.

Vocabulario de consulta	
calidad	quality
comienza con fuerza	begins in earnest
el cine sonoro	sound films (films with sound)
se conoce	is known
esta última	the latter
sigue siendo	continues to be
se estrena	premieres
vínculos	ties
relato	story, vignette
protagonistas	main characters
el filme más taquillero	the biggest box-office hit
extranjera	foreign

EL CINE ARGENTINO

El cine argentino tiene excelentes directores y actores. Muchas películas de ese país son populares y también de gran calidad.

La industria del cine en Argentina comienza con fuerza en 1933, cuando se inventa el cine sonoro. De ese año es *Tango*, una película que explora la forma musical más popular en el país: el tango.

PELÍCULAS ARGENTINAS FAMOSAS

En los años 80, el cine argentino se conoce internacionalmente con películas como *Camila, El exilio de Gardel* y *La historia oficial*. Esta última, del director Luis Puenzo, sigue siendo popular y en 2016 se estrena de nuevo en los cines clásicos. Las mujeres directoras también ganan fama con sus películas. Una película famosa es *La mujer sin cabeza* (2008) de Lucrecia Martel. En 2016 sale *Bien de familia*, de María Eugenia Fontana, una película conmovedora sobre los vínculos familiares.

Hay películas argentinas muy populares, como *Nueve reinas* (2000) del director Fabián Bielinski, *El secreto de tus ojos* (2009) de José Campanella y *El clan* (2015) de Pablo Trapero. Pero el filme más taquillero en toda la historia cinematográfica de Argentina es *Relatos salvajes* (2014) del director Damián Szifrón. Esta película se compone de seis relatos de protagonistas que se enfrentan a situaciones extremas.

PELÍCULAS ARGENTINAS NOMINADAS AL ÓSCAR

Muchas películas argentinas son nominadas al Óscar como mejor película extranjera, entre otras: *Camila* (2000), *La historia oficial*, (1985), *Tango* (2000), *El hijo de la novia* (2000), *El secreto de tus ojos* (2010) y *Relatos salvajes* (2015). *La historia oficial* y *El secreto de tus ojos* son ganadoras de este premio importante.

Escoge (*Choose*) la respuesta correcta.

1. La industria cinematográfica argentina comienza con fuerza en el año _____.

   a. 1985
   b. 1933
   c. 2000

2. La película argentina que gana el premio Óscar en 1985 es _____.
   a. *El exilio de Gardel*
   b. *Camila*
   c. *La historia oficial*

3. La película argentina *Bien de familia* es de la directora _____.
   a. Lucrecia Martel
   b. *Pablo Trapero*
   c. *María Eugenia Fontana*

4. El filme más taquillero en toda la historia cinematográfica de Argentina es _____.
   a. *Nueve reinas*
   b. *Relatos salvajes*
   c. *La mujer sin cabeza*

5. La película argentina que gana el Premio Óscar en 2010 es _____.
   a. *La historia oficial*
   b. *El secreto de sus ojos*
   c. *El hijo de la novia*

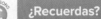

¿Recuerdas?

Remember that when saying a year in Spanish you must say the entire number. Spanish speakers do not divide a year into two parts as English speakers do: *eighteen ninety seven,* but rather, state the year as a number starting with thousands: *one thousand eight hundred ninety seven.*

   1897: mil ochocientos noventa y siete
      2000: dos mil

   1933: mil novecientos treinta y tres
      2009: dos mil nueve

   1985: mil novecientos ochenta y cinco
      2011: dos mil once

Palabras regionales			
Argentina		**Uruguay**	
che	hey; buddy	**tá**	**está bien, de acuerdo**
el bife/bistec	steak	**una pila de**	mucho
la campera	la chaqueta	**el bondi**	el autobús
ni a ganchos	**¡No!**	**el/la pibe**	**el/la chico/a**

CONEXIÓN CULTURAL

¡A TOMAR MATE!

En muchos países del Cono Sur[a] es común tomar mate. El mate es la bebida[b] nacional de tres países de esta región: Argentina, Paraguay y Uruguay. Lee la lectura «¡A tomar mate!» en el *Cuaderno de actividades* o en Connect Spanish para saber más sobre esta planta importante.

_____
[a]*Cono… Southern Cone, term used to describe the group of countries of Chile, Paraguay, Uruguay and Argentina*   [b]*drink*

Videoteca

Amigos sin Fronteras

Episodio 3: Una noche de juegos

©McGraw-Hill Education/Klic Video Productions

Resumen

Claudia invita a algunos amigos del club Amigos sin Fronteras a una reunión en casa de Sebastián Saldívar, estudiante de Perú. Allí están Claudia, Ana Sofía y Radamés Fernández, estudiante cubanoamericano. Estos cuatro amigos juegan al Cranium. Después... ¡Sebastián pide (*orders*) pizza para todos!

Preparación para el video

A. ¡Comencemos! Mira la foto y contesta estas preguntas antes de ver el video.

1. ¿Cómo se llaman estos estudiantes?
2. ¿Dónde están los chicos en la foto?
3. ¿Qué hacen los chicos en la foto?

Comprensión del video

B. La idea principal. Indica la idea principal del video.

1. A estos chicos les gusta pasar tiempo juntos.
2. Sebastián no sabe cocinar.
3. A Radamés no le gusta el café instantáneo.

C. ¿Cierto (C) o falso (F)?

1. Eloy no está con sus amigos porque está en la universidad.
2. Claudia y Ana Sofía quieren salir a bailar; los chicos no quieren.
3. Ana Sofía y Radamés dicen que Claudia es muy mandona.
4. A Radamés le gusta mucho el café cubano que Sebastián prepara.
5. Según Radamés, Sebastián cocina muy bien.

Vocabulario de consulta	
prácticas de laboratorio	lab practical (exam)
Nos quedamos aquí	We'll stay here
es la verdad	it's true
refrescos	soft drinks
taza	cup
contra	against
lo opuesto	the opposite
Tiren el dado.	Throw the die.
¡Socorro!	Help!
tranquilos	relax
queso	cheese
lo máximo	the best

©McGraw-Hill Education/Klic Video Productions

D. Detalles. Usa palabras de la lista para completar las oraciones. **OJO:** No se usan todas las palabras.

bailar	cuatro	hace frío	Sebastián
café	Eloy	jugar al fútbol	texto
cinco	hace calor	limonada	

1. Para comunicarse con sus amigos, Claudia manda (*sends*) mensajes de _____.

2. Los chicos van a casa de Sebastián el viernes a las _____.

3. Ana Sofía prefiere ir a _____.

4. Se quedan en casa de Sebastián porque afuera _____.

5. Sebastián les ofrece _____, refrescos y _____ cubano a sus amigos.

6. Según Radamés, _____ no sabe cocinar bien.

Ⓒ Mi país ARGENTINA Y URUGUAY

Comprensión

1. Selecciona las características comunes que tienen Argentina y Uruguay.

   a. el mate   b. los gauchos   c. el tango   d. el fútbol

2. ¿Qué recomienda Camila hacer en el Café Tortoni de Buenos Aires?

   a. ver espectáculos de gauchos

   b. tomar café

   c. ver espectáculos de tango

3. ¿De qué comidas típicas argentinas habla Camila?

   a. empanadas   b. choripanes   c. tamales   d. parrillada

4. ¿Cómo se llama una avenida muy grande que hay en el centro de Buenos Aires?

5. ¿Cómo se llama el lugar donde trabaja el presidente de Argentina, que está al lado de la Plaza de Mayo?

6. ¿Qué tienen en común el Barrio de La Boca de Buenos Aires (Argentina) y el Barrio Reus, de Montevideo (Uruguay)?

7. A Camila y a su familia les gusta ir de vacaciones a estos lugares de Argentina.

8. ¿Adónde prefiere ir Camila de vacaciones?

Glaciar Perito Moreno, Patagonia, Argentina
©Image Source RF

Punta del Este, Uruguay
©Krzysztof Dydynski/Getty Images

Gramática

3.1 Possession: **tener, ser de,** and Possessive Adjectives

Just like English, Spanish has several ways of expressing possession. Unlike English, however, Spanish does not add an apostrophe + s to words.

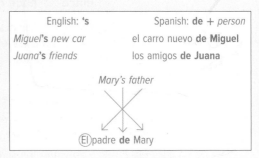

English: **'s**	Spanish: **de** + *person*
*Miguel***'s** *new car*	el carro nuevo **de Miguel**
*Juana***'s** *friends*	los amigos **de Juana**

Mary's father

(El)padre **de** Mary

A. The simplest way of expressing possession is to use the verb **tener** (*to have*). Like the verb **ser, tener** is classified as an irregular verb because of changes in its stem.* The endings that attach to the stem, however, are regular. The forms of **tener** are: **tengo, tienes, tiene, tenemos, tenéis, tienen.**[†] See **Gramática 2.1** for a chart of the verb tener.

—Profesor Sotomayor, ¿**tiene** usted un automóvil nuevo?	*Professor Sotomayor, do you have a new automobile?*
—Sí, **tengo** un Prius verde.	*Yes, I have a green Prius.*

B. The verb **ser** (*to be*) followed by the preposition **de** (*of*) can also be used to express possession. The equivalent of the English word *whose* is **¿de quién?** (Lit., *of whom?* or *to whom?*)

—**¿De quién es** el cuaderno?	*To whom does the notebook belong?*
—**Es de** Claudia.	*It's Claudia's. / It belongs to Claudia.*

C. The preposition **de** (*of, from*) followed by the masculine article **el** (*the*) contracts to **del** (*of the*).

> de + el = del
> de + la = de la

—**¿De quién es** el suéter?	*Whose sweater is this?*
—**Es del** profesor.	*It's the professor's.*

The other combinations of **de** + *article* do not contract: **de la, de los, de las**.

Los ojos **de la** niña son bonitos.	*The girl's eyes are pretty.*
Los libros **de los** estudiantes son nuevos.	*The students' books are new.*

D. Possession can also be indicated by using possessive adjectives. The particular adjective you choose depends on the owner. However the adjective itself, like other Spanish adjectives, agrees in gender and number with the word it describes, that is, with the *object owned*, not with the owner.

> Remember that you will acquire much of this material in time as you listen to and read Spanish.

¿**Mi** padre? Tiene los ojos castaños.	*My father? He has brown eyes.*
Camila, **tu** hermana menor es bonita.	*Camila, your little sister is pretty.*
Nuestra casa nueva es muy grande.	*Our new house is very large.*
Mi falda es vieja, pero **mis** zapatos son nuevos.	*My skirt is old but my shoes are new.*
Carlitos y Maritza tienen una casa grande. **Su** casa es grande.	*Carlitos and Maritza have a big house. Their house is big.*
Eloy, ¿**tus** hermanos son gemelos?	*Eloy, are your siblings twins?*
Carlitos y Maritza tienen dos tías y un tío. **Sus** tías son muy divertidas.	*Carlitos and Maritza have two aunts and one uncle. Their aunts are a lot of fun.*

---

*See **Gramática 3.3** for more information on verb stems.
[†]Alternative form for recognition only: **vos tenés**.

<table>
<tr><td rowspan="2"></td><th colspan="4">SINGULAR POSSESSION (One Item)</th><th colspan="4">PLURAL POSSESSION (Multiple Items)</th></tr>
</table>

su = his, her, your, their (one item/person)	SINGULAR POSSESSION (One Item)				PLURAL POSSESSION (Multiple Items)			
	Singular Owner		**Plural Owner**		**Singular Owner**		**Plural Owner**	
sus = his, her, your, their (multiple items/people)	mi	abrigo	nuestro	abrigo	mis	abrigos	nuestros	abrigos
		camisa	nuestra	camisa		camisas	nuestras	camisas
	tu	abrigo	vuestro	abrigo	tus	abrigos	vuestros	abrigos
		camisa	vuestra	camisa		camisas	vuestras	camisas
	su	abrigo	su	abrigo	sus	abrigos	sus	abrigos
		camisa		camisa		camisas		camisas

Keep in mind that the pronoun **su(s)** can have various meanings: *your (pol. sing., pl.), his, her, its,* or *their.* The context normally clarifies to whom **su(s)** refers.

Camila no vive con **sus** padres.   *Camila doesn't live with her parents.*

In Spanish, when we say **(los) señores** plus a last name it usually means *Mr. and Mrs.* Use **los** when talking *about* the couple.

Buenos días, señores Acosta.   *Good morning, Mr. and Mrs. Acosta.*

Los señores Acosta van a la fiesta.   *Mr. and Mrs. Acosta are going to the party.*

Los señores Acosta no tienen **su** carro aquí.   *Mr. and Mrs. Acosta don't have their car here.*

Generally speaking, use **usted** and **su(s)** when addressing a person by his or her last name.

Señor Piatelli, ¿es usted argentino? ¿Y **sus** padres?   *Mr. Piatelli, are you Argentinean? And your parents?*

When using a first name to address someone, use **tú** and **tu(s)**.

Omar, **tu** amiga es chilena, pero **tú** y **tus** padres son ecuatorianos, ¿no?   *Omar, your friend is Chilean but you and your parents are Ecuadorian, aren't you?*

Ejercicio 1

Di qué tienen estas personas. Usa las formas del verbo **tener.**

MODELO: Omar *tiene* un traje negro muy elegante.

1. Mi esposo y yo _____ un coche viejo.
2. Camila _____ una falda blanca muy bonita.
3. Claudia, tú no _____ hermanos, ¿verdad?
4. (Yo) _____ muchos amigos generosos.
5. Eloy y Claudia no _____ hijos, ¿verdad?

Ejercicio 2

Di de quién son estas cosas.

MODELO: Eloy / sombrero → El sombrero *es de* Eloy.

1. Franklin / carro
2. Marcela / blusa
3. Eloy / perros
4. Xiomara / lentes
5. Rodrigo / saco
6. Carlitos y Maritza / bicicletas

Ejercicio 3

Completa estas oraciones con la forma apropiada del adjetivo posesivo: **mi(s), tu(s), su(s)** o **nuestro(s)/nuestra(s)**.

> MODELO: Omar, ¿dónde están *tus* hijos ahora?

1. MARITZA: Carlitos, esa es mi bicicleta. ¿Dónde está _____ bicicleta?

   CARLITOS: ¿ _____ bicicleta? Está en casa de los abuelos.

2. — Señores Piatelli, ¿dónde están _____ hijas?

   — _____ hijas, Camila y Antonella, están en casa.

3. ELOY: Sebastián, _____ reloj es muy elegante. ¿Es nuevo?

   SEBASTIÁN: Sí, es nuevo pero es de Daniel. _____ reloj es muy viejo y feo.

4. Un amigo de mis padres trabaja en _____ jardín los sábados porque ¡nosotros somos muy perezosos!

5. ÁNGELA: Claudia, ¿no tienes _____ móvil aquí? ¿Quieres usar mi iPhone?

   CLAUDIA: Gracias, Ángela, eres muy generosa. _____ móvil está en casa de Eloy.

6. Mírame los pies, ¿te gustan _____ nuevos zapatos de tenis?

7. Claudia, me gustan mucho _____ ojos; son grandes y bonitos.

8. Cuando necesita más espacio, papá usa el coche de mamá porque _____ carro es pequeño.

9. Franklin, quiero conocer a _____ amigos del club Amigos sin Fronteras.

10. Mi hermano menor prefiere jugar conmigo y con _____ amigos pero a nosotros no nos gusta porque (él) es muy joven.

> **conmigo** with me
> **contigo** with you

Ejercicio 4

Completa los diálogos con la forma apropiada del adjetivo posesivo.

> MODELO: RODRIGO: Eloy, ¡qué bonita es *tu* amiga!
> ELOY: Sí, y es muy inteligente también.

1. RODRIGO: Eloy, _____ perro, Lobo, es muy inteligente.

   ELOY: Gracias, pero no es mi perro. Es el perro de mi primo. _____ perros se llaman Chulis y Pecas y son muy inteligentes también.

2. ESTEFANÍA: Ana Sofía, ¿tienen auto _____ padres?

   ANA SOFÍA: Sí, _____ padres tienen un Seat rojo.

3. ELOY: ¿Cómo se llama _____ esposa?

   OMAR: _____ esposa se llama Marcela.

4. ABUELA: Camila y Antonella, ¡qué bonitas son _____ faldas! ¿Son nuevas?

   CAMILA: Sí, abuelita. Y _____ blusas son nuevas también.

3.2 Telling Time: ¿Qué hora es? ¿A qué hora (es)?

A. The phrase **¿Qué hora es?** is often used in Spanish to ask what time it is.* The answer usually begins with **son.**

—¿Qué hora es?	*What time is it?*
—**Son** las tres.	*It's three o'clock.*

Es (not **son**) is used to tell the time with one o'clock.†

—¿**Es** la una?	*Is it one o'clock?*
—No, **es** la una y veinte.	*No, it's one twenty.*

en punto

menos cuarto — menos — y — y cuarto

y media

Use **y** (and) to express minutes (up to 29) after the hour.

—¿Son las seis **y** diez?	*Is it ten after six (six ten)?*
—No, son las seis **y** veinte.	*No, it's twenty after six (six twenty).*

Use **menos** (*less*), **para** (*to, till*), or **faltan... para** (. . . [*minutes left*] *before*) to express minutes before the hour.

Son las siete **menos** veinte.	*It's twenty to (till, of) seven. (Lit., It's seven less/minus twenty.)*
Son veinte **para** las siete.	*It's twenty to seven.*
Faltan veinte **para** las siete.	*It's twenty to seven. (Lit., There are twenty [minutes] missing before seven.)*

Use **cuarto** (*quarter*) and **media** (*half*) for fifteen and thirty minutes, respectively.

—¿Son las ocho y **cuarto?**	*Is it (a) quarter past eight (eight fifteen)?*
—No, ya son las ocho y **media.**	*No, it's eight thirty already.*
—¿Qué hora tiene usted?	*What time do you have?*
—Las tres y **media.**	*Half past three.*
Son las cuatro menos **cuarto** y Claudia toma un café.	*It's (a) quarter till (to, of) four and Claudia is drinking a cup of coffee.*

Use **a** to express *when* (*at what time*) an event occurs: **a la una** (*at one o'clock*), **a las cuatro y media** (*at four thirty*).

Tengo clase **a** las nueve.	*I have a class at nine.*
El concierto es **a** las ocho.	*The concert is at eight.*

---

*Another common way to ask the time is: **¿Qué hora tiene usted?** / **¿Qué hora tienes?** (*What time do you have?*) or **¿Qué horas son?**

†1:00 = **Es la una**; 1:25 = **Es la una y veinticinco**; 1:50 = **Es la una y cincuenta** o **Son las dos menos diez.**

B. Many Hispanic countries use the 24-hour clock to tell time after the noon hour, especially for television programs, movies, and events. The 24-hour clock is also the standard system for telling time in the United States Armed Forces and in many world organizations. Using this system, noon is **12:00 (las doce [horas])**, 1:00 p.m. is **13:00 (las trece [horas])**, 2:00 p.m. is **14:00 (las catorce [horas])**, 3:00 p.m. is **15:00 (las quince [horas])**, and so on, with midnight being **00:00 (las cero [horas])** or **24:00 (las veinticuatro [horas])**, depending on whether the speaker is making reference to the beginning or the end of a day. To refer to times using the 24-hour clock, speakers don't use **y/menos** or **cuarto/media,** and the use of **a.m.** or **p.m.** is redundant: 8:30 p.m. = **las veinte treinta;** 7:40 p.m. = **las diecinueve cuarenta.** While speakers also don't use **de la noche/tarde,** as this information is clear by the use of the 24-hour clock hour, a speaker might clarify that an event takes place in the morning by including **de la mañana.** In addition, the word **horas** is often used after the hour, especially with times that don't include minutes: **las trece horas.**

—¿A qué hora es la película?	*What time is the movie?*
—A las **dieciocho treinta**.	*At six thirty p.m.*
—¿Cuándo llega el autobús?	*When does the bus arrive?*
—A las **veinte cuarenta y cinco**.	*At eight forty-five p.m.*
—¿A qué hora es la fiesta de tu hija?	*What time is your daughter's party?*
—Es a las **diez** de la mañana / a las **diez** horas.	*It's at ten in the morning.*

Ejercicio 5

¿Qué hora es?

MODELOS: 2:20 → Son las dos y veinte.
2:15 → Son las dos y cuarto. / Son las dos y quince.
2:40 → Son las tres menos veinte. / Son veinte para las tres. / Faltan veinte para las tres.

1. 4:20   **3.** 8:13   **5.** 7:07   **7.** 3:35   **9.** 12:30
2. 6:15   **4.** 1:10   **6.** 5:30   **8.** 1:49   **10.** 5:15

Ejercicio 6

¿A qué hora es... ?

MODELO: ¿A qué hora es *el* → El concierto es *a las* concierto? (8:30) *ocho y media.*

1. ¿A qué hora es la clase de español? (11:00)
2. ¿A qué hora es el baile? (9:30)
3. ¿A qué hora es la conferencia? (10:00)
4. ¿A qué hora es la clase de álgebra? (1:00)
5. ¿A qué hora es la fiesta del club Amigos sin Fronteras? (7:30)

Cultura

En inglés, se puede escribir la hora con *A.M./P.M., AM/PM* o *a.m./p.m.* En español, generalmente se escriben con minúscula (*lower case*) y puntos (*periods*): a.m./p.m.

a.m. = antemeridiano o ante merídiem, de la mañana, antes del mediodía

p.m. = postmeridiano o post merídiem, de la tarde, después del mediodía

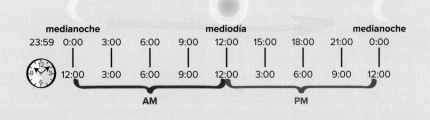

Ejercicio 7

Expresa estas horas con el reloj de 24 horas.

> MODELOS: 7:15 p.m. → Son las diecinueve quince.
> 6:00 a.m. → Son las seis (de la mañana).

1. 5:05 p.m.   **3.** 7:30 a.m.   **5.** 2:50 a.m.

2. 3:12 p.m.   **4.** 1:15 p.m.   **6.** 4:00 p.m.

3.3 Present Tense of Regular -ar, -er, and -ir Verbs

A. The verb form listed in the dictionary and in most vocabulary lists is the *infinitive*. In Spanish many infinitives end in **-ar (llamar, llevar),** but some end in **-er (tener)** or in **-ir (vivir).** The forms of the verb in a particular verb tense (such as present, future, and so on) are its *conjugation*. Below is the present-tense conjugation of the regular **-ar** verb **hablar** (*to speak*). Regular verbs are classified as such because their stem (the infinitive minus the endings **-ar, -er,** or **-ir**) remains the same in all forms. The only change is in the endings, which are added to the stem.

> *infinitive* = verb form ending in **-ar, -er, -ir**
>
> You will not find the conjugated forms of a verb (**hablo, hablas, habla,** and so forth) as main entries in the dictionary. You must know the infinitive in order to look up a verb.

hablar		
(yo)	habl**o**	*I speak*
(tú)	habl**as***	*you (fam. sing.) speak*
usted, él, ella	habl**a**	*you (pol. sing.) speak; he/she speaks*
(nosotros/as)	habl**amos**	*we speak*
(vosotros/as)	habl**áis**	*you (fam. pl. Sp.) speak*
ustedes, ellos/ellas	habl**an**	*you (pl.) speak; they speak*

---
*Alternative form for recognition only: **vos hablás**

Gramática

ciento nueve   **109**

In Spanish, the forms of a verb change to show who is performing the action. You have already seen conjugated forms of many verbs, including **llevar (¡Bienvenidos!)**, **ser (Gramática 1.1)**, **estar (Gramática 2.1)**, and **tener (Gramática 2.2)**.

Note that in many cases Spanish verb endings indicate who or what the subject is, so it is not always necessary to mention the subject explicitly. That is why most of the pronouns are in parentheses in the verb tables in this text.

—¿Habl**as** español?	*Do you (fam. sing.) speak Spanish?*
—Sí, y habl**o** inglés también.	*Yes, and I speak English too.*

These endings take time to acquire. You can understand and communicate having an incomplete knowledge of them, but they are important. Make sure you use them properly when you write.

B. Following are the present-tense conjugations of the regular **-er** and **-ir** verbs **leer** (*to read*) and **vivir** (*to live*).

		leer		vivir	
(yo)	le**o**	*I read*	viv**o**	*I live*	
(tú)	le**es***	*you (fam. sing.) read*	viv**es***	*you (fam. sing.) live*	
usted, él/ella	le**e**	*you (pol. sing.) read, he/she reads*	viv**e**	*you (pol. sing.) live, he/she lives*	
(nosotros/as)	le**emos**	*we read*	viv**imos**	*we live*	
(vosotros/as)	le**éis**	*you (fam. pl. Sp.) read*	viv**ís**	*you (fam. pl. Sp.) live*	
ustedes, ellos/ellas	le**en**	*you (pl.) read, they read*	viv**en**	*you (pl.) live, they live*	

By now, you must have noticed that there are two pronouns **(tú, usted)** that both mean *you*, and they have different verb forms.

> **Usted habl**a** inglés. / **Tú habl**as** inglés.
> **Usted le**e**. / **Tú le**es**.
> **Usted viv**e** aquí en Berkeley. / **Tú viv**es** aquí en Berkeley.

Use the pronoun **usted** (when necessary for clarification or emphasis) and the verb form that corresponds to it when addressing professionals (doctors, lawyers, professors), older people, strangers, or people you don't know well. This form shows respect. Use the pronoun **tú** (when necessary for clarification or emphasis) and its corresponding forms when addressing children, young people, your family, friends, and classmates. Remember to use **él** or **ella** (and the corresponding verb forms) to speak *about* someone else and **ellos** or **ellas** (and the corresponding verb forms) to speak *about* other people.

> Use **tú** and its corresponding verb forms only when speaking *to* someone, *not* when speaking *about* someone.
>
> **Omar, ¿(tú) vives en Ecuador?**
>
> *but:*
>
> **Omar vive en Ecuador.**

Lengua *El uso de* vos

Vos and its verb forms are used in Argentina, Uruguay, Paraguay, and Costa Rica in place of **tú** to interact with friends and family. For example, because Claudia Cuéllar is Paraguayan, she uses **vos** in the **Amigos sin Fronteras** video. This same verb form is also used in Guatemala, Honduras, El Salvador, and Nicaragua, although speakers in these countries may combine usage with **tú**, especially when talking with their friends from other Spanish-speaking countries. Do not worry about learning the **vos** forms. In conversation the context will make the meaning clear, and Spanish speakers who use **vos** always understand **tú** verb forms. For more on the forms of **tú** and **vos** see the **¿Sabías que... ?** reading in the *Cuaderno de actividades* or in Connect Spanish.

---

*Alternative form for recognition only: **vos leés** and **vos vivís**.

Ejercicio 8

Estamos en una fiesta del club Amigos sin Fronteras. Completa estas oraciones con la forma correcta del verbo **hablar.**

1. RADAMÉS: Eloy, las dos chicas rubias _____ alemán, ¿verdad?
2. CLAUDIA: Camila, ¿_____ italiano tu padre?
3. ANA SOFÍA: Xiomara y Lucía, ¿vosotras _____ francés?
4. SEBASTIÁN: Juan Fernando, ¿tú _____ chino y español?
5. JUAN FERNANDO: Sí, yo _____ bien los dos idiomas.
6. ELOY: Ángela, ¡usted _____ español muy bien!

Ejercicio 9

Completa estas oraciones con la forma correcta de los verbos indicados.

leer

1. Muchos españoles _____ el periódico *El País*.
2. ¿(Tú) _____ muchas novelas?
3. Mi amigo _____ la Biblia todos los días.
4. (Yo) _____ revistas en español.
5. Profesora, ¿_____ usted todas las composiciones de los estudiantes? ¿Es aburrido?

vivir

1. —Juan Fernando, ¿(tú) _____ en México? ¿_____ con tus padres?

   —No, mis padres y yo _____ en Costa Rica. ¿Y tú?
2. Omar y su familia _____ en Quito, la capital de Ecuador.
3. (Yo) _____ en casa, con mis padres.
4. ¿Ustedes son primos de Xiomara? ¿_____ ustedes en El Salvador?

Cultura

En los países hispanos, muchos jóvenes (*young people*) viven con sus padres mientras (*while*) asisten a la universidad y hasta (*until*) casarse (*getting married*).

Ejercicio 10

Estas son las actividades de Lucía y algunos miembros del club Amigos sin Fronteras. Completa cada oración con la forma correcta del verbo entre paréntesis.

1. Estefanía y yo _____ (**escribir**) muchos mensajes electrónicos.
2. La novia de Eloy siempre _____ (**llevar**) ropa muy bonita.
3. Mi mamá y yo _____ (**limpiar**) la casa los sábados.
4. Mis padres _____ (**desayunar**) juntos por la mañana.
5. Antonella, la hermana menor de Camila, _____ (**leer**) las tiras cómicas todos los domingos.
6. Omar y Marcela no _____ (**comer**) juntos al mediodía.
7. Yo _____ (**hablar**) por teléfono con mis padres en Chile. ¡Uso Skype!
8. Carlitos y Maritza _____ (**andar**) en bicicleta los sábados.
9. Eloy, Camila y Ángela _____ (**asistir**) a clases de lunes a jueves.
10. Mis amigos Eloy y Franklin y yo _____ (**escuchar**) música hispana en la radio o en el Internet.

3.4 Demonstratives

A. Demonstrative adjectives are normally used to point out nouns (persons, places, or things).

Prefiero terminar **esta tarea** primero.	*I prefer to (I'd rather) finish this homework first.*
Mi hijo quiere leer **estos dos libros**.	*My son wants to read these two books.*

Demonstrative adjectives are placed before the noun that they modify and must agree in gender (masculine or feminine) and number (singular or plural) with the noun. They are frequently used with words like **aquí/acá** (*here*, close to the person speaking), **allí** (*there*, at a short distance from the person speaking), and **allá** (*over there*, further from the person speaking and the person listening).

DEMONSTRATIVE ADJECTIVES			
Singular		**Plural**	
aquí/acá (*here*)			
este libro	*this book*	estos libros	*these books*
esta chica	*this girl*	estas chicas	*these girls*
allí (*there*)			
ese libro	*that book*	esos libros	*those books*
esa chica	*that girl*	esas chicas	*those girls*
allá (*over there*)			
aquel libro	*that book*	aquellos libros	*those books*
aquella chica	*that girl*	aquellas chicas	*those girls*

B. These demonstrative forms can be used as pronouns as well. They are considered pronouns when they are used instead of the noun. The corresponding demonstrative pronouns in English are: *this one, that one (there), that one (over there); these, those (there),* and *those (over there).*

Adjective: Mira, **este** vestido es mi favorito.	*Look, this dress is my favorite.*
Pronoun: **Este** (or **Éste***) me gusta mucho también, pero no me gustan **aquellos** (or **aquéllos***) de allá.	*I like this one a lot too, but I don't like those over there.*

---

*In the past a demonstrative pronoun could be easily recognized because it had a written accent and was not followed by a noun. Today an accent mark is not necessary, and the style of *Tu mundo* is not to include accents on demonstrative pronouns. However, be aware that you will still see accents on these pronouns in some older reading sources.

En la fiesta del club Amigos sin Fronteras, los miembros preguntan sobre las otras personas que están en la fiesta. Llena los espacios en blanco con adjetivos y pronombres demostrativos.

Singular: **este, ese, aquel; esta, esa, aquella**

Plural: **estos, esos, aquellos; estas, esas, aquellas**

1. —Claudia, ¿cómo se llama _____ chica que está allí con Camila?

   —¿ _____ del vestido rojo? Se llama Xiomara y es de El Salvador.

2. —Oye, Eloy, ¿quién es _____ chica tan bonita que está allá en la puerta?

   —¿La chica de pantalones negros? Es mi amiga Claudia. Es muy inteligente. Estudia economía.

3. —¿Y _____ chico que está aquí al lado de los refrescos?

   —Mmm... _____ es Rodrigo, un colombiano que quiere ser miembro del club.

4. —¿Y _____ chicos que están allá en el jardín?

   —¿ _____ de pelo rubio? No sé (*I don't know*), tal vez son amigos de Camila.

5. —Mira _____ chicas que están allí con Eloy. Son bonitas, ¿no?

   —¿Cuáles? ¿ _____ que llevan pantalones cortos o _____ que llevan vestido?

6. —¿Es amiga de Claudia o de Eloy _____ señora que está aquí con Rodrigo?

   —¿ _____ de aquí? Es amiga de los dos. Se llama Ángela.

Ejercicio 12

Mira el dibujo y completa las oraciones usando los adjetivos demostrativos correctos, según el dibujo.

1. _____ niños juegan al fútbol.
2. _____ familia celebra un cumpleaños con una merienda (*picnic*) y globos (*balloons*).
3. _____ amigos almuerzan en el parque.
4. _____ niños juegan debajo del árbol mientras sus padres y su abuela charlan.
5. _____ mujer corre en el parque.
6. _____ niño se sube (*climbs*) al árbol.

Lo que aprendí

After completing this chapter, I can:

☐ describe family relationships.

☐ talk about various places.

☐ tell time and say at what time events are scheduled.

☐ tell time using the 24-hour clock.

☐ narrate and converse (formally and informally) about daily activities (in the present) and incorporate expressions of frequency.

☐ find information in schedules and TV guides, and ask or answer questions about this information.

☐ discuss weather, temperature, and seasons.

Now I also know more about:

☐ Argentina and Uruguay.

☐ the members of the **Amigos sin Fronteras** club.

☐ the 24-hour clock system used in some Hispanic countries.

☐ the use of **vos** instead of **tú** in some Hispanic countries.

☐ the different seasons around the world.

☐ Argentinian cinema.

La familia	Family
Repaso: el hermano / la hermana, el hijo / la hija, la madre, la mamá, el padre, los padres, el papá	
el abuelo / la abuela	grandfather/grandmother
el esposo / la esposa	husband/wife
los/las gemelos/as	(identical) twins
el nieto / la nieta	grandson/granddaughter
el novio / la novia	boyfriend/girlfriend
el primo / la prima	(male) cousin / (female) cousin
el sobrino / la sobrina	nephew/niece
el tío / la tía	uncle/aunt
casado/a	married
soltero/a	single, unmarried

Las mascotas	Pets
el/la gato/a	cat
el pájaro	bird
el/la perro/a	dog
el pez (peces)	fish
la tortuga	turtle

La posesión	Possession
¿De quién es? / ¿De quién son?	Whose is it? / Whose are they?
Es de mi compañera.	It belongs to my partner. / It's my partner's.
Son de mis padres.	They belong to my parents. / They're my parents'.
mi(s)	my
nuestro/a, nuestros/as	our
su(s)	his/her; your (*sing., pl. pol.*); their
tu(s)	your (*fam. sing.*)
vuestro/a, vuestros/as	your (*fam. pl. Sp.*)

La hora	Time; Hour
¿Qué hora es?	What time is it?
Es la una y media.	It's one thirty.
Son las nueve menos cuarto.	It's eight forty-five / (a) quarter to (of, till) nine.
Son diez para las siete.	It's ten to seven.
de la mañana / tarde / noche	in the morning/afternoon/ evening (*when telling time*)
Es medianoche.	It's midnight.
Es mediodía.	It's noon.
y cuarto / menos cuarto	quarter after / quarter till
y media	half past
¿A qué hora (es)?	At what time (is it)?
Es a la una y media.	It's at one thirty.
Es a las once (en punto).	It's at eleven o'clock (sharp).
Palabra semejante: el minuto	

Las actividades	
Repaso: andar en patineta, bailar, cocinar, comer, escuchar música, ir (*irreg.*) al cine, leer (novelas), levantar pesas, mirar la televisión, nadar, tocar la guitarra, viajar	
almorzar (ue)*	to have lunch
andar en bicicleta (bici) / en motocicleta (moto)	to ride a bicycle (bike) / motorcycle ([motor]bike)
asistir (a clases)	to attend (classes)
beber	to drink
caminar	to walk
cantar	to sing
cenar	to have dinner
charlar	to chat
correr	to run
desayunar	to have breakfast
descansar	to rest
dormir (ue)*	to sleep
escribir	to write
estudiar	to study
hablar por teléfono	to talk on the phone
hacer (*irreg.*)	to do; to make
hacer ejercicio	to exercise
hacer la compra	to grocery shop
hacer un picnic	to have a picnic

*Verbs marked with vowels in parentheses indicate that these verbs have stem vowel changes when conjugated. You will learn more about stem-changing verbs in **Gramática 5.1.**

hacer senderismo	to hike; to backpack
hacer snowboard	to snowboard
ir	to go
ir a casa	to go home
ir a fiestas	to go to parties
jugar (ue)*	to play
jugar (a) videojuegos	to play video games
jugar al fútbol americano	to play football
lavar (los platos)	to wash (dishes)
limpiar	to clean
llegar	to arrive
manejar	to drive
pasar tiempo	to spend time
practicar un deporte	to play a sport
salir (irreg.) (a cenar)	to go out (to eat)
tomar	to take; to drink
tomar café	to drink coffee
tomar el sol	to sunbathe
tomar una siesta	to take a nap
ver (irreg.) películas	to watch movies
Palabras semejantes: esquiar (esquío), surfear	

Los lugares	
Repaso: el gimnasio, la playa, la piscina	
la biblioteca	library
la ciudad	city
la escuela	school
el jardín	garden
la librería	bookstore
la parada del autobús	bus stop
la taquería	taco stand/restaurant
el trabajo	work, job
Palabras semejantes: la oficina, el patio, el sitio, el supermercado	

Los demostrativos	Demonstratives
Repaso: este/a, estos/as	
aquel/aquella	that (over there)
aquellos/as	those (over there)
ese/a	that (there)
esos/as	those (there)

¿Cuándo?	
Repaso: durante, por la mañana (la tarde, la noche), todos los días	
cuando	when
después (de)	afterwards; after
los domingos (lunes/ martes...)	on Sundays (Mondays/ Tuesdays . . .)
mientras	while
por último	lastly
¿Con qué frecuencia? ¿Cuántas veces?	How often? How many times?
a veces	sometimes
con frecuencia	frequently
de vez en cuando	once in a while
diario/a	daily
(casi) nunca	(almost) never
siempre	always

El tiempo	Weather
¿Qué tiempo hace?	What is the weather like?
Está nublado.	It's overcast (cloudy)
Hace buen/mal tiempo.	The weather is nice/bad.
Hace calor.	It's hot.
Hace fresco.	It's cool.
Hace frío.	It's cold.
Hace sol.	It's sunny.
Hace viento.	It's windy.
Llueve.	It rains. / It's raining.
Nieva.	It snows. / It's snowing.
bajo cero	below zero, minus
grado centígrado	degree centigrade
la nieve	snow
Palabras semejantes: el clima, el hemisferio, la temperatura mínima/máxima	

---

*Verbs marked with vowels in parentheses indicate that these verbs have stem vowel changes when conjugated. You will learn more about stem-changing verbs in **Gramática 5.1.**

Capítulo 3 Las actividades en familia

Los verbos

buscar	to look for
cambiar	to change
empezar (ie)*	to begin
esperar	to wait
llevar	to take
recoger (recojo)	to pick up
regresar	to return, come back
saludar	to greet
terminar	to finish
trabajar	to work

Palabras semejantes: corresponder, mencionar, practicar, preparar, presentar, representar, visitar

Los sustantivos

Repaso: el juego

el agua	water
algo	something
el árbol	tree
el canal	channel
la cena	dinner
el coche	car
el compañero / la compañera de apartamento	roommate, housemate
la flor	flower
el francés	French
la gente	people
la horchata	rice drink
la jamaica	tropical drink made from hibiscus petals
el periódico	newspaper
la poesía	poetry
la serie	series
la tabla de snowboard (de surf)	snowboard/surfboard
la tarea	homework
la temporada	season (*sports, tourist*)
la vida	life

Palabras semejantes: el burrito, el carro, la diferencia, el kilómetro, la planta, el sándwich, el sitio Web, la transmisión, el yoga

Los adjetivos

juntos/as	together
primero/a (primer)	first (*before m. sing. nouns*)
varios/as	several

Palabras semejantes: aeróbico/a, delicioso/a, diferente, idéntico/a, musical, nacional, típico/a

Palabras y expresiones útiles

Repaso: aquí

acá	here
allí/allá	there
alrededor (de)	around
en familia	as a family
en total	altogether
finalmente	finally
normalmente	normally
posiblemente	possibly
por	for, by
porque	because
tarde	late
ya	already

Palabras y expresiones del texto

cierto/a	correct, true
Los mandatos (tú)	Commands (*fam. sing.*)

Repaso: Di, Conversa, Escribe, Habla, Mira, Pregunta

Contesta	Answer
Empareja	Match
Haz	Make; Do
Hazle preguntas	Ask him/her questions
Recuerda	Remember

Palabras semejantes: Indica, Narra

Los mandatos (ustedes)	Commands (*pol. pl.*)
Contesten	Answer
Hagan preguntas	Ask questions
según	according to

Palabras semejantes: la conversación, la lista, la opinión, la programación; falso/a

Design elements: (Headphones): ©McGraw-Hill Education; (Globe): ©McGraw-Hill Education; (Laptop): ©D. Hurst/Alamy RF.

*Verbs marked with vowels in parentheses indicate that these verbs have stem vowel changes when conjugated. You will learn more about stem-changing verbs in **Gramática 5.1.**

4 La rutina y los planes

Quito, Ecuador, un domingo en la plaza

Upon successful completion of **Capítulo 4,** you will be able to converse about your daily routine, personal information such as birthdays, addresses, and phone numbers, as well as your preferences, desires, and plans for the future. You will also be able to speak about more languages and nationalities of the world. Additionally, you will have learned about some interesting places and people from Ecuador.

Comunícate
La rutina
Los datos personales
Las preferencias y los deseos
Hablando de las preferencias y las actividades Hispanos famosos y en forma
Los planes

Exprésate
Escríbelo tú Un semestre en Ecuador
Cuéntanos Mis planes para las próximas vacaciones

Cultura
Mundopedia Quito y Mitad del Mundo
Palabras regionales Ecuador
Conexión cultural Las islas Galápagos, tesoro de la naturaleza

Videoteca
Amigos sin Fronteras, Episodio 4 El nuevo equipo de fútbol
Mi país Ecuador

Gramática
4.1 Present Tense of Reflexive Verbs
4.2 Question Formation
4.3 The Verbs **preferir** and **querer** + *Inf.*
4.4 Making Plans: **pensar, tener ganas de**, and **ir a** with Activities and Places

www.mhhe.com/connect

©David Litschel/Ala

C ECUADOR

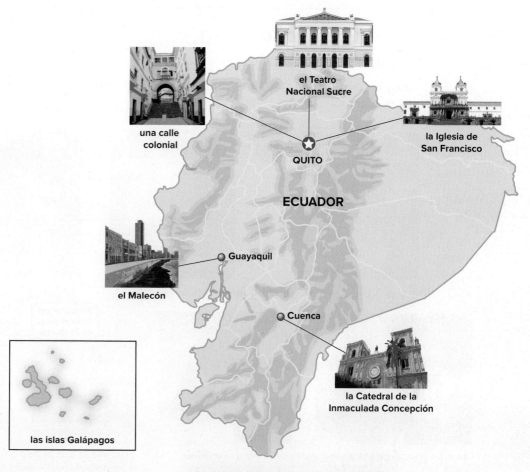

el Teatro
Nacional Sucre

una calle
colonial

la Iglesia de
San Francisco

QUITO

ECUADOR

Guayaquil

el Malecón

Cuenca

la Catedral de la
Inmaculada Concepción

las islas Galápagos

Amigos sin Fronteras

In this episode, our friends enjoy
some of their favorite activities.
They also receive a surprise from
another member of the club, one
who lives far away.

www.mhhe.com/connect

©McGraw-Hill Education/Klic Video Productions

Conócenos

Omar Acosta Luna
©McGraw-Hill Education/Klic
Video Productions

Omar Acosta Luna es
ecuatoriano. Tiene veintinueve
años; trabaja y estudia en
Ecuador. Le gusta escuchar
música, pasar tiempo con la
familia y jugar al fútbol. Su
esposa se llama Marcela
Arellano Macías y sus hijos se
llaman Carlos Antonio (Carlitos) y Maritza.

©Paul Franklin/Latin Focus.com

 Mi país

Comunícate

La rutina diaria

Lee *Gramática 4.1, 4.2*

Esta noche hay una fiesta del club Amigos sin Fronteras. Los estudiantes se preparan...

Eloy se ducha. Luego, se seca. Después de secarse, se afeita.

Jorge se acuesta para descansar antes de la fiesta. ¡Por fin se despierta!

Estefanía se lava el pelo con agua caliente, champú y acondicionador. Después se seca el pelo.

Camila se maquilla y después se cepilla el pelo. ¡Le gusta arreglarse bien!

Xiomara se pone un vestido morado.

Antes de vestirse para salir, Franklin se lava (se cepilla) los dientes.

Radamés se viste rápidamente. La fiesta empieza a las ocho y ¡ya es muy tarde!

Lengua *Variaciones léxicas*

Las palabras para referirse a la rutina diaria pueden variar entre hablantes (*speakers*).

cepillarse los dientes = **lavarse los dientes, lavarse la boca**
la pasta dental = **la pasta dentífrica, la pasta de dientes**
lavarse el pelo = **lavarse la cabeza**
el secador = **la secadora**
la afeitadora = **la rasuradora, la maquinilla (maquinita) de afeitar**

Gramática *Irregular reflexive verbs*

Verbs like **acostarse, despertarse, dormir, ponerse la ropa,** and **(des)vestirse** have one or more irregularities, which will be presented in **Gramática 5.1.** Here are the first and third person forms of these irregular verbs.

Infinitives	yo	él/ella, usted
acostarse	me acuesto	se acuesta
despertarse	me despierto	se despierta
desvestirse	me desvisto	se desviste
vestirse	me visto	se viste
dormir	duermo	duerme
ponerse	me pongo	se pone

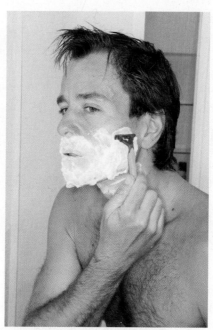

Este hombre se afeita todos los días, pero no usa una afeitadora eléctrica.
©Purestock/SuperStock RF

Actividad 1 Mi rutina

A. ¿Es así tu rutina? Responde usando **siempre, nunca** o **a veces.** Luego, conversa con tu compañero/a sobre su rutina.

1. Por la mañana...
  a. me baño con agua caliente.
  b. desayuno mucho.
  c. me visto rápidamente.

2. Cuando voy a una fiesta...
  a. me ducho y me lavo el pelo.
  b. me pongo ropa elegante.
  c. me maquillo / me afeito.

3. Los fines de semana...
  a. me levanto temprano.
  b. me acuesto tarde.
  c. me afeito.

4. Por la noche, antes de acostarme...
  a. me cepillo los dientes.
  b. escucho música.
  c. me pongo el pijama.

5. De lunes a viernes...
  a. me levanto tarde.
  b. me pongo ropa cómoda. → comfortable
  c. me ducho con agua fría.

> **Vocabulario**
>
> | | | |
> |---|---|---|
> | **a veces** | **frío/a** | **siempre** |
> | **caliente** | **nunca** | **tarde** |
> | **cómodo/a** | **el pijama** | **temprano** |

B. Di el orden en que tú haces estas acciones. Usa las palabras **primero, luego** y **después.**

> **Vocabulario**
>
> **primero**
> **luego**
> **después**
> **por último**

MODELO: **a.** Me lavo el pelo. **b.** Me quito la ropa. **c.** Me seco el pelo. →

Primero *me quito la ropa*, luego *me lavo el pelo*. Después (Por último) *me seco el pelo*.

1. **a.** Me seco.   **b.** Me lavo los dientes.   **c.** Me baño.
2. **a.** Me maquillo.   **b.** Me levanto.   **c.** Me pongo la
        dientes.   ropa.
3. **a.** Me peino.   **b.** Me afeito.   **c.** Me ducho.
4. **a.** Me baño.   **b.** Me levanto.   **c.** Me despierto.
5. **a.** Me lavo los   **b.** Desayuno.   **c.** Preparo el
                                                              desayuno.
6. **a.** Me pongo el   **b.** Me acuesto.   **c.** Me quito la ropa.
        pijama.

Actividad 2 De lunes a domingo

A. Escucha mientras tu profesor(a) describe cada uno de los dibujos. Luego, di el número del dibujo que corresponde a la descripción.

1.

`06:30`

Un lunes entre las seis y media y las siete con la familia de Omar Acosta Luna

2.

`06:30`

Un jueves entre las seis y media y las siete con la familia de Omar Acosta Luna

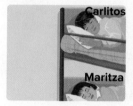

3.

`09:00`

Un sábado a las nueve de la mañana con los estudiantes

4.

`09:00`

Un domingo a las nueve de la mañana con los estudiantes

B. Ahora, con tu compañero/a, describe las diferencias entre los dibujos **1** y **2** y, luego, entre los dibujos **3** y **4**.

Cultura *Un desayuno de empanadas*

Para el desayuno, la familia Acosta Luna y muchos ecuatorianos comen empanadas (*small, deep-fried pastries stuffed with cheese, meat, or potatoes*), un plato típico de Ecuador.

Actividad 3 El orden de las actividades diarias

A. Escucha a tu profesor(a) mientras él/ella describe los dibujos. Di el nombre de la persona en el dibujo.

Gramática Before *and* after

To express *before/after* (*doing something*), Spanish speakers use **antes de / después de** + *inf.*

Después de levantarse, Xiomara se ducha.	*After getting up, Xiomara takes a shower.*
Se pone los lentes **antes de** maquillarse.	*She puts on her glasses before putting on her makeup.*

If the infinitive that follows **antes de** or **después de** is reflexive, then the reflexive pronoun must agree with the subject of the sentence.

Antes de acostar**me**, **me cepillo** los dientes.

¿**Te bañas** antes de afeitar**te**?

Después de levantar**nos**, **corremos** en el parque.

MODELOS: Por la mañana, se afeita antes de ducharse. →

Omar

Después de jugar al tenis con su amiga, bebe agua. →

Camila

Eloy

Ángela

Carlitos

Omar

Camila

Radamés

Marcela

Xiomara

B. Ahora mira los dibujos de arriba y pregúntale a tu compañero/a qué hace cada persona antes o después. Usa **antes de / después de**.

MODELOS: E1: ¿Qué hace Omar *antes de ducharse*?
E2: *Antes de ducharse, Omar se afeita.*

E1: ¿Qué hace Camila *después de jugar al tenis*?
E2: *Después de jugar al tenis, Camila bebe agua.*

Actividad 4 Un sábado en la vida de Xiomara

En grupos, describan las actividades de Xiomara durante un sábado típico.

Los datos personales

Lee *Gramática 4.2*

Nombre: Omar Acosta Luna

Lugar de Nacimiento: Quito, Ecuador

Nacionalidad: ecuatoriano

Cumpleaños: 31 de octubre

Edad: 29 años

Estado civil: casado (esposa: Marcela Arellano Macías, dos hijos: Carlos Antonio y Maritza)

Idioma(s): español e inglés

Estudios: Pontificia Universidad Católica del Ecuador (MBA), Colegio Americano de Quito

©McGraw-Hill Education/Klic Video Productions

Empleo: Seguros Pichincha, S.A.

Dirección: Calle Andalucía Número 24-359, barrio La Floresta, Quito, Ecuador

Número de teléfono: (móvil) 593 9 870-5312

Gramática *The word* e *used for* and

e = y

The word **y** changes to **e** before a following word that beings with **i** or **hi**.

Hablo español **e** inglés. Estudio francés **e** historia.

Lengua *Los países, los idiomas y las nacionalidades*

En español los nombres de los países llevan mayúscula (**I**talia, **R**usia), pero las nacionalidades y los idiomas no (**i**taliano/a, **i**taliano; **r**uso/a, **r**uso).

Dieter Schmidt es alemán y habla alemán.

Gina Magnani es italiana y habla italiano.

Masato Yamaguchi y Sadao Nakamura son japoneses y hablan japonés.

País	Nacionalidad	Idioma
Alemania	alemán, alemana	alemán
Australia	australiano/a	inglés
Brasil	brasileño/a	portugués
Canadá	canadiense	inglés, francés
China	chino/a	chino
Estados Unidos	estadounidense	inglés
Francia	francés, francesa	francés
Inglaterra	inglés, inglesa	inglés
Irak	iraquí	árabe
Irán	iraní	persa
Italia	italiano/a	italiano
Japón	japonés, japonesa	japonés
Rusia	ruso/a	ruso

Actividad 5 Los famosos del mundo

Di cuál es la nacionalidad de estas personas famosas y qué idioma(s) hablan.

MODELO: Antonio Valencia / Ecuador →
Antonio Valencia es ecuatoriano y habla español.

PERSONA	PAÍS
1. Yassiel Puig	Cuba
2. Eduardo Luiz Saverin	Brasil
3. Theresa May	Inglaterra
4. Vladimir Putin	Rusia
5. Emmanuel Macron	Francia
6. Salma Hayek	México
7. Nicole Kidman	Australia
8. Heidi Klum	Alemania
9. Zang Yimou	China
10. Shirin Ebadi	Irán
11. El rey Felipe VI de Borbón	España

Actividad 6 El pasaporte

A. Mira el pasaporte de Omar y contesta las preguntas de tu profesor(a).

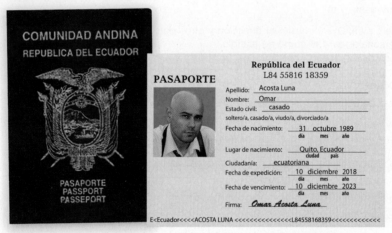

Passport: Source: Ministerio de Relaciones Exteriores y Movilidad Human; Omar: ©McGraw-Hill Education/Klic Video Productions

B. Eres turista y tu compañero/a es agente de inmigración. Contesta las preguntas que el/la «agente» te hace. **OJO:** En el aeropuerto, el/la agente usa las formas de **usted** por respeto.

1. ¿Cómo se llama usted?
2. ¿De qué país es?
3. ¿Qué idioma(s) habla usted? (inglés, español, etcétera)
4. ¿Cuál es su fecha de nacimiento? (¿Cuándo nació?)
5. ¿Cuál es su lugar de nacimiento? (¿Dónde nació?)
6. ¿Cuál es su estado civil? (¿Es usted soltero/a, casado/a, divorciado/a o viudo/a?)
7. ¿Cuál es su dirección? (¿Dónde vive?)
8. ¿Cuál es su número de teléfono móvil?

¿Recuerdas?

Remember that the date in Spanish is ordered as follows: day-month-year.

2-1-1971
2-I-1971 = el dos de enero de 1971 (mil novecientos setenta y uno)

12-10-2017
12-X-2017 = el doce de octubre de 2017 (dos mil diecisiete)

Actividad 7   Los datos personales

¿Recuerdas?

100 **cien**	600 seis**cientos**
101 **cien**to uno	700 sete**cientos**
133 **cien**to treinta y tres	800 ocho**cientos**
200 dos**cientos**	900 nove**cientos**
300 tres**cientos**	1.000 mil
400 cuatro**cientos**	2.000 dos mil
500 **quinientos**	2.018 dos mil dieciocho

Conversa con tu compañero/a sobre sus datos personales para organizar un grupo de estudio.

E1: Hola, _____ ¿cómo estás?

E2: Muy bien, ¿y tú?

E1: Bien, bien. Oye, necesito tu dirección y otros datos personales para el grupo de estudio.

E2: Sí, claro. Necesito tus datos también.

E1: ¿Dónde vives?

E2: Vivo en la calle _____, número _____. ¿Y tú?

E1: Vivo en la calle _____, número _____. ¿Cuál es tu dirección electrónica?

E2: Es _____ @ _____. ¿Y la tuya (tu dirección electrónica)?

E1: Es _____ @ _____. ¿Y tu número de móvil (teléfono celular)?

E2: Es el _____. ¿Y el tuyo (tu número)?

E1: Es el _____.

E2: ¿Estás en Facebook?

E1: Claro, y también tengo Snapchat. Más tarde te invito. Prefiero estar en contacto así.

Gramática *Stressed possessive*

tuyo/a(s)	yours
mío/a(s)	mine

Lengua *Variaciones léxicas*

En el mundo hispano las palabras para *e-mail* varían: **correo electrónico, correo e, email, mail, emilio**. El símbolo @ es **arroba** en español, y el «**.**» es **punto**.

Las preferencias y los deseos

Lee *Gramática 4.3*

Los planes para el sábado

Eloy quiere salir a cenar, pero Susan, su novia, prefiere ir a un concierto.

Claudia quiere ir al cine, pero Xiomara prefiere ver videos en YouTube.

Omar y su esposa quieren descansar, pero sus hijos prefieren jugar en el parque.

Actividad 8 Mis preferencias

A. Escribe tus preferencias en la siguiente tabla.

Vocabulario
tuitear

¿Prefieres... ?	NINGUNA ACTIVIDAD	UNA ACTIVIDAD	LAS DOS ACTIVIDADES
	No me gusta... *ninguna de las dos actividades.*	Prefiero... *nadar en el mar.*	Me gustan mucho... *las dos actividades* pero prefiero *nadar en el mar.*
1. ... hacer ejercicio en un gimnasio o correr al aire libre?			
2. ... pasear o estar en casa?			
3. ... textear o tuitear?			
4. ... leer el periódico en línea o ver las noticias en televisión?			
5. ... escuchar música en tu móvil o ir a un concierto?			
6. ... salir de vacaciones en tu país o en otro país?			
7. ... leer un libro electrónico o uno impreso?			
8. ... cocinar o salir a cenar?			
9. ... ir al cine o ver películas en casa?			
10. ... ver fotos en tu móvil o en una página de Facebook?			

B. Ahora conversa con tu compañero/a sobre tus preferencias.

MODELO: **E1:** ¿Prefieres *nadar en la piscina o en el mar?* →
E2: Prefiero *nadar en el mar.* (Me gustan mucho las dos actividades pero prefiero *nadar en el mar.* / No me gusta ninguna de las dos actividades.) Y tú, ¿qué prefieres?

¿Qué quieres hacer en las siguientes situaciones? Conecta cada situación con una actividad o inventa una actividad original.

Gramática Este/a *with time periods*

In Spanish, **este** and **esta** are used with upcoming time periods.

este fin de semana	*this (coming) weekend*
esta primavera	*this (coming) spring*

To say *tonight* in Spanish, follow the same rule: **esta noche.** See **section B** of **Gramática 3.4** for more examples.

SITUACIONES

1. Esta noche hay una fiesta del club Amigos sin Fronteras.
2. Hay una nueva película de mi actor favorito.
3. Mañana hay un examen muy difícil en mi clase de español.
4. El fin de semana próximo es el cumpleaños de mi mamá.
5. ¡Necesito unas vacaciones!
6. Hoy es mi cumpleaños.
7. Necesito hacer un poco de ejercicio.
8. Hay mucha tarea en mis clases.
9. ¡Mi (teléfono) móvil es muy viejo!
10. Hoy es un día muy bonito y estoy con mis amigos en el parque.

QUIERO...

a. comprar un regalo especial para ella.
b. celebrarlo con mi familia.
c. nadar en el mar (la piscina).
d. ir al gimnasio.
e. comprar ropa nueva para la fiesta.
f. ir al cine para ver su película.
g. hacer mi tarea todos los días.
h. comprar un modelo nuevo.
i. hacer un picnic (tener una merienda).
j. viajar a Ecuador.
k. estudiar mucho esta noche.
l. ¿ ?

Gramática *Ordinal numbers*

Numbers that tell order are called *ordinal numbers*.

primer, primero/a	first	**sexto/a**	sixth
segundo	second	**séptimo/a**	seventh
tercer, tercero/a	third	**octavo/a**	eighth
cuarto/a	fourth	**noveno/a**	ninth
quinto/a	fifith	**décimo/a**	tenth

Ordinal numbers are adjectives. In Spanish, they typically precede the noun they modify and they must agree with the noun.

el segundo grupo / la primera preferencia

Note that **primero** and **tercero** drop the final **-o** when they are in front of a masculine noun.

el primer chico / el tercer lugar

Actividad 10 Los gustos diarios

A. Conversa con tu compañero/a sobre los gustos diarios de los adolescentes y los adultos en Ecuador.

MODELO: **E1:** ¿Cuál es la *cuarta* preferencia de los *jóvenes* ecuatorianos?
E2: *Textear a los amigos.*
E1: ¿Y de los *adultos?*
E2: Los adultos *prefieren leer libros y revistas.*

LOS GUSTOS DIARIOS DE LOS ADOLESCENTES ECUATORIANOS
Por orden de preferencia

1° Pasar tiempo con los amigos
2° Escuchar música en su móvil
3° Jugar un deporte
4° Textear a los amigos
5° Usar el Internet en un cibercafé
6° Ir al cine
7° Tomar un refresco en un café
8° Salir a bailar

Comer pizza en casa con amigos
Visitar a sus amigos
Ir de compras
Ver la televisión
Leer libros y revistas
Salir de vacaciones
Pasear en la plaza
Pasar tiempo con la familia

LOS GUSTOS DIARIOS DE LOS ADULTOS ECUATORIANOS
Por orden de preferencia

B. Ahora, decide qué actividades prefieres tú. En una hoja de papel, escribe seis actividades o más que te gusta hacer **en casa** y otras seis o más que te gusta hacer **fuera de casa.** Escribe **primera, segunda, tercera,** etcétera, para indicar el orden de tus preferencias. Luego, conversa con tu compañero/a y pregúntale cuáles son sus preferencias en cada situación.

MODELO: **E1:** ¿Qué prefieres hacer *en casa (fuera de casa)*: *cocinar, hablar por teléfono, leer libros, tocar la guitarra, pasar tiempo con tus amigos, ver videos en YouTube, hacer Snapchat, leer las nocicias?*
E2: Prefiero *ver la televisión.*
E1: ¿Es tu primera preferencia?
E2: Sí.
E1: ¡Es mi primera preferencia también! / Mi primera preferencia es leer libros. ¿Y tu segunda preferencia?

Vocabulario

andar en bicicleta/ monopatín/ motocicleta	**leer el periódico**
bailar	**leer libros**
cocinar	**leer revistas y blogs**
comentar en Facebook	**mandar mensajes**
correr al aire libre	**pasar tiempo con los amigos**
dormir	**subir fotos a Instagram o a Snapchat**
escuchar música	**textear**
estudiar	**tocar la guitarra / el piano**
hablar por teléfono	**tuitear**
hacer ejercicio	**ver fotos**
ir al cine	**ver la televisión**
ir de compras	**ver videos**
leer el correo electrónico	**¿ ?**

Actividad 11 Una invitación

Combina frases de las cuatro columnas para formar preguntas. Luego, conversa con tu compañero/a.

MODELO:
E1: ¿Te gusta *nadar?*
E2: Sí, me gusta mucho.
E1: ¿Quieres *nadar* en la piscina *el domingo?*
E2: ¿A qué hora?
E1: A *las cuatro de la tarde.*
E2: Perfecto. Nos vemos *el domingo* a *las cuatro de la tarde* en la piscina.

> **Vocabulario**
>
> **A la(s)...**
> **Es a la(s)...**

Actividades	¿Dónde?	Día	Hora
acampar	en el centro	el lunes	a las 7:30 de la mañana
correr	en el cine	el martes	a las 9:00 de la mañana
ir a conciertos (ir a un concierto)	en un club	el miércoles	a las 10:00 de la mañana
ir a fiestas (ir a una fiesta)	en el parque	el jueves	a las 2:00 de la tarde
ir de compras	en un restaurante	el viernes	a las 4:00 de la tarde
nadar	en el teatro	el sábado	a las 7:30 de la tarde
salir a bailar	en la casa de un amigo	el domingo	a las 8:00 de la noche
salir a cenar	en la montaña	el fin de semana	a las 8:30 de la noche
ver una película	en la piscina		a las 10:00 de la noche
¿ ?	¿ ?		¿ ?

Actividad 12 El fin de semana

A. Conversa con tu profe.

1. ¿Quiere usted practicar algún deporte este fin de semana? ¿Cuál prefiere?
2. ¿Quiere ver la televisión? ¿Qué programas le gustan?
3. ¿Quiere ir de compras? ¿Adónde?
4. ¿Prefiere salir a cenar o comer en casa? ¿Cuál es su restaurante favorito?
5. ¿Prefiere leer o ver una película? ¿Qué tipo de libros prefiere leer? ¿Qué tipo de películas le gustan?

B. Ahora, ¡conversa con tu compañero/a!

GENERALMENTE LOS FINES DE SEMANA...

1. ¿Sales con tus amigos? ¿Prefieres ir al cine o ir a un club?
2. ¿Trabajas? ¿Hasta qué hora?
3. ¿Cenas en un restaurante? ¿Prefieres cenar en un restaurante familiar o en uno elegante? ¿Cuál es tu favorito?
4. ¿Lees un libro? ¿Escuchas música o prefieres jugar videojuegos? ¿Juegas a las cartas?
5. ¿Te gusta ir a fiestas o dar fiestas? ¿Por qué?

ESTE FIN DE SEMANA...

1. ¿Quieres practicar algún deporte? ¿Cuál prefieres?
2. ¿Quieres ver la televisión? ¿Qué programas te gustan?
3. ¿Quieres ir de compras? ¿Adónde? ¿Qué quieres comprar?
4. ¿Quieres ir a una fiesta? ¿Con quién(es)?
5. ¿Quieres estudiar? ¿Dónde prefieres estudiar? ¿Con quién(es)?

> **Cultura** *Atracciones en Quito*
>
> En Quito, capital de Ecuador, hay muchos lugares de interés turístico como el Teatro Nacional Sucre, el Cine Ocho y Medio, el club Seseribó, el Parque Alameda y el restaurante Hasta la Vuelta Señor. Si estás en Quito, ¡visítalos!

C Hablando de las preferencias y las actividades

HISPANOS FAMOSOS Y EN FORMA[a]

Muchos tenemos curiosidad cuando vemos a la gente famosa en la televisión y en el cine. ¿Cómo se mantiene delgada y en buena forma? ¿Qué hace todos los días? ¿Hace ejercicio? ¿Qué prefiere comer? ¿Tienes curiosidad por saber la respuesta? Entre los hispanos de fama internacional, algunos — como Shakira, William Levy y Penélope Cruz— tienen un régimen bastante estricto que obviamente da buenos resultados. ¡Lee y entérate!

Shakira tiene un cuerpo muy bien formado y una buena rutina de ejercicio: tiene sesiones de entrenamiento[b] seis días por semana: sesenta minutos de pesas y cuarenta de danza cardio. También es aficionada[c] a la danza del vientre[d], que es parte de su cultura libanesa. Shakira prefiere comer proteínas magras[e], frutas y verduras. Muy importante, come porciones pequeñas durante todo el día para mantener el metabolismo activo. Y, finalmente, en su dieta no está permitido beber alcohol, ni café con cafeína, ni fumar, ni comer dulces.

La cantante colombiana Shakira
©Steven Lawton/Film Magic/Getty Images

El cubano William Levy es modelo y actor de cine y televisión en Estados Unidos y en México. Tiene dos hijos. Christopher nació el 12 de marzo de 2006 y Kailey nació el 6 de marzo de 2010. Le gusta mucho el béisbol, pero no es beisbolista profesional. A su hijo también le gusta mucho este deporte y tiene talento. William es guapo y delgado, pero fuerte y musculoso. ¡Es necesario estar en forma para su profesión! Él dice que come bien y hace ejercicio con mucha frecuencia: levanta pesas, corre por la playa, boxea y anda en kayak. Otro aspecto fundamental es su dieta alta en proteína y baja en carbohidratos.

Penélope Cruz es otra actriz[f] famosa que vemos delgada meses después de tener a sus hijos. Ella dice que le gusta mucho comer. Su secreto es que prefiere comer comida saludable[g] y hacer ejercicio. En su opinión, es suficiente comer con prudencia; no cree en[h] las dietas para nada. Ahora Penélope tiene dos hijos pequeños y duerme pocas horas. Hace ejercicio pero prefiere entrenarse con baile porque es su pasión. Hay días que no pasa tiempo en el gimnasio porque es más importante pasar mucho tiempo con sus hijos, Leo y Luna. Está bien porque ¡eso es mucho ejercicio!

¿Qué opinas tú? ¿Prefieres hacer ejercicio o tener una dieta saludable o las dos cosas?

---

[a]*shape* [b]*training* [c]*fan* [d]*danza... bellydancing* [e]*lean* [f]*actress* [g]*comida... healthy food* [h]*no... she doesn't believe in*

Los planes

Lee *Gramática 4.4*

Marcela habla de los planes de su familia para el fin de semana

Por la noche, Omar piensa estudiar para un examen de la clase de economía.

El viernes por la noche Omar y yo vamos a ir al cine.

También pensamos ir a bailar en un club de jazz.

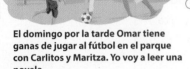

El domingo por la tarde Omar tiene ganas de jugar al fútbol en el parque con Carlitos y Maritza. Yo voy a leer una novela.

El sábado por la mañana Omar y los niños van a lavar el carro.

Luego vamos a almorzar en familia con los padres y hermanos de Omar.

El domingo por la mañana pensamos ir a misa con los niños.

El sábado tenemos ganas de relajarnos en las Termas de Papallacta.

Cultura *Papallacta*

Papallacta es un pueblo pequeño en los Andes, muy cerca de Quito. Es famoso por sus termas (*hot springs*) de agua caliente que fluyen de dos volcanes, el Cayambe y el Antisana. Como (*Since*) el agua contiene minerales, beneficia la salud (*health*) y es buena para relajarse.

Varias personas se relajan en las aguas calientes de una terma del Hotel Las Termas.

©LOOK Die Bildagentur der Fotografen GmbH/Alamy

Actividad 13 Los planes

Habla con tu compañero/a de tus planes, los planes de tus amigos y los de tu familia. Usa las frases de **Y tú, ¿qué dices?** para reaccionar.

MODELO: E1: Durante las vacaciones, pienso *viajar*.
E2: ¿Con quién?
E1: Con mi mejor amiga.
E2: ¡Qué divertido! Yo voy a *pasar tiempo con mis abuelos*.

Vocabulario

bailar en un club	**leer una novela**
bucear	**levantar pesas**
dar una fiesta	**limpiar la casa**
descansar	**pasar tiempo con...**
dormir	**patinar en el hielo**
esquiar/hacer snowboard	**practicar un deporte**
estudiar mucho	**reparar el carro**
ir al cine	**salir a cenar**
jugar a las cartas	**salir de vacaciones**
jugar al tenis	**viajar**
jugar videojuegos	**¿ ?**

¿Recuerdas?

mañana	tomorrow
la mañana	(the) morning
por la mañana	in the morning
mañana por la mañana	tomorrow morning

1. Mañana por la mañana, (yo) voy a...
2. El viernes por la noche, mis amigos y yo pensamos...
3. El domingo por la tarde, (yo) tengo ganas de...
4. La semana próxima, mis hermanos van a...
5. Durante las vacaciones, (yo) pienso...
6. El día de su cumpleaños, mi madre tiene ganas de...
7. Este invierno/verano, mi novio/a va a...
8. Hoy después de clase, los estudiantes tienen ganas de...

Y tú, ¿qué dices?

¿A qué hora?	¿Dónde?	¡Qué divertido!
¿Con quién?	¡Qué aburrido!	Yo también.
¿Cuándo?	¡Qué buena idea!	Yo no.

Gramática *Lo que*

lo que = *that which, what*

Lo que me gusta de esta clase son las conversaciones. | *What I like about this class are the conversations.*

Conversa con tu compañero/a sobre lo que ustedes van a hacer en las siguientes ocasiones.

> MODELO: **E1:** ¿Qué vas a hacer *en tu próximo cumpleaños?*
> **E2:** Voy a *salir a cenar con mi familia.* ¿Y tú?
> **E1:** ¿Yo? Pienso / Tengo ganas de / Voy a...

Vocabulario

mañana por la mañana / noche

próximo/a(s)

Ocasiones	Actividades	
durante las próximas vacaciones	acampar	leer una novela
el próximo fin de semana	bucear	nadar en un lago/río
el próximo verano/mes/año	descansar	salir a bailar
el viernes por la noche	dormir	salir a cenar
en tu próximo cumpleaños	estudiar	subir fotos a Snapchat
hoy, después de clase,	ir al cine	textear
mañana por la noche	ir a muchas fiestas	trabajar
mañana por la mañana	ir a la playa	ver la televisión
	ir de compras	¿ ?

Exprésate

ESCRÍBELO TÚ

Un semestre en Ecuador

Imagínate que vas pasar un semestre en Ecuador con la familia Acosta. Ellos quieren saber algo de ti. Incluye tus datos personales: ¿Cómo te llamas? ¿Cuántos años tienes? Di cómo eres (descripción física y de tu personalidad). Menciona también tus actividades favoritas. Luego, habla un poco de tu rutina diaria aquí en Estados Unidos. Termina con dos o tres cosas divertidas que vas a / quieres hacer en Ecuador. Usa la tabla que aparece en Connect para organizar tus ideas en varios párrafos cortos. Luego, escribe tu ensayo.

CUÉNTANOS

Mis planes y preferencias para las próximas vacaciones

Cuéntanos sobre tus planes y preferencias para las próximas vacaciones. ¿Qué vas a hacer? ¿Qué prefieres hacer para divertirte? ¿Quieres viajar o prefieres quedarte en casa? ¿Tienes ganas de ir al cine? ¿Piensas descansar un poco? Habla de los planes más importantes y de los más divertidos. Di qué vas hacer, por qué y con quién. Menciona cuatro o cinco planes, mínimo.

Cultura

Mundopedia

Quito y Mitad del Mundo°   Mitad... *Middle of the World*

En Ecuador hay **lugares** muy hermosos. Por ejemplo, hay varios
volcanes —el Pichincha, el Chimborazo y el Cotopaxi, entre ellos— todos cerca
de la capital. Este país también tiene **sitios** naturales en la costa y en las
montañas donde hay una gran biodiversidad. Las ciudades de Ecuador son
bellas e interesantes. Dos de ellas son ahora sitios que la UNESCO declara
Patrimonio Cultural de la Humanidad*: Quito en 1978 y Cuenca en 1999†.

QUITO, LA CAPITAL

Quito, la capital, es una ciudad colonial. Los españoles la
fundan en el siglo XVI en las ruinas de una ciudad inca. Está
en los Andes, a una altitud de 2.850 metros (9.200 pies)
sobre el nivel del mar. Tiene solamente dos **estaciones**, una
seca y una **lluviosa**. Su clima es agradable, no hace ni mucho
frío ni mucho calor.

La UNESCO nombra a Quito Patrimonio de la Humanidad
porque su arquitectura es la mejor conservada de las
Américas. **A pesar de** un fuerte **terremoto** en 1917 y otros más
recientes, esta ciudad tiene el centro histórico menos alterado
de toda Latinoamérica. También ofrece un gran número de
atractivos turísticos: naturaleza, cultura, gastronomía muy
variada y, sobre todo, la **calidez** de su gente.

EL TELEFÉRICO

Quito tiene un teleférico que sube **desde** la falda del volcán
Pichincha, a 2.950 metros sobre el nivel del mar, **hasta** Cruz
Loma a 4.050 metros. Durante el viaje de aproximadamente diez
minutos, se pueden ver los volcanes con nieve, los valles y la
ciudad. En las **estaciones** del teleférico hay restaurantes,
artesanías, áreas para el arte y la cultura, un parque de atracciones y mucho más.

Vocabulario de consulta	
lugares	places
sitios	places
bellas	**bonitas**
sobre el nivel del mar	above sea level
estaciones	seasons; stations
seca	dry
lluviosa	rainy
A pesar de	In spite of
terremoto	earthquake
calidez	warmth
desde... hasta	from . . . to
alrededores	outskirts
sentir	to feel

Vista de Quito desde el TeléfériQo (combinación de
teleférico y **Quito)**
©Paul Knivett/Alamy

*Patrimonio... *World Heritage*

†En Ecuador, además de Quito y Cuenca, otros dos lugares son declarados también Patrimonio Cultural
de la Humanidad: el Parque Nacional Sangay (1983) y las islas Galápagos (1978 y 2001).

MITAD DEL MUNDO

Muy cerca de Quito, al norte, está la ciudad Mitad del Mundo. Ecuador, como su nombre lo indica, está sobre la línea del ecuador, que cruza al norte de Quito. En Mitad del Mundo puedes poner un pie en el hemisferio norte y otro en el hemisferio sur. Fantástico, ¿no?

Vale la pena visitar Quito y sus **alrededores**. En esa bella ciudad hay muchas cosas que hacer y lugares que visitar. Además, como dice la UNESCO, la comida es excelente y los ecuatorianos son personas cálidas y amistosas. ¡En Ecuador te vas a **sentir** como en tu casa!

Mitad del Mundo
©Ecuadorpostales/Shutterstock RF

COMPRENSIÓN

¿Cierto o falso?

1. En Quito hay dos estaciones, la estación seca y la estación lluviosa.
2. No hay atractivos turísticos en Quito.
3. No es posible comer en las estaciones del TelefériQo.
4. Mitad del Mundo está cerca de la capital de Ecuador.
5. Mitad del Mundo está en el hemisferio sur.

Palabras regionales: Ecuador	
andar chiro/a = no tener dinero	shunsho* = tonto/a
camellar = trabajar	el taita* = el padre

CONEXIÓN CULTURAL

LAS ISLAS GALÁPAGOS, TESORO DE LA NATURALEZA

Las islas Galápagos, la inspiración para la teoría de la evolución de Charles Darwin y para su famoso libro *El origen de las especies*, forman un archipiélago de islas volcánicas a 972 kilómetros al oeste de Ecuador. Son parte de este país sudamericano desde 1832. Están sobre el ecuador y en la zona hay una gran variedad de flora y fauna terrestre y marina. Lee la lectura «Las Galápagos, tesoro de la naturaleza» en el *Cuaderno de actividades* o en Connect Spanish y ¡descubre mucho más sobre este fascinante lugar!

---

*palabras de origen quechua

Videoteca

Amigos sin Fronteras

Episodio 4: El nuevo equipo de fútbol

Resumen

En el centro estudiantil, Ana Sofía y Eloy juegan al tenis con el programa Wii. Radamés y Claudia animan a (*cheer*) los jugadores. Reciben una llamada de Omar Acosta, nuevo miembro del club, por Skype. Omar es de Ecuador y les anuncia que va a viajar a Berkeley en marzo. Al final, los cuatro amigos del club deciden jugar al fútbol.

©McGraw-Hill Education/Klic Video Productions

Vocabulario de consulta	
¡Dale!	Go on!
¡Fuera de aquí!	Get out of here!
Piensa	She thinks
dominante	domineering
¡Ándale, chamaca!	Go for it, girl!
buena gente	a good person
¡Por fin voy a conocerlo!	I'm finally going to meet him!
ciudad	city
va ganando	(she) is winning
asistir a un congreso	attend a conference
Se fue la luz	The lights went out
perdimos	we lost

Preparación para el video

A. **¡Comencemos!** Mira la foto y contesta las preguntas.

   1. ¿Cómo se llaman las personas que juegan al tenis con el Wii?
   2. ¿Cómo se llaman las otras dos personas?
   3. ¿Son jóvenes todas estas personas?

Comprensión del video

B. **La idea principal**. Indica la idea principal del video.

   1. Claudia es dominante.
   2. Eloy es un buen tenista.
   3. Los amigos del club hacen muchas actividades juntos: juegan al Wii y al fútbol, y hablan por Skype con Omar, otro miembros del club.

©McGraw-Hill Education/Klic Video Productions

C. ¿Cierto (C) o falso (F)?

1. Para Eloy y Ana Sofía es divertido jugar al tenis con el Wii.
2. Claudia dice que Radamés distrae a los tenistas.
3. Radamés dice que Claudia es mandona (*bossy*).
4. A Carlitos, el hijo de Omar, le gusta jugar con el Wii en la casa de sus amigos.
5. Ana Sofía dice que ella es excelente en el fútbol.
6. Los chicos van a formar un equipo de fútbol con los otros miembros del club.

D. Detalles. Contesta las preguntas según el video.

1. ¿De qué país son los padres de Radamés?
2. ¿Cómo se llama el hijo de Omar?
3. ¿Qué deporte prefiere jugar Ana Sofía en el Wii?
4. Cuando se apagan las luces, ¿los chicos siguen charlando (*keep talking*) con Omar o salen del centro estudiantil?
5. ¿Qué tienen ganas de hacer los miembros del club los viernes por la tarde, antes de cenar en Picante?

©McGraw-Hill Education/Klic Video Productions

Mi país ECUADOR

Comprensión

1. ¿En qué ciudad vive Omar?
2. ¿Qué país está al sur y al este de Ecuador?
3. ¿Cuántos grupos indígenas viven en Ecuador?
4. ¿En qué ciudad hay un mercado indígena, que a Marcela le gusta visitar?
5. ¿Cuál es la ciudad favorita de Carlitos, el hijo de Omar?
6. ¿Qué son Quilotoa y Cotopaxi?
7. ¿Adónde piensa llevar a sus hijos en octubre?
8. ¿Qué deporte le gusta mucho a Omar?

Las islas Galápagos
©Paul Franklin/Latin Focus.com

Otavalo
©Nigel Pavitt/AWL/Getty Images

Gramática

4.1 Present Tense of Reflexive Verbs

A. You have already seen verb conjugations in Spanish. Reflexive verbs follow the same pattern as those conjugations with one small difference. Look at the following examples.

Lucía **lava** la ropa.

Lucía **se lava** las manos.

Sebastián **pone** el libro en la mesa.

Sebastián **se pone** la ropa.

Actions done to oneself are expressed using reflexive words.

Me afeito.	*I shave (myself).*
Nos ponemos la ropa.	*We put on our clothes.*

Note that in Spanish possessives generally are not used with clothing or body parts.

Me lavo **las** manos.	*I wash my hands.*
Te cepillas **los** dientes.	*You (fam. sing.) brush your teeth.*

The conjugation of **lavar** and **poner** is exactly like the conjugation of the verbs you learned in **Capítulo 3 (Gramática 3.3)**. However, adding the pronoun **se** to the end of an infinitive (**lavarse, ponerse**), indicates that the verb is being used reflexively. Reflexive verbs usually refer to actions a person does to himself/herself. When conjugating a verb with **se** (*self*) at the end, you will need to add a reflexive pronoun before the conjugated form.

English also has reflexive pronouns that indicate that the subject of a sentence does something to himself or herself. These pronouns end in *-self* or *-selves.*

He cut *himself*.	Babies often talk to *themselves*.
She looked at *herself* in the mirror.	We didn't blame *ourselves*.

Note that some actions that are expressed as reflexive in Spanish are not expressed with *-self* or *-selves* in English.

Yo **me levanto** a las siete. **Me baño** y luego **me pongo** la ropa.	*I get up at 7:00. I take a bath and then get dressed.*

B. Here is the present tense of the verb **levantarse** (*to get up*) with reflexive pronouns.

levantarse		
yo)	**me** levanto	*I get up*
(tú)	**te** levantas*	*you (fam. sing.) get up*
usted, él, ella	**se** levanta	*you (pol. sing.) speak; he/she gets up*
(nosotros/as)	**nos** levantamos	*we get up*
(vosotros/as)	**os** levantáis	*you (fam. pl., Sp.) get up*
ustedes, ellos/ellas	**se** levantan	*you (pl.) speak; they get up*

C. Following is a list of verbs with the reflexive pronouns **me** (*myself*), **te** (*yourself* [*fam. sing*]), and **se** (*yourself* [*pol. sing.*], *himself/herself, your-selves, themselves*) that you can use to describe your daily routine or that of someone else. Notice that reflexive infinitives end in **-se.** Note the red letters which show a change in the root of the verb.

Infinitives	Conjugated Verb Forms	Translation
acostarse†	Me acuesto.	*I go to bed.*
afeitarse	Te afeitas.	*You (fam. sing.) shave.*
bañarse	Se baña.	*You (pol. sing.) take a bath. / He/She takes a bath.*
despertarse†	Me despierto.	*I wake up.*
ducharse	Te duchas.	*You (fam. sing.) take a shower.*
lavarse el pelo	Se lava el pelo.	*You (pol. sing.) wash your hair. / He/She washes his/her hair.*
lavarse los dientes	Me lavo los dientes.	*I brush my teeth.*
levantarse	Te levantas.	*You (fam. sing.) get up.*
maquillarse	Se maquilla.	*You (pol. sing.) put on makeup. / He/She puts on makeup.*
peinarse	Me peino.	*I comb my hair.*
ponerse†	Me pongo la ropa. / Te pones la ropa.	*I put on my clothes. / You (fam. sing.) put on your clothes.*
quitarse	Se quita la ropa.	*You (pol. sing.) take off your clothes. / He/She takes off his/her clothes.*
secarse	Me seco.	*I dry off.*
(des)vestirse†	Te (des)vistes.	*You (fam. sing.) get (un)dressed.*

Me levanto temprano y **me ducho** enseguida. Generalmente **me lavo** el pelo. Luego, **me seco** y **me peino.**	*I get up early, and I take a shower right away. Generally I wash my hair. Afterward, I dry off and comb my hair.*
Eloy, ¿tú **te afeitas** todos los días?	*Eloy, do you shave everyday?*
Jorge **se levanta** tarde. **Se ducha** rápidamente, pero no **se afeita. Se pone la ropa** y **se peina.**	*Jorge gets up late. He showers quickly, but he doesn't shave. He gets dressed and combs his hair.*

---

*Alternative form for recognition only: **vos te levantás.**

†**Acostarse, despertarse, ponerse, vestirse,** and **desvestirse** are all stem-changing verbs. In **acostarse,** the stem vowel **o** changes to **ue** in all but the **nosotros/as** and **vosotros/as** forms. In **despertarse,** the stem vowel **e** changes to **ie** in all but the **nosotros/as** and **vosotros/as** forms. The verb **ponerse** is irregular only in the **yo** form, adding a **g: pongo.** And **vestirse** and **desves-tirse** change the stem vowel **e** to **i** in all but the **nosotros/as** and **vosotros/as** forms. You will learn more about stem-changing verbs and irregular verbs in **Gramática 5.1.**

D. Reflexive pronouns are normally placed directly before the conjugated verb (**me seco**), but they may be attached to the end of infinitives (**secarme**) and present participles (**secándome**).*

Me gusta **afeitarme** primero y luego **bañarme**.	I like to shave first and then take a bath.
Omar va a **levantarse** y **bañarse** inmediatamente.	Omar is going to get up and take a bath immediately.
—Estefanía, ¿qué estás haciendo?	Estefanía, what are you doing?
—Estoy **lavándome** los dientes.	I'm brushing my teeth.
Antes de **ducharme, me quito** la ropa.	Before showering, I take my clothes off.

Ejercicio 1

¿Cuál es la oración que mejor describe cada par de dibujos?

_____

1. _____   **2.** _____

3. _____   **4.** _____

5. _____   **6.** _____

a. El niño se baña después de bañar al perro.

b. Él se quita la camisa, pero ella se pone los zapatos de tenis.

c. La muchacha se maquilla antes de cepillarse el pelo.

d. Este hombre se ducha por la mañana, pero la niña se baña por la noche.

e. Él se afeita la cara, pero su esposa se afeita las piernas.

f. Se acuesta a las once y media y se levanta a las seis.

_____

*You will learn about the present participle (or present progressive) verb forms in **Gramática 6.2.**

Mira los dibujos y decide qué hace la persona en cada dibujo.

1.

a. Marcela se baña por la mañana.

b. Marcela baña a su hija por la noche.

2.

a. Maritza se viste sola todos los días.

b. Maritza viste a su muñeca (*doll*).

3.

a. Eloy pone sus libros en el escritorio.

b. Eloy se pone el pijama para dormir.

4.

a. Xiomara se maquilla un poco por la mañana.

b. La asistente maquilla a la diva.

5.

a. A veces Omar peina a Carlitos.

b. A Carlitos le gusta peinarse solo.

Ejercicio 3

Imagínate que tu hermanito de tres años te hace estas preguntas. Contéstale correctamente.

MODELO: ¿Te lavas los dientes con jabón? →
No, me lavo los dientes con pasta dental.

1. ¿Te bañas a las cuatro de la mañana?

2. ¿Te lavas el pelo con detergente?

3. ¿Te afeitas en tu clase de español?

4. ¿Te levantas temprano los domingos?

5. ¿Te duchas en el patio de la casa?

6. ¿Te acuestas tarde de lunes a viernes?

7. ¿Te cepillas el pelo con una afeitadora eléctrica?

el baño *bathroom*

4.2 Question Formation

You have already seen and heard many questions in Spanish.

¿Cómo se llama usted?	¿Es alto Eloy?
¿Dónde vives?	¿Habla usted español?
¿Cuándo nació Lucía?	¿Tienes hijos?
¿Eres (tú) sincera?	¿Qué día es hoy?
¿Cuánto cuesta el vestido?	¿Cuántos años tienes?

A. As you learned in **Capítulo 1**, statements in Spanish are normally formed by using a subject, then the verb, and then an object and/or description.

Omar tiene dos hijos muy activos.
subject verb   *object*   *adjective*

Camila es   rubia.
subject verb   *adjective*

Negative statements are formed by using a negative immediately before the verb.

Ana Sofía **no** tiene hijos.   *Ana Sofía doesn't have kids.*

Juan Fernando **no** es muy alto.   *Juan Fernando isn't very tall.*

¿Recuerdas?

Spanish verb endings usually indicate who the subject is, so it is generally not necessary to use subject pronouns **yo, tú, nosotros/as, vosotros/as**. On the other hand, it is often necessary to use **usted, él/ella**, as well as **ustedes, ellos/ellas** since they share the same verb endings and there is a possibility of confusion.

¿Tienes (tú) un móvil nuevo?

¿Dónde vive **ella**?

¿Qué idiomas hablan **ustedes**?

B. Questions are usually formed by placing the subject after the verb. The object and/or any description can either follow or precede the subject.*

¿Es joven Jorge?	*Is Jorge young?*
¿Eres (tú) trabajadora, Estefanía?	*Estefanía, are you (a) hardworking (person)?*
¿Tienes (tú) hermanos, Ana Sofía?	*Ana Sofía, do you have brothers and sisters?*
¿Quieres (tú) un nuevo móvil para el día de tu cumpleaños?	*Do you want a new phone for your birthday?*
¿Nació en julio Radamés?	*Was Radamés born in July?*

¿Recuerdas?

When asking a question of a friend, family member, or classmate, use the corresponding verb form for **tú**.

Xiomara, ¿**tienes** los ojos castaños (**tú**)?

When asking a question of an older person, a person of respect such as a doctor, professor, lawyer, or a stranger, use **usted** and the corresponding verb form.

Profesor Sotomayor, ¿**es usted** casado?

---

*Questions with the verb **gustar** (see **Gramática 2.3**) are slightly different. The question starts with a pronoun and then the verb **gustar** and places a phrase at the end: **A Lucía le gusta cantar.** → **¿Le gusta cantar a Lucía?; A los estudiantes les gustan las fiestas.** → **¿Les gustan las fiestas a los estudiantes?**

C. Another way to ask questions is to use interrogative words: **¿Qué?, ¿Cuándo?, ¿(De) Quién?, ¿Dónde?, ¿Cuántos/as?, ¿Cómo?, ¿Cuál?, ¿Por qué?** These words are usually placed before the verb to create questions.

¿Cuántos hermanos tienes, Eloy?	*How many brothers and sisters do you have, Eloy?*
¿Dónde vive Ana Sofía?	*Where does Ana Sofía live?*
¿Cuándo nació usted?	*When were you born?*
¿Por qué no hablamos inglés en clase?	*Why don't we speak English in class?*
¿Qué prefieres hacer esta noche?	*What do you prefer to do tonight?*
¿Cuál es más bonito?	*Which one is prettier?*
¿De quién es este libro?	*Whose book is this?*

Note that question words always have a written accent.

¿Qué?	What?	**¿Cuánto/a/os/as?**	How much? / How many?
¿Cuándo?	When?	**¿Cómo?**	How? / What?
¿Quién(es)?	Who?	**¿Cuál(es)?**	Which (ones)? / What?
¿De quién?	Whose?	**¿Por qué?**	Why?
¿Dónde?	Where?		

D. As you learned in **Capítulo 1** (**Gramática 1.4**), answers to *yes/no* questions are regular statements preceded by the word **sí** or the word **no.** A negative answer can have one or two negative words, depending on whether you are simply answering the question or offering the correct information as well.

In Spanish, note that there is no word to express the English helping verbs *does* or *do* when formulating a question.

Q:	¿Vive Omar en Ecuador?	*Does Omar live in Ecuador?*
A:	**Sí,** Omar vive en Ecuador.	*Yes, Omar lives in Ecuador.*
Q:	¿Tiene un Prius negro Franklin?	*Does Franklin have a black Prius?*
A:	**No,** Franklin **no** tiene un Prius negro. / **No,** tiene un Prius verde.	*No, Franklin does not have a black Prius. / No, he has a green Prius.*
Q:	¿Es delgada Lucía?	*Is Lucía thin?*
A:	**Sí,** Lucía es delgada.	*Yes, Lucía is thin.*
Q:	¿Hablan español ellas?	*Do they speak Spanish?*
A:	**No,** (ellas) **no** hablan español. / **No,** (ellas) hablan portugués.	*No, they do not speak Spanish. / No, they speak Portuguese.*

Ejercicio 4

Convierte las siguientes oraciones en preguntas de **sí** o **no**.

> MODELO: Claudia y Camila son → ¿Son amigas Claudia y
> amigas.   Camila?

1. Ángela es una estudiante muy buena.
2. Juan Fernando Chen Gallegos habla japonés.
3. Estefanía y Ana Sofía son amigas.
4. Eloy tiene tres perros.
5. Nosotros somos amigos en Facebook.

Ejercicio 5

Hazles preguntas a estas personas. Usa las formas correctas de **tú, usted** o **ustedes.**

> MODELOS: Pregúntale a don Antonio Ramírez si *va en coche al trabajo.* →
> Don Antonio, ¿va (*usted*) *en coche al trabajo?*
>
> Pregúntales a Juan Fernando y a Eloy si *estudian medicina.* →
> Juan Fernando, Eloy, ¿*estudian medicina ustedes?* / ¿*estudian
> ustedes medicina?*

Cultura Don y doña

En español, para indicar respeto para una persona mayor, con frecuencia se usan los títulos **don** y **doña** delante de su nombre.

Don Antonio y **doña** Estela son los padres de Eloy.

Doña Estela es la madre y **don** Antonio es el padre.

1. Pregúntales a Claudia y Camila si toman mucho café cuando estudian.
2. Pregúntale a doña Estela Ovando Hernández si cocina todos los días.
3. Pregúntales a Jorge y a Eloy si hacen ejercicio en un gimnasio.
4. Pregúntale a Franklin si trabaja por la noche.
5. Pregúntale al señor Calvo si ve la televisión durante el día.

Ejercicio 6

Turn the following statements into questions. Use the correct question words to write your answers (**cuándo, cuántos, cómo, dónde, qué**).

> MODELO: Jorge tiene veintiún años. → ¿**Cuántos** años tiene Jorge?

Remember to place the question words before the verb and the object.

1. Juan Fernando y su familia viven en Costa Rica.
2. Juan Fernando habla chino y español. (idiomas)
3. La fiesta es el viernes.
4. Omar y Marcela tienen dos hijos.
5. Radamés nació el veintiséis de julio de 1994.
6. El padre de Eloy se llama Antonio Ramírez del Valle.

4.3 The Verbs **preferir** and **querer** + *inf.*

The verbs **preferir** (*to prefer*) and **querer** (*to want*) are used to express preferences and desires. When used to express a preference or desire to do something, they are followed by an infinitive, that is, a verb form that ends in **-ar** (for example, **hablar**), **-er** (**comer**), or **-ir** (**vivir**). As in English, infinitives tell you what the action is but not who does it or when. When **preferir** is followed by an infinitive, the meaning is often *would rather.*

Omar **quiere** hablar por teléfono pero yo **prefiero** textear.	Omar wants to talk on the phone but I would rather text.

		preferir STEMS: **prefer-, prefier-***		**querer** STEMS: **quer-, quier-***
(yo)	prefiero	*I prefer*	quiero	*I want*
(tú)	prefieres†	*you (fam. sing.) prefer*	quieres†	*you (fam. sing.) want*
usted, él/ella	prefiere	*you (pol. sing.) prefer; he/she prefers*	quiere	*you (pol. sing.) want; he/she wants*
(nosotros/as)	preferimos	*we prefer*	queremos	*we want*
(vosotros/as)	preferís	*you (fam. pl. Sp.) prefer*	queréis	*you (fam. pl. Sp.) want*
ustedes, ellos/ellas	prefieren	*you (pol. pl.) prefer; they prefer*	quieren	*you (pol. pl.) want; they want*

You can also use **querer** and **preferir** followed by infinitives to talk about future actions in Spanish.

Quiero ir a la casa de mi abuela.	I want to go to my grandma's house.
Prefiero ir mañana por la tarde.	I prefer to go tomorrow afternoon.

Ejercicio 7

Di qué quieren o prefieren hacer estas personas. Sigue el modelo.

MODELO: En las fiestas, Claudia y Lucía *prefieren* bailar, pero esta noche Lucía *quiere* escuchar música.

1. Mis amigos _____ jugar al golf los fines de semana, pero yo _____ jugar al fútbol ahora.

2. Los estudiantes _____ escuchar música en clase, pero la profesora _____ mostrar (*show*) un video de historia.

3. Omar _____ descansar después de trabajar un día largo, pero sus hijos y su esposa _____ ir al parque La Carolina.

4. ¡Qué problema! Tú _____ ver una película, pero yo _____ dormir porque estoy cansado.

5. Xiomara y Camila _____ salir a cenar esta noche, pero Eloy y Rodrigo _____ quedarse en casa para ver un partido de fútbol.

---

*Note that these verbs have two stems. (The stem of the verb is what is left after you remove the endings **-ar**, **-er**, and **-ir**.) One stem, **quier-/prefier-**, is used for four forms (**yo, tú, usted/él/ella,** and **ustedes/ellos/ellas**) and the other one, **quer-/prefer-**, for two (**nosotros** and **vosotros**). See **Gramática 5.1** for more information.

†Alternative forms for recognition only: **vos preferís, vos querés.**

Completa los deseos y preferencias que expresan estas personas en las siguientes oraciones. Usa las formas correctas de los verbos **querer** y **preferir**. Usa primero el verbo **querer** y luego el verbo **preferir**.

1. CAMILA: Claudia y yo _____ ir al cine esta noche. ¿Y ustedes?

RODRIGO: No, nosotros _____ salir a bailar salsa.

2. EL ABUELO DE XIOMARA: Nieta querida, yo _____ viajar a Berkeley para visitarte.

XIOMARA: Ay, no abuelo, yo _____ viajar a El Salvador para estar con la familia.

3. —Camila, ¿ _____ **(tú)** hacer la tarea de matemáticas en mi casa esta noche?

—No, gracias, Claudia, _____ **(yo)** quedarme en casa porque hace mal tiempo.

4. —Omar, ¿qué _____ hacer el domingo, ver la televisión o jugar al golf?

—Pues no me gusta ninguna de las dos actividades. _____ dormir hasta las nueve.

5. —Chicos, ¿ _____ ustedes tomar el examen hoy o el lunes?

—Profesora, _____ **(nosotros)** tener el examen el lunes, gracias.

4.4 Making Plans: **pensar, tener ganas de**, and **ir a** with Activities and Places

¿Recuerdas?

You already know that the verbs **querer** and **preferir,** followed by infinitives, are commonly used o talk about future actions in Spanish (**Gramática 4.3**).

A. The most common way of expressing future plans is to use the verb **ir** (*to go*) plus the preposition **a** (*to*) followed by an infinitive (for example, **hablar, leer, vivir**). **Pensar** (*to think about* [doing something] / *plan to* [do something]) and **tener ganas de** (*to feel like* [doing something]**),** followed by an infinitive, are also used to express plans. These constructions are commonly referred to as the *immediate future*, because Spanish has another future tense, generally reserved for talking about longer-term future plans.*

—¿Qué **vas a hacer** (tú) mañana?	*What are you going to do tomorrow?*
—**Voy a esquiar.**	*I am going to ski.*
—¿Qué **piensan hacer** ustedes este fin de semana?	*What are you planning to do this weekend?*
—**Pensamos ir** al cine.	*We're planning to go to the movies.*
—¿Qué **tienen ganas de hacer** Rodrigo y Sebastián después de la clase?	*What do Rodrigo and Sebastián feel like doing after class?*
—**Tienen ganas de jugar** al básquetbol.	*They feel like playing basketball.*

*You will learn how to form the future tense in Gramática 15.1.

You have already seen the forms of the verb **tener** (**Gramática 2.2**). Here are the forms of the verbs **pensar** and **ir.**

pensar + *inf.*		
(yo)	p**ie**nso + *inf.*	*I am planning to* (do something)
(tú)	p**ie**nsas* + *inf.*	*you (fam. sing) are planning to* (do something)
usted, él/ella	p**ie**nsa + *inf.*	*you (pol. sing.) are planning to* (do something); *he/she is planning to* (do something)
(nosotros/as)	pensamos + *inf.*	*we are planning to* (do something)
(vosotros/as)	pensáis + *inf.*	*you (fam. pl. Sp.) are planning to* (do something)
ustedes, ellos/ellas	p**ie**nsan + *inf.*	*you (pol. pl.) are planning to* (do something); *they are planning to* (do something)

pensar = *to think*

pensar + *inf.* = *to think about* (doing something), *to plan to* (do something)

¿Qué piensas hacer después de clases?   *What are you planning to do after school?*

Pienso ir a la biblioteca y luego   *I'm planning to go to the library, and then*
   voy a trabajar.   *I'm going to work.*

ir + *inf.*		
(yo)	**voy** + *inf.*	*I am going* (to do something)
(tú)	**vas†** + *inf.*	*you (fam. sing.) are going* (to do something)
usted, él/ella	**va** + *inf.*	*you (pol. sing.) are going* (to do something); *he/she is going* (to do something)
(nosotros/as)	**vamos** + *inf.*	*we are going* (to do something)
(vosotros/as)	**vais** + *inf.*	*you (fam. pl. Sp.) are going* (to do something)
ustedes, ellos/ellas	**van** + *inf.*	*you (pol. pl.) are going* (to do something); *they are going* (to do something)

ir = *to go*

ir a + *inf.* = *to be going to* (do something) (in the future)

¿Qué vas a hacer esta noche?   *What are you going to do tonight?*

Voy a estudiar.   *I'm going to study.*

Remember that the Spanish present tense may be expressed in English in more than one way; for example, **él va** could be expressed as: *he goes, he is going, he will go, he does go.*

---

*Alternative form for recognition only: **vos pensás.**

†Alternative form for recognition only: **vos vas.**

B. **¿Adónde?** ([*To*] *Where?*) is used to ask where someone is going. The verb **ir**, followed by the preposition **a**, is used to express the idea of movement toward a location. Note that **a + el** contracts to **al** (*to the*). There is no similar contraction with the other articles: **a la, a los, a las.**

—**¿Adónde vas?**	*Where are you going?*
—**Voy a la** piscina.	*I am going to the (swimming) pool.*
—**¿Adónde van** ustedes los sábados?	*Where do you go on Saturdays?*
—**Vamos al** trabajo y luego **vamos a la** biblioteca para estudiar.	*We go to work and then we go to the library to study.*

The expression **ir + a** + location can be used with an expression of time to indicate when you are going. Here are some ways to express future time. (Remember that the days of the week are masculine.)

esta noche	*tonight*	**el próximo sábado**	*next Saturday*
este viernes	*this Friday*	**la próxima semana**	*next week*
este fin de semana	*this weekend*	**el próximo mes**	*next month*
esta primavera	*this spring*	**el próximo año**	*next year*

Vamos al restaurante Hasta la Vuelta Señor **la próxima semana.**	*We're going to the restaurant Hasta la Vuelta Señor next week.*
Ellas **van a** Europa **esta primavera.**	*They are going to Europe this spring.*

Ejercicio 9

Lee las conversaciones y completa las oraciones con las formas correctas de la construcción **ir + a.**

MODELO: —¿Qué *va a* hacer Sebastián mañana?
　　　　　　 —Sebastián *va a* hacer ejercicio en el parque.

> When using **ir** to refer to future events, don't forget to include the preposition **a** before the infinitive.

1. —Ángela, ¿qué _____ hacer tú después de la clase?

   —(Yo) _____ ir de compras con una amiga.

2. —¿Y qué _____ hacer Franklin y Estefanía?

   —Franklin _____ trabajar y Estefanía _____ estudiar.

3. —¿Y qué _____ hacer ustedes?

   —Nosotros _____ ir al cine.

4. —Jorge, ¿cuándo _____ estudiar tú?

   —¿Yo? _____ estudiar más tarde, probablemente esta noche.

5. —Y tú, Eloy, ¿cuándo _____ hacer la tarea para la clase de biología?

   —(Yo) _____ hacer mi tarea mañana por la mañana.

Ejercicio 10

Completa las oraciones con las formas correctas de **pensar** y **tener ganas de.**

pensar

1. Juan Fernando _____ viajar a México este verano.
2. Xiomara y Lucía _____ asistir a clases durante la mañana y trabajar durante la tarde.
3. —¿Qué _____ hacer tú esta noche?

   —Yo _____ ir al cine con mi novio.

tener ganas de

1. Eloy y su novia _____ salir a bailar este fin de semana.
2. —En Año Nuevo, ¿ _____ dar una fiesta tú?
3. —Sí, mi familia y yo _____ dar una fiesta muy grande. ¿Y tú?
4. —¿Yo? ¡No _____ ir a una fiesta! No me gusta dar fiestas; soy perezosa.

ir a + *inf.*	Voy a esquiar.
pensar + *inf.*	Pensamos ir al cine.
tener ganas de + *inf.*	Tienen ganas de jugar al básquetbol.

Ejercicio 11

¿Adónde van estas personas? Completa las oraciones con la forma apropiada del verbo **ir + al** o **a la.**

MODELO: (Tú) *vas al* trabajo después de las clases.

1. Mis hermanos siempre _____ cine los sábados.
2. (Yo) Siempre _____ biblioteca a estudiar.
3. Claudia, (tú) ¿ _____ playa para tomar el sol y nadar?
4. Juan Fernando y sus amigos siempre _____ restaurante que está cerca de su casa a cenar.
5. (Nosotros) _____ librería para comprar el nuevo Kindle.
6. Ángela _____ supermercado a comprar fruta todos los días.
7. Mi abuelo _____ discoteca para bailar los sábados por la noche.
8. El profesor Sotomayor _____ oficina de su amigo a trabajar.

Lo que aprendí

After completing this chapter, I can:

☐ describe my daily activities.

☐ ask and answer questions to express personal information.

☐ speak more about languages and nationalities of the world.

☐ ask and answer questions regarding preferences and desires.

☐ list the order of things using ordinal numbers.

☐ talk about future plans.

Now I also know more about:

☐ some interesting places in Ecuador.

☐ some famous Hispanics.

Gramática

ciento cincuenta y tres   **153**

Vocabulario

La rutina diaria	Daily Routine
Repaso: almorzar (ue), cenar, comer, desayunar, descansar, dormir (ue)	
acostarse (ue) me acuesto / se acuesta	to go to bed
afeitarse	to shave
arreglarse	to get dressed up; to get ready
bañarse	to bathe
cepillarse el pelo / los dientes	to brush one's hair/teeth
despertarse (ie) me despierto / se despierta	to wake up
(des)vestirse (i) me (des)visto / se (des)viste	to (un)dress
ducharse	to take a shower
encontrarse (ue)	to meet (*someone in someplace*)
lavarse el pelo / la cara	to wash one's hair/face
lavarse los dientes	to brush one's teeth
levantarse	to get up
maquillarse	to put on make-up
peinarse	to comb one's hair
ponerse (*irreg.*) **(la ropa)** me pongo / se pone	to put on (clothes)
quitarse (la ropa)	to take (clothes) off
relajarse	to relax
secarse	to dry off
secarse el pelo	to dry one's hair
Palabra semejante: prepararse	

Los datos personales	Personal Data
Repaso: ¿Cuándo es su/tu cumpleaños?, Mi cumpleaños es el (*número*) **de** (*mes*), **¿Cuándo nació usted?** / **¿Cuándo naciste?, Nací el** (*número*) **de** (*mes*), **¿De dónde es usted?** / **¿De dónde eres? Soy de...; casado/a, soltero/a**	
¿Dónde vives?	Where do you live?
Vivo en la Calle Quinta, número 856.	I live at 856 Fifth Street.
¿Cuál es su dirección?	What is your address?
¿Cuál es tu dirección electrónica?	What is your e-mail address?
Es eramo arroba berkeley punto edu.	It's eramo@berkeley.edu.
el estado civil	marital status
la fecha de nacimiento	date of birth
el lugar de nacimiento	place of birth
viudo/a	widowed
Palabras semejantes: el pasaporte; divorciado/a	

Los países y las nacionalidades	
Repaso: España, Estados Unidos, Inglaterra; español(a), estadounidense	
Alemania	Germany
alemán/alemana	German
canadiense	Canadian
chino/a	Chinese
francés/francesa	French
inglés/inglesa	English
Palabras semejantes: Australia, Canadá, China, Francia, Irak, Irán, Italia, Israel, Japón, Rusia; americano/a, árabe, australiano/a, iraní, iraquí, israelí, italiano/a, japonés/japonesa, ruso/a	

Los idiomas	Languages
Repaso: el español, el francés, la lengua	
el alemán	German
el chino	Chinese
el inglés	English
el persa	Persian
el ruso	Russian
Palabras semejantes: el árabe, el hebreo, el italiano, el japonés, el portugués	

¿Cuándo?	
Repaso: por último	
antes (de)	before
antes de + *inf.*	before (*doing something*)
de la(s)... a la(s)...	from . . . to/until . . . (*with time*)
de lunes a viernes	from Monday to Friday
desde la(s)... hasta la(s)...	from . . . to/until . . . (*with time*)
después de + *inf.*	after (*doing something*)
esta noche	tonight
hasta	until
mañana por la mañana / noche / tarde	tomorrow morning / night / afternoon (evening)
próximo/a(s)	next
el próximo año	next year
la próxima semana	next week
temprano	early

Los verbos	
Repaso: cocinar, ver	
bucear	to skin/scuba dive
comentar	to talk about, discuss
comprar	to buy
dar (*irreg.*) **una fiesta**	to throw a party
ir (*irreg.*) **a** + *inf.*	to be going to (*do something*)
ir a misa	to attend mass

ir de visita	to visit
jugar (ue) a las cartas	to play cards
mandar	to send
necesitar	to need
patinar (en el hielo)	to (ice) skate
pensar (ie)	to think
pensar + *inf.*	to plan to (*do something*)
preferir (ie)	to prefer
querer (ie)	to want
reaccionar	to react
salir (*irreg.*) de vacaciones	to go on vacation
subir fotos	to upload pictures
tener (*irreg.*) ganas de + *inf.*	to feel like (*doing something*)
vivir	to live

Palabras semejantes: celebrar, invitar, reparar, tuitear

Los lugares

el barrio	neighborhood
la cancha de tenis	tennis court
el centro	center; downtown
el colegio	private school
el lago	lake
la plaza	plaza; town square
el río	river

Palabras semejantes: el aeropuerto, el (ciber)café

Los sustantivos

el acondicionador	conditioner
la afeitadora eléctrica	electric razor
el cepillo (de dientes)	(tooth) brush
el correo electrónico	e-mail
el desayuno	breakfast
el deseo	wish
la ducha	shower
el empleo	employment, job
el espejo	mirror
el gusto	pleasure; like
el jabón	soap
la leche	milk
el mensaje	message
la merienda	snack
el monopatín	skateboard
la pasta dental	tooth paste
el refresco	soft drink
la revista	magazine
el secador	hair dryer
las termas	thermal baths; hot springs
la toalla	towel

Palabras semejantes: el actor / la actriz, el/la adolescente, el/ la adulto/a, el champú, el concierto, el examen, la invitación, el pijama, el plan, la preferencia

Los adjetivos

caliente	hot (*to the touch*)
cómodo/a	comfortable
familiar	family (*adj.*), of/relating to family
impreso/a	printed
ninguno/a	none, neither
ninguno de los dos / ninguna de las dos	neither one (*masc.*) / neither one (*fem.*)

Los números ordinales

	Ordinal Numbers
primer, primero/a	first
segundo/a	second
tercer, tercero/a	third
cuarto/a	fourth
quinto/a	fifth
sexto/a	sixth
séptimo/a	seventh
octavo/a	eighth
noveno/a	ninth
décimo/a	tenth

Palabras y expresiones útiles

al aire libre	outdoors
claro (que sí)	of course
en casa	at home
estar (*irreg.*) en contacto	to be in touch
fuera (de)	outside (of)
lo que	that which
los/las dos	both
por fin	at last, finally
por respeto	out of respect
¡Qué aburrido!	How boring!
¡Qué buena idea!	What a good idea!
¡Qué divertido!	How fun!
rápidamente	quickly, rapidly
Y tú, ¿qué dices?	And you, what do you think / (have to) say?

Palabras del texto

la hoja de papel	sheet of paper

Los mandatos (tú)

Conecta	Connect
Decide	Decide
Inventa	Invent

Palabras semejantes: formar, indicar, usar; la columna, la ocasión, la situación

Las celebraciones y las comidas

La niña celebra su cumpleaños con toda su familia. No hay muchas velas (*candles*) en el pastel (*cake*), ¿verdad?

Upon successful completion of **Capítulo 5,** you will be able to discuss important holidays in the Hispanic world and your own family's holiday traditions, as well as the three daily meals. You will also be able to express how you feel and what you normally do in certain situations. Additionally, you will have learned about some interesting places and people from El Salvador, Honduras, and Nicaragua.

Comunícate

Los días feriados

Hablando de los días feriados El Día de los Muertos

¡A comer!

Los estados físicos y anímicos

Las fiestas y otras experiencias

Exprésate

Escríbelo tú Tu presentación para el club

Cuéntanos Mi día feriado favorito

Cultura

Mundopedia ¡Grandes fiestas!

Palabras regionales El Salvador, Nicaragua, Honduras

Conexión cultural Círculo de amigas

Videoteca

Amigos sin Fronteras, Episodio 5 ¡Música, maestro!

Mi país El Salvador, Honduras y Nicaragua

Gramática

5.1 Verbs with Stem Vowel Changes **(ie, i, ue)** in the Present Tense and Irregular Verbs

5.2 Impersonal Direct Object Pronouns: **lo, la, los, las**

5.3 Using **estar** and **tener** to Describe States

5.4 Review of Present Tense

www.mhhe.com/connect

EL SALVADOR, NICARAGUA Y HONDURAS

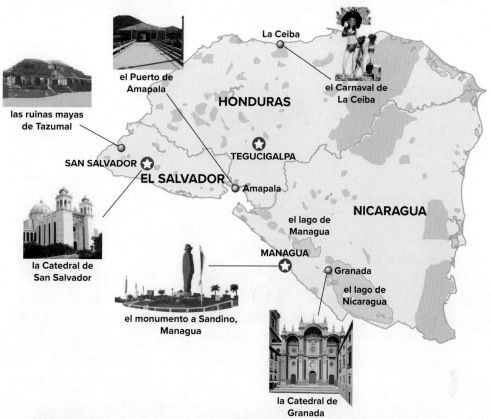

La Ceiba

el Carnaval de La Ceiba

el Puerto de Amapala

las ruinas mayas de Tazumal

HONDURAS

SAN SALVADOR

TEGUCIGALPA

EL SALVADOR

Amapala

la Catedral de San Salvador

NICARAGUA

el lago de Managua

MANAGUA

Granada

el lago de Nicaragua

el monumento a Sandino, Managua

la Catedral de Granada

Amigos sin Fronteras

Hoy hay una fiesta sorpresa para Nayeli Rivas Orozco. Claudia, Eloy y Radamés conversan sobre (*about*) las cosas que van a llevar a la fiesta.

www.mhhe.com/connect

©McGraw-Hill Education/Klic Video Productions

Conócenos

Xiomara Asencio Elías
©Frank Merfort/Alamy RF

Xiomara Asencio Elías es estadounidense de padres salvadoreños y nació en Maryland. Su cumpleaños es el dieciséis de septiembre; tiene veinte años. Xiomara estudia literatura latinoamericana. Sus actividades favoritas son leer novelas y viajar por Latinoamérica. También le gusta bailar y jugar al tenis.

©Paul Kennedy/Alamy

 Mi país

Comunícate

Los días feriados

Lee *Gramática 5.1, 5.3*

			enero			
L	**M**	**M**	**J**	**V**	**S**	**D**
1	2	3	4	5	⑥	7
8	9	10	11	12	13	14
15	16	17	18	19	20	21
22	23	24	25	26	27	28
29	30	31				

En los países hispanos, la noche del cinco al seis de enero, los niños duermen muy contentos porque esa noche los Reyes Magos les traen regalos.

la Semana Santa

			abril			
L	**M**	**M**	**J**	**V**	**S**	**D**
	1	2	3	4	5	6
7	8	9	10	11	12	13
14	15	16	17	18	19	20
21	22	23	24	25	26	27
28	29	30				

la Pascua
el domingo de Pascua

La Pascua y la Semana Santa son días feriados muy importantes para los católicos en el mundo hispano.

			septiembre			
L	**M**	**M**	**J**	**V**	**S**	**D**
1	2	3	4	5	6	7
⑮	16	17	18	19	20	21
22	23	24	25	26	27	28
29	30	31				

En El Salvador, Honduras y Nicaragua se celebra el Día de la Independencia el quince de septiembre. Los centroamericanos celebran este día con desfiles y muchos otros eventos.

el disfraz de fantasma

los dulces

			octubre			
L	**M**	**M**	**J**	**V**	**S**	**D**
	1	2	3	4	5	
6	7	8	9	10	11	12
13	14	15	16	17	18	19
20	21	22	23	24	25	26
27	28	29	30	㉛		

En Estados Unidos, muchos niños se ponen disfraces, salen y piden dulces el Día de las Brujas.

el nacimiento

			diciembre			
L	**M**	**M**	**J**	**V**	**S**	**D**
1	2	3	4	5	6	7
8	9	10	11	12	13	14
15	16	17	18	19	20	21
22	23	㉔	㉕	26	27	28
29	30	31				

las velas

Es el dos de noviembre, Día de los Muertos en México y América Central

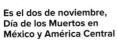

			noviembre			
L	**M**	**M**	**J**	**V**	**S**	**D**
					1	②
3	4	5	6	7	8	9
10	11	12	13	14	15	16
17	18	19	20	21	22	23
24	25	26	27	28	29	30

la tumba
la calavera

la Nochebuena la Navidad

el arbolito de Navidad

el candelabro

El dos de noviembre, muchos mexicanos y centroamericanos visitan las tumbas de sus familiares difuntos en el cementerio. Les llevan comida, flores y dulces.

Muchas familias hispanas ponen un arbolito o un nacimiento en su casa en Navidad. Con frecuencia se reúnen el veinticuatro y cenan todos juntos.

Jorge Navón Rojas es judío y, durante ocho días en diciembre, enciende velas para celebrar el Jánuca.

Cultura *Más sobre los días feriados*

- En El Salvador, Honduras y Nicaragua, el **Día de los Enamorados** es una celebración del amor (*love*), la familia y la amistad (*friendship*). Por eso en Centroamérica este día se llama **el Día del Amor y la Amistad** y también **el Día del Cariño** (*Affection*).
- **El Día de la Independencia** se celebra en la misma fecha en El Salvador, Honduras y Nicaragua porque todos los países centroamericanos eran (*used to be*) un solo país: la República Federal de Centroamérica.
- En Guatemala, España y otros países hispanos, muchas personas celebran la Nochevieja (*New Year's Eve*) comiendo doce uvas (*grapes*) a medianoche. Además, los guatemaltecos se ponen ropa nueva. Es una buena idea, ¿no? ¡Año nuevo, ropa nueva!
- Hay diferentes fechas para **el Día de la Madre** en América Central. Este día se celebra el segundo domingo de mayo en Honduras, el diez de mayo en El Salvador y Guatemala, el treinta de mayo en Nicaragua y el quince de agosto en Costa Rica. En Panamá, **el Día de la Madre** es el ocho de diciembre y coincide con la festividad religiosa de **la Inmaculada Concepción**.
- Para **el Día del Padre** también hay varias fechas: el diecinueve de marzo en Honduras y España, el diecisiete de junio en El Salvador y Guatemala, y el veintitrés de junio en Nicaragua. En Panamá y Costa Rica **el Día del Padre** se celebra el tercer domingo de junio.

Actividad 1 ¿Qué día es?

Con tu compañero/a, lee la descripción y escoge el día feriado que corresponde a la descripción.

1. Una persona celebra el día en que nació con un pastel y regalos.
- **a.** el cumpleaños
- **b.** el Año Nuevo
- **c.** el Día de los Enamorados (♥)

2. Tres hombres en camellos les traen regalos a los niños el seis de enero.
- **a.** la Navidad
- **b.** el Jánuca
- **c.** el Día de Reyes (los Reyes Magos)

3. La gente celebra el fin de un año y el comienzo de otro año.
- **a.** la Nochevieja
- **b.** el Día de la Independencia
- **c.** el Día de los Muertos

4. Los niños se visten de Drácula o de Frankestein y piden dulces.
- **a.** el Día de la Madre
- **b.** el cumpleaños
- **c.** el Día de las Brujas

5. Se celebra durante ocho días en noviembre o diciembre. Cada día se enciende una vela más y a veces los niños reciben pequeños regalos.
- **a.** el Día (de Acción) de Gracias
- **b.** el Jánuca
- **c.** la Semana Santa

6. Este día es para recordar a los parientes difuntos.
- **a.** el Año Nuevo
- **b.** el Día del Padre
- **c.** el Día de los Muertos

Actividad 2 Los días feriados en Estados Unidos

Empareja el día feriado con la descripción que corresponde. Luego, di en qué mes se celebran estos días feriados en Estados Unidos. ¿Celebras tú otros días feriados? ¿Cuáles?

DÍAS FERIADOS

____ **1.** el Día de San Valentín: Se celebra en *febrero*.

____ **2.** el Día de las Brujas: Se celebra en...

____ **3.** el Día de Acción de Gracias: Se celebra en...

____ **4.** el Día del Trabajo: en Estados Unidos se celebra en...

____ **5.** la Nochevieja y el Año Nuevo: Se celebran en...

____ **6.** el Día de los Presidentes: Se celebra en...

____ **7.** el Día de la Independencia: Se celebra en...

____ **8.** ¿ ?: Se celebra en...

DESCRIPCIÓN

a. Los niños van de casa en casa y piden dulces.

b. La gente hace picnics y muchas personas no trabajan.

c. Celebramos los cumpleaños de Lincoln y Washington.

d. Mucha gente cena pavo este día y lo pasa con parientes y amigos.

e. Les damos flores y tarjetas a las personas que queremos.

f. Es una celebración de verano con fuegos artificiales.

g. Muchas personas van a fiestas y toman champaña. Al día siguiente ven partidos de fútbol en televisión.

h. ¿ ?

Vocabulario

Meses:
enero,
febrero,
marzo, abril,
mayo, junio,
julio, agosto,
septiembre,
octubre,
noviembre,
diciembre

Actividad 3 En las fiestas

Conversa con tu compañero/a sobre tus preferencias durante las fiestas.

MODELO: **E1:** ¿Qué prefieres hacer para celebrar *tu cumpleaños?*
E2: Durante el día, prefiero *ir de compras y después tomar algo en un café*. Por la noche, me gusta *salir a cenar con mis amigos* o tal vez *ir a bailar a un club.*

Vocabulario

celebrar con mi familia	hacer ejercicio	merendar en el parque
cenar en casa	ir a la iglesia	quedarme en casa
cocinar comida rica	ir a la playa	recibir regalos
comer pastel	ir a bailar a un club	salir a cenar en un restaurante
conversar con mis amigos	ir de compras	textear a mis amigos
dar una fiesta	leer/actualizar mi página de Facebook	tomar algo en un café
	mandar fotos a mis amigos por Snapchat	ver la televisión

¿Qué prefieres hacer para celebrar...

1. tu cumpleaños?
2. el Día de la Independencia?
3. la Navidad u otro día feriado? (el Jánuca, la Pascua, la Pascua Judía, el Ramadán)
4. tu aniversario de boda u otro aniversario importante?
5. el Día de la Madre o el Día del Padre?
6. el Día de Acción de Gracias?

Gramática *u → o*

The word **o** (*or*) changes to **u** before any word that begins with **o** or **ho**.

¿Cómo celebras tu aniversario de boda **u** otro aniversario importante?

Lengua *La comunicación en línea*

:-)	alegre, contento/a	:-I	indiferente	:-(	triste
:-e	desilusionado/a	:-D	cómico/a		
>:-<	enojado/a	:-O	sorprendido/a		

 Cultura *El día de tu santo*

En algunos países hispanos, las personas celebran su cumpleaños y también celebran el día de su santo. Por ejemplo, si un hombre se llama José, entonces celebra el día de San José, el diecinueve de marzo. Si una mujer se llama Natalia, entonces celebra su santo el día de Santa Natalia, el veintisiete de julio.

Actividad 4 Tus celebraciones

A. Conversa con tu profesor(a) sobre cómo celebra los días de fiesta.

1. ¿Cómo celebra usted su cumpleaños? ¿Con quién le gusta pasar tiempo ese día? ¿Almuerza con su familia? ¿Dónde almuerza?
2. ¿Qué aspecto de la Navidad o Jánuca le gusta más? ¿Qué aspecto le gusta menos?
3. ¿Celebra el Año Nuevo con su familia o con sus amigos? ¿Qué hacen ustedes para celebrarlo?
4. ¿Qué fiestas celebra con su familia o sus amigos? ¿Qué hacen ustedes para celebrar esas fiestas?

B. Ahora, ¡conversa con tu compañero/a!

1. ¿Cómo celebras tu cumpleaños? ¿Con quién te gusta pasar tiempo ese día? ¿Almuerzas con toda tu familia (padres, abuelos, primos)? ¿Dónde almuerzas?
2. ¿Qué aspecto de la Navidad o Jánuca te gusta más? ¿Qué aspecto te gusta menos?
3. ¿Te acuestas tarde en Nochevieja? ¿A qué hora te acuestas? ¿Duermes hasta muy tarde la mañana de Año Nuevo?
4. ¿Celebras el Año Nuevo con tu familia o con tus amigos? ¿Qué hacen ustedes para celebrarlo?
5. ¿Con quién celebras el Día de la Independencia, con tu familia o con tus amigos? ¿Van a un parque o se quedan en casa? ¿Miran los fuegos artificiales?
6. ¿Qué otras fiestas celebras con tu familia o con tus amigos? ¿Qué hacen para celebrar estas fiestas? ¿Dan muchos regalos? ¿Ponen decoraciones en casa?

 Hablando de los días feriados

EL DÍA DE LOS MUERTOS

¿Una fiesta que celebra la muerte[a]? ¡Así es! En México y América Central, el primero y el segundo día de noviembre son días dedicados al recuerdo[b] de los familiares[c] y amigos fallecidos.[d] El primero de noviembre es el Día de Todos los Santos y se dedica a los niños muertos. El dos de noviembre es el Día de los Muertos y ese día la gente honra[e] a sus familiares.

Los mexicanos hacen muchos preparativos para el Día de los Muertos: compran calaveras y ataúdes de azúcar,[f] esqueletos de papel maché y un pan especial que se llama «pan de muerto». En las casas y edificios públicos, la gente construye ofrendas[g] para los amigos y familiares muertos. Las ofrendas se adornan con velas,[h] papel picado,[i] flores de cempasúchil,[j] pan de muerto y algún objeto especial —un libro, una foto, alguna ropa— del difunto. En muchos pueblos,[k] por la mañana las familias van al

La celebración del Día de los Muertos en Oaxaca, México
©Andy Richter/Aurora Photos

cementerio y limpian las tumbas de sus seres queridos[l] en preparación para la celebración de esa noche. De noche encienden[m] velas y comen comidas tradicionales en honor a los difuntos. Y por las calles hay muchos desfiles.

Como puedes ver, el Día de los Muertos es un día especial para honrar a las personas que ya no están con nosotros, pero que existen en el recuerdo.

---

[a]*death* [b]*memory* [c]*family members* [d]*deceased* [e]*la... people honor* [f]*calaveras... skulls and coffins made of sugar* [g]*construye... build altars* [h]*candles* [i]*decorative cut tissue paper* [j]*flores... marigold flowers* [k]*towns* [l]*seres... loved ones* [m]*they light*

 **¡A comer!**

Lee *Gramática 5.2*

¿Los refrescos?
No los bebo con
frecuencia.

¿El cereal?
Lo como todas
las mañanas.

Las bebidas

la leche   el agua   el jugo de naranja   el té   el café

El desayuno

los huevos revueltos y el tocino   el cereal   el yogur

los refrescos   la cerveza    el vino tinto

el pan tostado con mantequilla   la fruta

El almuerzo

¿Las papas fritas?
No las como casi nunca
porque son muy saladas.

la sopa de tomate   la hamburguesa   el perro caliente   las papas fritas

los tacos   las galletas con/ sin sal   el sándwich de jamón y queso

La cena

el pollo frito
el puré de papas   la ensalada de lechuga y tomate

¿La ensalada?
Siempre la comemos
en la cena.

la papa al horno   el bistec
las verduras

los espaguetis

el pescado

el pan

los tamales

el pavo

el relleno para el pavo

el jamón

El postre

las galletitas   el pastel de chocolate   el pastel de calabaza   el helado de fresa

Actividad 5 Las comidas y las bebidas

Vocabulario

(no...) nunca	a veces	con frecuencia
(no...) casi nunca	de vez en cuando	casi todos los días
raras veces	siempre	todos los días

Conversa con tu compañero/a. Di si te gustan estas comidas y bebidas, y con qué frecuencia las comes o las bebes.

MODELO: la leche → **E1:** ¿Te gusta *la leche*? ¿Con qué frecuencia la bebes?

E2: Sí, me gusta. La bebo todos los días (en la cena). No, no me gusta. No la bebo (casi) nunca.

¿Te gusta(n)... ? ¿Con qué frecuencia lo/la/los/las comes/bebes?

1. el café/té
2. los perros calientes
3. la fruta
4. las hamburguesas
5. las papas fritas
6. el pollo (frito)

7. los tamales
8. la ensalada
9. el pescado
10. las verduras
11. el pavo
12. el sándwich de jamón

Gramática *The pronouns* lo(s) / la(s)

Use the pronouns **lo, la, los, las** instead of repeating the names for foods and beverages.

—¿Comes mucha **fruta?**

—Sí, **la** como todos los días porque tiene muchas vitaminas.

Cultura *Las horas de las comidas*

Hay diferentes horas para las comidas en los países del mundo hispano. Por ejemplo, en Centroamérica, el desayuno es entre las siete y las nueve de la mañana. El almuerzo es al mediodía y la cena se sirve entre las cinco y media y las siete. Pero en México, el almuerzo normalmente es a las dos de la tarde y es la comida más grande del día. Los argentinos desayunan algo ligero (*light*) a media mañana (*mid-morning*) y almuerzan a la una o una y media; su cena es abundante, a las nueve de la noche. En España, la hora de cenar también es a las nueve, un poco tarde en comparación con Estados Unidos, ¿verdad?

Cultura *Las pupusas*

Cuando Xiomara está en San Salvador con sus abuelos, varios días a la semana almuerza pupusas. Es su comida salvadoreña favorita, especialmente cuando su abuela la prepara. A Xiomara también le gusta mucho el pastel de tres leches, un postre típico de Nicaragua y muy popularen todo el mundo hispano. Es rico. ¡Te lo recomendamos!

Las deliciosas pupusas
©ZUMA Press, Inc./Alamy

Gramática *Making a Negative Statement*

Note that in Spanish there are two ways to make a negative statement using the words **no** and **nunca.**

Place the word **nunca** *before* the verb (if a pronoun is used, also before the pronoun), in which case **no** is not used.

—**Nunca** como hamburguesas.　　　*I never eat hamburgers.*

—**Nunca** las como.　　　*I never eat them.*

Use a double negative, placing the word **no** *before* the verb (and before the pronoun.)

—**No** como hamburguesas **nunca.**　　　*I never eat hamburgers.*

—**No** las como **nunca.**　　　*I never eat them.*

Actividad 6　La dieta diaria

Mira las imágenes de la presentación **¡A comer!** y conversa con tu compañero/a para decir con qué frecuencia comen esas comidas o beben esas bebidas y por qué.

MODELO:　　**E1:** ¿Comes *verduras* con frecuencia?
　　　　　　E2: Sí, *las* como todos los días porque *son muy saludables.*
　　　　　　E1: ¿Te gusta *el pollo frito*?
　　　　　　E2: Sí pero no *lo* como casi nunca porque *tiene mucha grasa.*

Vocabulario

es/son (muy/poco) saludable(s)	**tiene(n) (mucha/poca) grasa/ fibra/sal**
es/son muy salado/a(s)	
(no) me llena(n) mucho	**tiene(n) (muchas/pocas) calorías/ vitaminas**
tiene(n) (mucho/poco) azúcar/colesterol	

A. Conversa con tu profesor(a) sobre sus preferencias con respecto a las comidas.

1. ¿Qué desayuna usted todos los días? ¿Desayuna algo diferente los fines de semana? ¿Qué?

2. ¿Qué le gusta almorzar? ¿Dónde almuerza de lunes a viernes, en la universidad o en su casa?

3. ¿Dónde almuerza los fines de semana? ¿Con quién? ¿Solo/a? ¿A qué hora?

4. ¿Sale usted a cenar los fines de semana? ¿Con quién?

5. ¿Prefiere cenar en familia, solo/a o con sus amigos? ¿Por qué?

6. ¿Le gusta cocinar o prefiere salir a comer? ¿Cuál es su restaurante favorito? ¿Por qué le gusta?

B. Ahora, ¡conversa con tu compañero/a!

1. ¿Qué desayunas todos los días? ¿Desayunas algo diferente los fines de semana? ¿Qué?

2. ¿Qué te gusta almorzar? ¿Dónde almuerzas de lunes a viernes: en la universidad, en un restaurante, en tu trabajo o en casa? ¿Con quién almuerzas?

3. ¿Dónde almuerzas los fines de semana? ¿Almuerzas solo/a o con tus amigos? ¿A qué hora almuerzas?

4. ¿Qué prefieres para la cena? ¿Carne (bistec), pollo, pescado o sopa de verduras? ¿Cuál de estas comidas es más saludable? ¿Sales a cenar los fines de semana? ¿Con quién sales a cenar?

5. ¿Prefieres cenar en familia, solo/a o con tus amigos? ¿Por qué?

6. ¿Te gusta cocinar o prefieres salir a cenar? ¿Cuál es tu restaurante favorito? ¿Por qué te gusta?

Vamos a Ver es un restaurante muy popular en Copán, Honduras.
©John Mitchell/Alamy

C Los estados físicos y anímicos

Lee *Gramática 5.3*

Después de correr, Juan Fernando siempre **está cansado** y **tiene sed.**

Maritza **está triste.**

Radamés **está enojado**. ¡Su guitarra no funciona!

Franklin y Estefanía **tienen hambre.** Pero van a comer pronto.

De lunes a viernes, Jorge siempre **está ocupado.**

Estoy muy ocupado

Omar y Marcela van a salir de vacaciones. **¡Están contentos y emocionados!**

Durante el invierno en Maryland, Xiomara siempre **tiene frío.**

A Lucía y a Claudia les gusta trabajar en el jardín de la universidad. Pero ahora **tienen calor.**

¡Ay, no! Carlitos y Maritza **tienen miedo.**

Ana Sofía **tiene prisa.** ¡Va a llegar tarde a su clase!

¡Ay, tengo mucho sueño!

Camila **tiene sueño.**

Actividad 8 · Situaciones

Conversa con tu compañero/a. ¿Qué hacen ustedes en estas situaciones? Expresen una reacción con las frases de **Y tú, ¿qué dices?**

> **MODELO:** **E1:** Cuando tengo calor, tomo café caliente.
> **E2:** Yo no. ¡Qué ocurrencia!

Y tú, ¿qué dices?

¡Ni pensarlo!	¡Qué divertido!	Yo sí. / Yo no.
¡Qué aburrido!	¡Qué ocurrencia!	Yo también.
¡Qué buena/mala idea!	¡Qué bien!	Yo tampoco.

1. Cuando estoy triste...
2. Cuando estoy contento/a...
3. Cuando estoy cansado/a...
4. Cuando estoy aburrido/a...
5. Cuando estoy enojado/a...
6. Cuando tengo hambre...
7. Cuando tengo frío...
8. Cuando tengo calor...
9. Cuando tengo prisa...
10. Cuando tengo miedo...

- (no) doy un paseo.
- (no) camino rápidamente.
- (no) como chocolate.
- (no) hago Snapchat.
- (no) duermo una siesta.
- (no) escucho música.
- (no) leo un libro.
- (no) me baño (con agua caliente/tibia/fría).
- (no) me pongo un suéter.
- (no) prefiero estar solo/a.
- (no) salgo a pasear en el carro.
- (no) texteo a un(a) amigo/a.
- (no) tomo un vaso de leche.
- (no) tomo café (chocolate, té) caliente.
- (no) voy de compras.
- ¿ ?

Actividad 9 · Los estados anímicos

Di cómo están o qué tienen las personas en estas situaciones.

1. Es medianoche y Marcela ve a una persona extraña en el patio de su casa.
2. Juan Fernando tiene un examen muy difícil en cinco minutos.
3. Es un sábado de verano y hace calor. Sebastián y su compañero Daniel quieren ir a la playa, pero tienen mucha tarea.
4. Es Nochevieja y Xiomara está en una fiesta con sus amigos.
5. Claudia tiene una entrevista para un trabajo en diez minutos y recibe una llamada de su mamá.
6. Rodrigo recibe una mala nota en un examen de su clase más difícil.
7. Es la una de la tarde y Omar está en una reunión de trabajo desde las diez y media de la mañana.
8. Ana Sofía está enferma y piensa en su familia, que está muy lejos... ¡en España!
9. Es muy tarde en la noche y Estefanía quiere acostarse.
10. Radamés corre por el campus porque su clase empieza en tres minutos.

> **¿Recuerdas?**
>
> See **Gramática 2.1** to review forms of **estar** and **Gramática 2.2** to review forms of **tener**.

Actividad 10 ¿Qué tienen y cómo están?

Empareja cada dibujo con una condición y con una explicación.

MODELO:　Condición: Tiene sueño.
Explicación: Quiere acostarse y dormir muchas horas.

> **Vocabulario**
> juguete

CONDICIÓN

Tiene sueño.
Están enamorados. ♥
Está enferma. ¡Pobrecita!
Tienen mucho calor porque hace calor en julio.
Están aburridos.
Tienen frío porque hace mucho frío en invierno.

EXPLICACIÓN

Les gusta pasar tiempo juntos.
Se ponen abrigo y guantes.
Va a tomar toda la medicina.
Quiere acostarse y dormir muchas horas.
Prefieren jugar con sus juguetes.
Van a nadar en una piscina.

1.

2.

3.

4.

5.

Gramática *The Words* calor, frío, *and* caliente

With the words **calor, frío** (*heat, cold*), and **caliente** (*hot*), several combinations are possible.

To describe people, use **tener + calor/ frío.**

　Xiomara **tiene frío.**　　　　　*Xiomara is (feels) cold.*

To describe the weather, use **hacer + calor/frío.**

　Hoy **hace mucho frío.**　　　　*It's really cold today.*

To describe things, use **estar + caliente/frío.**

　La estufa **está caliente.**　　　*The stove is hot.*

Las fiestas y otras experiencias

Lee *Gramática 5.4*

Xiomara está muy emocionada porque piensa viajar a Maryland para celebrar su cumpleaños con sus padres y su hermana.

OMAR: ¿Qué quieres hacer para el día de San Valentín, mi amor?

MARCELA: Quiero cenar contigo en nuestro restaurante favorito y luego... ¡ir a bailar!

Sebastián siempre estudia hasta muy tarde la noche antes de un examen. Si su primera clase empieza temprano, ¡Sebastián no duerme mucho!

Cuando hace buen tiempo, los amigos prefieren comer y estudiar al aire libre.

Actividad 11 Xiomara, ¿qué haces los días de fiesta?

Mira los dibujos y lee las descripciones.
Decide qué descripción corresponde a
cada dibujo.

_____ 1.

_____ 2.

_____ 3.

_____ 4.

_____ 5.

_____ 6.

_____ 7.

_____ 8.

DESCRIPCIONES

a. Bebo un poquito de champaña y espero impaciente para luego decir... ¡Feliz Año Nuevo!

b. El Día de Acción de Gracias en el apartamento de Camila. Aunque Camila tiene una cocina muy pequeña, hay pavo relleno porque es la comida tradicional de este día feriado.

c. Este es uno de mis días feriados favoritos. Me visto de bruja para ir a una fiesta y siempre como muchos dulces.

d. Es el día de mi cumpleaños. Estoy muy contenta porque paso este día con mis padres y mi hermana en Maryland. Pero también estoy triste porque extraño a mis abuelos. Ellos viven en El Salvador y están lejos.

e. Me pongo un vestido bonito para la fiesta del club Amigos sin Fronteras.

f. Siempre le doy un regalo a mi hermanita Leticia este día. Pero solamente uno porque los Reyes Magos también le traen muchos regalos.

g. El cuatro de julio en Berkeley. ¡Me gustan los fuegos artificiales!

h. Es el cinco de agosto. Aquí estoy con mi familia en la fiesta religiosa del santo patrono de mi país, San Salvador del Mundo. Casi todos los veranos mis padres, mi hermana y yo viajamos a El Salvador para celebrar este día especial con mis abuelos.

Actividad 12 ¿Qué haces?

Conversa con tu compañero/a sobre estas situaciones.

Vocabulario

beber: bebo	dormir: duermo	ponerse: me pongo
bostezar: bostezo	esconderse: me escondo	sonreír: sonrío
comerse las uñas: me como las uñas	gritar: grito llorar: lloro	soñar (despierto/a): sueño (despierto/a)

1. ¿Qué haces cuando estás *emocionado/a* (*triste, nervioso/a, de buen/mal humor, enamorado/a, preocupado/a, contento/a, deprimido/a*)?
2. ¿Qué haces cuando tienes *frío* (*calor, miedo, sueño, sed, prisa, hambre*)?
3. ¿Qué haces normalmente en un día especial?
4. ¿Qué haces el día de un examen difícil?
5. ¿Qué haces cuando tienes una entrevista de trabajo?
6. ¿Qué haces cuando hace buen tiempo?

Actividad 13 El cumpleaños de Xiomara

El cumpleaños de Xiomara es el dieciséis de septiembre. En grupos, describan sus actividades de celebración.

Vocabulario

| cortar | hacer la maleta | el tren | el vuelo |

1.

2.

3.

4.

5.

6.

7.

8.

9.

10.

11.

12.

13.

14.

15.

16.

Trabaja con tu compañero/a. Describan los dibujos de la **Actividad 11**. ¿Cómo está Xiomara y por qué? ¿Qué hace? ¿Qué celebra? ¿Con quién está? ¿Qué come? Usen su imaginación y den muchos detalles.

MODELO: **E1:** En el primer dibujo Xiomara está triste.
E2: ¡Pero es su cumpleaños! ¿Por qué está triste?
E1: Porque piensa en sus abuelos, que están lejos.
E2: Sí, es verdad. Están en El Salvador.

Exprésate

ESCRÍBELO TÚ

Tu presentación para el club

Imagínate que vas a ser miembro del club Amigos sin Fronteras. Escribe una descripción de ti mismo/a (*yourself*) como presentación para los miembros del club. La descripción debe incluir algunos datos personales, como por ejemplo: ¿Cómo te llamas? ¿Cuántos años tienes? ¿Dónde vives?

Habla también de tus actividades: ¿Qué haces después de tus clases / del trabajo? ¿Qué haces cuando estás aburrido/a? ¿Qué prefieres hacer para celebrar un día feriado favorito? ¿Qué haces los sábados por la noche?

Usa la tabla en el *Cuaderno de actividades* o en Connect Spanish para organizar tus ideas y escribe allí tu composición.

CUÉNTANOS

Mi día feriado favorito

Cuéntanos sobre tu día feriado favorito. ¿Cómo se llama esta celebración? ¿Es un día religioso para ti? ¿Lo celebras con amigos o familiares? ¿Viajas durante este día feriado? ¿Esta fiesta se celebra de día, de noche o durante varios días? ¿Se celebra con comidas típicas o tradicionales? ¿Cuáles? Y tú, ¿comes estas comidas? ¿Cocinas o sales a cenar? ¡Los detalles son importantes! ¡A conversar!

Cultura

Mundopedia

¡Grandes fiestas!

El Carnaval de La Ceiba
©Edgard Garrido/AP Photo

Los días feriados más importantes de El Salvador, Honduras
y Nicaragua representan diferentes culturas y tradiciones.
Algunos tienen su origen en la religión católica, otros en
tradiciones indígenas y otros más celebran eventos
históricos. Pero todas estas grandes fiestas tienen varios
elementos en común: la **alegría**, la música y la comida.

EL SALVADOR

Uno de los días feriados que se celebra con mucho
entusiasmo en El Salvador es el Día del Niño, el primero de
octubre. Los salvadoreños también celebran su **plato**
nacional, la pupusa, del siete al trece de noviembre. La
pupusa es una tortilla **gruesa** y **rellena** de queso o carne.
Durante el Festival de la Pupusa hay muchas celebraciones
y **concursos**. ¡El **ganador** de uno de estos concursos es la
persona que come más pupusas!

Muchas de las fiestas salvadoreñas son religiosas. La más
popular es la del **santo patrono** del país, El Salvador del
Mundo, que se celebra en la capital con eventos religiosos y
actividades divertidas. El cinco de agosto hay un desfile que
representa el comienzo de la festividad. En este desfile, los
salvadoreños **cargan** una **efigie** de su santo patrono para
expresar su devoción.

HONDURAS

El evento más grande de Honduras —¡y de toda América
Central!— es el Carnaval de La Ceiba, que **tiene lugar** en La
Ceiba, una hermosa ciudad del **mar** Caribe. Este carnaval se

Vocabulario de consulta	
alegría	joy
plato	dish
gruesa	thick
rellena	filled
concursos	contests
ganador	winner
santo patrono	patron saint
cargan	(they) carry
efigie	effigy
tiene lugar	(it) takes place
mar	sea
comienzan	begin
duran	they last
carrozas	floats
reina	queen
poesía	poetry
lago	lake
ferias de artesanía	craft fairs
obras de teatro	plays

celebra en honor a San Isidro, el santo patrono de La Ceiba. El día oficial de San Isidro es el catorce de mayo, pero las celebraciones **comienzan** antes del día catorce y **duran** varias semanas. Hay un desfile, lindas **carrozas** y una **reina**. Además, hay muchos carnavales pequeños o «carnavalitos» en los barrios de esta ciudad caribeña.

NICARAGUA

Una celebración nicaragüense muy popular es el Festival Internacional de **Poesía**, que se celebra en la ciudad de Granada durante una semana de febrero todos los años. Granada está cerca de la costa del océano Pacífico y al lado del **lago** de Nicaragua. Durante el festival, los nicaragüenses leen poesía en los parques, las escuelas, las plazas y otros lugares públicos. Hay muchos eventos: **ferias de artesanía**, presentaciones de libros, conciertos, danzas y **obras de teatro**. ¡Toda la ciudad de Granada participa!

COMPRENSIÓN

Empareja la descripción de la fiesta con el nombre de la fiesta a la que corresponde.

___ **1.** Muchas personas comen el plato típico del país.

___ **2.** Se celebra este día el primero de octubre.

___ **3.** Esta celebración comienza con un desfile.

___ **4.** Es el evento más grande de toda América Central.

___ **5.** Durante esta fiesta hay ferias, conciertos y danzas.

a. el Día del Niño

b. el Festival Internacional de Poesía

c. el Festival de la Pupusa

d. Fiestas de El Salvador del Mundo

e. sel Carnaval de La Ceiba

Palabras regionales					
El Salvador		**Nicaragua**		**Honduras**	
agüitado/a	sad, depressed	**la jupa**	la cabeza (de una persona)	**el pipirín**	food, meal
la lica	movie	**roco/a**	viejo/a (para personas)	**el tanate**	pile, lots
el tata	padre, papá	**íngrimo/a**	alone	**fúrico/a**	angry, furious

CONEXIÓN CULTURAL

CÍRCULO DE AMIGAS

En Jinotega, un pequeño pueblo nicaragüense, hay una organización que se llama *Círculo de Amigas*. El objetivo de este grupo es ayudar a las personas pobres de Nicaragua. El grupo construye casas modestas, consigue agua limpia y hace mucho más. Lee la lectura «Círculo de Amigas» en el *Cuaderno de actividades* o en Connect Spanish y ¡descubre esta importante organización!

Videoteca

Amigos sin Fronteras

Episodio 5: ¡Música, maestro!

©McGraw-Hill Education/Klic Video Productions

Resumen

Claudia le dice a Radamés que hoy hay una fiesta sorpresa de cumpleaños para Nayeli Rivas Orozco, estudiante mexicana que ahora es miembro del club Amigos sin Fronteras. Más tarde, Claudia, Eloy y Radamés conversan sobre su familia y sobre las cosas que van a llevar a la fiesta. Finalmente, todos le dan una sorpresa muy divertida a Nayeli y le cantan «Las mañanitas».

Vocabulario de consulta

te podemos pasar a buscar	we can come get you
juntos	together
listo	ready
llaves	keys
extraña	(she) misses
Es la costumbre	It's the custom
de vez en cuando	once in a while
la joven festejada	the birthday girl
«Las mañanitas»	*popular birthday song in Mexico*

Preparación para el video

A. **¡Comencemos!** Mira la foto y marca la respuesta correcta.

1. ¿Qué hace Radamés en la foto?
   a. Se afeita.
   b. Limpia su casa.
   c. Toca la guitarra.

2. ¿Dónde están Claudia y Radamés? Probablemente están...
   a. en la universidad.
   b. en casa de Radamés.
   c. en una cafetería.

Comprensión del video

B. **La idea principal**. Indica la idea principal del video.

1. Radamés invita a Claudia a escuchar su nueva canción.
2. Por la tarde, los chicos le van a dar una fiesta de cumpleaños a Nayeli.
3. Cumbancha tiene un concierto el sábado.

©McGraw-Hill Education/Klic Video Productions

C. ¿Cierto o falso?

1. Claudia va a cantar una canción para Nayeli por la tarde.
2. La fiesta es para Radamés.
3. Claudia quiere escuchar la nueva canción pero Radamés dice: «mejor en la fiesta».
4. Los chicos van a llevar pastel y comida a la fiesta.
5. La mamá de Radamés lo llama casi todos los días.

D. Detalles. Contesta las preguntas según el video.

1. ¿Para quién es la fiesta? ¿Por qué?
2. ¿Por qué necesita practicar con la guitarra Radamés?
3. ¿Quién es la compañera de Radamés cuando hay fiesta?
4. ¿Sabe Nayeli que hay una fiesta para ella por la tarde? ¿Por qué?
5. ¿Quién ve a sus padres con más frecuencia, Radamés o Eloy? ¿Por qué?

©McGraw-Hill Education/Klic Video Productions

Mi país EL SALVADOR, HONDURAS Y NICARAGUA

Comprensión

1. ¿Cómo se llama el volcán más joven de El Salvador?
2. ¿Qué lugar es perfecto para hacer surf?
3. ¿Quién cocina atol, tamales y pupusas?
4. ¿Qué lago hay cerca de Granada?
5. ¿En qué costa de Nicaragua hablan inglés por la influencia británica?
6. ¿Qué país de Centroamérica no tiene volcanes?
7. ¿Dónde se encuentra una famosa escalinata jeroglífica?
8. ¿Qué comunidad indígena vive en la Isla de Roatán?
   a. maya-quiché
   b. garífuna
   c. kuna
   d. bribri

En el océano Pacífico, cerca de la costa de El Salvador
©Paul Kennedy/Alamy

Las ruinas mayas de Copán, Honduras
©Orlando Sierra/AFP/Getty Images

Gramática

5.1 Verbs with Stem Vowel Changes (ie, i, ue) in the Present Tense and Irregular Verbs

Verbs with Stem Vowel Changes (*ie, i, ue*)

A. Here are the present-tense forms of several commonly used verbs that follow the same pattern of stem vowel changes as **preferir** and **querer** (from **-e** to **-ie**): **cerrar** (*to close*), **despertarse** (*to wake up*), **empezar** (*to begin*), **encender** (*to light; to turn on*), **pensar** (*to think*), and **perder** (*to lose*). Note that the stem vowel does not change in the **nosotros** and **vosotros** forms. **Pedir** (*to order*), **sonreír** (*to smile*), and **vestirse** (*to get dressed*) follow the same pattern with **-e** to **-i** stem changes. Note that **sonreír** has a written accent on the **í** in all forms.

> ### ¿Recuerdas?
>
> Recall from **Gramática 4.3** that the verbs **preferir** (**prefiero, prefieres, prefiere, preferimos, preferís, prefieren**) and **querer** (**quiero, quieres, quiere, queremos, queréis, quieren**) use two stems in their present-tense conjugations. The stem containing the vowel **-e** appears only in the infinitive and in the **nosotros/as** and **vosotros/as** forms. The stem containing **-ie** occurs in the rest of the forms.

	-e → -ie				-e → -i	
	cerrar	**empezar**	**encender**	**pensar**	**pedir**	**sonreír**
(yo)	cierro	empiezo	enciendo	pienso	pido	sonrío
(tú)	cierras*	empiezas*	enciendes*	piensas*	pides*	sonríes*
usted, él/ella	cierra	empieza	enciende	piensa	pide	sonríe
(nosotros/as)	cerramos	empezamos	encendemos	pensamos	pedimos	sonreímos
(vosotros/as)	cerráis	empezáis	encendéis	pensáis	pedís	sonreís
ustedes, ellos/ellas	cierran	empiezan	encienden	piensan	piden	sonríen

—¿A qué hora **cierran** ustedes el fin de semana?   *What time do you close on the weekend?*

—**Cerramos** a las cinco de la tarde.   *We close at 5:00 p.m.*

—¿Qué **piensan** hacer este verano?   *What are you planning to do (thinking of doing) this summer?*

—**Pensamos** viajar y descansar.   *We're planning to travel and rest. (We're thinking of traveling and resting.)*

---

*Alternative forms for recognition only: **vos cerrás, vos empezás, vos encendés, vos pensás, vos pedís, vos sonreís.**

B. The verbs **acostarse** (*to go to bed*), **almorzar** (*to have lunch*), **jugar** (*to play*), **dormir** (*to sleep*), and **volver** (*to return / go back*) follow a similar pattern. In this case, the change is from **-o** or **-u** to **-ue.** Note that the stem vowel does not change in the **nosotros** and **vosotros** forms.

	almorzar	jugar	dormir	volver
(yo)	almuerzo	juego	duermo	vuelvo
(tú)	almuerzas*	juegas*	duermes*	vuelves*
usted, él/ella	almuerza	juega	duerme	vuelve
(nosotros/as)	almorzamos	jugamos	dormimos	volvemos
(vosotros/as)	almorzáis	jugáis	dormís	volvéis
ustedes, ellos/ellas	almuerzan	juegan	duermen	vuelven

Irregular Verbs

A. Some verbs have irregular **yo** forms. The verb **dar** (*to give*) is spelled with an **-oy** in the **yo** form, and **poner** (*to put*), **salir** (*to leave; to go out*), **tener** (*to have*), and **venir** (*to come*) are spelled with a **-g.** In addition, **tener** and **venir** have **-e → -ie** stem changes in all but the **yo, nosotros/ as,** and **vosotros/as** forms. Note that because **vosotros/as** form of **dar** is a single syllable, it is not spelled with a written accent.

	dar	poner	salir	tener	venir
(yo)	doy	pongo	salgo	tengo	vengo
(tú)	das†	pones†	sales†	tienes†	vienes†
usted, él/ella	da	pone	sale	tiene	viene
(nosotros/as)	damos	ponemos	salimos	tenemos	venimos
(vosotros/as)	dais	ponéis	salís	tenéis	venís
ustedes, ellos/ellas	dan	ponen	salen	tienen	vienen

—¿Siempre **viene** usted temprano?   *Do you always come early?*

—Sí, casi siempre **vengo** a las ocho.   *Yes, I almost always come at 8:00.*

—¿Dónde **pongo** mi ropa?   *Where do I put my clothes?*

—Aquí mismo, encima de esta silla.   *Right here, on this chair.*

ven**g**o = *I come*

vi**e**ne = *you (pol. sing.) come; he/she comes*

v**e**nimos = *we come*

---

*Alternative form for recognition only: **vos almorzás, vos jugás, vos dormís, vos volvés.**

†Alternative forms for recognition only: **vos das, vos ponés, vos salís, vos tenés, vos venís.**

B. The **yo** form of **traer** (*to bring*) and **oír** (*to hear*) is spelled with **-ig**. In addition, **oír** is spelled with a **-y** in all but the **yo, nosotros/as**, and **vosotros/as** forms. The **yo** form of **hacer** (*to do; to make*) and **decir** (*to say; to tell*) have a **-c → -g** spelling change. **Decir** also has an **-e → -i** change in all but the **nosotros/as** and **vosotros/as** forms.

	hacer	traer	oír	decir
(yo)	hago	traigo	oigo	digo
(tú)	haces*	traes*	oyes*	dices*
usted, él/ella	hace	trae	oye	dice
(nosotros/as)	hacemos	traemos	oímos	decimos
(vosotros/as)	hacéis	traéis	oís	decís
ustedes, ellos/ellas	hacen	traen	oyen	dicen

—¿Qué **traes** a la universidad?   *What do you bring to the university?*

—**Traigo** mis libros y mi almuerzo.   *I bring my books and my lunch.*

—¿No **oyes** un ruido extraño?   *Don't you hear a strange noise?*

—No, no **oigo** nada.   *No, I don't hear anything.*

Ejercicio 1

Estefanía comenta cómo celebra la Nochevieja y el Año Nuevo con su familia. Ordena las actividades de la forma más lógica.

Vocabulario

el deseo	wish
campanadas	chimes (*clock*)
uvas	grapes

digo = *I say*

dice = *you (pol. sing.) say; he/she says*

decimos = *we say*

_____ En la Nochevieja, toda la familia cena en la casa de mis abuelos.

_____ Antes de comer mis uvas, pienso en un deseo.

_____ Después de cenar, juego a las cartas con mi familia.

_____ Después de comer las doce uvas, ¡empieza el Año Nuevo!

_____ El Día de Año Nuevo almuerzo con mi familia.

_____ Esa noche yo duermo dos horas y me levanto temprano.

_____ Mis padres se duermen a la una, pero yo no.

_____ Luego, todos miramos la televisión y esperamos oír las doce campanadas para comer las doce uvas.

---

*Alternative forms for recognition only: **vos hacés, vos traés, vos oís, vos decís.**

Ejercicio 2

¿Qué hacen tú y tus amigos? Completa estas oraciones con la forma correcta del verbo entre paréntesis.

MODELO: —¿*Cierran* (**Cerrar**) ustedes los ojos en clase?
—No, no *cerramos* (**cerrar**) los ojos en clase.

1. —¿_____ (**Dormir**) ustedes en su clase de español?

    —¡Claro que no! Nunca _____ (**dormir**) en clase, porque la clase es divertida.

2. —¿_____ (**Almorzar**) ustedes en casa o en el trabajo?
    —Generalmente _____ (**almorzar**) en casa con la familia.

3. —¿_____ (**Volver**) ustedes al trabajo después de almorzar?
    —Sí, _____ (**volver**) a las dos.

4. —¿_____ (**Jugar**) ustedes al tenis los fines de semana?
    —A veces _____ (**jugar**), a veces no.

5. —Antes de un examen, ¿_____ (**cerrar**) ustedes los libros?
    —Claro. Siempre _____ los libros cuando hay un examen.

6. —¿_____ (**Perder**) ustedes frecuentemente cuando _____ (**jugar**) al básquetbol?

    —No, casi nunca _____ (**perder**) cuando _____ (**jugar**) al básquetbol.

7. —¿_____ (**Preferir**) ustedes ir al cine por la noche?
    —No, _____ (**preferir**) ir por la tarde con los niños.

8. —¿_____ (**Empezar**) ustedes las vacaciones en mayo o en junio?
    —Normalmente _____ (**empezar**) las vacaciones en junio.

Ejercicio 3

Contesta las preguntas que un amigo te hace sobre tu clase de español.

MODELO: —En general, ¿vienes temprano a la clase de español?
—Sí, *vengo* temprano todos los días.

1. —¿Traes tu perro a la clase de español?
    —¡Claro que no! _____ solamente el libro y el cuaderno.

2. —¿Pones tu libro de español debajo de la mesa?
    —No, lo _____ encima de la mesa.

3. —¿Le dices «Buenos días» en español al profesor / a la profesora?
    —¡Qué va! A las dos de la tarde le _____: «Buenas tardes».

4. —¿Oyes música en tu clase?
    —Sí, _____ canciones en español, naturalmente.

5. —¿Sales de tu clase a las tres?
    —No, _____ a las tres menos diez.

6. —¿Siempre vienes a la clase preparado/a?
    —Sí, casi siempre _____ preparado/a.

7. —¿Tienes mucha tarea?
    —Sí, _____ tarea todos los días, excepto el domingo.

8. —¿Qué haces en tu clase?
    _____ un poco de todo: converso, leo, escribo. ¡Pero no texteo!

5.2 Impersonal Direct Object Pronouns: lo, la, los, las

When referring to direct objects that have already been mentioned, Spanish speakers use the direct object pronouns **lo** and **la**, which correspond to the English object pronoun *it*. The pronoun **lo** refers to masculine words and **la** refers to feminine words. In Spanish, **los** and **las** correspond to the English *them*. The pronoun **los** refers to plural masculine (or a combination of masculine and feminine) words and **las** refers to plural feminine words.

	DIRECT OBJECT PRONOUNS	
	Singular (*it*)	Plural (*them*)
Masculino	lo	los
Femenino	la	las

—Profesor Sotomayor, ¿toma usted **café**?	*Professor Sotomayor, do you drink coffee?*
—Sí, **lo** tomo todas las mañanas.	*Yes, I drink **it** every morning.*
—Claudia, ¿quién prepara **la comida** en tu casa?	*Claudia, who prepares the food at your house?*
—Yo **la** preparo.	*I prepare **it**.*
—Eloy, ¿te gustan **los huevos fritos**?	*Eloy, do you like fried eggs?*
—No, y no **los** como nunca.	*No, and I never eat **them**.*
—¿Quién quiere estas **papas fritas**?	*Who wants these French fries?*
—Yo **las** quiero. Me gustan mucho.	*I want **them**. I like them a lot.*

Like other pronouns in Spanish, direct object pronouns are usually placed before the verb.

—**¿La leche**? Mis hijos **la** beben todos los días.	*Milk? My children drink **it** every day.*

You will learn more about direct object pronouns in **Gramática 9.1, 14.2,** and **14.3.**

Ejercicio 4

Algunos miembros del club Amigos sin Fronteras van a tener una fiesta. ¿Qué va a preparar cada miembro? Completa cada diálogo con el pronombre apropiado: **lo, la, los** o **las.**

1. —¿Quién va a preparar la ensalada?

   —Xiomara _____ va a preparar.

2. —Y las hamburguesas, ¿ _____ va a preparar Eloy?

   —No, a Eloy no le gustan. _____ va a preparar Claudia.

3. —¿Y las papas fritas y la salsa?

   —Las papas fritas, _____ va a preparar Camila pero la salsa, _____ va a preparar Eloy.

4. —¿Eloy va a preparar los tacos también?

   —Sí, él _____ va a preparar.

5. —¿Vamos a servir café y refrescos?

   —Sí. El café, _____ va a preparar Rodrigo. ¡Café de Colombia! Los refrescos, _____ vas a comprar tú.

Ejercicio 5

Los miembros del club Amigos sin Fronteras quieren conocerse bien. Tienen muchas preguntas. Completa sus respuestas con el pronombre apropiado: **lo, la, los** o **las.**

1. —¿Te gustan los huevos revueltos para el desayuno?

   —No, no me gustan y no _____ como nunca.

2. —¿Bebes té con el desayuno?

   —Ay, sí, _____ bebo todas las mañanas. El té verde me gusta mucho y es muy bueno para la salud.

3. —Xiomara, ¿en tu casa comen fruta con el desayuno?

   —No, pero _____ comemos en la cena porque a todos nos gusta mucho.

4. —Omar, ¿les gustan las galletitas a tus hijos?

   —Sí, les gustan mucho. _____ quieren comer todo el día.

5. —¿Desayunas cereal, Eloy?

   —No, el cereal no me gusta mucho. Casi nunca _____ como.

5.3 Using **estar** and **tener** to Describe States

Estar (*To be*) and **tener** (*to have*) can be used to describe states: how someone is at a particular time.

Estoy contento/a.	*I am happy.*
Estoy enojado/a.	*I am angry.*
Tengo hambre.	*I am hungry.* (Literally, *I have hunger.*)
Tengo prisa.	*I am in a hurry.* (Literally, *I have a rush/hurry.*)

Note that **tener** always takes a noun as an object. Thus English *to be* + adjective often corresponds to Spanish **tener** + *noun*. Look at the expressions literally: **tener calor/frío** = *to have heat/cold*, **tener miedo** = *to have fear*, **tener sed** = *to have thirst*, and **tener sueño** = *to have sleep*. See more examples below.

A. **Estar** + *adjective:* Use **estar** to describe how someone is, or is feeling, at a particular time.

—¿Cómo **estás**?	*How are you?*
—**Estoy** un poco cansado.	*I'm a bit tired.*
—¿Cómo **está** Jorge hoy?	*How is Jorge today?*
—**Está** enfermo.	*He's sick.*
—¿Cómo **están** ustedes?	*How are you (all)?*
—**Estamos** muy bien, gracias.	*We are fine, thank you.*

> **¿Recuerdas?**
>
> Remember that **ser** is used to identify or describe inherent characteristics of someone or something, *not* to tell how that person or thing is (feeling) at a particular moment.

Radamés **es** alto, delgado, joven y muy guapo. — *Radamés is tall, slim, young and very handsome*

Hoy **está** confundido y enojado. — *Today he's confused and angry.*

B. **Tener** + *noun:* Some states of being are described in Spanish with the verb **tener** (*to have*), although they correspond to the verb *to be* in English. Common states expressed with **tener** are **tener hambre** (*to be hungry*), **tener sueño** (*to be sleepy*), **tener sed** (*to be thirsty*), **tener prisa** (*to be in a hurry*), **tener frío** (*to be cold*), **tener calor** (*to be hot*), and **tener miedo** (*to be afraid*).

—¿Cuándo quieres comer? **Tengo** mucha **hambre.** — *When do you want to eat? I am very hungry.*

—Marcela, ¿quieren ir al cine tú y Omar esta noche? — *Marcela, do you and Omar want to go to the movies tonight?*

—No. Queremos acostarnos temprano porque **tenemos** mucho **sueño.** — *No, we want to go to bed early because we're very sleepy.*

Ejercicio 6

Describe el estado fisico o anímico de estas personas.

MODELO: Estefanía → Estefanía *está nerviosa.*
Yo → Yo *estoy cansado.*

_____ **1.** yo
_____ **2.** mi primo
_____ **3.** Eloy y yo
_____ **4.** Nayeli
_____ **5.** tú (f.)
_____ **6.** Claudia y Jorge

a. está nervioso
b. están ocupados
c. estoy enojado/a
d. estamos preocupados
e. estás contenta
f. está deprimida

Ejercicio 7

Describe el estado de estas personas. Estados posibles: **tener + calor, frío, hambre, prisa, sed, sueño, miedo. OJO:** Vas a usar una expresión dos veces.

MODELO: (Yo) *Tengo prisa* porque mi clase empieza a las 8:00.

1. A mediodía, Lucía _____.

2. Si **(tú)** _____, ¿por qué no te pones un suéter?

3. **(Nosotros)** _____ porque la temperatura está a 45°C hoy.

4. A medianoche (yo) siempre _____.

5. Ana Sofía está en casa. Son las 8:40 y su primera clase empieza a las 9:00. Ella _____.

6. Hace mucho sol hoy. Carlitos y Maritza quieren tomar agua fría porque _____.

7. Cuando estoy solo/a de noche, a veces _____.

8. ¿Tienes algo para tomar? **(Yo)** _____.

**Regular Present
Tense Verb
Endings**

-ar
-o	-amos
-as	-áis
-a	-an

-er
-o	-emos
-es	-éis
-e	-en

-ir
-o	-imos
-es	-ís
-e	-en

5.4 Review of Present Tense

A. **Present Tense of Regular Verbs**

You already know that the ending of a Spanish verb must correspond to its subject: that is, to the person or thing that performs the verb's action. The verb form must agree with the subject even when the subject is not explicitly stated. (See **Gramática 3.3.**)

—Ana Sofía, ¿cuándo **estudias**?	*Ana Sofía, when do you study?*
—**Estudio** por la mañana.	*I study in the morning.*

In Spanish, we decide how to conjugate a verb by looking at the ending of its infinitive form: **-ar, -er,** or **-ir.** Most Spanish verbs are **-ar** types. The endings for **-er** and **-ir** verbs are identical, except for the **nosotros/as** and **vosotros/as** forms.

—En mi familia, todos **comemos** juntos a la hora de la cena.	*In my family, we all eat together at supper time.*
—Mi esposa y yo **vivimos** cerca del centro.	*My wife and I live near downtown.*

Ejercicio 8

Combina las personas con las actividades.

_____ **1.** el profesor Sotomayor   **a.** estudian la lección para mañana

_____ **2.** tú   **b.** maneja un carro nuevo

_____ **3.** mi hermano y yo   **c.** hablamos mucho por teléfono

_____ **4.** yo   **d.** como con mis amigos

_____ **5.** mis compañeros de clase   **e.** habláis español

_____ **6.** vosotros   **f.** lees el periódico en línea

Ejercicio 9

Completa estas oraciones con la forma correcta del verbo entre paréntesis.

> MODELO: Nosotros _____ (**conversar**) todos los días. →
> Nosotros *conversamos* todos los días.

1. Mis amigos y yo _____ (**mirar**) los fuegos artificiales el Día de la Independencia.

2. Yo a veces _____ (**correr**) a mi clase para no llegar tarde.

3. Los padres de mi novio _____ (**hablar**) varios idiomas.

4. Mi hermanita _____ (**comer**) muchos dulces el Día de las Brujas.

5. ¿Tú _____ (**vivir**) cerca o lejos de la universidad?

6. Yo no _____ (**cantar**) en la ducha nunca.

B. **Present Tense of Reflexive Verbs**

Pronouns that indicate that the subject of a verb does something to himself or herself are called reflexive. In English, the reflexive pronouns end in *-self* (*-selves*), but aren't always used with verbs whose subject performs the verb's action upon him/herself. However, in Spanish, when a verb is being used reflexively, it must always be accompanied by a reflexive pronoun: **me** (*myself*), **te** (*yourself* [*fam. sing.*]), **se** (*himself, herself, yourself* [*pol. sing.*]), **nos** (*ourselves*), **os** (*yourselves* [*fam. pl. Spain*]), **se** (*yourselves, themselves*). These reflexive pronouns are often placed before the conjugated verb. (See **Gramática 4.1.**)

Yo **me** levanto temprano y después **me** baño.	*I get up early and then bathe.*
Hoy nosotros **nos** ponemos la ropa nueva.	*Today we put on our new clothes.*

Ejercicio 10

Di qué hacen estas personas.

MODELO: Yo _____ (acostarse) tarde a veces →
Yo *me acuesto* tarde a veces.

1. Yo _____ (**lavarse**) el pelo todos los días.
2. Eloy _____ (**quedarse**) en casa cuando hace mal tiempo.
3. Nosotras _____ (**maquillarse**) para ir a las fiestas.
4. Nayeli _____ (**ponerse**) perfume después de bañarse.
5. Sebastián _____ (**ducharse**) con agua fría.
6. Profesor, ¿por qué usted nunca _____ (**quitarse**) la chaqueta en clase?
7. Tú _____ (**ponerse**) corbatas de muchos colores.
8. Omar y Marcela _____ (**levantarse**) a las cinco de la mañana.

C. **Present Tense of Verbs with Stem-Vowel Changes (*ie, i, ue*)**
In Spanish, there are some verbs in all three categories (**-ar, -er, -ir**) whose vowels change within the stem: from **-e-** to **-ie**, **-e** to **-i,** and **-o/-u** to **-ue.** (The most common of these is **-e-** to **-ie-**.) But remember that this stem-change does not occur in the **nosotros** and **vosotros** forms. (See **Gramática 5.1.**)

Ejercicio 11

Completa cada oración y pregunta con uno de los verbos conjugados de la lista.

almuerzas	encienden	empiezo	piensa	se viste
duermes	enciendes	juegas	pensamos	vuelven
duermo	empieza	juegan	prefiere	vuelve

1. ¿Ustedes _____ las velas de Jánuca cada año?
2. Ellos nunca _____ tarde del trabajo.
3. ¿A qué hora _____ tu familia cenar en la Nochevieja?
4. Tú siempre _____ en la universidad, ¿verdad?
5. Los hijos de Omar y Marcela _____ en ese parque los domingos.
6. Yo _____ mucho todas las noches durante las vacaciones.
7. ¿A qué hora _____ la película?
8. Mi hermana _____ que es más inteligente que yo.
9. Para Halloween, mi hermanito siempre _____ de Drácula.

D. Irregular Verbs

Spanish has a good number of verbs that are irregular, which means that they use more than one stem to form its conjugation. In **Gramática 5.1** we listed these verbs and their conjugations. Review those conjugation tables before you do the following exercise.

Ejercicio 12

Completa esta conversación entre Omar y Marcela. Escoge entre los infinitivos de la lista y da su forma correcta.

decir   encontrarse   hacer   poner   salir   tener   traer

MARCELA: Omar, ¿(tú) _____¹ temprano del trabajo mañana?

OMAR: No. Salgo a la hora de siempre. ¿Por qué?

MARCELA: Eh... es que _____² una idea...

OMAR: ¿Qué idea _____³?

MARCELA: Espera un momento. Ahora _____⁴ mi móvil y te muestro una foto.

OMAR: ¡Qué misteriosa estás!

MARCELA: Mira. ¿Qué _____⁵ yo en esta foto?

OMAR: ¿Qué haces? ¡Pues comes!

MARCELA: Sí, pero... ¿dónde y con quién?

OMAR: En nuestro bistro favorito. ¡Conmigo!

MARCELA: Exactamente.... Y recuerda que Carlitos y Maritza van a estar con mis padres mañana por la tarde.

OMAR: Sí, ¡toda la tarde!

MARCELA: Entonces..., ¿ahora sabes cuál es mi idea?

OMAR: Sí, mi amor. Mañana salgo un poco temprano del trabajo, _____⁶ contigo en el bistro y... ¡cenamos tú y yo solos!

Lo que aprendí

After completing this chapter, I can:

☐ identify and describe important holidays in Central America and in the U.S.

☐ talk about basic foods and the three daily meals.

☐ discuss my food preferences.

☐ express my feelings and talk about activities associated with those feelings.

Now I also know more about:

☐ the customs and culture of El Salvador, Honduras, and Nicaragua.

☐ El Día de los Muertos in Mexico and Central America.

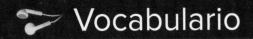
Vocabulario

Los días feriados	Holidays
el Año Nuevo	New Year's Day
¡Feliz Año Nuevo!	Happy New Year!
el arbolito de Navidad	Christmas tree
el Día de Acción de Gracias	Thanksgiving
el día de fiesta	holiday
el Día de la Independencia	Independence Day
el Día de la Madre	Mother's Day
el Día de las Brujas	Halloween
el Día de los Enamorados	Valentine's Day
el Día de los Muertos	Day of the Dead (All Souls' Day)
el Día del Padre	Father's Day
el Día de Reyes / de los Reyes Magos	Epiphany (Visit of the Magi)
el Día de San Valentín	Valentine's Day
el Día del Trabajo	Labor Day
el nacimiento	Nativity scene, crèche
la Navidad	Christmas
¡Feliz Navidad!	Merry Christmas!
la Nochebuena	Christmas Eve
la Nochevieja	New Year's Eve
la Pascua	Easter
la Pascua Judía	Passover
los Reyes Magos	Wise Men, Magi
la Semana Santa	Holy Week (Easter Week)

Palabras semejantes: el Día de los Presidentes, el Jánuca, el Ramadán

Las comidas	Foods
Repaso: la cena, el desayuno	
el almuerzo	lunch
el azúcar	sugar
la carne	(red) meat
los dulces	candy
la ensalada	salad
la fibra	fiber
la galleta	cracker, cookie
la galletita	cookie
la grasa	fat
el helado (de fresa)	(strawberry) ice cream
el huevo	egg
los huevos fritos	fried eggs
los huevos revueltos	scrambled eggs
el jamón	ham
la lechuga	lettuce
la mantequilla	butter
el pan	bread
el pan tostado	toast
la papa	potato
la papa al horno	baked potato
las papas fritas	french fries
el pastel	pastry; cake; pie

el pastel de calabaza	pumpkin pie
el pavo relleno	(stuffed) turkey
el perro caliente	hot dog
el pescado	fish
el pollo	chicken
el pollo frito	fried chicken
el postre	dessert
el puré de papas	mashed potatoes
el queso	cheese
el relleno	stuffing, dressing
la sal	salt
el tocino	bacon
las verduras	vegetables

Palabras semejantes: el bistec, el cereal, el chocolate, el colesterol, la dieta, los espaguetis, la fruta, la hamburguesa, la sopa, el taco, el tamal, el tomate, la vitamina, el yogur

Las bebidas	Drinks
Repaso: el café, la horchata, la jamaica, la leche	
la cerveza	beer
el chocolate caliente	hot chocolate
el jugo de naranja	orange juice
el vino (tinto)	(red) wine

Palabras semejantes: la champaña, el té

Los estados físicos y anímicos	Physical and Mental States
Repaso: estar (irreg.) cómodo/a	
estar...	to be...
contento/a	happy
de buen (mal) humor	in a good (bad) mood
deprimido/a	depressed
emocionado/a	excited
enamorado/a	in love
enfermo/a	sick
enojado/a	angry
ocupado/a	busy
preocupado/a	worried
triste	sad
tener (irreg.)...	to be...
calor	hot
frío	cold
hambre	hungry
miedo	afraid
prisa	in a hurry
sed	thirsty
sueño	sleepy

Palabra semejante: estar nervioso/a

¿Cuándo?	
Repaso: antes (de), a veces, con frecuencia, de vez en cuando, desde la(s)..., hasta la(s)..., después (de), (casi) nunca, esta mañana, esta noche, siempre, temprano, todos los días	
al día siguiente	the next day, the following day
pronto	soon
raras veces	rarely
todavía	still

Los adjetivos

difunto/a	deceased
extraño/a	strange, odd
judío/a	Jewish
malo/a	bad
muerto/a	dead
pobre	poor
pobrecito/a	poor thing
poquito/a	small amount
rico/a	rich (tasty)
salado/a	salty, savory
saludable	healthy
solo/a	alone
tibio/a	(luke)warm

Palabras semejantes: católico/a, impaciente, importante, nervioso/a, religioso/a, tradicional

Los verbos

abrir	to open
actualizar	to update
bostezar	to yawn
comerse las uñas	to bite one's nails
cortar	to cut
decir (irreg.)	to say
encender (ie)	to light
escoger (j)	to choose
esconder(se)	to hide (oneself)
extrañar	to miss (someone or something)
funcionar	to function, work
gritar	to shout
hacer (irreg.) la maleta	to pack a suitcase
llenar	to fill
llorar	to cry
merendar (ie)	to have a snack; to picnic
pedir (i)	to ask for
poner (irreg.)	to put
quedarse	to stay
querer (irreg.)	to love
recibir	to receive
recordar (ue)	to remember
reunirse (me reúno)	to meet, to have a meeting
soñar (ue) (despierto/a)	to (day)dream
sonreír (i)	to smile
traer (irreg.)	to bring

Palabra semejante: expresar

Las personas

el brujo / la bruja	wizard / witch
el/la familiar	relative
el fantasma	ghost
el hermanito / la hermanita	little brother / little sister
el/la pariente	relative
el santo patrono / la santa patrona	Patron Saint

Palabras semejantes: el/la centroamericano/a

Los sustantivos

el amor	love
el avión	plane; jet
la boda	wedding
la calavera	skull
el camello	camel
el candelabro	candelabra; menorah
la cocina	kitchen
el comienzo	beginning
el desfile	parade
el detalle	detail
el disfraz (pl. los disfraces)	costume
la entrevista	interview
los fuegos artificiales	fireworks
los guantes	gloves
la iglesia	church
la imagen	image
el juguete	toy
la llamada	call
la nota	grade; note
el partido	game, match (sports)
el regalo	gift, present
la tarjeta	card
el trozo	piece
la tumba	grave; tomb
el vaso	drinking glass
la vela	candle
la verdad	truth
el vuelo	flight

Palabras semejantes: el aniversario, el aspecto, la caloría, el campus, la celebración, el cementerio, la condición, la decoración, el evento, la experiencia, la explicación, la imaginación, la medicina, la reacción, la reunión, el tren

Palabras y expresiones útiles

Repaso: al aire libre, también, ¡Yo no!

¡A comer!	Let's eat!
aunque	even though
¡Ay no!	Oh no!
contigo	with you
de casa en casa	from house to house
donde	where (conjunction)
lo, la	it (impersonal direct object)
los, las	them (impersonal direct object)
menos	less, least
¡Ni pensarlo!	Don't even think about it!
poco (+ adj.)	not very (+ adj.)
¡Qué bien!	That's great!
¡Qué ocurrencia!	What a silly idea!
quizá(s)	perhaps
solamente	only
tal vez	perhaps
tampoco	neither, not either
¿Verdad?	Right?
¡Yo sí!	I do! / Me too!

Design elements: (computer): ©D. Hurst/Alamy RF; (headphones): ©McGraw-Hill Education; (globe): ©McGraw-Hill Education.

Vocabulario

6 Las carreras y los oficios

La enseñanza básica en Chile es gratuita (*free*) y obligatoria.

Upon successful completion of **Capítulo 6,** you will be able to talk about school subjects, classroom activities, careers, workplaces, and duties and obligations at work. You will also be able to express what people are doing at a particular moment and to discuss peoples' abilities. Additionally, you will have learned about some interesting places and people from Chile.

Comunícate

Las materias

Hablando de la educación
El importante trabajo de los voluntarios

Las actividades en la clase

Las habilidades

El empleo

Exprésate

Escríbelo tú Tu empleo

Cuéntanos Un día típico en tus clases favoritas

Cultura

Mundopedia La escritora chilena Isabel Allende

Palabras regionales Chile

Conexión cultural Las peñas chilenas

Videoteca

Amigos sin Fronteras, Episodio 6 Un disfraz para Halloween

Mi país Chile

Gramática

6.1 Indirect Object Pronouns

6.2 Present Progressive

6.3 **Saber** and **poder** + *Inf*

6.4 Obligations: **tener que deber, necesitar; hay que, es necesario** + *Inf.*

www.mhhe.com/connect

CHILE

el desierto de Atacama

Iquique

la Torre del Reloj

CHILE

la cordillera de los Andes

Viña del Mar

Valparaíso

SANTIAGO

el Palacio de La Moneda

Valparaíso

el Salto del Itata

Punta Arenas

Amigos sin Fronteras

Algunos de los amigos están en casa de Sebastián donde seleccionan y se ponen disfraces (*costumes*) para Halloween. ¡Cada uno termina con el disfraz perfecto!

www.mhhe.com/connect

©McGraw-Hill Education/Klic Video Productions

Conócenos

Lucía Molina Serrano
©Marc Romanelli/Getty Images RF

Lucía Molina Serrano es chilena. Tiene veintitrés años y estudia mercadotecnia. Nació el trece de junio en Valparaíso, Chile. A Lucía le gusta viajar, ir al cine, jugar al Monopolio con sus amigos y leer revistas de mercadotecnia en inglés.

©Steve Allen/Getty Images RF

Mi país

Comunícate

C Las materias

psicología

física

biología

matemáticas

Bernardo O'Higgins
José de San Martín
historia

las materias

ingeniería

química

antropología

geografía

literatura

economía

Gramática *To express* obligations

To express obligations in an impersonal manner, Spanish uses the following:

> **Es necesario**
> **Hay que** } + *infinitive*

Para recibir buenas notas, **es necesario estudiar** mucho.

También, **hay que hacer** la tarea todos los días.

You will learn more about these structures in **Gramática 6.4**.

Lengua *Hablando de tu especialidad*

Para hablar de tu **especialidad** (*major*) en la universidad, también puedes decir:

Me especializo en... *I am majoring (specializing) in...*

Cultura *Los lugares para estudiar*

La palabra **colegio** no es lo mismo (*same*) que *college* en inglés. El significado (*meaning*) de esta palabra depende de la región; en muchas regiones es el equivalente de *high school* pero en otras es lo mismo que *private school*. Para hablar de *college*, usa la palabra **universidad**. Y para *school* usa las palabras **escuela** o **liceo**.

Necesitas usar los números ordinales en esta actividad. Repásalos en el **Capítulo 4**, (página 131). Repasa también los números cardinales en la sección **¿Cuánto cuesta?** del **Capítulo 1** y en el **Capítulo 2, Actividad 6.**

Actividad 1 El horario de Pablo

Charla con tu compañero/a sobre las clases de Pablo, el hermano menor de Lucía. Sigan el modelo.

Vocabulario

de la(s)... a la(s)...
último/a

MODELO: **E1:** ¿Cuál es la *primera* clase de Pablo?
E2: Su primera clase es la clase de *inglés*.
E1: ¿A qué hora es?
E2: Es de *las siete y media* a *las ocho y cuarto*.
E1: ¿En qué salón de clase es y quién es su profesor(a)?
E2: Es en *el salón 505* (*quinientos cinco*) y su profesor se llama *Juan Ahumada Villa*.

LICEO DE VALPARAÍSO			
NOMBRE: PABLO MOLINA SERRANO		**GRADO: CUARTO MEDIO**	
Asignatura	L-V: hora	Salón	Profesor(a)
inglés	7:30–8:15	505	Juan Ahumada Villa
matemáticas	8:25–9:10	101	Claudia Díaz Aguilar
ciencias sociales	9:20–10:05	220	Pedro Alonso Jiménez
psicología	10:15–11:00	345	Verónica Roldán Sosa
biología	11:10–11:55	110	Rosa Vázquez Rojo
almuerzo	11:55–13:00		
artes musicales	13:00–13:45	400	Miguel Bravo Lepe
educación física	13:55–14:40	gimnasio	Patricia Ortega Brito
lenguaje y comunicación	14:50–15:35	515	Luis Cornejo Cruz

Cultura *La comida en la escuela y en el colegio*

En Chile, hay escuelas y colegios que les permiten a los estudiantes salir para almorzar en casa. En otras instituciones, los estudiantes no salen a almorzar. El almuerzo es gratuito en las escuelas públicas. Y los estudiantes de los colegios tienen la opción de llevar la comida o pagar en la cafetería, que en Chile se llama **el casino.**

Actividad 2 Mis asignaturas y mi especialidad

> **Vocabulario**
>
> **la especialidad**
> **especializarse**
> **tener buenas/malas notas**
> **difícil**
> **fácil**

Conversa con tu compañero/a usando estas preguntas.

1. **E1:** ¿Cuál es tu asignatura más fácil/difícil?

   E2: Mi asignatura más fácil/difícil es _____.

2. **E1:** ¿Cuál es tu asignatura más interesante? ¿Por qué es interesante?

   E2: Mi asignatura más interesante es _____.
   Es interesante porque...

3. **E1:** ¿Tienes una asignatura favorita este semestre? ¿Cuál es? ¿Por qué es tu favorita?

   E2: Mi asignatura favorita es _____ porque...

4. **E1:** ¿Tienes buenas notas en tu asignatura favorita? ¿Y en las otras?

   E2: En mi asignatura favorita tengo _____ (A, B, C,...). En las otras tengo (muy) buenas/malas notas. / Tengo buenas/malas notas... más o menos.

5. **E1:** ¿Es importante para ti tener buenas notas en todas las asignaturas?

   E2: Sí, (No, no) es importante porque...

6. **E1:** ¿Es este tu primer año en la universidad?

   E2: Sí, es el primero. / No, es el _____ (segundo, tercero, cuarto, último).

7. **E1:** ¿Cuál es tu especialidad en la universidad? ¿Por qué te gusta?

   E2: Me especializo en _____. Me gusta porque... / No tengo una especialidad todavía.

8. **E1:** ¿Te gustan otras especialidades? ¿Cuáles? ¿Por qué te gustan?

   E2: Me gustan _____. Me gustan porque...

Cultura *Las notas en los países hispanos*

En muchos países hispanos, las notas no son A, B, C, D, o F como en Estados Unidos. Se usan notas de 10 a 0 y frecuentemente son más exactas porque se usan decimales (con coma), por ejemplo, 9,3 en vez de (*instead of*) A-.

Actividad 3 La educación en Chile

Lee la información sobre la educación en Chile. Luego, contesta las preguntas con tu profesor(a) y/o con tu compañero/a.

Vocabulario

la enseñanza básica/media/superior	**el nivel**	**se imparte**
la formación	**gratuito/a**	**en adelante**

LA EDUCACIÓN EN CHILE		
Niveles	**Edades**	**Comentarios**
Preescolar/ Parvulario	de los tres meses a los cinco o seis años	No es obligatorio; es gratuito en las escuelas públicas pero no en las escuelas privadas
Enseñanza básica	de los seis a los catorce años	Gratuita y obligatoria dos ciclos de cuatro años cada uno
Enseñanza media	de los quince a los dieciocho años	Gratuita y obligatoria dos años de educación general más dos años de educación especializada, que se imparte en liceos o colegios especializados
Educación superior	de los dieciocho años en adelante	Se imparte en: • centros de formación técnica • institutos profesionales • universidades

1. ¿Tenemos en Estados Unidos algo semejante (*similar*) al nivel parvulario en Chile? ¿Crees que es una buena idea? ¿Por qué?

2. ¿Qué niveles de educación son obligatorios en Chile? ¿Son los mismos en Estados Unidos?

3. ¿Qué niveles de educación son gratuitos en Chile? ¿Son los mismos en Estados Unidos?

4. ¿De cuántos años es la enseñanza media? ¿Ves diferencias entre la enseñanza media en Chile y el nivel secundario (*high-school*) de Estados Unidos?

5. Describe la educación superior en Chile.

Cultura *La enseñanza básica y la enseñanza media*

Casi el 99,7% (por ciento) de los niños chilenos entre los seis y catorce años termina la enseñanza básica. El 87,7% (por ciento) termina la enseñanza media.

Cultura *La educación superior en Chile*

En la educación superior en Chile, los títulos (*degrees*) que se otorgan (*are given out*) dependen del lugar de estudio.

• en los centros de formación técnica: solamente títulos de Técnico de Nivel Superior

• en los institutos profesionales: títulos de Técnico de Nivel Superior y títulos profesionales (Licenciatura)

• en las universidades: títulos profesionales y los grados académicos de Licenciatura/ Licenciado (*bachelor's degree*), Maestría/Magíster (*master's*) y Doctorado/Doctor

C Hablando de la educación

EL IMPORTANTE TRABAJO DE LOS VOLUNTARIOS

La educación es importante para conseguir[a] un buen trabajo. Desafortunadamente,[b] hay niños en todos los países del mundo que no tienen la oportunidad de recibir una educación a causa de la pobreza[c] de su familia o por falta de[d] escuelas, maestros[e] y libros.

Son muchos los grupos que se dedican a construir escuelas,[f] a proveer[g] libros y a darles a los niños acceso a la educación primaria y secundaria. Además del Cuerpo de Paz,[h] hay organizaciones formadas totalmente por voluntarios. Por ejemplo, el grupo Círculo de Amigas tiene la misión de

La misión del grupo *Scholars for Schools* es obtener computadoras y libros para los niños de la región central de Chile.
©David Litschel/Alamy

proveer fondos[i] para educar a las niñas de Jinotega, un pequeño pueblo[j] de Nicaragua, pero también ayuda[k] con otras necesidades de la comunidad. Construye casas,[l] provee tanques para el agua, estufas y máquinas de coser.[m] La misión del grupo Scholars for Schools es construir bibliotecas y conseguir computadoras; así les aseguran a todos los niños de la región central de Chile acceso a los libros que necesitan.

Otros grupos, como el de International Student Volunteers, combinan su trabajo en Costa Rica con eventos divertidos. Los participantes pagan por la casa, la comida, las excursiones y el entrenamiento[n] que necesitan para trabajar en los proyectos del grupo. Escalera[ñ] es otro grupo interesante. Su nombre es simbólico: una escalera nos ayuda a subir,[o] como la educación ayuda a los niños a salir de la pobreza. Escalera se dedica a construir escuelas primarias y a ofrecer becas[p] para la educación secundaria en Chiapas, uno de los estados más pobres[q] de México.

Estos grupos utilizan la energía, el talento y la preparación profesional de sus voluntarios. Carpinteros, pintores, maestros, expertos en informática, ingenieros, arquitectos, médicos, enfermeras... ¡todos podemos contribuir algo!

---

[a]*obtain, get* [b]*Unfortunately* [c]*poverty* [d]falta... *lack of* [e]*teachers* [f]construir... *building schools* [g]*providing* [h]Cuerpo... *Peace Corps* [i]*funds* [j]*town, village* [k]*it helps* [l]Construye... *It builds houses* [m]estufas... *stoves and sewing machines* [n]*training* [ñ]*Ladder, Step* [o]*climb, go up* [p]*scholarships* [q]estados... *poorest states*

Las actividades en la clase

Lee *Gramática 6.1, 6.2*

El profesor les dice «Buenos días» a mis compañeros.

El profesor nos habla en español siempre.

Le ponemos atención al profesor.

El profesor me hace preguntas (a mí).

Le contestamos al profesor.

Tomamos apuntes cuando el profesor nos explica el examen.

Yo te hago una pregunta y tú me contestas.

¡Estamos conversando en grupos!

El profesor les está diciendo «¡Hasta mañana!» a sus estudiantes.

Actividad 4 En la clase de español

¿Con qué frecuencia hacen tus compañeros y tú estas actividades en la clase de español?

MODELOS: Escribimos las palabras nuevas en el cuaderno *todos los días*.
El profesor *siempre* nos hace preguntas y nosotros *siempre* le contestamos en español.

1. Le decimos «Hola» al profesor / a la profesora.
2. Dormimos una siesta.
3. Tomamos apuntes cuando el profesor / la profesora nos explica algo.
4. Entendemos casi todo cuando el profesor / la profesora nos habla en español.
5. Le contestamos al profesor / a la profesora cuando nos hace preguntas.
6. Le ponemos atención al profesor / a la profesora.
7. Usamos el móvil.
8. Aprendemos muchas palabras nuevas.
9. Le hacemos preguntas al profesor / a la profesora.
10. Hacemos la tarea en clase.
11. Les decimos «Hasta mañana» a los compañeros de clase.
12. Terminamos la clase temprano.

> **Vocabulario**
>
> (casi) nunca
> raras veces
> de vez en cuando
> a veces
> muchas veces
> con frecuencia
> (casi) siempre
> todos los días

Actividad 5 Mis preferencias

Pon las actividades de cada situación en orden del número 1 (**¡Me gusta mucho!**) al número 5 (**¡No me gusta para nada!**). Después, compara tus respuestas con las de tus compañeros de clase.

1. **En el salón de clase**
   _____ tomar exámenes
   _____ escuchar al profesor / a la profesora cuando nos habla en español
   _____ hablarles a mis compañeros (participar en conversaciones en español)
   _____ ver videos en español
   _____ escuchar canciones hispanas o cantar en español

2. **Fuera del salón de clase**
   _____ estudiar para los exámenes
   _____ escribir composiciones en el *Cuaderno*/Connect Spanish
   _____ hacer la tarea en Connect Spanish
   _____ charlar con mis amigos hispanos en español
   _____ visitar sitios Web en español

> **Vocabulario**
>
> las canciones
> fuera (de)

Actividad 6 · La clase del profesor Ralph A. Burrido

El profesor Ralph A. Burrido y sus estudiantes

Escucha las descripciones de tu profesor(a) sobre las actividades de los estudiantes en la clase del profesor Ralph A. Burrido. Di el número del dibujo que corresponde a cada descripción.

Vocabulario

- bailar
- beber
- cantar
- charlar
- comer
- decir
- descansar
- devolverle(s) el examen a
- dibujar
- dormir
- escribir
- hablar por el móvil
- hacer una pregunta
- leer en voz alta
- levantar la mano
- maquillarse
- mostrar
- observar (a los otros estudiantes)
- ponerse perfume
- saltar
- textear
- tocar la guitarra

En la clase del profesor Ralph A. Burrido

1.

2.

3.

4.

Actividad 7 Tu opinión

A. Conversa con tu profe sobre la clase de español.

1. ¿Le gusta calificar nuestras tareas? ¿Es aburrido? ¿Por qué?

2. ¿Cree usted que le hacemos muchas preguntas tontas? ¿Le gusta contestar nuestras preguntas?

3. ¿Es divertido para usted leer las cosas que escribimos?

4. Cuando nos hace preguntas, ¿prefiere las respuestas en español o en inglés? ¿Por qué?

5. ¿Qué parte de la clase de español le gusta más a usted?

B. Ahora, habla con tu compañero/a.

1. En tu opinión, ¿es interesante o aburrida la clase de español?

2. ¿Crees que nuestro/a profesor(a) nos asigna mucha tarea? ¿Te gusta hacer la tarea en Connect Spanish? ¿Por qué?

3. ¿Haces toda la tarea? ¿Dónde y cuándo la haces? ¿Siempre vienes preparado/a a clase?

4. ¿Haces las **Actividades auditivas** en tu casa o en el laboratorio de idiomas? ¿Qué sección de la **Videoteca** te gusta más: el segmento de **Mi país** o el video de **Amigos sin Fronteras?** ¿Por qué?

5. ¿Quién te explica la gramática cuando no la comprendes, tu profesor(a), un tutor o uno de tus compañeros? ¿Te hacen preguntas a ti los compañeros?

6. En tu opinión, ¿nos hace muchas preguntas nuestro/a profesor(a)? ¿Te gusta contestar las preguntas? ¿Por qué? ¿Siempre le contestas en español al profesor / a la profesora? ¿Piensas en español cuando hablas español?

7. ¿Te gusta la clase de español? ¿Qué cosas te gusta hacer en la clase? ¿Qué cosas no te gusta hacer?

El estudiante está levantando la mano porque quiere hacerle una pregunta al profesor.
©Comstock Images/Jupiterimages RF

C Las habilidades

Lee *Gramática 6.3*

XIOMARA: Lucía, **¿sabes** cocinar?

LUCÍA: Sí, sí **sé**, pero prefiero no hacerlo todos los días. **Sé** preparar algunos platos chilenos típicos como empanadas, que a todos les gustan. ¡Mmm! ¿Y tú?

XIOMARA: Pues sí **sé** cocinar pero no lo hago con frecuencia. No **puedo** porque, ya **sabes,** estudio y trabajo.

ELOY: Nayeli, **¿sabes** esquiar? Claudia y yo vamos a ir a Tahoe a esquiar el fin de semana. ¿Quieres ir con nosotros?

NAYELI: Lo siento, Eloy, no **sé** esquiar en la nieve. Y otra mala noticia: Claudia no **puede** esquiar ahora porque... ¡tiene la pierna derecha fracturada!

Actividad 8 ¿Qué saben hacer estas personas?

Escucha las descripciones de tu profesor(a) y di el nombre de la persona a quien describe. Luego, pregúntale a tu compañero/a qué sabe hacer cada persona.

Eloy

Lucía / Rodrigo

Radamés

Daniel, el compañero de Sebastián

Nayeli

Ana Sofía

Carlitos, el hijo de Omar

Camila

Actividad 9 ¿Qué sabes hacer? ¿Qué puedes hacer?

A. Charla con tu compañero/a sobre las habilidades de cada uno.

> **MODELO:** **E1:** ¿Sabes *bailar?*
> **E2:** Sí, sé *bailar* muy bien. / No, no sé *bailar.* /
> Sí sé, pero solamente un poco. ¿Y tú?

1. cocinar
2. hablar otro idioma (¿Cuál?)
3. tomar buenas fotos
4. bucear con tanque
5. nadar
6. andar en patineta
7. componer música

8. tomar buenas fotos
9. jugar al póker
10. pintar acuarelas
11. montar a caballo
12. reparar carros o motocicletas

El chileno Humberto Suazo sabe jugar muy bien al fútbol. ¡Es un goleador impresionante!
©Phil Cole/Getty Images

B. Di si puedes hacer estas actividades sin problema en tu casa o en la residencia estudiantil.

> **MODELO:** **E1:** ¿Puedes *tener perro* donde vives? ¿Puedes *tener gato?*
> **E2:** No, no puedo *tener mascotas.* Vivo en una residencia estudiantil.

1. regresar muy tarde, como a las dos o tres de la mañana
2. invitar a tus amigos a cenar
3. ver la televisión y hacer la tarea a la vez
4. dormir hasta las once de la mañana los domingos
5. escuchar música a todo volumen a cualquier hora
6. hacer fiestas ruidosas y con licor

Vocabulario

a la vez

a todo volumen

Actividad 10 ¡Quiero bañar a Chulis!

Ricky quiere bañar a Chulis, el perro de Eloy. Lee el diálogo entre los dos hermanos y trabaja con tu compañero/a para ordenarlo. Usen los números del 1 al 9. Después, léanlo en voz alta.

_____ ELOY: Bueno, sí, pero también...

_____ ELOY: Claro, Ricky, pero primero prepara todo lo que necesitas.

_____ RICKY: Sí, Eloy, ya lo tengo todo, todo, todo.

_____ RICKY: ¡Caramba, Eloy! Sé bañar perros muy bien. ¡No soy un bebé!

_____ RICKY: Sí, ya tengo todo lo necesario aquí; ahora voy a traer a Chulis.

_____ RICKY: Ya sé, hermano, ya sé.

_____ RICKY: Oye Eloy, ¿puedo bañar a Chulis? ¡Tiene muchas pulgas!

_____ ELOY: Perfecto. Y después hay que secarlo muy bien con una toalla.

_____ ELOY: ¿Seguro? ¿Tienes ya el champú para pulgas? ¿El agua, el cepillo y una toalla?

Vocabulario

pulgas

todo lo que necesitas

lo necesario

ⓒ El empleo

Lee *Gramática 6.2, 6.4*

El plomero necesita reparar la tubería del fregadero.

El mecánico debe reparar el coche.

Los peluqueros (el peluquero y la peluquera) les están cortando el pelo a los clientes.

El mesero está sirviendo la comida en el restaurante.

Los obreros tienen que trabajar muchas horas en la fábrica.

Los bomberos están apagando el incendio en un edificio de varios pisos.

El electricista debe tener mucho cuidado con los cables eléctricos.

La enfermera le está tomando la presión al paciente.

El terapeuta necesita ayudar al paciente a caminar con cuidado.

El abogado debe defender a su cliente en el tribunal.

La juez está anunciando la sentencia.

El dependiente está arreglando la ropa.

Vocabulario

la tubería
el contador / la contadora
el/la gerente
el trabajador / la trabajadora social

Completa la tabla para crear una lista completa de profesiones y oficios con información sobre cada uno.

MODELO: El peluquero corta el pelo y peina en una peluquería.

OFICIO/PROFESIÓN	ACTIVIDAD	LUGAR
_____	corta el pelo y peina	en una peluquería
el cajero / la cajera	cambia cheques y recibe dinero	_____
_____	atiende a los clientes	en una tienda de ropa
el bombero / la mujer bombero	_____	en cualquier lugar
el maestro / la maestra	enseña a los niños	_____
_____	da masajes y enseña a caminar a sus clientes	en un hospital o en una clínica
el mesero / la mesera	sirve la comida	_____
_____	repara coches	en un taller de reparaciones
el plomero / la mujer plomero	_____	en una residencia o en una oficina
_____	prepara los impuestos	en una oficina o en un negocio
el obrero / la obrera industrial	trabaja	_____
_____	resuelve problemas con los clientes o con los empleados	en una tienda o en un restaurante
el/la cantante	_____	en un club nocturno
_____	aconseja a la gente que tiene problemas de familia	en una oficina particular o en la casa de los clientes

Vocabulario

OBLIGACIONES

atender a los pacientes cuando
   llaman

bañar a los perros

darle la medicina a una paciente

informar al médico

jugar con un gato

lavar los platos
   lavar y secar la ropa

pasar la aspiradora

pasear a los perros

preparar el desayuno

tomarle la presión al paciente

Mira los dibujos y habla sobre las obligaciones de cada persona. Usa la lista de obligaciones.

MODELO: El enfermero tiene que atender a los pacientes cuando llaman. También debe...

El ama de casa...

El enfermero...

El asistente de veterinario...

Lengua *Cómo decir* homemaker *en español*

El ama de casa (*homemaker, housewife*) literally means *mistress of the house*. Just like **el agua**, it takes the definite article **el,** although it is a feminine noun and refers to a woman (because **ama** begins with a stressed **a** sound). Note that because housework has been traditionally considered a woman's job, the phrase **amo de casa** is very rare, just like *househusband* in English.

Actividad 13 · Tu trabajo

Conversa con tu compañero/a sobre tu trabajo.

1. ¿Tienes trabajo de jornada completa o de media jornada?
2. ¿Dónde trabajas? ¿Vives cerca o lejos de tu trabajo?
3. ¿Cuántas horas trabajas por semana? ¿De qué hora a qué hora trabajas? ¿Te gusta tu horario?
4. ¿Es bueno tu sueldo o recibes solo el sueldo mínimo?
5. ¿Cuáles son tus responsabilidades? ¿Qué tienes que hacer? (Yo debo..., Tengo que..., Necesito...)
6. ¿Hay actividades diferentes o siempre haces lo mismo?
7. De todas tus actividades en el trabajo, ¿cuál te gusta más y cuál te gusta menos? ¿Por qué?
8. ¿Cómo es tu jefe/jefa? ¿Es justo/a (*fair*)? ¿Es simpático/a o antipático/a, generoso/a o tacaño/a, cómico/a o serio/a?
9. ¿Cómo son tus compañeros de trabajo? ¿Te llevas bien (*Do you get along*) con todos?
10. Describe tu trabajo ideal. ¿Qué haces? ¿Cuáles son tus horas de trabajo? ¿Cómo es tu jefe/jefa? ¿Cómo son tus compañeros/as de trabajo?

Actividad 14 · Una encuesta

A. Lee la lista de profesiones y oficios y contesta las preguntas con varios compañeros.

el abogado / la abogada	el hombre de negocios / la mujer de negocios
el/la agente de seguros	
el ama (*f.*) de casa	el médico / la médica
el/la piloto	el/la periodista
el cocinero / la cocinera	el policía / la mujer policía
el contador / la contadora	el/la terapeuta
el/la electricista	el trabajador social / la trabajadora social
el/la gerente de una tienda	el ingeniero / la ingeniera

Vocabulario

estudio (años de estudio)
exige (exigir)
ganar
mejor
peor
valiente

1. ¿Para qué profesión se necesitan más años de estudio? ¿Para cuál se necesitan menos?
2. ¿Para qué oficio se necesita ser muy paciente? ¿Para cuál se necesita ser agresivo/a? ¿Para cuál se necesita ser muy valiente?
3. De todos estos oficios y profesiones, ¿cuál exige más horas de trabajo? ¿Cuántas, más o menos? ¿Cuál de estas profesiones u oficios gana más?
4. En el siglo veintiuno, ¿hay profesiones u oficios que son solamente para hombres? ¿para mujeres? ¿Cuál(es)? ¿Qué es mejor, tener jefe o jefa? Expliquen su opinión en todos los casos.
5. ¿Qué profesión u oficio de la lista tiene la peor reputación de todos? ¿Por qué? ¿Cuál tiene la mejor reputación? ¿Por qué?

B. Ahora, lee la lista de nuevo y, con tu grupo, determina qué profesión u oficio es: el más peligroso de todos (= 1); el más necesario (= 2); el más interesante (= 3); el más aburrido (= 4); o el más prestigioso (= 5). **OJO:** Escojan solamente cinco profesiones y expliquen por qué tienen esa opinión.

Gramática *Comparisons of Inequality*

el/la + **más/menos** + *adj.* = *the most/least* + *adj.*

  el (oficio) **más peligroso** de todos = *the most dangerous (trade) of them all*

la (profesión) **menos prestigiosa** = *the least prestigious profession*

  See **Gramática 7.1** for more examples.

Exprésate

ESCRÍBELO TÚ

Tu empleo

Escribe una composición sobre tu empleo. Si no tienes empleo ahora, describe tu empleo ideal. Usa la tabla en el *Cuaderno de actividades* o en Connect Spanish para organizar tus ideas y escribe allí tu composición.

CUÉNTANOS

Un día típico en tus clases favoritas

Cuéntanos sobre dos o tres de tus asignaturas favoritas en la universidad. ¿Cuáles son? ¿Por qué te gustan? ¿Tienes buenas notas en cada una? ¿Por qué? ¿Te asignan mucha tarea los profesores? ¿Cuáles asignan más tarea y cuáles asignan menos? ¿Estudias mucho o son asignaturas fáciles para ti? Describe un día típico en cada clase. ¿Cómo empieza la clase? ¿Qué hace el profesor durante la clase? ¿Y los estudiantes? ¿Cómo termina la clase? ¡Los detalles son importantes! ¡A conversar!

Cultura

Mundopedia

La escritora chilena Isabel Allende

DE PERIODISTA A NOVELISTA

Allende nació en Perú y vivió en Chile desde la edad de tres años hasta 1974, un año después del golpe de estado de Augusto Pinochet. Ahora reside y escribe en el norte de California.

Esta famosa escritora pasa de periodista a novelista después de una conversación con el gran poeta chileno Pablo Neruda.* Un día en 1973, Neruda invita a Allende a almorzar en su casa. Durante el almuerzo, el poeta le dice que es una periodista mala porque a veces inventa sus noticias. Luego, como amigo, le sugiere escribir literatura, pues en la literatura los defectos de periodista —por ejemplo, inventar historias que no existen— son virtudes.

LAS NOVELAS

Aunque desde muy niña le gusta inventar cuentos, Allende no acepta el consejo de Pablo Neruda por mucho tiempo. Publica su primera novela, *La casa de los espíritus*, en 1982. La novela narra la vida de una familia chilena a través de cuatro generaciones. Es una historia interesante con muchos elementos de realismo mágico.† Después de esa primera obra exitosa, publica veinte más. Algunas, como *La ciudad de las bestias* y *El reino del dragón de oro*, son libros para jóvenes. Otras, como *Hija de la fortuna* (1999) y *Retrato en sepia* (2000), forman parte de una trilogía.

Una de las publicaciones más interesantes de Allende, *La isla bajo el mar* (2009), es una novela histórica sobre la revolución en Haití. Otro libro, *El cuaderno de Maya* (2011), cuenta una historia muy contemporánea para un público joven. Maya es una chica drogadicta de diecinueve años que encuentra en la isla chilena de Chiloé la oportunidad de enfrentarse a su pasado.

Vocabulario de consulta	
vivió	lived
golpe de estado	coup d'état
pasa de	goes from
sugiere	suggests
virtudes	virtues
cuentos	stories
consejo	advice
publica	publishes
a través de	through
exitosa	successful
isla	island
enfrentarse a	to confront
tema	theme, topic
vejez	old age
fiebre del oro	gold fever
selva	jungle
muerte	death

Isabel Allende
©Dan Tuffs/Alamy

---

*Pablo Neruda (1904–1973) was the pen name of Chilean poet Neftalí Ricardo Reyes Basoalto, which he later changed legally. His poetry is famous throughout the world; in 1971 he received the Nobel Prize in Literature.

†**Realismo mágico** is a term used to describe a literary strategy found especially in some works of twentieth-century Latin American authors such as those of the Colombian Gabriel García Márquez and the Mexican Laura Esquivel. Magical realism in fiction occurs when a very common, recognizable reality shows fantastic or mythical elements that have been incorporated in a matter-of-fact, unsurprising way.

La protagonista de la novela *El amante japonés* (2015) es una mujer de ochenta años que vive en San Francisco y narra una historia romántica. Allende insiste en que el tema principal de esta novela es el amor y no la vejez.

Hay muchos otros temas interesantes en la obra de esta prolífica autora; por ejemplo: una mujer en la conquista española, la vida en California durante la fiebre del oro, aventuras en la selva del Amazonas. Además hay narrativas personales como *Paula*, donde Allende escribe sobre la muerte de su hija. Entre todos estos temas, el amor es uno de los más importantes.

COMPRENSIÓN

Contesta las preguntas.

1. ¿Por qué dice Pablo Neruda que Isabel Allende es una periodista muy mala?

2. ¿Qué cosa es defecto en el periodismo pero es una virtud en la ficción?

3. ¿Qué novelas mencionadas aquí son para adolescentes?

4. Describe la primera novela de Allende, *La casa de los espíritus*.

5. ¿Cuáles son tres temas de las novelas de Allende que te gustan?

Palabras regionales: Chile			
bacán (bacana)	cool, great	**la guagua**	el/la bebé
choro/a	cool	**el/la pololo/a**	el/la novio/a

CONEXIÓN CULTURAL

LAS PEÑAS CHILENAS Y LA NUEVA CANCIÓN

Una peña es una reunión que incluye un público, cantantes y poetas. Las peñas chilenas fueron muy populares e importantes en los turbulentos años sesenta y todavía existen algunas dentro y fuera de Chile. Lee la lectura «Las peñas chilenas y la Nueva Canción» en el *Cuaderno de actividades* o en Connect Spanish y ¡descubre la fuerza social de estas reuniones!

Videoteca

Amigos sin Fronteras

Episodio 6: Un disfraz° para Halloween

°costume

©McGraw-Hill Education/Klic Video Productions

Vocabulario de consulta

¿Estás seguro... ?
Are you sure... ?

disfrazarse
to dress up (*in a costume/ disguise*)

chévere
great, cool (*Cuba*)

recuerden remember

¿Dónde tengo la cabeza?
What was I thinking? (*lit.* Where is my head?)

aprendiendo learning

loco crazy

voy / vas de I'm / you're going (dressed) as (a)

acha girlfriend (*Sp., short for* **muchacha**)

culpable guilty

¡Qué guay!
That's cool! (*Sp.*)

te queda genial
it looks fantastic on you

misión cumplida
mission accomplished

darle las gracias
to thank him

Resumen

Ana Sofía, Radamés y Claudia van a la casa de Sebastián. Allí seleccionan disfraces para Halloween y se los ponen. Los disfraces son de Daniel, el compañero de Sebastián. Hay varios disfraces de profesiones y oficios: policía, deportista, cocinero, enfermera... ¡y también de Elvis Presley! Al final, cada uno termina con el disfraz perfecto.

Preparación para el video

A. **¡Comencemos!** Indica marca la respuesta correcta.

1. Los chicos están en ____.
   a. la casa de uno de sus amigos
   b. el teatro de la universidad
   c. una tienda de disfraces

2. Sebastián les está mostrando los disfraces a ____.
   a. sus amigos
   b. un grupo de niños
   c. sus profesores

3. ¿Cuándo te pones disfraces tú? Selecciona todas las respuestas ciertas.
   a. para ir a clase
   b. para ir a una fiesta de carnaval
   c. para celebrar Halloween

©McGraw-Hill Education/Klic Video Productions

Comprensión del video

B. **La idea principal.** Indica la idea principal del video.

1. Según Claudia, el disfraz de enfermera no es creativo.
2. Gracias a la generosidad de Daniel, todos tienen disfraces que les gustan.
3. Sebastián quiere ir de *Iron Chef* pero no sabe cocinar.

©McGraw-Hill Education/Klic Video Productions

C **¿Cierto o falso?**

1. Los disfraces están en la tienda del tío de Daniel, el compañero de Sebastián.
2. No van a ir de hawaianos porque a Radamés no le gusta la idea.
3. Sebastián dice que está aprendiendo a ser un buen cocinero.
4. Ana Sofía no quiere ir de princesa porque princesa no es una profesión.
5. Claudia va a ir de abogada y todos dicen que es buena idea porque ella tiene personalidad de abogada.

D **Detalles.** Contesta las preguntas.

1. ¿Qué disfraz va a llevar Radamés a la fiesta?
2. ¿Va de policía Claudia? Si no va de policía, ¿de qué va?
3. Y Sebastián, ¿qué disfraz prefiere? ¿por qué?
4. ¿Por qué dice Claudia que el disfraz de Elvis es perfecto para Radamés? ¿Qué sabe hacer él?
5. ¿Por qué dice Claudia que hay un problema con el disfraz de *Iron Chef* que quiere Sebastián?

 Mi país CHILE

Comprensión

1. ¿En qué parte de Chile están San Pedro de Atacama y el Valle de la Luna?
2. ¿A qué hora quiere Lucía visitar el Valle de la Luna?
3. ¿De qué baile, música tradicional y folklore habla Lucía?
4. ¿Qué ciudad celebra el Festival Internacional de la Canción más famoso del mundo hispano?
5. ¿Qué ciudad dice Lucía que tienen que visitar Brian y ella? ¿Por qué?
6. ¿A quién le gusta pescar (*to fish*)?
7. ¿En qué isla se encuentran los moáis?
8. ¿Cuál es la mejor estación para visitar la Patagonia o la Antártica Chilena, según Lucía?

la Isla de Pascua
©Tim Draper/Getty Images

el Valle de la Luna
©Steve Allen/Getty Images RF

Gramática

Indirect object pronouns **(los pronombres de complemento indirecto)** are used to tell *to whom* or *for whom* something is said, explained, given, sent, and so on.

Los pronombres de complemento indirecto			
me	to/for me	**nos**	to/for us
te*	to/for you (*fam. sing.*)	**os**	to/for you (*fam. pl., Sp.*)
le	to/for you (*pol. sing.*); to/for him/her	**les**	to/for you (*pol. pl.*); to/for them

—¿Qué **les** explica el profesor Sotomayor?

What does Professor Sotomayor explain to you?

—**Nos** explica la pronunciación en español.

He explains Spanish pronunciation to us.

Mi novio ya no **me** da flores.

My boyfriend doesn't give me flowers anymore.

¡Pobre Carlitos! Su mamá siempre **le** dice que no.

Poor Carlitos! His mother always says no to him.

> Indirect object pronouns are placed before the conjugated verb, or attached to the infinitive or present participle.
>
> Mi novio ya no { **me** puede preparar la cena.
> { puede preparar**me** la cena.
>
> (*My boyfriend can't make dinner for me anymore.*)
>
> Mi novio ya no { **me** está preparando la cena.
> { está preparándo**me** la cena.
>
> (*My boyfriend is no longer fixing me dinner.*)

*For recognition only: The indirect object pronoun for **vos** is **te**.

As you read and listen to more Spanish, you will get a feel for these pronouns and how to use them.

¿Recuerdas?

In **Gramática 2.3**, you learned to use indirect object pronouns with the verb **gustar** to say to whom something is pleasing (who likes something). Review that construction now, if necessary.

Mira los dibujos y completa las siguientes oraciones con **me, te, le, nos** o **les.**

MODELO: Estefanía *les* dice «¡Hola!» **a los estudiantes.**

1. El profesor Sotomayor _____ va a explicar (va a explicar_____) la lección **a los estudiantes.**

2. Nosotros _____ hacemos muchas preguntas **al profesor.** El profesor _____ contesta **(a nosotros).**

3. La novia del profesor _____ habla **a los estudiantes** sobre Guatemala, su país.

4. —Lucía, ¿puedes decir_____ qué tenemos de tarea? —Sí, Martín, ahora _____ digo cuál es la tarea para mañana.

5. Estefanía _____ escribe un mensaje **a sus padres.**

6. El profesor Sotomayor _____ dice qué día va a ser el examen y nosotros _____ decimos «Gracias».

7. —Martín, ¿_____ dices la respuesta número 7, por favor? —Sí, Lucía, en un momento voy a decir_____ (_____voy a decir) todas las respuestas.

8. _____ decimos «Adiós» **al profesor** y él _____ responde «Hasta mañana».

Ejercicio 2

Completa este diálogo entre Rosa, una chica muy egoísta, y Lola, una chica muy lógica. Usa **me, te, le, nos** o **les**.

Vocabulario

prestar   si   esperas   mientras   contigo

Lola, ¿ _____¹ prestas tu libro de química?

Ay, Rosa, si _____² presto el libro, yo no estudio. ¿Dónde está tu libro?

Mmm, eh, no sé; creo que mi novio lo tiene.

Pues... ¿por qué no _____³ preguntas (a él) si lo tiene?

¡Excelente, Lola! ¿Por qué no vas tú a su casa y _____⁴ preguntas?

¿YO? ¿Por qué yo? ¿Por qué no vas tú y _____⁵ haces tú la pregunta? ¡Es tu novio!

No, yo no; él lo está usando ahora.

Ah, comprendo. Yo _____⁶ digo (a él) que tú necesitas tu libro y él _____⁷ dice (a mí) que él también lo necesita... y luego ¿qué?

Pues tú esperas allí unas horas y mientras... ¡yo estudio aquí con tu libro!

Perdón, Rosa, yo solamente tengo dos horas libres hoy... ¡para estudiar aquí con MI libro!

Bien, entonces... ¡yo estudio aquí contigo! El profe siempre _____⁸ dice (a nosotros) que es bueno estudiar con otros.

¡No! Tú vas a estudiar en casa de tu novio, con tu libro.

6.2 Present Progressive

To describe an action that is taking place at the moment, Spanish uses a form of the verb **estar** (*to be*) and a verb form ending in **-ndo** called a present participle. This combination is called the present progressive.

> The present progressive (**estar** + *verb ending in***-ndo**) is used to express actions in progress.
>
> **Estoy comiendo una empanada.**   *I am eating an empanada.*

estar + -ndo		
(yo) **estoy**		jugando (*playing*)
(tú) **estás***		caminando (*walking*)
usted, él/ella **está**	+	fumando (*smoking*)
(nosotros) **estamos**		escuchando (*listening*)
(vosotros) **estáis**		comiendo (*eating*)
ustedes, ellos/ellas **están**		escribiendo (*writing*)

—¿Qué **está haciendo** el médico?   *What is the doctor doing?*

—**Está examinando** a un paciente.   *He is examining a patient.*

—Camila, ¿qué **estás haciendo?**   *Camila, what are you doing?*

—**Estoy escribiendo**.   *I am writing.*

The present participle is formed by removing the **-ar, -er,** or **-ir** from the end of the infinitive and replacing it with **-ando** for **-ar** infinitives and **-iendo** for **-er** and **-ir** infinitives.

jug**ar**: jug**ando**   com**er**: com**iendo**

habl**ar**: habl**ando**   viv**ir**: viv**iendo**

-ar → -ando	-er/-ir → -iendo [or -yendo]
hablar hablando	comer comiendo
	escribir escribiendo
	leer leyendo

In some cases, the present participle is irregular. In this book, irregular present participles will be noted in parentheses in vocabulary lists, as follows: **dormir (durmiendo), leer (leyendo).**

—**¿Está durmiendo** el juez ahora?   *Is the judge sleeping now?*

—¡Claro que no! **Está hablando** con un abogado.   *Of course not! He's speaking with a lawyer.*

—Xiomara, ¿qué **estás haciendo?**   *Xiomara, what are you doing?*

—**Estoy leyendo** una novela.   *I'm reading a novel.*

---

*Alternative form for recognition only: **vos estás (hablando, comiendo)**

Ejercicio 3

Mira los dibujos y contesta las preguntas.

1. ¿Qué está haciendo Claudia?

2. ¿Qué están haciendo los estudiantes?

3. ¿Qué está haciendo el profesor?

4. ¿Qué está haciendo Marcela?

5. ¿Qué están haciendo Marcela y Omar?

6. ¿Qué están haciendo Eloy y Ricky?

Ejercicio 4

Lee las situaciones y luego usa los verbos de la lista para completar las oraciones y expresar qué están haciendo las personas mencionadas.

ayudar   calificar   estudiar   explicar   hablar   lavar

MODELO: —Carlitos, tengo hambre. ¿Dónde está mamá?
            —Está en la cocina; nos *está preparando* el almuerzo.

1. —¿Dónde está el profesor Sotomayor?

   —Está en su oficina; _____ los exámenes.

2. —¿Qué está haciendo Estefanía?

   —Está _____ de Guatemala en la clase de Franklin Sotomayor, su novio.

3. —Quiero hablar con el profesor.

   —Pues está ocupado. Les _____ unos conceptos de gramática a los estudiantes.

4. —¿Qué están haciendo tu papá y tu hermana es este momento, Ricky?

   —_____ la ropa sucia.

5. —¿Y Eloy dónde está?

   —Eloy está en su dormitorio. _____ para un examen de su clase de química.

6. —¿Quiénes son esas muchachas que están en la sala?

   —Son amigas de Patricia, mi hermana. Me _____ con la tarea de ciencias naturales.

6.3 Saber and poder + Inf.

A. In the present tense, the verb **saber** (*to know facts, information*) is irregular only in the *yo* form.

sé, sabes,* sabe, sabemos, sabéis, saben

—¿**Sabes** cuándo va a llegar Eloy?	*Do you know when Eloy is going to arrive?*
—No, no lo **sé.**	*No, I don't know.*

Saber followed by an infinitive means *to know how to do something.* Note that there is no separate word added to convey the English *how to.*

—¿**Sabes hablar** italiano, Rodrigo?	*Do you know how to speak Italian, Rodrigo?*
—No, pero **sé hablar** un poco de árabe.	*No, but I know how to speak a little Arabic.*
—¿Quién **sabe jugar** al ajedrez?	*Who knows how to play chess?*
—Yo no **sé jugar** al ajedrez, pero Estefanía sí **sabe.**	*I don't know how to play chess, but Estefanía does know.*

B. The verb **poder** followed by an infinitive usually indicates potential (*can, to be able to do something*) or permission (*may*). **Poder** is a stem-changing verb, the **pod-** used the **nosotros/as** and **vosotros/as** forms changes to **pued-** for all other present-tense forms.

pu**edo, p**u**edes,† p**u**ede, podemos, podéis, p**u**eden**

—¿Van a dar una vuelta más Lucía y Xiomara?	*Are Lucía and Xiomara going to run another lap?*
—No, no **pueden**. Ya están cansadas.	*No, they can't. They are tired already.*
—Omar, ¿vas a jugar al fútbol el domingo?	*Omar, are you going to play soccer on Sunday?*
—No **puedo**. Tengo un examen el lunes.	*I can't. I have an exam on Monday.*

---

saber = to know (*facts, information*)

¿**Sabes** quién enseña esta clase?

No, solo **sé** que es una profesora de Chile.

¿**Sabes** la diferencia entre los verbos *ser* y *estar*?

Claro que **sé** la diferencia.

¿**Sabe** ella mi nombre?

Creo que sí **sabe** tu nombre.

saber + *inf.* = to know how (to do something)

¿**Sabes** bucear, Jorge?	*Do you know how to scuba dive, Jorge?*
No, no **sé** bucear, pero **sé** nadar.	*No, I don't know how to scuba dive, but I know how to swim.*

---

poder = can, to be able to

¿**Puedes salir** esta noche, Lucía?	*Can you go out tonight, Lucía?*
No, no **puedo**. Mañana tengo un examen de matemáticas.	*No, I can't. I have a math test tomorrow.*

---

*Alternative form for recognition only: **vos sabés.**

†Alternative form for recognition only: **vos podés.**

Ejercicio 5

Los miembros del club Amigos sin Fronteras hablan de lo que saben o no saben hacer. Completa las oraciones con la forma apropiada de **saber**.

1. Juan Fernando Chen dice: —Yo _____ hablar chino.
2. Lucía le pregunta a Estefanía: —¿_____ montar a caballo?
3. Maritza, la hija de Omar, no _____ andar en bicicleta todavía porque es muy pequeña.
4. Franklin y Estefanía dicen: —No _____ esquiar pero queremos aprender.
5. Jorge y sus amigos _____ escribir programas muy buenos para las computadoras.

Ejercicio 6

tocar to play (*music*); to perform

El club Amigos sin Fronteras va a tener una fiesta. Completa las oraciones con la forma apropiada de **poder**.

1. Ana Sofía les pregunta a Estefanía y Franklin: —¿Vosotros _____ asistir a la fiesta del club mañana?
2. Radamés no _____ asistir a la fiesta del club porque su banda, Cumbancha, va a tocar en otra fiesta.
3. Sebastián dice: —Yo sí _____ ir a la fiesta y voy a llevar mucha comida. Daniel prepara comida deliciosa.
4. Sebastián le pregunta a Nayeli: —¿_____ tú comprar bebidas para la fiesta?
5. Eloy y su novia quieren asistir a la fiesta pero ella dice: —No _____ porque Ricky, el hermanito de Eloy, está en el hospital. Estamos muy preocupados.

6.4 Obligations: tener que, deber, necesitar; hay que, es necesario + *Inf.*

When expressing obligation, the verbs **tener que** (*to have to*), **deber** (*should, ought to, must*), and **necesitar** (*to need to*), as well as the impersonal expressions **hay que** (*one must*) and **es necesario** (*it is necessary to*), are always followed by infinitives.

—¿A qué hora **tenemos que estar** en el teatro?	*What time do we have to be at the theater?*
—A las ocho. **Hay que llegar** un poco antes para recoger los boletos.	*At 8:00. We have to (One must) get there a little early to pick up the tickets.*
—¡Pero **necesito** estudiar una hora más!	*But I need to study one more hour!*
—Está bien, pero **debemos** salir pronto.	*OK, but we should (must) leave soon.*

Hay que llegar a tiempo al trabajo.	*One must (We have to) arrive on time to work.*
¿Qué **tienes que** hacer este fin de semana?	*What do you have to do this weekend?*

Lucía cuenta lo que ella y sus amigos del club Amigos sin Fronteras tienen que hacer hoy. Completa las oraciones con la forma apropiada de **tener que.**

1. Eloy _____ trabajar hasta las doce.
2. Estefanía y Franklin _____ preparar la cena para una reunión familiar.
3. Yo _____ hacer mi tarea para la clase de matemáticas.
4. Claudia y yo _____ hablar con nuestros profesores.
5. Xiomara, ¿qué _____ hacer tú esta noche?

¿Recuerdas?

You have already seen and used many times the combination of conjugated *verb* + *inf.* Review **preferir** and **querer** + *inf.* (**Gramática 4.3**) and **saber** and **poder** + *inf.* (**Gramática 6.3**).

llevar to take
recoger to pick up

Ejercicio 8

Marcela Arellano, la esposa de Omar, está hablando de lo que ella y su familia deben hacer mañana. Completa las oraciones con la forma apropiada de **deber.**

1. Omar _____ llevar el auto al mecánico.
2. Yo _____ limpiar la cocina, pero ¡no me gusta!
3. Carlitos y Maritza, ustedes _____ recoger sus libros y sus juguetes.
4. Carlitos, tú _____ hacer la tarea para la escuela.
5. Omar, más tarde tú y yo _____ llevar a los niños al parque a jugar.

Lo que aprendí

After completing this chapter, I can:

☐ talk about school subjects and classroom activities.
☐ discuss my abilities and those of my classmates.
☐ express what is going on at a particular moment.
☐ discuss careers in general, and duties and obligations in the workplace.
☐ describe and speak about some beautiful places in Chile.

Now I also know more about:

☐ many places in Chile.
☐ the Chilean school system.
☐ the important role of volunteers in funding education in some regions of Chile.
☐ a famous Chilean novelist.

Vocabulario

Las materias	School Subjects
Repaso: la biología	
las artes musicales	music appreciation
la asignatura	subject, class
la educación física	physical education, P.E.
la especialidad	major
la mercadotecnia	marketing
la química	chemistry

Palabras semejantes: la antropología, las ciencias, las ciencias sociales, la física, la geografía, la historia, la ingeniería, el lenguaje, la literatura, las matemáticas, la psicología

Las actividades en clase	
Repaso: charlar, contestar, conversar, hacer (irreg.) preguntas, preguntar, tomar apuntes	
aprender	to learn
calificar	to grade
enseñar	to teach; to show
entender (ie)	to understand
especializarse en	to specialize (major) in
poner (irreg.) atención	to pay attention
tener (irreg.) buenas/malas notas	to have good/bad grades

Palabras semejantes: asignar, comprender, explicar, participar, resolver (ue)

Las habilidades	Abilities
componer (irreg.) música	to compose music
dibujar	to draw
montar a caballo	to ride a horse
pintar (acuarelas)	to paint (watercolors)
poder (ue) + inf.	to be able to (do something)
saber (irreg.) + inf.	to know how to (do something)
tomar fotos	to take pictures

Las profesiones y los oficios	Professions and Jobs
Repaso: el/la doctor(a), el empleo, el/la profesor(a)	
el/la abogado/a	lawyer
el/la agente de seguros	insurance agent
el ama (f.) de casa	housewife
el bombero, la mujer bombero	firefighter
el/la cajero/a	cashier
el/la cantante	singer
la carrera	career; course of study
el/la cocinero/a	cook
el/la contador(a)	accountant
el/la dependiente/a	salesclerk
el/la electricista	electrician
el/la empleado/a	employee

el empleo de jornada completa / de media jornada	full-time / part-time employment
el/la enfermero/a	nurse
el/la gerente	business manager
el hombre (la mujer) de negocios	businessman (businesswoman)
el/la ingeniero/a	engineer
el/la jefe/a	boss
el/la juez(a)	judge
el/la maestro/a	teacher
el/la médico/a	doctor
el/la mesero/a	waiter/waitress, server
el/la obrero/a	worker
el/la peluquero/a	hairdresser, hair stylist
el/la periodista	reporter
el plomero, la mujer plomero	plumber
el policía, la mujer policía	police officer
el sueldo	salary
el/la trabajador(a) social	social worker

Palabras semejantes: el/la asistente, el/la cliente, el/la mecánico, el/la piloto, el/la terapeuta, el/la veterinario/a

Los lugares del trabajo	Workplaces
Repaso: el colegio, la escuela, el salón de clase	
el club nocturno	nightclub
la fábrica	factory
el negocio	business
la oficina (particular)	(private) office
el parvulario	nursery school
la peluquería	hair salon, hairdresser's
el taller de reparaciones	repair shop
la tienda (de ropa)	(clothing) store
el tribunal	courtroom

Palabras semejantes: el banco, la clínica, el hospital, el laboratorio

Las actividades en el trabajo	Work Activities
Repaso cortar, reparar	
anunciar la sentencia	to read a (court) judgement/ruling
apagar	to turn off
apagar incendios	to put out fires
arreglar	to fix; to arrange
atender (ie) a	to attend to
ayudar	to help
bañar	to bathe
cambiar un cheque	to cash a check
dar (irreg.) masajes	to give massages
ganar (dinero)	to earn (money)

pasar la aspiradora	to vacuum
peinar	to comb, arrange hair
servir (i) (sirviendo)	to serve

Palabras semejantes: defender (ie)

Los adjetivos

Repaso: semejante

auditivo/a	listening
gratuito/a	free
justo/a	just, fair
medio/a	half
particular	individual
peligroso/a	dangerous
peor	worse
ruidoso/a	noisy
valiente	brave

Palabras semejantes: completo/a, fracturado/a, ideal, industrial, obligatorio/a, paciente, perfecto/a, preparado/a, prestigioso/a, secundario/a, similar, social, superior

Las obligaciones	Obligations
Repaso: necesitar + inf.	
deber + inf.	must, ought to (do something)
es necesario + inf.	it's necessary to (do something)
hay que + inf.	one must (do something)
tener (irreg.) que + inf.	to have to (do something)

Los verbos

aconsejar	to advise
crear	to create
creer (creyendo)	to believe
devolver (ue)	to return (something)
exigir	to demand
llamar	to call
llevarse bien con	to get along well with (someone)
mostrar (ue)	to show
ordenar	to order, put in order
saltar	to jump
secar	to dry
tener cuidado	to be careful
venir (irreg.)	to come

Palabras semejantes: comparar, determinar, informar, observar

Las personas

el/la compañero/a de trabajo	co-worker

Palabras semejantes: el/la bebé, el/la paciente, el/la tutor(a)

Los sustantivos

Repaso: la toalla

la caja	box
la canción	song
¡Caramba!	Darn!
el caso	case

el dinero	money
el edificio	building
la empanada	small meat/vegetable pie
la encuesta	survey
la enseñanza	teaching
el estudio	study; course of study
el fregadero	kitchen sink
el horario	schedule
los impuestos	taxes
el nivel	level
la oración	sentence
la presión	pressure
la residencia estudiantil	dormitory
el siglo	century
la tubería	plumbing
la videoteca	video collection

Palabras semejantes: el cable (eléctrico), la composición, la comunicación, la educación, la información, el licor, el perfume, el póker, el problema, la reputación, la responsabilidad, el segmento, el semestre, el tanque

Los pronombres de complemento indirecto	Indirect Object Pronouns
le	to/for him, her, you (pol. sing.)
les	to/for them, you (pol. pl.)
me	to/for me
nos	to/for us
os	to/for you (fam. pl. Sp.)
te	to/for you (fam. sing.)

Palabras y expresiones útiles

a la vez	at the same time
a todo volumen	at full volume
bueno...	well...
como	as, like
con cuidado	carefully
cualquier	any
a cualquier hora	at any time
en cualquier parte	any place
¡Cuidado!	Be careful!
de nuevo	again, once more
el/la más + adj.	the most + adj.
en voz alta	aloud, out loud
más o menos	more or less
mí	me (used after prepositions)
Pon	Put (as an informal tú command)
por día/hora/semana	per day/hour/week
pues	well, then
¿seguro/a?	are you sure?
solo	only
ti	you (fam. sing.) (used after prepositions)

Design elements: (computer): ©D. Hurst/Alamy RF; (headphones): ©McGraw-Hill Education; (globe): ©McGraw-Hill Education.

7 Los lugares y la residencia

Cartagena, Colombia, de noche

Upon successful completion of **Capítulo 7,** you will be able to talk about your house, its rooms and the furniture you have; places in the city, including where you live and activities you do there; household chores and recreational activities; and activities in the past. Additionally, you will have learned about some interesting places and people from Colombia and Panama.

Comunícate

La casa y los cuartos

El vecindario y los lugares

Hablando de la casa y el vecindario «Cuadrados y ángulos» de Alfonsina Storni

Las actividades domésticas

Actividades en casa y en otros lugares

Exprésate

Escríbelo tú La casa ideal

Cuéntanos Tu cuarto o lugar favorito

Cultura

Mundopedia El Carnaval de Barranquilla

Palabras regionales Colombia y Panamá

Conexión cultural Los kuna

Videoteca

Amigos sin Fronteras, Episodio 7 Hogar, dulce hogar

Mi país Colombia y Panamá

Gramática

7.1 Comparisons of Inequality: **más/menos**

7.2 Comparisons of Equality: **tan/tanto**

7.3 Knowing People, Places, and Facts: **conocer** and **saber**

7.4 The Preterite Tense of Regular Verbs

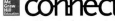

www.mhhe.com/connect

COLOMBIA Y PANAMÁ

el Carnaval de Panamá

Barranquilla

Balboa ○ ☆ CIUDAD DE PANAMÁ

PANAMÁ

la Universidad de Antioquia

el canal Interamericano de Panamá

Medellín

el río Pance

☆ BOGOTÁ

Cali

COLOMBIA

el Palacio de Nariño, Bogotá

Amigos sin Fronteras

Claudia y Nayeli dan un largo paseo en bicicleta. Seis horas después, cuando Claudia regresa a su casa, ¡descubre que no tiene las llaves (*keys*)! ¿Qué debe hacer?

www.mhhe.com/connect

©McGraw-Hill Education/Klic Video Productions

Conócenos

Rodrigo Yassín Lara
©Dave and Les Jacobs/
Blend Images RF

Rodrigo Yassín Lara es colombiano. Tiene veintisiete años y estudia ciencias políticas. Nació en Cali, Colombia, y su cumpleaños es el treinta de septiembre. Sus actividades favoritas son acampar, jugar al fútbol y al ráquetbol. También le gusta leer y pasar tiempo con sus amigos. Rodrigo es divorciado. Su hijo Ricardito tiene seis años y vive en Cali con su mamá. Los hermanos de Rodrigo y sus padres también viven en Colombia.

©Bruno Morandi/robertharding/Getty Images

 Mi país

Comunícate

La casa y los cuartos

Lee *Gramática 7.1, 7.2*

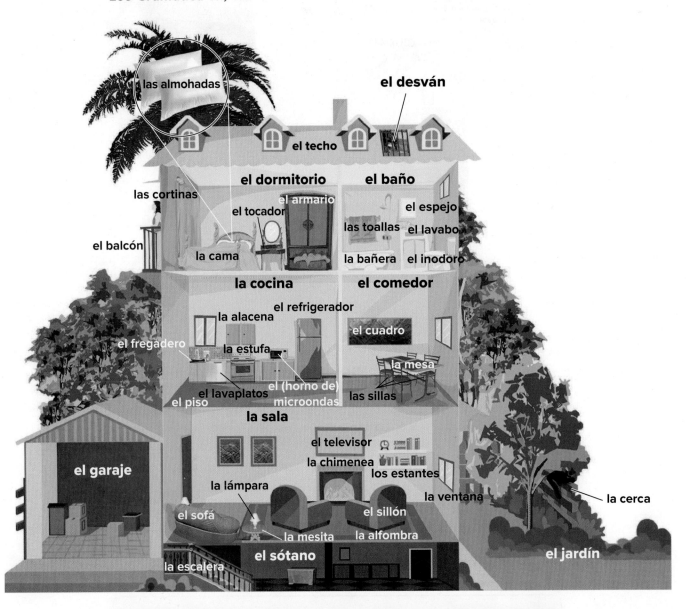

las almohadas

el desván

el techo

el dormitorio

el baño

las cortinas

el armario

el tocador

el espejo

las toallas

el lavabo

el balcón

la cama

la bañera

el inodoro

la cocina

el comedor

el refrigerador

la alacena

el cuadro

el fregadero

la estufa

la mesa

el lavaplatos

el (horno de) microondas

las sillas

el piso

la sala

el televisor

la chimenea

los estantes

el garaje

la lámpara

la ventana

la cerca

el sofá

el sillón

la mesita

la alfombra

el jardín

el sótano

la escalera

Lengua *Variaciones léxicas*

En español hay varias palabras para algunas cosas. Por ejemplo, **apartamento** es **departamento** en México y **piso** en España. La palabra que se usa para **dormitorio** es **alcoba** en Colombia, **recámara** en México, y también se usan **cuarto** y **cuarto de dormir** en algunos lugares. La **ducha** para los mexicanos es la **regadera**. La **piscina** es **pileta** en Argentina y **alberca** en México. ¡Todo depende del país!

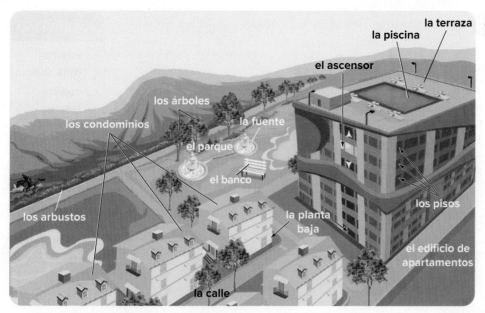

los árboles
los condominios
la fuente
el parque
el banco
los arbustos
la planta baja
la calle
el ascensor
la piscina
la terraza
los pisos
el edificio de apartamentos

Lengua Más palabras

- Los botones en los ascensores de los países hispanos con frecuencia indican el piso a nivel (*level*) de calle con la letra **B (bajo)** o **PB (planta baja)**.
- En muchas casas hispanas hay una despensa (*pantry*) en la cocina.

Actividad 1   Mi casa y mi vecindario

Indica las respuestas apropiadas según tu experiencia.

1. Vivo en...
  a. una casa.
  b. un edificio de apartamentos.
  c. una residencia estudiantil.
  d. ¿ ?

2. Mi casa/edificio tiene...
  a. un solo piso.
  b. dos pisos.
  c. varios pisos.
  d. ¿ ?

3. Mi casa/apartamento (no) tiene...
  a. dos dormitorios.
  b. un patio.
  c. una biblioteca pequeña.
  d. ¿ ?

4. En la sala de mi casa hay...
  a. una mesa.
  b. un televisor.
  c. un sofá.
  d. ¿ ?

5. En la cocina de mi casa hay...
  a. una estufa.
  b. un lavaplatos.
  c. un (horno de) microondas.
  d. ¿ ?

6. En mi dormitorio hay...
  a. muchas almohadas.
  b. una cómoda.
  c. una cama matrimonial (para dos personas).
  d. ¿ ?

7. Mi casa/apartamento (no) tiene...
  a. desván.
  b. sótano.
  c. chimenea.
  d. ¿ ?

8. Afuera de mi casa (no) hay...
  a. árboles.
  b. un jardín con flores.
  c. arbustos.
  d. ¿ ?

9. Mi vecindario es...
  a. tranquilo.
  b. ruidoso.
  c. familiar.
  d. ¿ ?

10. Lo mejor de mi vecindario es...
  a. que tiene mucha diversidad cultural.
  b. que hay muchos parques pequeños.
  c. que es muy seguro.
  d. ¿ ?

Actividad 2 Los aparatos domésticos y otros objetos de la casa

Compara los precios de estos aparatos.

MODELOS: **E1:** ¿Cuál cuesta más, *el cepillo de dientes eléctrico* o *el secador de pelo?*
E2: *El secador de pelo* cuesta más (que *el cepillo de dientes*).
E1: ¿Cuál de estas cosas es la más cara, *el cepillo de dientes eléctrico, el secador de pelo* o *la afeitadora eléctrica?*
E2: *La afeitadora eléctrica* es la (cosa) más cara.

> **Vocabulario**
>
> ... cuesta más que...
>
> ... cuesta menos que...
>
> ... es el/la más... (de todos/as)
>
> ... son los/las más/ menos... (de todos/as)

el microondas $149,89

la tostadora $36,99

la cafetera $21,59

la tetera $18,94

el ventilador $27,99

el cepillo de dientes eléctrico $16,69

el secador de pelo $19,88

la aspiradora $229,99

la afeitadora eléctrica $42,89

la escoba $5,99

el lavaplatos $459,95

el calentador $68,89

la lavadora $459,64

la secadora $464,88

1. ¿Cuál cuesta más, el microondas o la cafetera? ¿el ventilador o el secador de pelo?

2. ¿Cuál cuesta menos, la cafetera o el cepillo de dientes eléctrico? ¿la aspiradora o la tostadora?

3. ¿Cuál de estos objetos es el más caro, la tostadora, la tetera o la cafetera?

4. ¿Cuál de estas cosas es la más cara, el lavaplatos, la afeitadora eléctrica o la aspiradora?

5. ¿Cuál de estas cosas cuesta menos, el secador de pelo, el calentador, el cepillo de dientes eléctrico o la escoba?

6. ¿Cuál cuesta más, el ventilador o la tostadora?

7. ¿Cuál cuesta menos, la afeitadora eléctrica o el cepillo de dientes eléctrico?

8. ¿Cuál es más cara, la lavadora o la secadora?

9. ¿Cuáles de estos aparatos tienes en tu casa o apartamento? ¿Cuáles consideras más útiles?

¡A contar! Los números de 2.000 (dos mil) a 100.000.000 (cien millones)			
2.000	dos mil	300.000	trescientos mil
2.320	dos mil trescientos veinte	500.874	quinientos mil ochocientos setenta y cuatro
5.000	cinco mil	780.000	setecientos ochenta mil
7.715	siete mil setecientos quince	999.000	novecientos noventa y nueve mil
10.000	diez mil	1.000.000	un millón
15.000	quince mil	10.000.000	diez millones
50.000	cincuenta mil	20.000.000	veinte millones
90.900	noventa mil novecientos	40.000.000	cuarenta millones
100.000	cien mil	70.100.000	setenta millones cien mil
200.100	doscientos mil cien	100.000.000	cien millones

A. Escucha las preguntas que te hace tu profesor(a) y contéstalas según los dibujos.

Precio:	Precio:	Precio:
$564.127.200,00	**$298.480.000,00**	**$922.303.200,00**
la casa de los Rozo	**la casa de los**	**la casa de los Yassín**
tres dormitorios	**Londoño**	cinco dormitorios
dos baños	dos dormitorios	tres baños
dos balcones	un baño	tres balcones
dos patios	un patio	un garaje

B. Conversa con tu compañero/a para comparar las tres casas. Hazle preguntas sobre **el precio,** el número de **árboles, arbustos, balcones, baños, dormitorios, patios, pisos, puertas** o **ventanas.**

MODELOS:
E1: ¿Cuánto cuesta la casa de los Londoño?
E2: Cuesta $298.480.000,00 (doscientos noventa y ocho millones, cuatrocientos ochenta mil pesos).
¿Cuántos *balcones* tiene la casa de los *Rozo?*
E2: Tiene *dos.* Tiene *menos* (balcones) *que* la casa de los *Yassín.*
E1: ¿Cuántos *árboles* tiene la casa de los *Londoño?*
E2: Tiene *cuatro.* Tiene *tantos* (árboles) *como* la casa de los *Rozo.* Tiene *más* (árboles) *que* la casa de los *Yassín.*

Source: GO Guía del Ocio

Cultura *Barrios de Medellín*

El Poblado y Envigado son dos barrios de lujo en Medellín, Colombia. En El Poblado hay casas de venta desde 550.000.000 de pesos colombianos; en Envigado los precios empiezan desde 350.000.000 de pesos colombianos. ¿Cuánto cuesta una casa en un barrio de lujo en tu ciudad?

El vecindario y los lugares

Lee *Gramática 7.3*

el museo

la biblioteca

el cine

la discoteca

la escuela

la iglesia

la gasolinera

la oficina de correos

la peluquería

la panadería

el restaurante

el mercado al aire libre

la casa

la playa

al Aeropuerto Internacional

 ## Cultura *Los pisos de un edificio*

When talking about buildings, use **el** + *ordinal number* + **piso.** Note, however, that the floor count does not start on the ground floor. As previously mentioned, in Spanish-speaking countries, the first (or ground) floor is called **la planta baja,** the second floor is **el primer piso,** the third floor is **el segundo piso,** and so on. (Review ordinal numbers in **Capítulo 4,** p. 130)

Gramática *La preposición* para

The preposition **para** has several meanings. Here its meaning is *in order to.* When prepositions are followed by an action, Spanish uses an infinitive: **Vamos a la farmacia para comprar medicinas. / Vamos a la escuela para aprender.**

Actividad 4 Las actividades y los lugares

¿Para qué vamos a estos lugares? Empareja cada lugar con la actividad correspondiente.

MODELOS: el parque ➙
Vamos al parque *para pasear y merendar con nuestros amigos.*
la biblioteca ➙
Vamos a la biblioteca *para leer, sacar libros y estudiar.*

LUGAR

___ **1.** el cine
___ **2.** la playa
___ **3.** el mercado
___ **4.** la panadería
___ **5.** el museo
___ **6.** la iglesia
___ **7.** la oficina de correos
___ **8.** el hospital
___ **9.** el centro comercial
___ **10.** el aeropuerto
___ **11.** el gimnasio
___ **12.** la discoteca
___ **13.** la gasolinera
___ **14.** el restaurante
___ **15.** el banco

ACTIVIDADES

a. bailar y conversar
b. sacar o depositar dinero
c. comprar estampillas y mandar cartas o paquetes
d. participar en una ceremonia religiosa
e. ver una película
f. tomar el sol y nadar
g. desayunar, almorzar o cenar
h. ponerle gasolina al carro
i. recibir atención médica
j. comprar pan o pasteles
k. pasear o ir de compras
l. salir de viaje o recibir a alguna persona
m. hacer ejercicio
n. comprar comida y bebidas
ñ. ver las exhibiciones de arte

Cultura *Las abreviaturas*

Vas a ver estas abreviaturas en muchas ciudades hispanas y también en las direcciones.

Avda.	avenida
C/	calle
No. / nº / Núm.	número
apto.	apartamento
dpto.	departamento (*Méx.*)
ZP	zona postal
CP	código postal

El centro de Cartagena
©Andy Kerry/Getty Images

Escucha a tu profesor(a) y di el número del plano que corresponde a estos lugares en el centro de una ciudad caribeña en Colombia.

Vocabulario

a la derecha de	delante de
a la izquierda de	detrás de
adentro de	en medio de
afuera de	encima da
al lado de	enfrente de
alrededor de	entre
arriba de	lejos de
cerca de	

¿Recuerdas?

Usamos el verbo **estar** (repasa **Gramática 2.1**) cuando hablamos de dónde están las cosas, las personas, los edificios, etcétera. Aquí hay unas palabras para decir dónde está algo.

Gasolinera ColGas	Edificio del Gobierno
Hotel Cartagena de Indias	Farmacia Familiar
CiberCafé	Museo Nacional
Peluquería La Estrella	Biblioteca Municipal

El centro de la ciudad

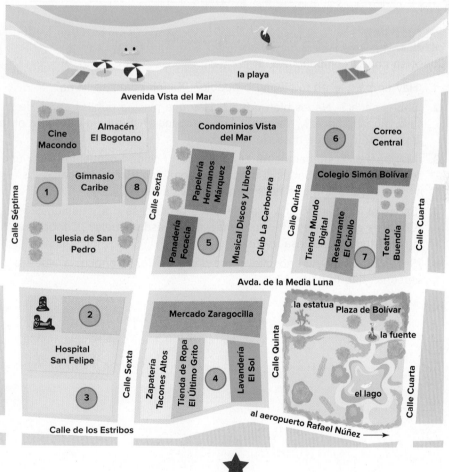

Hablando de la casa y el vecindario

«CUADRADOS Y ÁNGULOS°», DE ALFONSINA STORNI

Cuadrados... Squares and Angles

Alfonsina Storni (1892–1938) es una poeta argentina muy famosa. En «Cuadrados y ángulos», poema de su libro *El dulce daño*[a] (1918), Storni critica un lugar donde todo —las casas, la gente— tiene la misma forma. ¿Es así el barrio donde tú vives? ¿O hay edificios y personas diferentes?

> **Cuadrados y ángulos**
> Casas enfiladas,[b] casas enfiladas, casas enfiladas.
> Cuadrados, cuadrados, cuadrados.
> Casas enfiladas.
> Las gentes ya tienen el alma cuadrada,[c]
> ideas en fila[d]
> y ángulos en la espalda.
> Yo misma he vertido ayer una lágrima,[e]
> Dios mío, cuadrada.[f]

Ahora escribe tú un poema sobre las casas de tu barrio. Por ejemplo, ¿son grandes, pequeñas, feas, bonitas, nuevas, viejas? Describe también otros lugares en tu vecindario.

Estatua dedicada a Alfonsina Storni en Mar del Plata, Argentina
©Silvina Parma/Getty Images

---

[a]dulce... *Sweet Injury* [b]*in a row* [c]el... *square souls* [d]en... *in a line*
[e]Yo... *I myself shed a tear yesterday* [f]Dios... *my God, (my tear was) square*

Actividad 6 Los lugares en tu ciudad

Conversa con tu compañero/a.

1. ¿Hay un parque en tu ciudad o pueblo? ¿Sabes cómo se llama?

2. ¿Sabes nadar? ¿Nadas bien o mal? ¿Hay una piscina pública cerca de tu casa o apartamento? ¿Nadas allí con frecuencia? ¿Sabes a qué hora abre la piscina? Y, ¿a qué hora cierra?

3. ¿Hay buenos restaurantes en el centro de tu ciudad o pueblo? ¿Hay uno cerca de tu casa? ¿Sabes si preparan buena comida? ¿Conoces a los meseros? ¿Sabes a qué hora cierra ese restaurante?

4. ¿Sabes el nombre de una escuela cerca de tu casa o apartamento? ¿Conoces a un maestro o a una maestra de esa escuela? ¿Conoces a algún estudiante de esa escuela?

5. ¿Sabes dónde hay un hospital cerca de tu barrio? ¿Conoces a algunas personas que trabajan allí?

C Las actividades domésticas

Rodrigo **tiene que** lavar los platos. ¡Hay muchos porque no le gusta hacer este trabajo doméstico!

Lucía **necesita** sacar la basura.

Sebastián **tiene que** pasar la aspiradora. ¡El piso está muy sucio! Y Daniel, su compañero de casa **debe** desempolvar los muebles.

Nayeli **debe** limpiar el piso. Pero eso no es un problema para ella porque... ¡le gusta hacerlo!

Jorge **necesita** apagar el televisor para estudiar.

Radamés **va a limpiar** el baño. Es muy necesario, pero él no **tiene ganas**.

 Lengua *Refranes*

Todos los idiomas tienen expresiones coloquiales (*sayings*). En español, se llaman **refranes** (*sing*. **refrán**). Mira el siguiente refrán, que habla de una escoba (*broom*).

«Escoba nueva siempre barre bien.»
¿Qué significa (*mean*) este refrán, posiblemente? ¿Hay una expresión similar en inglés?

Actividad 7 Actividades en casa

¿Qué hacemos en la casa? Pregúntale a tu compañero/a.

MODELO: **E1:** ¿Qué hacemos en *la cocina?*
E2: En la cocina *cocinamos.*
E1: Sí, y a veces *comemos y conversamos.*

Vocabulario

Lugares posibles

el baño	el jardín
la cocina	el patio
el comedor	la sala
el dormitorio	el sótano
el garaje	

Actividades posibles

barrer	lavar los platos
cenar	lavarse el pelo
comer	leer
conversar con amigos	limpiar
darles de comer a las mascotas	mirar la televisión
desempolvar	planchar
dormir	poner la mesa
ducharse	pasar la aspiradora
estudiar	preparar la cena
hablar por teléfono	regar las plantas
hacer la tarea	tender las camas
jugar a las cartas	tomar un café o un refresco
jugar juegos de mesa	trabajar en línea
guardar objetos y muebles viejos	

¿Recuerdas?

In **Capítulo 6** you learned about verbs that express obligation: **tener que, necesitar,** and **deber.** Try using those verbs with some of the **Activi dades posibles**.

E1: ¿Qué **tenemos que** hacer en la cocina?
E2: En la cocina **tenemos que** lavar los platos.

234 doscientos treinta y cuatro   **Capítulo 7** Los lugares y la residencia

Actividad 8 ¡Qué desorden!

Este es el cuarto de Radamés Fernández Saborit. ¡El lugar está muy desordenado! Con tu compañero/a, decidan qué debe hacer Radamés para arreglar su cuarto.

MODELO: Él debe guardar la ropa y necesita apagar el televisor.
También tiene que ____.

Actividad 9 Los quehaceres y las actividades divertidas

Conversa con tu compañero/a.

1. ¿Vives en una residencia estudiantil (de estudiantes), en una casa o en un apartamento? ¿Tienes tu propio dormitorio o compartes tu dormitorio con alguien? ¿Con quién?

2. ¿Cuáles son tus obligaciones en el lugar donde vives? ¿Hay quehaceres que son tu responsabilidad? ¿Cuáles? Por ejemplo, ¿tienes que cocinar, lavar los platos, barrer o pasar la aspiradora? ¿Debes darles de comer a las mascotas o cortar el césped?

3. ¿Tienes lavadora en tu casa o vas a una lavandería automática para lavar tu ropa?

4. De todos los quehaceres, ¿cuál te gusta más y cuál te gusta menos?

5. Si tienes compañero/a de cuarto/casa/apartamento, ¿cuáles son sus quehaceres? ¿Haces actividades divertidas con esta persona? ¿Son amigos o amigas ustedes?

6. ¿Qué aspecto de tu casa o apartamento (por ejemplo, el tamaño del lugar [grande/pequeño], el color, los cuartos, el jardín, si tiene buena iluminación, si tiene piscina, etcétera) te gusta más? ¿Por qué?

7. ¿Qué te gusta hacer en tu casa o apartamento para divertirte? ¿Te gusta leer? ¿jugar a las cartas? ¿mirar cosas en Internet? ¿actualizar tu página de Facebook? ¿invitar a tus amigos a comer o escuchar música? ¿mirar la televisión? ¿dar fiestas?

C **Actividades en casa y en otros lugares**

Lee *Gramática 7.4*

Claudia y la profesora Johnson-Muñoz hablan del fin de semana

Claudia

Profesora
Johnson-Muñoz

1. —¿**Vio** usted la televisión este fin de semana?

—Sí, **vi** las noticias con mi esposo.

2. —¿**Escribió** muchos exámenes?

—Bueno, ¡no muchos! **Escribí** dos anoche.

3. —¿**Visitó** a sus amigos este fin de semana?

—**Visité** a mis nuevos vecinos, que son muy simpáticos.

Eloy y Claudia hablan del fin de semana

Claudia

Eloy

1. —¿**Estudiaste** mucho el fin de semana?

—¡Claro que sí! **Estudié** para un examen de economía.

2. —¿**Limpiaste** tu apartamento el sábado?

—Pues sí, **limpié** la sala y mi cuarto.

3. —¿**Saliste** a comer en algún restaurante?

—¡Sí! **Almorcé** en un restaurante cerca de mi apartamento.

Actividad 10 Las actividades recientes

Pon las siguientes actividades en orden cronológico. Usa **primero, luego, más tarde, después** y **por último.**

1. Esta mañana (yo)...

a. me lavé el pelo.

b. desayuné.

c. me desperté.

d. corrí dos millas.

e. ¿?

2. Ayer por la tarde (yo)...

a. volví a casa.

b. asistí a una clase.

c. preparé el almuerzo.

d. salí para el trabajo.

e. ¿?

3. Anoche, antes de acostarme, (yo)...

a. vi la televisión.

b. cené.

c. lavé los platos.

d. cociné

e. ¿?

4. El sábado pasado (yo)...

a. invité a mis vecinos a cenar.

b. cené con mis amigos.

c. limpié la casa.

d. preparé la cena.

e. ¿?

5. Anoche...

a. me acosté.

b. preparé la cena.

c. lavé los platos.

d. cené.

e. ¿?

Actividad 11 El fin de semana

Aquí tienes algunas de las actividades del fin de semana pasado de Radamés, Marcela, Sebastián, don Rafael y Rodrigo. Coméntalas con tu compañero/a.

MODELOS:
E1: ¿Quién *compró comida el domingo*?
E2: *Sebastián*.
E1: ¿Cuándo *sacó fotos don Rafael*?
E2: *El domingo*.
E1: ¿Qué hizo *Marcela el sábado*?
E2: *Desayunó con su familia y charló con su esposo.*

> **Cultura**
> **Don** y **doña**
>
> Las palabras **don** y **doña** se usan con personas mayores, por respeto: **don** Rafael, que tiene ochenta años, y **doña** Ignacia, que tiene sesenta y cuatro años.

Nombre	el viernes	el sábado	el domingo
Radamés Fernández Saborit	Practicó guitarra y escribió una canción. Estudió un poco y leyó sus mensajes de texto.	Almorzó con su novia. Tocó la guitarra en una fiesta. Se acostó tarde.	Habló con sus padres por teléfono. Salió a cenar con su novia y los miembros de su grupo.
Marcela Arellano Macías	Nadó en una piscina. Jugó con sus hijos. Miró la televisión.	Desayunó con su familia. Charló con su esposo.	Visitó a sus vecinos. Vio a sus amigos por FaceTime. Descansó toda la tarde.
Sebastián Saldívar Calvo	Leyó las páginas de sus amigos en Facebook. Preparó la cena para él y su compañero de casa, Daniel.	Se levantó tarde. Salió a bailar con Daniel y un grupo de amigos.	Texteó a su madre. Compró comida. Lavó la ropa.
don Rafael Sotomayor (abuelo de Franklin)	Le escribió una carta a un amigo. Cenó con su esposa, doña Ignacia.	Barrió el patio y regó las plantas. Jugó al dominó.	Asistió a misa con su esposa. Sacó unas fotos en el parque.
Rodrigo Yassín Lara	Fue al cine con una amiga. Le compró un regalo de cumpleaños a su hijo.	Llamó a su hijo por teléfono y conversó con él por una hora. Estudió un poco.	Durmió hasta muy tarde. Jugó al ráquetbol por la tarde.

Actividad 12 El fin de semana de Rodrigo

Esto es lo que hizo Rodrigo Yassín Lara el fin de semana pasado. Primero escucha la narración que hace tu profesor(a). Luego, narra las actividades de Rodrigo en tus propias palabras.

El viernes

El sábado

El domingo

Actividad 13 El verano pasado

A. Estas son las actividades de Rodrigo con sus familiares y amigos un fin de semana del verano pasado en Cali, donde vive la familia Yassín. Indica el orden más lógico de las actividades.

El sábado por la noche, ¿qué hicieron Rodrigo, su hermano Leyton y varios amigos?

____ Volvieron a casa en un autobús de MIO.

____ Bailaron salsa en la discoteca Agapito.

____ Después de bailar, poco antes de regresar a casa, pasearon por la Plaza de Cayzedo.

____ Conversaron durante el viaje de regreso a casa.

El domingo, ¿qué hicieron Rodrigo, su hijo y sus hermanos?

____ Almorzaron en Pance y después manejaron a un estadio para ver un partido de fútbol.

____ Después de comer cholado, manejaron al Cerro (*Hill*) de las Tres Cruces para hacer un poco de ejercicio. ¡Subieron el cerro a pie!

____ Después de desayunar, jugaron al fútbol en Pance.

____ Desayunaron en Pance, lugar de paseo en Cali, cerca de un río.

____ Comieron cholado en la Plaza de Jamundí después de ver el partido.

____ En casa cenaron chuleta valluna y bebieron champús.

> **Lengua** *Algunos regionalismos de Cali*
>
> ¡Cuidado! En Cali, **el champús** no es el líquido que usas para lavarte el pelo. Allí el champús es una bebida que se hace con melao (*molasses*), fruta y canela (*cinammon*). La palabra siempre tiene **s**, en singular y también en plural: **el/los champús. El cholado** es un postre de frutas, helado, jugo y leche. Y la **chuleta valluna** es un bistec de puerco empanizado (*breaded*).

Cultura *Cali*

- MIO (Masivo Integrado de Oriente) es un sistema de transporte en Cali, Colombia.
- La discoteca Agapito está en un distrito de Cali que se llama Juanchito, donde hay muchos lugares para bailar salsa.
- Hay dos equipos (*teams*) de fútbol muy populares en Cali: el Deportivo Cali y el América.

Muchos caleños (colombianos de Cali) usan el sistema de transporte MIO.
©Oscar Garces/agefotostock

B. Ahora piensa en un fin de semana del verano pasado. ¿Qué actividades hicieron tú y tus amigos o parientes? Menciona seis actividades.

MODELO: **E1:** ¿Qué hicieron tú y tus amigos o parientes?
         E2: Mis amigos y yo escuchamos música, almorzamos en un restaurante... ¿Y tú?

Actividad 14 ¿Qué hiciste?

Conversa con tu compañero/a.

El fin de semana pasado...

1. ¿Limpiaste tu cuarto/casa/apartamento?
2. ¿Saliste con amigos? ¿Adónde? (A la discoteca / Al parque, ...)
3. ¿Comiste en un restaurante? ¿Cuál? ¿Con quién(es)?
4. ¿Jugaste a algún deporte? ¿Jugaste solo/a o con otras personas? ¿Dónde?
5. ¿Fuiste al cine? ¿Qué película viste? ¿Te gustó? ¿Por qué?

Anoche...

1. ¿Trabajaste? ¿A qué hora volviste a casa?
2. ¿Estudiaste? ¿Qué estudiaste?
3. ¿Viste videos en YouTube o tal vez en Netflix?
4. ¿Hablaste por teléfono con tus amigos?
5. ¿A qué hora te acostaste?

Esta mañana...

1. ¿A qué hora te levantaste? ¿Te bañaste después de levantarte?
2. ¿Hiciste ejercicio? ¿Corriste? ¿Fuiste al gimnasio?
3. ¿Desayunaste? ¿Qué tomaste?
4. ¿A qué hora saliste para la universidad? ¿A qué hora llegaste?
5. ¿A qué clase asististe primero?

¿Sacaste la basura esta mañana?
©John Howard/Getty Images RF

Exprésate

La casa ideal

Imagínate que puedes comprar la casa ideal. Describe bien la casa y el vecindario. ¿Dónde está la casa? ¿Cómo es el vecindario? ¿Qué lugares importantes hay en el vecindario? ¿La casa tiene jardín enfrente? ¿Cuántos pisos tiene? Describe los cuartos: ¿Cómo es la cocina? ¿Qué aparatos tiene? ¿La sala es grande? ¿pequeña? ¿espaciosa? ¿Cuántos dormitorios hay? ¿Cómo son los dormitorios? ¿Hay desván o sótano? ¿Hay más de un baño? ¿Tu casa ideal tiene terraza? ¿Tiene patio o jardín atrás? ¿Tiene cancha de tenis? ¿piscina? ¿Qué más hay en tu casa ideal? Incluye todos los detalles importantes. ¡Sueña en grande!

©Denise McCullough

Tu cuarto o lugar favorito

Cuéntanos sobre un cuarto o lugar favorito en tu casa. ¿Cómo es? ¿Es un lugar tranquilo o de mucha actividad? ¿Prefieres estar en ese lugar solo/a, con un amigo / una amiga o con muchas personas? ¿Qué haces cuando estás allí? ¿Duermes? ¿Escuchas música? ¿Lees? ¿Miras la televisión? ¿Juegas videojuegos? Si no tienes un lugar favorito en tu casa, imagínate ese lugar y luego descríbelo en detalle. ¡Los detalles son importantes!

Cultura

Mundopedia

El Carnaval de Barranquilla

Imagina una fiesta con **miles** de personas. El lugar de esta fiesta es una ciudad **entera**, sus calles, casas, parques y plazas. Hay música y baile, desfiles y **carrozas**. Así es el carnaval, la festividad más popular en los países del Caribe y América Central. El carnaval de Barranquilla, Colombia, es uno de los más famosos, **junto con** los carnavales de Panamá y de Oruro, en Bolivia.

El Carnaval de Barranquilla: ¡Quien lo vive es quien lo goza! (*Whoever lives it, enjoys it!*)
©Luis Acosta/AFP/Getty Images

ORIGEN Y EVOLUCIÓN

La fiesta del carnaval tiene su origen en España y gradualmente, **a lo largo de** su historia, **adquiere** elementos de la cultura africana. Se celebra durante cuatro días en febrero o marzo, cuatro días de total diversión antes de la celebración religiosa de la **Cuaresma**. Si conoces la celebración de Mardi Gras de Nueva Orleans, en Estados Unidos, tienes una buena idea del espíritu festivo del carnaval, pues el Mardi Gras tiene mucho en común con el carnaval latinoamericano. El carnaval se celebra con pasión y entusiasmo en varios países como Venezuela, Puerto Rico, Cuba, Panamá, Bolivia y Colombia.

LA CIUDAD

Barranquilla es una de las cuatro ciudades más grandes de Colombia; las otras tres son Bogotá, Medellín y Cali. La ciudad de Barranquilla está en el norte del país, cerca del mar Caribe. Si te gusta la playa, cerca de Barranquilla vas a encontrar algunas playas muy lindas, como la de Solinilla. También vas a **descubrir** un **río** importante, el río Magdalena.* La ciudad se divide en vecindarios —¡más de 150 barrios!—que están en zonas más grandes. La zona del Centro Histórico es la más **vital** y comercial; allí están los mejores restaurantes, tiendas y clubes de la ciudad. Y allí también **se encuentra** su avenida más **transitada**, el Paseo de Bolívar. En Barranquilla hay plazas bonitas, como la Plaza de Bolívar y la Plaza de la Paz, entre muchas otras. Pero **sin duda** el **mayor atractivo** de Barranquilla es su carnaval, uno de los más grandes del mundo.

CARACTERÍSTICAS PRINCIPALES

Como otros carnavales, esta fiesta colombiana tiene una **reina**, grupos de bailes folclóricos, disfraces **impresionantes** y comida deliciosa. La cumbia, música típica de Colombia,

Vocabulario de consulta

miles	thousands
entera	whole
carrozas	floats
junto con	along with
a lo largo de	throughout
adquiere	acquires
Cuaresma	Lent
descubrir	discover
río	river
vital	lively
se encuentra	is located
transitada	busy
sin duda	without a doubt
mayor atractivo	major attraction
reina	queen
impresionantes	impressive
barranquilleros	people from Barranquilla
festejo	**celebración**
lema	motto

---

*El río Magdalena es tema de novelas importantes, como por ejemplo, *El amor en los tiempos del cólera* (1985), del famoso escritor colombiano Gabriel García Márquez.

se escucha en todas partes. Los barranquilleros celebran este festejo nacional con baile, música y diversión. El lema del Carnaval de Barranquilla expresa la actitud de las personas que participan en esta festividad: *Quien lo vive es quien lo goza.* Te invitamos a visitar algún día esta maravillosa ciudad colombiana y a participar en su carnaval... ¡Que lo goces!*

COMPRENSIÓN

Contesta las preguntas.

1. ¿En qué país tiene su origen el carnaval que se celebra en Barranquilla?
2. ¿Cuáles son algunos de los países hispanos donde se celebra el carnaval?
3. ¿Cuál es la zona más comercial de Barranquilla?
4. ¿Cómo se llama la avenida más transitada en Barranquilla y dónde está?
5. ¿Cuáles son tres características del Carnaval de Barranquilla?

Palabras regionales: Colombia		Palabras regionales: Panamá	
a la guachapanga	carelessly	acabangado/a	triste, nostálgico
miti y miti	evenly, fairly	guapachoso/a	alegre
peye	de mal gusto	la lana	dinero

CONEXIÓN CULTURAL

LOS KUNA, GENTE DE ORO

Los kuna (o cuna) son miembros de una población indígena en Panamá y Colombia. Tienen su propio idioma, que ellos llaman *dulegaya* (significa **lengua del pueblo**). Para referirse a sí mismos (*themselves*), los kuna usan la palabra *dule*. Por ejemplo, *andule* quiere decir **yo**. Más de 50.000 personas hablan la lengua kuna. Para estos amerindios* es muy importante la danza y la música. Se consideran *olo tule* (**gente de oro**) y se ven como parte fundamental de la naturaleza (*nature*). Lee la lectura «Los kuna, gente de oro» en el *Cuaderno de actividades* o en Connect Spanish y ¡descubre esta comunidad!

Una mujer kuna toca la zampoña, un tipo de flauta.
©McGraw-Hill Education/Barry Barker

---
*Los amerindios son los primeros habitantes de las Américas.

---
*¡Que... *May you enjoy it!*

Videoteca

Amigos sin Fronteras

Episodio 7: Hogar, dulce hogar

©McGraw-Hill Education/Klic Video Productions

Resumen

Claudia se prepara para andar en bicicleta con Nayeli. Las dos amigas dan un largo paseo. Seis horas después, cuando Claudia regresa a su casa, ¡descubre que no tiene las llaves! Ana Sofía llega y las dos hablan de todos los lugares que Claudia visitó ese día: un parque, el correo, un café. Por fin Ana Sofía encuentra las llaves de Claudia...

Preparación para el video

A. **¡Comencemos!** Indica todas las respuestas lógicas.

1. ¿Qué tipo de actividades hacen los estudiantes universitarios los fines de semana, durante el día?

   a. estudian

   b. hacen ejercicio

   c. van a la universidad

   d. se reúnen con sus amigos y almuerzan, toman café, charlan...

2. ¿Qué situaciones producen estrés normalmente?

   a. ver a tus amigos

   b. hacer ejercicio

   c. los exámenes

   d. el trabajo

3. Normalmente, ¿qué les pasa a las personas cuando tienen estrés?

   a. Están enojadas.

   b. Pierden cosas.

   c. No prestan atención. (*They don't pay attention.*)

   d. Duermen bien.

Vocabulario de consulta	
estar de vuelta	to be back
un rato	a while
vida	life
se caen	(they) fall
las patea y se mueven	(one) kicks them and they move
llaves	keys
Se me perdieron las llaves.	I lost my keys.
chiflada	nuts, crazy (*col.*)

B. **La idea principal.** Indica la idea principal del video.

1. Hacer ejercicio y andar en bicicleta ayudan a Claudia con el estrés.

2. Limpiar la casa, andar en bicicleta y tomar café con los amigos ayudan con el estrés.

3. Claudia pierde cosas importantes porque tiene mucho estrés.

©McGraw-Hill Education/Klic Video Productions

C. **¿Cierto o falso?**

1. Nayeli necesita estudiar para un examen que tiene el lunes.

2. La bicicleta de Claudia está en su dormitorio.

3. Claudia fue al correo ese día.

4. Claudia piensa que es una buena idea buscar sus llaves en el patio.

5. Claudia encuentra las llaves en el café donde vio a Sebastián.

©McGraw-Hill Education/Klic Video Productions

D. **Detalles.** Contesta las preguntas según la información en el video.

1. ¿Dónde encontraron Nayeli y Claudia el libro de Claudia?

2. ¿Qué hizo Nayeli después de pasar un rato en el parque?

3. ¿Qué hizo Claudia en el correo?

4. Según Ana Sofía, ¿por qué perdió Claudia su libro y las llaves?

5. ¿Qué hicieron Ana Sofía y Claudia cuando entraron a la casa?

Mi país COLOMBIA Y PANAMÁ

Comprensión

1. Dos museos importantes de Bogotá son _____.

2. Alrededor de _____ están el Palacio de Nariño, el Palacio de Justicia y la Catedral Primada.

3. ¿Qué comercio es importante en Medellín?

4. ¿Qué se cultiva entre Medellín y Bogotá?

5. ¿Qué usa Rodrigo en Berkeley para mostrar que es de Colombia?

6. ¿Cómo se llama la capital de Panamá?

7. ¿Cómo se llama el grupo indígena que vive en las Islas de San Blas y en el Parque Darién?

8. ¿Qué *no* hay en Panamá?

   a. molas

   b. Carnavales de Barranquilla

   c. catorce parques nacionales

   d. un canal

Algunas indígenas kuna de Panamá
©Bruno Morandi/robertharding/Getty Images

El escritor colombiano Gabriel García Márquez
©Ulf Andersen/Getty Images

Gramática

7.1 Comparisons of Inequality: **más/menos**

A. Use the words **más... que** (*more . . . than*) and **menos... que** (*less/fewer . . . than*) to make unequal comparisons in Spanish. English often uses pairs of adjectives with the ending *-er* (for example, *taller/shorter, bigger/smaller*) in such comparisons, but Spanish uses **más/menos** + adjective.

> **más/menos** + *adjective* + **que**
> La lavadora es **más cara que** la cafetera.
>
> **más/menos** + *noun* + **que**
> Franklin tiene **menos tiempo que** Estefanía.

Radamés es **más** alto **que** Jorge.	*Radamés is taller than Jorge.*
Nayeli es **menos** seria **que** Ana Sofía.	*Nayeli is less serious than Ana Sofía.*
La casa de mis padres es **más** grande **que** mi apartamento.	*My parents' house is bigger than my apartment.*
Estos zapatos son **menos** cómodos **que** los otros.	*These shoes are less comfortable than the other ones.*

The words **más/menos** can also be followed by a noun.

Yo tengo **más** experiencia **que** Eloy.	*I have more experience than Eloy (does).*
Franklin hace **menos** preguntas **que** Estefanía.	*Franklin asks fewer questions than Estefanía (does).*

To compare actions (of people or things), you can place **más/menos que** after a verb.

Camila viaja **más que** Xiomara.	*Camila travels more than Xiomara (does).*
Este suéter cuesta **menos que** el otro.	*This sweater costs less than the other one (does).*

B. To single out a member of a group as *the most* or *the least*, add an article **(el/la/los/las)** to the construction **más/menos** + *adjective:* **el más gordo** (the *fattest* [one]), **las menos caras** (the *least expensive* [ones]). This construction is called the superlative **(el superlativo)** and is the equivalent of English expressions using *the least/most* + *adjective* or adding the ending *-est* to an adjective: *the biggest* (one) **(la más grande),** *the least useful* (ones) **(los menos útiles).** Note that to express *of/in* + (group), Spanish uses **de.**

Hablando de Claudia, Xiomara, y Camila, Xiomara es **la más** simpática **de** las tres.	*Speaking of Claudia, Xiomara, and Camila, Xiomara is the nicest of the three.*
Estas son **las** casas **más** modernas **del** vecindario.	*These are the most modern houses in the neighborhood.*
Aquí tiene usted **el** cuarto **más** grande **de** la casa.	*Here you have the largest room in the house.*

> **El superlativo**
>
> el/la/los/las (+ *noun*) + **más/menos** + *adjective* + **de**
>
> > El dormitorio es **el** (cuarto) **menos** frío **de** la casa.
> >
> > Ana Sofía es **la** (chica) **más** simpática **de** su familia.
> >
> > Estos carros son **los** (carros) **menos** viejos **de** su vecindario.
> >
> > Estas casas son **las** (casas) **más** coloridas **de** la calle.

C. There are special comparative and superlative forms for **bueno** and **malo.**

bueno (*good*) → mejor (*better*)	el/la mejor (*the best* [*one*]), los/las mejores (the *best* [ones])
malo (*bad*) → peor (*worse*)	el/la peor (the *worst* [*one*]), los/las peores (the *worst* [ones])

No hay nada **peor** que el ruido de los coches cuando uno quiere dormir.	*There is nothing worse than traffic noise when you want to sleep.*
En mi opinión, la cocina es **el mejor** cuarto de la casa.	*In my opinion, the kitchen is the best room in the house.*
Todas las películas de *Star Trek* son buenas, pero la última es **la mejor.**	*All of the Star Trek movies are good, but the last one is the best (one).*

D. There are special forms used to compare ages in Spanish.

joven (*young*) → **menor** (*younger*)	**el/la menor** (*the youngest* [*one*]), **los/las menores** (the *youngest* [ones])
viejo (*old*) → **mayor** (*older*)	**el/la mayor** (the *oldest* [*one*]), **los/las mayores** (the *oldest* [ones])

Mi hermano **mayor** se llama Eduardo y mi hermana **menor** se llama Patricia.	*My oldest brother's name is Eduardo, and my younger sister's is Patricia.*
Roberto es **el mayor** de todos nuestros primos.	*Roberto is the oldest of all of our cousins.*

Ejercicio 1

Haz comparaciones usando el verbo entre paréntesis y **más/menos que.**

> MODELO: El sofá cuesta $550. El sofá-cama cuesta $800. **(cuesta)** →
> El sofá-cama cuesta *más que* el sofá. / El sofá cuesta *menos que* el sofá-cama.

1. La mesa pesa (*weighs*) veinticinco kilos. El sillón pesa cuarenta y ocho. **(pesa)**
2. En mi casa viven ocho personas. En la casa de los vecinos viven cinco. **(viven)**
3. La casa de los Chen tiene cuatro dormitorios. La casa de los vecinos tiene dos. **(tiene)**
4. En el patio de mis abuelos hay tres árboles. En nuestro patio hay cinco. **(hay)**
5. Eloy tiene dos perros. Omar tiene un perro. **(tiene)**

Ejercicio 2

Usa **mejor, peor, mayor, menor** o **el/la más... de todos/as** para hacer comparaciones/superlativos y expresar tu opinión.

> MODELOS: el Volkswagen; el Jaguar **(mejor)** → (En mi opinión,) *El Jaguar es mejor que el Volkswagen. / El Volkswagen es mejor que el Jaguar.*
>
> el Mercedes-Benz; el Porsche; el Kia **(barato)** → (En mi opinión,) *El Kia es el más barato de todos.*

1. vivir en un barrio residencial; vivir en el centro de la ciudad **(peor)**
2. vivir en una casa; vivir en un apartamento **(mejor)**
3. un ventilador; un microondas; un refrigerador **(útil)**
4. Mi hermano Eduardo tiene veinticuatro años. Mi hermana Patricia tiene dieciséis. **(mayor)**
5. Mi hijo tiene seis meses. Tu hija tiene un año. **(menor)**
6. un iPad que cuesta $599; un iPhone que cuesta $629.99; un reloj Apple serie 2 que cuesta $369.00 **(caro)**

7.2 Comparisons of Equality: **tan/tanto**

A. When stating that qualities are (or are not) equal or identical (*as pretty as / not as pretty as*), use **(no) ser tan** + *adjective* + **como**. **Tan** never changes form in comparisons or contrasts of qualities.

Antonella es **tan** inteligente **como** Camila.	*Antonella is as intelligent as Camila.*
Nayeli **no** es **tan** alta **como** Claudia.	*Nayeli is not as tall as Claudia.*

To compare the quantity/quality of one action with another (expressing *as much as*), use **(no)** + *verb* + **tanto como.**

Rodrigo estudia **tanto como** Jorge.	*Rodrigo studies as much as Jorge (does).*
Sebastián **no** come **tanto como** Daniel.	*Sebastián doesn't eat as much as Daniel (does).*

B. When equating quantities (as *much/many as*), use **tanto/a/os/as... como,** where **tanto/a/os/as** agrees with the noun that follows.

Rodrigo no tiene **tanta tarea como** su hermano.	*Rodrigo doesn't have as much homework as his brother.*
Ustedes tienen **tantos amigos** de Facebook **como** nosotros.	*You (pl.) have as many Facebook friends as we do.*

---

tan + *adjective* + **como**

Antonella (no) es **tan** inteligente **como** Camila.

tanto/a/os/as + *noun* + **como**

Mi hermana (no) tiene **tantos** amigos **como** yo.

verb + **tanto como**

Rodrigo (no) lee **tanto como** Jorge.

Cultura *Atracciones en Colombia*

Si visitas Cartagena, en Colombia, vas a encontrar la **Calle de los Estribos** en el centro de la ciudad. En Cali debes pasear por el **Parque del Perro.** Y si vas a Bogotá, visita el **Parque San Cristóbal,** que tiene grandes estatuas de animales. ¡Son lugares muy pintorescos!

Haz comparaciones usando el adjetivo entre paréntesis y **(no) tan... como,** según el modelo.

> MODELO: El Parque San Cristóbal es muy grande. El Parque del Perro es pequeño. **(grande)** →
> El Parque del Perro *no* es *tan grande como* el Parque San Cristóbal.

1. La piscina de la familia Montes es muy bonita. La piscina de la familia Lugo es muy bonita también. **(bonita)**
2. El edificio de la Avenida de la Media Luna tiene seis pisos. El edificio nuevo de la Avenida de Bolívar tiene diez. **(alto)**
3. La lavandería nueva de la Calle de los Estribos es muy limpia. La lavandería vieja de la Avenida Almendros no es muy limpia. **(limpia)**
4. Los condominios Vista del Mar son muy modernos. Los condominios La Estrella tienen ya veinte años. **(modernos)**

Haz comparaciones usando **(no) tantos/as... como.**

> MODELO: Mi casa tiene dos dormitorios. Su casa tiene cuatro. →
> Mi casa *no* tiene *tantos* dormitorios *como* su casa.

1. La sala de nuestra casa tiene cuatro lámparas. La sala de su casa tiene solo dos lámparas.
2. La casa de los Rozo tiene tres cuartos. La casa de los Londoño tiene dos cuartos.
3. La casa de mis padres tiene dos baños. La casa de los vecinos también tiene dos baños.
4. El patio de la señora Márquez tiene muchas flores y plantas. El patio del señor Londoño tiene pocas flores y plantas.

7.3 Knowing People, Places, and Facts: **conocer** and **saber**

Conocer (*To know*) is used in the sense of *to be acquainted* or *familiar with*; it is normally used with people and places. **Saber** (*To know*) is used in the sense of *to know facts, information*, or, when followed by an infinitive, *to know how to* (*do something*). Here are the present-tense forms of **conocer** and **saber**.

	conocer	saber	
(yo)	cono**zc**o	sé	*I know*
(tú*)	conoces	sabes	*you (fam. sing.) know*
usted, él/ella	conoce	sabe	*you (pol. sing.) know; he/she knows*
(nosotros/as)	conocemos	sabemos	*we know*
(vosotros/as)	conocéis	sabéis	*you (fam. pl., Sp.) know*
ustedes, ellos/ellas	conocen	saben	*you (pol. pl.) know; they know*

___
*Alternative forms for recognition only: **vos conocés, vos sabés.**

> **¿Recuerdas?**
>
> Spanish uses two different verbs to express the English verb *to know*. You have already seen and practiced the forms of one of these verbs, **saber**, which is used to indicate *knowing facts or information*. When followed by an infinitive, **saber** expresses the idea *to know how to* (*do something*). Return to **Gramática 6.3** to review **saber** in more detail.

—**¿Conoces** muy bien la Ciudad de México?	*Do you know Mexico City well?*
—Todavía no.	*Not yet.*
—**¿Conoces** a Juan Fernando Chen?	*Do you know Juan Fernando Chen?*
—Sí, lo **conozco**, y **sé** que vive en Costa Rica.	*Yes, and I know that he lives in Costa Rica.*
—¿Y **sabes** su dirección en Costa Rica?	*And, do you know his address in Costa Rica?*
—No, no la **sé**.	*No, I don't know it.*
—**¿Sabes** nadar?	*Do you know how to swim?*
—No, no **sé** nadar.	*No, I don't know how to swim.*
—**¿Sabes** dónde está el restaurante?	*Do you know where the restaurant is?*
—No, no lo **sé**.	*No, I don't know.*
—**¿Sabes** si hay una biblioteca cerca?	*Do you know if there is a library nearby?*
—Sí, **sé** que hay una en esta zona, pero no **sé** dónde.	*Yes, I know there is one in this area, but, I don't know where.*

Note that with **conocer**, the preposition **a** precedes a direct object noun when that noun is a person. This use of **a** is called the *personal* **a,** and has no equivalent in English.

—**¿Conoces a** Camila Piatelli?	*Do you know Camila Piatelli?*
—Sí, y **conozco** también **a** su hermana.	*Yes, and I also know her sister.*
—¿Y **conoces** también **a** su amigo Eloy?	*And do you also know her friend Eloy?*
—No, **a** él no lo **conozco**.	*No, I don't know him.*

Ejercicio 5

El señor Rafael Londoño llegó la semana pasada a su nueva casa en el Barrio San Fernando de Cali. Completa las preguntas que le hace a su vecino, Imad Yassín, con la forma apropiada de **conocer** o **saber.**

1. ¿_____ usted si hay una farmacia cerca?
2. ¿_____ usted al vecino que se llama Bernardo?
3. ¿_____ usted si hay una piscina pública cerca?
4. ¿_____ usted al director de la escuela que está en la esquina (*corner*)?
5. ¿_____ usted un buen restaurante de comida italiana?
6. ¿_____ usted dónde está el Parque del Perro?
7. ¿_____ usted si hay un cine en el centro comercial?
8. ¿_____ usted cuánto cuesta la entrada al Museo de Arte Moderno?
9. ¿_____ usted a los vecinos del edificio de apartamentos?

7.4 The Preterite Tense of Regular Verbs*

A. The Spanish past tense (preterite), like the present tense, is formed by adding a set of endings to the stem. Here are the preterite endings of the regular verbs **cocinar** (*to cook*), **barrer** (*to sweep*), and **abrir** (*to open*). Note the written accent marks. They tell you where to put the stress when you speak. Also note that the preterite endings for **-er** and **-ir** verbs are the same.

	-ar *verbs:* cocinar	-er *verbs:* barrer	-ir *verbs:* abrir
(yo)	cociné	barrí	abrí
(tú)†	cocinaste	barriste	abriste
usted, él/ella	cocinó	barrió	abrió
(nosotros/as)	cocinamos	barrimos	abrimos
(vosotros/as)	cocinasteis	barristeis	abristeis
ustedes, ellos/ellas	cocinaron	barrieron	abrieron

There are time expressions that often act as clues to help us recognize the preterite. You can use them to talk about the past. Some of these expressions are **ya** (*already*), **esta mañana** (*this morning*), **anoche** (*last night*), **ayer** (*yesterday*), **ayer por la mañana/tarde/noche, anteayer** (*day before yesterday*), **la semana pasada** (*last week*), **el lunes (martes, miércoles, ...)** **pasado, el mes/año pasado.**

—¿**Ya comiste?**	*Did you eat already?*
—Sí, **comí** en casa.	*Yes, I ate at home.*
Hablé con la nueva vecina **ayer**.	*I spoke with the new neighbor yesterday.*
Mi esposa **habló** con su mamá **esta mañana**.	*My wife spoke with her mother this morning.*

B. There are some clear differences to help you differentiate present and preterite forms. In regular preterites, for example, the stress is always on the final syllable of the **yo** and **usted/él/ella** forms.

Generalmente me levanto a las ocho, pero **ayer me levanté** a las siete.	*Usually I get up at 8:00, but yesterday I got up at 7:00.*

Tú forms in the preterite do not end in **-s.**

Normalmente me llamas por la noche, pero anoche no me **llamaste**.	*Normally you call me at night, but last night you didn't call me.*

Although both present and preterite third-person plural **(ustedes/ellos/ellas)** forms end in **-n,** it is always **-ron** in the preterite.

Por lo general mis padres **salen** poco, pero la semana pasada **salieron** cinco veces.	*Generally my parents go out very little, but last week they went out five times.*

---

*You will learn about the verbs that are irregular in the preterite in **Capítulo 8**.

†Preterite forms for **vos** are the same as for **tú.**

Notice that the present and preterite **nosotros/as** forms for **-er** verbs are different.

Por lo general **comemos** mucha
carne, pero ayer **comimos** pescado.

*Usually we eat a lot of meat,
but yesterday we ate fish.*

In **-ar** and **-ir** verbs, however, the **nosotros/as** form is the same in the preterite and the present tense **(hoy hablamos, ayer hablamos; hoy escribimos, ayer escribimos).** The context of the sentence clarifies whether the speaker refers to the present or the past.

Normalmente **salimos** temprano
para la universidad, pero ayer
salimos un poco tarde.

*We normally leave early for the
university, but yesterday we
left a little late.*

C. If the stem of an **-er/-ir** verb ends in a vowel (such as **le-** from **leer** or **o-** from **oír),** the **i** of the **-ió** and **-ieron** endings changes to **y** in the preterite. Note that the **nosotros** and **vosotros** forms require an accent on the **í.**

leer: leí, leíste, le**y**ó, leímos, leísteis, le**y**eron

oír: oí, oíste, o**y**ó, oímos, oísteis, o**y**eron

Yo **leí** el libro, pero Jorge no lo **leyó.**

*I read the book, but Jorge
didn't read it.*

D. Regular verbs that end in **-car, -gar,** and **-zar** change the spelling of the preterite **yo** form in order to preserve the same sound as the infinitive when an **-é** is added.

buscar (qu): bus**qu**é, buscaste, buscó, buscamos, buscasteis, buscaron

llegar (gu): lle**gu**é, llegaste, llegó, llegamos, llegasteis, llegaron

almorzar (c): almor**c**é, almorzaste, almorzó, almorzamos, almorzasteis, almorzaron

Llegué al centro a las cuatro.

I arrived downtown at 4:00.

Ejercicio 6

¿Hiciste estas actividades ayer? Contesta sí o no.

MODELO: trabajar → Sí, *trabajé* siete horas. (No, *no trabajé.*)

1. comprar un móvil
2. comer en un restaurante
3. hablar por teléfono
4. mandar mensajes de texto
5. estudiar por cuatro horas
6. subir fotos
7. visitar a un amigo / una amiga
8. correr por la mañana
9. salir a bailar
10. lavar los platos

¿Qué hizo Rodrigo ayer por la mañana? Ordena las actividades (1–9) de la forma más lógica.

_____ Lavó los platos del desayuno y leyó las noticias en línea.

_____ Llegó a la universidad a las ocho y media.

_____ Desayunó cereal con leche y fruta.

_____ Antes de desayunar, se bañó.

_____ Asistió a su primera clase a las diez.

_____ Estudió para su primera clase en la biblioteca.

_____ Comió una hamburguesa.

_____ Se levantó a las siete de la mañana.

_____ Caminó a un restaurante para almorzar con su amigo Jorge.

Ejercicio 8

Di si cada una de las personas hizo las actividades indicadas.

MODELO: Taylor Swift / cantar en la ducha esta mañana →
Taylor Swift (no) *cantó* en la ducha esta mañana.

1. mi madre / charlar con el presidente la semana pasada
2. el presidente de México / comer tacos en la calle ayer
3. la profesora de español / salir con el actor Javier Bardem anoche
4. el rey de España, Felipe VI, / visitar Estados Unidos el mes pasado
5. yo / cantar con Shakira ayer a medianoche

Ejercicio 9

Lucía conversa con una compañera de su clase de astronomía. Completa los diálogos con formas de **llegar** y **leer.**

CARLA: Hola, Lucía. ¿A qué hora _____[1] **(tú)** a la universidad esta mañana?

LUCÍA: Hola. _____[2] a las ocho y media. ¿Y tú?

CARLA: Mi compañera de apartamento y yo no _____[3] hasta las nueve y media porque el autobús _____[4] tarde.

LUCÍA: ¡Ay, qué mala suerte! Oye, ¿_____[5] **(tú)** el artículo sobre el nuevo planeta para la clase de astronomía?

CARLA: Sí, lo _____[6] anoche. **(Lo** *refers to* **el artículo).**

LUCÍA: ¿Lo _____[7] tus amigos que están en esa clase?

CARLA: No sé si mi amigo Freddie lo _____,[8] pero lo _____[9] tú y yo ¿no?

LUCÍA: ¡Claro que sí!

Lo que aprendí

At the end of this chapter I can:

☐ describe my house or apartment.

☐ talk about places in a city.

☐ make comparisons.

☐ discuss household chores and other activities that take place at home.

☐ narrate some past experiences.

Now I also know more about:

☐ places in Colombia and Panama.

☐ Colombian family activities during a typical summer weekend.

☐ the **carnaval** in Barranquilla, Colombia.

Vocabulario

La casa y los cuartos	House and Rooms

Repaso: la cocina, el patio

el ascensor	elevator
el balcón	balcony
el baño	bathroom
la chimenea	fireplace
el comedor	dining room
el desván	attic
el dormitorio	bedroom
la sala	living room
el sótano	basement
el techo	roof

Palabras semejantes: el garaje, la terraza

Los muebles, los aparatos domésticos y otros objetos de la casa	Furniture, Household Appliances and Other Household Objects

Repaso: la afeitadora (eléctrica), el cepillo de dientes, la ducha, el espejo, el fregadero, la silla, la toalla

la alacena	kitchen cupboard
la alfombra	carpet
la almohada	pillow
el armario	closet
la aspiradora	vacuum cleaner
la bañera	bathtub
la cafetera	coffeepot; coffee maker
el calentador	heater
la cama (matrimonial)	(double) bed
la cómoda	chest of drawers
la cortina	curtain; *pl.* curtains, drapes
el cuadro	picture (*on the wall*)
la escalera	stairs, ladder
la escoba	broom
el estante	shelf
la estufa	stove, range
el horno	oven
el (horno de) microondas	microwave (oven)
el inodoro	toilet
el lavabo	bathroom sink
la lavadora	washing machine
el lavaplatos	dishwasher
la mesita	coffee table
el secador de pelo	hair dryer
la secadora	clothes dryer
el sillón	easy chair
el televisor	television (set)
la tetera	teapot
el tocador	dresser
el ventilador	fan

Palabras semejantes: la lámpara, el refrigerador, el sofá, la tostadora

El vecindario y la casa	Neighborhood and Home

Repaso: el árbol, el barrio, la calle, el compañero/la compañera de apartamento, el edificio, el jardín, la parada del autobús, el parque, la piscina, el piso, la plaza, la residencia estudiantil

el arbusto	bush
la avenida	avenue
el banco	bench
la cerca	fence
el cerro	hill
la fuente	fountain
la estatua	statue
la planta baja	first floor
el/la vecino/a	neighbor

Palabras semejantes: el condominio, el hotel

Los lugares en la ciudad	Places in the City

Repaso: el aeropuerto, el banco, la biblioteca, el centro, el cine, la ciudad, la clínica, la escuela, la fábrica, el gimnasio, el hospital, la iglesia, la librería, la peluquería, la playa, el restaurante, el supermercado, el teatro, la universidad

el almacén	department store
el centro comercial	mall, shopping center
el correo central	post office
el estadio	stadium
la gasolinera	gas station
la lavandería	laundromat
el mercado (al aire libre)	(open air) market
la oficina de correos	post office
la panadería	bakery
la papelería	stationery store
la zapatería	shoe store

Palabras semejantes: la discoteca, la farmacia, el museo

Los quehaceres domésticos	Household Chores

Repaso: arreglar, cocinar, hacer (*irreg.*) la compra, lavar los platos, limpiar, pasar la aspiradora

barrer	to sweep
cortar el césped	to cut/mow the grass
dar (*irreg.*) de comer	to feed
desempolvar	to dust
guardar (algo)	to put (something) away
planchar	to iron
poner (*irreg.*) la mesa	to set the table
regar (ie) (gu)	to water
sacar (qu) la basura	to take out the trash
tender (ie) la cama	to make the bed

Los verbos

Repaso: abrir, apagar (gu), mandar, preguntar	
cerrar (ie)	to close
compartir	to share
conocer (conozco)	to meet; to know (*people or places*)
divertirse (ie, i)* **(divirtiéndose)**	to have fun
jugar (ue) juegos de mesa / al dominó/ráquetbol	to play board games/ dominoes/racquetball
sacar (qu) fotos	to take pictures
salir de viaje	to go on a trip
subir	to climb
volver (ue)	to return
Palabras semejantes: considerar, depositar, seleccionar	

Los sustantivos

la carta	letter
las ciencias políticas	political science
el desorden	untidiness, mess
el disco	CD, record
la estampilla	stamp
el gobierno	government
la milla	mile
el paquete	package
el paseo	walk
el plano	street map
el pueblo	town
el regreso	return
el tamaño	size
el viaje	trip

Palabras semejantes: la ceremonia, la diversidad, la exhibición, la gasolina, la iluminación, el mensaje de texto, el proyecto, el ráquetbol

Adjetivos

caribeño/a	Caribbean
desordenado/a	messy
propio/a	own
seguro/a	safe, secure; sure
sucio/a	dirty
tranquilo/a	quiet
útil	useful

Palabras semejantes: automático/a, central, comercial, cronológico/a, cultural, internacional, lógico/a, médico/a, municipal, posible, público/a, reciente

Las comparaciones — Comparisons

Repaso: mayor (que), bueno/a, malo/o, menor (que), peor	
más/menos que	more/less than
el/la más/menos + *adj.* **de todos/as**	the most/least + *adj.* of all
mejor	better
el/la mejor	(the) best
el/la peor	(the) worst
tan... como	as . . . as
tanto/a / tantos/as... como	as much / as many . . . as

¿Dónde está(n)... ?

Repaso: a la derecha (de), a la izquierda (de), alrededor (de), al lado (de), al lado derecho (de), al lado izquierdo (de), arriba (de), cerca (de), delante (de), detrás (de), en medio (de), encima (de), entre, lejos (de)	
adentro (de)	inside (of)
afuera (de)	outside (of)
enfrente (de)	opposite

Palabras y expresiones útiles

Repaso: ¡Claro que sí!	
alguien	someone
a pie	on (by) foot
anoche	last night
don, doña	*respectful title used with the first or first and last name of the person:* **don Rafael, doña Omara Saborit**
eso	that
esto	this
para qué	for what (*reason, purpose*)
pasado/a	past
el sábado (mes, año) pasado	last Saturday (month, year)
la semana pasada	last week
el fin de semana pasado	last weekend
¿Te gustó?	Did you like it?
Sí, me gustó mucho.	Yes, I liked it a lot.

Los números dos mil a cien millones — Numbers from two thousand to one hundred million

Repaso: dos mil	
treinta y dos mil	thirty two thousand
cien mil	a hundred thousand
cuatrocientos mil	four hundred thousand
un millón (de)	a million (of *something*)
diez millones (de)	ten million (of *something*)
cien millones (de)	one hundred million (of *something*)

*You will now begin to see a second vowel change listed with **-ir** stem-changing verbs. This indicates third-person vowel changes when conjugated in the preterite tense: **divertirse (ie, ie)** **(se divierte, se divirtió)**.

8 Hablando del pasado

Un baile folclórico frente a la Catedral Metropolitana en el Zócalo, Ciudad de México

Upon successful completion of **Capítulo 8,** you will be able to narrate past experiences, talk about your experiences with other people in the past, and express how long ago something happened. Additionally, you will have learned about some interesting events, places, and people from Mexico.

Comunícate

Mis experiencias

Las experiencias con los demás

Hablando del pasado
«Cuando salimos de El Salvador» de Jorge Argueta

Hechos memorables

Exprésate

Escríbelo tú El fin de semana pasado

Cuéntanos Una noche perfecta

Cultura

Mundopedia El Cinco de Mayo

Palabras regionales México

Conexión cultural Barrancas del Cobre

Videoteca

Amigos sin Fronteras, Episodio 8 La fiesta de despedida

Mi país México

Gramática

8.1 Verbs with Irregular Preterite Forms

8.2 Stem-Changing Verbs in the Preterite

8.3 Verbs with Special Meaning in the Preterite: **conocer, poder, querer, saber, tener**

8.4 Expressing *ago:* **hace** + (*time*)

www.mhhe.com/connect

©Franz Marc Frei/LOOK-foto/Getty Images

MÉXICO

Barrancas del Cobre,
Chihuahua

Loreto

MÉXICO

la Pirámide del Sol

Guadalajara

Teotihuacán

Ciudad de México

la Catedral de la Asunción
de María Santísima

el Ángel de la Independencia

Cataratas Agua Azul,
Tumbalá, Chiapas

Amigos sin Fronteras

Claudia tiene planes de visitar a su familia
en Paraguay. Los amigos del club piensan
darle una fiesta sorpresa para celebrar.
Claudia sospecha que algo anda muy mal
porque sus amigos no quieren salir a bailar
con ella.

www.mhhe.com/connect

©McGraw-Hill Education/Klic Video Production

Conócenos

Nayeli Rivas Orozco
©McGraw-Hill Education/Klic
Video Productions

Nayeli Rivas Orozco es mexicana.
Tiene dieciocho años y estudia
historia. Nació en la Ciudad
de México y su cumpleaños es el
veintiséis de julio. Sus actividades
favoritas son leer novelas históricas
y ver películas basadas en la historia.
También le gusta montar a caballo,
salir a bailar con sus amigos, jugar al
voleibol y nadar.

©Dollia Sheombar/Getty Images RF

 Mi país

Comunícate

¡Estoy muy cansada! Ayer hice muchas cosas.

Mis experiencias

Lee *Gramática 8.1*

Por la mañana...

Me duché y me lavé el pelo.

Desayuné y luego leí el periódico.

Salí del apartamento y caminé a la universidad.

Asistí a la clase de filosofía.

Tomé café y charlé con Camila y Eloy.

Escribí parte de mi informe para la clase de historia. Luego, asistí a la clase de química.

Por la tarde...

Volví a casa con Camila a la una.

Almorcé en casa con Camila.

Trabajé en la biblioteca por cuatro horas.

Anoche...

Cené en un restaurante con Eloy y su novia.

Leí un poco antes de acostarme.

Me acosté un poco tarde, a medianoche.

Actividad 1 Actividades que no son lógicas

Lee cada descripción de actividades de varios estudiantes y subraya las oraciones que no son lógicas. Luego, escríbelas de una manera más lógica.

MODELO: El viernes pasado, asistí a clases y almorcé en la cafetería. <u>Después hice la tarea en la discoteca.</u> Más tarde, volví a casa y dormí una siesta. Luego, preparé la cena y cené. A medianoche me puse el pijama y <u>asistí a otra clase en la universidad</u> antes de acostarme. →

El viernes pasado, asistí a clases y almorcé en la cafetería. *Después hice la tarea en la biblioteca.* Más tarde, volví a casa y dormí una siesta. Luego, preparé la cena y cené. A medianoche me puse el pijama y *leí un poco* antes de acostarme.

1. Esta mañana, me desperté tarde, me levanté rápido, me duché, me sequé, me vestí y cené. Por la tarde fui al supermercado y compré comida. Cuando regresé a casa, puse la comida en el refrigerador y en la cama. Por la noche, desayuné antes de acostarme.

2. Anoche volví a mi casa a las 7:00 de la noche, traduje una novela de García Márquez al inglés, luego cené solo/a. Más tarde, me quité la ropa, me puse el pijama, me lavé la cara y los dientes y salí al cine con mi novio/a. Me acosté a medianoche.

3. El sábado pasado, me levanté a las siete, me puse unos vaqueros, una camisa blanca y salí para el establo. Monté a caballo por tres horas y luego volví a mi casa a las seis de la mañana. Más tarde, almorcé con mi novio/a. Por la noche, hice la tarea de español en la calle.

4. El lunes pasado, estuve en la biblioteca por cinco minutos y aprendí mucho. Luego, asistí a una clase. Más tarde, visité a mi abuela de noventa y nueve años, almorcé con ella. Después, le dije: «Vamos a bailar». Fuimos a la discoteca y ella bailó mucho.

Gramática
Personal pronouns

Remember that in Spanish, it is not necessary to use personal pronouns (**yo**, in this case) if the subject of the sentence is already clear. However, personal pronouns are often used to show contrast or create emphasis.

Mi esposo se levantó tarde ayer, pero **yo** me levanté temprano.

Actividad 2 La rutina

Algunos estudiantes universitarios hablan de su rutina. ¿Qué hicieron? Lee cada secuencia y complétala con una acción lógica.

MODELO: Anoche cené, lavé los platos, luego me quité la ropa, *me puse el pijama*, me lavé los dientes y me acosté.

1. Hoy me desperté, me levanté inmediatamente, me duché, me lavé el pelo y _____. Después me puse ropa limpia y salí para la universidad.

2. Anoche llegué del trabajo, me quité la ropa, me puse el pijama, cené y lavé los platos. Luego, _____ y me acosté.

3. Esta mañana me desperté tarde, me quité el pijama rápidamente, me duché, me sequé y me peiné. _____. Luego, tomé un vaso de leche (no tuve tiempo para desayunar) y salí para el trabajo.

4. El sábado pasado mi novio me invitó al cine. Primero me quité la ropa y entonces _____, me sequé y me puse ropa limpia. Un poco más tarde me maquillé y me peiné. Finalmente, salí para el cine con mi novio.

5. El domingo pasado me desperté, me levanté, desayuné, me quité el pijama, me duché, me sequé, me vestí y _____. Llegué a la cancha de tenis y jugué dos partidos con un amigo.

Mis actividades de ayer

Ayuda a Nayeli a narrar lo que hizo ayer. Primero, completa las oraciones con la forma correcta del verbo entre paréntesis. **OJO:** Usa la primera persona **(yo).** Luego, pon las actividades en un orden lógico. Empieza la segunda parte **(Más tarde)** otra vez con el número **1.**

ORDEN	ACTIVIDAD	
	Por la mañana	
____	_Me vestí_	(Vestirse) y me puse los zapatos.
____	_____	(Ducharse) con agua muy caliente.
____	_____	(Asistir) a varias clases primero.
____	_____	(Hacer) la tarea de física en la biblioteca.
____	_____	(Salir) para la universidad.
1	_____	(Levantarse) muy temprano, a las cinco de la mañana.
____	_____	(Montar) a caballo después de hacer la tarea.
____	_____	(Desayunar) yogur con fruta solamente.
	Más tarde	
____	_____	(Leer) una novela antes de acostarme.
____	_____	(Maquillarse) y me puse un vestido después de bañarme.
____	_____	(Acostarse) tarde, a medianoche.
____	_____	(Cenar) en un restaurante a las siete de la noche.
____	_____	(Volver) a casa para almorzar.
____	_____	(Bañarse) a las seis antes de salir a cenar con un amigo.
____	_____	(Salir) del restaurante a las diez para regresar a casa.

Actividad 4 ¿Cuándo... ?

Lee la lista de respuestas posibles en el vocabulario. Luego, conversa con tu compañero/a sobre la última vez que tú hiciste o él/ella hizo las siguientes actividades.

MODELO: E1: ¿Cuándo recibiste una multa por manejar a exceso de velocidad?
E2: (Recibí una multa) El año pasado. ¿Y tú?
E1: ¡Nunca! Soy muy responsable. / El verano pasado.

1. ¿Cuándo bajaste una canción de tu cantante favorito a tu móvil?
2. ¿Cuándo tuiteaste en clase?
3. ¿Cuándo actualizaste tu página de Facebook?
4. ¿Cuándo hablaste con tu novio/a?
5. ¿Cuándo estudiaste por más de una hora sin descansar?
6. ¿Cuándo viste una película que te gustó mucho?
7. ¿Cuándo leíste el periódico en línea?
8. ¿Cuándo sacaste (recibiste) una mala nota en una asignatura?
9. ¿Cuándo saliste a bailar con tu novio/a?
10. ¿Cuándo recibiste una multa por manejar a exceso de velocidad?

> **Vocabulario**
>
> anoche
>
> ayer por la mañana/tarde/noche
>
> anteayer
>
> el lunes (martes, ...) pasado
>
> la semana pasada
>
> el mes/año pasado
>
> hace ___ minutos/horas/días
>
> hace semanas/meses/años

Trabaja con tu compañero/a para narrar el fin de semana de Nayeli.

7:00

7:15

7:30

8:00

al establo →
8:15

9:00 → 11:45

12:00

1:30

1:45

2:00 → 5:00

5:00
Historia de México

6:30

6:45

7:15
TICKETS

9:00

¿Qué hizo después?

Vocabulario
primero
luego
más tarde
(poco) después
también
por último

Las experiencias con los demás

Lee *Gramática 8.2, 8.3*

Claudia y yo fuimos al parque en bicicleta.

Primero nos pusimos ropa cómoda y un buen casco.

En el parque anduvimos en bici alrededor de un pequeño lago y saludamos a otros chicos.

De repente Claudia y yo nos caímos. ¡Qué susto! Pero no fue nada serio.

Yo me levanté al momento y ayudé a Claudia. Volvimos a casa después del pequeño accidente.

Rodrigo y Jorge fueron al centro cultural para escuchar a Radamés.

Primero se afeitaron y se vistieron. Se pusieron ropa cómoda.

Llegaron al café, se sentaron y pidieron una cerveza.

Bebieron, cantaron y bailaron con la música de Cumbancha.

Casi a medianoche salieron del centro cultural.

 Actividad 6 El fin de semana en varios países

Aquí tienes algunas de las actividades del fin de semana pasado de los Piatelli, los Rivas y los Torroja. Coméntalas con tu compañero/a.

MODELOS: E1: ¿Qué hicieron *los Torroja el viernes?*
E2: *Fueron al teatro Romea y vieron una obra dramática.*
E1: ¿Quiénes *limpiaron la casa el sábado?*
E2: *Los Rivas.*

	Los Piatelli, Argentina	Los Rivas, México	Los Torroja, España
el viernes	Dieron una fiesta y se divirtieron mucho.	Hicieron tlayudas (una comida oaxaqueña).	Fueron al teatro Romea y vieron una obra dramática.
el sábado	Invitaron a un amigo de Camila a bailar tango.	Limpiaron la casa y lavaron el carro.	Condujeron a La Manga y pasaron el día en la playa.
el domingo	Durmieron hasta las diez y luego hicieron churrasco.	Asistieron a misa de once en la catedral.	Visitaron las ruinas romanas en Cartagena.

Actividad 7 Un viaje a Loreto, Baja California Sur

Eloy, Nayeli, Ana Sofía, Franklin y Estefanía pasaron las vacaciones de primavera en la ciudad de Loreto en el estado mexicano de Baja California Sur. Salieron de Berkeley un sábado temprano y llegaron a Loreto el domingo por la noche. Mira los dibujos y di qué hicieron.

Eloy   Nayeli   Ana Sofía   Franklin   Estefanía

1.

domingo: llegada a Loreto

2.

lunes y martes: Loreto

3.

miércoles y jueves: pinturas rupestres en las cuevas de la Sierra de Guadalupe

 Cultura *Loreto*

Berkeley está a 1.210 millas de Loreto, o 1.947,3 kilómetros. El viaje toma más o menos veintiuna horas en coche... ¡sin parar!

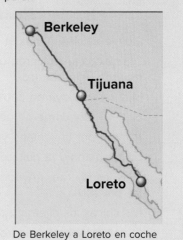

Berkeley

Tijuana

Loreto

De Berkeley a Loreto en coche

4.

miércoles y jueves: el Museo de las Misiones Jesuitas

5.

viernes: ballenas en el Parque Nacional Bahía de Loreto

6.

sábado y domingo: el regreso

Actividad 8 Los héroes y el ladrón

Eloy y su hermanito Ricky vivieron una aventura. Con tu compañero/a, usa los dibujos para poner las oraciones en orden lógico.

_____ Eloy le ató las manos al ladrón y Ricky llamó a la policía.

_____ Los chicos se pusieron rojos, pero se sintieron muy bien porque hicieron algo heroico.

_____ Eloy y Ricky oyeron unos gritos desesperados.

_____ Eloy y Ricky corrieron detrás del ladrón.

_____ Miraron por la ventana y vieron a dos hermosas chicas asustadas.

_____ Lo atraparon y le quitaron las bolsas de las chicas.

_____ Ellas les dijeron: «¡Ayúdennos, por favor! ¡Aquel hombre nos robó las bolsas!»

_____ Las chicas les dijeron: «¡Muchísimas gracias!» y les dieron un beso.

_____ El policía arrestó al ladrón.

_____ Salieron y les preguntaron: «¿Qué les pasa?»

Actividad 9 El fin de semana pasado

Conversa con tu compañero/a sobre sus actividades del fin de semana pasado.

1. ¿A qué hora te levantaste el sábado? ¿Te levantaste temprano el domingo? ¿Por qué?

2. ¿Tuviste que trabajar el sábado o el domingo? ¿Ganas más dinero cuando trabajas los fines de semana?

3. ¿Te gusta limpiar la casa? ¿La limpiaste el sábado? ¿Por qué? ¿Tuviste que hacer algo que no te gusta hacer? ¿Qué tuviste que hacer?

4. ¿Hiciste algo con amigos el sábado por la noche? ¿Qué hicieron? ¿Fueron a una fiesta? ¿Se divirtieron? ¿Fueron al cine? ¿Qué película vieron? ¿Les gustó? ¿Asistieron a un concierto? ¿Cómo se llama(n) el artista (los artistas)? ¿Es/Son tu(s) favorito(s)?

5. ¿Hiciste la tarea el sábado o el domingo? ¿Para qué asignaturas hiciste la tarea? ¿Te gusta hacer la tarea los fines de semana? ¿Por qué?

6. ¿Adónde fuiste el domingo? ¿Con quién fuiste? ¿Qué cosas interesantes o aburridas hicieron? Describe una o dos de esas actividades.

Hablando del pasado

«CUANDO SALIMOS DE EL SALVADOR» DE JORGE ARGUETA

Jorge Tetl Argueta es un poeta indígena salvado-
reño. Pasó su niñez[a] en El Salvador y llegó a
Estados Unidos en 1980. Vive en San Francisco,
California. Es autor de muchos libros bilingües
para niños. También escribe poemas y cuentos.
Es maestro y viaja por este país para leer sus
obras[b] y ofrecer[c] clases de escritura[d] creativa
para niños y jóvenes. El conmovedor[e] poema que
aparece abajo es una selección de su libro *Una
película en mi almohada* (2001). En esta obra,
Argueta describe la traumática experiencia de un
niño que abandona su país natal.[f]

Courtesy of Jorge Argueta,
www.jorgeargueta.com

Cuando salimos de El Salvador
Cuando salimos de El Salvador
para venir a los Estados Unidos
mi papá y yo salimos huyendo[g]
una madrugada[h] de diciembre
Salimos sin decirles adiós
a parientes, amigos o vecinos
No me despedí de[i] Neto
mi mejor amigo
No me despedí de Koki
mi periquito parlanchín[j]
ni de la señorita
Sha-She-Sha-Sha
mi perrita[k] favorita
Cuando salimos de El Salvador
en el autobús yo no dejaba de llorar[l]
porque allá se habían
quedado[m] mi mamá
mis hermanitos y mi abuela.

Argueta ofrece clases de escritura para niños
Courtesy of Jorge Argueta, www.jorgeargueta.com

---

[a]*childhood* [b]*works (of art, fiction)* [c]*offer* [d]*writing* [e]*moving* [f]*of birth* [g]*fleeing* [h]*dawn*
[i]No... *I didn't say goodbye to* [j]periquito... *talkative parakeet* [k]*little dog* [l]no... *couldn't stop
crying* [m]allá... *had remained behind*

Actividad 10 El tiempo libre

Habla con tu compañero/a sobre las siguientes actividades. ¿Con quién(es) las hiciste? (Si nunca hiciste la actividad con otra persona, di: [*persona*] **y yo nunca** [*actividad*].) Para reaccionar a lo que dice tu compañero/a, usa las frases de **Y tú, ¿qué dices?**

MODELO: **E1:** *Mi novio y yo esquiamos en el agua* ayer.
            E2: ¡Qué divertido! El año pasado, *mi hermano y yo esquiamos en el agua* también, pero nunca *corrimos* un maratón.
            E1: ¿De veras? ¿No te gusta correr?

Vocabulario

Posibilidades:

mi(s) amigo/a(s) y yo

mi(s) compañero/a(s) de cuarto/casa/apartamento y yo

mi esposo/a y yo

mi familia y yo

mi(s) hermano/a(s) y yo

mi novio/a y yo

mi(s) primo/a(s) y yo

mi(s) hijo/as(s) y yo

ACTIVIDADES

1. acampar en...
2. celebrar (el Año Nuevo, un cumpleaños, el Día de la Independencia, ...)
3. jugar videojuegos
4. correr un (medio) maratón
5. esquiar en el agua / la nieve
6. dar una fiesta
7. jugar al (*deporte*)
8. salir a bailar
9. subir una montaña
10. ver videos en Youtube
11. viajar a (*lugar*)
12. ¿ ?

Y tú, ¿qué dices?

¿Adónde?	¿De veras?
¿Cuándo?	¡Qué aburrido!
¿Cuál?	¡Qué divertido!
¿Dónde?	¡Qué envidia!

Lee la descripcion de cada situación y di lo que hiciste. Si nunca te pasó algo similar, invénta tu reacción a la situación.

Vocabulario

Busqué al dueño.	**Lo/La castigué.**	**Me quejé.**
Compré...	**Lo(s)/La(s) llamé y...**	**No pude manejar.**
Grité «¡Auxilio!»	**Me enfermé.**	**Pedí otra sopa.**
Llamé a la policía.	**Me enojé.**	**Salí sin pagar.**
Lloré mucho.	**Me dio vergüenza.**	**Tuve miedo.**

1. Un día encontré cien dólares en la calle. (Yo)...
2. Una vez en un restaurante encontré una mosca en la sopa. (Yo)...

3. Una noche bebí mucho en una fiesta.
4. Una vez invité a mis amigos a una fiesta. Todos dijeron que sí pero no asistieron.
5. Una noche cuando estaba solo/a en mi casa escuché ruidos y vi a un hombre cerca de la ventana de mi dormitorio.
6. Un día mi perro arruinó uno de mis zapatos más caros.

7. Un día me caí en un sitio (lugar) público. Muchas personas me miraron.
8. Una vez un amigo / una amiga me eliminó de su grupo de amigos de Facebook.
9. ¿ ?

Hechos memorables

Lee *Gramática 8.4*

20.000 a.C.
Los indígenas que hoy viven en el continente americano llegaron de Asia hace más de 20.000 años.

doce de octubre de 1492
Cristóbal Colón llegó a América hace más de cinco siglos (hace más de 520 años).

verano de 1521
Hernán Cortés conquistó Tenochtitlán hace más de 490 años.

quince de septiembre de 1810
Con el Grito de Dolores, don Miguel Hidalgo declaró la independencia de México hace más de 200 años.

cinco de mayo de 1862
Los mexicanos ganaron la batalla de Puebla contra los franceses hace más de 150 años.

veinte de noviembre de 1910
La Revolución mexicana terminó hace más de un siglo.

primero de diciembre de 2000
El Partido Revolucionario Institucional (PRI) gobernó México por muchos años (desde el año 1929 hasta el año 2000). El Partido Acción Nacional (PAN) triunfó sobre el PRI hace más de diez años.

primero de diciembre de 2012
El PRI (Partido Revolucionario Institucional) regresó al poder después de solo doce años de ausencia.

Gramática *More/Less than* + *(number)*

To express *more/less than* (**más/menos que**), Spanish uses **de** for *than* when any number follows.

Hace **más de cincuenta** años (que) murió John F. Kennedy.

Cultura *Las soldaderas*

Durante la Revolución mexicana (1910–1920), muchas mujeres, «las soldaderas», acompañaron a los soldados y pelearon a su lado. También cocinaron e hicieron lo que hacen siempre las amas de casa, pero ¡en el campo de batalla!

Soldaderas revolucionarias
©George Rinhart/Corbis via Getty Images

Actividad 12 ¿Quién lo hizo?

A. Lee las oraciones y decide quién hizo estas cosas.

___ **1.** Descubrió la penicilina hace noventa años, más o menos.

___ **2.** Ganó la guerra en México contra los franceses en 1867.

___ **3.** Escribió *Cien años de soledad* y *El amor en los tiempos del cólera*. Ganó el Premio Nobel de Literatura en 1982, ¡hace más de tres décadas!

___ **4.** Primer presidente estadounidense de origen afroamericano, gobernó de 2009 a 2016.

___ **5.** Llegó a América en 1492, hace más de 500 años.

___ **6.** Ganó el *Tour de Francia* en 2009. ¡Hace varios años!

___ **7.** Activista de origen aymara, ganó las elecciones presidenciales de Bolivia en 2005.

___ **8.** Nació en México. Dirigió las películas *Y tu mamá también* y *Harry Potter y el prisionero de Azkaban*.

___ **9.** Nació en España y vivió muchos años en Francia. Pintó el famoso cuadro *Guernica*.

___ **10.** Actriz de cine y televisión. Recibió el Golden Globe a la mejor actriz de televisión en 2015 por su trabajo en *Jane the Virgin*.

a. Barack Obama

b. Cristóbal Colón

c. Alberto Contador

d. Gina Rodríguez

e. Alfonso Cuarón

f. Alexander Fleming

g. Gabriel García Márquez

h. Benito Juárez

i. Evo Morales

j. Pablo Picasso

B. Ahora piensa tú en algunos hechos memorables para el mundo o en tu vida y di cuántos años hace que ocurrió cada uno. Cuando termines, comparte tu lista con tu compañero/a.

MODELOS: Hace veinte años más o menos que murió la princesa Diana en un accidente de automóvil.
Mi primera sobrina, Luna, nació hace tres meses.

Actividad 13 Unas vacaciones memorables

Lee sobre los viajes de estas personas y decide cuál de sus actividades no es lógica. Explica tu respuesta.

1. Soy Juan Fernando Chen Gallegos. Hace unos meses fui a México.

   a. Visité el estado de Chiapas en la frontera con Guatemala.

   b. Comí comida mexicana deliciosa.

   c. Vi la Torre Eiffel.

   d. Aprendí mucho sobre la medicina natural en la selva Lacandona.

2. Soy Ángela McNeil-Mendívil. Hace un año hice un viaje a Oaxaca.

   a. Practiqué el español en todas partes.

   b. Nadé en el río Misisipí.

   c. Visité algunas ruinas de culturas indígenas de México.

   d. Compré artesanías mexicanas, especialmente las de barro negro.

3. Hace unos días Eloy, Nayeli, Claudia y Ángela y su esposo acamparon en Lake Tahoe.

   a. Todos tomaron el sol y se bañaron.

   b. Ángela y su esposo escalaron parte de Mount Rose.

   c. Todos subieron las pirámides de Teotihuacán.

   d. Desayunaron, comieron y cenaron al aire libre todos los días.

4. Hace tres años Rodrigo y su familia fueron a Europa en avión.

   a. Visitaron el Museo del Prado en Madrid.

   b. Pasaron en barco por el Canal de Panamá.

   c. Anduvieron en barco por el río Rin.

   d. Comieron en restaurantes franceses muy buenos.

Barro negro de San Bartolo Coyotepec, Oaxaca
©Glow Images RF

Actividad 14 Una entrevista indiscreta

Tu compañero/a y tú deben usar estas preguntas para entrevistarse. Algunas de las preguntas son indiscretas, pero digan la verdad al contestar, si pueden.

MODELO: E1: ¿Cuánto (tiempo) hace que empezaste a estudiar español?
E2: Hace un año y medio que empecé a estudiar español. ¿Y tú?
E1: Hace tres años. Empecé en la escuela secundaria.

1. ¿Cuánto (tiempo) hace que cumpliste años? ¿Cuántos años cumpliste?
2. ¿Cuánto (tiempo) hace que saliste solo/a con tu novio/a por primera vez?
3. ¿Cuánto (tiempo) hace que recibiste tu primer beso romántico?
4. ¿Cuánto (tiempo) hace que te graduaste en la escuela secundaria? ¿Cuánto hace que te matriculaste en la universidad?
5. ¿Cuánto (tiempo) hace que un policía te puso una multa por manejar a exceso de velocidad? ¿De cuánto fue la multa? ¿Quién la pagó?
6. ¿Cuánto (tiempo) hace que tuviste un día fabuloso? ¿Cuánto hace que tuviste un día horrible? Cuéntame sobre uno u otro. ¿Por qué te pareció fabuloso u horrible? ¿Qué pasó?

Spanish uses a **u** instead of an **o** to say *or* when the word that follows begins with an **o-** or **ho-**.

Omar **o** Marcela pueden hablarte de Ecuador.

Marcela **u** Omar pueden hablarte de Ecuador.

Exprésate

ESCRÍBELO TÚ

El fin de semana pasado

Escribe una narración sobre el fin de semana pasado con muchos detalles. ¿Qué hiciste? ¿Adónde fuiste? ¿Qué comiste? **OJO:** Debes usar la primera persona **(me quedé en casa, descansé, vi televisión, fui a...).** Recuerda también usar palabras y frases como las siguientes: **primero, después, más tarde, finalmente, por la mañana/tarde/noche, luego** y **también**. Mira la guía con más preguntas en el *Cuaderno de actividades* o en Connect Spanish.

CUÉNTANOS

Una noche perfecta

Cuéntanos sobre una noche perfecta. ¿Te quedaste en casa o saliste? ¿Qué hiciste? ¿Fuiste a algún lugar fabuloso? ¿Cómo se llama el lugar? ¿Pasaste tiempo con una persona especial? ¿Con quién? ¿Cómo es esa persona? ¿Qué hicieron? ¿Por qué fue perfecta esa noche? Si nunca tuviste una noche perfecta, imagínate esa noche y describe lo que pasó en detalle. ¡Cuéntanos y explícanos todo lo que hiciste!

Cultura

Mundopedia

El Cinco de Mayo

La ejecución de Maximiliano Entre 1867 y 1869, el francés, Edouard Manet, pintó una serie de cuadros sobre la ejecución de Maximiliano, Emperador de México.
©Universal History Archive/Getty Images

El Cinco de Mayo no es el Día de la Independencia de México, pero es una fecha importante. En esta fecha, los mexicanos celebran la victoria sobre el ejército francés en la Batalla de Puebla.

LA SITUACIÓN ECONÓMICA DE MÉXICO

En 1861, México tenía problemas económicos muy serios. Para resolverlos, el presidente Benito Juárez suspendió el pago de la deuda externa. Tres países —Francia, España e Inglaterra— no aceptaron esa decisión y decidieron invadir México. Después de algunas negociaciones, Inglaterra y España se retiraron de la alianza. Francia, por otra parte, decidió invadir sin esos países. Su idea: establecer un imperio controlado por Europa y así detener el poder creciente de Estados Unidos.

¡VICTORIA!

El cinco de mayo de 1862, el ejército francés atacó la ciudad de Puebla, esperando una victoria fácil. Pero no fue así. México, una república nueva con muchos problemas políticos y económicos, se enfrentó a Francia, entonces el país más fuerte y poderoso del mundo. Con el general Ignacio Zaragoza, muchos ciudadanos mexicanos sin armas convencionales participaron en la batalla ¡y derrotaron a los franceses! La Batalla de Puebla es una batalla histórica ¡y una buena excusa para celebrar!

Vocabulario de consulta	
ejército	army
Batalla	battle
tenía	had
pago	payment
deuda externa	foreign debt
se retiraron	removed themselves
por otra parte	on the other hand
imperio	empire
detener	to stop, detain (*something*)
poder creciente	growing power
se enfrentó a	stood up to
armas	weapons
derrotaron	defeated
desafortunadamente	unfortunately
príncipe	prince
triunfalmente	triumphantly
fusilar	to execute
fieles	loyal

¡DERROTA!

Desafortunadamente, un año después los franceses regresaron a México y derrotaron a los mexicanos. Victoriosos, y con ayuda de algunos mexicanos reaccionarios (muy conservadores), los franceses pusieron a un **príncipe** del Imperio austrohúngaro, Maximiliano de Habsburgo, como Emperador de México. Maximiliano entró **triunfalmente** a la Ciudad de México el siete de junio de 1863. Gobernó de 1864 a 1867.

BENITO JUÁREZ REGRESA

Benito Juárez, el presidente de México antes de la invasión francesa, volvió a México en 1867. Después de muchas batallas, Juárez, con el pueblo mexicano de su lado, derrotó al ejército de Maximiliano en 1867 e inmediatamente capturó a Maximiliano. Una corte militar dictó la sentencia de **fusilar** a Maximiliano y a sus dos **fieles** generales mexicanos* el diecinueve de junio de 1867. Y así terminó esta aventura trágica de Francia en México.

COMPRENSIÓN

Contesta las preguntas.

1. ¿Por qué suspendió Benito Juárez el pago de la deuda externa?
2. De los tres países que no aceptaron la decisión de Juárez, ¿cuál invadió México?
3. ¿Qué ejército ganó la Batalla de Puebla en 1862?
4. ¿Qué pasó un año después?
5. ¿Quiénes derrotaron a los franceses en 1867?
6. ¿Qué hizo el presidente de México con Maximiliano y sus dos generales?

Palabras regionales: México	
güero/a	rubio/a; gringo/a
güey	dude, guy
¿Qué onda?	¿Qué pasa? ¿Cómo estás?
¡Qué curada!	¡Qué divertido!

CONEXIÓN CULTURAL

BARRANCAS DEL COBRE° Y LOS RARÁMURI   Barrancas... *Copper Canyon*

El cañón del Colorado (*Grand Canyon*), en Arizona, es grande y espectacular. ¡Es una maravilla de la naturaleza! Pero, ¿sabes que hay otro lugar muy similar, aunque más grande y profundo (*deep*)? Pues es cierto; ese cañón se llama Barrancas del Cobre y está en la Sierra Tarahumara del estado mexicano de Chihuahua. ¿Quieres saber más de este fascinante lugar y de la gente *rarámuri* que vive allí? Lee la lectura «Barrancas del Cobre» en el *Cuaderno de actividades* o en Connect Spanish y ¡descubre todo esto y mucho más!

---

*Tomás Mejía y Miguel Miramón

Videoteca

Amigos sin Fronteras

Episodio 8: La fiesta de despedida

©McGraw-Hill Education/Klic Video Productions

Vocabulario de consulta

noticia	news
¡Qué padre!	That's awesome! (*Méx., col.*)
boleto	ticket
bienvenida	welcome (*n.*)
acogedora	cozy, welcoming
reunirnos	to get together
quita	delete
sabrá	(she) will know
caíste del cielo	you're an angel (*lit.*, you fell from heaven)
perderme el principio	to miss the beginning
tenés razón	you're right
algo anda mal	something's not right
me dejaron pensando	you (*pl.*) left me thinking
los perdono	I'll forgive you

Resumen

Claudia les informa a Nayeli y a Radamés que va a pasar el verano en Paraguay con sus abuelos. Así que sus amigos deciden darle una fiesta sorpresa de despedida. Ana Sofía invita a Claudia al cine y Claudia cree ver (*thinks she sees*) a una de sus amigas en la calle con muchas bolsas. ¡Piensa que pasa algo raro! Al final, las dos amigas regresan a la casa de Claudia.

Preparación para el video

A. ¡Comencemos! Indica todas las respuestas apropiadas.

1. Una fiesta para una persona, cuando esa persona no sabe nada, es una fiesta.

   a. de cumpleaños   c. aburrida

   b. sorpresa   d. larga

2. ¿Qué necesita hacer una persona que quiere dar una fiesta?

   a. decorar el lugar de la fiesta

   b. preparar comida y comprar bebidas

   c. comprar mucha ropa

   d. invitar a los amigos

3. ¿Qué aspectos son importantes para una buena fiesta sorpresa?

   a. invitar a muy pocos amigos

   b. tener buena música

   c. guardar (*keep*) el secreto

   d. bailar pero no cantar

B. **La idea principal.** Indica la idea principal del video.

1. Hace más de cinco años que Claudia no ve a sus abuelos en Paraguay.

2. A Claudia le gustan las películas de vampiros y quiere ver una.

3. Los amigos de Claudia quieren darle una fiesta sorpresa.

©McGraw-Hill Education/Klic Video Productions

C. **¿Cierto o falso?**

1. Hoy Nayeli textea a los amigos del club pero generalmente Claudia es la que los textea a todos.

2. La fiesta va a ser en casa de Nayeli.

3. Claudia está de mal humor y no acepta la invitación de Ana Sofía.

4. Antes de entrar en el cine, Claudia dice que ve a Nayeli con bolsas.

5. Claudia invita a Ana Sofía a cenar en su apartamento.

©McGraw-Hill Education/Klic Video Production

D. **Detalles.** Contesta las preguntas.

1. ¿Qué quiere hacer Claudia esa noche?

2. ¿Qué dicen Nayeli y Radamés para salir del apartamento de Claudia?

3. ¿Para qué es la reunión en casa de Radamés esa tarde?

4. ¿Por qué piensa Claudia que Nayeli hizo otra cosa y que no estudió?

5. ¿Por qué sospecha Claudia que algo anda mal?

Mi país MÉXICO

 **Comprensión**

1. ¿Dónde viven normalmente los jóvenes universitarios mexicanos?

2. ¿Qué pasa los domingos por la mañana en el Paseo de la Reforma?

3. ¿Qué hay en el Parque de Chapultepec?

4. ¿Qué otro nombre le dan las personas a la famosa Piedra del Sol?

5. ¿Cómo se llama la pirámide más grande de Teotihuacán?

6. ¿Cuáles son las ruinas mayas que se encuentran en la Península Yucatán?

7. ¿Dónde se celebra el Festival Internacional Cervantino?

8. ¿Cuáles son los eventos de Oaxaca que menciona Nayeli?

El Teatro Juárez en Guanajuato
©robertharding/Alamy RF

Chichén Itzá
©Dollia Sheombar/Getty Images RF

Gramática

For a review of regular forms and uses of the preterite in Spanish see **Gramática 7.4.**

A. Some verbs have a different stem in the preterite and a slightly different set of endings.

	tener (tuv-)	estar (estuv-)	poder (pud-)	poner (pus-)	saber (sup-)	hacer (hic-)
(yo)	tuve	estuve	pude	puse	supe	hice
(tú)*	tuviste	estuviste	pudiste	pusiste	supiste	hiciste
usted, él/ella	tuvo	estuvo	pudo	puso	supo	hizo
(nosotros/as)	tuvimos	estuvimos	pudimos	pusimos	supimos	hicimos
(vosotros/as)	tuvisteis	estuvisteis	pudisteis	pusisteis	supisteis	hicisteis
ustedes, ellos/ellas	tuvieron	estuvieron	pudieron	pusieron	supieron	hicieron

	venir (vin-)	querer (quis-)	decir (dij-)	traer (traj-)	conducir (conduj-)	traducir (traduj-)
(yo)	vine	quise	dije	traje	conduje	traduje
(tú)*	viniste	quisiste	dijiste	trajiste	condujiste	tradujiste
usted, él/ella	vino	quiso	dijo	trajo	condujo	tradujo
(nosotros/as)	vinimos	quisimos	dijimos	trajimos	condujimos	tradujimos
(vosotros/as)	vinisteis	quisisteis	dijisteis	trajisteis	condujisteis	tradujisteis
ustedes, ellos/ellas	vinieron	quisieron	dijeron	trajeron	condujeron	tradujeron

B. The preceding tables provide the preterite forms of the most common irregular verbs. Look at the tables and you will notice the differences between regular and irregular verbs in the preterite.

- Unlike regular preterite verb endings, the endings of the **yo** and **usted/ él/ella** forms of verbs that are irregular in the preterite are not stressed in the last syllable.

—¿Dónde **pusiste** mi chaqueta?	Where did you put my jacket?
—La **puse** encima de la cama.	I put it on the bed.
—¿Quién **vino** contigo?	Who came with you?
—Nadie. **Vine** solo.	Nobody. I came alone.

- The verb **hacer** has spelling changes from **c** to **z** in the **usted/él/ella** form.

Ayer en el gimnasio Ricky **hizo** su tarea y yo **hice** ejercicio.	Yesterday at the gym Ricky did his homework and I exercised.

---

*Recognition: In the preterite, the **vos** forms (regular and irregular) are identical to the **tú** forms: **vos tuviste, vos estuviste, vos pudiste, vos pusiste,** and so forth.

- The verbs **conducir, decir, traducir,** and **traer** drop the **i** from the **-ieron** ending in the **ustedes/ellos/ellas** form.

—¿Qué te **dijeron** de mí?	*What did they tell you about me?*
—Me **dijeron** que estás locamente enamorado de Estefanía.	*They told me that you are madly in love with Estefanía.*
—¿Qué **trajeron** ustedes de comer?	*What did you bring to eat?*
—**Trajimos** refrescos y empanadas.	*We brought sodas and empanadas.*

- The verb **dar** takes **-er/-ir** (not **-ar**) endings, and niether **dar** nor **ver** have written accents in the preterite.

	dar	ver
(yo)	di	vi
(tú)*	diste	viste
(usted, él/ella)	dio	vio
(nosotros/as)	dimos	vimos
(vosotros/as)	disteis	visteis
(ustedes, ellos/as)	dieron	vieron

—¿Qué te **dieron** para tu cumpleaños?	*What did they give you for your birthday?*
—Mi tío me **dio** dinero; mi madre me **dio** ropa.	*My uncle gave me money; my mother gave me clothes.*
—¿**Viste** una película ayer?	*Did you see a movie yesterday?*
—Sí, **vi** una nueva película de acción en 3D.	*Yes, I saw a new action movie in 3D.*

C. The verbs **ser** and **ir** share the same stem in the past tense. Their forms are thus identical, so the meaning must be inferred from context.

ser/ir		
(yo)	fui	*I was/went*
(tú)†	fuiste	*you (fam. sing.) were/went*
usted, él/ella	fue	*you (pol. sing.) were/went; he/she was/went*
(nosotros/as)	fuimos	*we were/went*
(vosotros/as)	fuisteis	*you (fam. pl., Sp.) were/went*
ustedes, ellos/ellas	fueron	*you (pl.) were/went; they were/went*

—¿Adónde **fue** Sebastián anoche?	*Where did Sebastián go last night?*
—**Fue** al cine.	*He went to the movies.*
—¿Qué **fue** ese ruido?	*What was that noise?*
—No **fue** nada. ¡Estás imaginando cosas!	*It wasn't anything. You are imagining things!*

---

fui = I went/was

fue you (*pol. sing.*) went/were he/she went/ was

---

*Recognition: In the preterite, the **vos** forms are identical to the **tú** forms: **vos diste** and **vos viste**.
†Recognition: In the preterite, the **vos** form is identical to the **tú** form: **vos fuiste**.

Ejercicio 1

> traer = *to bring*
> (*here*) vs. llevar =
> *to take* (*there*)
>
> venir = *to come*
> (*here*) vs. ir = *to*
> *go* (*there*)

Estas son las actividades del sábado pasado de los miembros del club Amigos sin Fronteras. Completa las oraciones con la forma correcta del pretérito de los verbos de la lista. Cada verbo se usa solo una vez.

dar   decir   hacer   ir   poner   traer   venir   ver

1. Omar y Marcela Acosta _____ aquí a Estados Unidos para visitar a sus amigos; ellos son de Ecuador.

2. Eloy _____ al aeropuerto para recibirlos.

3. En el aeropuerto, Eloy los saludó y les _____ «¡Bienvenidos a California!»

4. Omar y Marcela les _____ unos deliciosos chocolates de la cooperativa Kallari en Ecuador.

5. Los miembros del club Amigos sin Fronteras _____ una fiesta para Omar y Marcela en el Parque Codornices.

6. El sábado _____ sol y buen tiempo. ¡Un día perfecto para la fiesta!

7. Todos los invitados llevaron diferentes platos de comida y los _____ en la mesa.

8. Todos _____ fotos de Ecuador que Omar y Marcela les mostraron.

C Ejercicio 2

Lee sobre las vacaciones de Nayeli y Juan Fernando el verano pasado. Luego, cambia los verbos de la primera persona (**yo**) a la tercera (**él/ella**) para contar lo que cada uno hizo en su viaje.

MODELO: Me llamo Nayeli. El verano pasado (yo) fui a México para visitar a mis abuelos. Pasé tiempo con toda la familia, comí comida mexicana auténtica y monté a caballo. Descansé y me divertí mucho.

Se llama Nayeli. El verano pasado *ella fue* a México para visitar a sus abuelos. *Pasó* tiempo con toda la familia, *comió* comida mexicana auténtica y *montó* a caballo. *Descansó* y *se divirtió* mucho.

© McGraw-Hill Education/Klic Video Production

1. Me llamo Nayeli. El año pasado fui a Oaxaca (México) para el Día de los Muertos. Estuve allí una semana... ¡Ay! ¡No asistí a clases por varios días! Pero... ¡hice muchas cosas interesantes y divertidas! Visité varios cementerios y vi muchos altares con ofrendas. Asistí a misa el día dos de noviembre y comí comidas típicas como mole oaxaqueño y tlayudas. Luego, compré artesanías. Tomé fotos del Teatro Macedonio Alcalá, de la iglesia de Santo Domingo y de las ruinas de Mitla y Monte Albán. ¡Caminé mucho en Mitla y Monte Albán! Regresé muy contenta.

   Se llama Nayeli. El año pasado (ella)...

©Glow Images RF

2. Me llamo Juan Fernando. El verano pasado, en julio, fui de vacaciones al sur de México. Visité San Cristóbal de las Casas y Tzicao en Chiapas. En San Cristóbal tomé muchas fotos de la catedral y de edificios coloniales. Estuve varias horas en el museo Casa Na Bolom (Casa del Jaguar). Allí vi ropa y artefactos de los lacandones, la gente de la selva (*jungle*) de Chiapas. Luego, pasé muchas horas en el Herbario Ecosur y en el Museo de Medicina Maya. ¡Qué emocionante! Llamé a mi familia por FaceTime para contarles sobre las plantas antes de salir para Tzicao. Por FaceTime también hablé con mis amigos de UC Berkeley. Dos días después, llegué a Tzicao, un pueblo muy cerca de la frontera con Guatemala. En ese pueblo no hice muchas cosas diferentes. Solamente hablé con varios médicos que curan con medicina tradicional. Los escuché con atención porque ¡es fascinante!

   Se llama Juan Fernando. El verano pasado, en julio, (él)...

Di qué hacen las siguientes personas generalmente (el presente), qué hicieron ayer (el pretérito) y qué van a hacer mañana (el futuro: **ir a** + *inf.*).

MODELO: Estefanía / despertarse a las diez / levantarse temprano / estudiar toda la mañana.

Generalmente *Estefanía se despierta a las diez*, pero ayer *se levantó temprano* y mañana *va a estudiar toda la mañana.*

	Generalmente	Ayer	Mañana
Estefanía	despertarse a las diez	levantarse temprano	estudiar toda la mañana
Lucía	asistir a clase por la tarde	leer en la biblioteca	hacer la tarea en casa
Omar y Marcela	cenar con sus hijos	estar fuera todo el día	ir al cine
Xiomara	estudiar en la biblioteca	tomar café con Eloy	visitar a una amiga
Ángela	quedarse en casa	salir a almorzar	leer en el parque
Eloy y Ricky	barrer el patio temprano	ir a la playa	lavar el carro

8.2 Stem-Changing Verbs in the Preterite

A. Almost all of the verbs in the **-ar** and **-er** groups that stem change in present tense do not show any stem change in the preterite. For example, here is a comparison of present tense forms and preterite forms of the verbs **cerrar** (*to close*) and **perder** (*to lose; to miss*).

	cerrar (ie)		perder (ie)	
	Present	Past	Present	Past
(yo)	cierro	cerré	pierdo	perdí
(tú)*	cierras	cerraste	pierdes	perdiste
usted, él/ella	cierra	cerró	pierde	perdió
(nosotros/as)	cerramos	cerramos	perdemos	perdimos
(vosotros/as)	cerráis	cerrasteis	perdéis	perdisteis
ustedes, ellos/ellas	cierran	cerraron	pierden	perdieron

B. However, all verbs in the **-ir** group that have a present-tense stem change also show a stem change in the preterite, but only in the **usted/él/ella** and **ustedes/ellos/ellas** forms. There are two possible stem changes in the preterite: **e → i** and **o → u.**

The present and preterite forms of the verb **divertirse** and **dormir** are given below. Other common **-ir** verbs with the **e → i** change in the preterite are **mentir** (*to lie*), **pedir, repetir** (*to repeat*), **seguir** (*to follow; to continue*), **sentir, servir** (*to serve*), **sugerir** (*to suggest*), **vestir(se),** and **preferir.** A common **-ir** verb with the **o → u** change in the preterite is **morir** (*to die*).

---

*Recognition: In the preterite, the **vos** forms (regular and irregular) are identical to the **tú** forms: **vos cerraste, vos perdiste.**

	divertirse (ie, i)		dormir (ue, u)	
	Present	Past	Present	Past
(yo)	me divierto	me divertí	duermo	dormí
(tú)*	te diviertes	te divertiste	duermes	dormiste
usted, él/ella	se divierte	se divirtió†	duerme	durmió†
(nosotros/as)	nos divertimos	nos divertimos	dormimos	dormimos
(vosotros/as)	os divertís	os divertisteis	dormís	dormisteis
ustedes, ellos/ellas	se divierten	se divirtieron	duermen	durmieron

Yo **dormí** bien. Omar **durmió** mal. *I slept well. Omar slept poorly.*

—¿**Se divirtió** usted anoche? *Did you have fun (a good time) last night?*

—Sí, **me divertí** mucho. *Yes, I had a great time.*

Ejercicio 4

Completa las oraciones con el pretérito del verbo entre paréntesis.

1. Cuando tengo frío cierro la ventana, pero anoche no la _____ (**cerrar**) y tuve mucho frío.

2. Estoy enojada con mi novio porque ayer no me dijo la verdad. ¡Me _____ (**mentir**)!

3. El lunes pasado, Xiomara tuvo dolor de estómago y no asistió a clases; _____ (**preferir**) quedarse en casa.

4. Después de ir al banco, yo siempre cuento mi dinero, pero ayer no lo _____ (**contar**).

5. Yo dormí muy bien anoche, pero mi esposo no _____ (**dormir**) casi nada. ¡El pobre!

6. Estoy muy triste porque mi actor favorito _____ (**morir**) la semana pasada.

7. Bebí mucho vino el sábado pasado y me _____ (**sentirse**) muy mal el domingo.

8. Jorge _____ (**pedir**) una cerveza pero Ana Sofía y yo _____ (**pedir**) vino tinto.

Present

me divierto / se divierte

duermo / duerme

Preterite

me divertí / se divirtió

dormí / durmió

In time, through listening and reading, you will acquire these preterite forms.

Ejercicio 5

Completa los diálogos con el presente o el pretérito de los verbos, según el contexto de cada diálogo.

dormir

—¿Cuántas horas _____¹ tú anoche?

—_____² solamente cinco.

—¿Generalmente _____³ tan pocas horas?

—No, generalmente _____⁴ por lo menos siete horas, a veces ocho.

sentir(se)

—¿Tú te _____⁵ mal ahora?

—No, hoy me _____⁶ bastante bien.

—Pero anoche te _____⁷ muy mal, ¿verdad?

—Sí, anoche me _____⁸ muy mal; tuve dolor de estómago (*stomachache*).

---

*Recognition: In the preterite, the **vos** forms (regular and irregular) are identical to the **tú** forms: **vos te divertiste, vos dormiste**.

†The same stem vowel change also occurs in the present participle: **divirtiéndose** (*having fun*), **durmiendo** (*sleeping*).

pedir

—El restaurante que recomendaste fue fabuloso.

—¿_____⁹ los tacos al carbón (*grilled*)?

—No. Yo _____¹⁰ los tamales y mi esposa _____¹¹ un chile relleno.

—¿Ustedes no _____¹² el queso fundido?

—¡Claro que sí! Y _____¹³ margaritas también.

mentir

—Tú me _____¹⁴ ayer, ¿verdad?

—No, no te _____.¹⁵ Te dije la verdad.

—Pues, alguien me _____.¹⁶

—¡No fui yo!

8.3 Verbs with Special Meaning in the Preterite: conocer, poder, querer, saber, tener

The Spanish verbs **conocer, poder, querer, saber,** and **tener** have present-tense meanings that imply ongoing mental or physical conditions/states. When these verbs are used in the preterite, a dimension of "happening" is conveyed, so their English meaning changes to express that something happened. Notice in the table that in every preterite English meaning given for these verbs, there is an implication of action: something occurred. Compare the English equivalents of the following verbs in the preterite with their original infinitive meanings.

CHANGES IN MEANING IN THE PRETERITE			
saber (*to know*)	*found out*	supimos	*we found out*
no saber	*never found out*	no supieron	*they never found out*
conocer (*to know*)	*met (for the first time)*	conoció	*you (pol. sing.) / he / she / met*
tener (*to have*)	*got; received*	tuviste	*you got; you received*
querer (*to want*)	*wanted to (and tried)*	quisimos	*we wanted to (and tried)*
no querer	*refused*	no quiso	*you (pol. sing.) / he / she / refused*
poder (*to be able to / "can"*)	*could (and did) / managed (to do something)*	pudieron	*they could (and did) / managed to*
no poder	*(tried and) couldn't / failed (to do something)*	no pudo	*you (pol. sing.) / he / she (tried and) couldn't / failed to*

—¿**Supiste** lo que les pasó a Daniel y a Sebastián?   *Did you find out (hear) what happened to Daniel and Sebastián?*

—No, no **supe** nada. ¿Qué les pasó?   *No, I didn't find out (hear) anything. What happened to them?*

—¿Por qué no **pudiste** terminar?   *Why weren't you able to finish? / Why did you fail to finish?*

—No **quise** ir a la fiesta porque no quiero tomar alcohol.   *I refused to go to the party because I do not want to drink alcohol.*

The preterite of **conocer** (**conocí, conociste, conoció, conocimos, conocisteis, conocieron**) expresses the meaning *met (for the first time)* in English.

Conocí a Xiomara la semana pasada.   *I met Xiomara last week.*

The preterite of **tener** (**tuve, tuviste, tuvo, tuvimos, tuvisteis, tuvieron**) expresses the meaning *had (got, received)* in English.

tuve visita ayer	*I had company yesterday*
tuvo un dolor de estómago	*she got a stomachache*
tuviste miedo	*you got scared*

Ejercicio 6

Completa las oraciones con el pretérito de estos verbos: **conocer, poder, querer, saber** y **tener.**

1. Ayer (yo) _____ que Marcela, la esposa de Omar, tiene una licenciatura en economía.

2. Nayeli no fue a trabajar hoy; _____ dolor de cabeza toda la noche y no _____ dormir.

3. ¡Qué simpática es la novia de Franklin! La _____ el miércoles pasado en la fiesta.

4. —Y yo fui a la fiesta pero mi novio se quedó en casa. No _____ asistir porque él no habla español.

   —¿Él no _____ asistir? ¿No sabe que todos hablamos inglés también?

5. —Ayer fui al parque con mis hermanos menores; traté de patinar con ellos pero no _____. ¡Me estoy poniendo viejo!

   —¿No _____ patinar tú? Hmm... viejo no, solamente tienes veinte años. ¡Tal vez no sabes patinar!

8.4 Expressing *ago:* **hace** + (*time*)

When used in conjunction with a preterite verb, the verb form **hace** followed by an amount of time is equivalent to English expressions of time with *ago*.

hace cinco minutos	*five minutes ago*
hace una hora	*one hour ago*
hace dos años	*two years ago.*
—¿Cuándo **salió** Rodrigo?	*When did Rodrigo leave?*
—**Hace** una hora.	*An hour ago.*

There are two ways to formulate the question *How long ago did . . . ?*
¿Cuánto (tiempo) hace que + *preterite***? / ¿Hace cuánto (tiempo) que** + *preterite***?**

—Srta. Rivas, **¿cuánto (tiempo) hace que** usted **fue** a México?	*Miss Rivas, how long ago did you go to Mexico?*
—Fui hace tres meses.	*I went three months ago.*
—¿Y **hace cuánto (tiempo) que viajó** a España?	*And how long ago did you travel to Spain?*
—Hace dos años.	*Two years ago.*

> —**¿Cuánto** (*tiempo*) **hace que lle-gaste?**
> *How long ago did you arrive?*
> —**Hace una hora**.
> *An hour ago.*
> —**¿Cuánto** (*tiempo*) **hace que usted se graduó?**
> *How long ago did you graduate?*
> —**Hace diez años**.
> *Ten years ago.*

Ejercicio 7

¿Sabes mucho de historia? Di cuánto tiempo hace que ocurrieron estos eventos. Usa las frases **casi** o **más/menos de.**

MODELO: ¿Cuánto (tiempo) hace que terminó la Segunda Guerra Mundial? (1945)

   Hace más de sesenta años. (Hace casi setenta años.)

La historia de México

1. ¿Cuánto (tiempo) hace que Cortés invadió México? (1521)

2. ¿Cuánto (tiempo) hace que terminó la Revolución mexicana? (1920)

3. ¿Cuánto (tiempo) hace que murió Pancho Villa? (1923)

4. ¿Cuánto (tiempo) hace que el mexicano Alfonso García Robles ganó el Premio Nobel de la Paz? (1982)

5. ¿Cuánto (tiempo) hace que el poeta mexicano Octavio Paz ganó el Premio Nobel de literatura? (1990)

6. ¿Cuánto (tiempo) hace que otro mexicano, Mario Molina, ganó el Premio Nobel de química? (1995)

La historia mundial

7. ¿Cuánto (tiempo) hace que Alexander G. Bell inventó el teléfono? (1876)

8. ¿Cuánto (tiempo) hace que Gustave Eiffel construyó la Torre Eiffel en París? (1889)

9. ¿Cuánto (tiempo) hace que murió Francisco Franco, el dictador de España? (1975)

10. ¿Cuánto (tiempo) hace que los países de la antigua Unión Soviética se independizaron? (1991)

Ejercicio 8

Marcela está de mal humor hoy y acusa a Omar de no hacer nada para ayudarla. ¿Cómo puede defenderse Omar?

MODELO: Omar, ¡tú nunca *lavas los platos!* (una hora)
Pero Marcela, *lavé los platos* hace *una hora.* / Pero Marcela, *los lavé* hace *una hora.*

1. Omar, ¡tú nunca limpias el baño! (hace una semana)

2. Omar, ¡tú nunca barres el patio! (hace un mes)

3. Omar, ¡nunca bañas a los niños! (hace dos horas)

4. Omar, ¡la alfombra está sucia porque tú nunca pasas la aspiradora! (hace cinco minutos)

5. Estoy cansada de cocinar todos los días, Omar. ¡Tú nunca me ayudas! (hace dos días)

Lo que aprendí

Al final de este capítulo, ya puedo:

☐ narrar mis experiencias del pasado.

☐ hablar de las experiencias del pasado de otras personas.

☐ hablar de cuánto tiempo hace que pasó algo.

Además, ahora conozco:

☐ muchos lugares bellos de México.

☐ el origen de la celebración del Cinco de Mayo.

☐ algunos hechos históricos (de México y del mundo).

Vocabulario

Los verbos irregulares en el pretérito

almorzar (c)	to eat lunch
almorcé / almorzaste / almorzó	
buscar (qu)	to look for
busqué / buscaste / buscó	
caerse (irreg.)	to fall
me caí / te caíste / se cayó	
conducir (irreg.)	to drive
conduje / condujiste / condujo	
dar (irreg.)	to give
di / diste / dio	
decir (irreg.)	to say
dije / dijiste / dijo	
divertirse (ie, i)	to have a good time
me divertí / te divertiste / se divirtió	
dormir (ue, u)	to sleep
dormí / dormiste / durmió	
estar (irreg.)	to be
estuve / estuviste / estuvo	
hacer (irreg.)	to do; to make
hice / hiciste / hizo	
ir (irreg.)	to go
fui / fuiste / fue	
llegar (gu)	to arrive
llegué / llegaste / llegó	
oír (irreg.)	to hear
oí / oíste / oyó	
pedir (i, i)	to ask (for); to order
pedí / pediste / pidió	
poner (irreg.)	to put
puse / pusiste / puso	
sentir(se) (ie, i)	to feel
(me) sentí / (te) sentiste / (se) sintió	
ser (irreg.)	to be
fui / fuiste / fue	
traducir (irreg.)	to translate
traduje / tradujiste / tradujo	
traer (irreg.)	to bring
traje / trajiste / trajo	
venir (irreg.)	to come
vine / viniste / vino	
ver (irreg.)	to see
vi / viste / vio	

Verbos que cambian de significado en el pretérito

conocer (zc)	to know
conocí/conociste/conoció	met (for the first time)
poder (irreg.)	to be able, can
pude / pudiste / pudo	could and did / managed to
no pude / no pudiste / no pudo	tried and couldn't / failed to
querer (irreg.)	to want
quise / quisiste / quiso	wanted to and tried
no quise / no quisiste / no quiso	refused
saber (irreg.)	to know
supe / supiste / supo	found out
no supe / no supiste / no supo	never found out
tener (irreg.)	to have
tuve / tuviste / tuvo	got, received

Más verbos

atar	to tie
atrapar	to catch
bajar	to lower; to download
bañarse	to go for a swim; to swim
cambiarse de ropa	to change clothes
castigar (gu)	to punish
cumplir años	to have a birthday
darle (irreg.) vergüenza	to make someone ashamed
dirigir (dirijo)	to direct
encontrar (ue)	to find
enfermarse	to get sick
enojarse	to get angry
entrevistar	to interview
ganar	to win
gobernar (ie)	to govern
hacer (irreg.) un viaje	to take a trip
matricularse	to enroll
morir (ue, u)	to die
pagar (gu)	to pay
parecer (zc)	to seem
pasar	to happen; to pass; to cross
ponerse (irreg.) (+ adj.)	to get; to become
ponerse rojo	to turn red, get embarrassed
ponerle una multa	to give a traffic ticket to someone
quejarse	to complain
quitar	to take away
robar	to steal
sacar (qu) una nota	to get a grade
sentarse (ie)	to sit (down)

Palabras semejantes: actuar (actúo), arrestar, arruinar, conquistar, decidir, declarar, descubrir, eliminar, escalar, graduarse (me gradúo), inventar, triunfar

Los sustantivos

la artesanía	handcrafts
la bahía	bay
la ballena	whale
el barco	boat
el barro negro	black clay (*Oaxacan pottery*)
la batalla	battle
el beso	kiss
la bolsa	purse; bag
el casco	helmet
el churrasco	barbecued meat
la cueva	cave
los demás	the others; the rest
el/la dueño/a	owner
la (escuela) secundaria	high school
el establo	stable
la frontera	border; frontier
los gritos	shouts
la guerra	war
el hecho	event
el/la indígena	native, indigenous person
el informe	report
el ladrón / la ladrona	thief
la llegada	arrival
la mosca	fly
la obra dramática	(theater) play
el partido	political party
el pasado	past
la pintura (rupestre)	(cave) painting
el poder	power
el recuerdo	memory
el ruido	noise
la selva	jungle
la sierra	mountains, mountain range
la torre	tower
la velocidad	speed

Palabras semejantes: el accidente, el/la activista, el/la afroamericano/a, el artefacto, el/la artista, Asia, el auto(móvil), la cafetería, la catedral, el continente, la década, la elección, el exceso, la filosofía, la forma, el héroe, el maratón, el origen, la pirámide, la posibilidad, el Premio Nobel, la princesa, la revolución, la ruina, la secuencia, el tango

¿Cuándo?

¿Cuánto (tiempo) hace que... (+ *pret.*)?	How long ago (*did something happen*)
Hace... (+ *time*) que (+ *pret.*)	(*Time*) ago (*something happened*)
Hace (mucho) tiempo que (+ *pret.*)	A long time (A while) ago, (*something happened*)
poco después	soon after, shortly

Los adjetivos

asustado/a	scared, frightened
desesperado/a	desperate
hermoso/a	beautiful, lovely
libre(s)	free (available, unoccupied)
limpio/a	clean
muchísimo/a (muchísimos/as)	very much (very many)

Palabras semejantes: arqueológico/a, cristalino/a, fabuloso/a, heroico/a, histórico/a, horrible, indiscreto/a, memorable, natural, presidencial, responsable, romano/a, romántico/a

Los adverbios

de repente	suddenly
sobre	over, above; about

Palabras semejantes: especialmente, inmediatamente, lógicamente

Palabras y expresiones útiles

al momento	instantly; momentarily
¡Auxilio!	Help!
contra	against
Cuéntame	Tell me
¿De veras?	Really?
entonces	then, so
nada	nothing
otra vez	once more
por (en) todas partes	everywhere
¡Qué (+ *adjective*)!	How . . . !
¡Qué envidia!	I'm so envious! How lucky!
¿Qué pasa?	What's wrong?
¿Qué le pasa?	What is wrong with you/him/her?
¿Qué pasó?	What happened?
¡Qué susto!	How scary!
¿Te gustó/gustaron... ?	Did you like (+ *sing./pl. noun*)?
Me gustó/gustaron...	I liked (+ *sing./pl. noun*).

9 ¡Buen provecho!

El mercado de Chaclacayo, Lima, Perú

Upon successful completion of **Capítulo 9,** you will be able to talk about typical dishes of the Hispanic world. You will be able to use vocabulary to discuss food, nutrition, and to shop for and prepare food. You will also learn to order meals in a restaurant. Additionally, you will have seen photos of places from Bolivia and Peru and learned interesting information about them.

Comunícate

La cocina del mundo hispano

La nutrición

La preparación de la comida

En el restaurante

Hablando de la cocina hispana Los platos andinos

Exprésate

Escríbelo tú Una cena ideal

Cuéntanos Las comidas que se sirven en tu casa

Cultura

Mundopedia La Diablada de Oruro

Palabras regionales Bolivia y Perú

Conexión cultural El misterio de Machu Picchu

Videoteca

Amigos sin Fronteras, Episodio 9 ¡Buen provecho!

Mi país Perú y Bolivia

Gramática

9.1 Personal and Impersonal Direct Object Pronouns: **lo, la, los,** and **las**

9.2 Using Affirmative and Negative Words: **alguien/nadie, algo/ nada**

9.3 Expressing *one* or *you* The Impersonal **se**

9.4 More on **-e** to **-i** Stem Changing Verbs

www.mhhe.com/connect

©Hemis/Ala

PERÚ Y BOLIVIA

PERÚ

Machu Picchu

LIMA

La Paz

Cusco

Basílica Catedral de Lima

La Paz

BOLIVIA

Oruro

SUCRE

el lago Titicaca

la Diablada de Oruro

Amigos sin Fronteras
Sebastián invita a Nayeli y a Eloy a cenar en un restaurante peruano. Nayeli no conoce la comida peruana pero tiene muchas ganas de probarla. ¿Crees que le va a gustar?

www.mhhe.com/connect
©McGraw-Hill Education/Klic Video Productions

Conócenos

Sebastián Saldívar
Calvo
©McGraw-Hill Education/Klic
Video Productions

Sebastián Saldívar Calvo es peruano. Tiene dieciocho años. Sebastián estudia ciencias sociales. Nació el veintitrés de octubre en Lima, Perú, donde todavía vive su familia. Sus actividades favoritas son salir a bailar y a comer, ir de compras, mirar videos musicales y cocinar (¡aunque tiene fama de ser mal cocinero!). Sebastián vive con Daniel Kidman, joven estadounidense de Georgia que estudia gastronomía en Berkeley.

©John Warburton-Lee/Getty Images

 Mi país

Comunícate

C La cocina del mundo hispano

©Christian Vinces/Shutterstock RF
el ceviche

©McGraw-Hill Education/Klic Video Productions

SEBASTIÁN: En Perú hay muchos platos ricos que se preparan con papa. A mí me gusta **la papa a la huancaína.** Varios platos peruanos llevan carne de res, como **el lomo saltado.** Otros se preparan con pollo, como **el ají de gallina.** Mi plato favorito es **el ceviche:** pescado crudo que se cocina en jugo de limón.

©Joshua Rainey Photography/Shutterstock RF
la horchata

©McGraw-Hill Education/Klic Video Productions

NAYELI: **El guacamole** es una salsa cremosa típica de México. Se prepara con aguacate, cebolla, tomate y chile y viene de la cultura azteca. Es muy rico con cualquier plato, especialmente con **totopos.** Pero para mí un almuerzo ideal tiene que incluir unos **tacos de pescado.** Y para beber, me encanta **la horchata,** una bebida dulce que lleva arroz, leche, vainilla, canela y azúcar.

©John Whittaker/Getty Images
las tapas

©McGraw-Hill Education/Klic Video Productions

ANA SOFÍA: **La paella valenciana** es un plato típico español que se prepara con arroz, mariscos, pollo y verduras. ¡Mi madre hace unas paellas exquisitas! Y **las tapas** son pequeñas porciones de comida— aceitunas, cacahuetes, calamares, boquerones fritos, tortilla española, ensaladilla—que se sirven en los bares con vino o cerveza.

©Peter Andrew Bosch/Miami Herald/MCT via Getty Images
el picadillo con arroz y plátanos fritos

©McGraw-Hill Education/Klic Video Productions

RADAMÉS: Uno de los platos tradicionales de Cuba es **el picadillo,** que se hace con carne molida, pasta de tomate, cebolla y otros ingredientes. Es mi plato cubano favorito. Me gusta comerlo con **arroz blanco** y **plátanos fritos.**

©Thornton Cohen/Alamy
el gallo pinto con yuca frita

©Glow Images RF

JUAN FERNANDO: La comida costarricense no es tan famosa como la peruana o la mexicana, pero para mí... ¡es la mejor del mundo! En mi casa todos los días comemos **gallo pinto.** Es arroz que se cocina con frijoles y muchas especias. Nos gusta acompañarlo con **yuca frita** y un rico **batido de maracuyá** o «fruta de la pasión».

©Danita Delimont/Getty Images
la parrillada

©Purestock/SuperStock RF

CAMILA: La cocina argentina tiene gran influencia de la italiana. En mi país comemos muchos platos italianos: los raviolis, la lasaña, los espaguetis... ¡Me encantan los espaguetis! También es muy popular **la parrillada** de carne—cerdo, cordero, ternera— que se cocina en una parrilla.

Lengua *Variaciones léxicas*

Las **tapas** son **entremeses** (*sing.* **el entremés**) en muchos países hispanos y **botanas** en México. En España, **el bocadillo** es un sándwich, pero en Colombia ¡es **pasta de guayaba** (*guava paste*)!

Gramática *Expressing* to taste; to try (*food*)

probar (ue) = *to taste; to try* (*food*)

Debes **probar** la paella. ¿Quieres **probar**la? ¡**Prueba**la!

You should try paella. Do you want to taste it? Try it!

pesado/a = *rich, heavy*   **rico/a** = *good, tasty*   **riquísimo/a** = *delicious*

No me gusta la pasta con salsa cremosa; es demasiado **pesada.**

I don't like pasta with cream sauce; it's too rich.

Los tacos de pescado son **ricos,** ¡pero con guacamole son **riquísimos!**

Fish tacos are good (tasty), but with guacamole they are delicious!

Actividad 1   Los platos favoritos

Conversa con tu compañero/a sobre los platos favoritos de los estudiantes hispanos.

MODELOS: E1: ¿Qué plato *le gusta* a Camila?
E2: Le gusta *la lasaña.* ¿Y qué comida *le encanta* a ella?
E1: A ella le encantan *los espaguetis.*

A...	le gusta(n)...	le encanta(n)...
Claudia	las albóndigas con arroz.	la sopa paraguaya.
Sebastián	la papa a la huancaína.	el ceviche.
Franklin	el flan.	el pudín de pan.
Eloy	los tacos.	las enchiladas.
Ana Sofía	la tortilla española.	la paella.
Rodrigo	el arroz con coco.	las arepas.
Camila	la lasaña.	los espaguetis.
Xiomara	el plátano frito.	las pupusas.

Actividad 2   Comida para una fiesta

Vocabulario

es fácil de preparar	**es saludable**
(no) es muy dulce / salado/a	**nos gusta / nos encanta a todos**
es muy sabroso/a	**tiene poca grasa**
(no) es picante	**tiene verduras**
es rico/a	**los ingredientes son baratos**

A. Imagínate que vas a dar una fiesta para tus amigos y quieres servir algunos platos hispanos. ¿Qué vas a servir? Escoge cuatro platos y di por qué quieres servirlos.

Platos	¿Por qué?
1. guacamole con totopos	Porque nos encanta a todos.
2.	
3.	
4.	
5.	

B. Ahora, conversa con tu compañero/a sobre los platos que seleccionaron.

Gramática *Expressing* to like

As you learned in **Gramática 2.3,** *gustar* + *inf.* is the Spanish equivalent of *to like* (*to do something*). **Gustar** can also be followed by a noun. When **gustar** is followed by a verb or a singular noun, use the singular form: **gusta.** When the noun is plural, use **gustan.** The verb **encantar** means *to love / like very much* (*to do something*) and follows the same pattern.

gustar/encantar + *inf.*
Me **gusta** cocinar.
(A él) Le **encanta** comer.

gustar/encantar + *sing. noun*
Nos **gusta** la comida peruana.
A Ana Sofía le **encanta** la paella.

gustar/encantar + *pl. noun*
—¿Te **gustan** los platos mexicanos?
—No todos, pero me **encantan** las enchiladas.

 **C La nutrición**

Lee *Gramática 9.1, 9.2*

Las bebidas

el jugo de naranja

la leche
el café con leche
el té caliente
el agua

Nadie de mi familia bebe leche. ¡Pero yo sí! Siempre la bebo para el desayuno.

La leche contiene calcio y proteína. En el jugo de naranja hay mucha vitamina C. Algunas personas prefieren el té porque tiene menos cafeína que el café.

Las verduras y las legumbres

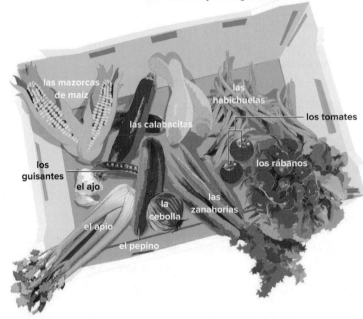

las mazorcas de maíz
las calabacitas
las habichuelas
los tomates
los guisantes
el ajo
los rábanos
la cebolla
las zanahorias
el apio
el pepino

el arroz

los frijoles

Las legumbres son muy nutritivas. Muchas contienen vitamina A.

El arroz y los frijoles contienen muchos carbohidratos, pero los frijoles también tienen proteína y fibra. Ninguno de estos dos alimentos tiene gluten.

Las frutas

la piña

la papaya

la sandía

el mango

los plátanos
(las bananas)

las naranjas

los albaricoques   las manzanas

los duraznos

las uvas

las fresas

¿Los plátanos fritos?
Prefiero comerlos con picadillo
y arroz blanco.

La naranja y la toronja contienen mucha vitamina C. La sandía y las uvas tienen mucho azúcar. Los albaricoques y los plátanos tienen potasio y calcio.

Las carnes, las aves, el pescado y los mariscos

los camarones

la langosta

el pescado   las almejas   las ostras   el cangrejo

el tocino

el pollo

las chuletas de cerdo   el hígado   la carne de res

¿Las ostras? No las
como nunca
porque no me gustan.

¡A mí tampoco
me gustan!

La carne, el pollo y los mariscos tienen mucha proteína. El tocino contiene grasa. Algunos mariscos, como la langosta, tienen mucho colesterol.

Lengua *Variaciones léxicas*

La palabra que se usa en Uruguay y Argentina para la fresa es **frutilla** y en Argentina las habichuelas se llaman **chauchas.** Los españoles llaman **patata** a la papa y **zumo** al jugo de fruta. La palabra **batata** (*sweet potato*) es **camote** en los países andinos y en México, **ñame** en Colombia y **boniato** en Cuba y España.

Actividad 3 Las comidas del día

A. Di si típicamente comemos estas comidas para el desayuno, para el almuerzo o para la cena.

MODELOS: ¿Los huevos fritos? *Los comemos para el desayuno.*
¿La sopa? *La comemos para el almuerzo o tal vez para la cena.*

los huevos fritos	el pollo frito	la ensalada de lechuga y tomate
los guisantes	las enchiladas	el tocino
las verduras	la coliflor	el yogur
la sopa	los tacos	las chuletas de cerdo
el pan tostado con jalea	los panqueques	la papa al horno
las hamburguesas	el cereal	el arroz
un sándwich de queso	los espárragos	el maíz
el salmón	las tortillas (de harina, de maíz)	la pizza con peperoni

B. Ahora mira la lista de comidas otra vez y dile a tu compañero/a con qué frecuencia las comes y si te gustan o no. Para reaccionar a lo que dice tu compañero/a, usa las frases de **Y tú, ¿qué dices?**

MODELO: **E1:** ¿El yogur? Nunca lo como; no me gusta.
E2: A mí tampoco me gusta. ¡Pero las hamburguesas me encantan! Siempre las como.
E1: A mí no me gustan. Casi nunca las como. Prefiero la ensalada.

Y tú, ¿qué dices?

Me encanta(n). / Me gusta(n).	A mí también. / A mí, no.
No me gusta(n).	A mí tampoco. / A mí, sí.
Me cae(n) mal. / Me hace(n) daño.	Prefiero...
Siempre... / (Casi) Nunca...	A veces... / De vez en cuando...

Actividad 4 ¡Qué variedad!

Escoge la respuesta correcta para cada oración.

____ **1.** Ningún vegano toma esta bebida para el desayuno.

____ **2.** Si quieres incluir vitamina C en tu dieta, debes comer...

____ **3.** Nadie se come la cáscara ni la semilla de este alimento.

____ **4.** La langosta y el cangrejo tienen mucha...

____ **5.** La leche, el queso y el brócoli contienen...

____ **6.** Nadie come mucho _____ si está a dieta.

____ **7.** Ninguno de estos tres alimentos es una fruta.

____ **8.** Los vegetarianos nunca comen...

____ **9.** Algunas carnes, como _____, contienen mucha grasa.

____ **10.** Ninguno de estos tres alimentos es una carne.

a. el tocino
b. grasa
c. pollo frito
d. el aguacate
e. la leche
f. proteína
g. la hamburguesa, la zanahoria, el apio
h. naranjas y toronjas
i. carne
j. la cebolla, el arroz, la piña
k. calcio

Usa esta lista de comidas para preparar dos menús completos: un menú con comida saludable y otro con tus comidas y bebidas favoritas. Después conversa con tu compañero/a sobre los dos menús.

Desayuno	Almuerzo	Cena
avena	agua mineral	bistec
café/té caliente	ensalada: de tomate, de fruta fresca, verde	camarones
cereal frío	hamburguesa	cerveza/vino
donas	batido	chiles rellenos
fruta: durazno, naranja, piña, toronja, uvas	jugos naturales	enchiladas
	limonada	ensalada verde
huevos: cocidos, fritos, rancheros, revueltos	papas fritas	galletitas de chocolate
	refresco	helado
yogur	sándwich: de atún, de jamón y queso, de pavo, de pollo	langosta
jugos naturales		verduras y legumbres: brócoli, coliflor, habichuelas
pan tostado (a la francesa)	sopa: de cebolla, de frijoles, de verduras, de pollo, de tomate	
panqueques		tamales
salchichas/tocino	pizza	pastel o flan
leche (descremada)	tacos	pescado: a la parrilla, al horno, empanizado, frito
	té caliente	
	té helado (té frío)	

MODELO: **E1:** ¿Qué comidas saludables escogiste?
E2: Escogí *toronja y yogur* para el desayuno. Para el almuerzo, escogí *ensalada de frutas y agua mineral*. Para la cena, escogí *ensalada verde y pescado a la parrilla*.
E1: ¿Y qué prefieres desayunar/almorzar/cenar?
E2: Prefiero...

Actividad 6 La comida en casa

Conversa con tu compañero/a.

1. ¿Qué desayunas por lo general? ¿Qué comiste esta mañana antes de salir de casa? ¿Qué almuerzas normalmente? ¿Qué almorzaste hoy? (¿Qué vas a almorzar hoy?)

2. ¿Qué bebidas prefieres para el desayuno? ¿Y para el almuerzo? ¿Para la cena?

3. ¿Prefieres comer más al mediodía o por la noche? ¿Por qué? ¿Comes entre comidas? ¿Qué comes?

4. ¿Qué prefieres comer de postre? ¿Tienes algún postre favorito que preparas en casa? ¿Cuál?

5. Generalmente, ¿comes mientras miras la televisión? ¿Te gustan las palomitas de maíz? ¿Les pones mantequilla y sal?

6. ¿Eres vegetariano/a? ¿Eres vegano/a? ¿Hay alguien vegetariano o vegano en tu familia?

7. ¿Eres alérgico/a a alguna comida? ¿A cuál?

8. Si no eres alérgico/a a ninguna comida, ¿hay alguna que te gusta mucho pero que no comes con frecuencia? ¿Cuál? ¿Por qué no la comes?

La preparación de la comida

Lee *Gramática 9.3*

Las medidas

una pizca de sal

una libra de carne molida

media cucharadita de bicarbonato de soda

una cucharadita de sal

una cucharada de mantequilla

AZÚCAR BLANCA

una taza de harina

media taza de azúcar

Los productos y sus envases

MAYONESA

un tarro de mayonesa

ADEREZO

una botella de aderezo para la ensalada

FIDEOS

un paquete de fideos

ATÚN

una lata de atún

SOPA SOPA

dos latas de sopa

EMPANADAS

una caja de comida preelaborada

una docena de huevos

GUISANTES

una bolsa de guisantes congelados

Muchas comidas preelaboradas contienen conservantes y colorantes.

La preparación

**Se cortan varias
rodajas de tomate.**

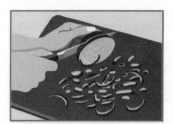

Se pica la cebolla.

**Se corta una papaya
en trozos pequeños (trocitos).**

Se ralla el queso.

Se pela la papa.

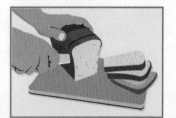

**Se corta en pan
en rebanadas y se sirve.**

¿Cómo se prepara un bistec?

el bistec

poco asado /
poco cocido

cocido / al punto

bien asado /
bien cocido

Lengua *Refranes*

En español hay muchos refranes (*sayings*) con el tema de la comida. Aquí tienes uno muy popular:

«Al pan, pan y al vino, vino».

(En inglés, en sentido literal: [*Call*] *The bread "bread" and the wine "wine."*)

Hay algunos refranes similares en inglés, como por ejemplo, *Call a spade a spade* y *Don't beat around the bush.*

Actividad 7 La preparación de la comida

Empareja cada descripción con la palabra que describe. **OJO:** Algunas descripciones tienen dos respuestas posibles.

____ **1.** Se pone en la ensalada.

____ **2.** Para preparar un sándwich con tomate, se corta el pan en ____ y el tomate en ____.

____ **3.** Se usa mucho en la preparación de pasteles y galletas.

____ **4.** En esa tienda se venden frutas frescas, pero también las puedes comprar ____.

____ **5.** Es un líquido dulce y muy espeso que se usa mucho en el té caliente o con el pan tostado.

____ **6.** La receta pide ¼ de ____ de sal.

____ **7.** Muchas personas les ponen ____ a los perros calientes.

____ **8.** Es mejor no comer comidas con muchos ____.

____ **9.** Algunas personas prefieren la carne del bistec un poco cruda; entonces preparan el bistec ____.

a. el aderezo
b. congeladas
c. conservantes
d. cucharadita
e. la harina
f. ingredientes químicos
g. la miel
h. mostaza
i. poco asado
j. rebanadas
k. rodajas
l. la vainilla

Lengua *Refranes*

Aquí hay otro refrán con el tema de la comida.

«Del plato a la boca, se cae la sopa.»

En inglés, en sentido literal: *From the plate to the mouth, the soup falls.* En inglés hay un refrán que comunica la misma idea: *There is many a slip between the cup and the lip.*

Las papas se preparan de muchas maneras.
Source: Scott Bauer/USDA

Actividad 8 Hoy haces la compra

Vocabulario

x = **por** (*for, per*)

3 manzanas × $1 = tres manzanas por un dólar (*three apples for one dollar*)

manzanas: $2 × lb. = manzanas: dos dólares por libra (*apples: two dollars per pound*)

Hoy vas a hacer la compra para la semana. Aquí tienes la lista de los productos que necesitan en tu casa. Con tu compañero/a, calcula el precio total de las carnes, de las frutas, de las legumbres y de los otros alimentos de la lista. ¿Cuál es el precio total de todo? ¿Cómo se comparan los precios de estos alimentos con los precios donde viven ustedes?

Lista para la compra	El precio de los productos
un paquete de tocino	pqte. 12 onzas: **$3.99**
dos latas de sopa de legumbres	lata de 10 onzas: **$1.89**
dos aguacates	4 × **$1.99**
tres libras de carne molida	**$4.15** × lb.
dos libras de limones	**$.99** × lb.
catorce onzas de avena	envase 14 onzas: **$2.49**
un tarro de dieciséis onzas de mayonesa	tarro 16 onzas: **$3.59**
tres libras de cebollas amarillas	**$.69** × lb.
un paquete de zanahorias	pqte. **$.99**
dos libras de manzanas	**$1.60** × lb.
una sandía de ocho libras	**$.24** × lb.
tres libras de chuletas de cerdo	**$4.99** × lb.
dos libras de camarones frescos	**$8.99** × lb.
una libra de nueces	**$3.50** x lb.

©Joaquin S. Lavado, QUINO, *Toda Mafalda*, Ediciones de La Flor.

Comunícate La preparación de la comida   doscientos noventa y siete **297**

Gramática *Giving Recipe Instructions*

There are other ways to give recipe instructions in Spanish. For example, you can use infinitives.

Añadir dos tazas de agua.

Or you can use a polite command.

Añada dos tazas de agua.

Here are some polite commands that you might see in recipes: **Añada** (*Add*), **Agregue** (*Add*), **Fría** (*Fry*), **Tome** (*Take*), **Baje** (*Lower*), **Corte** (*Cut*), **Saque** (*Take out*).

You will learn more about polite commands in **Gramática 11.3**.

Actividad 9 Vamos a preparar ceviche

Pon en orden los pasos para la preparación del ceviche, un plato típico de Perú.

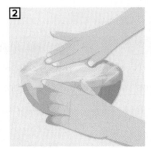

INGREDIENTES

2 libras de filetes de pescado blanco

2 cebollas grandes, cortadas en trocitos

15 limones

2 pimientos (ají verde y ají anaranjado)

1 manojo de cilantro, picado finamente

Sal y aceite al gusto

PREPARACIÓN

_____ Se cubre la fuente.

_____ Se adorna con lechuga o camote antes de servirlo.

_____ Se pone el pescado en una fuente de vidrio y se cubre con jugo de limón y sal.

_____ Se cortan las cebollas, el ají y el cilantro en trozos pequeños y se mezclan con jugo de limón. Se le pone una pizca de sal y se deja reposar por una hora.

_____ Se pone el pescado en el refrigerador durante un mínimo de cuatro horas.

_____ Cuando el pescado esté «cocido» en el jugo de limón, se mezcla con los otros ingredientes y se le añade más sal y aceite al gusto. Se deja reposar por veinte o treinta minutos.

Actividad 10 La compra

Conversa con tu compañero/a.

1. ¿Quién hace la compra en tu casa? ¿La haces tú?

2. En tu casa, ¿compran ustedes los comestibles (las cosas que se comen) en un supermercado o en tiendas pequeñas?

3. ¿Compran muchas verduras y frutas en tu casa? ¿Compran comidas preelaboradas? ¿Leen las etiquetas (la información en los paquetes) de las comidas para determinar si contienen colorantes o conservantes?

4. ¿Quién prepara la comida en tu casa? ¿Te gusta cocinar? ¿Aprendiste a cocinar tú solo/a o alguien te enseñó? ¿Sabes cómo se preparan tus platos favoritos? ¿Qué platos sabes preparar? ¿Necesitas usar recetas siempre para cocinar?

5. ¿Compras mucha comida chatarra (no nutritiva: con azúcar, grasa, etcétera)? ¿Qué compras?

6. ¿Comes entre comidas? ¿Bebes algo? ¿Qué comes o bebes entre comidas?

SABOR

néctar de mango

Contenido Neto
200 ml

HECHO EN PERÚ

SABOR

Información Nutricional
Nutrition Facts

Tamaño de la ración/Serving Size: 200 ml. *(6.5 Fl. Oz.)*
Raciones por envase/Servings per Container: 1

Cantidad por ración / Amount per serving

Calorías/Calories 110

	% Valor recomendado* / % Daily Value*
Grasa total / Total Fat 0 g	0%
Sodio / Sodium 20.1 mg	1%
Carbohidratos totales / Total carbohydrates 26 g	8%
Fibra dietética / Dietetic Fiber 0.3 g	1.4%
Proteínas / Proteins 0.5 g	1%
Vitamina C / Vitamin C 18 mg	30%
Calcio / Calcium 2.3 mg	0.3%
Hierro / Iron 3 mg	16%
Fósforo / Phosphorus 5 mg	1%

* El por ciento (%) de Valor Recomendado para consumo diario se refiere a una dieta de 2.000 calorías.
* Percent Daily Values are based on a 2000 calorie diet.

En el restaurante

Lee *Gramática 9.4*

Julia Johnson-Muñoz y su esposo Alberto Muñoz salieron a cenar anoche.

Julia pidió una ensalada, pollo a la parrilla, papas fritas y espárragos. Alberto pidió sopa de verduras, bistec al punto, pan con mantequilla y brócoli.

Alberto tomó una copa de vino tinto, pero Julia decidió tomar agua mineral. ¡Y claro que hicieron un brindis!

El mesero les sirvió la comida.

Comieron con gusto y conversaron tranquilamente.

El cocinero les preparó un postre especial, pastel de chocolate con helado.

Los dos pidieron café después del postre. ¡Quedaron muy satisfechos!

Pagaron la cuenta con tarjeta de crédito.

Dejaron una buena propina porque el servicio fue excelente.

Cultura *Enjoy! Cheers!*

En la cultura hispana, es costumbre decirle **¡Buen provecho!** a una persona que está comiendo. Aunque no hay ninguna frase igual en inglés, se puede decir *Enjoy!* o usar una frase del francés, *Bon appetit!*

Cuando bebes con tus amigos, todos dicen *Cheers!* para hacer un **brindis** (*toast*), ¿no? En español se dice **¡Salud!** (*Health!*) porque se brinda por la salud y **bienestar** (*well-being*) de todos.

Actividad 11 Hay que poner la mesa

A. Di para qué sirven estos objetos de la mesa.

> MODELO: *El salero* sirve para *guardar la sal.*

Vocabulario

comer la comida	**limpiarse la boca**	**servir la sopa**
cortar la comida	**preparar la ensalada**	**tomar café/té/vino/agua**
cubrir la mesa	**servir el agua**	**tomar la sopa**
guardar la sal/pimienta		

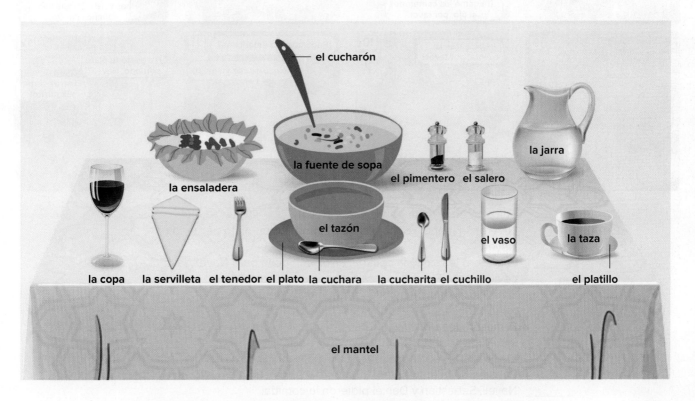

B. Ahora, ¡hay que poner la mesa! ¿Dónde se pone cada objeto? Trabaja con tu compañero/a. Miren el dibujo y usen **a la derecha de, a la izquierda de, al lado de, encima de, entre** o **enfrente de.**

> MODELO: **E1:** ¿Dónde se pone *el tenedor?*
> **E2:** *El tenedor* se pone *a la izquierda del plato.*

Sebastián, Daniel y Nayeli cenaron ayer en Perú Andino, un restaurante de comida peruana y andina. Lee las descripciones de su experiencia y ponlas en orden, según los dibujos. Luego, trabaja con tu compañero/a para narrar la historia.

_____ Entraron en el restaurante para cenar.

_____ Leyeron el menú y Sebastián le recomendó un plato peruano a Nayeli.

_____ El mesero les sirvió la comida: arroz con pollo para Nayeli, ceviche para Sebastián y camarones al ajo para Daniel.

_____ Se sentaron y el mesero les preguntó si querían (_wanted_) tomar algo.

_____ El mesero les sirvió las bebidas.

_____ Pidieron la cuenta.

_____ El mesero le recomendó a Nayeli una bebida típica de Perú.

_____ Salieron del restaurante hablando del plato que pidió Nayeli.

_____ Nayeli, Sebastián y Daniel pidieron la comida.

_____ Nayeli se sorprendió con el color verde del arroz.

_____ Comieron y conversaron.

_____ Sebastián pagó la cuenta con tarjeta de crédito.

Gramática *Pronouns After Prepositions*

After most prepositions **(a, de, por, para, sin, ...)**, the following pronouns are used: **mí, usted, ti, él, ella, nosotros, vosotros, ustedes, ellos, ellas.**

A mí me encanta la comida peruana. — *I love Peruvian food.*

El ceviche es **para él.** — *The ceviche is for him.*

No quiero ir al nuevo restaurante **sin ellos.** — *I don't want to go to the new restaurant without them.*

But note that the preposition **con** and the pronoun **mí** combine to form **conmigo** (*with me*), and the pronoun **ti** after **con** becomes **contigo** (*with you*).

—¿Quieres salir a cenar **conmigo**? — *Do you want to go out to eat with me?*

—Sí, claro. Siempre me gusta salir a cenar **contigo**. — *Yes, of course. I always enjoy going out to eat with you.*

You will learn more about prepositions and pronouns in **Capítulo 10, Gramática 10.1**.

Cultura *A la hora de pagar la cuenta*

En los países hispanos, muchas veces una sola persona paga la cuenta de todos sus amigos cuando sale con ellos y los invita a comer (**invitar** = *to treat*). Cuando cada persona paga su propia (*own*) cuenta, se dice **pagar a la americana** (en inglés, *to go Dutch*). En Argentina la expresión es **pagar a la romana,** que viene del italiano *pagare alla romana*.

 ## Hablando de la cocina hispana

LOS PLATOS ANDINOS

La región andina se refiere a los países en la cordillera de los Andes: Venezuela, Colombia, Ecuador, Perú, Bolivia y Chile. Esa región tiene una rica tradición indígena y allí predomina la cultura de los incas.[a] El maíz, o **choclo** (en el idioma quechua), es un ingrediente básico de varios platos de esta región. Los colombianos y los venezolanos lo comen en forma de **arepa,** una masa[b] de maíz tostada o frita y rellena de[c] queso. Y en varios países andinos, el **choclo tostado** se vende[d] en muchos puestos.[e] Otra comida muy popular es el **tamal,** * una masa de maíz que puede ser dulce o salada[f] y lleva un relleno[g] de carne de res o pollo; el tamal siempre se cocina envuelto[h] con hojas de mazorca o de plátano.[i]

el anticucho, plato típico de Bolivia
©Wide Eye Pictures/Alamy

El alimento principal[j] en Perú es la papa, ¡que allí tiene más de 1.000 variedades! Los indígenas andinos han cultivado[k] esta verdura por miles de años. Se prepara de muchas formas, por ejemplo con salsa de queso en el rico plato de **papa a la huancaína.** Pero el plato peruano más conocido[l] es sin duda[m] **el ceviche:** pescado crudo que se cocina en jugo de limón. Al pescado se le pone también cilantro, ajo, cebolla, choclo tostado, ají y camote.[n]

Una de las comidas rápidas más populares en Bolivia es **el anticucho:** carne de corazón[ñ] de res al estilo brocheta,[o] a veces con salsa de maní picante[p] que se cocina en parrillas[q] en las esquinas[r] de las ciudades bolivianas. En Ecuador las especialidades son sus deliciosas sopas, como **el locro,** una sopa espesa[s] de papas, pescado y queso. Por último, una especialidad chilena es **el caldillo de congrio,** un plato de pescado fresco, papas, tomate y hierbas.

Como puedes ver, hay gran abundancia de platos deliciosos en la cocina andina. ¡Pruébalos todos!

Hay una gran variedad de papas en Perú.
©Jorg Hackermann/Shutterstock RF

[a]predomina... *it is (a) predominantly Incan culture* [b]*dough* [c]rellena... *filled with* [d]se... *is sold* [e]*(food) stands* [f]*savory (not sweet)* [g]*filling* [h]*wrapped* [i]hojas... *corn husks or banana leaves* [j]alimento... *main/staple food* [k]han... *have grown/cultivated* [l]más... *most well-known* [m]sin... *without a doubt* [n]ají... *pepper and sweet potato* [ñ]*heart* [o]al... *kabob-style* [p]*spicy* [q]*grills* [r]*(street) corners* [s]*thick*

*****Tamal** is the correct singluar form of **tamales** in Spanish (although English-speakers say tamale). A similar food in Ecuador, Bolivia, and Chile is called **humitas,** and in Venezuela and Colombia they are called **hallacas.**

A. Lee la carta del Restaurante El Sol Inca de Lima. Luego, hazle preguntas a tu compañero/a sobre los precios, que están en nuevos soles (la moneda nacional de Perú). Sigan el modelo.

MODELO: **E1:** ¿Cuánto cuesta *el arroz con mariscos?*
E2: Cuesta *cuarenta y cuatro nuevos soles.*

Restaurante El Sol Inca
Cocina peruana auténtica

APERITIVOS

Anticuchos
Brochetas de corazón de res adobado en vinagre, aceite, sal, ají, ajo y varias especias. Se sirve con papas hervidas. 22

Papa a la huancaína
Plato peruano tradicional. Papas con salsa cremosa de ají amarillo y queso. Se sirven sobre hojas de lechuga con huevo y aceitunas. 22

ESPECIALIDADES DE LA CASA

Ceviche de pescado
Tilapia en adobo de jugo de limón y ají peruano. Se acompaña con papas, camote, cebolla y maíz. 38

A LA PARRILLA

Lomo fino
Filete mignon a la parrilla. Se sirve con vegetales y papas fritas, sazonadas con ají rojo y seco al sol. 52

Pechuga de pollo
Pollo a la parrilla. Se sirve con ensalada y papa hervida o frita. 38

CARNE Y POLLO

Lomo saltado
Pedacitos de bistec con cebolla, tomate y papa. Se sirve con arroz blanco. 38

Ají de gallina
Pollo desmenuzado y cocinado con ají amarillo seco al sol, nueces, leche y queso. Se sirve con arroz blanco. 38

Tallarín saltado de carne o pollo
Fettuccini al estilo peruano, con carne o pollo, tomate y salsa de soya. 38

Arroz con pollo
Pollo, arroz y guisantes que se cocinan con cilantro y cerveza inca. 38

PLATOS VEGETARIANOS

Champiñones saltados
Champiñones sofritos con cebolla, tomate y papas. Se sirve con arroz blanco. 35

Tallarín verde
Fettucini en salsa de albahaca con champiñones. 38

SOPAS

Parihuela de mariscos
Sopa de pescado, camarones, cangrejo, pulpo y chicha jora (cerveza de maíz). 44

Chupe de camarones
Sopa espesa de camarones de la costa de Perú. Se prepara con leche, arroz, huevos y guisantes. 41

PESCADO Y MARISCOS

Arroz con mariscos
La paella peruana, arroz con mariscos y especias. 44

Sudado de pescado
Pescado blanco que se cocina en una salsa de tomate, cebolla, ajo, vino blanco y otros condimentos. Se sirve con yuca cocida y cancha (choclo tostado). 46

PLATOS EXTRAS

Frijoles 8
Yuca frita 13
Ensalada pequeña 8

BEBIDAS

Inka Kola 5
Chicha morada
Extracto de maíz con canela 6
Jugo de maracuyá 6
Café 5
Té 5

POSTRES

Alfajor
Galletas dulces rellenas de natilla. 9
Arroz con leche
Pudín de arroz con coco y pasas. 13
Flan 13

Restaurante El Sol Inca
Av. Rivera Navarrete No. 520, San Isidro
Para reservaciones llamar al (511) 2249454

Se abre de lunes a jueves de las 12 a las 22
Viernes y sábados de las 12 a las 23
Los domingos de las 12 a las 21

Vocabulario

Me encanta(n).	(No) Es/Son saludable(s).	(No) Quiero comer carne.
(No) Tengo mucha hambre.	(No) Parece muy rico/a.	(No) Soy vegetariano/a (vegano/a).
(No) Estoy a dieta.	(No) Suena muy sabroso/a.	Esa comida (no) engorda mucho.
(No) Traigo mucho dinero.		

B. Ahora imagínate que estás en el restaurante con tu compañero/a. Digan qué comida(s) van a pedir y por qué. Sigan el modelo.

MODELO: **E1:** ¿Qué vas a pedir?

E2: Creo que voy a pedir *papa a la huancaína* de aperitivo y *sudado de pescado* porque *me encanta el pescado*. De postre voy a pedir *el arroz con leche* porque *parece muy rico y no estoy a dieta*. ¿Y tú, qué vas a pedir?

Una vendedora de helados en La Paz, Bolivia. En muchos países hispanos se venden helados en la calle.
©Lissa Harrison

Actividad 14 Los restaurantes

Conversa con tu compañero/a.

1. ¿Qué tipo de restaurante te gusta más? (elegante, fino, caro, barato, ...) ¿Por qué?

2. ¿Te gusta la comida mexicana? ¿Y la comida peruana? ¿Qué otro tipo de comida te gusta? (china, japonesa, árabe, vegetariana, italiana, ...)

3. ¿Cuál es el restaurante más elegante cerca de tu casa? ¿Comes allí con frecuencia? ¿Te gusta la comida? ¿Y el ambiente? ¿Son buenos los precios? ¿Es necesario hacer una reservación? ¿Con cuántos días de anticipación? (¿Cuántos días antes?)

4. ¿Cuánto se debe pagar por una comida excelente en un buen restaurante? ¿Cuánto dejas de propina: el quince por ciento (%) o más, o menos? ¿Por qué?

5. ¿Cuántas veces por semana comes fuera de casa? ¿Comes frecuentemente en algún lugar en especial? ¿Dónde?

6. ¿Vas mucho a los restaurantes de «servicio rápido»? ¿Cuál de todos es tu favorito? ¿Por qué?

Cultura *Comidas en Perú y España*

La comida china y la japonesa son muy populares en Perú, pues en ese país hay una gran población asiática, la más grande del mundo hispano. A los restaurantes chinos en Perú se les llama **chifas**.

En España, es normal ver jamones colgados (*hanging*) en algunos restaurantes. Un restaurante con muchos jamones colgados indica que es bueno.

Gramática *Ordering a Meal at a Restaurant*

Here are some words and phrases you can use with **por favor** to order a meal at a restaurant.

Quisiera... = *I would like . . .*

Tráigame/Tráiganos... = *Bring me/us . . .*

Me gustaría... = *I would like . . .*

(A mí) Me trae... / (A nosotros) Nos trae... = *Will you bring me/us . . .*

Sírvame/Sírvanos... = *Will you serve me/us . . .*

(A mí) Me sirve... / (A nosotros) Nos sirve... = *Will you serve me/us . . .*

ESCRÍBELO TÚ

Una cena ideal

Describe una cena ideal. ¿Es una cena en casa o en un restaurante? ¿Qué comidas se sirven? ¿Hay algunos platos saludables? ¿Hay sopa o ensalada? ¿Qué se sirve para beber? Menciona los platos principales y el postre. ¿Cuáles de estos platos tienen más proteína, carbohidratos, grasa, calcio, vitaminas, etcétera? Di también quién prepara la comida y con quién(es) cenas. Por último, contesta esta pregunta: ¿Por qué consideras esta cena «ideal»? Lee y completa la actividad entera en el *Cuaderno de actividades* o en Connect Spanish.

¿Cenas en casa con toda tu familia con frecuencia?
©Edgardo Contreras/Getty Images

CUÉNTANOS

Las comidas que se sirven en tu casa

Conversa con tus compañeros/as sobre las comidas que se sirven en tu casa con frecuencia y explica por qué se sirven frecuentemente. Luego, habla de las comidas que nunca se sirven en tu casa y explica por qué.

Cultura

La Diablada de Oruro

La Diablada de Oruro
©robertharding/Alamy

LA CIUDAD DE ORURO

La ciudad de Oruro se encuentra al oeste de Bolivia y tiene 200.000 habitantes. Esta ciudad se estableció en 1606 como centro minero, primero de la plata y luego del estaño. Pero los dos recursos se agotaron. Hoy en día el recurso principal de Oruro es el turismo: su carnaval es muy famoso y es la celebración folclórica más grande de América Latina. Cada mes de febrero, llega a esta ciudad boliviana casi medio millón de personas para celebrar su festividad carnavalesca, que se llama también la Diablada de Oruro. En 2001, la Organización de las Naciones Unidas (ONU) decidió que el carnaval de Oruro se considera Patrimonio Oral e Inmaterial de la Humanidad.

LA TRADICIÓN DE LA DIABLADA

La Diablada de Oruro viene de la mitología de los indígenas y de la interpretación indígena del cristianismo. Para recibir protección, los mineros indígenas le ofrecían coca y alcohol al Supay, el dios de los muertos y del mundo subterráneo. Los españoles asociaron este dios de los muertos con el diablo de la religión católica. Según la leyenda, en 1789 apareció una imagen de la Virgen de la Candelaria al pie de una montaña. Los mineros adoptaron esta Virgen como su santa patrona y la llamaron Virgen del Socavón o Mamita del Socavón. En honor a ella y para calmar al Supay, empezaron a celebrar la Diablada durante el carnaval. Y así comenzó esta tradición.

Vocabulario de consulta	
la Diablada	Festival (Dance) of Devils
minero	mining (adj.)
plata	silver
estaño	tin
recursos	resources
se agotaron	got used up
Organización de las Naciones Unidas (ONU)	United Nations (UN)
Patrimonio Oral e Inmaterial de la Humanidad	Oral and Intangible Human Heritage
cristianismo	Christianity
ofrecían coca	offered coca leaves
dios	god
diablo	the devil
leyenda	legend
apareció	appeared
socavón	mineshaft
danzantes	dancers
mezcla	mixture
lagartos, serpientes y ranas	lizards, snakes, and frogs
cuernos	horns
máscaras	masks

LAS MÁSCARAS Y LOS DISFRACES

En el carnaval de Oruro se presentan muchos tipos de baile, pero el más famoso es el baile de los diablos, la Diablada. Los danzantes llevan disfraces de diablo y bailan por las calles de Oruro durante más de quince horas. Los disfraces de los bailadores representan una mezcla de dos religiones: la indígena y la cristiana. Hay lagartos, serpientes y ranas que son símbolos de la mitología indígena, y hay cuernos, un símbolo cristiano del diablo. Las máscaras y los disfraces son fantásticos; ¡los artesanos trabajan todo el año para hacerlos!

COMPRENSIÓN

Contesta las preguntas.

1. ¿Cuáles fueron los dos primeros recursos de Oruro?
2. ¿Cuál es el recurso más importante de Oruro hoy en día?
3. ¿En qué mes se celebra la Diablada de Oruro?
4. ¿Cómo se llama el dios de los muertos en la cultura de los indígenas andinos?
5. ¿Y cuál es el nombre de la santa patrona de los indígenas de Oruro?
6. En la Diablada, ¿qué disfraces representan la religión indígena?
7. ¿Cuál es el símbolo cristiano del diablo?

Palabras regionales: Bolivia		Palabras regionales: Perú	
el ajayu*	soul, life (e.g., *of a party*)	a la tela	elegantly dressed
ajear	insultar	taypá*	abundante (*comida*)
dar bola	to pay attention, to listen	estar aguja	estar sin dinero

CONEXIÓN CULTURAL

EL MISTERIO DE MACHU PICCHU

Las ruinas de Machu Picchu están en la cresta (*ridge*) de una montaña sobre el Valle Urubamba de Perú, cincuenta millas al nordeste (*northeast*) de Cusco. Este sitio majestuoso (*majestic*) data del siglo XV y se conoce como la ciudad perdida (*lost*) de los incas. Los expertos tienen varias teorías sobre el misterio de Machu Picchu, pero no hay respuestas definitivas a muchas de sus preguntas. Lee la lectura «El misterio de Machu Picchu» en el *Cuaderno de actividades* o en Connect Spanish y ¡descubre esta ciudad fantástica!

---

*palabra de origen quechua

Videoteca

Episodio 9: ¡Buen provecho!

©McGraw-Hill Education/Klic Video Productions

Vocabulario de consulta

¡Adelante!	Go on!
¡Qué amable!	How nice!
canela	cinnamon
sugerencias	suggestions
no hace falta	there's no need
Guarda	Put away
aparatos	gadgets
máquinas	machines
¡Cada loco con su tema!	To each his own!
refrescante	refreshing
¡Ya era hora!	It was about time!
tiene fama de	has a reputation for
se le olvida	he forgets
quema	he burns

Resumen

Sebastián invita a Nayeli y a Eloy a cenar en un restaurante peruano. Nayeli no conoce la comida peruana pero tiene muchas ganas de probarla. Los tres amigos piden papas a la huancaína de aperitivo y otros platos típicos de Perú. Sebastián pide ceviche, Eloy lomo saltado y Nayeli arroz con pollo. Pero el plato de Nayeli... ¡es una sorpresa para ella!

Preparación para el video

A. ¡Comencemos! Indica la mejor respuesta o respuestas. **OJO:** Algunas preguntas tienen más de una respuesta posible.

1. ¿Dónde están los amigos del club en las fotos?
   - a. en la biblioteca
   - b. en la cocina
   - c. en un restaurante
   - d. en clase

2. ¿Qué amigo/a del club Amigos sin Fronteras es de México?
   - a. Radamés
   - b. Ana Sofía
   - c. Jorge
   - d. Nayeli

3. ¿Qué amigo/a del club Amigos sin Fronteras es de Perú?
   - a. Sebastián
   - b. Omar
   - c. Lucía
   - d. Eloy

Comprensión del video

©McGraw-Hill Education/Klic Video Productions

B. **La idea principal.** Indica la idea principal, según el video.

1. Tres amigos del club hablan de lo deliciosa que está la comida española.
2. El mesero les dice a los chicos que el restaurante no tiene la comida que pidieron.
3. Tres amigos del club comen en un restaurante peruano y les gusta mucho la comida.

©McGraw-Hill Education/Klic Video Productions

C. **¿Cierto o falso?**

1. Nayeli y Sebastián piden chicha morada, pero Eloy pide un refresco.
2. Eloy le muestra a Nayeli varias fotos de comidas típicas peruanas en su teléfono.
3. A Nayeli le gusta mucho el pollo.
4. La salsa verde peruana es similar a la salsa verde mexicana.
5. Los tres amigos pagan a la americana (cada uno paga su plato).

D. **Detalles.** Contesta las preguntas.

1. ¿Qué bebida piden los tres amigos del club?
2. ¿Qué comida le recomienda Sebastián a Nayeli?
3. ¿Qué pide Eloy?
4. ¿Cuál es el ingrediente principal de la salsa verde peruana?
5. ¿Por qué se sorprende Nayeli al ver su plato de comida?

Ⓒ Mi país PERÚ Y BOLIVIA

Comprensión

1. ¿Cuál es la salsa típica peruana preferida de Sebastián?
2. ¿En qué lugar de Lima vieron Sebastián y Daniel exposiciones de arte precolombino?
3. ¿A cuántos pies (sobre el nivel del mar) está Cusco?
4. ¿A quién honra el templo Coricancha en Cusco?
5. ¿Cómo llegaron a Machu Picchu los dos?
6. ¿Qué fue lo que más le gustó a Sebastián de ese viaje?
7. ¿Qué verdura tiene su origen en la región andina?
8. ¿Cómo se llaman las mujeres indígenas de Bolivia?

Machu Picchu
©Nolleks86/Shutterstock RF

el lago Titicaca
©John Warburton-Lee/Getty Images

Gramática

9.1 Personal and Impersonal Direct Object Pronouns: lo, la, los, and las

A. As you saw in **Gramática 5.2**, the object pronouns **lo, la, los,** and **las** serve as impersonal direct object pronouns. In other words, they can be used to replace the name of an object. Thus **lo** and **la** are the equivalent of the English pronoun *it,* and **los** and **las** are equivalent to *them.*

—¿Quién compró **el pastel?**	*Who bought the cake?*
—**Lo** compró Daniel.	*Daniel bought it.*
—¿Quién trajo **la fruta?**	*Who brought the fruit?*
—**La** trajo Nayeli.	*Nayeli brought it.*
—Lucía, ¿dónde pusiste **las servilletas?**	*Lucía, where did you put the napkins?*
—**Las** puse en la mesa.	*I put them on the table.*

B. The Spanish direct object pronouns **lo, la, los,** and **las** may also substitute for words referring to people, and as such they are called *personal* pronouns. For example, **lo** in the first exchange below refers to **Sebastián (él);** in the second one, **la** refers to **la profesora Julia Johnson-Muñoz (ella).**

—¿Llamaste a Sebastián?	*Did you call Sebastián?*
—Sí, **lo** llamé ayer.	*Yes, I called him yesterday.*
¿La profesora Johnson-Muñoz? **La** vi ayer en el campus.	*Professor Johnson-Muñoz? I saw her on campus yesterday.*

> **lo** = *you (pol.)/ him/ it (m. sing.)*
> **los** = *you/them (m. pl.)*
> **la** = *you (pol.)/ her/ it (f. sing.)*
> **las** = *you/them (f. pl.)*
>
> —**¿Quién preparó los frijoles?**
> *Who made the beans?*
> —**Papá los preparó.**
> *Dad made them.*

C. As you saw in **Gramática 5.2**, direct object pronouns are placed before the conjugated verb. However, when the conjugated verb is followed by an infinitive, or in sentences that include the verb structure used to express the future (**ir** + **a** + *inf.*) or the present progressive (**estar** + **-ando/-iendo),** there are two options concerning the placement of direct object pronouns.

- Pronouns may precede the conjugated verb.

  ¿Los fideos? Los voy a comprar esta tarde.

  ¿La paella? La estamos preparando ahora.

- Pronouns may also be attached to the end of the infinitive or to the present participle (**-ando/-iendo**).

  ¿Los fideos? Voy a comprar**los** esta tarde.

  ¿La paella? Estamos preparándo**la** ahora.

When you attach a pronoun to the end of the present participle, add a written accent to indicate the stress of the original participle: **Lo estoy mirando.** → **Estoy mirándolo.**

> It takes time to acquire these pronouns. You will gradually come to use them in your speech as you hear and read more Spanish. You will also learn more about the placement of pronouns in **Gramática 14.2**.

Ejercicio 1

Indica el pronombre correcto: **lo, la, los** o **las,** según el contexto. Luego, completa la oración con la palabra o frase más lógica.

MODELO: —¿Cuándo bebiste el jugo de naranja?
—*Lo* bebí...

    a. hace diez años.   **b.** anoche.   **c.** antes de levantarme.

1. —¿Dónde pusiste la carne?
   —_____ puse en...
   a. el jardín.
   b. el supermercado.
   c. el congelador.

2. —¿Dónde compraste las verduras?
   —_____ compré en...
   a. una tienda de ropa.
   b. el supermercado.
   c. la cafetería de la escuela.

3. —¿Cuándo trajiste el hielo?
   —_____ traje...
   a. el año pasado.
   b. hace diez minutos.
   c. hace dos semanas.

4. —¿Dónde pusiste la mayonesa?
   —_____ puse en...
   a. la mesa.
   b. el sofá.
   c. el dormitorio.

5. —¿Dónde pusiste los vasos?
   —_____ puse en...
   a. el armario.
   b. la cómoda.
   c. la alacena.

6. —¿Viste a Claudia ayer?
   —Sí, _____ vi en...
   a. el tocino.
   b. el restaurante.
   c. la paella.

7. —¿Cuándo conociste a Daniel?
   —_____ conocí...
   a. el verano pasado.
   b. en el año 1896.
   c. mañana.

8. —¿Llamaste a las chicas ya?
   —Sí, _____ llamé...
   a. en el año 2030.
   b. anoche.
   c. la semana próxima.

9. —¿Saludaste a la profesora?
   —Sí, _____ saludé...
   a. hace cinco minutos.
   b. el siglo pasado.
   c. el mes próximo.

10. —¿Oíste llegar a Sebastián y a Daniel?
    —Sí, _____ oí llegar...
    a. a las diez de la noche.
    b. mañana en la tarde.
    c. en el año 1521.

Ejercicio 2

La familia de Nayeli Rivas se está preparando para la cena de Nochebuena. Nayeli y sus hermanos —Izel, Emiliano y Beto— le hacen preguntas a la mamá. Completa las respuestas de su mamá con **lo, la, los** o **las.** Complétalas de dos maneras, como se ve en los modelos.

MODELOS: —Mamá, ¿a qué hora vas a servir la comida?
—**La** voy a servir / Voy a servir**la** a medianoche.

—Mamá, ¿quién está preparando el menú?
—Tu papá y yo **lo** estamos preparando. / estamos preparándo**lo.**

1. —Mamá, ¿vamos a poner la mesa ahora?
   —No, Beto, (nosotros) _____ a las once de la noche.

2. —Mamá, ¿vas a preparar el aderezo ahora o más tarde?
   —Hija, _____ a las diez de la noche.

3. —Mamá, ¿ya estás horneando los pasteles?
   —Sí, Emiliano, _____ ahora mismo.

4. —Mamá, ¿quién está rallando el queso?
   —Izel _____ en este momento.

5. —Mamá, ¿papá va a abrir las latas de aceitunas ahora?
   —No, Nayeli, tu papá no _____ todavía. Prefiero esperar un poco.

9.2 Using Affirmative and Negative Words: alguien/nadie, algo/nada

A. Spanish has a number of words that correspond to affirmative and negative words in English.

Affirmative Words		Negative Words	
algo	*something*	nada	*nothing*
alguien	*somebody*	nadie	*nobody, no one*
algún, alguno/a/os/as	*some*	ningún, ninguno/a	*none*
siempre	*always*	nunca/jamás	*never*
también	*also*	tampoco	*neither*

However, unlike English, Spanish frequently requires the use of multiple negatives in the same sentence when one responds negatively to a question.

—¿Tienes **algo** en el horno? | *Do you have something in the oven?*
—**No, no** tengo **nada**. | *No, I don't have anything.*
—¿Hay **alguien** a la puerta? | *Is there someone at the door?*
—**No, no** hay **nadie**. | *No, there is no one (there).*
—Señora Saldívar, ¿va usted **siempre** al mercado los martes? | *Mrs. Saldívar, do you always go to the market on Tuesdays?*
—**No, no** voy **nunca** los martes. | *No, I don't ever (I never) go on Tuesdays.*

> In standard English, it is generally incorrect to have more than one negative in a sentence; in Spanish multiple negatives are often required.

B. When the negative word comes *before* the verb in Spanish, **no** is not used. However, it's also possible to place the negative word after the verb, and in that case, **no** is written before the verb.

Nunca como entre comidas.
No como **nunca** entre comidas. } *I never eat between meals.*

Nadie fue al mercado ayer.
No fue **nadie** al mercado ayer. } *Nobody went to the market yesterday.*

C. **Alguno/a** corresponds to English *some* or *any*, and **ninguno/a** corresponds to English *none, not one/any*, or *neither one*.

—¿Hay **alguna** sopa sin carne? | *Is there any soup without meat?*
—No, no hay **ninguna**; todas tienen carne. | *No, there aren't any; they all have meat.*
—¿Hay **algunos** postres sin azúcar? | *Are there any desserts without sugar?*
—No, señor, no tenemos **ningún** postre sin azúcar. | *No, sir, we don't have any desserts without sugar. / No, sir, we have no desserts without sugar.*
Busqué un restaurante tailandés, pero no hay **ninguno** en este barrio. | *I looked for a Thai restaurant, but there is none (there isn't one) in this neighborhood.*

> Note that Spanish, unlike English, uses **ninguno/a** only with nouns in the singular form.
>
> **No hay ningún restaurante aquí.**
>
> *There are no restaurants here.*

Add the preposition **de** to say *some of* or *none of* (referring to a group of objects or people).

—¿Fue **alguno de** tus hermanos a la cena? | *Did any of your siblings go to the dinner?*
—No, **ninguno de** ellos pudo asistir. | *No, none of them was able to attend.*

D. **Alguno** and **ninguno** shorten to **algún** and **ningún** before masculine singular nouns. This is the same rule you've already seen with **uno → un**, **bueno → buen**, **primero → primer**, and **tercero → tercer**.

—¿Hay **algún** restaurante en esta calle?

Is there a restaurant on this street?

—No, no hay **ningún** restaurante por aquí.

No, there aren't any restaurants around here.

E. In order to express *I/you/we/they don't either*, use a *subject pronoun* + **tampoco**.

—No quiero comer helado.

I don't want to eat ice cream.

—**Yo tampoco.**

I don't either. / Me neither. / Neither do I.

Yo no quiero más arroz. **Tú tampoco,** ¿verdad?

I don't want more rice. You don't either, right?

Ejercicio 3

Contesta las siguientes preguntas de forma negativa. Usa **nada, nadie, nunca** o **ninguno/a.**

MODELO: —¿Hay algo de comer en el refrigerador?
—No, no hay *nada*.

1. —¿Fue alguien al supermercado ayer?
   —No, no fue _____.
2. —¿Desayunaste algo esta mañana?
   —No, no comí _____.
3. —¿Siempre comes en restaurantes chinos?
   —No, _____ como en ellos.
4. —¿Invitaste a alguien a cenar esta noche?
   —No, no invité a _____.
5. —¿Compraste una sandía?
   —No, no encontré _____ madura.
6. —¿Quieres algo de tomar?
   —No, gracias. No quiero _____.
7. —¿Te sirvo espinacas?
   —No, gracias. ¡_____ las como!
8. —¿Por qué no invitaste a Sebastián y a Daniel a la fiesta?
   —Los invité, pero _____ de los dos pudo venir.

Ejercicio 4

Empareja la descripción con la comida o bebida que describe.

_____ 1. Esta bebida no se bebe caliente nunca.
_____ 2. Ninguna de estas tres comidas es una verdura.
_____ 3. Ninguno de estos tres alimentos es carne.
_____ 4. Ninguno de estos tres alimentos es fruta.
_____ 5. Algunas personas beben esta bebida siempre para el desayuno.
_____ 6. Nadie come la cáscara de esta fruta.

a. las fresas, la chuleta y el pescado

b. el plátano

c. la leche

d. el pan, el ajo, las manzanas

e. el pollo, la cebolla y el yogur

f. la cerveza

9.3 Expressing *one* or *you*: The Impersonal **se**

As you learned in **Gramática 4.1, se** is a reflexive pronoun. But **se** is also used in "impersonal" constructions. In English, this structure is expressed with the impersonal *you* (*You need good fruit to make a good fruit salad*), the pronoun *one* (*One should always think before acting*), the pronoun *they* (*They sell beer by the glass around here*), or the passive voice (*Beer is sold by the glass around here*).

—¿Cómo **se dice** *tablecloth* en español?	*How do you say "tablecloth" in Spanish?*
—**Se dice** «mantel».	*You say "mantel."*
Aquí **se habla** español.	*Spanish is spoken here. (They speak Spanish here.)*
No **se debe** dormir inmediatamente después de comer.	*One/You shouldn't (go to) sleep immediately after eating.*

If the topic in question is plural and functioning as the verb's subject, the verb is usually plural. However, when phrases such as **se puede, se debe,** or **se necesita** are followed by infinitives, they are always singular.

¿**Se sirven mariscos** frescos aquí?	*Are fresh shellfish served here?*
¡Aquí **se puede desayunar** a las dos de la mañana!	*Here you can eat breakfast at 2 a.m.!*

Se + *third-person verb form* is often used for instructions, especially in recipes. (Notice the plural verb forms **ponen** and **cuecen,** which agree with the plural verb subject **fideos.**)

Primero **se hierve** el agua. Después, **se agrega** la sal y luego **se ponen** los fideos y **se cuecen** por ocho minutos.	*First you boil the water. Next, you add the salt, and then you put in the noodles and cook them for eight minutes.*

> **Se** + *third-person singular verb* is used to express *one, you,* or impersonal *they.*
> **Se come muy tarde en España**.   *One eats (They eat) very late in Spain.*

Ejercicio 5

Usa el **se** impersonal para completar las oraciones con los verbos de la lista.

batir (*to beat*)	**cortar**	**hablar**	**lavar**	**mezclar** (*to mix*)
necesitar	**poder**	**poner**	**preparar**	

1. Para preparar un sándwich de jamón y queso, _____ el jamón y el queso en lonchas (*slices*).
2. Para alimentarse bien, _____ comer de los cuatro grupos esenciales de alimentos.
3. Primero _____ el brócoli y luego _____ en el agua a hervir.
4. En este restaurante _____ los mariscos con ajo y hierbas.
5. Según la receta, _____ todos los ingredientes en una fuente grande.
6. En una parrillada argentina, _____ varios tipos de carne.
7. ¿_____ francés en ese restaurante?
8. ¿_____ los huevos para preparar una tortilla española?

A. In **Gramática 5.1**, you learned that **pedir** (*to order; to ask for*) and **vestirse** (*to get dressed*) have a stem change from -**e** to -**i** in both the present and preterite tenses. In the present tense, all forms of **pedir** and **vestirse** use the stems **pid-** and **vist-** except for the **nosotros/as** and **vosotros/as** forms. In the preterite, only the third person singular (**usted, él/ella**) and plural (**ustedes, ellos/as**) forms use the stem with -**i.** The verbs **servir** (*to serve; to be used/useful for*) and **seguir** (*to follow*) follow the same pattern.

pedir		vestirse		servir		seguir	
Present	**Preterite**	**Present**	**Preterite**	**Present**	**Preterite**	**Present**	**Preterite**
pido	pedí	me visto	me vestí	sirvo	serví	sigo	seguí
pides*	pediste*	te vistes*	te vestiste*	sirves*	serviste*	sigues*	seguiste*
pide	pidió	se viste	se vistió	sirve	sirvió	sigue	siguió
pedimos	pedimos	nos vestimos	nos vestimos	servimos	servimos	seguimos	seguimos
pedís	pedisteis	os vestís	os vestisteis	servís	servisteis	seguís	seguisteis
piden	pidieron	se visten	se vistieron	sirven	sirvieron	siguen	siguieron

> When you form the present progressive (**estar** + **ando/iendo**) of these verbs, notice that the **e → i** change also occurs in the present participles: **pidiendo** (*ordering*), **vistiendo/vistiéndose** (*dressing/getting dressed*), **sirviendo** (*serving*), and **siguiendo** (*following*).

En este restaurante **sirven** excelente comida. La semana pasada me **sirvieron** unas enchiladas de pollo sabrosísimas.	*They serve excellent food in this restaurant. Last week they served me some delicious chicken enchiladas.*
Este aparato **sirve** para pelar papas.	*This device is good for peeling potatoes.*
El viaje me **sirvió** para conocer a mi tío.	*The trip was useful for getting to know my uncle.*
Pedí ceviche de camarones. Siempre **pido** lo mismo.	*I ordered shrimp ceviche. I always order the same thing.*
¿Ya **pediste** la cuenta?	*Did you already ask for the bill (check)?*
Me **pidió** un favor y le dije que sí.	*He asked me for a favor and I told him yes.*
Las niñas **se vistieron** rápido esta mañana.	*The girls got dressed quickly this morning.*
Daniel no **siguió** la receta.	*Daniel didn't follow the recipe.*

B. **Reír(se)** (*To laugh*), **sonreír** (*to smile*), and **freír** (*to fry*) also follow this pattern, except that in the third-person preterite forms, one **i** is dropped: **fri- + ió → frió; fri- + -ieron → frieron.**

freír	
Present	**Preterite**
frío	freí
fríes	freiste†
fríe	frió
freímos	freímos
freís	freisteis
fríen	frieron

Camila **frió** las papas.	*Camila fried the potatoes.*
Nayeli **sonrió** cuando le sirvieron su plato favorito.	*Nayeli smiled when they served her her favorite dish.*

> The present participles are: **friendo, sonriendo,** and **riendo.**

---

*Alternative forms for recognition only: **vos pedís/pediste, vos te vestís/vestiste, vos servís/serviste, vos seguís/seguiste.**

†Alternative forms for recognition only: (present) **vos freís, vos sonreís, vos reís;** (preterite) **vos freiste, vos sonreíste, vos reíste.**

Ejercicio 6

Sebastián y Nayeli están conversando en un restaurante mexicano, antes de pedir su comida. Escoge entre los verbos **servir** o **pedir** para completar su conversación, usando el presente or el pretérito según el contexto. **OJO:** Lee el diálogo antes de completarlo para saber el contexto de la conversación.

SEBASTIÁN: ¿Qué _____[1] tú en un restaurante mexicano?

NAYELI: Eso depende. Si el restaurante _____[2] mariscos, pido un cóctel de mariscos.

SEBASTIÁN: ¿Y si no hay mariscos?

NAYELI: Entonces prefiero _____[3] un chile relleno.

SEBASTIÁN: No sé qué voy a _____[4] ahora. Hay muchos platos mexicanos que me gustan.

NAYELI: ¿Por qué no _____[5] unas enchiladas de pollo?

SEBASTIÁN: Sí, son ricas...

NAYELI: Aquí son muy buenas. ¡Y los precios son buenos también!

SEBASTIÁN: Hablando de precios, el mes pasado Daniel y yo fuimos a un restaurante mexicano excelente, pero un poco caro, en San Francisco. ¡Tuvimos tres meseros!

NAYELI: ¡Tres!

SEBASTIÁN: Sí, uno para las bebidas, uno para la comida y otro para el postre. Y el mesero de la comida nos _____[6] unos platos exquisitos.

NAYELI: ¿Qué _____[7] ustedes?

SEBASTIÁN: Los dos (*We both*) _____[8] sopa azteca, ensalada y carne de res en salsa de vino.

NAYELI: Mmm. ¿Y los meseros les _____[9] postre también?

SEBASTIÁN: Bueno, solo uno de ellos nos _____[10] el postre. ¡Era su trabajo!

NAYELI: ¿Qué postre _____[11] ustedes?

SEBASTIÁN: Yo _____[12] flan y Daniel el pastel de chocolate.

NAYELI: ¿Y cuánto pagaron por la cena?

SEBASTIÁN: ¡Demasiado! (*Too much!*)

Lo que aprendí

Al final de este capítulo, ya puedo:

☐ hablar sobre la comida y la nutrición.

☐ hacer la compra de la comida.

☐ hablar de la preparación de la comida.

☐ leer recetas.

☐ diseñar un menú.

☐ hablar de los objetos necesarios para poner la mesa.

☐ pedir comida en un restaurante.

Además, ahora conozco:

☐ varios platos típicos de la cocina hispana.

☐ muchos platos de la cocina peruana y de la cocina andina.

☐ una celebración boliviana, la Diablada de Oruro.

Y sé más sobre:

☐ las culturas indígenas de Bolivia y Perú.

☐ los diferentes nombres de varias comidas del mundo hispano.

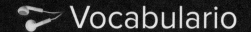 Vocabulario

El desayuno

Repaso: el cereal, los huevos fritos/revueltos, el pan tostado, el tocino, el yogur

la avena	oatmeal
el huevo cocido	hard-boiled egg
el pan tostado a la francesa	French toast

Palabras semejantes: las donas, los panqueques

El almuerzo y la cena

Repaso: la ensalada, los espaguetis, las galletas, la hamburguesa, el jamón, la papa al horno, las papas fritas, el puré de papas, el queso, el sándwich, la sopa de verduras, el taco

las albóndigas	meatballs
el arroz	rice
la ensaladilla	potato salad
los fideos	noodles
los frijoles (refritos)	(refried) beans
los totopos	tortilla chips

Palabras semejantes: la lasaña, los raviolis, la tortilla

La carne

Repaso: el bistec, el pavo, el perro caliente, el pollo, el tocino

las aves	poultry
la carne de res	beef
la carne molida	ground beef
el cerdo	pork
la chuleta de cerdo	pork chop
el cordero	lamb
el hígado	liver
la salchicha	sausage
la ternera	veal

Palabras semejantes: el filete

El pescado y los mariscos	Fish and Seafood
las almejas	clams
el atún	tuna
el boquerón	anchovy
los calamares	squid
los camarones	shrimp

You can review the food and beverage words that were introduced in **Capítulo 5** on pages 161 and 162.

el cangrejo	crab
la langosta	lobster

Palabras semejantes: las ostras, el salmón

Las verduras

Repaso: la calabaza, la lechuga, la papa, el tomate

el apio	celery
la calabacita	summer squash
el camote	sweet potato, yam
la cebolla	onion
los guisantes	green peas
las habichuelas	green beans
las legumbres	vegetables; legumes
el maíz	corn
la mazorca de maíz	ear of corn
el pepino	cucumber
el pimiento	bell pepper
el rábano	radish
la zanahoria	carrot

Palabras semejantes: el brócoli, el chile, el cilantro, la coliflor, los espárragos

La fruta y las nueces	Fruit and Nuts
Repaso: las fresas, la naranja	
el aguacate	avocado
el albaricoque	apricot
los cacahuetes (*Sp.*) / los cacahuates (*Mex.*)	peanuts
el coco	coconut
el durazno	peach
la manzana	apple
la nuez (las nueces)	nut
la piña	pineapple
el plátano	banana; plantain
la sandía	watermelon
la toronja	grapefruit
las uvas	grapes

Palabras semejantes: la banana, el limón, el mango, la papaya

Los postres

Repaso: los dulces, las galletitas, el helado, el pastel

el flan	custard

Las bebidas

Repaso: la cerveza, la champaña, el jugo, la leche, el vino (tinto)

el batido	milk shake
la leche descremada	skim milk
el té caliente/helado (frío)	hot/iced tea

Palabra semejante: el agua mineral, la limonada

Los condimentos, las especias y otros ingredientes	Condiments, Spices, and Other Ingredients

Repaso: el azúcar, el chocolate, la grasa, la mantequilla, la sal

el aceite	oil
la aceituna	olive
el aderezo	(salad) dressing
el ají	(chili) pepper
el ajo	garlic
la canela	cinnamon
la harina	flour
la jalea	jelly
la miel	honey
la mostaza	mustard
la pimienta	pepper (spice)

Palabras semejantes: el bicarbonato de soda, el colorante, el conservante, la mayonesa, la pasta de tomate, la vainilla

La mesa y los cubiertos	Table Setting and Utensils

Repaso: el plato, el vaso

la copa	wine glass
la cuchara	spoon
la cucharita	teaspoon
el cucharón	ladle
el cuchillo	knife
la ensaladera	large salad bowl
la jarra	pitcher
el mantel	tablecloth
el pimentero	pepper shaker
el platillo	saucer
el salero	salt shaker
la servilleta	napkin
el tenedor	fork

Las medidas y los envases	Measurements and Containers
la cucharada	tablespoon (measurement)
la cucharadita	teaspoon (measurement)

la fuente de vidrio	glass serving dish
la lata	can
la libra	pound
el manojo	bunch
la pizca	little bit
la rebanada	slice
la rodaja	slice
el tarro	jar
la taza	cup
el tazón	bowl, mixing bowl
el trozo (trocito)	piece, chunk (small piece)

Palabras semejantes: la botella, el cartón, la docena, la onza, por ciento, la porción

Los verbos

Repaso: el/la cocinero/a, el/la mesero/a

acompañar	to accompany
adornar	to garnish
añadir	to add
cubrir	to cover
dejar reposar	to let sit
engordar	to make fat
estar (irreg.) a dieta	to be on a diet
llevar	to contain (ingredients)
mezclar	to mix
picar (qu)	to chop
probar (ue)	to taste
rallar	to grate
servir (i, i)	to serve; to be used (for)
sonar (ue)	to sound; to ring
sorprender(se)	to surprise, to be/get surprised
vender	to sell

Palabras semejantes: calcular, contener (like tener), desear, entrar, incluir (y), pelar, recomendar (ie)

La descripción de la comida

Repaso: el colesterol, la fibra, la grasa, la vitamina; frito/a, rico/a, salado/a

el alimento	food item; nourishment
el aperitivo	aperitif; appetizer
la cáscara	skin, (of a fruit or vegetable) husk, shell
los comestibles	food
la comida chatarra	junk food

la comida preelaborada	convenience food
la parrilla	grill
a la parrilla	grilled
la semilla	seed
cocido/a	cooked; medium rare
bien/poco cocido/a	well-done / rare
dulce	sweet
congelado/a	frozen
cortado/a	cut
cremoso/a	creamy
crudo/a	raw
empanizado/a	breaded
espeso/a	thick (consistency)
fresco/a	fresh
picado/a	chopped
picante	spicy
químico/a	chemical
sabroso/a	tasty
al gusto	to taste
al horno	baked
al punto	medium rare
bien asado/a	well-done
poco asado/a	rare

Palabras semejantes: el gluten; excelente, exquisito/a, fino/a, nutritivo/a, vegano/a, vegetariano/a

Los sustantivos

el ambiente	atmosphere (*restaurant*)
la compra	purchase
la etiqueta	label
las palomitas de maíz	popcorn
el paso	step
el plato	dish of food
la receta	recipe

Palabras semejantes: la anticipación, el bar, la cafeína, el calcio, el carbohidrato, el estilo, la influencia, el líquido, la nutrición, el potasio, la preparación, el producto, la proteína, la reservación, la salsa, la variedad

Los adjetivos

Repaso: algunos/as, nada, ninguno/a(s), varios/as

listo/a	ready

Palabras semejantes: alérgico/a, andino/a, azteca, inca

Los adverbios

finamente	finely
frecuentemente	frequently
típicamente	typically
tranquilamente	calmly

El restaurante

Repaso: el/la cocinero/a, el/la mesero/a

¡Buen provecho!	Bon appetit!
No traigo mucho dinero	I didn't bring much money
¡Salud!	Cheers!, To your health!
dejar una propina	to leave a tip
hacer (*irreg.*) un brindis	to toast, make a toast
invitar	to invite; to treat (*someone*), pay (*for someone's food*)
pagar (gu) a la americana	to go Dutch, pay individually
pagar (pedir [i, i]) la cuenta	to pay (to ask for) the bill
quedar satisfecho/a	to be full
la carta / el menú	menu
la tarjeta de crédito	credit card

Palabras y expresiones útiles

Imagínate	Imagine
Me cae(n) mal.	It doesn't (They don't) agree with me.
Me encanta(n)...	I love + *sing.* (*pl.*) *noun*
Me gustaría(n) / Quisiera	I would like . . .
Me hace(n) daño.	It upsets (They upset) my stomach.
nadie	nobody
por lo general	generally
Sigan	Follow (*pol. pl.*)
Tráigame / Tráiganos	Bring me / Bring us

La cocina hispana	Hispanic Cuisine

Argentina: **la parrillada**, Colombia: la **arepa**; Costa Rica: **el batido de maracuyá, el gallo pinto**; Cuba: **ají de gallina, el arroz con coco, el picadillo, el plátano frito, la yuca frita**; El Salvador: **la pupusa**; España: **la paella, las tapas, la tortilla española**; México: **el chile relleno, el guacamole, la enchilada, los huevos rancheros**; Paraguay: **la sopa paraguaya**; Perú: **el ceviche, la chicha, el lomo saltado, la papa a la huancaína**; República Dominicana: **pudín de pan**

---

10 Los recuerdos

En el centro de La Habana, Cuba

Upon successful completion of **Capítulo 10,** you will have a greater ability to talk about your family, and will be able to recount memories of your childhood, adolescence, and high school days. Additionally, you will have learned about some interesting places and people from Cuba.

Comunícate
La familia y los parientes
La niñez
Hablando de la niñez
«Mi caballero» de Jose Martí
La juventud y otros momentos del pasado

Exprésate
Escríbelo tú Las actividades de tu niñez o adolescencia
Cuéntanos Actividades con la familia

Cultura
Mundopedia La música de Cuba
Palabras regionales Cuba
Conexión cultural Cuba, hacia el futuro

Videoteca
Amigos sin Fronteras, Episodio 10 Así somos
Mi país Cuba

Gramática
10.1 Prepositions and Pronouns
10.2 The Imperfect Tense
10.3 Talking About Past Actions in Progress: The Imperfect Progressive
10.4 Using the Imperfect to Express Intention: **ir a, querer** and **pensar** + *Inf.*

www.mhhe.com/connect

©Travelstock44/Juergen Held/Getty Images

C CUBA

Miami, Florida

El Capitolio, La Habana

la Playa de Varadero

LA HABANA ★

CUBA

la ciénaga de Zapata

la Sierra Maestra

Santiago

Amigos sin Fronteras

Claudia, Ana Sofía y Radamés están de visita en casa de Sebastián, mirando fotos y hablando de su niñez y adolescencia. Radamés, Sebastián y Ana Sofía admiten que eran traviesos cuando eran niños. Pero Claudia confiesa que era una niña muy seria...

www.mhhe.com/connect

©McGraw-Hill Education/Klic Video Productions

Conócenos

Radamés Fernández Saborit
©McGraw-Hill Education/Klic Video Productions

Radamés Fernández Saborit tiene veinticuatro años y es cubanoamericano. Su cumpleaños es el veintidós de julio y nació en Miami, Florida. Radamés estudia etnomusicología en un programa de doctorado. Es cantautor (canta y escribe canciones) y miembro del grupo Cumbancha. Sus actividades favoritas son escuchar música, componer canciones, tocar la guitarra, salir y pasar el rato con (pasar tiempo con) su novia y con sus amigos.

©WaterFrame/Getty Images

C Mi país

Comunícate

C La familia y los parientes

Lee *Gramática 10.1*

La familia de Radamés

Omara Saborit de
Fernández (65)

Tomás Fernández
Valdés (72)

Mayra Ramírez
Cabrera (36)

Julián Fernández
Saborit (45)

Iraida Fernández
Saborit (33)

Eliana Fernández
Saborit (35)

David Jaume
González (42)

Radamés Fernández
Saborit (24)

Maily Fernández
Ramírez (12)

Yovani Fernández
Ramírez (13)

Danielito Fernández
Ramírez (9)

Karina Jaume
Fernández (12)

Ánika Jaume
Fernández (6)

Cultura *Los apellidos*

Algunas mujeres casadas en el mundo hispano llevan su apellido de soltera primero y luego el apellido de su esposo, y escriben su nombre completo usando la preposición **de**. El nombre de la mamá de Radamés es un buen ejemplo: Omara Saborit **de** Fernández. Pero esta tradición está cambiando (*changing*) y las esposas con frecuencia mantienen sus apellidos de soltera, primero el de su padre y luego el de su madre. Para ver un ejemplo, Eliana **Fernández Saborit**, hija de Tomás **Fernández** Valdés y Omara **Saborit** de Fernández, está casada con David Jaume González, pero ella no usa el apellido de su esposo.

> Tengo dos hermanas y un hermano. Físicamente no me parezco mucho a ellos, pero en la personalidad, me parezco a mi hermano. ¡Y me llevo muy bien con todos ellos!

> No tengo hijos, pero ¡tengo cinco sobrinos! Me llevo muy bien con ellos también. Y, físicamente, uno de mis sobrinos, Yovani, se parece a mi hermano y a mí.

Radamés Fernández Saborit

Gramática *Family relationships*

To describe family relationships in general terms, use masculine plural nouns, even when you include women. Gender can be specified when referring to specific people.

> Radamés tiene tres hermanos: su hermano Julián y sus hermanas, Iraida y Eliana.

> *Radamés has three siblings: his brother Julián and his sisters, Iraida and Eliana.*

Actividad 1 El parentesco

Mira el árbol genealógico de la familia de Radamés y escucha las oraciones que te va a leer tu profesor(a). Di si son ciertas o falsas. Si son falsas, di por qué.

MODELO: **PROFESOR(A)**: La tía de Ánika y Karina se llama Eliana.
ESTUDIANTE: Falso. Eliana es *la madre* de Ánika y Karina. La tía de Ánika y Karina se llama *Iraida*.

Actividad 2 La familia de Radamés

Conversa con tu compañero/a sobre la familia de Radamés.

1. ¿Cómo se llaman las hermanas de Radamés? ¿Y el hermano? _____
2. ¿Cuántos sobrinos tiene Radamés? ¿Cómo se llaman? _____ _____
3. ¿Tienen nueras Omara y Tomás? _____
4. ¿Cómo se llaman los cuñados de Radamés? _____
5. ¿Cómo se llama el suegro de Mayra y David? _____
6. ¿Cómo se llaman las cuñadas de Mayra? _____
7. ¿Cuántos nietos tienen Omara y Tomás? _____
8. ¿Cómo se llaman los tíos de Maily, Yovani y Danielito? _____ _____
9. ¿Cómo se llaman los primos de Ánika y Karina? _____
10. ¿Cómo se llama el yerno de Omara y Tomás? _____

¿Recuerdas?

In **Gramática 3.1**, you learned that Spanish uses the preposition **de**, not an apostrophe ('), to express possession.

| la madre **de** Maily | *Maily's mother* |
| la bicicleta **de** mi hermano | *my brother's bicycle* |

Remember that this construction can be embedded in a similar one.

| *Maily's brother's bicycle* | la bicicleta **del** hermano **de** Maily |

Lengua *Variaciones léxicas*

Si nacen dos bebés idénticos, son **gemelos** o **gemelas.** Si los dos nacen al mismo tiempo, pero no son idénticos o son de sexos distintos, entonces son **mellizos** o **mellizas.** Pero hay otros nombres para expresar este fenómeno. En México a veces se usa la palabra **cuate** para referir a un mellizo o hasta a un amigo. En Cuba los gemelos son **jimaguas.** Para saber más sobre un dúo musical de jimaguas, «Las Ibeyi», lee **Mundopedia: La música de Cuba.**

Gramática *Reflexive and Reciprocal Verbs*

In **Gramática 4.1** you studied reflexive verbs used to express daily routine. But some reflexive verbs have a special meaning. Two such verbs are **parecerse a** (*to look like* [someone]) and **llevarse bien/mal con** (*to get along well/badly with*).

—¿A quién de tu familia **te pareces**?
Who do you look like in your family?

—**Me parezco** a mi tía Eliana.
I look like my Aunt Eliana.

—¿**Te llevas** bien **con** tus hermanos?
Do you get along well with your siblings?

—Sí, **me llevo** bien **con** todos mis hermanos.
Yes, I get along well with all my siblings.

When used in plural form, these verbs can also express reciprocal action in Spanish. You will learn more about reciprocal verbs in **Capítulo 13 Comunícate Los lazos familiares.**

Ánika y Karina **se parecen** mucho.
Ánika and Karina look a lot alike (look a lot like each other).

Mi hermano y yo **nos llevamos** bien.
My brother and I get along well (with each other).

El hijo se parece a su padre.
©Jasper Cole/Getty Images RF

Estas hermanas se parecen mucho porque son gemelas.
©Livia Corona/Getty Images

Actividad 3 El parecido

Compara los parecidos. ¿A quién te pareces tú? ¿Y a quién se parecen otras personas de tu familia? ¿Te llevas bien con esas personas?

MODELO:
E1: ¿A quién te pareces?
E2: Me parezco a mi *hermano.*
E1: ¿A tu *hermano*? ¿En qué te pareces a *él*?
E2: Me parezco a *él en los ojos y en la nariz.*
E1: ¡Qué interesante! Y... ¿te llevas bien con *él*?
E2: Sí, me llevo bien con *él.* / No, no me llevo bien con *él* porque...
E1: ¿Y tu *padre* y tu *abuela paterna* se parecen mucho?
E2: Sí, se parecen bastante. Y mi *tía* se parece a mi *abuelo.*

Vocabulario

¿**En qué te pareces a ella?**

Me parezco a ella en los ojos.

llevarse bien/ mal con...

materno/a

parecerse a

parecido

paterno/a

Lengua *Refranes*

¿Te gustan los refranes? Aquí tienes uno sobre la familia.

«De tal palo, tal astilla.»
Like father, like son. (Lit., From such a stick, [comes] such a splinter.)

Hay otros refranes que tienen una idea similar, por ejemplo «Hijo de gata, caza ratones» (*Lit., Son of a cat hunts mice*); «Hija de tigre, pintita» (*Lit., Daughter of a tiger [will have] stripes*).

Actividad 4 Julia y su familia

Mira el árbol genealógico de Julia Johnson-Muñoz. Luego, lee las descripciones de su familia. Completa las oraciones con las palabras o nombres apropiados.

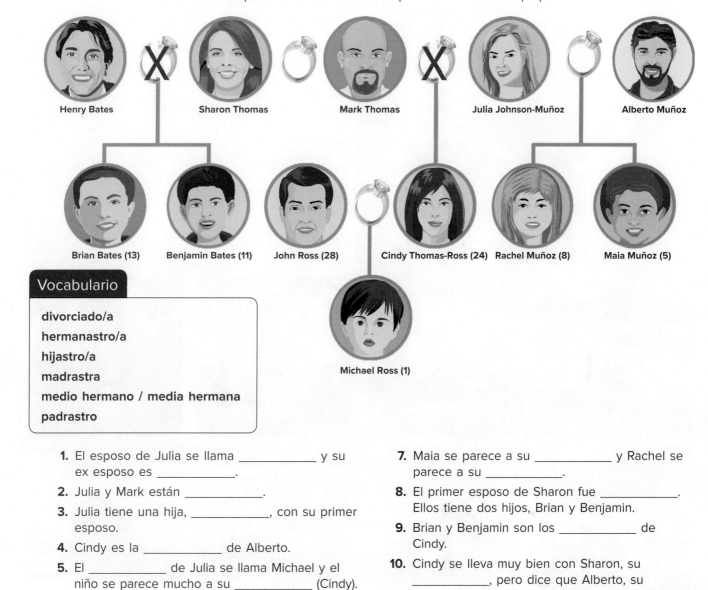

Henry Bates   Sharon Thomas   Mark Thomas   Julia Johnson-Muñoz   Alberto Muñoz

Brian Bates (13)   Benjamin Bates (11)   John Ross (28)   Cindy Thomas-Ross (24)   Rachel Muñoz (8)   Maia Muñoz (5)

Michael Ross (1)

Vocabulario

divorciado/a
hermanastro/a
hijastro/a
madrastra
medio hermano / media hermana
padrastro

1. El esposo de Julia se llama _____ y su ex esposo es _____.

2. Julia y Mark están _____.

3. Julia tiene una hija, _____, con su primer esposo.

4. Cindy es la _____ de Alberto.

5. El _____ de Julia se llama Michael y el niño se parece mucho a su _____ (Cindy).

6. Las _____ de Cindy son Maia y Rachel.

7. Maia se parece a su _____ y Rachel se parece a su _____.

8. El primer esposo de Sharon fue _____. Ellos tiene dos hijos, Brian y Benjamin.

9. Brian y Benjamin son los _____ de Cindy.

10. Cindy se lleva muy bien con Sharon, su _____, pero dice que Alberto, su _____, no la comprende.

Actividad 5 Los parientes

Conversa con tu compañero/a.

1. ¿Vives con tus padres o con otros parientes? ¿Están divorciados tus padres? ¿Tienes padrastro o madrastra? ¿Te llevas bien con él/ella?

2. ¿Cuántos hermanos tienes? (¿Eres hijo único / hija única?) ¿Tienes medios hermanos o medias hermanas? ¿Te pareces a ellos/as? ¿Tienes hermanastros o hermanastras? ¿Te llevas bien con ellos/ellas?

3. ¿Cuántos tíos tienes? ¿Dónde viven? ¿Tienes muchos primos o pocos? ¿Celebras los días feriados con tus tíos y tus primos?

4. ¿Están casados tus hermanos? ¿Te llevas bien con tus cuñados? ¿Tienes sobrinos? ¿Cuántos años tienen? ¿Cómo se llaman?

5. ¿Estás casado/a tú? ¿Tienes hijos? ¿Cómo se llaman? ¿Están casados tus hijos? ¿Cómo se llama tu nuera/yerno? ¿Tienes nietos? ¿Cuántos años tienen tus nietos?

La niñez

Lee *Gramática 10.2*

Omara Saborit recuerda su niñez

Saltaba la cuerda en el patio de recreo de la escuela.

Montaba en el cachumbambé (subibaja) con mi hermana menor.

Volaba papalotes con mi hermano mayor. A mí me gustaban los que tenían forma de pájaro.

Mi mejor amiga y yo jugábamos al escondite en el parque. ¡Me llevaba muy bien con ella!

Mis hermanas y yo jugábamos a las casitas con muñecas y nos divertíamos mucho.

Mi mamá y yo preparábamos la cena. Yo siempre le ayudaba a cortar los plátanos.

Mi papá y yo mirábamos las nubes y las describíamos. Algunas tenían formas de animales.

Leía las revistas de mi mamá. Siempre tenían fotos de modelos con unos vestidos muy lindos.

Cultura *La canción «Guantanamera»*

La canción más famosa de Cuba se titula «Guantanamera» y habla de una muchacha guajira (*peasant*) de Guantánamo. ¡Es una canción muy hermosa! La melodía es de una forma musical cubana llamada **décima guajira**. Y la letra (*lyrics*) es de un poema del gran escritor cubano José Martí (1853–1895). ¡Muchos cantantes han grabado (*have recorded*) esta canción! Si quieres leer un poema de este gran poeta cubano, ve a la página 332.

Lengua Variaciones léxicas

De niño/a = Cuando era niño/a = En mi niñez/infancia

Cultura *Barrio Sésamo*

¿Mirabas el programa *Sesame Street* cuando eras niño/a? Este programa es muy popular en los países hispanos y tiene dos nombres diferentes en español: *Barrio Sésamo* y *Plaza Sésamo*. Algunos personajes también cambian de nombre. Por ejemplo, Kermit the Frog se llama Rana Gustavo en España y Rana René en Colombia.

Actividad 6 Mi niñez

¿Qué hacías cuando eras niño/a? Responde usando **siempre, nunca, muchas veces, a veces** o **de vez en cuando.** Luego, comparte tus respuestas con tu compañero/a.

1. Cuando (yo) era niño/a (De niño/a...)
   a. jugaba con carritos.
   b. tenía muchas mascotas.
   c. jugaba con muñecas.
2. En mi casa, yo...
   a. ayudaba con los quehaceres.
   b. pasaba mucho tiempo en Internet.
   c. hacía la tarea todos los días.
3. En la escuela, yo...
   a. era muy travieso/a.
   b. ponía atención en clase.
   c. sacaba buenas notas.
4. Cuando estaba aburrido/a, yo...
   a. andaba en patineta.
   b. sacaba fotos con el movil.
   c. me subía a los árboles.

5. En Navidad (Jánuca, Ramadán, Año Nuevo, etcétera), mi familia...
   a. preparaba una gran cena.
   b. visitaba a otros parientes.
   c. ponía adornos por toda la casa.
6. Durante el verano, mis amigos y yo...
   a. nadábamos en el mar.
   b. acampábamos en la montaña.
   c. jugábamos videojuegos.

Vocabulario

adorno

travieso/a

El béisbol es un deporte muy popular en todo el Caribe. Estos niños juegan al béisbol en un parque en La Habana.
©Vincent MacNamara/Alamy RF

Actividad 7 La niñez de los famosos

¿Qué hacían estas personas famosas en su niñez? Empareja a las personas con las oraciones que las describen.

_____ 1. Jugaba mucho al béisbol en el parque de su vecindario.

_____ 2. Cantaba para su familia de vez en cuando.

_____ 3. Cuando estaba triste, escribía versos sobre su país y su familia.

_____ 4. Le gustaba contar historias a la hora de la cena.

_____ 5. Siempre soñaba con cambiar la sociedad y mejorar la vida de los indígenas de su país.

_____ 6. Quería navegar por todo el mundo.

_____ 7. Los fines de semana veía partidos de tenis en la televisión.

a. Cristóbal Colón, navegante y explorador
b. Rigoberta Menchú, activista indígena guatemalteca
c. Gloria Estefan, cantante cubanoamericana
d. Rafael Nadal, tenista español
e. Yasiel Puig, beisbolista cubanoamericano
f. Junot Diaz, escritor dominicanoamericano
g. José Martí, poeta cubano

Cultura *La música cubana*

¿Quieres descubrir la música cubana? Puedes explorar la música del gran pianista Chucho Valdés, de la famosa vocalista Omara Portuondo y del dúo Ibeyi. Pero también hay cubanoamericanos conocidos en todo el mundo, entre ellos la cantautora (canta y escribe canciones) Gloria Estefan y el rapero Pitbull. Lee **Mundopedia: La música de Cuba.**

Actividad 8 Cuando Radamés y sus parientes eran niños

Mira los dibujos y escucha las oraciones que lee tu profesor(a). Di si son ciertas o falsas.

siempre	con frecuencia	después de las clases	los fines de semana

Tomás, el padre de Radamés

Omara, la madre de Radamés

Julián, el hermano de Radamés

Iraida y Eliana, las hermanas de Radamés

Radamés

Cultura *La televisión y la radio en Cuba*

La televisión llegó a Cuba en 1950. Antes de eso, la gente escuchaba la radio. Algunos programas de radio, como *El Zorro*, tenían aventuras y eran muy populares.

Actividad 9   Recuerdos de la niñez

Conversa con tu compañero/a sobre las actividades de tu niñez.

1. De niño/a, ¿vivías en un pueblo o una ciudad? ¿Te mudabas (ibas a vivir a un lugar nuevo) con frecuencia? ¿Por qué?

2. ¿A qué escuela asistías? ¿Cómo era? (grande/pequeña, nueva/vieja, ¿ ?). ¿A qué jugaban tú y tus amiguitos en el recreo? (al gato, a la pelota, al escondite, a la rayuela) ¿Saltaban la cuerda?

3. ¿Tenías perro o gato? ¿Cómo se llamaba(n) tu(s) mascota(s)?

4. ¿Peleaban tus hermanos y tú? Y ahora, ¿todavía pelean o se llevan bien? (*No tengo hermanos, soy hijo/a único/a.*)

5. ¿Mirabas mucho la televisión? ¿Veías muñequitos? ¿Qué muñequitos te gustaban? ¿Tenías computadora? ¿La usabas para hacer la tarea? ¿Jugabas videojuegos? ¿Cuáles?

6. ¿Competías en algún deporte? ¿En cuál? ¿Te gustaba competir? ¿Juegas a ese deporte hoy en día?

7. ¿Jugabas con muñecas/carritos? ¿Andabas mucho en bicicleta? ¿Qué más hacías de niño/a? ¿Todavía participas en esas mismas actividades?

Lengua *Los diminutivos en -ito/-ita*

En algunos países hispanos, se usa la palabra **muñequitos** para *cartoons* y en otros se dice **dibujos animados**. El sufijo **-ito/-ita** se usa como diminutivo: **amiguitos** = **pequeños amigos**; **carritos** = **pequeños carros**.

Cultura *La heladería Coppelia*

La heladería Coppelia en La Habana se construyó en 1966. En ese edificio grande de arquitectura moderna se pueden sentar hasta 1000 personas. Es un lugar muy popular tanto con los cubanos como con los turistas.

Un vendedor de helados de Coppelia en Trinidad, Cuba. ¿Pasaban vendedores de helados (heladeros) por tu barrio? ¿Les comprabas helados? ¿Cuál era tu sabor favorito?
©Lissa Harrison

 Hablando de la niñez

«MI CABALLERO», DE JOSÉ MARTÍ

La poesía del escritor José Martí (1853–1895) se considera una de las mejores obras en la lengua española. Entre los libros de poesía de Martí están *Ismaelillo* (1882), *Versos libres* (1882) y *Versos sencillos* (1891). En *Ismaelillo*, que dedicó a su hijo, Martí escribió hermosos[a] versos sobre la niñez. En el poema «Mi caballero», el poeta compara al hijo con un jinete.[b]

Mi caballero[c]

Por las mañanas	*Each morning*
Mi pequeñuelo	*My little son*
Me despertaba	*Would wake me up*
Con un gran beso.	*With a big kiss.*
Puesto a horcajadas	*Legs astride*
Sobre mi pecho	*Riding my chest*
Bridas forjaba	*He would use*
Con mis cabellos	*My hair as bridles*
Ebrio él de gozo	*Giddy with joy he was*
De gozo yo ebrio,	*Giddy with joy was I*
Me espoleaba	*He would give me a spur*
Mi caballero	*My horseman*
¡Qué suave espuela	*What a soft spur*
Sus dos pies frescos!	*His two tender feet!*
¡Cómo reía	*Oh how he laughed*
Mi jinetuelo![d]	*My little rider!*
Y yo besaba	*And I would kiss*
Sus pies pequeños	*Those tiny feet,*
¡Dos pies que caben	*Feet that could fit*
En un solo beso!	*In just one kiss!*

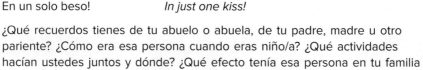

©Georgios Kollidas/Alamy RF

¿Qué recuerdos tienes de tu abuelo o abuela, de tu padre, madre u otro pariente? ¿Cómo era esa persona cuando eras niño/a? ¿Qué actividades hacían ustedes juntos y dónde? ¿Qué efecto tenía esa persona en tu familia y en tu casa? Escribe un poema para contestar esas preguntas.

---

[a]bonitos [b]*rider* [c]*horseman* [d]*diminutive of* **jinete**: *little rider*

Cultura *José Martí, poeta cubano*

José Julián Martí Pérez nació en Cuba de padres españoles. Fue periodista, poeta y conocido también por su gran patriotismo; se le considera el padre del movimiento por la independencia de Cuba. Pasó muchos años en la cárcel o exiliado por sus ideas revolucionarias y murió en 1895 defendiendo su país contra las tropas de España.

Cultura *La Pequeña Habana*

Radamés y sus hermanas nacieron y se criaron (*were raised*) en Miami, ciudad donde se establecieron muchos inmigrantes cubanos en los años sesenta. En la Calle 8 de Miami, se encuentra la famosa Pequeña Habana, *Little Havana* en inglés. La calle tiene un ambiente muy animado y da la fuerte impresión de estar en un país latino.

A Radamés le gustaba mucho tocar la guitarra cuando tenía quince años. Practicaba por horas.

De jóvenes, Eliana e Iraida pasaban mucho tiempo en la playa de Miami Beach.

Iraida y su mejor amiga, Megan, se conocieron cuando las dos tenían trece años. Querían ser amigas para toda la vida y lo lograron.

A las 6:30 de la mañana sonaba el despertador, pero cuando su madre entraba al dormitorio media hora después, Eliana todavía estaba durmiendo.

Por la tarde, Eliana debía hacer la tarea, pero siempre estaba hablando por teléfono con su novio.

Cuando había examen, Eliana iba a la biblioteca para estudiar, pero en realidad leía revistas.

Eliana iba a ser bailarina profesional, pero luego decidió estudiar para ser abogada.

Cuando Julián y su novia, Ashley, tenían dieciocho años, pensaban casarse pero terminaron su relación y no se vieron nunca más.

De joven, Iraida quería hacerse doctora, pero al llegar a la universidad decidió estudiar ingeniería.

Actividad 10   La adolescencia de los amigos del club

A. Conversa con tu compañero/a sobre lo que hacían estas personas cuando eran adolescentes.

MODELO: E1: ¿Quién *esquiaba durante las vacaciones?*
E2: *Julia.* ¿Cuándo *trabajaba de niñera Ángela?*
E1: *Los fines de semana.* ¿Qué hacía *Omar durante las vacaciones?*
E2: *Viajaba con su familia.*

| después de las clases | los fines de semana | durante las vacaciones | él/ella quería |

Omar, quince años

Ángela, diecisiete años

Franklin, dieciséis años

Julia, diecinueve años

B. Ahora, miren los dibujos otra vez y digan qué querían ser o hacer estas personas cuando eran adolescentes.

MODELO: E1: ¿Qué quería hacer *Omar?*
E2: Quería *hablar inglés muy bien.* ¿Quién pensaba *viajar por el mundo?*
E1: *Ángela.*

Actividad 11 La escuela secundaria

Dile a tu compañero/a qué hacías en estas situaciones cuando eras estudiante de la escuela secundaria. Para reaccionar a lo que dice tu compañero/a, usa las frases de **Y tú, ¿qué dices?**

Vocabulario

ahorraba dinero

buscaba nuevos amigos

decía: «¡Ay, estoy enfermo/a!»

decía: «¡Pero si hoy no hay clases!»

decía: «¡Pero si hoy no tengo tarea!»

hablaba con mi novio/a por teléfono (Skype, Facetime)

hacía la tarea rápidamente en clase

iba al cine (a la playa, al centro comercial, ...)

le pedía dinero a mi padre (madre, abuelo, tío, ...)

le preguntaba al maestro / a la maestra: «¿Teníamos tarea?»

lloraba y gritaba

manejaba el carro de un amigo

me escapaba cuando todos estaban durmiendo

peleaba (discutía) con mi padre (madre)

trabajaba

Lengua *El verbo* **dejar**

dejar = permitir

Mi mamá no me **dejaba** (permitía) ver la televisión. *My mother didn't let me (allow/permit me to) watch TV.*

MODELO:

E1: Cuando quería mirar la televisión y mi madre no me dejaba, yo le decía: «¡Pero si hoy no tengo tarea!»

E2: ¡Qué mentiroso/a eras!

Y tú, ¿qué dices?

¿De veras?	¡Qué mentiroso/a eras!	Yo no, yo...
¡No lo creo!	¡Qué pícaro/a!	Yo también.
¡Qué buena idea!	¿Y nunca tuviste problemas?	

1. Cuando no quería ir a la escuela, ...

2. Cuando iba a mirar mis medios sociales antes de hacer la tarea y mis padres no me dejaban, ...

3. Cuando quería comprar ropa nueva y no tenía dinero, ...

4. Cuando iba a salir con mi novio/a, pero mi padre (o madre) no me daba permiso, ...

5. Cuando mis amigos tenían fiesta y no me invitaban, ...

6. Cuando me aburría en mis clases, ...

7. Cuando mi maestro/a nos pedía la tarea y yo no la tenía, ...

8. Cuando quería manejar a la escuela y mi carro no tenía gasolina, ...

15 MARZO 2018

Juventud de hoy

tngo ganas d bsart tqm xa 100pre

tngo xamen t spero + tarde bs :)

¡Comunicación digital!

Actividad 12 ¡Qué tiempos aquellos!

¿Quién diría (*would say*) lo siguiente: tus abuelos, tus padres, tus compañeros, ninguno de ellos o todos?

Cuando éramos adolescentes, ...

1. alquilábamos películas para verlas en casa.
2. jugábamos videojuegos.
3. íbamos al cine los fines de semana.
4. comprábamos muchas cosas en línea.
5. conocíamos a todos nuestros vecinos.
6. la gente fumaba en los restaurantes y edificios públicos.
7. escuchábamos música en iPods y MP3s.
8. nadie tenía móvil.
9. escuchábamos «cassettes».
10. texteábamos a nuestros amigos todos los días.

Actividad 13 Días de clases y días de vacaciones

Conversa con tu compañero/a.

LA ESCUELA SECUNDARIA

1. ¿Cómo se llamaba tu escuela secundaria?
2. ¿Vivías lejos o cerca de la escuela? ¿Llegabas a la escuela a tiempo o tarde?
3. ¿Qué materia preferías? ¿Por qué te gustaba? ¿Sacabas buenas notas?
4. ¿En qué actividades participabas? ¿en actividades deportivas? ¿en teatro? ¿Eras socio/a (miembro) de algún club? ¿Eras muy activo/a en el club?
5. ¿Qué hacías después de las clases todos los días? ¿Estudiabas mucho? ¿Mirabas la televisión? ¿Usabas tu computadora? ¿Salías con tus amigos? ¿Adónde iban?
6. Piensa en las cosas que querías hacer cuando estabas en la escuela secundaria. (Por ejemplo: estar en el equipo de fútbol, tener un carro, viajar a Europa, conseguir un trabajo, o tener novio/a, etcétera.) ¿Cuáles lograste hacer? ¿Cuáles no lograste hacer?

LOS VERANOS

1. Cuando eras adolescente, ¿dónde pasabas los veranos?
2. ¿Visitabas a tus parientes? ¿Qué hacías con ellos?
3. ¿Trabajabas? ¿Dónde? ¿Qué hacías? ¿Ganabas mucho dinero?
4. ¿Qué hacías por las tardes? ¿Y por las noches?
5. ¿Salías de vacaciones con tus padres? ¿Adónde iban? ¿Te gustaba viajar con ellos?
6. ¿Hay una actividad que querías hacer durante el verano pero que nunca hiciste? ¿Qué actividad era?

¿Qué recuerdos tienes de los días feriados que pasabas con tu familia o tus amigos cuando eras niño/a? Completa las oraciones según tus experiencias. Puedes incluir otros días feriados (Jánuca, Ramadán, Nochevieja, Año Nuevo, etcétera) y otros miembros de tu familia. Luego, comparte tus experiencias con un(a) compañero/a.

MODELO: Recuerdo que para Pascua mi hermana y yo siempre *íbamos al parque a buscar huevitos,* (*y todavía nos gusta hacer eso / pero ya no hacemos eso.*)

1. Recuerdo que en Navidad mi abuela siempre...
2. Cuando era niño/a, para el Día de la Independencia mi familia siempre...
3. Para mi cumpleaños, mis padres siempre...
4. Todavía recuerdo que para el Día de Acción de Gracias, siempre...
5. Recuerdo muy bien que para la Nochevieja, siempre...

Exprésate

Vocabulario

- acampar en la montaña
- andar en bicicleta / patineta
- asistir a conciertos
- comer muchos dulces
- dormir en casa de amigos
- ir a fiestas
- ir de compras
- jugar al escondite / a las muñecas
- jugar videojuegos
- mirar videos en YouTube
- nadar en la piscina / el mar
- practicar deportes
- salir con amigos
- saltar la cuerda
- subirse a los árboles
- textear
- volar un papalote

ESCRÍBELO TÚ

Las actividades de tu niñez o adolescencia

Piensa en tu niñez o en tu adolescencia. Escribe una composición sobre las actividades que más te gustaba hacer a la edad de diez o quince años. ¿Tenías un juguete favorito? ¿Jugabas videojuegos? ¿Con quiénes jugabas? ¿Preferías jugar a un deporte? ¿Dónde lo jugabas? ¿Tenías un amigo imaginario / una amiga imaginaria? ¿Cómo se llamaba tu amigo/a? ¿Leías mucho? ¿Ibas mucho al cine? A continuación hay otras actividades posibles. Lee y completa la actividad entera en el *Cuaderno de actividades* o en Connect Spanish.

CUÉNTANOS

Actividades con la familia

Piensa en las actividades que tú y tu familia (tus padres, abuelos, hermanos, tíos y primos) hacían juntos con regularidad cuando eras niño/a. Cuéntanos sobre algunas de esas actividades. Explica si te gustaba hacerlas o no y por qué. Incluye muchos detalles, como por ejemplo: ¿Con quién(es) hacías estas actividades? ¿Dónde y cuándo las hacían? ¿En qué temporada del año?

MODELOS: De niño/a, todos los veranos mi familia y yo íbamos a la playa los fines de semana. Allí mi padre y yo surfeábamos. No me gustaba mucho surfear porque tenía miedo de las olas (*waves*) grandes. Pero en la playa, sí me gustaba...

Los fines de semana, mis hermanos y yo íbamos al cine. Me gustaba mucho ir con ellos al cine porque siempre comíamos dulces y palomitas. Nuestras películas favoritas eran...

Cultura

Mundopedia

La música de Cuba

El grupo cubano de rap Los Orishas en concierto
©Javier Galeano/AP Photo

Vocabulario de consulta	
apasionada	passionate
esclavos	slaves
caña de azúcar	sugar cane
surgió	emerged
A comienzos	At the beginning
campesinos	peasants
tuvo lugar	took place
cantautor(es)	singer-songwriter(s)
raíces	roots
ha habido	there has been
rapero/rapera	rapper
sin duda	without a doubt
alegres	happy, lively
innovadoras	innovative

LOS ORÍGENES DE LA MÚSICA CUBANA

La música popular cubana es rítmica, apasionada, y nació de la unión de dos culturas: la española y la africana. En el siglo XVI, el gobierno español llevó esclavos africanos a Cuba para trabajar en plantaciones de caña de azúcar. La religión de los esclavos se combinó con la católica y así se formó una religión nueva: la santería. De manera similar surgió la música afrocubana, de las ceremonias religiosas que se celebraban con mucha danza.

LOS ESTILOS MUSICALES CUBANOS

Algunos estilos musicales cubanos importantes son la rumba, el danzón, el son, el mambo, el bolero y la salsa. La rumba es música de fiesta que se hizo popular en el siglo XIX. También de ese siglo es el danzón, música con mucha influencia europea. A comienzos del siglo XX llegó el son, que se considera la forma más representativa de Cuba porque incorporó instrumentos de las tres culturas principales de la isla: la indígena, la africana y la de los campesinos blancos. En la década de los cincuenta se hicieron muy populares el bolero, un tipo de canción romántica, y el mambo, que transformó el danzón con ritmos africanos.

LA REVOLUCIÓN Y LA MÚSICA DEL EXILIO

En 1959 tuvo lugar la Revolución cubana. En la primera década después de la revolución, surgieron cantautores de fama internacional, como Pablo Milanés y Silvio Rodríguez, que celebraban en sus canciones el nuevo espíritu revolucionario.

Pero muchos cubanos se fueron del país y se exiliaron en Miami, Florida. De esa comunidad nació la música de los cubanoamericanos: entre otros, el cantautor Willy Chirino y la cantante Gloria Estefan. Otra gran cantante cubana, Celia Cruz (1925–2003), emigró a Nueva York y allí creó un estilo único con raíces en la tradición africana de Cuba.

LA MÚSICA RECIENTE EN CUBA: RAP, HIP HOP Y FUSIÓN

En los años setenta, se formaron varios grupos populares como Irakere y Los Van Van, que combinaban el son, el jazz y el rock en sus canciones. Años después, en los ochenta, llegó el rap a Cuba; muy pronto el rap y luego el hip hop se integraron a la cultura de la isla. Hay grupos cubanos de rap muy famosos —Obsesión y Los Orishas.

En los últimos diez años, ha habido una nueva ola de música cubana que se enfoca en el rap y el hip hop, pero que también incorpora el reggaetón en fusión con ritmos tradicionales de la música afrocubana. De este nuevo estilo salió el grupo Qva Libre, que toca música *funk* y *rock*. También están Cubanito 20.02, un grupo de reggaetón que incluye elementos de hip hop, y la rapera Telmary, quien fusiona el jazz con el rap. Un grupo muy interesante es el dúo Ibeyi, hermanas gemelas que cantan en español, francés e inglés y combinan elementos de jazz y pop con una fuerte influencia de los ritmos africanos. La música cubana sigue evolucionando y es sin duda una de las más alegres e innovadoras de toda América Latina.

COMPRENSIÓN

Contesta las preguntas.

1. ¿Cómo se llama la religión cubana que combina la religión católica y la africana?
2. ¿Cuáles son algunas formas musicales típicas de Cuba?
3. ¿Por qué es el son muy representativo de la música popular cubana?
4. Nombra tres cantantes del exilio cubano.
5. ¿Que tipo de música toca el grupo Los Orishas?
6. ¿Cómo se describe la música del grupo Qva Libre?

Palabras regionales: Cuba	
asere	amigo
el cachumbambé	seesaw
la pachanga	la fiesta/celebración
el/la guajiro/a	peasant

CONEXIÓN CULTURAL

CUBA, HACIA EL FUTURO

La historia de Cuba nos muestra un pueblo que todavía está en busca de un mejor futuro. Al llegar a Cuba en 1492, Cristóbal Colón describió la isla como la tierra más bella del mundo. Los españoles empezaron su conquista de los indígenas en 1510 y en los siguientes siglos hubo mucho conflicto, con ataques de piratas e invasiones de varios países. En el siglo XIX, los cubanos intentaron en varias ocasiones conseguir su independencia de España, pero no fue hasta que Estados Unidos entró en el conflicto que Cuba por fin pudo independizarse. ¿Quieres saber más sobre la historia de esta isla? Lee la lectura «Cuba, hacia el futuro» en el *Cuaderno de actividades* o en Connect Spanish.

Lengua *La influencia africana*

Varios idiomas africanos han tenido influencia en el español de Cuba. Hay palabras como **asere (amigo)** del idioma egbó u **orisha (espíritu)** del yoruba. Por esa influencia, las gemelas Lisa Kandé Díaz y Naomi Díaz escogieron el nombre **Ibeyi** para su dúo. **Ibeyi** es la palabra en el idioma africano yoruba para la conexión espiritual entre gemelos.

Amigos sin Fronteras

Episodio 10: Así somos

©McGraw-Hill Education/Klic Video Productions

Vocabulario de consulta

¡sin mi permiso!	without my permission!
travieso/a	mischievous
tiraba	threw
globos	balloons
cartero	mailman
metía	inserted, stuck
tubo de escape	exhaust pipe
salía disparada	would shoot out
pegaba	would stick
una moneda de cien pesetas	a one-hundred **peseta** coin (the **peseta** was the former currency of Spain)
pegamento	glue
con disimulo	sneakily
sin parar	endlessly
huelo	I smell
modestia aparte	modesty aside
escondida	hidden

Resumen

Claudia, Ana Sofía y Radamés están de visita en casa de Sebastián, mirando fotos y hablando de su niñez y adolescencia. Radamés, Sebastián y Ana Sofía admiten que eran traviesos cuando eran niños y cuentan algunas de sus travesuras; también describen las actividades que les gustaba hacer cuando eran adolescentes. Pero Claudia confiesa que era una niña muy seria.

Preparación para el video

A   **¡Comencemos!** Contesta las preguntas.

1. ¿Cómo se llaman los cuatro chicos en la foto?
2. ¿En qué aparato miran las fotos los amigos?
3. ¿Qué actividades hacías tú cuando eras pequeño/a?
   a. Jugaba al fútbol (al béisbol, al tenis, al fútbol americano, ...).
   b. Acampaba con mi familia.
   c. Patinaba.
   d. Me subía a los árboles.
   e. ¿ ?
4. ¿Qué actividades hacías tú cuando eras joven?
   a. Bailaba en clubes nocturnos.
   b. Tocaba la guitarra (el violín, la flauta, ...).
   c. Viajaba (con mi familia, con mis amigos).
   d. Estudiaba mucho.
   e. ¿ ?

Comprensión del video

B. **La idea principal.** Marca la idea principal del video.

1. La madre de Sebastián subió fotos de él a Facebook sin su permiso.
2. Sebastián no sabe cocinar; la pizza es del mercado.
3. Los chicos charlan sobre su niñez y adolescencia y dos de ellos muestran fotos.

©McGraw-Hill Education/Klic Video Productions

C. **¿Cierto o falso?**

1. Radamés no era travieso; era un chico muy serio.
2. Sebastián ponía papas en el tubo de escape de los coches.
3. Ana Sofía pegaba una moneda al suelo para reírse de la gente que quería recogerla.
4. Claudia no les muestra sus fotos a sus amigos.
5. Claudia cambió mucho cuando entró a la universidad.

©McGraw-Hill Education/Klic Video Productions

D. **Detalles.** Contesta las preguntas según el video.

1. En la foto de cuando Sebastián era niño, ¿cuál es él?
2. ¿Qué le gustaba a Radamés hacer de adolescente? ¿Dónde, especialmente?
3. ¿Con quién patinaba Claudia cuando era niña?
4. ¿Qué hacía Ana Sofía muy bien de niña y de adolescente?

Mi país CUBA

Comprensión

1. ¿Cuál es la isla más grande del Caribe?
2. ¿Qué elementos de la naturaleza van a incluir Radamés y su grupo en el video?
3. ¿De qué colores son algunas casas y edificios en la ciudad de Trinidad?
4. ¿Dónde comenzó Radamés a escribir una de sus canciones?
5. ¿Quién decía la famosa exclamación «¡Azúcar!»?
6. ¿A qué se parece el Capitolio de La Habana?
7. ¿De qué época son los carros antiguos que se ven en el Malecón?
8. ¿Qué tipo de ritmos se escuchan en el Carnaval de Santiago de Cuba?

Un cocodrilo cubano
©Melba/Getty Images

Corales cubanos
©WaterFrame/Getty Images RF

El Malecón de La Habana
©Getty Images/iStockphoto RF

Gramática

10.1 Prepositions and Pronouns

A. In Spanish, prepositions are often followed by pronouns. Here are some examples.

a mí	*to/at me*	para vosotros/as	*for you (fam. pl., Sp.)*
de ti/usted	*of/from you (fam./ pol., sing.)*	entre ustedes	*among/between you (pol. pl.)*
en él	*in/on him*	con ellos	*with them (m.)*
para ella	*for her*	para ellas	*for them (f.)*
sin nosotros/as	*without us*		

—¿Para quién es el regalo? ¿Es **para mí**?	*Who is the present for? Is it for me?*
—No, es **para él**.	*No, it's for him.*
—No podemos ir a la fiesta **sin** Radamés.	*We can't go to the party without Radamés.*
—Es verdad. No podemos ir **sin él**.	*It's true. We can't go without him.*
—¿Te llevas bien **con** tus padres?	*Do you get along well with your parents?*
—Sí, me llevo muy bien **con ellos**.	*Yes, I get along well with them.*
—¿Crees que mi hija se parece **a** su papá?	*Do you think my daughter looks like her father?*
—No, se parece mucho más **a ti**.	*No, she looks a lot more like you.*

Note that **mí** always has a written accent, to distinguish it from **mi** (*my*). However, **ti** is never written with an accent.

B. One exception to note is that the words **con** and **mí** combine to form **conmigo** (*with me*). The words **con** and **ti** form **contigo** (*with you*).

—Nayeli, ¿quieres ir **conmigo** al cine esta tarde?	*Nayeli, do you want to go to the movies with me this afternoon?*
—No, Sebastián. No puedo ir **contigo** esta tarde. Tengo que llevar a mis padres al aeropuerto.	*No, Sebastián. I can't go with you this afternoon. I have to take my parents to the airport.*

Ejercicio 1

Radamés le dice a su novia, Amanda, para quién(es) son algunos regalos de Navidad y su novia reacciona con sorpresa. Completa sus reacciones.

MODELO: —Este móvil es para mi sobrinita.
—¿*Para ella*? ¡No lo creo! ¡Es muy pequeña!

1. —Esta corbata es para mi tío.

   —¿ _____? ¿Le gustan las corbatas?

2. —Este sombrero es para ti.

   —¿ _____? ¡Gracias! ¡Es muy bonito!

3. —Esta patineta es para mi abuelo.

   —¿ _____? ¡Pero si tu abuelo no sabe andar en patineta!

4. —Estas muñecas son para la profesora Johnson-Muñoz.

—¿ _____? ¡No lo creo! ¿Ella juega con muñecas?

5. —Este suéter es para Chulis, el perro de Eloy.

—¿ _____? ¡A Chulis no le gusta la ropa!

6. —Esta lámpara es para mí.

—¿ _____? ¡Es perfecta para tu cuarto!

7. —Estos discos compactos de música clásica son para ti y tus amigos.

—¿ _____? ¡No nos gusta la música clásica!

8. —Este cartel de Gloria Estefan es para mis padres.

—¿ _____? ¡Claro! Porque les gusta mucho la música de Gloria.

Ejercicio 2

Completa los diálogos con **mí, ti, él/ella, ellos/ellas, conmigo** o **contigo.**

RADAMÉS: Amanda, ¿quieres ir _____¹ al cine este fin de semana?

AMANDA: No. Lo siento, pero no puedo ir _____² porque tengo que trabajar.

FRANKLIN: Estefanía, este CD de música puertorriqueña es un regalo de mis padres para _____.³

ESTEFANÍA: ¿Un regalo de tus padres? ¿Para _____⁴?

CLAUDIA: Nayeli, ¿qué piensas de Javier, el chico que está en mi clase de economía?

NAYELI: ¿Qué pienso de _____⁵? Pues, no lo conozco muy bien, pero creo que es muy atractivo.

CLAUDIA: Pues... voy a ir a bailar con _____⁶ esta noche.

NAYELI: ¿De verdad? ¿Vas a bailar con _____⁷? ¡Qué envidia! Yo quiero ir, pero no puedo. Hoy tienes que ir sin _____.⁸

CAMILA: Eloy, ¿te llevas bien con tus hermanos?

ELOY: Sí, casi siempre me llevo bien con _____.⁹ Y tú, ¿te llevas bien con Antonella?

CAMILA: ¡Por supuesto! Es mi hermanita. Siempre me llevo bien con _____.¹⁰

10.2 The Imperfect Tense

A. The Spanish imperfect tense is used to express actions that occurred repeatedly or habitually in the past. To express the same idea, English often uses the phrases *used to* or *would*, or just the simple past.

> In **Gramática 11.4** and **13.4**, you will learn how to use the preterite and imperfect together.

—¿A qué hora **te levantabas** en el verano?	*What time* {*did you* / *did you use to* / *would you*}	*get up in the summer?*
—Siempre **me levantaba** a las nueve.	*I always* {*got up* / *used to get up* / *would get up*}	*at 9:00.*
De niña, **nadaba** todos los días en el verano.	*As a child, I used to (would) swim every day in the summer.*	
Cuando **éramos** jóvenes, **íbamos** al cine todos los sábados.	*When we were young, we would (used to) go to the movies every Saturday.*	

B. There are two patterns of endings for the imperfect: **-ar** verbs use the **-aba** endings; **-er** and **-ir** verbs use the **-ía** endings.

	-ar *VERBS*	er/-ir *VERBS*	
	manejar	**comer**	**vivir**
(yo)	manej**aba**	com**ía**	viv**ía**
(tú)*	manej**abas**	com**ías**	viv**ías**
usted, él/ella	manej**aba**	com**ía**	viv**ía**
(nosotros/as)	manej**ábamos**	com**íamos**	viv**íamos**
(vosotros/as)	manej**abais**	com**íais**	viv**íais**
ustedes, ellos/ellas	manej**aban**	com**ían**	viv**ían**

Mis hermanos **comían** mucho cuando **visitábamos** a nuestros abuelos.

My brothers used to eat a lot when we visited (would visit) our grandparents.

—¿Qué **hacía** Omar los domingos cuando **estaba** en la secundaria?

What did Omar used to do on Sundays when he was in high school?

—**Jugaba** al fútbol con sus amigos.

He used to play soccer with his friends.

C. Only three verbs are irregular in the imperfect: **ir, ser,** and **ver.**

	ir	**ser**	**ver**
(yo)	iba	era	veía
(tú)	ibas	eras	veías
usted, él/ella	iba	era	veía
(nosotros/as)	íbamos	éramos	veíamos
(vosotros/as)	ibais	erais	veíais
ustedes, ellos/ellas	iban	eran	veían

Te **veía** más cuando trabajabas en esta oficina.

I used to see you more when you worked in this office.

Cuando **era** muy joven, mi papá y yo **íbamos** a la finca y yo montaba con él en su caballo.

When I was very young, my father and I used to go to the farm and I would ride with him on his horse.

Ejercicio 3

¿Qué hacían estas personas de niños?

> The verb **bañarse** is often used to mean *to go in the water* in reference to an ocean, a lake, or a river.

1. andar en bicicleta / Omar
2. jugar con muñecas / Claudia y yo
3. leer las tiras cómicas del periódico los domingos / Ángela
4. bañarse en el mar en Acapulco / Nayeli
5. comer muchos dulces / Franklin
6. limpiar su cuarto / Marcela
7. pasar las vacaciones en Mar del Plata / Camila y sus primos
8. escuchar música rock / Radamés
9. ver muñequitos en la televisión / Sebastián
10. ir al cine los domingos / don Rafael Sotomayor

---

*Recognition: In the imperfect, the **vos** forms are identical to the **tú** forms: **manejabas, comías, vivías, ibas, eras, veías,** and so forth.

Ejercicio 4

Para cada oración, da el nombre de la(s) persona(s) que se describe(n). Luego, completa la oración con el imperfecto del verbo que mejor expresa lo que hacía(n).

MODELO: *Nayeli:* Ya no monta a caballo mucho, pero antes *montaba* a caballo todos los días.

Nayeli

Ángela

Eloy y Eduardo

Lucía

Omar

Ana Sofía

Xiomara

1. _____: De adolescente, _____ mucha comida chatarra, pero ahora tiene una dieta muy saludable.

2. _____: Ya no juegan videojuegos, pero antes los _____ todos los días.

3. _____: Antes _____ mucho con su hermano mayor, pero ya no pelea con él.

4. _____: De niña, _____ la cuerda, pero ya no lo hace nunca.

5. _____: Cuando era soltero, _____ mucho, pero ahora no tiene tiempo.

6. _____: Ya no llora tanto cuando ve películas tristes, pero de adolescente _____ mucho.

10.3 Talking About Past Actions in Progress: The Imperfect Progressive

¿Recuerdas?

To describe an action in progress that was taking place at some past moment, use the imperfect tense of **estar** (**estaba, estabas, estaba, estábamos, estabais, estaban**) followed by a present participle.

—¿Qué **estabas haciendo** ayer a las cuatro? *What were you doing yesterday at 4:00?*

—Creo que **estaba mirando** la televisión. *I think I was watching television.*

—Radamés, ¿qué **estabas haciendo** ayer cuando te llamé? *Radamés, what were you doing yesterday when I called you?*

—¡**Estaba durmiendo**! *I was sleeping!*

Remember that some irregular verbs also have changes in the present participle form: **durmiendo, leyendo, mintiendo, pidiendo, sirviendo.**

In **Gramática 6.2** you learned how to use a present-tense form of **estar** with a present participle (the **-ando/-iendo** form of the verb) to talk about actions currently in progress. Review that section now, if necessary.

Ejercicio 5

Indica qué estabas haciendo y qué no estabas haciendo ayer. Usa los verbos **actualizar, asistir, dormir, estudiar, leer** y **ver** para completar las seis acciones.

Ayer a las cuatro de la tarde, (yo) estaba...

	SÍ	NO
1. _____ la siesta.	☐	☐
2. _____ a una clase.	☐	☐
3. _____ un video de YouTube.	☐	☐
4. _____ la lección de español.	☐	☐
5. _____ mi página de Facebook.	☐	☐
6. _____ una novela.	☐	☐

Ejercicio 6

Di qué estaban haciendo estas personas ayer a las cinco de la tarde. Usa **estar** con el verbo apropiado: **comer, escribir, hacer, limpiar, preparar**.

1. Mi mamá _____ la cena.

2. Mi mejor amigo/a _____ la tarea.

3. Dos de mis compañeros de clase _____ en un restaurante.

4. Mis padres _____ la casa.

5. El presidente de la universidad _____ un discurso (*speech*) para la próxima semana.

10.4 Using the Imperfect to Express Intention: **ir a, querer,** and **pensar** + *Inf.*

The imperfect of **ir** (**iba, ibas, iba, íbamos, ibais, iban**) can be used in the construction **ir a** + *inf.* to express past intentions (*was/were going to do* [*something*]). The imperfect forms of **querer** and **pensar** + *inf.* are similar in meaning.

Íbamos a esquiar el jueves, pero ahora dicen que va a llover.

We were going to ski on Thursday, but now they say it's going to rain.

Quería acampar en las montañas este verano, pero tengo que trabajar.

I wanted to go camping in the mountains this summer, but I have to work.

Ana Sofía **pensaba pasar** el verano en Sudamérica, pero no ahorró suficiente dinero.

Ana Sofía was thinking about spending (planning to spend) the summer in South America, but she didn't save enough money.

---

iba a + *inf.* = *I/he/she/you (pol. sing.) was/were going to*
(Yo) Iba a viajar por España, pero tuve que trabajar.
I was going to travel through Spain, but I had to work.

Recall from **Gramática 4.4** that the present tense of **ir a** + *inf.* is used to express future actions.

Estefanía, **¿vas a llamar** a Franklin esta noche?	*Estefanía, are you going to call Franklin tonight?*

Ejercicio 7

Inventa una excusa. Usa **iba a** + *infinitivo*.

MODELO: ¿Por qué no me llamaste anoche? (perdí mi teléfono) *Iba a llamarte*, pero perdí mi teléfono.

1. ¿Por qué no viniste en carro anoche? (me quedé sin gasolina)
2. ¿Por qué no me compraste un regalo? (no tuve tiempo)
3. ¿Por qué no cenaste con nosotros? (cené en casa antes)
4. ¿Por qué no fuiste al concierto de Radamés y su grupo? (no funcionó mi carro)
5. ¿Por qué no asististe a clase ayer? (no sonó la alarma del móvil)
6. ¿Por qué no almorzaste ayer? (no tuve tiempo)
7. ¿Por qué no me llamaste anoche? (llegaron mis tíos de visita)
8. ¿Por qué no viajaste este verano? (tuve que trabajar)

Lo que aprendí

Al final de este capítulo, ya puedo hablar sobre:

☐ los parientes.
☐ las actividades y experiencias de mi niñez.
☐ las actividades de mi adolescencia.
☐ mis experiencias cuando estaba en la secundaria.
☐ las cosas que quería o pensaba hacer cuando era adolescente.

Además, ahora conozco:

☐ un poema de un escritor cubano muy importante y admirado.

Y sé más sobre:

☐ algunos cubanos y cubanoamericanos famosos.
☐ la historia de la música cubana.

Vocabulario

La familia y el parentesco	Family and Family Relationships
Repaso: el/la abuelo/a (el/la abuelito/a), el/la esposo/a, el/la hermano/a (el/la hermanito/a), el/la hijo/a, la madre (mamá), el/la nieto/a, el padre (papá), el/la pariente, el/la primo/a, el/la sobrino/a, el/la tío/a	
el árbol genealógico	family tree
el cuñado / la cuñada	brother-in-law / sister-in-law
el hermanastro / la hermanastra	stepbrother / stepsister
el hijastro / la hijastra	stepson / stepdaughter
el hijo único / la hija única	only child
la madrastra	stepmother
el medio hermano / la media hermana	half brother / half sister
la nuera	daughter-in-law
el padrastro	stepfather
el suegro / la suegra	father-in-law / mother-in-law
el yerno	son-in-law
Palabras semejantes: el ex esposo / la ex esposa	

Las actividades de la niñez	Childhood Activities
Repaso: andar (irreg.) en patineta/bicicleta, jugar (ue) (gu) videojuegos, patinar, sacar (qu) buenas notas	
jugar (ue) (gu)	to play
a la pelota	ball
a la rayuela	hopscotch
a las casitas	house
al escondite	hide-and-seek
al gato	tag
con muñecas	with dolls
montar en el subibaja (cachumbambé, Cuba)	to ride the seesaw
saltar la cuerda	to jump rope
subirse a los árboles	to climb trees
ver (irreg.) muñequitos	to watch cartoons
volar (ue) papalote(s)/ cometa(s)	to fly a kite/kites

Los verbos	
aburrirse	to get bored
ahorrar	to save (money, time)
alquilar	to rent
casarse	to get married
conocerse* (zc)	to meet each other

conseguir (i, i)	to obtain, get
contar (ue)	to tell; to count
dar (irreg.) permiso	to give permission
dejar	to permit, allow; to leave (something or someone)
discutir	to argue; to discuss
fumar	to smoke
hacerse (irreg.)	to become
iba a + inf.	was/were going to (do something)
llevarse* bien/mal con	to get along well with / not get along with
lograr	to achieve, accomplish
mejorar	to improve; to get better
mudarse	to move (from one residence to another)
parecerse* (me parezco)	to look like
¿A quién se parece?	Who does he/she/you (pol. sing.) look like?
Se parece a...	He/She/You (pol. sing.) looks like . . .
¿A quién te pareces?	Who do you (inf. sing.) look like?
Me parezco a...	I look like . . .
pelear	to fight
pensaba + inf.	was/were planning to (do something)
quería + inf.	wanted to (do something)
Palabras semejantes: competir (i, i), escaparse, navegar (gu)	

Las personas	
el bailarín / la bailarina	dancer
el/la beisbolista	baseball player
el/la escritor(a)	writer
el/la niñero/a	nanny, babysitter
el/la socio/a	member
el/la tenista	tennis player
Palabras semejantes: el/la explorador(a), el/la navegante, el/la poeta	

*See page 433 for information on reciprocal verbs.

Los sustantivos

Repaso: la escuela secundaria

el adorno	decoration
el despertador	alarm (clock)
el equipo	team
la historia	story; history
los Juegos Olímpicos	Olympic Games
la juventud	youth
los medios sociales	social media
la nube	cloud
el parecido	resemblance, similarity
el patio de recreo	playground
el recreo	recess

Palabras semejantes: la adolescencia, el animal, la relación, la sociedad, el verso

Los adjetivos

Repaso: casado/a, divorciado/a, mentiroso/a, soltero/a, viudo/a

bastante	plenty of, quite a lot
deportivo/a	sporty, sport
lindo/a	cute, pretty
travieso/a	naughty, mischievous

Palabras semejantes: activo/a, dominicanoamericano/a, materno/a, paterno/a, profesional

Palabras y expresiones útiles

a tiempo	on time
¡Ay!	Oh! Oh no!
Cuando era niño/a...	When I was a child . . .
Cuando era joven...	When I was young . . .
De joven...	As a young person . . . / When I was young . . .
De niño/a...	As a child . . . / When I was a child . . .
en realidad	really
había	there was / there were
hoy en día	nowadays
Me/Te/Le/Nos/Les gustaba(n)...	I/You (*fam. sing.*)/He, She, You (*pol. sing*)/ We / They, You (*pl.*) used to like . . .
¡No lo creo!	I don't believe it!
¡Qué pícaro/a!	How naughty!
¡Qué tiempos aquellos!	Those were the days!
ya no	no longer

Design elements: (Headphones): ©McGraw-Hill Education; (Globe): ©McGraw-Hill Education; (Laptop): ©D. Hurst/Alamy RF.

11 De viaje

Plaza de España

Un bonito día soleado para pasear por Madrid

Upon successful completion of **Capítulo 11,** you will be able to speak about geography and climate. You will feel comfortable talking about transportation, travel-related experiences, giving and following directions, and using the preterite and imperfect together to narrate past experiences. Additionally, you will have learned about some interesting places and customs from Spain.

Comunícate

La geografía y el clima

Los medios de transporte

Hablando de los medios de transporte «Biciacción»

En busca de sitios

Los viajes

Exprésate

Escríbelo tú Un viaje en automóvil

Cuéntanos Un viaje inolvidable

Cultura

Mundopedia Los paradores de España

Palabras regionales España

Conexión cultural El nuevo flamenco

Videoteca

Amigos sin Fronteras, Episodio 11 ¡Allá vamos, Los Ángeles!

Mi país España

Gramática

11.1 The Present Perfect

11.2 Destination and Time: **por** and **para** (Part 1)

11.3 Polite **(usted)** Commands

11.4 Using the Imperfect and the Preterite Together

www.mhhe.com/connect

©Eyes Wide Open/Getty Images

el Museo Guggenheim Bilbao

el Parque Güell

Bilbao

la Plaza Mayor

Barcelona

las islas Baleares

★ MADRID

Valencia

ESPAÑA

Murcia

Mar Mediterráneo

la Giralda

Sevilla

Málaga

OCÉANO ATLÁNTICO

ESPAÑA

ÁFRICA

Golfo de Cádiz

Ceuta

Melilla

las islas Canarias

Amigos sin Fronteras

Los amigos hacen un viaje a Los Ángeles. Por el camino paran en una gasolinera y luego manejan directamente a la playa, donde a Sebastián le espera una sorpresa.

www.mhhe.com/connect

©McGraw-Hill Education/Klic Video Productions

Conócenos

Ana Sofía Torroja Méndez
©McGraw-Hill Education/Klic Video Productions

Ana Sofía Torroja Méndez es española; nació en Murcia. Tiene veinte años y su cumpleaños es el diecisiete de febrero. Le gusta ir a conciertos, bailar y tocar música, especialmente la guitarra. Otra de sus actividades favoritas es bailar sevillanas. Cuando está en España, le gusta mucho ir a los bares para comer tapas, beber sangría y charlar. Ana Sofía estudia inglés en el College of Alameda, pero el año próximo piensa estudiar en la Universidad de California, Berkeley.

©Pablo Blazquez Dominguez/Getty Images

 Mi país

Comunícate

C La geografía y el clima

Lee *Gramática 11.1*

LA GEOGRAFÍA DE ESPAÑA
(el mapa de la Península Ibérica)

el valle de Salazar, Navarra

la selva de Irati, Navarra

el lago de Zanabria, Zamora

la costa cantábrica

la cordillera de los Pirineos/ los bosques de los Pirineos

el océano Atlántico

Francia

el mar Mediterráneo

ZAMORA

NAVARRA

Portugal

ESPAÑA

el archipiélago/ las islas Baleares

el río Guadalquivir

ALMERÍA

el golfo de Cádiz

el arrecife fosilizado, Almería

la orilla

la arena

la bahía de Cádiz

la playa Romanillas, Almería

el archipiélago/ las islas Canarias

el desierto de Tabernas, Almería

C

el sol

el cielo

la tierra

el tornado

el llano

las nubes

la lluvia

las estrellas

el cielo

la luna

el relámpago
la tormenta
el trueno
la tempestad

el huracán/el ciclón

la inundación

¿Has visto un arcoíris alguna vez?

Sí, he visto muchos. ¡Me encantan!

el arcoíris

Actividad 1 Definiciones

A. La geografía. Empareja cada palabra con su definición.

_____ **1.** el valle
_____ **2.** el lago
_____ **3.** el río
_____ **4.** la bahía
_____ **5.** el desierto
_____ **6.** la orilla
_____ **7.** el arrecife
_____ **8.** la isla
_____ **9.** la selva
_____ **10.** la costa

a. porción de tierra rodeada de agua

b. zona donde la tierra se junta con el agua de un mar, lago o río

c. la orilla del mar y la tierra que está cerca de ella

d. banco formado en el mar, casi en la superficie, por rocas y corales

e. terreno extenso, sin cultivar, donde hay mucha vegetación

f. entrada de mar en la costa, menor que un golfo

g. corriente de agua que generalmente corre hacia el mar

h. extensión de agua rodeada de tierra

i. territorio árido (seco) con mucha arena y poca o ninguna vegetación porque no llueve mucho (hay poca lluvia)

j. espacio entre dos montañas; con frecuencia tiene un río

B. El clima. Ahora, empareja cada palabra relacionada con el clima con la definición correspondiente.

_____ **1.** el cielo
_____ **2.** la huracán
_____ **3.** el tormenta
_____ **4.** el relámpago
_____ **5.** la inundación

a. perturbación atmosférica con fuertes vientos, relámpagos, truenos, lluvia o nieve

b. acción de cubrir o llenar un lugar de agua

c. atmósfera que rodea la tierra

d. resplandor vivo e instantáneo producido entre dos nubes por una descarga (*charge*) eléctrica

e. viento de enorme fuerza que gira en grandes círculos, originado generalmente en zonas tropicales

Actividad 2 Fenómenos del tiempo

la llovizna

la tormenta

los relámpagos
y los truenos

la humedad

el rocío

la niebla/la neblina

la escarcha

Completa cada oración con una de estas palabras: **aguacero, arcoíris, cielo, escarcha, humedad, inundación, llovizna, neblina, nubes, relámpagos, rocío, tormenta, truenos, vientos. OJO:** Hay palabras extra.

1. Después de una noche muy fría, a la mañana siguiente hay _____ en los techos, en las ventanas y en los coches.

2. Durante una tormenta, antes de los truenos, se ven _____.

3. Un huracán tiene _____ muy fuertes.

4. En las zonas tropicales hay mucha _____.

5. Es muy peligroso manejar cuando hay _____ porque no hay visibilidad.

6. Una lluvia muy ligera es una _____.

7. Una lluvia fuerte que cae de repente es un _____.

8. Las gotas de agua que aparecen en las flores y las hojas de las plantas temprano por la mañana: el _____.

9. Antes de una tormenta, las nubes cubren el _____.

10. El agua cubre las calles y parte de las casas; los coches flotan en ella: una _____.

11. A veces, después de un aguacero, sale el sol y podemos ver un _____ de muchos colores.

Actividad 3 El pronóstico del tiempo para Bilbao

Contesta las preguntas sobre el tiempo en Bilbao.

El tiempo en Bilbao   predicción a 7 días

General	Por hora	Detallada	Histórico	Ver la próxima semana

hoy 13 oct	mañana 14 oct	sábado 15 oct	domingo 16 oct	lunes 17 oct	martes 18 oct	miércoles 19 oct
Max 20° Min 13°	22° 10°	25° 10°	22° 10°	27° 13°	19° 9°	19° 9°
08:00 16°	08:00 10°	08:00 10°	08:00 11°	08:00 16°	08:00 19°	08:00 10°
14:00 20°	14:00 19°	14:00 23°	14:00 20°	14:00 26°	14:00 16°	14:00 16°
20:00 15°	20:00 18°	20:00 18°	20:00 19°	20:00 20°	20:00 12°	20:00 15°

SÍMBOLOS   = poco nuboso   = cubierto   = nuboso   = cubierto, lluvia   = cubierto, llovizna   = despejado, soleado

1. ¿Qué tiempo va a hacer mañana por la mañana? (buen/mal tiempo, frío, calor, sol, ¿ ?)
2. ¿Cuál va a ser el día de menos frío? ¿Y cuáles van a ser los días más fríos?
3. Va a lloviznar el martes. ¿Qué otro día va a tener llovizna?
4. ¿Para qué días se pronostica lluvia?
5. ¿Más o menos a qué hora va a llover el martes?
6. ¿Va a haber días soleados y despejados el día entero? ¿Cuál(es)?
7. ¿Va a haber días poco nubosos? ¿Cuáles y más o menos a qué hora va a estar nuboso?
8. ¿Qué día y a qué hora va a estar cubierto el cielo pero sin lluvia?

°C °F
45° ─ 110°   hace mucho calor
40° ─ 100°
35° ─ 90°   hace calor
30°
25° ─ 80°
20° ─ 70°
15° ─ 60°   hace fresco
10° ─ 50°
5° ─ 40°
0° ─ 30°   hace frío
-5° ─ 20°
─ 10°
-15° ─ 0°   hace mucho frío
-20°

¿Recuerdas?

In **Gramática 4.4** you learned to express the future using **ir a** + *infinitive.*

Mañana **voy a hacer** las reservaciones para mi viaje a España.

Mis primos **van a ir** a Madrid la semana que viene.

You can talk about weather in the future using this structure with infinitives that describe different kinds of weather.

Esta tarde **va a llover**.

Mañana **va a hacer calor**.

El sábado **va a estar soleado**.

Vocabulario

pronosticarse (se pronostica)

aguacero

caluroso/a

cubierto/a

despejado/a

nuboso/a (nublado/a)

  ## Cultura *El tiempo en línea*

El sitio web **www.eltiempo.es** está entre las cinco páginas más visitadas de España; informa sobre la temperatura en cualquier ciudad española y en más de 200.000 ciudades del resto del mundo las veinticuatro horas del día. Además, ofrece información sobre tormentas, lluvias, nubes y vientos.

Aquí tienes un refrán sobre el tema del clima. ¿Estás de acuerdo con su mensaje?

«Quien siembra vientos, recoge tempestades.»

You reap what you sow. (En sentido literal, *Those who plant winds, harvest storms.*)

Actividad 4 Los viajes y el tiempo

Conversa con tu compañero/a sobre tus viajes y el clima.

LOS LUGARES

1. ¿Has ido a las montañas? ¿Con quién(es)? ¿Has acampado o esquiado en la nieve en las montañas? ¿Has tenido alguna experiencia interesante allí? ¿Qué pasó? Explica.

2. ¿Has ido al desierto? ¿Te gustaría vivir en un desierto? ¿Por qué?

3. ¿Hay un lago o un río cerca de donde vives? ¿Vas allí con frecuencia? ¿Qué te gusta hacer allí?

4. ¿Has estado en una selva? ¿En cuál? ¿Había humedad? ¿Te molestó la humedad? ¿Has tenido problemas con algún animal de la selva alguna vez? ¿Te gustaría vivir en la selva? ¿Por qué?

5. ¿Te gusta ir a la playa? ¿Vas con frecuencia? ¿Qué te gusta hacer en la playa cuando está soleado? ¿Cuáles prefieres, las playas de agua fría o las de agua tibia? ¿Por qué?

EL TIEMPO

1. ¿Alguna vez te ha sorprendido un aguacero sin paraguas? ¿Te mojaste? ¿Qué hiciste? ¿Qué has hecho para no mojarte otra vez? ¿Te has comprado un paraguas pequeño?

2. ¿Alguna vez has estado en el mar o en la piscina con una tormenta eléctrica? ¿Tuviste miedo de los truenos y los relámpagos? ¿Te saliste del agua? ¿Les tienes miedo a los relámpagos?

3. ¿Has visto un huracán o un tornado alguna vez? ¿Qué pasó? ¿Te dio (Tuviste) miedo? ¿Por qué?

4. ¿Alguna vez has tenido miedo de tener un accidente por manejar con neblina? ¿Has visto algún accidente en la carretera causado por malas condiciones climáticas? ¿Qué pasó?

5. ¿Has pasado por una tormenta o un huracán en un avión? ¿Dónde? ¿Cuántos años tenías? ¿Tuviste miedo?

> **Vocabulario**
>
> **mojarse**
> **el paraguas**

Gramática *The Verb Form* **gustaría**

The verb form **gustaría** functions much like **gusta** and means *would like*.

Me gustaría vivir cerca de la playa.

I would like to live near the beach.

¿Te gustaría tener un coche híbrido?

Would you like to have a hybrid car?

Los medios de transporte

Lee *Gramática 11.2*

Los estudiantes andan en bicicleta por el campus.

El Prius es un auto (carro, coche, automóvil) híbrido y me da cincuenta millas por galón.

El autobús es muy útil para los estudiantes.

Muchas ciudades tienen un metro / transporte subterráneo.

El tren es un medio de transporte público muy popular en Europa.

El tranvía en Sevilla pasa por el centro de la ciudad.

SALA DE ESPERA

El avión ya está aquí. Salimos en este momento para España.

el bote (de remos)

el velero

la lancha

el barco / el yate

El transbordador transporta coches y autobuses.

el crucero

EL TRÁNSITO

el letrero (la señal de tránsito)

Cultura *El letrero de STOP*

En los países hispanos, hay un letrero (señal de tránsito) de forma (*shape*) y color idénticos al letrero que se usa en Estados Unidos, *STOP*. En algunos países dice **ALTO** (*HALT*), en otros dice **PARE** (*STOP*), pero en España, ¡el letrero dice **STOP**!

el semáforo

la multa

la autopista

el puente

EL AUTOMÓVIL

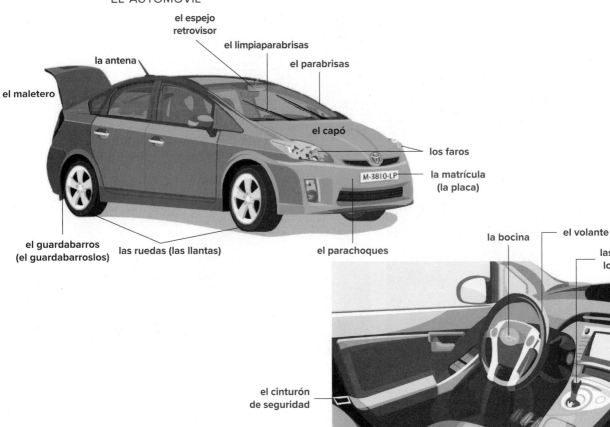

el espejo retrovisor

la antena

el limpiaparabrisas

el parabrisas

el maletero

el capó

los faros

la matrícula (la placa)

M-3810-LP

el guardabarros (el guardabarroslos)

las ruedas (las llantas)

el parachoques

la bocina

el volante

las marchas / los cambios

el cinturón de seguridad

el asiento

los frenos

Actividad 5 Definiciones

A. Completa las oraciones con los medios de transporte correctos: **el avión, el barco, la bicicleta, el metro, el transbordador, el tranvía**.

1. _____ flota en el agua; sirve para transportar carga y/o pasajeros.

2. _____ es un vehículo de dos ruedas que no usa gasolina.

3. Un medio de transporte aéreo muy rápido: _____.

4. En las grandes ciudades del mundo se usa este medio de transporte subterráneo: _____.

5. _____ es un tipo de tren eléctrico que se utiliza en las ciudades.

6. _____ sirve para transportar personas, carros y otros vehículos para cruzar un río o una bahía.

B. Empareja la parte del automóvil con la definición correcta.

_____ **1.** la matrícula (la placa)

_____ **2.** la bocina

_____ **3.** el parabrisas

_____ **4.** el limpiaparabrisas

_____ **5.** el cinturón de seguridad

_____ **6.** las ruedas (las llantas)

_____ **7.** la llave

a. El automóvil necesita cuatro, son circulares y de color negro.

b. Se toca para llamar la atención de otros choferes y de los peatones.

c. Se usa para mantener en el asiento a los pasajeros de un avión o de un coche.

d. Se usa cuando llueve.

e. Rectángulo de metal que tiene números y letras para identificar el coche.

f. Lo que usamos para encender el motor del auto.

g. Protege a los pasajeros del viento.

Hay varios carros eléctricos que son muy populares. La ventaja de estos carros es que no hay que ir a la gasolinera para llenarles el tanque, pero una desventaja es el límite de millas: por lo general entre 80 y 250.

Actividad 6 La bici, la moto y el coche

Conversa con tu compañero/a.

1. De niño/a, ¿andabas mucho en bicicleta? ¿Y ahora usas la bici? ¿Viajabas mucho en coche con tu familia? ¿Adónde iban? ¿Te gustaban esos viajes con la familia? ¿Por qué?

2. ¿Has andado alguna vez en moto? ¿Llevas casco cuando andas en motocicleta o en bicicleta? ¿Por qué? ¿Cuál de estos dos medios de transporte es más peligroso? ¿Por qué?

3. ¿Tienes tu propio coche? ¿De qué marca es? ¿Gasta (Usa) mucha gasolina? ¿Te gustaría tener un coche híbrido o tal vez uno eléctrico? ¿Por qué? ¿Cómo es tu coche ideal?

4. ¿Tienes seguro para tu automóvil? ¿Cuesta mucho dinero? ¿Lo pagas tú o lo pagan tus padres?

5. ¿Has tenido un accidente en tu coche? ¿Chocaste? ¿Con qué o con quién chocaste? ¿Quién tuvo la culpa? ¿Fue un accidente serio o sin importancia?

6. ¿Has salido de vacaciones en tu coche? ¿Cuánto (tiempo) hace que saliste? ¿Adónde fuiste? ¿Tuviste que manejar muchas horas? ¿Te gustó el viaje? ¿Por qué?

7. ¿Prefieres manejar por las calles de la ciudad o en la autopista? ¿Tienes que manejar durante horas pico? ¿Te molesta manejar cuando hay mucho tráfico?

Cultura *Los coches en el mundo hispano*

En España y en muchos países hispanos...

- casi todos los coches son de marchas (transmisión estándar).
- es muy fácil viajar por la ciudad y por todo el país usando medios de transporte público.
- los coches suelen ser mucho más pequeños que en Estados Unidos.
- hay muchos coches que usan **gasoil** (diésel, gasóleo) en vez de gasolina.

Gramática *Adverbs*

Adverbs are words that describe actions. The Spanish equivalent of *-ly* adverbs in English is formed by adding **-mente** to the feminine form of adjectives ending in **-o,** and by simply adding **-mente** to the end of adjetives ending in **-e** or a consonant.

> **rápido → rápida → rápidamente** (*quickly*)
>
> **lento → lenta → lentamente** (*slowly*)
>
> **fácil → fácilmente** (*easily*)
>
> **frecuente → frecuentemente** (*frequently*)
>
> Se viaja **cómodamente** en tren.
>
> Los trenes en España llegan a su destino **puntualmente**.

Actividad 7 El transporte y tus viajes

A. **Ventajas y desventajas.** Escribe un aspecto positivo (ventaja) y uno negativo (desventaja) de cada uno de los medios de transporte. Después, comparte tus ideas con la clase.

Medio de transporte	Ventaja	Desventaja
el autobús		
el avión		
la bicicleta		
el coche (el carro)		
el crucero	*Puedo viajar a muchos lugares y no necesito hotel.*	*Es muy costoso.*
el metro		
la motocicleta		
el tranvía		
el tren		

B. **Tus viajes**. Completa cada oración con **por** o **para** y luego conversa con tu compañero/a.

1. ¿Usas mucho el autobús _____ asistir a clases? ¿Usas el tranvía o el metro? ¿Por qué? ¿O prefieres andar en bicicleta?

2. ¿Cuál es tu forma de transporte preferida? ¿Por qué?

3. ¿Has viajado _____ tren? ¿Adónde fuiste? ¿Has viajado _____ avión? ¿Adónde has ido? De estos dos medios, ¿cuál te gusta más? ¿Por qué?

4. Cuando vas de viaje, ¿siempre estás listo/a a tiempo _____ la hora de salida? ¿En general te atrasas un poco? ¿Por qué?

5. ¿Has hecho un viaje en crucero? ¿Visitaste muchas ciudades? ¿Te gustó? ¿Por qué? ¿Te mareas cuando viajas _____ barco?

6. Cuando viajas, ¿compras regalos _____ tus amigos y parientes? ¿Te gusta ir de compras durante tus viajes?

Cultura *El taxi, el autobús y el metro*

En Argentina, un taxi es **un remis** y un autobús es **un bondi** o **un colectivo;** el metro es **el subte** (de **subterráneo**). En Cuba, el autobús es **la guagua** y en la capital, La Habana, hay **coco taxis** (una motocicleta de tres ruedas con forma de coco) y **bicitaxis**. En México, D.F., y Bogotá, Colombia, también hay **bicitaxis**.

C Hablando de los medios de transporte

«BICIACCIÓN»

La bicicleta como medio de transporte es ideal: no necesita combustible,[a] no contamina y mejora[b] la salud. Pensando en estas ventajas, en Ecuador se fundó[c] el proyecto «Biciacción» en 2004. Este es un proyecto de jóvenes ciclistas que trabajan para crear una ciudad más humana y sostenible.[d] Quieren promover[e] la bicicleta como una buena alternativa al automóvil para transportarse, hacer deportes y divertirse. Han creado programas como los «Bicipaseos patrimoniales[f]», «A clases en Bici», «Ecopaseos» y «Triciclos Ecológicos Publicitarios[g]». Los «Bicipaseos patrimoniales» se hacen de día[h] o de noche. Además de fomentar[i] el uso de la bicicleta, tienen otras dos metas[j]: enseñarle a la gente sobre su patrimonio[k] histórico y cultural y ofrecer instrucción para la seguridad[l] de los ciclistas. «A Clases en Bici» empezó en 2006. Su meta es demostrarles[m] a los estudiantes de la secundaria[n] y de la universidad la importancia de un transporte alternativo y sus beneficios: la gente recupera los espacios públicos y se elimina el uso excesivo del automóvil. En los «Ecopaseos», Biciacción presenta la bicicleta como el medio perfecto para hacer deportes, hacer viajes, conocer gente y compartir las experiencias. Estos «cicloturistas» ecuatorianos y extranjeros[ñ] han recorrido[o] rutas de asfalto, piedra (roca) y montaña desde mayo del 2004. Biciacción también inventó los «Triciclos Ecológicos Publicitarios» para mitigar los problemas de contaminación visual que existen en la ciudad. Esta forma no estática[p] de circular publicidad, dicen, «... es rápida, económica, cercana y sobre todo eficiente». Los triciclos viajan a baja velocidad[q] y llevan la publicidad por la ciudad en una estructura metálica de dimensiones bastante[r] grandes. Así se puede ver los anuncios en todas partes. Es una forma novedosa[s] y flexible de presentar la comunicación de instituciones públicas y privadas. Biciacción surgió en Ecuador pero, afortunadamente, ya hay programas similares en muchas ciudades del mundo.

Muchos ecuatorianos sienten pasión por el ciclismo.
©Jenny Robayo

[a]*fuel* [b]*improves* [c]*se... was founded* [d]*sustainable* [e]*promote* [f]*Bicipaseos... Heritage Bike Rides* [g]*for Publicity* [h]*de... by day* [i]*increasing* [j]*goals* [k]*heritage* [l]*safety* [m]*to show* [n]*high school* [ñ]*foreign* [o]*traveled* [p]*static, stationary* [q]*baja... a low speed* [r]*rather* [s]*novel*

En busca de sitios

Lee *Gramática 11.3*

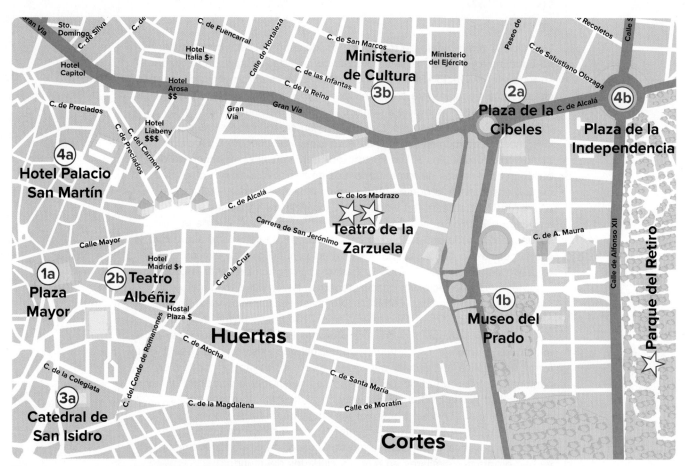

Plano de una zona de la ciudad de Madrid, España

Parque del (Buen) Retiro, Madrid
©Pixtal/agefotostock RF

Actividad 8 La ciudad de Madrid

Mira el plano de Madrid y explica cómo se llega de una parte de la ciudad (A) a otra (B). Los números del plano te van a ayudar a encontrar los lugares mencionados abajo.

Vocabulario

a mano derecha/izquierda

la esquina

la glorieta

la intersección

Salga de(l)... por...

Tome la calle...

Doble a la derecha/izquierda en...

Camine por... hasta...

Cruce...

Siga por...

Siga adelante/derecho

Pase...

MODELO:
TURISTA: Disculpe, ¿me puede decir cómo ir del Parque del Retiro ¿(☆) al Teatro de la Zarzuela (☆☆)?
TÚ: ¿Va en coche?
TURISTA: No, voy caminando.
TÚ: Ah, es muy fácil. Salga del parque por la Plaza de la Independencia y tome la calle de Alcalá. En la Plaza de la Cibeles, doble a la izquierda en el Paseo de Recoletos. Camine por el Paseo y doble a la derecha en la Carrera de San Jerónimo. Siga por esa calle hasta encontrar el museo, que va a estar a mano derecha.
TURISTA: Muy amable, muchas gracias.

A	B
1. de la Plaza Mayor	al Museo del Prado
2. de la Plaza de la Cibeles	al Teatro Albéniz
3. de la Catedral San Isidro	al Ministerio de Cultura
4. del Hotel Palacio San Martín	a la Plaza de la Independencia

 ## Cultura *Datos curiosos de España*

- El número de turistas que visita España cada año es mayor que el número total de personas que vive en este país.
- España produce el cuarenta y cuatro por ciento del aceite de oliva de todo el mundo.
- El fútbol (*soccer*) es el deporte más popular en España.
- En España la comida se sirve aproximadamente a las 2:00 de la tarde y la cena a las 9:00 de la noche.
- Un cuarenta por ciento de los jóvenes españoles entre diecisiete y veinticuatro años fuma.
- En España se habla el español, el gallego, el vasco, el catalán y otros idiomas y dialectos.

Actividad 9 ¡Quiero conocer España!

Estás con tus compañeros/as en España. La familia de Ana Sofía Torroja les da algunas sugerencias. Miren las fotos de algunos lugares en España y escriban adónde hay que ir para hacer cada actividad.

Barcelona: la Casa Batlló, obra del arquitecto Antoni Gaudí

Madrid: Museo del Prado

Barcelona: Las Ramblas

Los Pirineos: cordillera en el norte de España

Madrid: la Plaza Mayor

Granada: la Alhambra

Ronda, Málaga: el Puente Nuevo

Burgos: la catedral gótica

Segovia: el acueducto romano

ACTIVIDADES *Si quieren...,*	LUGARES *vayan a...*
1. esquiar y/o escalar montañas	_____
2. admirar un puente excepcional	_____
3. comer algo rico en una plaza antigua	_____
4. tomar fotos de un acueducto romano	_____
5. dar un paseo por una calle muy popular	_____
6. conocer una catedral gótica muy hermosa	_____
7. ver edificios de los moros en el sur	_____
8. ver obras del gran arquitecto Antoni Gaudí	_____
9. ver cuadros de pintores famosos	_____

Actividad 10 El metro de Madrid

Dale instrucciones a tu compañero/a para ir de una estación del metro de Madrid a otra. No olvides hacer los transbordos necesarios (cambiar de un tren al otro).

MODELO: TURISTA: Disculpe, quiero ir de aquí (Acacias) a Pinar del Rey. ¿Puede decirme cómo?

TÚ: Mire, primero compre su billete. Luego, suba a un tren de la línea 5 aquí en Acacias, dirección Canillejas, y baje en la estación Alonso Martínez. Después, tome un tren de la línea 10, dirección Fuencarral y baje en Nuevos Ministerios. Luego, tome un tren de la línea 8, dirección Campo de las Naciones. Pase una estación (Colombia) y la segunda es Pinar del Rey.

1. de Casa de Campo a Mar de Cristal
2. de Estrella a Antonio Machado
3. de Atocha a El Carmen
4. de Esperanza a Quintana
5. de Goya a Aluche

Vocabulario

Compre su billete.

Suba a un tren/metro de la línea ___, dirección ___.

Baje en (la estación) ___, luego tome un tren de la línea ___, dirección ___.

Pase ___ estaciones y la ___ es ___.

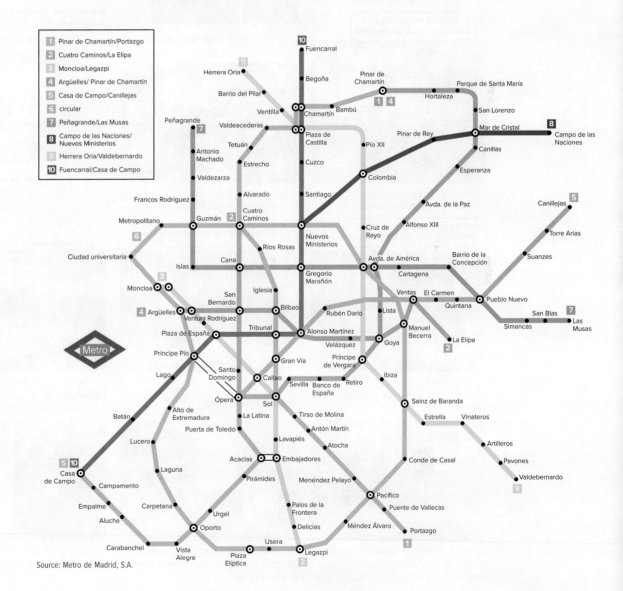

Source: Metro de Madrid, S.A.

Comunícate En busca de sitios

Los viajes

Lee *Gramática 11.4*

¿Se necesita visado para ir a Estados Unidos? ¿Y vacunas? ¿Tenemos que ir a la Embajada de Estados Unidos?

Ana Sofía: Ya hice las reservas (reservaciones) por Internet. Ahora, ¿necesitamos visado (visa)? ¿Y vacunas? ¿Tenemos que ir a la Embajada de Estados Unidos?

el pasaporte

el pase de abordar

el mostrador

el equipaje/las maletas

La familia Torroja aborda el avión.

Sí Franklin, ya llegaron; estamos en el aeropuerto

Esperaban el equipaje cuando Franklin texteó a Ana Sofía.

—*Your passport, please.*
—Aquí lo tiene. *Here it is.*

el dinero en efectivo / los billetes

el contrabando

las tarjetas de crédito/débito

los derechos de aduana

You may not bring ham or any pork products into the United States.

En la aduana...
—*I need to check your luggage.*
—Sí, señor.

¡¿El jamón es contrabando?!

el cajero automático

el alojamiento/el hospedaje
el ascensor
la recepción
el gerente
el botones

La mamá de Ana Sofía estaba hablando con el gerente, y su papá hablaba con el botones cuando llegó Franklin.

El señor Torroja le daba una propina al botones cuando dos carros chocaron enfrente del hotel.

La señora Torroja sacaba dinero en efectivo del cajero automático cuando empezó a llover.

La señora Torroja se duchaba cuando la camarera tocó a la puerta.

Actividad 11 Cómo planear un viaje

Vocabulario

ahorrar	mandar
cambiar dinero	planear
comprar	preocuparse
hacer las maletas	sacar el pasaporte / la visa (el visado)
hacer las reservas	traer
llegar	usar

Un agente de viajes les da recomendaciones a Franklin y a Estefanía para su viaje a España. Completa sus recomendaciones con los verbos del **Vocabulario**. **OJO:** Uno de los verbos se usa dos veces y otro necesita acento cuando se combina con un pronombre **(le)**.

Estimados clientes:

Aquí les van unas ideas para su viaje a España. Bueno, pero primero ¡no *se preocupen* tanto! Simplemente _____¹ bien el viaje.

Les mando esta lista con todo lo que deben hacer. Para empezar, _____² el dinero necesario en estos meses antes de viajar. Luego, _____³ las reservas lo antes posible, porque los boletos cuestan menos cuando uno los compra con muchos días de anticipación. _____⁴ el pasaporte y el visado en febrero o marzo porque el proceso puede durar más de un mes. _____⁵ ropa y otras cosas necesarias para el viaje un mes antes de salir. En los últimos días antes del viaje, _____le⁶ copias de su itinerario a un familiar. _____⁷ las maletas uno o dos días antes para no olvidar algo importante.

El día del viaje, _____⁸ temprano al aeropuerto. Allí mismo, (en el aeropuerto), _____⁹ dólares por euros, la moneda nacional de España. Así al llegar a Madrid van a tener dinero español. No les _____¹⁰ regalos a todos los amigos del club. _____¹¹ su dinero para cosas importantes: el teatro, los museos, los restaurantes, el tren.

¡Buen viaje!

Cultura *Hablando del dinero*

Hoy en día es muy conveniente viajar por la Unión Europea porque en muchos países el euro es la moneda nacional. Hay algunas excepciones, como por ejemplo el Reino Unido, que no ha adoptado el euro.

Actividad 12 ¡Buen viaje!

Mira los dibujos y di qué hicieron Estefanía, Franklin y Ana Sofía en España.

Aeropuerto El Prat, Barcelona

Iglesia de la Sagrada Familia, Barcelona

Barri Gòtic (Barrio Gótico), Barcelona

El AVE es muy rápido. A Madrid: 621 km (386 millas) en dos horas treinta y ocho minutos

Hotel Europa, Madrid

habitación del hotel

Restaurante Botín, Madrid

Museo del Prado, Madrid

Museo del Prado, Sala de El Greco

el acueducto romano de Segovia

la autopista A-3

Murcia, los Torroja: la bienvenida

una cena con los Torroja

festival la Mar de Músicas, Cartagena

la Giralda, Sevilla

la Alhambra, Granada

Cultura *El tren AVE*

El nombre del tren AVE (Alta Velocidad Española) es un juego de palabras. **Ave** significa pájaro y el AVE es un tren que «vuela» (*flies*). Es uno de los trenes más rápidos del mundo: Alcanza (*It reaches*) una velocidad de 300 kilómetros por hora (186 millas por hora).

368 trescientos sesenta y ocho   **Capítulo 11** De viaje

Con tu compañero/a, di qué hacían (estaban haciendo) Estefanía y Franklin cuando algo pasó.

MODELO: Estefanía hacía (estaba haciendo) las reservas por Internet, cuando sonó el teléfono.

Vocabulario

apagarse	carretera	llanta desinflada/pinchada
asistente de vuelo	disfrutar	sala de espera
aterrizar		

Actividad 14 Paquetes turísticos

Algunos de los miembros del Club Amigos sin Fronteras quieren viajar el verano próximo. Con tu compañero/a, primero lee la descripción de los miembros y luego busca el mejor paquete turístico para cada uno. Explica por qué lo escogiste.

Crucero familiar por el Mediterráneo

Incluye: paseos de 8 a 10 horas por Roma, Florencia, Atenas, Santorini, Korfu y Venecia. A bordo, talleres de: deportes, naturaleza, artesanía, magia, ciencia y tecnología para los niños. Para los adultos: masajes antiestrés, conferencias sobre nutrición, arte y literatura, clases de baile. Las instalaciones cuentan con 3 piscinas, 2 canchas de tenis, 2 cines, 4 restaurantes y 3 bares con música en vivo.

Castilla y León

Gira por cinco ciudades antiguas: Ávila con su impresionante muralla, Segovia con su acueducto romano y su alcázar de cuento de hadas, Toledo con la casa de El Greco y la judería con sus casas colgantes y León con su maravillosa catedral. Incluye las tres comidas, el transporte aéreo y terrestre, los hoteles y las visitas a los diferentes edificios y monumentos en cada ciudad.

Gira europea

7 días 6 noches en las grandes capitales de Europa: Londres, París, Berlín, Roma, Lisboa y Madrid. El precio incluye el pasaje aéreo, el transporte terrestre del aeropuerto al hotel y viceversa, el hospedaje y dos paseos en cada ciudad, uno por la mañana y otro por la tarde. Incluye el desayuno y almuerzo, pero no la cena; noches libres.

BILBAO

5 días, 4 noches en este centro industrial del norte de España. Incluye gira de la ciudad: Casco Viejo, Playa de Saturrarán, Ayuntamiento, Teatro Arriaga Antzokia, Museo de Arte Moderno, Museo Guggenheim, Torre Iberdrola, Edificio Osakidetza, y otros lugares de interés. Incluye también acceso por 4 días al gimnasio Polideportivo Universitario, una lección de cocina con el famoso chef Martín Berasategui y una suculenta cena de despedida, empezando con el chiquiteo –pintxos y vino– en el restaurante Xukeia.

Madrid

8 días en la ciudad más importante de España: cultura (numerosos museos y teatros), arquitectura, las mejores tiendas y boutiques, efervescente vida nocturna. Incluye hospedaje, desayuno, almuerzo, entrada a dos museos, al Palacio Real, a una obra de teatro y a un partido de fútbol del Real Madrid en el Estadio Santiago Bernabéu; noches libres.

MODELO: *A Nayeli y Camila* les recomiendo *la Gira Europea* porque ellas quieren *conocer ciudades grandes de Europa.* Les recomiendo esta gira corta porque *incluye casi todo por un solo precio* y porque *ellas son jóvenes y tienen mucha energía.*

1. Eloy viaja con su novia Susan. Él no ha viajado mucho y tiene muchas ganas de conocer una ciudad grande, llena de vida. Susan conoce París y Venecia pero no conoce España. A Eloy y a Susan les gusta ir al cine y ver partidos de fútbol. A Susan le encanta ver pinturas en los museos, ver obras de teatro y salir a bailar por la noche.

2. Sebastián viaja con su compañero, Daniel. Daniel ha viajado mucho y conoce bien Europa. Sebastián conoce Sudamérica pero no conoce Europa. A los dos les gusta comer bien y cocinar; Daniel sabe mucho de gastronomía. También les gustan los deportes y hacer ejercicio.

3. Nayeli y Camila son compañeras de apartamento y se llevan muy bien. Son jóvenes, tienen mucha energía y les encantan las aventuras. Tienen poco dinero y quieren conocer muchas ciudades importantes.

4. Omar y su familia van a viajar con sus hijos. Quieren un paquete con actividades para los adultos y para los niños porque quieren pasar tiempo juntos. Conocen bien Sudamérica, pero no conocen Europa.

COMMUNICATION

Exprésate

ESCRÍBELO TÚ

Un viaje en automóvil

Escribe sobre un viaje que hiciste en automóvil. Usa las preguntas a continuación como guía para organizar tu composición. ¿Adónde fuiste? ¿Qué viste y qué hiciste? ¿Te divertiste? ¿Qué es lo que más/menos te gustó del viaje? En el *Cuaderno de actividades* y en Connect Spanish hay una tabla con más sugerencias para escribir tu composición.

CUÉNTANOS

Un viaje inolvidable

Cuéntanos sobre un viaje memorable. Habla sobre algo cómico, triste o peligroso que te pasó en ese viaje. Usa las preguntas a continuación como guía para describir bien lo que pasó. ¿Qué tiempo hacía? ¿Adónde ibas? ¿Por qué viajabas a ese lugar? ¿Qué viste durante el viaje? ¿Hiciste algunas actividades interesantes? ¿Qué te ocurrió específicamente? Explícalo con muchos detalles.

Vista de Toledo desde el Parador Conde de Orgaz
Courtesy of Pennie Nichols

Exprésate

Cultura

Mundopedia

Los paradores de España

El parador de Zafra
©Atlantide Phototravel/Corbis

Vocabulario de consulta

cadena	chain
de lujo	luxury
patriomonio	heritage
recursos	resources
de alta calidad	high-quality
razonables	reasonable
instalaciones	facilities
fuerte musulmán	Muslim fort
se hospedó	stayed
torres	towers
ventanales	large windows
fantasma	ghost
vacía	empty
grifos abiertos	running faucets
pisadas	footsteps
permanecía	remained
ladrando	barking
mudéjares	related to Muslims living in Spain under Christian rule

ORÍGENES DE LOS PARADORES

Cada año, más turistas visitan España que el número total de personas que viven allí. El país ofrece una gran variedad de alojamientos y de precios. Entre esa variedad está una cadena de hoteles de lujo administrada por el gobierno español. A estos hoteles se les llama «paradores» y están por toda la península, muchos de ellos en edificios antiguos de interés histórico, artístico y cultural. La idea original fue proteger el patrimonio español y crear más turismo en regiones de pocos recursos económicos.

Hay más de noventa paradores y todos ofrecen un servicio de alta calidad por precios muy razonables. Además de la elegancia de sus instalaciones, sus restaurantes ofrecen deliciosos platillos de la cocina tradicional de la región. Hay paradores que hace siglos fueron palacios, castillos o monasterios. Hay otros más modernos en lugares de espectacular belleza natural, como los Paradores de Gredos y de Aiguablava.

ALGUNOS DE LOS PARADORES

Uno de los más bellos es el Parador de Zafra (en la provincia de Badajoz). Está en un castillo-palacio construido en 1437 sobre las ruinas de un fuerte musulmán, que en el siglo XV fue la residencia de los duques de Feria. Hernán Cortés, el conquistador de México, se hospedó allí antes de salir para el Nuevo Mundo. Tiene nueve torres y se adorna con muebles de siglos pasados. Pero las instalaciones son modernas y ofrecen la tecnología más reciente, como acceso a WiFi y servicios audiovisuales para convenciones.

Otro parador interesante es el Parador de Cardona, un castillo medieval de estilo románico y gótico con ventanales de los siglos XII y XIV. Su extensión alcanza los 62.000 metros cuadrados (1.5 acres). Es un castillo con leyenda y fantasma: en la habitación 712, que casi siempre está vacía, tres mujeres han visto a un hombre vestido con leotardo y traje de época. La gente del servicio ha escuchado ruidos extraños, como por ejemplo ventanas y puertas que se abren y se cierran, grifos abiertos y pisadas en las habitaciones vacías. El guarda del lugar intentó por mes y medio lograr que su fiel perro caminara por el pasillo más allá de la habitación 712. Al llegar, el animal permanecía inmóvil ladrando a la puerta. Día a día, el perro repetía lo mismo.

El Parador de Mérida, otro hotel de lujo, conserva la estructura original de un convento del siglo XVIII. Este fue construido sobre los restos de un templo romano dedicado a Augusto. El parador tiene un jardín de antigüedades donde se pueden ver piezas arqueológicas romanas, visigodas y mudéjares. En ese ambiente, los visitantes empiezan a conocer el rico pasado de la ciudad de Mérida.

Ubicado en la Punta d'es Muts en la región de Cataluña, el Parador de Aiguablava está rodeado de pinos y ofrece una hermosa vista al mar Mediterráneo. Es el lugar perfecto para el viajero a quien le interesa estar en contacto con la naturaleza. Los alrededores presentan oportunidades incomparables para dar largos paseos. También se puede practicar deportes al aire libre en esta zona donde hay muy poca contaminación. El hotel dispone además de gimnasio, piscina y sauna. Desde las habitaciones se puede admirar el mar.

Como estos ejemplos hay muchos más, y todos hermosos. ¡Y al ver los precios es fácil olvidar que todos son hoteles de lujo!

COMPRENSIÓN

Contesta las preguntas.

1. Di qué son los paradores en España y cómo son los edificios.
2. El edificio del Parador de Zafra fue un castillo-palacio construido en el siglo XV. ¿Qué construcción había en ese lugar antes?
3. Muchos de los edificios de los paradores son antiguos. ¿Cómo son las instalaciones, especialmente en el interior?
4. Menciona un dato histórico relacionado con el Parador de Zafra.
5. Describe el misterio del Parador de Cardona.
6. ¿Qué puede llamar la atención de los aficionados a la historia y a la arqueología en el Parador de Mérida?
7. ¿Qué actividades se pueden hacer en el Parador de Aiguablava?
8. ¿Es buena idea hospedarse en los paradores españoles? Da dos buenas razones.

Palabras regionales: España			
la marcha	la vida nocturna	un(a) tío/a	guy/chick
¡Qué guay!	How cool!	vale	está bien, de acuerdo

CONEXIÓN CULTURAL

EL NUEVO FLAMENCO

Cuando escuchamos la palabra **flamenco**, muchos pensamos en espectáculos (shows) dramáticos con mujeres de vestidos multicolores que bailan al ritmo de las castañuelas, del taconeo (stomping) y de las palmadas (clapping). Todo eso es cierto, pero el flamenco incluye mucho más. Esta fascinante tradición de música y baile nació en Andalucía, región del sur de España, y sus raíces (roots) vienen de tres culturas: la cultura de los moros (Moors), la de los judíos (Jews) y la de los gitanos (Gypsies). ¿Quieres saber más sobre este tema? Lee la lectura «El nuevo flamenco» en el Cuaderno de actividades o en Connect Spanish.

El flamenco es un baile muy dramático que nació en Andalucía, España.
©hugh nutt/Alamy

Videoteca

Episodio 11: ¡Allá vamos, Los Ángeles!

©McGraw-Hill Education/Klic Video Productions

Resumen

Eloy, Ana Sofía, Sebastián y Nayeli hacen un viaje a Los Ángeles. Es la primera vez que Ana Sofía visita esa ciudad y está muy emocionada. Van a quedarse en un hotel de Santa Mónica y Eloy, que es angelino, va a llevar a sus amigos a los lugares turísticos de Los Ángeles. Por el camino paran en una gasolinera y luego manejan directamente a la playa, donde a Sebastián le espera una sorpresa.

Preparación para el video

A. **¡Comencemos!** Mira la foto y contesta las preguntas.

1. ¿Dónde están estos amigos del club?

2. Considerando la ropa que llevan estos amigos, ¿qué tiempo hace?

3. ¿Adónde crees que van los cuatro amigos?

Comprensión del video

B. **La idea principal.** Indica la idea principal del video.

1. Los amigos del club paran a comprar comida en una gasolinera.

2. Sebastián prepara una maleta muy grande.

3. Algunos amigos del club hacen un viaje a Los Ángeles.

Vocabulario de consulta	
no hace falta	it's not necessary
mejor paramos	it would be better if we stopped
camioneta	van
cita	date, encounter
tonta	silly, dumb
te distraes	you get distracted
prohibido	forbidden
huellas	handprints/ footprints

C. ¿Cierto o falso?

1. Nayeli y Sebastián ya han hecho la maleta.
2. Para Sebastián lo más importante es el traje de baño.
3. Ana Sofía ya conoce Los Ángeles.
4. Nayeli hizo reservaciones en un hotel en Santa Mónica.
5. Sebastián sabe manejar muy bien.

©McGraw-Hill Education/Klic Video Productions

D. Detalles. Contesta las preguntas.

1. ¿Qué ropa lleva Sebastián en la maleta?
2. ¿Cuántos días van a estar en Los Ángeles?
3. ¿Cómo viajó a Los Ángeles Claudia?
4. ¿Cómo viajan a Los Ángeles Ana Sofía, Nayeli, Eloy y Sebastián?

©McGraw-Hill Education/Klic Video Productions

Mi país ESPAÑA

Comprensión

1. ¿Qué desayunaron todos cuando los amigos de Ana Sofía llegaron a Madrid?
2. ¿Qué compraron Alex y Ángela en el Rastro?
3. ¿Qué hicieron los tres amigos en la Plaza Mayor?
4. ¿Durante qué horas cierran las tiendas en España?
5. En el Centro de Arte Reina Sofía vieron obras de varios artistas. Nombra uno de esos artistas.
6. ¿Quiénes estuvieron en España más de setecientos años?
7. ¿Qué tipo de baile vieron Ángela y Alex en Granada?
8. ¿Cómo se llama la obra de Gaudí que no está completa?

Las Fallas de Valencia
©Xaume Olleros/Getty Images

Los Sanfermines, Pamplona
©Pablo Blazquez Dominguez/Getty Images

Gramática

11.1 The Present Perfect

A. The present perfect is formed with the present tense of the verb **haber** (*to have*) followed by a form of the verb called the past participle. The use of this tense in Spanish is very similar to its use in English.

—¿**Han visitado** ustedes Europa?　　*Have you visited Europe?*

—Sí, **hemos visitado** España dos veces.　　*Yes, we have visited Spain twice.*

(Yo) **He viajado** a España.

he = present tense → **viajado** = past participle
　　of **haber**　　　　　　　　of **viajar**

I have traveled to Spain.

B. The present-tense forms of **haber** are irregular.

haber		
(yo)	he	*I have*
(tú)	has*	*you (fam. sing.) have*
usted, él/ella	ha	*you (pol. sing) have; he/she has*
(nosotros/as)	hemos	*we have*
(vosotros/as)	habéis	*you (fam. pl., Sp.) have*
ustedes, ellos/ellas	han	*you (pl.) have; they have*

Note that **ya** (*already*) and **todavía no** (*not yet*) are adverbs commonly used with the present perfect tense.

—Omar, ¿**ya** **has recogido** el coche?

Omar, have you picked up the car already?

—No, **todavía no** **han llamado** del taller.

No, they haven't called from the garage yet. / No, they still haven't called from the garage.

Tú ya **has visto** el Museo del Prado.

has = present tense → **visto** = past participle
　　of **haber**　　　　　　　　of **ver**

You have already seen the Prado Museum.

Ellos **han ido** a Europa cinco veces.

han = present tense → **ido** = past participle
　　of **haber**　　　　　　　　of **ir**

They have gone to Europe five times.

---

*Alternative form for recognition only: **vos habés**.

C. Regular past participles are formed by adding **-ado** to the stems of **-ar** verbs, and **-ido** to the stems of **-er** and **-ir** verbs.

-ar		-er / -ir	
Infinitive	**Past Participle**	**Infinitive**	**Past Participle**
hablar	hablado	comer	comido
jugar	jugado	vivir	vivido
preparar	preparado	dormir	dormido

—¿Ya **han comprado** los boletos los señores Acosta?

Have the Acostas already bought the tickets?

—No, el agente de viajes no **ha conseguido** las reservas todavía.

No, the travel agent hasn't gotten the reservations yet. / No, the travel agent still hasn't gotten the reservations.

—Camila, ¿ya **has escrito** tu composición?

Camila, did you write your paper already?

—No, no **he tenido** tiempo todavía.

No, I haven't had time yet. / No, I still haven't had time.

For **-er/-ir** verbs whose stems end in strong vowels **(a, e, o)** such as **caerse, creer, leer, oír, sonreír**, and **traer,** a written accent on the **-i-** of the past participle ending is required.

leer → leído   oír → oído   traer → traído

D. A few verbs have irregular past participles.

abrir (*to open*)	abierto (*opened*)
cubrir (*to cover*)	cubierto (*covered*)
decir (*to say*)	dicho (*said*)
escribir (*to write*)	escrito (*written*)
hacer (*to do*)	hecho (*done*)
morir (*to die*)	muerto (*died*)
poner (*to put*)	puesto (*put*)
resolver (to *solve*)	resuelto (*solved*)
romper (*to break*)	roto (*broken*)
ver (*to see*)	visto (seen)
volver (*to return*)	vuelto (*returned*)

—Marcela, ¿dónde **has puesto** mis pantalones nuevos?

Marcela, where have you put my new pants?

—Ya te **he dicho** tres veces que están encima de la cama.

I've already told you three times that they're on top of the bed.

Omar fue a la agencia de viajes hace dos horas y todavía no **ha vuelto**.

Omar went to the travel agency two hours ago and hasn't come back yet.

The past participles of verbs derived from those in the chart above follow the same pattern.

For example: **escribir** → **escrito**, so **describir** → **descrito**.

contra**decir** (*to contradict*)	contra**dicho** (*contradicted*)
d**escribir** (*to describe*)	d**escrito** (*described*)
de**volver** (*to return, give back*)	de**vuelto** (*returned*)
in**scribir** (*to enroll*)	in**scrito** (*enrolled*)
pro**poner** (*to propose*)	pro**puesto** (*proposed*)

In Spain, the present perfect is sometimes used in place of the preterite: **¿Has estudiado hoy?** (*Did you study today?*). Most Latin Americans would be more likely to use the simple past for completed events, asking: **¿Estudiaste hoy?**

In Latin America, the present perfect is often used in *Have you ever . . .* questions and in negative answers (*I have never . . .*).

—**¿Alguna vez te ha sorprendido** un aguacero sin paraguas?
—No, **nunca he estado** afuera sin paraguas en un aguacero. Siempre salgo de la casa preparado.

Tu mundo follows this Latin American usage. See **Gramática 9.2** to review negative expressions.

Ejercicio 1

Di cuántas veces has hecho las siguientes actividades.

MODELO: —¿Has visto fotos de Madrid?
—Sí, he visto fotos de Madrid muchas veces (una vez, unas pocas veces, ...).

1. ¿Has comido hamburguesas?
2. ¿Has cantado en la ducha?
3. ¿Has comprado chocolates?
4. ¿Has leído *Harry Potter*?
5. ¿Has dormido más de ocho horas en una noche?

Ejercicio 2

Contesta las preguntas, diciendo que nunca has hecho estas actividades.

MODELO: —¿Has dormido en la calle?
—No, nunca he dormido en la calle.

1. ¿Has robado un banco?
2. ¿Has comido hormigas (*ants*)?
3. ¿Has actuado en una película de Almodóvar?
4. ¿Has escalado los Pirineos?
5. ¿Has escrito una novela famosa?

Franklin y Estefanía han pasado tres días solos en Madrid y ahora charlan con Ana Sofía para decidir qué hacer juntos en los próximos días. Completa las oraciones con los verbos entre paréntesis en el pretérito perfecto (*present perfect*). **OJO:** Ana Sofía es española y usa la forma de **vosotros** cuando habla con Estefanía y Franklin.

ANA SOFÍA: Pues, amigos ¿qué _____ [1] **(hacer)** esta semana?

ESTEFANÍA: _____ [2] **(visitar)** varias iglesias y _____ [3] **(comprar)** varios regalos. También, _____ [4] **(descansar)** mucho... ¡Hay nueve horas de diferencia entre Berkeley y Madrid!

FRANKLIN: ¿Qué tal si vamos al cine? Nosotros no _____ [5] **(ver)** la última película de Almodóvar todavía.

ANA SOFÍA: Bien, mañana vamos al cine y después a cenar. ¿_____ [6] **(cenar)** en el restaurante Botín ya?

ESTEFANÍA: No, todavía no. Solamente _____ [7] **(comer)** en una cafetería y en el restaurante Jabugo. ¡El jamón serrano nos gustó mucho allí!

ANA SOFÍA: Entonces, vamos al restaurante Botín. ¿Y pasado mañana *(day after tomorrow)*... ? ¿ _____ [8] **(ir)** ya al Museo del Prado?

FRANKLIN: No, todavía no. Pero _____ [9] **(estar)** en el Museo Reina Sofía dos veces. ¡No nos cansamos de ver el *Guernica*!

ANA SOFÍA: Yo _____ [10] **(llevar)** a todos mis amigos al Museo del Prado a ver las pinturas de El Greco, de Velázquez y de Goya. ¡Vamos pasado mañana! Os van a encantar todas.

ESTEFANÍA: Perfecto, y por la noche vamos al teatro. Franklin y yo _____ [11] **(leer)** que están poniendo *La casa de Bernarda Alba*.* Tenemos muchas ganas de ver esa obra de García Lorca.†

ANA SOFÍA: ¡Qué alegría! Me encanta García Lorca. _____ [12] **(*Yo:* Escribir)** dos trabajos en la universidad sobre sus obras. De todas, *La casa de Bernarda Alba* es mi favorita.

FRANKLIN: Y lo mejor... Estefanía y yo _____ [13] **(oír)** que la compañía es una de las más famosas.

ANA SOFÍA: Así es. Pero chicos, hay que salir de Madrid. Todavía no _____ [14] **(*nosotros:* hablar)** de las otras ciudades que vais a visitar conmigo... Toledo, Segovia, Cuenca...

11.2 Destination and Time: **por** and **para** (Part 1)

The prepositions **por** and **para** are both sometimes translated as *for*. However, these two words have distinct meanings and uses.

A. One difference is in expressing movement.

Para indicates movement *toward* a destination.

Cuando era niño, salía **para** la escuela a las siete y media.	*When I was a kid, I used to leave for school at 7:30.*
Perdón, señor, ¿cuál es el tren que sale **para** Madrid?	*Excuse me, sir, which is the train that is leaving for Madrid?*

---

*La casa de Bernarda Alba (1936), obra dramática de Federico García Lorca (1898–1936)

†Federico García Lorca (1898–1936) es uno de los dramaturgos (*playwrights*) más importantes de España. Desafortunadamente, Lorca murió (*died*) muy joven.

Por, on the other hand, indicates *through, by*, or *along* a location.

Pasamos **por** varios pueblos antes de llegar a Salamanca.

We went through several villages before arriving in Salamanca.

Nunca hemos caminado **por** la orilla del Mar Menor.

We have never walked along the shore of Mar Menor.

Por is also used to indicate means of transportation, although **en** is common as well.

Franklin quiere viajar a España **por** barco pero yo prefiero ir **por** avión.

Franklin wants to travel to Spain by boat but I prefer to go by plane.

Note the contrast in usage in the following example.

Mañana salgo **para** Málaga. Voy a viajar **por** tren.

I am leaving for Malaga tomorrow. I'm going to travel by train.

B. **Por** and **para** can also be followed by expressions of time.

Use **por** to indicate length of time that an action took place. Some common time expressions are: **por dos horas, por unos días, por tres meses, por un año, por mucho/poco tiempo.** Native speakers sometimes omit **por** in this context.

Hoy tengo que trabajar en el taller **(por) diez horas.**

Today I have to work in the shop (for) ten hours.

You can also use **por** to express *during, in*, or *at* with parts of the day: **por la mañana/tarde/noche.**

Aquí **por** la noche todo el mundo sale a pasear.

Here everybody goes out for a walk in the evening.

Use **para** to indicate a deadline by which something is expected to happen.

Hay que entregar el informe **para** las diez.

We have to turn in the report by 10:00.

Ejercicio 4

Completa la conversación entre Ana Sofía y Franklin con **por** o **para** según el contexto.

FRANKLIN: Ayer corregí exámenes _____[1] ocho horas, sin descanso.

ANA SOFÍA: Pues yo estudié _____[2] seis horas para el examen de la clase de inglés.

FRANKLIN: Bueno, tenemos exámenes _____[3] una semana y luego... ¡vacaciones!

ANA SOFÍA: Sí, ¡por fin! ¿Cuándo sales _____[4] Puerto Rico?

FRANKLIN: En dos días. Salgo _____[5] la mañana y voy a viajar _____[6] nueve horas.

ANA SOFÍA: ¿Nueve horas? Vas a viajar _____[7] avión, ¿verdad?

FRANKLIN: Pues, prefiero ir _____[8] tren pero ya sabes que no es posible.

ANA SOFÍA: ¡Ja, ja! Oye, ¿cuánto tiempo piensas quedarte en Puerto Rico?

FRANKLIN: ¡Una semana! Voy a visitar a la familia y necesito recoger unos documentos importantes. Van a estar listos _____[9] el próximo jueves.

ANA SOFÍA: Ay, seguramente vas a pasear _____[10] el Yunque y otros lugares hermosos. ¡Qué envidia!

11.3 Polite (usted) Commands

Commands **(mandatos)** are used to tell someone directly what to do. You have already been hearing and reading informal commands such as **conversa con tu compañero/a** or **escucha a tu profesor(a).** (Note: You will learn more about informal commands in **Gramática 13.2.**) Informal commands are used when speaking to someone that you address in the **tú** form, while polite commands are used when addressing someone in the **usted** (singular) or **ustedes** (plural) form.

> **-ar** verbs take **-e(n)** endings: **hable** (usted), **tomen** (ustedes)
>
> **-er/-ir** verbs take **-a(n)** endings: **coma** (usted), **escriban** (ustedes)

A. Polite singular commands are formed by changing **-ar** verb endings to **-e**, and changing **-er** and **-ir** endings to **-a**.

-ar: Habl**e** español, por favor.	*Speak Spanish, please.*
-er: Com**a** cereal y fruta por la mañana.	*Eat cereal and fruit in the morning.*
-ir: ¡No abr**a** el libro durante el examen!	*Don't open your book during the exam!*

B. To give polite commands to more than one person, add **-n.**[*]

No bail**en** por más de dos horas.	*Don't dance for more than two hours.*

C. If the verb stem is irregular in the **yo** form of the present tense, it usually has the same irregularity in the polite command form: **yo pongo → ponga(n) usted(es)**.

Venga(n) temprano, por favor.	*Come early, please.*
Salga(n) inmediatamente.	*Leave immediately.*

Here are some common irregular polite commands.

conocer	cono**zc**a(n)	oír	o**ig**a(n)
decir	d**ig**a(n)	poner	pon**g**a(n)
hacer	ha**g**a(n)	venir	ven**g**a(n)

Tengan cuidado en la autopista.	*Be careful on the freeway.*
Traiga sus documentos mañana a la oficina de la aduana.	*Bring your documents to the customs office tomorrow.*

D. But notice that the following irregular polite command forms do not match the verb's present-tense irregular **yo** forms.

dar	d**é**(n)	saber	**sep**a(n)
estar	est**é**(n)	ser	**se**a(n)
ir	**vay**a(n)		

Sepa muy bien lo que quiere decir antes de hablar.	*Know well what you want to say before speaking.*
Si ustedes van a viajar durante el verano, **vayan** a la agencia de viajes lo antes posible.	*If you (pl.) are going to travel during the summer, go to the travel agency as soon as possible.*

---

[*]In most of Latin America, the **ustedes** command form is used to address more than one person. In Spain, however, the **vosotros/as** command form is used for plural *informal* commands. You will learn about **vosotros/as** commands in the **Gramática** section of **Capítulo 13.**

E. Verbs with vowel changes in the present indicative stem (e → ie, e → i, o → ue) show the same changes in the polite command forms.

e → ie		e → i		o → ue	
cerrar	cierre(n)	competir	compita(n)	dormir	duerma(n)
pensar	piense(n)	seguir	siga(n)	encontrar	encuentre(n)
sentar	siente(n)	servir	sirva(n)	volver	vuelva(n)

Duerma por lo menos ocho horas cada noche.

Sleep at least eight hours every night.

Cierre la maleta ahora.

Close the suitcase now.

Sirvan los refrescos, por favor.

Serve the soft drinks, please.

Also, **-ar** verbs that have spelling changes in the **yo** form of the preterite (z → c, c → qu, g → gu) follow the same spelling-change rules in the polite command form.

z → c		c → qu		g → gu	
almorzar	almuerce(n)	buscar	busque(n)	apagar	apague(n)
comenzar	comience(n)	sacar	saque(n)	jugar	juegue(n)
cruzar	cruce(n)	tocar	toque(n)	llegar	llegue(n)

F. Object pronouns and reflexive pronouns are attached to the end of affirmative commands, but are placed before negative commands.

> Remember to attach pronouns to the end of affirmative commands and to add an written accent to retain the stress where it needs to be: **páguenlo, hágalas, recójalos** *but* **no lo paguen, no las haga, no los recoja**.

Tráigame un café por favor; **no me traiga** té.

Bring me some coffee, please; don't bring me tea.

Díganme la verdad; **no me digan** que (ustedes) no la saben.

Tell me the truth; don't tell me that you don't know it.

No lo haga ahora; **hágalo** más tarde.

Don't do it now; do it later.

Levántese temprano; **no se pierda** las noticias de la mañana.

Get up early; don't miss the morning news.

Imagínate que eres agente de viajes. Contesta las preguntas de tus clientes afirmativamente. Si es posible, usa un pronombre de complemento directo **(lo, la, los, las)**.

MODELOS: —¿Necesito ir al consulado mañana por la mañana?
—Sí, vaya mañana por la mañana.
—¿Tengo que pagar el pasaje hoy?
—Sí, páguelo hoy.

1. ¿Debo ir al aeropuerto dos horas antes de la salida de mi vuelo?

2. Mi vuelo sale a las cuatro de la mañana. ¿Debo dormir en el aeropuerto para estar allí a tiempo?

3. ¿Debo hacer las reservas mañana?

4. ¿Tengo que comprar ya los pasajes?

5. ¿Tengo que traer el dinero pasado mañana?

6. ¿Necesito recoger los pasajes la semana que viene?

Es enero y Estefanía y Franklin están muy emocionados con su viaje a España para agosto. Ellos te hacen muchas preguntas. Responde negativamente **(no)** a todas sus preguntas, porque... ¡es enero, no es agosto!

MODELO: —¿Tenemos que comprar ropa de verano este fin de semana?
—No, no la *compren* todavía.

1. —¿Tenemos que preparar el itinerario esta noche?
—No, no lo _____ todavía.

2. —¿Debemos sacar las fotos para los pasaportes ya?
—No, no las _____ todavía.

3. —¿Necesitamos pedir los visados para España ya?
—No, no los _____ todavía.

4. —¿Es necesario comprar las maletas ya?
—No, no las _____ todavía.

5. —¿Debemos hacer las maletas mañana?
—No, no las _____ todavía.

6. —¿Necesitamos hablar del viaje con los vecinos este fin de semana?
—No, no _____ con ellos todavía.

Era un día de primavera. Hacía sol y un poco de calor. Ana Sofía y su novio tomaban un refresco en un café de la Plaza Mayor de Madrid cuando ella vio a José Antonio, un viejo amigo de Murcia. José Antonio pasó; Ana Sofía se puso de pie y caminó hacia él. Lo saludó y empezaron a charlar. Luego, lo invitó a tomar un refresco con ella y su novio. Presentó a los dos jóvenes y...

Although both the imperfect and the preterite describe past actions or states, their uses are not the same. As you know, the preterite is used with verbs of action to emphasize that the speaker views a past event or action as completed.

—¿Qué **hiciste** ayer?	*What did you do yesterday?*
—**Visité** el Museo del Prado.	*I visited the Prado Museum.*

The imperfect, on the other hand, is used to emphasize that an action happened repeatedly or habitually in the past.

Cuando **íbamos** de vacaciones a Madrid, siempre **nos quedábamos** en el Hotel Princesa.	*When we went on vacation to Madrid, we would always stay at the Princesa Hotel.*
Cuando Jorge **vivía** en Ocumare, **iba** a la playa todos los fines de semana.	*When Jorge lived in Ocumare, he used to go to the beach every weekend.*

Similarly, you can use the simple imperfect or the imperfect progressive to describe an action that was in progress in the past when something interrupted it. The interrupting action is expressed in the preterite tense.

Paseaba por el parque cuando **ocurrió** el accidente.	*I was walking in the park when the accident happened.*
Estaba descansando en la sala cuando el agente de viajes me **llamó** con las buenas noticias.	*I was resting in the living room when the travel agent called me with the good news.*
Los pasajeros **abordaban** el tren cuando **vieron** una mochila abandonada sobre un asiento.	*The passengers were boarding the train when they saw an abandoned backpack on a seat.*
El helicóptero **llegaba** al aeropuerto cuando **se descompuso** el motor.	*The helicopter was arriving at the airport when the engine broke down.*

Ejercicio 7

Completa cada oración con el imperfecto del verbo entre paréntesis para expresar la acción interrumpida.

MODELO: Eloy *salía* de su casa cuando llegó Susan.

1. Ana Sofía _____ **(manejar)** en la autopista cuando dos coches chocaron.

2. Yo _____ **(leer)** la novela *La sombra del viento* cuando sonó el teléfono.

3. Ana Sofía y su novio _____ **(correr)** por la calle cuando Ana Sofía se cayó.

4. El perro _____ **(cruzar)** la calle cuando su dueño lo encontró.

5. Radamés _____ **(bailar)** cuando se cayó.

Ejercicio 8

Completa cada oración con el pretérito del verbo entre paréntesis para hablar de una acción que interrumpe (*interrupts*) otra acción.

MODELO: El mesero servía la ensalada cuando los clientes *vieron* la mosca.

1. Los turistas _____ **(llegar)** cuando el guía turístico hablaba de la historia de España.

2. Franklin y Estefanía hacían ejercicio en el Parque del Retiro cuando _____ **(empezar)** a llover.

3. Estefanía tomaba fotos de la Giralda en Sevilla cuando dos ladrones _____ **(querer)** robarle la cámara.

4. Dos policías hablaban con el hombre cuando él _____ **(saltar)** del séptimo piso.

5. Yo dormía profundamente cuando tú me _____ **(llamar)** anoche.

Ejercicio 9

Escoge entre el pretérito y el imperfecto. Usa el pretérito para expresar la acción que interrumpe y el imperfecto para expresar la acción interrumpida.

1. El cocinero **(charlaba/charló)** con un cliente cuando se le (*quemaba/quemó*) la comida.

2. Ana Sofía **(almorzaba/almorzó)** cuando la mosca **(caía/cayó)** en su plato de sopa.

3. El vecino **(entraba/entró)** a la casa cuando los niños **(jugaban/jugaron)** en el patio.

4. Ana Sofía y su novio se **(besaban/besaron)** cuando **(llegaba/llegó)** un amigo, José Antonio.

5. Cuando **(limpiaba/limpió)** su escritorio, el profesor **(encontró/encontraba)** el cuaderno perdido.

6. ¿**(Perdías/Perdiste)** el libro cuando **(corrías/corriste)** en el parque hoy? ¿O fue ayer?

7. Los turistas **(miraban/miraron)** una pintura de Goya cuando la luz se **(apagaba/apagó)**.

Lee la narración del día horrible de Ana Sofía. Completa el párrafo con el pretérito o el imperfecto de los verbos entre paréntesis. **OJO:** Antes de contestar, primero lee la narración para comprender el contexto de cada infinitivo.

La semana pasada tuve un día horrible. Cuando _____[1] **(hacer)** el almuerzo _____[2] **(sonar)** el teléfono. Contesté. Era mi amiga Luisa y pasamos un rato charlando. Cuando _____[3] (*nosotras:* **charlar**), yo _____[4] **(empezar)** a ver humo.[a] Corrí a la cocina y... ¡Ay¡ Mi comida estaba quemada ya. Tuve que salir a comprar algo en un restaurante. Antes de subirme a mi coche, ¡_____[5] **(notar)** que _____[6] **(tener)** una llanta pinchada! Entonces tomé un taxi porque tenía mucha hambre y no quería arreglar la llanta. El taxi me _____[7] **(llevar)** al restaurante cuando de repente[b] _____[8] **(descomponerse)**. Me bajé[c] del taxi y llamé a un amigo. Cuando _____[9] **(hablar)** con él, un ladrón me _____[10] **(robar)** el móvil. Cuando _____[11] (*yo:* **correr**) detrás de él, _____[12] (*yo:* **caerse**). Tenía hambre y estaba muy frustrada, pero me levanté y caminé a mi casa. En mi casa decidí prepararme un bocadillo de jamón. Cuando lo _____[13] **(preparar)**, _____[14] **(sonar)** el teléfono otra vez. ¡Pero yo no lo _____[15] **(contestar)**!

[a]*smoke*   [b]*de... suddenly*   [c]*Me... I got out*

Lo que aprendí

Al final de este capítulo, ya puedo:

☐ hablar sobre la geografía, el clima y los medios de transporte.

☐ hablar sobre mis planes de viaje y los de otras personas.

☐ dar y comprender instrucciones para llegar a un sitio.

☐ darles mandatos a otras personas.

☐ narrar eventos (y secuencias de eventos) en el pasado.

Además, ahora conozco:

☐ varios paradores de España.

☐ varios lugares turísticos de España.

Y sé más sobre:

☐ los medios de transporte y la geografía de España.

☐ algunas de las fiestas de España.

☐ las actividades de Biciacción.

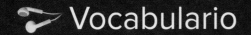 Vocabulario

La geografía	Geography
Repaso: la bahía, el lago, el mar, la montaña, el océano, la playa, el río, la selva	
la arena	sand
el arrecife	reef
el bosque	forest
el campo	field; countryside; country (*rural area*)
la cordillera	mountain range
la isla	island
el llano	plain
la orilla	shore; riverbank
el terreno	terrain; plot of land
la tierra	earth, land
Palabras semejantes: el archipiélago, el coral, la corriente, la costa, el desierto, el golfo, la península, los Pirineos, la roca, el valle, la vegetación, la zona	

El clima	Climate
Repaso: hace buen/mal tiempo, hace calor/fresco/frío/sol/viento, llueve, nieva, el centígrado, la nieve, la temperatura, nublado/a	
llover (ue)	to rain
lloviznar	to drizzle
el aguacero	rain shower; downpour
el arcoíris	rainbow
el cielo	sky
la escarcha	frost
la humedad	humidity
la llovizna	drizzle
la lluvia	rain
la neblina	mist, light fog
la niebla	fog
el pronóstico	forecast
el relámpago	lightning
el resplandor	brightness, flash of light
el rocío	dew
la tempestad	storm
la tormenta	storm
el trueno	thunder
cubierto/a	overcast
despejado/a	clear, cloudless
nuboso/a	cloudy
soleado/a	sunny
Palabras semejantes: el ciclón, el huracán, la inundación, el tornado	

Los medios de transporte	Modes of Transportation
Repaso: la bici, la calle, el coche, la moto, el tren	
la autopista	freeway, expressway
el bote	boat
el bote de remos	rowboat
la carretera	highway
el crucero	cruise ship
la lancha	motorboat
el transbordador	ferry
el tranvía	cable car, streetcar
el velero	sailboat
Palabras semejantes: el metro, el vehículo, el yate	

El automóvil	Automobile
gastar gasolina	to use (waste) gas
el asiento	seat
la bocina	horn
los cambios	gears
el capó	hood
el chofer	driver
el cinturón de seguridad	seat belt
el espejo retrovisor	rearview mirror
el faro	headlight
los frenos	brakes
la glorieta	traffice circle, roundabout
el guardabarros/guardafango	fender
el letrero	sign
el limpiaparabrisas	windshield wiper
la llanta	tire
la llanta desinflada/pinchada	flat tire
la llave	key
el maletero	trunk
las marchas	gears
la mátrícula	licesnse plate
el parabrisas	windshield
el parachoques	bumper
el peatón / la peatona	pedestrian
la placa	license plate
la rueda	wheel; tire (*Sp.*)
el seguro de auto	car insurance
el semáforo	traffic light
(la señal de) tránsito	traffic (sign)
el volante	steering wheel
Palabras semejantes: la antena, la intersección, el motor, el tráfico	

Los viajes	Trips
Repaso: el ascensor, el/la gerente, el hotel, la maleta, el pasaporte, el plano, la reservación	
(el oficial de) la aduana	customs (agent)
el alojamiento	lodging
el botones	bellhop
la camarera	hotel maid
la carga	cargo
los derechos de aduana	customs duty, taxes
el equipaje	luggage
la gira	tour
la habitación	room
el hospedaje	accommodations
el mostrador	counter
el/la pasajero/a	passenger
el pase (de abordar)	(boarding) pass
la recepción	hotel lobby
el transbordo	transfer, change (of train or plane)
la vacuna	vaccine; shot
el visado	visa
Palabras semejantes: el contrabando, el itinerario, el/la turista, la visa	

El transporte aéreo	Air Travel
Repaso: el aeropuerto, el avión, el vuelo	
el/la asistente de vuelo	flight attendant
el destino	destination
la sala de espera	waiting room

Los mandatos formales	
Repaso: Camine(n), Saque(n)	
Baje(n)	Get off; Get down
Compre(n)	Buy
Cruce(n)	Cross
Disculpe(n)	Excuse me, Pardon me; I'm sorry
Doble(n)	Turn
Haga(n)	Do; Make
Llegue(n)	Arrive
No se preocupe(n)	Don't worry
Salga(n)	Leave
Siga(n)	Keep going
Suba(n)	Get on; Climb up
Tome(n)	Take
Traiga(n)	Bring
Vaya(n)	Go

Los lugares	
Repaso: la catedral, el edificio, la fuente, el museo, el parque, la plaza	
la embajada	embassy
la estación	station
el palacio	palace
el puente	bridge
Palabras semejantes: el acueducto, el festival	

Los verbos	
Repaso: ahorrar, caer (*irreg.*), **escalar, hacer** (*irreg.*) **la maleta, hacer un viaje**	
aparecer (zc)	to appear
aterrizar (c)	to land
atrasarse	to run late; to fall behind
cambiar dinero	to exchange money
chocar (qu)	to crash
cruzar (c)	to cross
dar (*irreg.*) **instrucciones**	to give directions
dar la bienvenida	to welcome
dar miedo	to frighten
disfrutar	to enjoy
durar	to last
girar	to turn
hacer cola	to stand in line
hacer las reservas	to make reservations
hospedarse	to stay (*lodging*)
ir (*irreg.*) **de viaje**	to go on a trip
juntarse	to come, get together
mantener (*like* **tener**)	to maintain
marearse	to get seasick
mojarse	to get wet
molestar	to bother, annoy
ofrecer (zc)	to offer
olvidar	to forget
parar	to stop
pronosticar (qu)	to forecast
proteger (j)	to protect
revisar	to check, inspect
rodear	to surround
seguir (g) (i, i)	to follow; to continue
tener (*irreg.*) **la culpa**	to be at fault
tocar (qu) la bocina	to sound (honk) the horn
tocar a la puerta	to knock on the door
Palabras semejantes: abordar, admirar, flotar, identificar (qu), planear, transportar	

Los sustantivos

Repaso: tarjeta de crédito

el billete	ticket; bill (*paper money*)
el boleto	ticket
el cajero automático	ATM machine
la descarga	shock; download; discharge
la (des)ventaja	(dis)advantage
el (dinero en) efectivo	cash
la entrada	entrance
la esquina	corner (*street*)
la estrella	star
la extensión	expanse, area; extension
la fuerza	force
la gastronomía	cuisine; fine food
la gota	drop
la hoja	leaf
las horas pico	peak hours
la luna	moon
la marca	brand; mark
la moneda	coin; currency
el paraguas	umbrella
la perturbación	disturbance; disruption
la salida	exit; departure
la sugerencia	suggestion
la superficie	surface
la tarjeta de débito	debit card

Palabras semejantes: el/la arquitecto/a, la atmósfera, la copia, la definición, la energía, el espacio, el euro, el fenómeno, el galón, la inmigración, la letra, el/la pintor(a), el proceso, la visita

Los adjetivos

caluroso/a	hot (*climate*)
costoso/a	costly
estimado/a	esteemed, dear (*salutation*)
ibérico/a	Iberian (of or relating to the Iberian Peninsula: Spain)
ligero/a	light (*weight*)
lleno/a	full
moro/a	Moorish
rodeado/a	surrounded
seco/a	dry
vivo/a	alive; bright, vivid

Palabras semejantes: árido/a, enorme, entero/a, general, gótico/a, híbrido/a, subterráneo/a, tropical, turístico/a

Los adverbios

Repaso: generalmente, tranquilamente

abajo	below; down, downwards
adelante	forward, straight ahead
hacia	toward(s)

Palabra semejante: simplemente

Palabras y expresiones útiles

Repaso: ¡Bienvenido/a(s)!

a la mañana siguiente	the next morning
¿Alguna vez ha _____?	Have you ever_____?
¡Alto!	Stop!
allí mismo	right there
alta velocidad	high speed
Aquí lo tiene.	Here it is.
¡Buen viaje!	Have a nice trip!
con anticipación	in advance
¡Cuánto/a(s) + noun!	So many + *noun*!
en busca de	in search of
lo antes posible	as soon as possible
¡Muy amable!	How nice of you!; Thanks!
¡Pare!	Stop!
¡Qué + noun + más/tan + adj.!	What a + *adj.* + *noun*!

Design elements: (Headphones): ©McGraw-Hill Education; (Globe): ©McGraw-Hill Education; (Laptop): ©D. Hurst/Alamy RF.

12 La salud

Distrito financiero de Caracas, Venezuela

Upon successful completion of **Capítulo 12,** you will be able to talk about health-related situations and how to keep healthy and fit. You will also be able to describe your experiences with illnesses, accidents, visits to the doctor, and hospital stays. Additionally, you will have learned about some interesting places and people from Venezuela.

Comunícate

El cuerpo humano y la salud

Las enfermedades y su tratamiento

Hablando de los remedios La medicina en los países hispanos

La atención médica

Los accidentes y las emergencias

Exprésate

Escríbelo tú Un accidente

Cuéntanos Las enfermedades infantiles

Cultura

Mundopedia Mérida, ciudad en la montaña

Palabras regionales Venezuela

Conexión cultural Venezuela y la música

Videoteca

Amigos sin Fronteras, Episodio 12 No me siento bien.

Mi país Venezuela

Gramática

12.1 Present Subjunctive with **querer, recomendar,** and Other Verbs of Volition

12.2 The Subjunctive in Time Clauses

12.3 Indirect Object Pronouns with Commands and Present Subjunctive

12.4 Unplanned Occurrences: **se**

www.mhhe.com/connect

©Hisham Ibrahim/Getty Images RF

CONNECTIONS VENEZUELA

el lago de Maracaibo

la Plaza César Girón en Maracay

el Monumento a Los Próceres

Maracaibo

Valencia

CARACAS

Barquisimeto

Maracay

Mérida

VENEZUELA

la Iglesia del Llano, Mérida

el metro de Valencia

la Catedral Metropolitana de Barquisimeto

Amigos sin Fronteras

Sebastián está enfermo; tiene gripe y le pide a Nayeli que lo ayude. Luego, Sebastián recibe algunas recomendaciones de una persona **inesperada** (*unexpected*)...

www.mhhe.com/connect

©McGraw-Hill Education/Klic Video Productions

Conócenos

Jorge Navón Rojas
©cristovao/shutterstock RF

Jorge Navón Rojas es venezolano; nació en Mérida, Venezuela. Tiene veintiún años y su cumpleaños es el quince de abril. Es un judío practicante (devoto). Su mejor amigo es Rodrigo, un colombiano de origen libanés. Jorge estudia ingeniería informática. Juega en un equipo de balonmano en Berkeley y, antes de llegar a Estados Unidos, jugaba en un equipo venezolano. También le gusta esquiar en el agua, jugar al ajedrez y escuchar música.

©Jane Sweeney/Getty Images

 Mi país

Comunícate

C El cuerpo humano y la salud

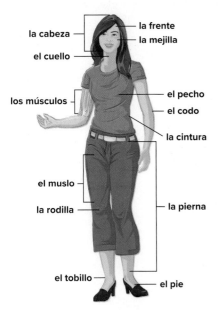

la cabeza
la frente
la mejilla
el cuello
los músculos
el pecho
el codo
la cintura
el muslo
la rodilla
la pierna
el tobillo
el pie

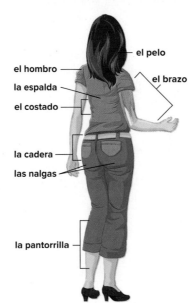

el pelo
el hombro
la espalda
el costado
el brazo
la cadera
las nalgas
la pantorrilla

los órganos internos

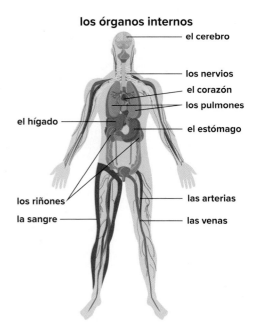

el cerebro
los nervios
el corazón
los pulmones
el hígado
el estómago
los riñones
la sangre
las arterias
las venas

la cara

la ceja
las pestañas
el ojo
la nariz
la boca
la garganta

la mano

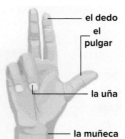

el dedo
el pulgar
la uña
la muñeca

el esqueleto

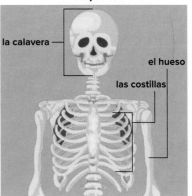

la calavera
el hueso
las costillas

la boca

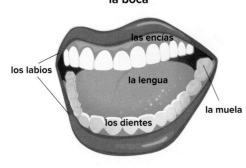

las encías
los labios
la lengua
los dientes
la muela

el oído
la oreja

Trabaja con tu compañero/a y di para qué usamos cada parte del cuerpo.

> MODELO: **E1:** ¿Para qué usamos *la boca?*
>
> **E2:** Usamos *la boca* para *comer*, para *hablar*, para *cantar* y para *besar*.

Vocabulario

abrazar	caminar	morder	respirar
agarrar	correr	oír	saltar
bailar	escribir	oler	silbar
besar	masticar	rascarnos	tocar

1. la nariz   **6.** los labios

2. los oídos   **7.** los brazos

3. los dientes   **8.** los dedos

4. las muelas   **9.** las piernas

5. las uñas   **10.** los pies

Lengua *Refranes*

Hay refranes que son muy realistas, como éste.

«Ojos que no ven, corazón que no siente.» *Out of sight, out of mind.* (En sentido literal, *The heart can't feel when the eyes can't see.*)

¿A qué tipo de situación se puede aplicar este refrán?

"EN EL CORAZÓN LATE LA SALUD"

VENEZUELA 1,00

Datos curiosos sobre el cerebro

✚ El cerebro se compone de un ochenta por ciento de agua.

✚ Cuando nacemos, nuestro cerebro pesa entre 350 y 400 gramos y tenemos ya mayoría de las neuronas que vamos a tener en toda la vida.

✚ Una dieta adecuada tiene una importancia fundamental en el desarrollo del cerebro. Los cerebros de los niños desnutridos son más pequeños de lo normal y tienen menos neuronas.

✚ En un día cualquiera, el cerebro produce alrededor de 70.000 pensamientos.

✚ Nuestro cerebro está más activo y piensa más de noche que de día.

Actividad 2 Los órganos internos

Empareja las siguientes palabras con la definición apropiada.

_____ **1.** el cerebro
_____ **2.** la lengua
_____ **3.** la garganta
_____ **4.** el corazón
_____ **5.** las arterias
_____ **6.** la piel
_____ **7.** los pulmones
_____ **8.** los riñones
_____ **9.** el hígado
_____ **10.** los músculos

a. órganos internos que se usan para respirar
b. llevan la sangre oxigenada a otras partes del cuerpo
c. órgano del pensamiento; forma parte del sistema nervioso
d. sus contracciones permiten los movimientos del cuerpo
e. el órgano que cubre la superficie del cuerpo humano
f. órganos que filtran y eliminan las toxinas de la sangre
g. órgano principal de la circulación de la sangre
h. la parte interior del cuello que nos permite tragar
i. órgano que se usa para hablar y comer
j. órgano que almacena vitaminas y hierro; elimina de la sangre sustancias nocivas para el organismo

 Actividad 3 Consejos para la salud

Lee el «Boletín informativo» y luego contesta las preguntas de comprensión con tus compañeros/as.

BOLETÍN INFORMATIVO SOBRE LA SALUD

Los peligros de fumar

Ya sabemos que fumar puede causar cáncer. Ahora pensemos en los efectos que el humo de los cigarrillos tiene sobre los niños: infecciones del oído, asma, problemas respiratorios como tos, estornudos, bronquitis y pulmonía.

Datos sobre la obesidad

Según un estudio de la Universidad de Columbia, la gente que viaja por motivos de trabajo por más de catorce días al mes tiene mayor probabilidad de ser obesa. Las causas principales: el pasar muchas horas en el coche o en el avión, la mala alimentación ingerida fuera de casa y el estrés relacionado con el trabajo.

La importancia del ejercicio

El ejercicio físico es bueno para la salud: puede mejorar el ánimo, reducir la ansiedad y darnos una sensación de bienestar. Además, hay evidencia de que el ejercicio puede ayudar a aminorar y posiblemente prevenir la depresión. Algo que recordar al hacer ejercicio: los músculos fríos se lastiman con el estrés del ejercicio. Calentarlos antes de empezar evita lesiones.

El balonmano

El balonmano es un ejercicio cardiovascular casi tan bueno como la natación. En 30 minutos, una persona que pesa 70 kilos (155 lbs.) quema 167 calorías jugando al bádminton, 260 con el tenis, 372 con el rácquetbol pero 446 con el balonmano. Este deporte exige mayor precisión y resistencia que cualquier deporte de raqueta.

El sueño y la dieta

Mucha gente cree que dormir nos engorda. Un estudio de Kaiser Permanente, publicado en el *International Journal of Obesity* encontró lo opuesto. Según los expertos, hay más posibilidad de tener éxito con una dieta cuando la persona duerme el tiempo necesario, de 6 a 8 horas por noche.

El balonmano en Venezuela

En Venezuela el balonmano, de cancha y de playa, es un deporte importante. En los últimos años ha ganado tres medallas de oro: una para la selección de mayores en los Juegos Bolivarianos Trujillo 2013 y dos en los II Juegos Bolivarianos de Playa, Perú 2014 y en los Juegos Sudamericanos de playa, 2014.

A. Comprensión

1. ¿Qué efecto tiene sobre los niños el humo de segunda mano?

2. Según el estudio de la Universidad de Columbia, ¿qué tipo de gente tiene mayores probabilidades de estar obesa? ¿Qué razones da el estudio para estas probabilidades tan alarmantes?

3. ¿Cuáles son los resultados positivos del ejercicio? ¿Qué hay que hacer para proteger los músculos cuando hacemos ejercicio? ¿Por qué?

4. ¿Es verdad que si dormimos engordamos? Según el estudio de Kaiser, ¿qué podemos hacer para aumentar la posibilidad de tener éxito con una dieta?

5. ¿Qué deporte es muy popular ahora en Venezuela? Menciona algunas características positivas de este deporte. En relación con las calorías que se queman, ¿cómo se compara el balonmano con el tenis, el bádminton y el ráquetbol?

B. Preguntas personales. Usa estas preguntas para conversar con tu compañero/a.

1. ¿Qué opinas de la dieta típica de Estados Unidos? Explica.

2. ¿Cuántas veces a la semana haces ejercicio? ¿Te sientes bien después de hacer ejercicio? Explica.

3. ¿Calientas los músculos antes de hacer ejercicio? ¿Te has lastimado tú alguna vez por no calentar los músculos? Cuéntame.

4. ¿Cuántas horas duermes? ¿Te gustaría dormir más? ¿menos? ¿Por qué? ¿Qué consecuencias graves tiene el no dormir lo suficiente? ¿Has tenido experiencia con esas consecuencias? Explica.

5. ¿Cuáles son algunas de las cosas que haces para mantener la salud?

Cultura *El baile es un buen remedio*

¡De España llegan buenas noticias! Un estudio publicado en la revista *Medicina Clínica*, en el que participaron investigadoras de la Universidad de Granada, especializadas en fisioterapia y fisiología e investigadoras de la unidad Docente de Medicina Familiar y Comunitaria de Córdoba, revela que el baile mejoró de manera notable la presión arterial, el sueño y la calidad de vida en sesenta y siete mujeres de mediana edad, pre hipertensas e hipertensas (hipertensión es alta presión arterial). Entonces... ¡a bailar todas!

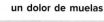

Las enfermedades y su tratamiento

Lee *Gramática 12.1, 12.2*

un dolor de cabeza | **un dolor de muelas** | **un dolor de estómago** | **Es alérgico.**

la nariz tapada (congestionada)

el catarro / el resfriado | la gripe | |
| **el dolor de garganta** | **la tos** | **la fiebre**

¡Achú! ¡Salud! — estornudar (el estornudo) — ¡Caj, caj, caj! — el termómetro

Jorge tiene gripe. Le sugiero que no vaya a clase y que se quede en casa descansando hasta que se mejore.

Está mareado. | **Se desmayó. (Está inconsciente.)**

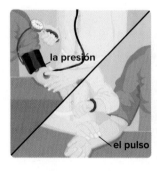

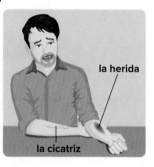

la presión — el pulso — la herida — la cicatriz

el brazo fracturado

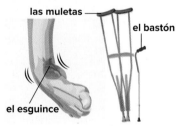

las muletas — el bastón — el esguince — enyesado/a

Supe que te caíste y te fracturaste el brazo. Es posible que te enyesen todo el brazo. Lo siento, amigo

Jorge, cuando te den de alta, llámame. Franklin y yo podemos recogerte en el coche. No quiero que conduzcas con el brazo enyesado.

Jorge se torció el tobillo (se hizo un esguince en el tobillo) el año pasado; ayer se rompió (se fracturó) el brazo. ¡Sus amigos quieren que tenga más cuidado!

Gramática The Verb *doler*

The verb **doler (ue)** (to *hurt/ache*) follows the same structure as the verb **gustar.**

me te le nos os les	duele(n)	el estómago dos muelas la cabeza el hombro los pies el tobillo

—¿Te duele **la cabeza?**
—No, me duel**en los pies.**

¿Recuerdas?

As you learned in **Gramática 4.1** (reflexive verbs), Spanish often uses the definite article rather than a possessive adjective when referring to parts of the body (or personal items such as clothing).

Me duele **la** garganta.	*My throat hurts.*
Jorge se rompió **el** brazo.	*Jorge broke his arm.*
Eloy se pone **la** bufanda porque le duele **la** garganta y hace fresco.	*Eloy puts on a scarf because his throat hurtsand it's cool outside.*

Actividad 4 Cuando me siento mal...

Mira la lista de posibilidades en el **Vocabulario** y di qué haces y qué no haces cuando te sientes mal. Usa **siempre, generalmente, a veces** o **nunca.** Luego, pregúntale a tu compañero/a qué (no) hace él/ella.

MODELO: E1: Cuando tengo dolor de estómago, *generalmente no como nada.* ¿Y tú?
E2: Yo *tampoco como nada,* pero *a veces tomo té caliente y me acuesto.*

1. Cuando tengo fiebre... ¿Y tú?
2. Cuando me duele la cabeza (la garganta, el oído)... ¿Y tú?
3. Cuando tengo tos... ¿Y tú?
4. Cuando estornudo mucho... ¿Y tú?
5. Cuando tengo gripe... ¿Y tú?
6. Cuando me duele la espalda... ¿Y tú?
7. Cuando tengo una quemadura de sol... ¿Y tú?

Vocabulario

POSIBILIDADES

consulto con el médico	**me quedo en casa; no salgo**
corro o hago ejercicio	**nado en la piscina**
escucho música clásica	**tomo aspirina o paracetamol**
hago gárgaras de...	**tomo jarabe**
leo algo interesante	**tomo muchos líquidos**
llamo a mi mamá/abuela	**tomo té caliente con...**
llamo al / a la fisioterapeuta	**tomo un antihistamínico**
me acuesto	**trabajo en el jardín**
me pongo algo frío en la frente	**voy al trabajo**
me pongo loción de sábila y no salgo al sol por varios días	**¿ ?**

REACCIONES

Yo prefiero...	Es mejor...
Yo sí/no...	¿ ?
Yo también/tampoco...	

Lengua
Variaciones léxicas

En España y otros países hispanos **estar constipado/a** es igual que **estar resfriado/a** (*to have a cold*). Para decir *constipated,* comúnmente se usa **estar estreñido/a.**

Actividad 5 Los remedios

Empareja los síntomas con el remedio apropiado. Después charla con tu compañero/a y recomiéndale un remedio según sus síntomas. Si conoces otro remedio, recomiéndalo.

MODELO: E1: Ay, me *siento mal del estómago*. ¿Qué me recomiendas?

E2: **Te recomiendo que** *bebas mucha agua y comas arroz blanco cocido*. También **te aconsejo que** *tomes un té de menta o de yerbabuena*.

_____ **1.** Tengo una pestaña en el ojo.

_____ **2.** Tengo dolor de muelas.

_____ **3.** Tengo la nariz tapada.

_____ **4.** ¡Ay! Tengo agua en un oído y me duele mucho.

_____ **5.** Tengo un resfriado fuerte.

_____ **6.** Me duele la cabeza.

_____ **7.** Me duele la garganta.

_____ **8.** Tengo fiebre.

_____ **9.** Me corté el dedo.

_____ **10.** Tengo un esguince en el tobillo.

a. ... que te pongas un algodón con alcohol en él.

b. ... que tomes mucha vitamina C y comas naranjas.

c. ... que consultes con el dentista.

d. ... que tomes aspirina o paracetamol.

e. ... que uses muletas o un bastón y no camines mucho.

f. ... que te pongas gotas para los ojos.

g. ... que hagas gárgaras de agua con sal y no hables mucho.

h. ... que te pongas una curita o un vendaje.

i. ... que bebas muchos líquidos y descanses.

j. ... que tomes un descongestionante.

Lengua *Refranes*

«Mal de muchos, consuelo de tontos.»

Este refrán quiere decir que los tontos se sienten mejor cuando otras personas tienen el mismo problema (o la misma enfermedad) que ellos. ¿Crees que es ridículo pensar así? ¿Por qué?

Aquí tienes otro dicho interesante sobre la salud.

«No hay mal que dure cien años ni cuerpo que lo resista.»

Nothing lasts forever. (Lit.: There is no ailment that can last a hundred years, nor a body that can withstand it.)

¿Tienes idea de cuándo se pueden usar estos refranes?

Cultura *La felicidad en el mundo*

¡Los latinoamericanos son los más felices del mundo! Eso es lo que revelan los resultados de la encuesta sobre el bienestar global (Gallup-Healthways). En 2014, entre los 145 países incluidos, los primeros tres lugares los ocupan Panamá, Costa Rica y Puerto Rico. Los resultados se calculan basándose en cinco elementos: motivación y propósito en la vida, relaciones sociales, bienestar financiero, comunidad y bienestar físico. Es interesante observar que los primeros lugares no les corresponden ni a los países más ricos ni a los más poderosos: Estados Unidos tiene el lugar número 23, Alemania el 28 y China el 127.

Después de decidir con la clase qué enfermedad corresponde a cada síntoma, trabaja con tu compañero/a para decidir cuál es el mejor remedio o recomendación.

Síntomas	Enfermedad	Remedio
1. dolor de cabeza severo y dolor de garganta, fiebre, cansancio, vómitos/ diarrea o ambos		
2. dolor de pecho, de cabeza y de garganta, fiebre, dificultad para respirar, tos, cansancio		
3. ronchas rojas por todo el cuerpo, tos seca, comezón, ojos inflamados, fiebre		
4. tobillo hinchado con mucho dolor		
5. mareos, fiebre, dolor de oído, dificultad para oír		
6. estornudos y nariz tapada		

Vocabulario

ENFERMEDADES	REMEDIOS
la **alergia**	**tome antibióticos**
la **bronquitis**	**tome antihistamínicos**
el **catarro/resfriado**	**tome antiinflamatorios**
el **esguince**	**tome aspirina o paracetamol**
la **fractura**	**tome un descongestionante**
la **gripe**	**descanse / guarde cama**
la **infección de...**	**enyéselo/la / no lo/la enyese**
la **pulmonía**	**póngase gotas**
el **sarampión**	**rascarse: rásquese / no se rasque**
	tome jarabe / muchos líquidos
	tome té caliente con miel y limón
	tome líquidos y vitamina C
	use muletas o un bastón

Cultura *El médico Jacinto Convit*

El médico venezolano Jacinto Convit, con un equipo de investigadores, desarrolló una vacuna contra la lepra. Convit llegó a ser médico de renombre (*renown*) en 2016 porque su vacuna sirvió de base para la vacuna contra la leishmaniasis, una enfermedad tropical. La leishmaniasis comienza con la picadura de un mosquito infectado y forma una llaga (*wound*) que devora los tejidos (*tissue*). Los refugiados del Medio Oriente son víctimas de esta enfermedad y la llevan a los países que los reciben. ¡La vacuna del Dr. Convit puede evitar una crisis mundial!

Vocabulario

desagradable
roncar
acabarse
ronquidos

A. Camila les da consejos sobre sus problemas a varias personas. Con tu compañero/a, empareja el dibujo del problema y el mensaje que explica el problema con el consejo que Camila le da a cada persona. Luego, sugieran otro consejo.

MODELO: Hola, Camila:
Me pongo furiosa cuando mi novio llega tarde para ir al cine. Lo hace con frecuencia.
—Micaela
Micaela:
Cuando tu novio llega tarde, no te está demostrando respeto. La próxima vez, en cuanto *entre*, dile que él debe esperarte y luego toma mucho tiempo arreglándote. Así él va a entender que es muy desagradable esperar a otra persona.

1. ¿Qué tal, Camila? Oye, siempre me pongo de mal humor si no puedo comer cuando tengo hambre. ¿Qué hago?
—Ricardo L.

a. ¡Hola, amiga! La primera vez que *te llame*, dile que tú vas a llamarla después de que termines la tarea. También te aconsejo que...

2. Hola Camila: Me vuelvo loco cuando doy una fiesta y luego tengo que limpiar, yo solo, toda la casa.
—Raúl A.

b. Chica, ¡necesitas disciplina! Una o dos semanas antes de que *llegue* el día del examen, debes marcar en tu calendario dos o tres horas para estudiar cada día. Además, te recomiendo que...

3. Camila, me enojo mucho cuando no puedo dormir porque mi esposo ronca mucho. ¿Qué puedo hacer?
—Mariana D.

c. ¡Hola, amigo! Te recomiendo que les *pidas* ayuda a tus amigos después de que *se acabe* la fiesta, pero antes de que ellos *se vayan*. También puedes decirles que quieres que...

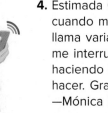

4. Estimada Camila, me molesta cuando mi mejor amiga me llama varias veces al día y me interrumpe cuando estoy haciendo la tarea. No sé qué hacer. Gracias por el consejo.
—Mónica P.

d. Probablemente te baja mucho el azúcar; es peligroso. Siempre ten algo que comer contigo. Tan pronto como *sientas* hambre, come una barra de proteína o tal vez algunas nueces. Te sugiero también que...

5. Ayúdame, Camila. Me pongo muy nerviosa cuando tengo exámenes y no estoy bien preparada.
—Patricia M.

e. En cuanto tu esposo *empiece* a roncar, despiértalo. Si se enoja, sé directa: explícale que no puedes dormir con sus ronquidos. También te aconsejo que...

B. Ahora, la clase debe pensar en los problemas que ustedes o sus amigos tienen. Su profesor(a) va a escribir esos problemas en la pizarra y luego, en grupos, ustedes deben dar consejos y recomendaciones para resolverlos.

C Hablando de los remedios

LA MEDICINA EN LOS PAÍSES HISPANOS

Los remedios caseros y los tratamientos homeopáticos tienen una larga tradición en las culturas hispanas. Siempre hay un miembro de la familia o de la comunidad quien sabe recomendar remedios naturales, con hierbas, legumbres y frutas. En todos los países hispanos y también en partes de Estados Unidos, hay herbolarios, botánicas o farmacias naturistas donde se compra todo tipo de medicinas naturales. Entre las plantas medicinales más populares está la equinácea, que fortalece[a] el sistema inmunológico. Hay muchas otras plantas con poder curativo. Por ejemplo, el jengibre[b] es ideal para el mareo; la pasiflora[c] sirve para quitar el insomnio; y el romero[d] alivia los

El jugo de sábila
©Foodcollection/Getty Images

dolores musculares y la mala circulación. La manzanilla[e] tiene efectos tranquilizantes y también ayuda con los problemas digestivos. La sábila[f] se usa para las quemaduras[g]. Una gran ventaja: por lo general, la medicina natural no tiene efectos secundarios como lo que se vende hoy en día en las farmacias.

Pero el mundo hispano no se ha quedado atrás en relación con los avances de la medicina moderna. Países como Venezuela, Cuba y México van a la vanguardia. Un estudio de la doctora Olga Wittig, inmunóloga del Instituto Venezolano de Investigaciones Científicas (IVIC), revela la efectividad de un método experimental para el tratamiento de fracturas no consolidadas[h] en seres humanos. Después de dos años de recibir el implante de células madre de médula ósea[i], tres pacientes adultos que presentaban dificultades para reparar sus huesos fracturados recuperaron la movilidad y pudieron caminar de manera normal. También, después de veinticinco años de investigación, ha surgido el Cimavax, una vacuna contra el cáncer del pulmón, producto del Centro de Inmunología Molecular en La

Paciente de cáncer del pulmón con la vacuna que le ha dado cinco años más de vida
©Alejandro Ernesto/EPA/Newscom

Habana, Cuba. Se ha aplicado más de 5.000 veces y ha quedado claro que puede prolongar la vida hasta de los pacientes en etapas avanzadas[j] de esta enfermedad. Los efectos secundarios del tratamiento son muy pocos. Finalmente, el médico mexicano Juan Manuel Dipp, del Hospital Ángeles en Tijuana, Baja California, ha desarrollado una alternativa a la cirugía para la fusión de la columna vertebral[k]. Este descubrimiento, llamado implante Percudyn, elimina el dolor de espalda. Es un procedimiento[l] que se lleva a cabo bajo anestesia local. Además de ser mucho más barato que la fusión, es reversible y mínimamente invasivo. Se han hecho ya más de 400 procedimientos en los últimos dos años con resultados muy positivos.

---

[a]*strengthens* [b]*ginger* [c]*passion flower* [d]*rosemary* [e]*chamomile* [f]*áloe* [g]*burns* [h]*no... that haven't healed* [i]*células... bone marrow stem cells* [j]*etapas... advanced stages* [k]*columna... spine* [l]*procedure*

C La atención médica

Lee Gramática 12.3

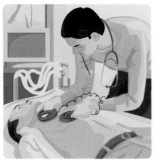

Es necesario que el cardiólogo resucite al paciente porque tuvo un infarto (ataque al corazón).

La enfermera le va a poner la inyección al paciente cuando él la necesite.

El cirujano necesita el bisturí; déselo por favor, señorita.

—¿Usted es el farmacéutico? Aquí tiene la receta. Por favor súrtala y luego explíqueme cómo tomar la medicina.

La señora embarazada no se siente bien. La ginecóloga quiere que le diga sus síntomas.

El paciente está muy alterado. La doctora le recomienda que consulte con un psicólogo o psiquiatra.

El psiquiatra quiere que el paciente le explique por qué está tan enojado.

El paciente tiene una caries pero no quiere que la dentista le ponga un empaste.

El ama del gato habla con el veterinario: — Doctor, por favor, dígame qué tiene mi Bigotitos.

Actividad 8 Las profesiones en el campo de la medicina

Con tu compañero/a, decide qué profesión corresponde a cada descripción.

DESCRIPCIONES

1. Surte las recetas que dan los médicos y les explica a los pacientes cómo deben tomar las medicinas.

2. Trata a los pacientes (gatos, perros) que no le pueden explicar sus síntomas.

3. Saca muelas, pone empastes en las caries, revisa las encías.

4. Aconseja a la gente que tiene problemas mentales serios.

5. Trabaja mucho en los hospitales y los consultorios médicos: ayuda a los médicos, atiende a los pacientes, les da las medicinas.

6. Las mujeres lo/la consultan durante el embarazo y también sobre los problemas del aparato (sistema) reproductor femenino.

7. Se especializa en el diagnóstico y tratamiento de trastornos mentales; está autorizado/a para recetar estimulantes y antidepresivos.

8. Previene, diagnostica y cura enfermedades por medio de operaciones.

9. Médico/a que se especializa en enfermedades del corazón.

10. Determina y provee el tratamiento adecuado para que el paciente recupere la capacidad de moverse, para reducir el dolor, etc.

Vocabulario

el/la **cardiólogo/a**
el/la **cirujano/a**
el/la **dentista**
el/la **enfermero/a**
el/la **farmacéutico/a**
el/la **fisioterapeuta**
el/la **ginecólogo/a**
el/la **internista**
el/la **pediatra**
el/la **psicólogo/a**
el/la **psiquiatra**
el/la **veterinario/a**

Actividad 9 La salud mental

Contesta el siguiente cuestionario sobre tu salud mental. No te preocupes mucho por el resultado, ni por los consejos que damos aquí, pero... si tienes muchos puntos, ¡empieza a cuidarte más!

sí = 3 puntos
a veces = 1.5 puntos
no = 0 puntos

ESTADOS ANÍMICOS	SÍ	A VECES	NO
1. Me pongo triste sin razón.	☐	☐	☐
2. Me enojo sin motivos importantes.	☐	☐	☐
3. Tengo miedo. Creo que todos quieren atacarme.	☐	☐	☐
4. Me pongo furioso/a fácil y rápidamente, voy de cero a diez, en un abrir y cerrar de los ojos.	☐	☐	☐
5. Hay días en que literalmente no puedo levantarme de la cama. Me duele todo y estoy exhausto/a.	☐	☐	☐
6. No tengo interés en nada.	☐	☐	☐
7. Me pongo de mal humor cuando no puedo hacer lo que quiero.	☐	☐	☐
8. Me vuelvo loco/a con las presiones de la vida diaria.	☐	☐	☐

VALOR DE TUS RESPUESTAS

Más de 16 puntos = Es urgente que consultes con un psiquiatra. ¡Llámalo ya!

De 16 a 14 puntos = Es bueno que consultes con un psiquiatra y le expliques lo que te pasa.

De 13 a 10 puntos = Es importante que hables con un psicólogo y le pidas ayuda.

De 9 a 5 puntos = Nada serio pero es buena idea que hagas una cita con un médico general.

De 4 a 0 puntos = Tu salud mental es muy buena, ¡no te preocupes!

Actividad 10 Jorge tiene bronquitis

Mira los dibujos y trabaja con tu compañero/a para narrar los detalles de la enfermedad de Jorge.

── **Por la mañana...** ──

── **Más tarde...** ──

── **Esa tarde...** ──

Actividad 11 La salud

Conversa con tu compañero/a sobre la salud cuando eran niños/as o adolescentes y su salud ahora.

1. ¿Te enfermabas con frecuencia de niño? ¿Cuáles de estas enfermedades tuviste: asma, bronquitis, gripe o resfriados, infecciones de los oídos y de la garganta? ¿Te enfermas con frecuencia ahora? ¿Por qué?

2. De niño, ¿tenías miedo cuando tus padres te llevaban al médico? ¿Tienes miedo ahora cuando te sacan sangre para un análisis o te ponen una inyección?

3. ¿Tienes seguro médico? ¿Por qué? ¿Consultas con el médico regularmente ahora? ¿Por qué?

4. ¿Sigues una dieta saludable? ¿Es algo que te recomendó el médico o algo que tu familia siempre ha hecho? Cuéntame, ¿qué comes para mantenerte saludable?

5. ¿Haces ejercicio regularmente? ¿Por qué? ¿Crees que el ejercicio es indispensable para mantener la salud? Explícame.

—Sí señor, iba despacio, pero se me descompusieron los frenos y no pude detener el coche. Además, ¡el niño salió de su casa de repente!

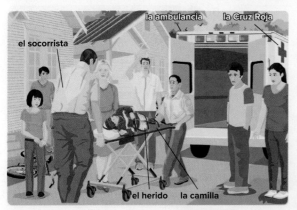

Xiomara caminaba por el parque cuando tropezó con una piedra y se le cayeron los lentes.

A las enfermeras se les escapó el paciente.

Jorge iba a esquiar en el agua con sus amigos hoy pero no pudo porque se le rompieron los esquíes.

Jorge se siente muy frustrado. Se le perdió una medicina. La ha buscado por todas partes pero no la encuentra.

—¿Tomaste el jarabe esta mañana?
—¡Ay! Se me olvidó tomarlo. Lo voy a tomar cuando vuelva a casa.

Actividad 12 · Pequeños accidentes

Tu profesor(a) va a describir los dibujos que aparecen a continuación. Di el número del dibujo que mejor corresponde a cada descripción.

1.

2.
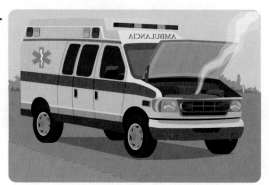

3.

4.

5.
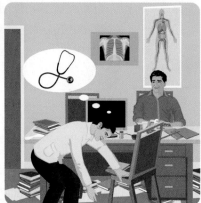

6.
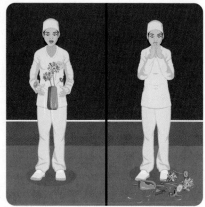

7.
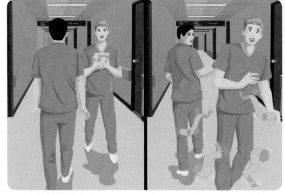

8.

Vocabulario

la inyección	chocar
el estetoscopio	descomponer
el florero	derramar
el vendaje	resbalar

Actividad 13 Un choque entre dos automóviles

Después de escuchar la narración que hace tu profesor(a), narra de nuevo el accidente con tu compañero/a.

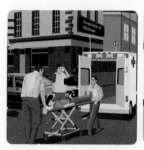

Actividad 14 Estancias en el hospital y otros contratiempos

Conversa con tu compañero/a sobre los contratiempos de la vida.

1. ¿Te has fracturado un brazo o una pierna? ¿Por cuánto tiempo lo/la tuviste enyesado/a? ¿Qué problemas te causó tenerlo/la enyesado/a?

2. ¿Cuántas veces has ido a la sala de emergencias? ¿Cuándo fue la última vez? ¿Qué te pasó? ¿Fue grave? ¿Te atendieron rápidamente? ¿Costó mucho? ¿Tenías seguro médico?

3. ¿Has estado internado/a (aceptado/a como paciente) en el hospital alguna vez? ¿Qué tenías? ¿Cuánto tiempo estuviste allí? ¿Fue agradable o desagradable la experiencia? Explícame por qué.

4. ¿Se te ha perdido algo valioso alguna vez? ¿Qué se te perdió? ¿Lo encontraste? ¿Cómo te sentiste? ¿Por qué?

5. ¿Se te ha descompuesto el coche en la autopista alguna vez? ¿Ibas solo/a? ¿Tuviste miedo? ¿Qué hiciste? Si nunca se te ha descompuesto el coche en la autopista, ¿se te ha descompuesto en otro lugar?

6. ¿Has tenido algún otro contratiempo (problema, incidente)? ¿Se te olvidaron las llaves o el teléfono en alguna parte? ¿Se te perdió una mascota? ¿Se te hizo tarde para llegar a algún evento importante? ¿Se te olvidó la tarea en clase? Cuéntame qué pasó.

> **Datos importantes sobre los accidentes**
>
> - La mayoría de los accidentes ocurre en el hogar.
> - Los tres objetos que causan más accidentes son las bicicletas, los balones de fútbol americano (*footballs*) y las escaleras.
> - Las caídas y las quemaduras son unos de los accidentes más comunes.

Exprésate

ESCRÍBELO TÚ

Un incidente

Escribe sobre algún incidente con final feliz o chistoso que hayas tenido. Si no has tenido ningún incidente con final feliz o chistoso, escribe sobre la historia de alguna persona conocida. Da todos los detalles que puedas. Por ejemplo, describe el ambiente (día, hora, clima), di qué estaba(s) haciendo (imperfecto) y luego narra los sucesos o acciones (pretérito). Por último, incluye el resultado final del incidente. Lee y completa la actividad entera en el *Cuaderno de actividades* o en Connect Spanish.

CUÉNTANOS

Las enfermedades infantiles

Cuéntanos sobre una enfermedad infantil. ¿Qué enfermedad tuviste? ¿Cuáles eran los síntomas? ¿Cuánto tiempo estuviste en cama? ¿Estuviste en casa o te internaron en el hospital? ¿Era contagiosa la enfermedad? ¿Pasaste el tiempo solo/a o podían visitarte tus hermanos y amigos? ¿Qué hiciste durante ese tiempo? (¿Jugaste? ¿Leíste? ¿Viste televisión?) ¿Fue una experiencia agradable o desagradable? Explica.

MODELO: Cuando tenía seis años tuve sarampión. Tenía puntitos rojos por todo el cuerpo y fiebre. Al principio tuve mucha comezón y me dolía la cabeza. Estuve en cama una semana pero no me internaron en el hospital. Sí, el sarampión era y es una enfermedad contagiosa. Durante esa semana estuve muy sola; dormí mucho y vi la televisión. Mi madre no les permitió ni a mis hermanos ni a mis amigos visitarme. Fue una experiencia agradable y desagradable. Fue agradable porque mi mamá me preparaba todas mis comidas favoritas todos los días. Fue desagradable porque tenía mucha comezón y porque yo estaba aburrida todo el día.

Cultura

Mundopedia

Mérida, ciudad en la montaña

Vista aérea de Mérida desde la Loma de los Maitines
©robas/Getty Images RF

DOS CIUDADES VENEZOLANAS

Cuando pensamos en la belleza de Venezuela, general-mente imaginamos sus playas, su clima tropical, su cultura caribeña y su moderna capital, Caracas. Aunque Caracas es sin duda una ciudad moderna y hermosa, hay otra igual de bella, pero con un ambiente muy diferente: la montañosa ciudad de Mérida.

UNA CIUDAD ENCANTADORA

La ciudad de Mérida está ubicada en el estado del mismo nombre, entre las montañas andinas. Su clima es tem-plado y primaveral casi todo el año, a pesar de estar en las montañas. La temporada lluviosa es de mayo a noviembre, pero llueve solo muy temprano por la mañana. Esta zona ofrece tanto cultura como belleza natural. Tiene una de las dos universidades más antiguas de Venezuela: la Universidad de los Andes, fundada en 1785. En el estado de Mérida, hay doce parques nacionales, además de una increíble variedad de zonas geográficas: bosques, cascadas, lagos, montañas con picos nevados y hasta una playa, Palmarito, al sureste del Lago Maracaibo.

Vocabulario de consulta	
encantadora	enchanting, lovely
ubicada	located
templado	mild
primaveral	spring-like
a pesar de	despite
nevados	snow-covered
balsa	raft
alrededores	surroundings
paisajes	countryside
manantiales	(water) springs
aldeas	villages
trapiches	sugarcane mills
guarapo	sugar cane juice or liquor
Feria	Festival
giras	tours
teleférico	sky tram
cima	summit, peak
subida	ascent

LA EDUCACIÓN SUPERIOR

La Universidad de los Andes (la ULA) tiene más o menos una docena de facultades que incluyen medicina, odontología, arquitectura y diseño, ciencias forestales y ambientales, ciencias jurídicas y políticas e ingeniería. En los dos campus que se encuentran en Mérida, la universidad tiene más de 50.000 estudiantes y 6.000 profesores. La ULA está clasificada entre las cuarenta mejores instituciones latinoamericanas dedicadas a la investigación.

DIVERSIONES Y RELAJACIÓN

Muchos jóvenes van a Mérida para estudiar en la ULA, pero esta ciudad no solo tiene una excelente institución académica; ofrece mucho. Allí puedes hacer montañismo y ciclismo en Pico Bolívar y Pico Espejo; puedes explorar los lagos en canoa y en balsa, nadar, pescar y dar largas caminatas por los bosques. En los alrededores de la ciudad de Mérida hay paisajes fantásticos, manantiales de agua caliente, pueblos que conservan intacta su arquitectura colonial y aldeas donde uno puede comprar bellas artesanías. También hay trapiches para observar cómo se hace el azúcar y probar el rico guarapo, una bebida que se prepara con el jugo de la caña de azúcar.

LA CULTURA

En cuanto a la cultura, la ciudad de Mérida también tiene mucho que ofrecer. En febrero y marzo se celebra la Feria del Sol con bailes regionales. La Plaza Bolívar es el centro y corazón de la ciudad. Allí verás la Basílica Menor de la Inmaculada Concepción, varios museos importantes y la Casa de la Cultura, que presenta la obra de artesanos locales. Están además el Ballet Estable de la ULA, el Teatro Estable de la ULA, y el coro Orfeón Universitario. Este último ha hecho giras por Colombia, España, Holanda, Francia y Alemania. La universidad ofrece numerosos festivales de música, teatro y ballet, todos abiertos a la comunidad.

Vista aérea de la ciudad de Mérida, Venezuela
©Juergen Ritterbach/agefotostock

OTROS ATRACTIVOS

Si quieres pasear en Mérida, hay mucho que ver. Si te gusta ir de compras o saborear los platos típicos, entonces debes visitar el Mercado Principal de Mérida, donde vas a encontrar muchísimos restaurantes y tiendas. Pero lo más emocionante de una visita a la ciudad de Mérida es subir en **teleférico** a la **cima** de Pico Espejo. Es una **subida** de siete millas en el teleférico más largo y alto del mundo. Desde la cima de la montaña se puede admirar un paisaje maravilloso de valles y picos nevados.

COMPRENSIÓN

Contesta las preguntas, según la lectura.

1. ¿Cómo se llama una hermosa ciudad venezolana que no está en una zona tropical? ¿Dónde está esta ciudad?

2. Describe el tiempo/clima en Mérida.

3. ¿En qué meses llueve y cuándo (durante qué parte del día)?

4. Menciona tres de las zonas geográficas de Mérida.

5. ¿Es grande la Universidad de los Andes (en Mérida)? Explica.

6. Menciona cuatro actividades que se puede hacer en el estado de Mérida, además de disfrutar de la belleza natural.

7. ¿Cómo se llama el grupo de la ULA que ha cantado en varios países del mundo?

8. ¿Qué otro tipo de funciones culturales ofrece la ULA y para quiénes las ofrece?

9. ¿Por qué es tan emocionante un paseo en el teleférico a la cima de Pico Espejo?

Palabras regionales: Venezuela
la bala fría = la comida rápida
un bolo = un bolívar
un(a) catire = un(a) persona rubia
una llave = un(a) amigo/a

CONEXIÓN CULTURAL

VENEZUELA Y LA MÚSICA

Venezuela ha tenido periodos de gran prosperidad y años difíciles. En 2016-2017 Venezuela pasó por la peor crisis de su historia: escasez de todo tipo de productos, precios exorbitantes, inflación de más de 1.000%. Los expertos aluden a la increíble baja de los precios del petróleo, pero hablan más de mala administración. Hoy en día, a pesar de la crisis económica, el gobierno sigue apoyando el programa de El Sistema, proyecto que ofrece educación musical a todos los niños venezolanos, especialmente a los de bajos recursos. Su más exitoso ex alumno, Gustavo Dudamel, director de la Orquesta Sinfónica Simón Bolívar de Venezuela y de la Filarmónica de Los Ángeles, California, afirma que es importante continuar apoyando el arte, aun en épocas difíciles. ¿Quieres descubrir más sobre los grandes músicos que ha producido El Sistema? Lee la lectura «Venezuela y la música» en el *Cuaderno de actividades* o en Connect Spanish y ¡entérate!

Videoteca

Amigos sin Fronteras

Episodio 12: No me siento bien.

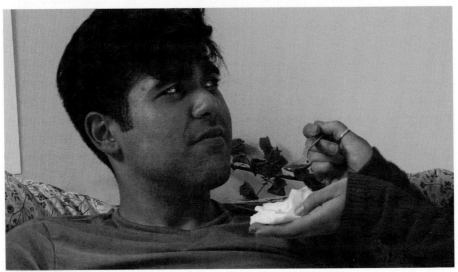

©McGraw-Hill Education/Klic Video Productions

Vocabulario de consulta

¡Ay, pobre de ti!	You poor thing!
remedio casero	home remedy
te debo	I owe you
el estómago revuelto	an upset stomach
¡Qué asco!	How gross!
respira hondo	breathe deeply
sabor	flavor
contagiarse	to catch an illness

Resumen

Sebastián tiene gripe y le pide a Nayeli que lo ayude porque se siente muy mal. Sebastián habla con «la abuela» de Franklin, que sabe mucho de remedios caseros, y «la abuela» le hace algunas recomendaciones. Después llega Eloy a casa de Sebastián y, como es estudiante de medicina, examina a su amigo y le dice que debe tomar jarabe y que pronto va a estar mejor.

Preparación para el video

A. **¡Comencemos!** Mira la foto y contesta las preguntas.

1. ¿Cómo se llama el chico de la foto?
2. Se ven las manos de otra persona en la foto también. ¿Qué está haciendo la persona?

Comprensión del video

B. **La idea principal.** Indica la idea principal del video.

1. «La abuela» de Franklin sabe muchos remedios caseros.
2. Lo mejor para una infección bacteriana es siempre una inyección.
3. Sebastián no se siente bien hoy y varios amigos lo ayudan.
4. Eloy puede curar a Sebastián porque sabe mucho de medicina.

C. **¿Cierto o falso?**

1. Sebastián le pide a Nayeli que vaya por él a la universidad en su coche porque se siente mal y quiere regresar a su casa.

2. A Sebastián le duele todo el cuerpo pero no tiene fiebre.

3. A Sebastián le duele el pecho cuando tose.

4. Franklin le lleva una rama de buganvilia y un antibiótico a Sebastián.

5. Sebastián no conoce el jarabe de cebolla morada con rábano y al principio (*at first*) no quiere tomarlo.

©McGraw-Hill Education/Klic Video Productions

©McGraw-Hill Education/Klic Video Productions

D. **Detalles.** Contesta las preguntas según la información en el video.

1. ¿Qué síntomas tiene Sebastián cuando llama a Nayeli?

2. ¿Qué le pone Sebastián a su té?

3. ¿Por qué dice «la abuela» de Franklin que Sebastián debe tomar mucha agua?

4. ¿Por qué está preocupado Sebastián cuando Eloy va a guardar el termómetro?

5. ¿Quién le lleva a Sebastián una rama de buganvilia y para qué?

Mi país VENEZUELA

Comprensión

1. ¿Qué hay en Caracas? Indica todas las respuestas correctas.

   a. un metro

   b. el Capitolio Nacional

   c. la Plaza Bolívar

   d. playas increíbles

2. ¿Qué ciudad describe Jorge como una ciudad petrolera?

3. ¿Cuál es un símbolo de Venezuela?

4. ¿Qué playas de Venezuela aparecen en el video? Nombra dos.

5. ¿Qué hay al noroeste de Venezuela?

   a. Los Roques

   b. el desierto Médanos de Coro

   c. el Parque Nacional Canaima

6. ¿Dónde está el teleférico más alto y largo del mundo?

7. ¿Cuántos sabores hay en la Heladería Coromoto?

8. ¿Qué caída de agua tiene dos veces la altura del Empire State Building?

9. ¿Cómo se llaman las formaciones geológicas muy antiguas que se encuentran en el Parque Nacional Canaima?

la isla Margarita
©Jane Sweeney/Getty Images

el Salto Ángel
©Jane Sweeney/Getty Images

Gramática

12.1 Present Subjunctive with **querer, recomendar,** and Other Verbs of Volition

A. In **Gramática 11.3**, you learned the verb forms for polite commands, such as **hable, coma,** and **abra el libro.** Rather than give a direct command, speakers sometimes use a "softened" command, such as *I want you to . . . ,* using verbs such as **aconsejar, querer, recomendar,** and **sugerir,** that express volition. This structure is used to express what one person wants another to do: *My parents want me to . . . , Our professor suggests that we . . .*

—¿Qué **quiere** la enfermera? — *What does the nurse want?*

—**Quiere** que mamá **tome** la medicina ahora mismo. — *She wants mother to take her medicine right now.*

—¿Qué nos **sugiere** Jorge? — *What does Jorge suggest (we do)?*

—Él nos **sugiere** que **leamos** sobre las nuevas clínicas venezolanas. — *He suggests that we read about the new Venezuelan clinics.*

In Spanish, the verb in the clause that follows the softened expression (that is, the verb that follows **quiero que... , recomienda que... , sugiere que... ,** or **aconsejo que...** in the previous examples) uses the same verb forms as a command. However, because these softened commands can be addressed to anyone, the endings of the verbs in the second clause after **que** change to reflect who should complete the action: **tomes, almuerce, beban, escuchemos.** These verbs are conjugated in the present tense of what is

Softened
commands =
Commands
following *querer
que, sugerir/
recomendar/
aconsejar que*

> **Quiere que el
> médico vaya a
> su casa.**
>
> *She wants the
> doctor to go to
> her house.*
>
> **Te sugiero que
> tomes aspirina
> si tienes
> fiebre.**
>
> *I suggest (that)
> you take
> aspirin if you
> have a fever.*
>
> **Mi abuela me
> recomienda
> que haga
> gárgaras para
> curar el dolor
> de garganta.**
>
> *My grandmother
> recommends
> that I gargle to
> cure my sore
> throat.*
>
> **Les aconsejamos
> que se queden
> en casa si
> tienen la gripe.**
>
> *We advise that
> you stay home
> if you have
> the flu.*

called the *subjunctive mood.** Up to this point, you have conjugated verbs in the present and past tenses of the *indicative mood*. Now you will learn to conjugate verbs in the present tense of the subjunctive mood.

Quiero que
- (nosotros) **vayamos** al hospital a ver a mi primo.
- (tú) te **quedes** allí con él hoy.
- el médico nos **diga** cómo está mi primo.

I want
- us to go to the hospital to see my cousin.
- you to stay with him today.
- the doctor to tell us how my cousin is doing.

The following table contains common verbs that Spanish speakers often use to express softened commands.

Frases personales[†]	
aconsejar que	to advise ([someone] that)
esperar que	to hope, expect (that)
preferir (ie) que	to prefer (that)
querer (ie) que	to want ([someone/something] to)
recomendar (ie) que	to recommend (that)
sugerir (ie) que	to suggest (that)

Jorge nos **recomienda** que **hagamos** gárgaras.

Jorge suggests (that) we gargle.

Jorge y Rodrigo **esperan** que su amiga **se mejore** pronto.

Jorge y Rodrigo hope (that) their friend gets better soon.

El fisioterapeuta les **aconseja** a los pacientes que **hagan** los ejercicios todos los días.

The therapist advises the patients to do (that they do) the exercises every day.

B. The **usted** and **ustedes** polite command forms are also the **usted** and **ustedes** present subjunctive forms. To conjugate verbs in present subjunctive, you'll apply to all verb forms what you learned in **Gramática 11.3**—that **usted/ustedes** command forms of **-ar** verbs end **-e/-en**, while command forms of **-er/-ir** verbs end in **-a/-an**. So for **-ar** verbs, the whole list of present subjunctive verb endings is **-e, -es, -e, -emos, -éis, -en;** while for **-er/-ir** verbs the list of endings is **-a, -as, -a, -amos, -áis, -an.** Yes, even the **yo** form in present subjunctive shows this "opposite vowel" ending pattern; the **-o** ending for **yo** forms is only for present *indicative* conjugation.

Infinitive	Present Indicative	Present Subjunctive
hablar	habla	hable
comer	come	coma
escribir	escribe	escriba

> In the present subjunctive:
>
> **-ar** verbs use an **-e-** in the ending: **hables, caminemos**
> **-er** and **-ir** verbs use an **-a-** in the ending: **coma, vivan**

---

*You will learn more about commands and the subjunctive in **Capítulos 13, 14,** and **15.**

†You will learn impersonal phrases that require the subjunctive in **Capítulo 13.**

Here are the present subjunctive forms of the regular verbs **hablar, comer,** and **escribir.**

Present subjunctive forms = Polite singular command forms with person/number endings.

	-ar	-er	-ir
(yo)	hable	coma	escriba
(tú)	hables*	comas*	escribas*
usted, él/ella	hable	coma	escriba
(nosotros/as)	hablemos	comamos	escribamos
(vosotros/as)	habléis	comáis	escribáis
ustedes, ellos/ellas	hablen	coman	escriban

C. Most Spanish verbs base the conjugation of present subjunctive (and polite commands) on the **yo** form of present indicative —minus the ending **-o.** If the present indicative **yo** form shows some sort of irregularity, that irregularity is usually also shown in all present subjunctive forms. Notice in the chart below that the irregularity seen in the present indicative **yo** form is preserved in all the present subjunctive forms.

Infinitivo	Presente (yo) de indicativo	Presente de subjuntivo
conocer	conozco	conozca, conozcas, conozca, conozcamos, conozcáis, conozcan
construir	construyo	construya, construyas, construya, construyamos, construyáis, construyan
decir	digo	diga, digas, diga, digamos, digáis, digan
hacer	hago	haga, hagas, haga, hagamos, hagáis, hagan
nacer	nazco	nazca, nazcas, nazca, nazcamos, nazcáis, nazcan
oír	oigo	oiga, oigas, oiga, oigamos, oigáis, oigan
poner	pongo	ponga, pongas, ponga, pongamos, pongáis, pongan
recoger	recojo	recoja, recojas, recoja, recojamos, recojáis, recojan
salir	salgo	salga, salgas, salga, salgamos, salgáis, salgan
tener	tengo	tenga, tengas, tenga, tengamos, tengáis, tengan
traducir	traduzco	traduzca, traduzcas, traduzca, traduzcamos, traduzcáis, traduzccan
traer	traigo	traiga, traigas, traiga, traigamos, traigáis, traigan
venir	vengo	venga, vengas, venga, vengamos, vengáis, vengan
ver	veo	vea, veas, vea, veamos, veáis, vean

Les recomiendo que (ustedes) **se pongan** zapatos cómodos; es una caminata larga.

I recommend that you put on comfortable shoes; it's a long walk.

Mi novio quiere que (yo) **conozca** a sus padres, pero estoy nerviosa.

My boyfriend wants me to meet his parents, but I'm nervous.

Los abogados sugieren que **digas** la verdad sobre el accidente.

The lawyers suggest that you tell the truth about the accident.

*Alternative forms for recognition only: **vos hablés, vos comás, vos escribás.**

Verbs that end in **-oy** in the **yo** form, as well as the verbs **saber** and **haber,** have irregular stems in the present subjunctive.

Infinitivo	Presente (*yo*) de indicativo	Presente de subjuntivo
dar	doy	dé, des,* dé, demos, deis, den
estar	estoy	esté, estés,* esté, estemos, estéis, estén
haber	he	haya, hayas,* haya, hayamos, hayáis, hayan
ir	voy	vaya, vayas,* vaya, vayamos, vayáis, vayan
saber	sé	sepa, sepas,* sepa, sepamos, sepáis, sepan
ser	soy	sea, seas,* sea, seamos, seáis, sean

Verbs that end in -car, -gar, and -zar have special spelling changes in all forms of the subjunctive. **Sacar → saque, saques, saque, saquemos, saquen; llegar → llegue, llegues, llegue, lleguemos, lleguen; empezar → empiece, empieces, empiece, empecemos, empiecen**. When you learned preterite tense conjugation in **Gramática 7.4,** do you remember seeing these same spelling changes that occurred in the preterite **yo** form only?

In addition, notice that the first- and third-person singular subjunctive forms of **dar** add an accent mark to distinguish them from the preposition **de** (*of, from*): **que yo dé, que Eloy dé.**

Queremos que **vayas** de vacaciones con nosotros. — *We want you to go on vacation with us.*

Espero que mis abuelos **estén** bien. — *I hope my grandparents are well.*

El veterinario recomienda que ustedes le **den** la medicina al gato dos veces al día. — *The vet recommends that you give the cat the medicine twice a day.*

D. The present subjunctive forms of stem-changing verbs can be divided into three groups.

Group I. For all stem-changing **-ar** and **-er** verbs, the pattern of the stem-vowel change (**e → ie** and **o → ue**) is the same in present subjunctive as you learned for present indicative: all forms show the stem-vowel change except for the **nosotros/as** and **vosotros/as** forms, which do not show a stem-vowel change.

pensar		volver	
INDICATIVE	SUBJUNCTIVE	INDICATIVE	SUBJUNCTIVE
pienso	piense	vuelvo	vuelva
piensas	pienses*	vuelves	vuelvas*
piensa	piense	vuelve	vuelva
pensamos	pensemos	volvemos	volvamos
pensáis	penséis	volvéis	volváis
piensan	piensen	vuelven	vuelvan

No quiero que (tú) **pienses** en tu enfermedad. — *I don't want you to think about your illness.*

Nos recomiendan que **volvamos** mañana; pero sugiero que tú **vuelvas** hoy. — *They recommend that we return tomorrow; but I suggest that you return today.*

Claudia quiere que le **cuente** la historia. — *Claudia wants me to tell her the story.*

Use this section as a reference; don't try to memorize all these forms!

*Alternative forms for recognition only: **vos des, vos estés, vos hayás, vos vayás, vos sepás, vos seás.***
*Alternative forms for recognition only: **vos pensés, vos volvás.***

Group II. Stem-changing **-ir** verbs are a little different, because all stem-changing **-ir** verbs *do* show a stem-vowel change in the **nosotros/as** and **vosotros/as** present subjunctive forms. That stem change will either be **e → i** or **o → u.** So for **-ir** verbs whose vowel-stem change is **e → i** (such as **pedir, servir, vestir**), their present subjunctive forms all do show the same change: **e → i.**

pedir		servir	
INDICATIVE	SUBJUNCTIVE	INDICATIVE	SUBJUNCTIVE
pido	pida	sirvo	sirva
pides	pidas*	sirves	sirvas*
pide	pida	sirve	sirva
pedimos	pidamos	servimos	sirvamos
pedís	pidáis	servís	sirváis
piden	pidan	sirven	sirvan

La doctora no quiere que yo le **pida** más medicina al enfermero.

The doctor doesn't want me to ask the nurse for more medicine.

Eloy aconseja que no **sirvamos** bebidas alcohólicas en la fiesta.

Eloy advises that we don't serve alcohol at the party.

Mi madre sugiere que me **vista** en el baño.

My mother suggests that I get dressed in the bathroom.

Group III. Stem-changing **-ir** verbs whose vowel-stem change is **e → ie** (such as **sentirse** and **divertirse**), show the **-e → -ie** change in all present subjunctive forms, *except* the **nosotros/as** and **vosotros/as** forms, where the vowel change, as previously noted, is just **-e → -i.** And similarly, the two **-ir** verbs whose vowel-stem change is **-o → -ue (dormir)** show that change in all present subjunctive forms *except* the **nosotros/as** and **vosotros/as** forms, where the stem change is only **-o → -u.**

Remember that when you learned preterite tense conjugation in **Gramática 8.2,** you saw the same vowel-stem changes (**e → i** and **o → u**) for stem-changing **-ir** verbs, but those vowel-stem changes happened only in the third person singular and plural preterite forms.

sentirse		dormir	
INDICATIVE	SUBJUNCTIVE	INDICATIVE	SUBJUNCTIVE
me siento	me sienta	duermo	duerma
te sientes	te sientas*	duermes	duermas*
se siente	se sienta	duerme	duerma
nos sentimos	nos sintamos	dormimos	durmamos
os sentís	os sintáis	dormís	durmáis
se sienten	se sientan	duermen	duerman

El médico te aconseja que **duermas** ocho horas cada noche.

The doctor advises you to sleep eight hours every night.

Todos quieren que **nos divirtamos** pero los dos estamos resfriados.

Everyone wants us to have fun but we both have colds.

---

*Alternative forms for recognition only: **vos pidás, vos sirvás**.
*Alternative forms for recognition only: **vos te sintás, vos durmás**.

Completa cada oración con el presente de subjuntivo del verbo entre paréntesis.

1. Sr. Galván, quiero que usted _____ **(empezar)** el tratamiento mañana mismo.

2. Te recomiendo que _____ **(consultar)** con el Dr. Ramírez Ovando; es un médico muy bueno.

3. Le sugiero a ella que _____ **(visitar)** a su madre en el hospital todos los días.

4. Si mis hijos tienen tarea, prefiero que la _____ (*ellos:* **terminar)** antes de ir al hospital.

5. Te aconsejo que no _____ **(comer)** en la cafetería del hospital.

6. Las enfermeras te sugieren que _____ **(salir)** a almorzar en el café que está al lado.

7. Eloy quiere que todos nosotros _____ **(leer)** el *Boletín de salud* porque él puso mucha información médica importante allí.

8. Les recomiendo (a Eloy y a sus compañeros) que _____ **(escribir)** más en el boletín sobre dietas saludables.

9. Franklin, espero que el médico te _____ **(recetar)** algo para la tos. Toses mucho por la noche y yo no puedo dormir.

10. Ay, y te sugiero también que le _____ **(pedir)** algo para la alergia porque tú estornudas todo el día.

In the present subjunctive, the indirect objects **me/ te/le/nos/os/les** always precede the verb when they are used. You will learn more about this topic in **Gramática 12.3.**

Ejercicio 2

Forma oraciones completas con las series de palabras. Conjuga los verbos subrayados y agrega el pronombre correcto **(me/te/le/nos/os/les)** antes de los verbos **aconsejar, recomendar (ie)** y **sugerir (ie). OJO:** Usa el presente de subjuntivo para conjugar el segundo verbo subrayado. Sigue el modelo.

MODELO: La abuela de Jorge / aconsejar (a él) que / (él) no asistir a clases si está enfermo →
La abuela de Jorge *le aconseja* que no *asista* a clases si está enfermo.

1. (Nosotros) sugerir / a Eloy / que (él) visitar a Lucía, porque ella no se siente bien

2. El hermano de Jorge / esperar que / él estar mejor hoy

3. Nayeli y Claudia / preferir que / (nosotros) volver a su casa inmediatamente

4. Eloy / recomendar a Jorge que / (él) no tomar antibióticos para el resfriado

5. Tú / esperar que / tus amigos no necesitar ir al hospital

6. Yo / sugerir / a Jorge / que beber mucho jugo de naranja

7. Mi madre / aconsejar (a vosotros) / que dormir el resto del día

8. Eloy y sus compañeros / esperar que / los miembros del club / les dar remedios caseros para el *Boletín de salud*

12.2 The Subjunctive in Time Clauses

Cuando **vamos** al consultorio del Dr. González, mi hijo siempre le pide un caramelo rojo.

De hoy en adelante, cuando **vaya** al consultorio del Dr. González, le voy a pedir fruta para mi hijo. ¡Es más saludable!

Some adverbial conjunctions introduce clauses that express *when* something happens or may happen in the future. These include phrases such as **cuando, en cuanto** (*as soon as*), **hasta que** (*until*), **después de que,** and **antes de que.** These conjuctions are sometimes followed by the present indicative and sometimes by the present subjunctive.

A. When the action or state described in a clause that begins with **cuando, en cuanto,** and **después de que** refers to a *habitual action*, the present indicative is used.

Cada noche cenamos todos juntos **en cuanto** papá **llega** a casa.	*Every night we eat dinner together as soon as Dad gets home.*
Mi primos siempre consultan con el Dr. Ovando **cuando están** enfermos.	*My cousins always go to Dr. Ovando when they are sick.*

B. When the action or state described in a clause that begins with **cuando, en cuanto, hasta que, tan pronto como** (*as soon as*), and **después de que** refers to a *future event*, the subjunctive form is used.

Vamos a comprar la medicina **en cuanto** el médico nos **dé** la receta.	*We are going to get the medication as soon as the doctor gives us the prescription.*
—¿Cuándo vamos a ver a mamá en el hospital?	*When are we going to see Mom at the hospital?*
—No la vamos a ver **hasta que esté** mejor.	*We are not going to see her until she gets better.*
Cuando mamá **se sienta** mejor, quiero ir a la iglesia con ella.	*When Mom feels better, I want to go to church with her.*
Vamos a cenar **tan pronto como** tu padre **vuelva** del trabajo.	*We are going to have dinner as soon as your father returns from work.*

C. Clauses beginning with **antes de que** always require the present subjunctive, even when they refer to habitual actions.

Siempre preparo la cena **antes de que llegue** mi esposo.	*I always prepare dinner before my husband gets home.*
Mañana voy a preparar la cena **antes de que llegue** mi esposo.	*Tomorrow I am going to prepare dinner before my husband gets home.*

Escoge entre el indicativo o subjuntivo según el contexto para completar las oraciones.

> MODELO: Voy a llamar al médico en cuanto (**llego** / llegue) a casa.

1. En cuanto mi amiga (**sale** / **salga**) del hospital, voy a mandarle flores.

2. Cuando (**nos sentimos** / **nos sintamos**) mal, siempre llamamos al Dr. Ovando.

3. Cuando mi esposo (**se siente** / **se sienta**) mejor, vamos a viajar a Europa.

4. El médico quiere visitar a sus pacientes en el hospital antes de que (**se duermen** / **se duerman**).

5. Siempre vamos a la farmacia en cuanto (**sabemos** / **sepamos**) qué debemos comprar.

6. La recepcionista generalmente prepara el expediente (*file, record*) de cada paciente antes de que el médico se lo (**pide** / **pida**).

7. Señorita enfermera, por favor llámeme después de que (*usted:* **baña** / **bañe**) al paciente.

8. Tenemos que guardar las medicinas antes de que el niño (**empieza** / **empiece**) a jugar con ellas.

9. Mi madre me da helado cuando la enfermera no (**está** / **esté**).

Completa cada oración con el presente de subjuntivo del verbo entre paréntesis.

1. Cuando _____ (**venir**) el fisioterapeuta, dile dónde te duele.

2. Debes dejar de hacer ejercicio en cuanto te _____ (**empezar**) a doler la rodilla.

3. Debes tomar vitaminas antes de que te _____ (**dar**) catarro.

4. Señor López, no se vaya hasta que la enfermera le _____ (**traer**) los papeles que necesita.

5. La enfermera le va a dar el jarabe al niño en cuanto él se lo _____ (**pedir**).

6. Niño, después de que _____ (*tú:* **lavarse**) y _____ (**secarse**) el dedo, debes ponerte una curita en la cortada.

7. La doctora no nos va a dar la información hasta que se la _____ (*nosotros:* **exigir**).

8. ¿Vas a estornudar ahora? Debes cubrirte la boca con el brazo cuando lo _____ (**hacer**).

9. Deben surtir la receta tan pronto como _____ (*ustedes:* **salir**) del consultorio.

Because verbs that end in **-ger** and **-gir** (such as **escoger, proteger; corregir, dirigir,** and **exigir**) have a spelling change to **-j-** in the present indicative **yo** form (**escojo, corrijo**), that **-j-** is preserved in all of the present subjunctive forms (**exijas, proteja, dirijamos,** and so on).

12.3 Indirect Object Pronouns with Commands and Present Subjunctive

A. In **Gramática 12.1**, you learned several verbs that can be used to give "softened" commands: **aconsejar, querer, recomendar,** and **sugerir.** Two additional verbs that you can use for the same purpose are **decir** and **pedir.**

decir (i)   *to tell; to order (someone to do something)*
pedir (i)   *to ask; to request (that someone do something)*

With these verbs (in the present indicative) it is necessary to use an indirect object pronoun to point out to whom the command is given, even if the person is mentioned.

Siempre **les decimos** a los niños que no **hablen** con desconocidos.	*We always tell the children not to speak to strangers.*
Siempre **les pido** a los enfermeros que **estén** aquí a las ocho en punto.	*I always ask the nurses to be here at 8:00 on the dot.*
Los dentistas siempre **le recomiendan** a cada paciente que no **coma** muchos dulces.	*Dentists always recommend to each patient that he or she not eat a lot of candy.*
El fisioterapeuta **me aconseja** que **haga** los ejercicios por la mañana.	*The physical therapist advises me to do the exercises in the morning.*

B. As you know from **Gramática 11.3**, object pronouns follow and are attached to affirmative commands, but precede negative commands. However, in the present subjunctive, object pronouns precede the verb forms.

Affirmative Command	Muéstre**me** la receta.	*Show me the prescription.*
Affirmative Subjunctive	La farmacéutica quiere que usted **le** muestre la receta.	*The pharmacist wants you to show her the prescription.*
Negative Command	No **le** lleve la medicina al señor Galván hoy.	*Don't take the medicine to Mr. Galván today.*
Negative Subjunctive	El médico prefiere que usted no **le** lleve la medicina al señor Galván hoy.	*The doctor prefers that you don't take the medicine to Mr. Galván today.*

El médico **me** pide que (yo) **le ponga** una inyección al señor Galván; sin embargo, **me** dice que **no se la ponga** hasta después del desayuno.	*The doctor asks me to give Mr. Galván a shot; however, he says not to give it to him until after breakfast.*

Ejercicio 5

Tú eres el supervisor / la supervisora del hospital. No estás de acuerdo con lo que dicen estas personas.

A. Cambia estos mandatos a la forma negativa.

> MODELO: **ENFERMERO:** Hágale las preguntas al recepcionista.
> **SUPERVISOR(A):** *No le haga* las preguntas al recepcionista.

1. ENFERMERA: Sra. McNeil, muéstrele la pierna a la terapeuta.
2. MÉDICO: Dígame dónde le duele.
3. MÉDICA: Llévele estos papeles al recepcionista.
4. ENFERMERO: Tráigales la comida a los pacientes.
5. RECEPCIONISTA: Dele la receta al farmacéutico.

B. Ahora, cambia estos mandatos a la forma afirmativa.

> MODELO: **MÉDICA:** No le muestre la herida al enfermero.
> **SUPERVISOR(A):** Muéstrele la herida al enfermero.

1. MÉDICO: No me llame el miércoles.
2. PACIENTES: No nos traiga la medicina hoy.
3. RECEPCIONISTA: No le diga su nombre al médico.
4. MÉDICO: No les surta la receta a los pacientes.
5. PACIENTE: No me dé más información, por favor.

Ejercicio 6

¿Qué les recomienda el doctor Ramírez a estas personas?

> MODELO: *Al paciente:* Explíqueme sus síntomas.
> El doctor Ramírez le recomienda al paciente que *le explique sus síntomas.*

1. *A la enfermera:* Póngale la inyección a la paciente del cuarto número 512.

   El doctor Ramírez _____ recomienda a la enfermera que _____.

2. *Al paciente:* Pídame mañana los resultados del análisis de sangre.

   El doctor Ramírez _____ recomienda al paciente que _____.

3. *A los enfermeros:* Explíquenle los síntomas de la gripe a la señora Galván.

   El doctor Ramírez _____ recomienda a los enfermeros que _____.

4. *Al recepcionista:* Lléveles a los señores Martínez los documentos del seguro médico.

   El doctor Ramírez _____ recomienda al recepcionista que _____.

5. *A los pacientes:* Cuéntennos a la enfermera y a mí cómo ocurrió el accidente.

   El doctor Ramírez _____ recomienda a los pacientes que _____.

12.4 Unplanned Occurrences: se

In Spanish, the pronoun **se** + *third-person verb form* is used to describe many accidents or unplanned occurrences such as forgetting, dropping, losing, leaving behind, and breaking. Notice that the preterite is usually used to express these completed, one-time past actions.

—¿Qué le pasó al coche?	*What happened to the car?*
—**Se descompuso.**	*It broke down.*
—¿Qué pasó aquí?	*What happened here?*
—La botella de jarabe **se cayó** y **se rompió.**	*The bottle of cough syrup fell and broke.*

If people, such as owners/operators of objects or devices, are involved, they are referred to with an indirect object pronoun: **me, te, le, nos, os,** or **les.**

Se me olvidó la medicina en casa.	*I forgot the medicine at home.*
A Rodrigo **se le** cayó la guitarra.	*Rodrigo dropped his guitar.*
Se nos descompuso el aparato de radiografías.	*The X-ray machine broke down on us.*

If the object involved is plural, the verb must be plural as well.

A Xiomara se le **perdieron** los **lentes**.	*Xiomara lost her glasses.*
A Eloy y a mí se nos **olvidaron** los **libros**.	*Eloy and I forgot our books.*

Ejercicio 7

Di qué pasó. Usa los verbos entre paréntesis.

> MODELO: ¿Qué pasó con la máquina de los refrescos?
> **(descomponerse)** → *Se descompuso.*

1. ¿Qué pasó con los gatitos? **(perderse)**
2. ¿Qué pasó con el reloj? **(romperse)**
3. ¿Qué pasó con los lentes de Franklin? **(caerse de la mesa)**
4. ¿Qué pasó con la ambulancia? **(descomponerse)**

Ejercicio 8

Mira cada situación. Luego, forma oraciones completas con las series de palabras, para describir lo que les pasó a estas personas. **OJO:** Usa la construcción del **se** para accidentes con el pretérito del verbo.

MODELO: a la enfermera / romper / la botella de jarabe para la tos →
A la enfermera *se le rompió* la botella de jarabe para la tos.

1. a las enfermeras / perder / la medicina del paciente

2. a Rodrigo / caer / y / romper / el móvil

3. al paciente / olvidar / el dinero en casa

4. al médico / quedar / el estetoscopio en el coche

5. a Jorge / descomponer / la afeitadora eléctrica

6. a los niños / **soltar** (*to come off*) / los vendajes cuando peleaban

---

Lo que aprendí

Al final de este capítulo, ya puedo hablar sobre:

☐ el cuerpo humano y la salud.

☐ las enfermedades y su tratamiento.

☐ la atención médica y las estancias en el hospital.

☐ los accidentes y las emergencias.

Además, ahora conozco:

☐ varios lugares hermosos de Venezuela.

Y sé más sobre:

☐ el uso de los remedios caseros.

☐ los avances de la medicina en varios países hispanos.

El cuerpo humano	The Human Body
el aparato (sistema) reproductor	reproductive system
la cadera	hip
la ceja	eyebrow
el cerebro	brain
la cintura	waist
el codo	elbow
el corazón	heart
el costado	side
la costilla	rib
las encías	gums
la frente	forehead
la garganta	throat
el hueso	bone
el labio	lip
la lengua	tongue
la mejilla	cheek
la muela	molar (tooth)
la muñeca	wrist
el muslo	thigh
la nalga	buttock
el oído	(inner) ear
la pantorrilla	calf
el pecho	chest
la pestaña	eyelash
la piel	skin
el pulgar	thumb
el pulmón	lung
el riñón	kidney
la rodilla	knee
la sangre	blood
el tobillo	ankle
la uña	nail

Palabras semejantes: la arteria, el esqueleto, el músculo, el nervio, el organismo, el órgano, el pulso, la vena

> You should review the words for the human body that were introduced in Capítulo 2.

Las enfermedades	Illnesses
el ataque (al corazón)	(heart) attack
el esguince	sprain
la gripe	flu
el infarto	heart attack
la pulmonía	pneumonia
la quemadura (de sol)	(sun) burn
el resfriado (el resfrío)	cold
el sarampión	measles
el trastorno mental	mental disorder

Palabras semejantes: la alergia, el asma, la bronquitis, la infección

Los síntomas y los estados físicos	Symptoms and Physical States
doler (ue)	to hurt
duele	it hurts
le(s) duele(n)	his/her/your (pol.) . . . hurt(s)
me/te duele(n)	my/your (fam.) . . . hurt(s)
estar (irreg.) internado/a	to be admitted
estar mareado/a	to be dizzy
estornudar	to sneeze
tener (irreg.) dolor de...	to have a . . .
cabeza	headache
estómago	stomachache
garganta	sore throat
muelas	toothache
tener...	to have a . . .
calentura/fiebre	fever
catarro	cold
comezón	rash; itch
la nariz congestionada/ tapada	stuffy nose
tos	cough
tener vómitos	to be vomiting
toser	to cough
el cansancio	tiredness
la caries	tooth decay, cavity

el estornudo	sneeze
el mareo	dizziness; vertigo
la roncha	raised, red (itchy) spot
Palabras semejantes: la diarrea	

La salud, la medicina y los remedios	Health, Medicines and Remedies
hacer (*irreg.*) gárgaras	to gargle
ponerle (*irreg.*) una inyección a (alguien)	to give (someone) a shot / an injection
vendar	to bandage
el algodón	cotton
el bastón	walking stick, cane
la curita	Band-Aid™, adhesive bandage strip
el empaste	(tooth) filling
las gotas (para los ojos)	(eye) drops
el jarabe (para la tos)	(cough) syrup
la loción (de sábila)	(aloe vera) lotion
las muletas	crutches
el paracetamol	acetaminophen, Tylenol™
el té de menta/yerbabuena	peppermint/spearmint tea
el vendaje	bandage
el yeso	cast
Palabras semejantes: el alcohol, el análisis, el antibiótico, el antidepresivo, el antihistamínico, el antiinflamatorio, la aspirina, la cápsula, el descongestionante, el estimulante	

Las profesiones médicas	Medical Professions
el/la cirujano/a	surgeon
el/la socorrista	paramedic, emergency responder
Palabras semejantes: el/la cardiólogo/a, el/la dentista, el/la farmacéutico/a, el/la fisioterapeuta, el/la ginecólogo/a, el/la internista, el/la pediatra, el/la psicólogo/a, el/la psiquiatra	

Los accidentes y las emergencias	Accidents and Emergencies
atropellar	to run over, knock down
cortar(se)	to cut (oneself)
hacerse un esguince de...	to sprain one's . . .

la camilla	gurney, stretcher; cot
el choque	crash
la cicatriz (*pl.* cicatrices)	scar
la herida	wound
la sala de emergencias	emergency room
¡Socorro! (¡Auxilio!)	Help!
Palabras semejantes: fracturar(se); la ambulancia	

Los verbos	
Repaso: tener cuidado	
abrazar (c)	to hug, embrace
acabar(se)	to end; to finish
agarrar	to grab
agregar (gu)	to add (*information*)
almacenar	to store
aumentar	to increase
besar	to kiss
calentar (ie)	to heat
costar (ue)	to cost
cuidar(se)	to take care (of oneself)
dar (*irreg.*) de alta	to release (*from hospital*)
desmayarse	to faint
detener(se) (*like* tener)	to stop (oneself)
dormirse (ue, u)	to fall asleep
enyesar	to put a cast on
firmar	to sign
frenar	to stop (brake), step on the brakes
guardar cama	to stay in bed
hacerse tarde	to become late
interrumpir	to interrupt
irse (*irreg.*)	to leave; to go away
lastimarse	to get hurt
masticar (qu)	to chew
mejorarse	to get better
morder (ue)	to bite
mover(se)	to move

oír (*irreg.*)	to hear
oler (huelo)	to smell
ponerse (*irreg.*) + *adj.*	to become + *adj.*
prevenir (*like* **venir**)	to prevent
proveer (y) (*p.p.* **proveído, provisto**)	to provide
quemar	to burn
rascar(se) (qu)	to scratch
recetar	to prescribe
respirar	to breathe
roncar (qu)	to snore
sentir(se) (ie, i)	to feel
silbar	to whistle
sostener (*like* **tener**)	to hold; to support
sugerir (ie, i)	to suggest
surtir (una receta)	to fill (a prescription)
tener...	to be . . .
éxito	successful
interés en	interested in
razón	right
tocar (qu)	to touch
torcerse (ue) (z)	to twist, sprain
tragar (gu)	to swallow
tratar	to treat
tratar de + *inf.*	to try to (*do something*)
tropezar (ie) (c)	to trip
volverse (ue) loco	to go crazy
Palabras semejantes: causar, consultar, curar, demostrar (ue), diagnosticar (qu), examinar, filtrar, permitir, recuperar, resucitar	

Los accidentes y los contratiempos	Accidents and Mishaps
caerse	to drop
derramarse	to spill; to overflow
descomponerse (*like* **poner**)	to break down
escaparse	to escape; to let slip
olvidarse	to forget
perderse (ie)	to get lost
resbalarse	to slip out of one's hands
romperse	to break

Los sustantivos	Nouns
Repaso: la caloría	
el amo/a (*but* **el ama**)	owner
la ayuda	help
el balonmano	handball
la barra	(nutrition) bar
el bisturí	scalpel
la camioneta	pickup, small truck; van
la cita	appointment
el consejo	advice
el consultorio	doctor's office
la cruz (*pl.* **cruces**)	cross
el diagnóstico	diagnosis
la dificultad	difficulty
el embarazo	pregnancy
la estancia	stay
el florero	vase (*for flowers*)
el globo	balloon
el hierro	iron
el humo (de segunda mano)	(secondhand) smoke
la manta	blanket
el pañuelo	handkerchief; scarf
el pensamiento	thought
la piedra	stone
el ronquido	snoring, snore
el seguro médico	medical insurance
el suelo	ground
el/la testigo	witness
el valor	value
Palabras semejantes: la circulación, la comprensión, la consecuencia, la contracción, el cuestionario, el efecto, el estetoscopio, la fractura, la función, el impacto, el incidente, el motivo, el movimiento, la operación, la recomendación, el resultado, la sustancia, el termómetro, la toxina, el tratamiento	

Los adjetivos	
alterado/a	upset
ambos/as	both
embarazada	pregnant
enyesado/a	in a cast
grave	grave; serious
herido/a	wounded
hinchado/a	swollen
molesto/a	annoyed, irritated, bothered
nocivo/a	harmful
roto/a	broken
valioso/a	valuable

Palabras semejantes: agradable, alarmante, desagradable, exhausto/a, frustrado/a, furioso/a, inconsciente, indispensable, inflamado/a, interno/a, obeso/a, severo/a, suficiente, urgente

Palabras y expresiones útiles	
a continuación	next (upcoming), the text below
además (de)	in addition, besides
a la semana	per week
al día	per day
ahora mismo	right now
antes de que...	before . . .
despacio	slow
después de que...	after . . .
en cuanto (a)	as soon as; in regards to
hasta que...	until . . .
por medio de	by means of
¡Que te mejores! / ¡Qué se mejore!	Get well!
¡Salud!	Bless you! (*after a sneeze*)
tan + *adj.*	so + *adj.*

Palabras semejantes: probablemente, regularmente

Design elements: (Headphones): ©McGraw-Hill Education; (Globe): ©McGraw-Hill Education; (Laptop): ©D. Hurst/Alamy RF.

Una boda en Santo Domingo, República Dominicana

Upon successful completion of **Capítulo 13,** you will be able to express your views on relationships, know how to persuade others and offer advice, and talk about parenting and social behavior. You will also know more about how to narrate your past experiences. Additionally, you will have learned about some interesting places and events from Puerto Rico and the Dominican Republic.

Comunícate
Los lazos familiares
Las órdenes, los consejos y los buenos deseos
Hablando de los consejos Los refranes
La crianza

Exprésate
Escríbelo tú Un evento inolvidable
Cuéntanos Tu pariente menos favorito

Cultura
Mundopedia Los festivales dominicanos
Palabras regionales Puerto Rico y la República Dominicana
Conexión cultural Puerto Rico, en busca de identidad

Videoteca
Amigos sin Fronteras, Episodio 13 ¡Que vivan los novios!
Mi país Puerto Rico y la República Dominicana

Gramática
13.1 Describing: **ser** and **estar**
13.2 Informal Commands
13.3 More Uses of the Subjunctive (Part 1)
13.4 Narrating Past Experiences: The Present Perfect, Imperfect, and Preterite

connect
www.mhhe.com/connect

©Ariel Skelley/Getty Images RF

PUERTO RICO Y LA REPÚBLICA DOMINICANA

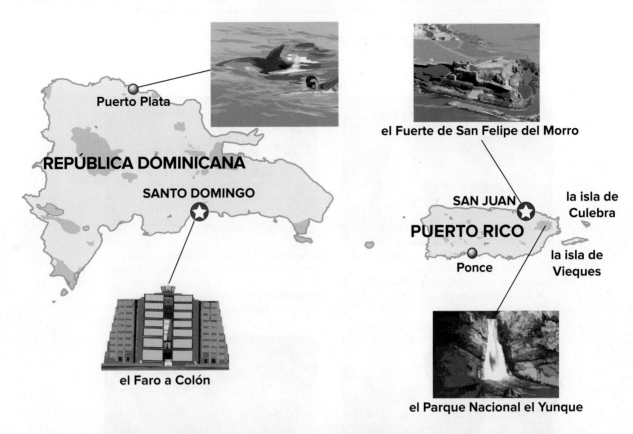

Puerto Plata

el Fuerte de San Felipe del Morro

REPÚBLICA DOMINICANA

SANTO DOMINGO

SAN JUAN

PUERTO RICO

la isla de Culebra

Ponce

la isla de Vieques

el Faro a Colón

el Parque Nacional el Yunque

Amigos sin Fronteras

Nayeli invita a algunos de sus amigos a su casa donde les muestra unas fotos de la boda de su tía Margarita. ¡No fue una boda tradicional!

www.mhhe.com/connect

©McGraw-Hill Education/Klic Video Productions

Conócenos

Franklin Sotomayor Sosa tiene veintiocho años y es puertorriqueño. Nació en Quebradillas, Puerto Rico, y su cumpleaños es el dos de mayo. Franklin es profesor de español en el College de Alameda. Le gusta salir a comer, escuchar música y leer. Desde que se unió al club Amigos sin Fronteras, ha tratado de ir a todas sus fiestas y ahora es buen amigo de los socios del club. A Franklin le apasiona enseñar español, pero sin duda lo que más le gusta es pasar tiempo con su novia, Estefanía.

Franklin Sotomayor Sosa
©McGraw-Hill Education/Klic Video Productions

©Glow Images/agefotostock RF

Mi país

Comunícate

C Los lazos familiares

Lee *Gramática 13.1*

El noviazgo

Estefanía y Franklin estaban en una fiesta. Se conocieron, se dieron la mano y... ¡conversaron por varias horas! Descubrieron que tenían mucho en común.

Después de un tiempo, se hicieron buenos amigos. Se reunieron varias veces para cenar y conversar. Franklin y Estefanía siempre estaban contentos de pasar tiempo juntos. Valoraban mucho su amistad.

Franklin y Estefaníva se enamoraron y se hicieron novios. Como todos los novios, se quieren mucho, se besan y se abrazan.

Como estaban muy enamorados, se dieron un anillo de compromiso. Eso significa que ahora están comprometidos para casarse.

la boda

Cuando Estefanía y Franklin se casen, van a tener una ceremonia religiosa en la iglesia, porque los dos son católicos. Ellos esperan que en la boda estén presentes sus parientes, ¡incluso los bisabuelos de Estefanía!

la luna de miel

¡Los dos se imaginan ya recién casados! Para la luna de miel, Estefanía sugiere que vayan a un país del Caribe con lindas playas.

el bautizo

las comadres y los compadres

el ahijado
(el recién nacido)
el cura
la madre   el padre
el padrino
la madrina

Cuando tengan hijos, piensan bautizarlos por la iglesia. Ana Sofía va a ser la madrina del bebé y el padrino va a ser el mejor amigo de Franklin.

Cultura *La luna de miel*

La frase **luna de miel** se refería originalmente al primer mes de matrimonio, cuando todo es hermoso y dulce como la miel.

Gramática *Reflexive vs. Reciprocal Actions*

In **Capítulo 10, Actividad 3,** you learned two reflexive verbs that express reciprocal actions: **parecerse** and **llevarse (bien).** Context usually indicates whether the pronoun **se** is reflexive (*self*) or reciprocal (*each other*). Note that reflexive actions can be expressed with singular or plural forms, depending on the context, but reciprocal actions are always expressed with plural forms.

Reflexive: La novia **se miró** en el espejo.

The bride looked at herself in the mirror.

Reflexive: Las personas vanidosas **se miran** en el espejo con frecuencia.

Vain people look at themselves in the mirror often.

Reciprocal: Los novios **se miraron** con ternura.

The couple looked at each other with tenderness.

Here are some common reciprocal verbs: **abrazarse, besarse, comprenderse, conocerse, darse la mano, divorciarse, enamorarse, enojarse, mirarse, pelearse, quererse, reconocerse, respetarse, verse.**

Actividad 1 Los rituales y la familia extendida

A. Empareja cada palabra con su definición.

_____ **1.** el noviazgo

_____ **2.** la amistad

_____ **3.** el compadre

_____ **4.** el bautizo

_____ **5.** la madrina

_____ **6.** el ahijado / la ahijada

_____ **7.** la luna de miel

_____ **8.** la bisabuela

_____ **9.** el cura

_____ **10.** la boda

a. Es el viaje que hacen los recién casados.

b. Es la abuela de tu mamá.

c. Es la ceremonia que une a dos personas en matrimonio.

d. Es el padrino de tu hijo.

e. Es la relación entre amigos.

f. Es una amiga de la familia o pariente que participa en el bautizo y debe criar al niño o a la niña si los padres no están.

g. Es el niño o la niña a quien llevas a bautizar; eres responsable de ese niño o esa niña si los padres mueren.

h. Es la relación entre los novios.

i. Es una ceremonia religiosa en la cual se le da un nombre a una persona, normalmente un niño pequeño o una niña pequeña.

j. Es la persona que dirige las ceremonias católicas (matrimonios, bautizos, ...)

B. Ahora, mira los dibujos de **Los lazos familiares** y completa cada oración con la palabra correcta de la lista. **OJO:** Hay una palabra extra.

ahijado	comadre	cuñado	recién casados	yerno
bisabuelos	cuñada	nuera	suegros	

1. La hermana de Franklin es la _____ de Estefanía.

2. Los padres de Estefanía son los _____ de Franklin.

3. Franklin es el _____ de los padres de Estefanía.

4. El hermano de Estefanía es el _____ de Franklin.

5. Los padres de los abuelos de Estefanía son los _____ de ella.

6. Estefanía es la _____ de los padres de Franklin.

7. En el bautizo, Ana Sofía es la madrina del bebé y es la _____ de Estefanía.

8. Estefanía y Franklin son novios ahora y después de la boda, van a estar _____.

Lengua *Refranes*

Este es un refrán en forma de consejo sobre el tema del matrimonio. ¿Qué te parece el consejo?

«Antes que te cases, mira lo que haces.»   *Look before you leap.* (En sentido literal: *Before you get married, look at what you're doing.*)

Actividad 2 Historia de amor

A. Imagínate que Estefanía y Franklin realizaron todos sus sueños y planes. Esta es la historia de su relación. Lee las descripciones de su experiencia y ponlas en orden.

_____ Son amigos y pasan mucho tiempo juntos.

_____ Están comprometidos y están planeando la boda.

_____ Están en una fiesta, donde se conocen.

_____ Están en la iglesia; están emocionados pero un poco nerviosos.

_____ ¡Son padres! Están bautizando a su bebé.

_____ Están en su luna de miel. ¡Son dos recién casados muy felices!

_____ Ya están casados.

_____ Son novios y están muy enamorados.

B. Ahora, trabaja con tu compañero/a para narrar la secuencia de la relación.

MODELO: E1: ¿Qué pasó primero?
E2: Primero, *se conocieron en una fiesta*. Luego, *se hicieron amigos*.
E1: ¿Y después?
E2: Después *se enamoraron*...

Vocabulario

abrazarse	evitarse
ayudarse	golpearse
besarse	gritarse
casarse	hablarse
comprenderse	insultarse
comunicarse	pedirse perdón
darse la mano	pelearse
echarse de menos (extrañarse)	querersesentarse juntos/as
enojarse	textearse
enviarse mensajes de texto	verse

A. Trabaja con tu compañero/a para completar cada descripción con la forma correcta de las palabras del **Vocabulario. OJO:** No repitas ningún verbo.

1. Estefanía y Franklin son novios y están muy enamorados. Ellos se llevan muy bien: se abrazan, _____, _____ y _____ mucho.

2. Omar y su compañero de trabajo están enojados; han tenido conflictos, pero ahora quieren resolverlos. Ellos _____ y _____.

3. Rodrigo vive en California y su hijo Ricardito vive en Colombia, pero están en contacto frecuentemente. Ellos _____ por teléfono y _____ por Skype con frecuencia.

4. Estefanía tiene una hermana de dieciocho años que se llama Viviana. Son buenas amigas, pero, como típicas hermanas, a veces _____ o _____.

5. Rodrigo está divorciado. Él piensa que su ex esposa es una madre excelente, pero no se lleva bien con ella. Ellos _____, _____ y _____.

B. Ahora, conversa con tu compañero/a y completa las descripciones de relaciones interpersonales según tus experiencias.

1. Mis padres y yo (no) nos llevamos muy bien; por eso nosotros siempre (nunca)...

2. Mi novio/a (esposo/a) y yo (no) nos llevamos bien. Nosotros...

3. Mi hermano/a y yo (no) nos llevamos muy bien. Nosotros...

4. Mi compañero/a de clase/trabajo y yo (no) nos llevamos muy bien y por eso él/ella y yo siempre (nunca)...

Cultura *La religión en el mundo hispano*

Aunque muchos hispanos (la mayoría) son católicos, en España y América Latina también se practican otras religiones basadas en el cristianismo, como la presbiteriana, la pentecostal/carismática, la evangélica y la de los testigos de Jehová. Además, existen religiones que no se basan en la figura del mesías Jesucristo; entre otras, la musulmana, la judía, la hindú, la budista, la unitaria-universalista y varias religiones indígenas y afroamericanas. Algunas de estas religiones creen en un ser supremo, otras tienen múltiples dioses. Pero, ¡todas tienen un ritual de casamiento!

Una boda indígena en una de las islas del Lago Titicaca
©María José Cabrera Puche

Actividad 4 La familia, la amistad y tu pareja

Conversa con tu compañero/a.

1. ¿Qué características valoras más en una pareja?
2. ¿Quieres tener una boda grande? Si estás casado/a, ¿fue grande tu boda?
3. ¿Cómo piensas pagar los gastos de tu boda? Si estás casado/a, ¿quién pagó los gastos de tu boda?
4. ¿Dónde va a tener (o tuvo) lugar tu boda?
5. El cincuenta por ciento de los matrimonios en Estados Unidos termina en divorcio. En tu opinión, ¿qué factores contribuyen al fracaso de tantos matrimonios?
6. ¿Qué características quieres que tengan tus amigos? ¿Cuáles de estas cualidades son más importantes en los buenos amigos: la lealtad, la inteligencia, la comprensión o la ayuda incondicional? ¿Cuáles de estas cualidades les ofreces tú a tus amigos?
7. ¿Quiénes son más importantes en tu vida: los amigos íntimos o los miembros de tu familia? ¿Por qué?

Gramática Ser *or* estar *with* estado civil

Note that although it is correct to use the verb **ser** with **soltero/a, casado/a, viudo/a,** and **divorcicado/a,** some native speakers prefer to use **estar** with **casado/a** and **divorciado/a.** The difference in meaning between **ser** and **estar** is this case is nuanced; you don't need to be concerned about it. However, remember to use **estar** with **casado/a** and **divorciado/a** if you include a name: **Franklin está casado con Estefanía. Rodrigo está divorciado de Marina.**

C Las órdenes, los consejos y los buenos deseos

Lee *Gramática 13.2, 13.3*

Actividad 5 Mandatos para Carlitos

Si piensas un poco en tu niñez, vas a recordar que los niños pasan mucho tiempo escuchando órdenes. Carlitos, el hijo de Omar Acosta Luna, tiene seis años. ¿Quién le da estos mandatos: la hermana, el padre o la maestra?

	LA HERMANA	EL PADRE	LA MAESTRA
1. Haz la tarea antes de acostarte.	☐	☐	☐
2. Sal de mi cuarto.	☐	☐	☐
3. No toques mi muñeca.	☐	☐	☐
4. No grites; estoy hablando por teléfono.	☐	☐	☐
5. No escribas en tu pupitre.	☐	☐	☐
6. Juega conmigo, por favor.	☐	☐	☐
7. No me jales el pelo.	☐	☐	☐
8. Escribe las respuestas en la pizarra.	☐	☐	☐
9. Báñate y lávate los dientes.	☐	☐	☐
10. Entrega la tarea a tiempo.	☐	☐	☐

Actividad 6 Problemas y soluciones

A. Busca una solución para cada problema. **OJO:** Hay más de una respuesta posible para algunos problemas.

PROBLEMAS

_____ 1. Quiero sacar buenas notas.

_____ 2. Tengo problemas con mi papá; es muy estricto conmigo.

_____ 3. Tengo un ex novio / una ex novia que ya no me gusta, pero él/ella es muy insistente.

_____ 4. Voy a salir con un chico / una chica que no conozco en persona. Lo/La conocí en línea.

_____ 5. Mis padres no pueden ayudarme a pagar la matrícula de la universidad.

SOLUCIONES

a. Busca un trabajo de media jornada.

b. Sugiere un lugar público para conocerse en persona.

c. Pide un préstamo en la universidad.

d. Habla con él; dile que necesita confiar más en ti.

e. Estudia más horas al día.

f. Haz la tarea con tu compañero/a de clase.

g. No contestes sus llamadas telefónicas ni sus mensajes de texto.

h. Explícale que no tienes tiempo para una relación.

B. Ahora, conversa con tu compañero/a. Uno tiene problemas y el otro le ofrece soluciones.

MODELO: E1: Siempre llego tarde a mi primera clase de la mañana.
E2: Pues tengo la solución para ti. ¡Levántate más temprano!

Vocabulario

PROBLEMAS POSIBLES

Siempre llego tarde a mi primera clase.

Mi clase de _____ es muy difícil para mí.

Quiero dejar de fumar.

Quiero ir a España para estudiar, pero no tengo dinero.

Hay demasiada tarea en mi clase de _____.

Se me descompuso el carro.

Actividad 7 Los buenos deseos

Conversa con tu compañero/a. Reaccionen con buenos deseos.

> MODELO: E1: ¡Chao! Nos vemos en un mes, cuando vuelva de mi viaje.
> E2: ¡Que tengas buen viaje!

1. Se me está haciendo tarde. Ya me voy a clase.
2. Tengo un examen hoy; va a ser difícil.
3. Mi novio/a (esposo/a) está muy enfermo/a, por eso no pude venir a clase ayer.
4. Mañana mi familia y yo salimos para Santo Domingo. Vamos de vacaciones.
5. Ya me voy a casa para acostarme. Hasta mañana.
6. Estoy muy cansado/a. Necesito una siesta.

Vocabulario

¡Que descanses!

¡Que duermas bien!

¡Que llegues a tiempo!

¡Que pases buenas noches!

¡Que pases un buen día!

¡Que se diviertan!

¡Que se mejore (pronto)!

¡Que te vaya bien!

¡Que tengan buen viaje!

¡Que tengas (buena) suerte!

Gramática *Impersonal Expressions*

These impersonal expressions are always followed by the subjunctive, whether affirmative or negative: **(No) Es bueno que estudies por la noche.**

(No) Es bueno que...	*It is (not) good that . . .*
(No) Es importante que...	*It is (not) important that . . .*
(No) Es imposible que...	*It is (not) impossible that . . .*
(No) Es mejor que...	*It is (not) better that . . .*
(No) Es necesario que...	*It is (not) necessary that . . .*
(No) Es preferible que...	*It is (not) preferable that . . .*

If **que** (*that*) is removed from these expressiones, they are followed by an infinitive: **Es bueno estudiar por la noche.**

Actividad 8 Consejos para los amigos

¿Qué consejos les das a tus amigos? Mira los comentarios y reacciona con el consejo apropiado usando el presente de subjuntivo.

> MODELO: Todos los días como comida chatarra porque no sé cocinar. →
> Es necesario que aprendas a cocinar. /
> Es importante que comas comidas más saludables. /
> Es mejor que no comas tanta comida chatarra.

1. Siempre quiero hacer la tarea rápidamente y por eso no la hago bien.
2. Hace meses que no veo a mis padres. ¡Los extraño mucho!
3. Estoy muy cansado/a porque solo duermo cinco horas al día.
4. Siempre estoy muy nervioso/a.
5. Mi mejor amigo/a y yo nos peleamos, pero para mí es muy importante nuestra amistad.
6. No me gusta mi área de especialización en la universidad.

Vocabulario

comer comidas más saludables

considerar otras posibilidades

controlar el estrés

dormir ocho horas diariamente

hablar con él / ella

pedirse disculpas

tener más paciencia

visitar a la familia con frecuencia

¿Recuerdas?

En el **Capítulo 12** (**Gramática 12.1**) aprendiste algunas expresiones que requieren la forma del subjuntivo. Puedes usar algunas de esas expresiones aquí: **espero que, le aconsejo que, le recomiendo que,** etcétera.

Actividad 9 Recomendaciones sabias

Conversa con tu compañero/a.

1. ¿Qué le aconsejas a un estudiante que no tiene dinero para comprar los libros para sus clases, pero va a comprar un carro nuevo?

2. ¿Qué le recomiendas a una estudiante de dieciocho años que quiere casarse en vez de seguir sus estudios? ¿Por qué le das esa recomendación?

3. ¿Qué le sugieres a un amigo que quiere dejar de fumar?

4. Tienes una amiga que maneja muy rápido y no escucha consejos. ¿Qué le dices?

5. Un profesor está enojado porque muchos de sus estudiantes siempre llegan tarde a clase. ¿Qué le recomiendas al profesor?

6. Un amigo ya tiene seis hijas, pero quiere un varón. ¿Qué le aconsejas? ¿Por qué?

¿Qué le aconsejas a un amigo / a una amiga que quiere casarse tan joven?

©Glow Images/SuperStock RF

Hablando de los consejos

LOS REFRANES

Todos los idiomas tienen refranes. Estas expresiones populares reflejan una actitud humana hacia la vida; a la vez reflejan la historia y las tradiciones de las culturas que las usan. Por ejemplo, en español, cuando una persona tiene un dilema difícil de resolver, decimos que está «entre la espada[a] y la pared». Si alguien ofrece su opinión abiertamente, con honestidad, esa persona llama «al pan, pan y al vino, vino»; o sea, que expresa la verdad. La gente que se levanta muy temprano tiene buena suerte. La razón es que «al que madruga,[b] Dios lo ayuda». Si te enfrentas a[c] una situación misteriosa, o si piensas que alguien oculta[d] algo, puedes comentar que «hay gato encerrado[e]». Cuando una persona tiene un problema pero no se da cuenta de[f] que lo tiene, entonces el problema no existe: «ojos que no ven, corazón que no siente».

[a]*sword* [b]*al... he who wakes up at dawn* [c]*te... you come across* [d]*is hiding* [e]*locked up/in*
[f]*no... doesn't realize*

Perro que ladra no muerde.

El martes ni te cases ni te embarques.

Muchas de estas expresiones provienen de la literatura y del folclor y forman parte de la tradición oral de cada país, pues pasan de boca en boca. Algunos refranes provienen de la cosmovisión[g] indígena; por ejemplo, «estar de buena o mala luna» significa sentirse bien o mal. Hay dichos[h] que pueden ser muy útiles; porque expresan la sabiduría[i] popular, son lecciones para educar a los niños u ofrecen algún tipo de consejo sobre cómo superar nuestros problemas. Aquí hay unos ejemplos.

«Más vale solo/a que mal acompañado/a.» Es mejor estar solo/a que tener amigos malos.

«Hay que consultarlo con la almohada.» Es necesario que lo pienses bien. Siempre es mejor que consideres las decisiones importantes con calma, después de dormir bien.

«Perro que ladra[j] no muerde[k].» Esto se dice de alguien que siempre **amenaza con**[l] hacer algo serio, pero no lo hace; es decir, que habla más de lo que hace.

«Más vale[m] pájaro en mano que cientos volando.» Lo más seguro es lo que tienes ahora; no importa que sea poco. Debemos estar contentos con lo que tenemos.

«El martes ni te cases ni te embarques[n]». El martes es un día de mala suerte, como el viernes trece en Estados Unidos. No hagas nada importante ese día.

«Más sabe el diablo[ñ] por viejo[o] que por diablo.» Uno aprende mucho simplemente por vivir una larga vida; es decir, hay que escuchar los consejos de las personas mayores porque tienen mucha experiencia del mundo.

«Entre más tienes, más quieres.» Este refrán te aconseja que no vivas solo para acumular **riqueza**,[p] pues la ambición puede convertirse en una adicción destructiva.

«Quien no se arriesga,[q] no gana.» Si quieres triunfar en la vida, entonces busca y acepta los **desafíos**.[r]

Como puedes ver, muchos de estos refranes tienen una expresión equivalente o similar en inglés, pero las costumbres y las diferencias poéticas entre las palabras (de rima, ritmo y sentido[s]) hacen que algunos refranes se usen con más frecuencia en ciertos idiomas y ciertas culturas. Los refranes no solo nos ofrecen consejos; también pueden ser humorísticos y nos hacen reír. Sin duda animan las conversaciones.

---

[g]la perspectiva del universo, el espacio y el tiempo que tiene una cultura   [h]*sayings*   [i]*wisdom*   [j]*barks*   [k]*bite*   [l]amenaza... *threatens to*   [m]*is worth*   [n]*embark (on a journey)*   [ñ]*devil*   [o]por...porque es viejo   [p]*wealth*   [q]se... *take a chance, risk something*   [r]*challenges*   [s]rima... *rhyme, rhythm, and meaning*

La crianza

Lee *Gramática 13.4*

1. El hijo mayor de Ángela manejó el coche de la familia sin permiso y... ¡perdió la llave del coche!

2. Ángela ha buscado la llave por todas partes, pero no la encuentra.

3. Ángela descansaba en el patio cuando escuchó gritos. Entró a la casa y vio que sus hijos se golpeaban. Ángela los separó y los castigó.

4. Julia quería hablar con su hija Rachel, pero la niña recibió un mensaje de texto de su amiga y no quiso conversar con su mamá.

¡Lo siento! ¡Quería jugar con mis amigos!

5. Franklin era un niño obediente. Nunca se portaba mal. Solo una vez desobedeció a sus padres seriamente. Estaba caminando a casa después de clases y sus amigos lo invitaron a jugar al béisbol con ellos. Regresó muy tarde a casa. ¡Sus padres estaban muy preocupados!

¿Puedo entrar, por favor? ¡Necesito usar el baño!

¡Un momentito, Antonella! Casi termino y entonces puedes usarlo.

6. Antonella necesitaba usar el baño, pero había alguien adentro. Tocó a la puerta y preguntó si podía entrar. Entonces escuchó la voz de su hermana desde adentro...

¡Déjame copiar tu tarea! ¡No seas egoísta!

7. De adolescente, Camila tenía una amiga, Gisela. Un día, cuando estaban estudiando juntas, Gisela empezó a hostigar a Camila y continuó hostigándola todo el año.

Gramática *The Present and Past Tense Forms of* haber

These are the present and past tense forms of the verb **haber.** Note that **hubo** and **había,** like **hay,** are always singular when meaning *there was/were*, even when referring to multiple people or objects.

hay = there is, there are

> **Hay** treinta primos en su familia. *There are thirty cousins in his family.*

hubo = there was, there were (*completed event*)

> **Hubo** una pelea en la universidad la semana pasada. *There was a fight at the university last week.*

había = there was, there were (*descriptive past*)

> **Había** muchas personas en la fiesta cuando llegamos. *There were many people at the party when we arrived.*

Actividad 10 Tu crianza

A. ¿Asocias estos comentarios con tu niñez/adolescencia? Indica **sí** o **no.**

	SÍ	NO
1. A veces peleaba con mis hermanos cuando usaban mi bicicleta.	☐	☐
2. Mis padres me obligaban a comer comidas saludables.	☐	☐
3. Mis padres no creían en el castigo corporal de los niños.	☐	☐
4. Me portaba mal en la escuela y a veces los maestros me castigaban.	☐	☐
5. A veces texteaba a mis amigos mientras cenaba.	☐	☐
6. Mis padres me castigaban cuando yo los desobedecía.	☐	☐
7. Mi familia no era una familia tradicional.	☐	☐
8. Sufría el abuso de chicos mayores que yo; me hostigaban mucho.	☐	☐
9. Miraba los videos de mis amigos después de las clases.	☐	☐
10. Mis hermanos eran cariñosos conmigo.	☐	☐

B. Conversa con tu compañero/a sobre lo que hacían tus padres cuando eras niño/a o adolescente.

1. ¿Te permitían textear durante la cena?

2. ¿Te dejaban mirar la televisión todos los días o solamente los fines de semana?

3. ¿Te regañaban cuando desobedecías?

4. ¿Creían en el castigo corporal? ¿Te pegaban o te castigaban cuando peleabas?

5. ¿Te daban un par de nalgadas cuando te portabas muy mal?

6. ¿Te ayudaban con la tarea cuando no comprendías algo?

7. ¿Te compraban libros? ¿Te llevaban a la biblioteca pública a menudo?

8. ¿Eran cariñosos contigo? ¿Pasaban tiempo contigo jugando, conversando y haciendo varias actividades?

9. ¿Te daban pequeños premios cuando sacabas buenas notas?

Cultura *La quinceañera*

En la cultura hispana la celebración más importante para las muchachas es la fiesta de los quince años, que también se conoce como «la fiesta rosa». Este festejo representa la transición entre la vida de una niña y el mundo de una mujer. La muchacha que celebra su cumpleaños es **la quinceañera** y lleva un elegante vestido blanco o color de rosa. La chica va acompañada de catorce amigas, que son sus **damas**, y catorce muchachos, que son los **chambelanes.** El padre de la quinceañera baila el primer vals con su hija, presentándola así en la sociedad. La música sigue hasta tarde en la noche, y siempre hay mucha comida rica y muchos regalos para la quinceañera.

La fiesta de los quince años es una celebración importante para muchas jovencitas hispanas. En la fiesta la acompañan sus padres, padrinos, damas y chambelanes.

©Image Source Black/Alamy RF

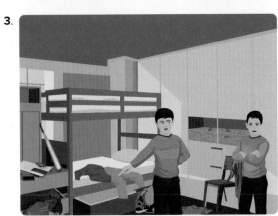

Actividad 11 Los buenos modales

Escucha a tu profesor(a) mientras describe los siguientes dibujos. Indica el dibujo que corresponde a cada descripción.

A. Completa cada oración con una frase de la columna a la derecha para narrar una experiencia que Franklin tuvo cuando era niño.

_____ **1.** Cuando Franklin era niño...

_____ **2.** De niño, Franklin siempre...

_____ **3.** Una vez, cuando Franklin nadaba en la playa...

_____ **4.** Era un día muy bonito y por suerte...

_____ **5.** La hermosa criatura marina...

_____ **6.** Franklin la tocó, la observó, y luego...

_____ **7.** Franklin y sus padres estaban sentados en la arena cuando de pronto...

_____ **8.** Rápidamente recogieron sus cosas y...

_____ **9.** En ese momento llovía muchísimo y todos...

_____ **10.** Pero Franklin estaba contento porque...

a. volvieron a su carro bajo la lluvia.

b. no había mucha gente en la playa.

c. la devolvió al mar.

d. encontró una estrella de mar.

e. ¡empezó a llover!

f. estaban empapados.

g. iba a la playa los fines de semana.

h. pensaba en su amiga, la estrella.

i. era grande y ¡estaba viva!

j. vivía en Quebradillas con sus padres y su hermanita.

B. Ahora, conversa con tu compañero/a. Cuéntale de una experiencia que tuviste cuando eras niño/a. Considera las siguientes preguntas: _¿Dónde vivías y con quién? ¿Qué hacías con frecuencia? ¿Qué pasó una vez, cuando hacías esa actividad? ¿Qué hiciste?_

MODELO: Cuando yo era niño, vivía en Seattle con mis padres y hermanos. Mi familia acampaba en la montaña todos los veranos. Una vez, cuando estábamos acampando, ¡vimos un oso enorme! El oso estaba lejos del campamento, pero yo podía verlo bien. ¡Parecía feroz! Entonces...

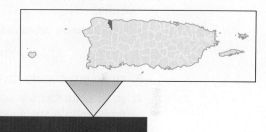

Cultura _Quebradillas, donde nació Franklin_

Como ya sabes, Franklin es quebradillano, es decir, nació en Quebradillas, ciudad en la costa noroeste de Puerto Rico. Esta ciudad se conoce como «La Guarida del Pirata» (_The Pirate's Hideout_) porque, según la leyenda, cerca de Quebradillas se escondían (_hid out_) los piratas y guardaban su contrabando. En Quebradillas se encuentra una de las veinte reservas forestales de la isla y también hermosas playas, como la Playa Guajataca.

©Joaquin S. Lavado, QUINO, _Toda Mafalda_, Ediciones de La Flor.

Gramática *Verbs of Volition*

In **Gramática 12.1,** you learned a few expressions of volition, which require the subjunctive: **aconsejar que, querer que, recomendar que, pedir que,** and **sugerir que.** Here are some similar verbs. You can use some of them in this activity.

dejar que	*to allow* (*to*)
desear que	*to desire/wish* (*that*)
exigir que	*to demand* (*that*)
mandar que	*to command* (*that*)
permitir que	*to permit* (*to*)
prohibir que	*to forbid* (*from*)
rogar (ue) que	*to beg/plead* (*to*)

Actividad 13 El comportamiento

¿Qué dirías en las siguientes situaciones?

MODELO: Tu hijo/a adolescente ha peleado con su hermanito varias veces esta semana. →

«Tu hermanito es mucho más pequeño que tú. Sé más paciente con él, por favor.» «Quiero que seas más paciente con él, por favor.»

Tu hijo/a tiene cuatro años y...

1. no quiere jugar con el hijo / la hija de un amigo tuyo que ha llegado de visita.
2. te ha preguntado si de veras existe Papá Noel (Santa Clos).
3. no quiere bañarse; siempre grita y corre por toda la casa a la hora del baño.
4. llora cuando no lo/la dejas mirar la televisión.

Tu hermano/a adolescente...

5. se ha enamorado de un(a) chico/a que tiene mala reputación.
6. pasa entre cinco y seis horas al día haciendo los medios sociales (texteando a sus amigos, mirando instagramas y haciendo Snapchat).
7. se ha hecho un pequeño tatuaje de su grupo musical favorito en el pecho. Ahora quiere hacerse varios tatuajes más.
8. últimamente se ha negado a cooperar con los quehaceres de la casa. Nunca limpia su cuarto.
9. insiste en que quiere una gran fiesta de cumpleaños, pero la familia no tiene dinero para una celebración tan cara.
10. se porta mal en la escuela; recientemente ha estado hostigando a chicos menores que él/ella.

Actividad 14 La opinión de dos expertos

A. Aquí tienes la opinión de dos expertos en el campo de la psicología infantil sobre el uso del castigo corporal. Lee sus opiniones y piensa en tu opinión sobre este tema.

DOCTOR JUAN ALBERTO ROMÁN DÍAZ Psicólogo, Universidad de Puerto Rico en Río Piedras	**DOCTORA EMELDA VÉLEZ SAAVEDRA** Pediatra, Santo Domingo, República Dominicana
• La violencia física nunca resuelve el mal comportamiento de los niños.	• A veces el castigo corporal es lo único que les hace poner atención a los niños.
• El castigo corporal muchas veces provoca acciones violentas por parte de los niños.	• Les recomiendo a los padres que no les peguen a sus hijos nunca en un momento de enojo; esperen hasta sentirse más calmados.
• Le recomiendo que mande a su hijo/a a su cuarto. Espere a que los dos se calmen y luego háblele lógicamente sobre sus acciones.	• Péguele únicamente en las nalgas, nunca en las piernas, ni en la cabeza ni en la espalda.
• No le pegue a su hijo/a. Mejor, **prívele**[a] de sus actividades o cosas favoritas.	• Después de la nalgada, le aconsejo que mande a su hijo/a directamente a su cuarto para que piense en lo que hizo.
• Recuerde que el mal comportamiento de su hijo/a siempre debe tener consecuencias; los niños quieren que los padres le pongan límites a su comportamiento.	• Le sugiero que hable con su hijo/a después de una media hora; repítale sus **expectativas**[b] para el comportamiento de él/ella.

[a]*deprive him/her*   [b]*expectations*

B. Ahora, conversa con tu compañero/a.

LA OPINIÓN DE LOS EXPERTOS

1. ¿Dónde y cuándo dice la doctora Vélez que se le debe pegar al niño?
2. Según el doctor Román, ¿qué consecuencias puede tener el castigo corporal?
3. ¿Qué nos recomienda el doctor Román en vez de dar nalgadas?
4. ¿Qué nos aconseja la doctora Vélez para después de dar nalgadas?

TU EXPERIENCIA

5. De niño/a, ¿hiciste algo alguna vez que enojó mucho a tus padres? ¿Qué fue? ¿Te castigaron?
6. De niño/a, ¿te daban nalgadas tus padres?
7. ¿Les pegas a tus hijos? Si no tienes hijos, ¿piensas pegarles cuando los tengas?
8. ¿Estás de acuerdo con la opinión del doctor Román, que la violencia física de los padres provoca acciones violentas en los niños?
9. ¿Estás de acuerdo con la doctora Vélez, que a veces los niños solo ponen atención cuando sus padres les pegan?
10. ¿Qué opinas sobre el castigo corporal? ¿Con cuál de estos dos expertos estás de acuerdo?

C Exprésate

ESCRÍBELO TÚ

Un evento inolvidable

Narra un evento inolvidable de tu pasado. Puede ser una fiesta, una celebración, un incidente, un viaje o un encuentro con alguien. Usa estos pasos para guiarte.

1. Describe la escena: el momento, el lugar y lo que estaba pasando.
2. Cuenta lo que pasó de **pronto** (*suddenly*).
3. Continúa la narración.
4. Narra el resultado e incluye un final.

Mira el modelo, la narración de una experiencia que tuvo Franklin una tarde cuando regresaba a casa en autobús. Las formas de los verbos (pretérito o imperfecto) se identifican entre paréntesis.

MODELO: Una tarde (yo) **estaba esperando** (*imperfecto*) el autobús para ir a casa. A veces uso el transporte público cuando no quiero manejar. Esa tarde **llovía** (*imperfecto*) mucho y yo **me sentía** (*imperfecto*) cansado después de un día difícil en el trabajo. Entonces **vi** (*preterito*) a mi amigo Radamés que **pasaba** (*imperfecto*) en su carro. Lo **saludé** (*pretérito*) y él me **saludó** (*pretérito*) también, pero **no paró** (*pretérito*). El autobús **llegó** (*pretérito*), **me subí** (*pretérito*) y **noté** (*pretérito*) que **estaba** (*imperfecto*) lleno de gente; muchas personas **iban** (*imperfecto*) **de pie.**[a] Por fin **llegamos** (*pretérito*) a mi parada de autobús. **Me bajé** (*pretérito*) y **caminé** (*pretérito*) a casa. La casa **estaba** (*imperfecto*) totalmente oscura, como siempre. Pero entonces, cuando **abrí** (*pretérito*) la puerta, Estefanía y todos mis amigos **me gritaron** (*pretérito*): «¡Feliz cumpleaños, Franklin!» ¿Y sabes quién **estaba** (*imperfecto*) allí también? ¡Mi amigo Radamés! Después de todo, **resultó**[b] (*pretérito*) ser un día maravilloso y una experiencia inolvidable.

Lee y completa la actividad entera en el *Cuaderno de actividades* o Connect.

[a]iban... *were standing*   [b]*it turned out*

Tu pariente menos favorito

Cuéntanos sobre un pariente con quien no te llevas bien. ¿Cuál es el parentesco entre ustedes? ¿Cómo se llama esta persona? ¿Dónde vive? ¿Cuántos años tiene? ¿Cómo es? ¿Por qué no se llevan bien ustedes? ¿Hay posibilidad de que mejore la relación algún día? ¿Quieres que mejore? ¿Qué puedes hacer para lograrlo? Usa la tabla para guiarte.

MODELO: No me llevo nada bien con mi tío John. Él vive en Houston y es bombero. Mi tío tiene cuarenta y ocho años; habla mucho y tiene opiniones muy fuertes. No nos llevamos bien porque siempre me da consejos que no quiero. Él cree que sabe manejar mi vida mucho mejor que yo. Siempre hace comentarios negativos sobre mi ropa, mis amigos, mis notas en la escuela, en fin, sobre todo. Afortunadamente solo veo al tío John una vez al año, en Navidad. Sí, yo quiero que mejore nuestra relación pero creo que va a ser difícil. Yo no puedo hacer nada para lograrlo pero él sí: ¡que cambie de personalidad!

¿CUÁL ES EL PARENTESCO DE USTEDES? ¿CÓMO SE LLAMA ESTA PERSONA?

No me llevo (muy/nada) bien con _____.

No me llevo nada bien con mi tío John.

¿DÓNDE VIVE? ¿EN QUÉ TRABAJA?

Él/Ella vive en _____ y es _____.

Él vive en Houston y es bombero.

¿CUÁNTOS AÑOS TIENE? ¿CÓMO ES?

Mi _____ tiene _____ años; es _____ y _____.

Mi tío tiene cuarenta y ocho años; es muy hablador y tiene opiniones muy fuertes.

¿POR QUÉ NO SE LLEVAN BIEN USTEDES?

No nos llevamos bien porque _____. Él/Ella cree que _____. Siempre/Nunca _____.

No nos llevamos muy bien porque mi tío siempre me da consejos que no quiero. Él cree que sabe manejar mi vida mucho mejor que yo. Siempre hace comentarios negativos sobre mi ropa, mis amigos, mis notas escolares, en fin, sobre todo. Afortunadamente solo veo al tío John una vez al año, en Navidad.

¿HAY POSIBILIDAD DE QUE MEJORE LA RELACIÓN ALGÚN DÍA? ¿QUIERES QUE MEJORE?

Sí/No, yo (no) quiero que mejore pero creo que _____.

Sí, yo quiero que mejore nuestra relación pero creo que va a ser difícil.

¿QUÉ PUEDES HACER PARA LOGRARLO?

Yo (no) puedo _____.

Yo no puedo hacer nada para lograrlo pero él sí: ¡que cambie de personalidad!

Cultura

Mundopedia

Los festivales dominicanos

Evento musical en la Feria Internacional del Libro de Santo Domingo de 2016
©Erika Santelices/AFP/Getty Images

La República Dominicana **cuenta con** una gran cantidad de atractivos culturales y muchos de ellos se
presentan en forma de festival. Los festivales más
importantes de la República Dominicana celebran la
música jazz, el teatro, la danza, el cine, el arte, la
fotografía, la cocina caribeña, el café y los libros,
¡con una multitud de eventos culturales!

EL JAZZ, EL TEATRO Y LA DANZA

El Festival de Jazz de República Dominicana es un
evento que se celebra cada año en la costa norte
del país, en el pueblo de Sosúa, junto al mar.
Muchos participantes de este festival comentan el efecto mágico que tiene
el sonido de las olas cuando se une a la música de grandes intérpretes de
jazz. Para las personas apasionadas por el teatro, la capital dominicana
ofrece el Festival Internacional de Teatro de Santo Domingo. En este evento
se presentan obras, grupos, directores y actores nacionales e internacionales. Los que aman la danza tienen el Festival Edanco, (Palacio de Bellas
Artes de Santo Domingo) en el cual **se lucen** los bailarines del país y de
todo el mundo.

EL CINE, LAS ARTES VISUALES Y LA FOTOGRAFÍA

Las artes visuales tienen un lugar importante entre todas las celebraciones
dominicanas. En Santo Domingo se celebra, por ejemplo, el Festival Dominicano de **Cortometrajes** del Nuevo Cine, que **fomenta** la creación **cinematográfica** en toda la región del Caribe. Los organizadores de este festival se

Vocabulario de consulta	
cuenta con	**tiene**
se lucen	shine (*fig.*)
cortometraje	short film
fomenta	promotes, fosters
cinematográfica	film (*adj.*)
concurrido	well-attended
promueve	promote

enfocan en el impacto del cine independiente en la sociedad y la cultura dominicanas. Otra celebración de películas caribeñas es el Festival de Cine Global Dominicano, que se enfoca tanto en el cine documental como en el dramático. Para los que disfrutan del arte, la República Dominicana organiza la Feria Internacional de Arte, también conocida como la FIART, que se presenta en el Palacio de Bellas Artes de Santo Domingo y ofrece una impresionante galería de las artes visuales y una exposición de arte contemporáneo. Otro evento importante es Photoimagen, el festival de fotografía más grande del país. En este festival participan tanto artistas y profesionales de este campo, como también fotógrafos jóvenes que buscan un público para su obra.

LA COCINA CARIBEÑA Y EL CAFÉ

Entre todos los eventos sobre el arte culinario de la República Dominicana, se destaca Taste Santo Domingo, en el cual se pueden observar deliciosas presentaciones de la cocina dominicana y saborear platos exquisitos preparados por chefs nacionales e internacionales. El café también tiene su celebración especial, el Festicafé, un evento de café orgánico muy **concurrido** que se celebra en Polo, una comunidad en medio de la Sierra de Bahoruco.

LA CELEBRACIÓN DE LOS LIBROS

Uno de los festejos públicos más importantes del Caribe es la Feria Internacional del Libro de Santo Domingo, que se celebra todos los años y tiene lugar en la Plaza de la Cultura Juan Pablo Duarte. Esta feria no solo **promueve** los libros, la literatura y el placer de leer, sino que ofrece una gran variedad de programas culturales. Entre las presentaciones se incluyen música en vivo, danza, teatro de calle y cantantes populares. Y, lo mejor de todo, ¡la entrada es gratis!

La República Dominicana es el país ideal para aquellos que quieran disfrutar de una gran variedad de formas culturales como el cine, el teatro y los libros. Los festivales dominicanos ofrecen de todo para todos.

COMPRENSIÓN

Contesta las preguntas.

1. ¿Dónde tiene lugar el Festival de Jazz de República Dominicana?
2. ¿Qué se presenta en el Festival Internacional de Teatro de Santo Domingo?
3. ¿En qué se enfoca el Festival Dominicano de Cortometrajes del Nuevo Cine?
4. ¿Qué tipo de arte se presenta en la FIART?
5. ¿Quién participa en el festival Photoimagen?
6. ¿Qué festival celebra el arte culinario?
7. ¿Dónde tiene lugar el Festicafé?
8. Además de presentaciones de libros, ¿qué otros programas culturales se presentan en la Feria Internacional del Libro de Santo Domingo?
9. ¿Cuánto cuesta la entrada a los eventos de la Feria Internacional del Libro?

Palabras regionales			
Puerto Rico		**La República Dominicana**	
un coco	un enamoramiento, una fuerte atracción	un chin un fracatón	un poquito una gran cantidad de algo
comer jobo	no asistir a clases	¡Guay!	¡Caramba!, Wow!
un jaleo	un dolor de estómago	un rebú	una pelea entre varias personas
maceta	tacaño/a		

CONEXIÓN CULTURAL

PUERTO RICO, EN BUSCA DE IDENTIDAD

La relación de Puerto Rico con Estados Unidos es compleja. Desde 1952, Puerto Rico es un **estado libre asociado** (*Commonwealth*) de este país y es la única nación hispana que tiene esta designación política. Los puertorriqueños tienen los privilegios de los ciudadanos estadounidenses, pero no tienen representación de voto en las elecciones federales. En cambio, sí pueden **alistarse** (*enlist*) en el ejército y, de hecho, los puertorriqueños han participado en todas las guerras de Estados Unidos desde 1898. Esta situación peculiar de Puerto Rico es motivo de debate y conflicto en la isla caribeña. Para entender mejor este debate, lee la lectura «Puerto Rico: en busca de identidad» en el *Cuaderno de actividades* o en Connect Spanish.

Daños causados por el huracán María en Puerto Rico
Photo courtesy Circe Niezen

Videoteca

Amigos sin Fronteras

Episodio 13: ¡Que vivan los novios!

©McGraw-Hill Education/Klic Video Productions; (inset): ipad (frame): ©McGraw-Hill Education/Klic Video Productions; wedding: ©Javier Rivas Rosales and Magdalena Andrade.

Vocabulario de consulta

¡Que vivan los novios!	Long live the bride and groom!
chistosita	funny
por si acaso	just in case
vigilado	watched
anécdota	anecdote, story
valiente	brave
bostezando	yawning
no había cambiado de opinión	he hadn't changed his mind
¡No es para menos!	Understandably so!

Resumen

Franklin y Radamés están en un café, conversando sobre los planes de boda de Franklin y Estefanía. Luego, Claudia y Nayeli se encuentran con ellos en el café. Nayeli los invita a su casa para mostrarles unas fotos de la boda de su tía Margarita y les cuenta una anécdota chistosa de esta tía. Resulta que (*It turns out that*) Margarita llegó a la iglesia el día de la boda, esperó y esperó, ¡pero el novio no se apareció!

Preparación para el video

A. **¡Comencemos!** Mira la foto y contesta las preguntas.

1. ¿Como se llaman las personas que están viendo las fotos de Nayeli?
2. ¿Cómo están las personas en la foto del iPad?
3. ¿Por qué crees que están así estas personas? ¿Qué crees que está pasando?

Comprensión del video

B. **La idea principal**. Marca la idea principal del video.

1. Las chicas felicitan (*congratulate*) a Franklin porque va a casarse muy pronto.
2. Nayeli cuenta una anécdota para demostrarle a Franklin que es importante que recuerde bien la fecha de su boda.
3. Franklin cree que Radamés no tiene tiempo para casarse y tener familia.
4. La chica de las fotos dijo que no quería quedarse soltera y fue a casa de su novio.

C. **¿Cierto o falso?**

1. Las chicas están contentas porque Franklin va a casarse.
2. Franklin les confiesa a las chicas que a veces se le olvidan las cosas importantes.
3. El padre de Nayeli tomó fotos de la boda de Margarita, la tía de Nayeli.
4. El novio de Margarita llegó muy tarde a la iglesia.
5. El cura no quiso casar a Margarita y a Javier porque Javier llevaba su pijama y no un traje de boda.

©McGraw-Hill Education/Klic Video Productions

D. **Detalles.** Contesta las preguntas según el video.

1. ¿Por qué felicitan Nayeli y Claudia a Franklin?
2. ¿Qué le recomienda Nayeli a Franklin en relación con la fecha de su boda?
3. ¿A quién se le olvidó la fecha de su boda, según Nayeli?
4. Según Nayeli, ¿cómo es su tía? ¿Qué hizo ella antes de la boda?
5. Nayeli les muestra tres fotos al principio de su narración. ¿Cómo están la novia y sus padres en cada una?

©McGraw-Hill Education/Klic Video Productions

Mi país PUERTO RICO Y LA REPÚBLICA DOMINICANA

Comprensión

1. ¿Para qué van a viajar Franklin y Estefanía al Caribe?
2. ¿Qué isla se conoce como la Isla del Encanto?
3. ¿Cómo se llama el único bosque lluvioso de Estados Unidos y dónde está?
4. ¿Cuál es el deporte preferido en Puerto Rico?
5. ¿De quién es la estatua en la plaza enfrente de la catedral en Santo Domingo?
6. ¿Quiénes vivían en Puerto Rico y en la República Dominicana antes de llegar los españoles?
7. ¿Qué actividades se puede hacer en las playas dominicanas? Nombra dos.

La catarata de La Mina en el Parque Nacional el Yunque, Puerto Rico
©Medioimages/Photodisc/Getty Images RF

El Fuerte de San Felipe del Morro, Puerto Rico
©Glow Images/agefotostock RF

Gramática

13.1 Describing: **ser** and **estar**

Marcela Arellano es una mujer muy activa. Por la mañana hizo mucho ejercicio y ahora está muy cansada.

Omar Acosta es un hombre muy feliz. Hoy está deprimido porque no salió muy bien en un examen.

¿Recuerdas?

¿Recuerdas los usos de **estar** que ya aprendiste? Repasa la sección **Los saludos** en el **Capítulo 1**, la sección de **Gramática 2.1** y la sección **Los estados físicos y anímicos** en el **Capítulo 5.**

estar = *to be* (transitory state and location)

¿Cómo está... ? *How is (someone) feeling/doing?*

¿Dónde está... ? *Where is (a person or thing)?*

¿Recuerdas?

¿Recuerdas los usos de **ser** que ya aprendiste? Repasa las secciones de **Gramática 1.1**, **2.4** y **3.1.**

ser = *to be* (inherent quality)

¿Quién es...? *Who is...?*

¿De dónde es...? *Where is (someone/something) from?*

¿Dónde es...? *Where is (an event)?*

¿Cómo es...? *What is (someone/something) like?*

A. To identify someone or something, use the verb **ser** followed by a noun.

—¿Quién **es** ese **muchacho**?	*Who is that boy?*
—**Es Guillermo**, el hermano de Estefanía.	*That's Guillermo, Estefanía's brother.*
—Este **vestido es** muy hermoso.	*This dress is very beautiful.*
—Sí, **es** el **vestido de novia** que llevó mi abuelita.	*Yes, it's the wedding dress that my grandmother wore.*

B. Use the verb **ser** to tell the location of an event.

—¿Dónde va a **ser** la ceremonia?	*Where is the ceremony going to be (held)?*
—**(Va a ser)** En la capilla.	*(It is going to be) In the chapel.*
—¿Dónde **es** la recepción?	*Where is the reception (going to be [held])?*
—**(Es)** En un salón del hotel.	*(It is) In a hall at the hotel.*

C. The verb **ser** is used to tell the date, the month, the day, and the hour.

Hoy **es** el veinticinco de marzo.	*Today is March 25.*
Quiero dormir hasta muy tarde. ¡**Es** domingo!	*I want to sleep in. It's Sunday!*
Son las once de la noche pero no tengo sueño todavía.	*It's 11:00 p.m. but I'm not sleepy yet.*

D. Impersonal expressions also take **ser**.

Es importante que los recién casados tengan una luna de miel inolvidable.	*It is important that the newlyweds have an unforgettable honeymoon.*
No es necesario que gastes tanto dinero en un regalo.	*It isn't necessary that you spend (for you to spend) so much money on a present.*
Es mejor que te acuestes temprano.	*It is better that you go to bed early.*

E. Use the verb **estar** to give the location of people or things.

—¿Dónde **está** el novio?	*Where is the groom?*
—Creo que **está** en el baño.	*I think he is in the bathroom.*

F. To form the progressive tenses, use **estar** with a present participle.

—¿Qué **estaban haciendo** el padrino y la madrina?	*What were the best man and maid of honor doing?*
—**Estaban saludando** a los invitados que llegaban.	*They were greeting the guests who were arriving.*

G. Although **ser** and **estar** are both used with adjectives to describe nouns, they are used in different situations. An adjective with **ser** tells what someone or something is like, emphasizing identification or inherent characteristics. An adjective with **estar** describes the condition of someone or something at a particular moment.

La novia **es** muy hermosa. **Es** alta, de pelo negro y **es** joven.	*The bride is very beautiful. She is tall, has black hair, and is young.*
La boda empieza en dos horas y la novia **está** un poco nerviosa.	*The wedding starts in two hours, and the bride is a bit nervous.*
La clase de historia normalmente **es** interesante, pero hoy Eloy **está** aburrido porque el tema **es** aburrido.	*History class is usually interesting, but today Eloy is bored because the topic is boring.*

By using **estar** with an adjective usually associated with **ser,** we can emphasize how something is or looks *right now*, rather than how it is normally. Thus, the choice between **ser** + *adjective* and **estar** + *adjective* emphasizes the difference between the norm and variation from the norm.

Te aseguro que **generalmente** el mar aquí **es** tranquilo y limpio y las olas **son** pequeñas. Pero **hoy está** todo muy feo. Las olas **están** muy grandes y el mar **está** sucio por la tormenta de anoche.	*I assure you that the ocean here is usually calm and clear, and the waves are small. But today everything is very ugly. The waves are very large, and the ocean is dirty due to last night's storm.*

Because the choice of **ser** and **estar** with an adjective clarifies something as typical or atypical (or especially true for a particular situation), notice how you can convey different meanings even when using the same adjective.

es bonito/a	*is pretty*	**está** bonito/a	*looks pretty*
es generoso/a	*is generous*	**está** generoso/a	*is being generous*
es nervioso/a	*is a nervous person*	**está** nervioso/a	*is nervous now*

La novia **es bonita** y es muy parecida a su madre.	*The bride is pretty, and she looks a lot like her mother.*
¿Viste entrar a la novia? **Está** muy **bonita** con ese vestido elegante.	*Did you see the bride come in? She looks very pretty in that elegant dress. (Here estar implies that she looks especially pretty right now.)*

In a few cases, the meaning of the adjective is quite different depending on whether it is used with **ser** or **estar.**

es aburrido/a	*is boring*	**está** aburrido/a	*is bored*
es listo/a	*is clever*	**está** listo/a	*is ready*
es verde	*is green*	**está** verde	*looks green; is unripe*

—¿Por qué no te gusta la clase? **¿Es aburrido** el profesor?	*Why don't you like the class? Is the professor boring?*
—No, él es buen profesor. Pero no me interesa mucho la estadística y por eso siempre **estoy aburrida** en su clase.	*No, he's a good teacher. But I'm not very interested in statistics and so I'm always bored in his class.*

Ser

Identification: **ser** + noun

Es abogado. / Son los padres de Franklin.

Description: **ser** + adjective

Soy entusiasta. / Eran ricos.

Location of an event: **ser** + location

¿Dónde es la conferencia? /

Los conciertos son en la Peña Cultural.

Estar

The progressive: **estar** + present participle (-ando/-iendo)

Estoy mirando mis fotos de instagram. /

A las cinco estaban nadando.

Description of current condition: **estar** + adjective

¿Estás triste? / Estaban enojados.

Location of someone or something: **estar** + location

¿Dónde está la universidad? /

Mis hijos están en casa de sus abuelos.

Note the difference between **ser** and **estar** in the following cases.

ser	estar
Identification Es hombre.	*Present Progressive* Está comiendo.
Description of Norm Es bonita.	*Description of State* Está enferma.
Location of Event El baile es aquí.	*Location of People, Things* El muchacho está aquí.

Ejercicio 1

Indica el verbo que mejor completa cada oración.

1. La fiesta va a **ser / estar** en el parque.
2. ¡Mira! Eloy y Claudia **son / están** en la tienda de la esquina.
3. Nunca compro la ropa de esa tienda porque **es / está** muy cara.
4. ¿Los chicos que **son / están** jugando en el jardín? **Son / Están** mis primos.
5. **Somos / Estamos** muy cansados. Hicimos mil cosas hoy.
6. Trabajé en la oficina hasta las diez de la noche ayer. **Soy / Estoy** bastante trabajador, ¡pero eso es demasiado!

Ejercicio 2

¿Ser o **estar?** Lee el contexto con mucho cuidado y luego completa las oraciones con la forma correcta del presente de **ser** o **estar. OJO:** Usa el imperfect an la segunda oración del número 5.

1. Antonella _____ muy aburrida porque esta película _____ aburridísima. ¡Prefiere estudiar!
2. —¿Tienes hambre? Come una de esas manzanas.

   —¡Ay, no! Esas _____ manzanas rojas pero todavía _____ verdes. No quiero enfermarme.
3. —Mira: allí van Omar y Marcela. Es su aniversario de boda y _____ saliendo de su casa para ir a cenar.

   —Ah, ¿sí? Por eso _____ tan guapos ahora con esa ropa elegante.
4. —¿Por qué _____ (tú) tan nervioso hoy?

   —¡Porque _____ nervioso! He sido así desde niño; es mi personalidad.
5. —Las olas de esta playa _____ muy pequeñas. Por eso nunca surfeo aquí.

   —Pues, ¡no las viste ayer durante la tormenta! _____ (*imperfect*) muy grandes.
6. Los estudiantes _____ muy listos, pero hoy todavía no _____ listos para el examen final; necesitan estudiar más.

13.2 Informal Commands

A. Singular informal commands are given to people you address with **tú** rather than **usted,** such as your classmates or close friends.

Sebastián, **trae** algunas bebidas para la fiesta.	*Sebastián, bring some drinks for the party.*
Lucía, no **escribas** el mensaje ahora, por favor.	*Lucía, don't write the message now, please.*

¿Recuerdas?

Polite commands are used to give a direct order to someone you address with **usted.** The forms of the polite commands were introduced in **Gramática 11.3.** The forms are the same as the **usted** form of the present subjunctive (see **Gramática 12.1**). Remember that **-ar** verbs take **-e** endings and **-er/-ir** verbs take **-a** endings.

comprar → compre usted

vender → venda usted

asistir → asista usted

B. If the singular familiar command is affirmative, it is identical to the **él/ella** (third person) form of the present indicative.

Claudia, **busca** las palabras en el diccionario y después **escribe** las definiciones.	*Claudia, look up the words in the dictionary and then write down the definitions.*
Sebastián, **come** temprano porque después vamos al cine.	*Sebastián, eat early because afterward we're going to the movies.*

C. If the familiar command is negative, it is identical to the present subjunctive **tú** form.

Negative **tú** commands = present subjunctive **tú** form	
hablar	**no hables (tú)**
comer	**no comas (tú)**
servir	**no sirvas (tú)**
venir	**no vengas (tú)**

No hables con su hermano; habla con su papá.	*Don't talk to his brother; talk to his father.*
No comas tanto, Carlitos, y come más despacio.	*Don't eat so much, Carlitos, and eat more slowly.*

D. Here is the summary of the singular familiar command forms.

-ar VERBS		-er/-ir VERBS	
Affirmative: -a	*Negative:* -es	*Affirmative:* -e	*Negative:* -as
habla	no hables	come	no comas
piensa	no pienses	escribe	no escribas
estudia	no estudies	pide	no pidas

E. Some verbs have an irregular familiar *affirmative* command form; however, in the *negative,* they continue to be identical to the present subjunctive **tú** form.

IRREGULAR FAMILIAR COMMANDS (tú)		
Infinitive	*Affirmative (+)*	*Negative (−)*
decir	di	no digas
hacer	haz	no hagas
ir	ve	no vayas
poner	pon	no pongas
salir	sal	no salgas
ser	sé	no seas
tener	ten	no tengas
venir	ven	no vengas

Ven ahora; **no vengas** mañana.   *Come now; don't come tomorrow.*

Ponlo en tu cuarto; **no** lo **pongas** en la cocina.   *Put it in your room; don't put it in the kitchen.*

Dime la verdad; **no** me **digas** mentiras.   *Tell me the truth; don't tell me lies.*

F. Affirmative **vosotros/as** commands are derived from the infinitive by simply changing the final **-r** to **-d.** Like negative familiar commands, negative **vosotros/as** commands are identical to the present subjunctive **vosotros/as** form.

Infinitive	vosotros/as (+)	vosotros/as (−)
hablar	hablad	no habléis
comer	comed	no comáis
escribir	escribid	no escribáis
decir	decid	no digáis
ir	id	no vayáis
venir	venid	no vengáis

G. Here is a summary of the polite and familiar command forms. Note that with the exception of the affirmative **tú** and **vosotros/as** commands, all commands use subjunctive forms.

SUMMARY OF COMMAND FORMS*				
usted(es)	tú (−)	tú (+)	vosotros/as (−)	vosotros/as (+)
(no) hable(n)	no hables	habla	no habléis	hablad
(no) coma(n)	no comas	come	no comáis	comed
(no) escriba(n)	no escribas	escribe	no escribáis	escribid
(no) diga(n)	no digas	di	no digáis	decid
(no) ponga(n)	no pongas	pon	no pongáis	poned

*Affirmative vos commands drop the **-r** of the infinitive and add an accent to the last vowel: **hablá vos, comé vos, escribí vos, decí vos, vení vos.** Negative **vos** commands are the same as the **tú** subjunctive forms, but these too add an accent to the last vowel: **no hablés vos, no comás vos, no escribás vos, no digás vos, no vengás vos.**

Estas son algunas de las órdenes que Marcela le dio a su hijo Carlitos durante el día. Complétalas con el mandato correcto de la lista.

acuéstate	bájate	habla	lee	sal	ve
apaga	dile	haz	levántate	ten	ven

1. _____ rápido porque vas a llegar tarde a la escuela.

2. _____ conmigo a tu cuarto ahora.

3. _____ cuidado al cruzar la calle.

4. _____ de la casa por un ratito.

5. _____ de ese árbol ahora mismo.

6. _____ con tu papá si quieres una bicicleta nueva.

7. _____ en tu cama y _____ la luz.

8. _____ adiós a tu abuelita.

9. _____ a la sala, donde está tu primo, y _____ uno de tus libros.

10. _____ la tarea ahora y luego puedes mirar la televisión.

Ejercicio 4

Pon los infinitivos en la forma de mandato **(tú/usted)** apropiada para el contexto.

MODELO: Carlitos le habla a su mamá.
«Ay, mamá, no **(servirme)** más fruta; mejor **(darme)** postre.»
«Ay, mamá, no *me sirvas* más fruta; mejor *dame* postre.»

1. El cliente le habla al mesero en un restaurante.

« _____ **(Traerme)** el postre, por favor. No _____ **(darme)** la cuenta ahora.»

2. La cliente y el dependiente conversan en una tienda.

CLIENTE: _____ **(Mostrarme)** ese suéter, por favor. ¿Cuánto cuesta?

DEPENDIENTE: Cuesta mil pesos, señorita.

CLIENTE: ¡No _____ **(decirme)**!

3. La mamá le habla al hijo.

«Un momentito. _____ **(Esperarme)** aquí. No _____ **(irse)** a tu cuarto.»

4. Dos nuevos amigos conversan.

«_____ **(Escribirme)** tu número de teléfono, por favor. No **(dictármelo)**.»

5. El esposo le habla a la esposa.

«_____ **(Mirar)** mi nueva computadora. ¡No _____ **(decirme)** que gasté demasiado dinero!»

6. Estefanía le habla a su novio, Franklin.

«Ay, Franklin, no _____ **(comprar)** dulces; mejor _____ **(comer)** fruta.»

¿Recuerdas?

Remember that object pronouns and reflexive pronouns are attached to the end of affirmative commands, but are placed before negative commands.

No lo hagas hoy; haz**lo** mañana.

Don't do it today; do it tomorrow.

Pon**te** un abrigo; **no te** pongas solo un suéter.

Put on a coat; don't put on just a sweater.

13.3 More Uses of the Subjunctive (Part 1)

A. To form the indirect command *let/have someone else do it*, omit the initial verb of the softened command and start the sentence with **que**.

Quiero que manejen con cuidado.	*I want them to drive carefully.*
¡Que manejen con cuidado!	*Have them drive carefully!*
Sugiero que lo termine Jorge.	*I suggest that Jorge finish it.*
¡Que lo termine Jorge!	*Have/Let Jorge finish it!*

You can also use this form to express good wishes (*May you/he/she . . .*). As before, the initial verb is omitted. For example, you might say the following to a sick person.

Espero que te mejores pronto.	*I hope you get well soon.*
¡Que te mejores pronto!	*(May you) Get well soon!*

Here are other common good wishes. Note the different endings depending on whom you are addressing (**tú, usted,** or **ustedes**).

¡Que tengas buen viaje!	*Have a good (safe) trip!*
¡Que pasen buenas noches!	*Have a nice evening!*
¡Que pase un buen día!	*Have a nice day!*
¡Que duermas bien!	*Sleep well!*
¡Que vuelvan pronto!	*Come back soon!*
¡Que tengas buena suerte!	*Good luck to you!*
¡Que te/le/les vaya bien!	*I hope everything goes well for you!*

B. The word **ojalá** derives from an Arabic expression, adopted into Spanish in the 15th century, that means *If Allah would grant it . . .* Today the expression **Ojalá (que)...** means *I hope (that) . . .* It is used with the present subjunctive.

Ojalá (que) no llueva.	*I hope (that) it doesn't rain.*
Ojalá (que) ella me quiera.	*I hope (that) she loves me.*

C. To express *Let's (do some activity)* in Spanish, use the first-person plural of the present subjunctive.

Preparemos la cena ahora.	*Let's fix dinner now.*
No pongamos música clásica.	*Let's not put on classical music.*

With the verb **ir,** the present indicative **(vamos)** is used to express *let's go* and the present subjunctive is used to express the negative **(no vayamos)**.

No vayamos a la conferencia hoy.	*Let's not go to the conference today.*
Mejor **vamos** al parque.	*Let's go (Better to go) to the park instead.*

Rosario, la mamá de Nayeli, está muy cansada hoy y no quiere hacer nada. Por eso sugiere que sus hijos y su esposo hagan los siguientes quehaceres. Escribe lo que dice Rosario y usa pronombres de complemento directo: **lo, la, los, las.**

MODELO: servir la comida / Beto → *¡Que la sirva Beto!*

1. barrer el patio / Emiliano
2. pagar las cuentas / Emilio
3. desempolvar los muebles / Beto
4. sacar la basura / Izel
5. poner flores allí / Nayeli
6. limpiar el cuarto / Beto

Ejercicio 6

¡Es tu cumpleaños! Usa **ojalá que (no)** para expresar lo que esperas de este día.

MODELO: llover hoy → Ojalá que *no llueva hoy*.

1. recibir muchos regalos (yo)
2. hacer buen tiempo
3. tener que trabajar (yo)
4. estar enfermo/a (mi novio/a)
5. venir a visitarme (mis amigos)

Ejercicio 7

Varios amigos están en tu casa. Haz sugerencias negativas o afirmativas, según las actividades.

MODELO: llamar a Jorge → *(No) Llamemos a Jorge*.

1. escuchar música de hip hop
2. visitar mi página de Facebook
3. hacer ejercicio
4. ir al cine
5. mirar una película en línea

había = *there was/were*

Cuando Ryan llegó al departamento de lenguas para hablar con el profesor Sotomayor, ya había tres estudiantes. Todos esperaban con paciencia. Pero Ryan no quería esperar.

Ryan habló con la recepcionista del departamento y ella le dijo que el profesor Sotomayor no podía atenderlo porque no tenía cita y había varios estudiantes esperando. Ryan se puso furioso y dijo, gritando: «¡Siempre he venido sin hacer cita! ¡El profesor siempre me ha atendido inmediatamente!»

El profesor Franklin Sotomayor salió de su oficina para ver quién gritaba tanto. La secretaria le dijo que un estudiante insistía en entrar inmediatamente, pero que era el último en llegar y además no tenía cita.

El profesor saludó a Ryan cortésmente y le dijo: «¿Por qué estabas gritando, Ryan?» El muchacho contestó que tenía una pregunta sobre la tarea. Entonces el profesor le dijo: «Pues debes esperar tu turno o volver más tarde, ¿está bien?» Ryan dijo que iba a volver más tarde y salió del departamento furioso sin decir nada más. Y el profesor pensó: «¡Qué malos modales tiene ese chico!»

A. English and Spanish each have several verb forms from which to choose that relate past experiences. For example, the verb *to go* has many past forms in English, including *went, used to go, was going,* and *have gone,* among others. Here are some guidelines to help you choose the Spanish form that will best convey the information you want to express.

PRESENT PERFECT

You can use the present perfect to express something you *have already done* or something you *have not done yet.* The present perfect expresses the relationship between a nonspecific past moment and the present moment (in which you are speaking). The words **ya** and **todavía no** help to express this idea.

—¿Tienes hambre o **ya has comido**?

Are you hungry or have you already eaten?

—Sí, tengo hambre; **todavía no he comido.**

Yes, I'm hungry; I haven't eaten yet.

—**No he limpiado** el baño, pero lo voy a hacer mañana.

I haven't cleaned the bathroom, but I am going to do it tomorrow.

¿Recuerdas?

To review past-tense verb forms, see **Gramática 7.4** and **8.1–8.3** for the preterite, **Gramática 10.2–10.4** for the imperfect, **Gramática 11.1** for the present perfect, and **Gramática 11.4** for the use of the imperfect and the preterite together.

| —Pero **dijiste** eso la semana pasada; hoy es martes... ¡y **todavía no lo has hecho**! | *But you said that last week; today is Tuesday and you still haven't done it / haven't done it yet!* |

You can also use the present perfect to ask and answer the question *Have you (ever) . . . ?* This type of question has no reference to the specific time in the past when an event occurred.

| —¿**Has escalado** una montaña alguna vez en tu vida? | *Have you ever in your life climbed a mountain?* |
| —Sí, **he escalado** muchas montañas. / No, nunca **he escalado** una montaña. | *Yes, I've climbed many mountains. / No, I've never climbed a mountain.* |

The present perfect describes something that has happened recently: *My son has sent me three text messages today.* It can also be used to express something a person has done regularly over a period of time, usually requiring the word **siempre.**

| Mi hija **se ha enamorado** de un chico muy agradable. | *My daughter has fallen in love with a very nice young man.* |
| Ángela **siempre ha sacado** buenas notas en sus clases de español. | *Angela has always gotten good grades in her Spanish classes.* |

IMPERFECT

The imperfect tense describes things you *used to do* or *would always do.*

| De niña, siempre **jugaba** con mis muñecas en el patio. | *As a little girl, I always used to play with my dolls on the patio.* |

It is used to describe states of being in the past.

| En la guardería, yo **era** una niñita muy curiosa y nunca **tenía** miedo de nada. | *In kindergarten, I was a very curious little girl and was never afraid of anything.* |

It also describes what someone was doing or what was happening when something else (preterite) interrupted the action.

| **Caminaba** tranquilamente por la calle cuando **oí** los gritos. | *I was walking peacefully down the street when I heard the screams.* |

PRETERITE

The preterite (simple past tense) is used to describe *completed events* that are isolated or sequential in the past.

| Anoche **fui** al cine con mis amigos. **Vimos** una película divertida. Después **comimos** pizza en un restaurante italiano. | *Last night I went to the movies with my friends. We saw a fun movie. Afterward we ate pizza at an Italian restaurant.* |

The preterite is also used to refer to the moments when actions begin or end.

| A las cinco en punto **empezó** a llover. | *At five on the dot it started to rain.* |
| **Entré** en la sala y **dejaron** de hablar. | *I walked into the living room, and they stopped talking.* |

Nunca **he hablado** con el presidente.	*I've never spoken with the president.*
De niña, **hablaba** mucho en clase.	*As a child, I talked a lot in class.*
Ayer **hablé** con mi vecino.	*Yesterday I talked with my neighbor.*

B. To tell a story or relate past events, the preterite forms provide the action for the story and are the most frequently used: **fui, comí, salí, bailé, me divertí, dormí,** and so on. Imperfect forms usually describe the background or set the stage for the story: **vivía, jugaba, llovía, hacía calor.** In the following examples, the information in parentheses indicates what tense the corresponding Spanish verb would be.

> One night I was waiting (*imperfect*) at the bus stop on my way home from work. It was raining (*imperfect*) very hard, and I was (*imperfect*) very tired after a long day at work.

In most stories, after the stage has been set with the imperfect (as in the preceding example), the story line is developed with the preterite.

> Suddenly, I saw (*preterite*) my friend Radamés speed by in his car. I waved (*preterite*) to him, but he didn't stop (*preterite*). He sped (*preterite*) on by without even a glance toward me. The bus arrived (*preterite*) within a few minutes, and I boarded (*preterite*).

Often in a story, description and narration of the main events are intermixed, so the tenses are intermixed as well.

> I immediately noticed (*preterite*) that the bus was (*imperfect*) full and that I had to (*imperfect*) stand. Many other people were standing (*imperfect*), too. Buses were (*imperfect*) always very crowded during rush hour in Northern California.

The preterite is often used to narrate the outcome of a story.

> Finally we arrived (*preterite*) at my stop. I quickly got off (*preterite*) and walked (*preterite*) home. The house was (*imperfect*) dark, but when I opened (*preterite*) the door, about thirty people, including Radamés, shouted (*preterite*) "Happy birthday!" It turned out (*preterite*) to be a very good day after all!

> To tell the action of a story, use the preterite: **fui, salió, comieron, bailaste, nos divertimos.**
>
> To set the scene or describe the background for a story, use the imperfect: **hacía sol, eran las dos y media, todos dormían.**

Ejercicio 8

Aquí Franklin narra una experiencia que tuvo ayer. Escoge el tiempo verbal más apropiado de las dos formas entre paréntesis para completar su narración.

> **Iba** a llamar...
> *I was going to call . . .*
>
> **Fui** a llamar...
> *I went to call . . .*

Siempre **(he disfrutado / disfruté)**[1] mucho de mi trabajo en el *College of Alameda.* ¡Me gusta ser profesor de español! Nunca **(he tenido / tuve)**[2] ningún problema serio en el College, ¡pero ayer me **(pasó / pasaba)**[3] algo muy desagradable! Ayer **(di / daba)**[4] clase hasta las siete y luego **(trabajé / trabajaba)**[5] en mi oficina hasta las ocho de la noche. **(Salí / Salía)**[6] de mi oficina y **(caminé / caminaba)**[7] hasta el estacionamiento para buscar mi carro. **(Hubo / Había)**[8] poca gente en el campus y pocos carros porque ya **(fue / era)**[9] muy tarde. **(Entré / Entraba)**[10] a mi carro. **(Pensé / Pensaba)**[11] en la clase del día siguiente cuando **(vi / veía)**[12] a dos jóvenes que **(caminaron / caminaban)**[13] por el estacionamiento. De repente, uno de ellos **(golpeó / golpeaba)**[14] al otro y los dos **(empezaron / empezaban)**[15] a pelear. ¡**(Estuvieron / Estaban)**[16] golpeándose y **(se gritaron / se gritaban)**[17] insultos! Inmediatamente **(salí / salía)**[18] del carro y traté de separarlos. ¡Entonces uno de ellos me **(atacó / atacaba)**[19] a mí! Les dije que **(fui / iba)**[20] a llamar a la policía y en ese momento por fin **(dejaron / dejaban)**[21] de pelear. Qué chicos tan violentos, ¿no? Por suerte no hay muchos así en mis clases. Pero bueno, por esa razón **(llegué / llegaba)**[22] tarde a casa.

Franklin le cuenta un cuento sobre su niñez a Estefanía. Escoge entre el pretérito y el imperfecto de los verbos entre paréntesis para completar su cuento.

Cuando **(era / fui)**[1] niño, todos los años mi familia y yo **(íbamos / fuimos)**[2] a la Playa del Condado. Siempre **(alquilábamos / alquilamos)**[3] una casa con vista al mar. De día **(nadábamos / nadamos)**[4] en el mar. De noche **(salíamos / salimos)**[5] a cenar a un restaurante elegante y luego **(caminábamos / caminamos)**[6] por la plaza. Una tarde de verano, cuando mi hermanita menor, Janira, **(tenía / tuvo)**[7] seis años, ella y yo **(íbamos / fuimos)**[8] solos a la playa. Nuestros padres **(estaban / estuvieron)**[9] tomando una siesta. Mi hermanita **(jugaba / jugó)**[10] en el agua y yo **(charlaba / charlé)**[11] con unos chicos que ya **(conocía / conocí)**[12] de otros veranos. Después de unos minutos **(miré / miraba)**[13] hacia donde **(estaba / estuvo)**[14] jugando mi hermanita y no la **(veía / vi)**.[15] Mis amigos y yo nos **(metíamos / metimos)**[16] al agua inmediatamente para buscarla, ¡pero no estaba allí! **(Salíamos / Salimos)**[17] del agua preocupados y la **(buscábamos / buscamos)**[18] por toda la playa pero tampoco allí la **(podíamos / pudimos)**[19] encontrar. Yo **(estaba / estuve)**[20] desesperado. Por fin un salvavidas la **(traía / trajo)**[21] adonde nosotros **(estábamos / estuvimos)**.[22] Él la encontró cuando ella **(nadó / nadaba)**[23] lejos de la orilla y la sacó del agua. El salvavidas me dijo que debía tener más cuidado con mi hermanita. ¡Yo **(estaba / estuve)**[24] tan contento de verla que no la **(regañaba / regañé)**[25] ni me **(enojaba / enojé)**[26] con ella!

Lo que aprendí

Al final de este capítulo, ya puedo hablar sobre:

☐ los miembros de la familia extendida.

☐ algunos rituales sociales importantes.

☐ mis relaciones personales.

☐ lo que valoro en mis amigos y en mi (futura) pareja.

☐ mi crianza y los buenos modales.

☐ diferentes estilos de disciplina en el hogar.

Además, ahora puedo:

☐ darles mandatos a los amigos y parientes.

☐ dar consejos y ofrecer soluciones a algunos problemas.

☐ expresar buenos deseos.

☐ usar algunos refranes en forma de consejos.

☐ narrar situaciones simples en el pasado.

Y sé más sobre:

☐ algunos festivales dominicanos importantes y divertidos.

☐ muchos lugares hermosos en Puerto Rico y la República Dominicana.

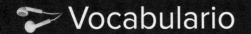

Los lazos familiares y el matrimonio	Family Relationships and Marriage
Repaso: el abuelo (el abuelito) / la abuela (la abuelita), la boda, el/la cuñado/a, el/la esposo/a, el/la gemelo/a, el/la hermanastro/a, el/la hermano/a, el/la hijastro/a, el hijo (único) / la hija (única), la madrastra, la madre, la mamá, el medio hermano / la media hermana, el/la nieto/a, la nuera, el padrastro, el padre, el papá, el/la pariente, el/la primo/a, el/la sobrino/a, el/la suegro/a, el/la tío/a, el yerno	
el ahijado / la ahijada	godson/goddaughter
el bautizo	baptism
el bisabuelo / la bisabuela	great-grandfather / great-grandmother
el compadre / la comadre	*words used to express the relationship between a child's parents and the godparents*
el compromiso	engagement
el cura	priest
la luna de miel	honeymoon
la madrina	godmother; bridesmaid
el noviazgo	courtship; engagement
el novio / la novia	groom/bride
el padrino	godfather; best man in a wedding
los recién casados	newlyweds

Los consejos (Mandatos informales)	Advice (Informal Commands)
acuéstate / no te acuestes	go to bed / don't go to bed
arregla / no arregles	fix, arrange / don't fix, don't arrange
báñate / no te bañes	take a bath / don't take a bath
compra / no compres	buy / don't buy
contesta / no contestes	answer / don't answer
di / no digas	say / don't say
escribe / no escribas	write / don't write
haz / no hagas	do, make / don't do, don't make
juega / no juegues	play / don't play
lávate los dientes / no te laves los dientes	brush your teeth / don't brush your teeth
levántate / no te levantes	get up / don't get up
pide / no pidas	ask (for) / don't ask (for)
sal / no salgas	leave / don't leave
sé / no seas	be / don't be
toca / no toques	touch / don't touch

Las personas	
Papá Noel	Father Christmas, Santa Claus
el varón	male infant, male child
Palabras semejantes: el/la experto/a, Santa Clós	

Acciones recíprocas (Verbos)	Reciprocal actions (Verbs)
Repaso: abrazarse (c), ayudarse, besarse, casarse, comprenderse, conocerse (zc), enojarse, gritarse, hablarse, llevarse bien/mal con, pelearse, textearse, verse *(irreg.)*	
darse *(irreg.)* **la mano**	to shake hands
echarse de menos	to miss each other
enviarse (se envían)	to send (something) to each other
extrañarse	to miss each other
pedirse (i, i) perdón/ disculpas	to ask each other for forgiveness
quererse *(irreg.)*	to love each other
Palabras semejantes: comunicarse (qu), insultarse	

Los verbos	
Repaso: gritar, castigar (gu), extrañar, tener *(irreg.)* ganas de, perder (ie), tocar (qu) a la puerta	
bautizar (c)	to baptize
confiar (confío)	to trust
criar (crío)	to bring up, raise
dar nalgadas	to spank
dejar de + *inf.*	to stop (*doing something*)
desobedecer (zc)	to disobey
echar de menos	to miss (someone)
enamorarse	to fall in love
enojar	to anger
entregar (gu)	to deliver
enviar (envío)	to send
estar *(irreg.)* **de acuerdo**	to agree
evitar(se)	to avoid (each other)
golpear(se)	to beat; to hit; to hit each other
hacerse un tatuaje	to get a tatoo
hostigar (gu)	to bother; harass
imaginarse	to imagine
jalar	to pull
negarse (ie) (gu) a + *inf.*	to refuse to (*do something*)
opinar	to think; to believe
pedir (i, i) permiso	to ask for permission
pegar (gu)	to hit
portarse	to behave

realizar (c)	to achieve, carry out
regañar	to scold
significar (qu)	to mean
tener (*irreg.*) lugar	to take place
unir	to join
valorar	to value

Palabras semejantes: asociar, continuar (continúo), contribuir (y), controlar, cooperar, copiar, existir, insistir, insultar, obligar (gu), provocar (qu), repetir (i, i), separar, sufrir

Los sustantivos

Repaso: el amor, el Caribe, el premio

la amistad	friendship
el anillo de compromiso	engagement ring
el castigo (corporal)	(corporal) punishment
el comportamiento	behavior
la crianza	upbringing
la criatura (marina)	small child / animal (sea animal)
el enojo	anger
la estrella de mar	starfish
el fracaso	failure
los gastos	expenses
el grito	yell, scream
la lealtad	loyalty
la llamada telefónica	phone call
la matrícula	enrollment, registration
los modales	manners
la orden	command
el par	pair
la pareja	couple; partner, mate
el préstamo	loan
el sueño	dream
la voz	voice

Palabras semejantes: el abuso, el área, la característica, el comentario, la cualidad, el divorcio, la especialización, el estrés, el factor, la inteligencia, la paciencia, el ritual, la solución, el subjuntivo, la violencia

Los adjetivos

Repaso: divorciado/a, emocionado/a, enamorado/a, enojado/a, físico/a

cariñoso/a	affectionate
comprometido/a	engaged
demasiado/a	too much
empapado/a	soaked

íntimo/a	private; close
sabio/a	wise
sentado/a	seated
tanto/a(s)	so much; so many

Palabras semejantes: calmado/a, común, estricto/a, extendido/a, extra, incondicional, insistente, obediente, presente, violento/a

Los adverbios

diariamente	daily
incluso	even; including
tan	so
últimamente	lately
únicamente	only

Palabras semejantes: directamente, recientemente, seriamente

Palabras y expresiones útiles

Repaso: contigo

a menudo	often
bajo	under
¡Buena suerte!	Good luck!
conmigo	with me
de pronto	all of a sudden
el/la cual	the one which/that
en vez de	instead of
mío(s)/mía(s)	mine
Momentito	Just a moment
Ojalá	I hope / Let's hope / Hopefully
por eso	for that reason, therefore
por suerte	luckily
¡Que descanses!	Get some rest!
¡Que duermas bien!	Sleep well!
¡Que pases un buen día!	Have a nice day!
¡Que te diviertas!	Have a good time!
¡Que te mejores pronto!	Get well soon!
¡Que tengas buen viaje!	Have a nice trip!
¡Que te vaya bien!	I hope everything goes well!
tuyo/a(s)	yours (*fam. sing.*)

14 De compras

Un mercado de textiles en Antigua, Guatemala

Upon successful completion of **Capítulo 14,** you will be able to talk about a variety of products, the material they are made of, and their uses. You will also be able to discuss shopping for clothes and other items, as well as selling and bargaining. Additionally, you will have learned about some interesting places and people from Guatemala.

www.mhhe.com/connect

©Wendy Connett/robertharding/Getty In

GUATEMALA

Tikal

Estela D, Quiriguá

la iglesia de San Andrés Xecul, Quetzaltenango

Cobán

GUATEMALA

Quetzaltenango

Antigua

Quiriguá

Mixco

CIUDAD DE GUATEMALA

Villa Nueva

el lago Atitlán

el Volcán Acatenango

Amigos sin Fronteras

Franklin, Ana Sofía y Claudia están buscando en *Craigslist* algunas cosas que necesitan. Luego, van a la casa donde se venden los objetos que buscan y allí regatean con el dueño...

www.mhhe.com/conne

©McGraw-Hill Education/Klic Video Productions

Conócenos

Estefanía Rosales Tum
©Fotoluminate LLC/Shutterstock RF

Estefanía Rosales Tum tiene veinticuatro años y su cumpleaños es el diecisiete de febrero. Es guatemalteca; nació en Quetzaltenango, Guatemala, ciudad donde aún viven sus padres y hermanos. Estefanía estudia antropología en la Universidad de California, Berkeley. Le encanta hablar de los temas que le apasionan, como el origen de las especies y la evolución. También le gusta leer, salir a cenar, escuchar música y pasar tiempo con su novio, Franklin. Estefanía, quiere ser profesora de antropología en Guatemala o en Estados Unidos.

©Moisés Castillo/LatinFocus.com

Mi país

cuatrocientos setenta y uno **471**

Comunícate

© Los productos y los materiales

Lee *Gramática 14.1*

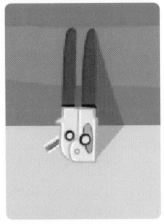

El abrelatas está hecho de plástico y metal.

La sartén es de hierro.

La licuadora es de plástico, vidrio y metal.

El suéter de lana está hecho a mano.

La blusa es de seda y está bordada a mano.

Las tijeras son de acero inoxidable y plástico.

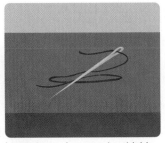

La aguja es de acero inoxidable.

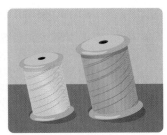

El hilo es de algodón.

Los pantalones vaqueros son de mezclilla.

Las botas son de cuero.   Los zuecos son de goma.

Las joyas son de oro y plata.

El anillo es de oro blanco y diamantes.   El collar es de perlas.

La tabla de surfeo es de fibra de vidrio.

La ventana es de vidrio.

La chimenea es de ladrillo.

el martillo

un trozo de tela (para limpiar)

La mecedora está hecha de madera.

El martillo y las otras herramientas son de acero pero la caja es de cartón.

la falda

¡La compré por treinta quetzales!

el móvil

Lo compré para mi madre.

la licuadora

La compramos para hacer margaritas el día de la fiesta.

Actividad 1 Definiciones: ¿Qué material es?

Lee las definiciones y di qué material corresponde a cada una.

Vocabulario

materia prima	**fabricar**	**envase**

1. Mezcla de hierro (un metal) y carbón que produce otro metal muy resistente. Se usa en la construcción de edificios y para fabricar (manufacturar) herramientas e instrumentos para cirujanos.

2. Material que se deriva del petróleo. Se usa para fabricar botellas, vasos, bolígrafos, cepillos de dientes, aparatos domésticos y muchos objetos más.

3. Es la materia prima que usamos para hacer pisos, fabricar muebles y construir casas. Viene de los árboles.

4. Una piedra preciosa que se deriva del carbón. Algunas mujeres la quieren en sus anillos de compromiso y de matrimonio.

5. Este material es como el papel, pero es mucho más resistente. Se utiliza para fabricar cajas.

6. Objetos rectangulares de varios colores (rojo, anaranjado, beige y color café) hechos de un material derivado de la tierra. Se usan en la construcción de edificios, chimeneas y patios.

7. Este material puede ser natural o sintético. Se usa para hacer guantes para los médicos, zapatos y llantas.

8. Viene de un animal y se usa para asientos de coches, botas, chaquetas, cinturones, bolsas y maletas.

Actividad 2 Los materiales, los productos y sus usos

A. Di de qué están hechos los siguientes objetos.

MODELO: E1: ¿De qué están hechas las tijeras?
E2: Están hechas de acero inoxidable. ¿Y de qué es la camisa?
E1: La camisa es de algodón.

1. una caja
2. la mesa
3. las botas de vaquero
4. el anillo de compromiso
5. el martillo

6. el cinturón
7. las llantas
8. la sartén
9. un abrelatas

Gramática *Expressing What Something Is Made Of*

In Spanish, the phrase **ser de** and the word **de** are used to give information about what an item is made of (material): **La falda *es de* lana. Los pantalones *son de* mezclilla. La blusa *de* seda cuesta mucho.** The phrase **estar hecho/a(s)** is also used. The latter emphasizes the fact that the item is made of a particular material and in this construction the word **hecho** agrees in number and gender with the subject: **El asador *está hecho de* ladrillo. Las tijeras *están hechas de* plástico y acero.**

B. Di para qué se usan estos objetos o materiales.

MODELO: E1: ¿Para qué se usa una impresora?
E2: Se usa para imprimir lo que escribimos en la computadora. ¿Y para qué se usan las cajas de cartón?
E1: Se usan para guardar cosas cuando nos mudamos.

Vocabulario

abrir latas
cortar papel o tela
guardar cosas
hacer abrigos, bufandas...
hacer batidos

hacer botellas, vasos, ventanas...
preparar bebidas
reparar cosas
surfear

1. las herramientas
2. la tabla
3. las tijeras

4. el abrelatas
5. la licuadora
6. la lana

7. el vidrio
8. el plástico
9. la seda

GUATEMALA Y SUS PRODUCTOS

TEXTILES
CAFÉ
MAÍZ
FRUTAS
MADERA
PESCA
VERDURAS
GANADO
BANANO
CAÑA

Gramática *Using Articles In Place of Nouns*

In English and in Spanish, adjectives can be used in place of nouns. In this case, the definite article **(el, la, los, las)** or indefinite article **(uno,* una, unos, unas)** that corresponds to the noun is followed by the adjective.

—¿Te gustan **las rosas rojas o
las blancas**?

Do you like the red roses or the
white ones?

—Me gustan **las rojas**.

I like the red ones.

—¿Quieres comprar **un carro
nuevo o uno usado**?

Do you want to buy a new car or a
used one?

—Quiero comprar **uno usado**.

I want to buy a used one.

Instead of an adjective, you can also use an adjectival phrase with **de**.

—¿Prefieres **las blusas de seda
o las de algodón**?

Do you prefer silk blouses or cotton ones?

—Prefiero **las de seda**.

I prefer silk ones.

Actividad 3 ¿Cuál prefieres?

Vocabulario

bonito/a(s)	**ligero/a(s)**
durable(s)	**práctico/a(s)**
elegante(s)	**tóxico/a(s)**
fácil(es) de usar/limpiar	

Vas a un almacén para comprar algunos objetos. El dependiente te muestra varios y te pregunta cuál prefieres. Expresa tus preferencias pero no menciones el objeto; usa un artículo **(el, la, los, las; uno, una, unos, unas)**.

MODELOS: DEPENDIENTE: ¿Prefiere usted *la sartén de hierro o la de
aluminio?*
  TÚ: Prefiero *la de hierro porque el aluminio es tóxico.*
  DEPENDIENTE: ¿Prefiere usted *unos platos de cerámica o unos
de plástico?*
  TÚ: Prefiero *unos de cerámica porque son más bonitos.*

1. los vasos de vidrio o los de plástico
2. el móvil pequeño o el grande
3. unos pantalones de mezclilla o unos de algodón
4. las tijeras de acero o las de plástico
5. la mesa de madera o la de vidrio
6. una computadora PC o una Mac
7. el abrelatas eléctrico o el manual
8. un asador pequeño o uno grande

---

*Note that **un** is used as an indefinite article with the noun, and **uno** as a pronoun with just the adjective.

Comprando ropa

Lee *Gramática 14.2*

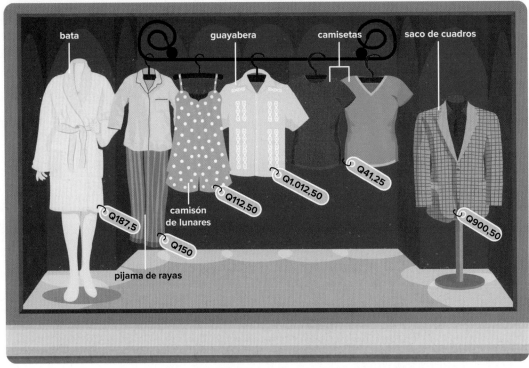

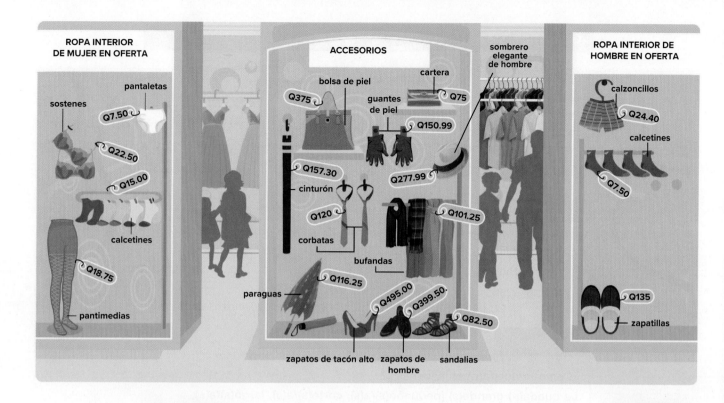

ROPA INTERIOR
DE MUJER EN OFERTA

pantaletas

sostenes

Q7.50

Q22.50

Q15.00

calcetines

Q18.75

pantimedias

ACCESORIOS

bolsa de piel

Q375

guantes
de piel

cartera

Q75

Q150.99

Q157.30

cinturón

Q120

corbatas

Q277.99

Q101.25

bufandas

Q116.25

paraguas

Q495.00

Q399.50

Q82.50

zapatos de tacón alto   zapatos de   sandalias
                         hombre

sombrero
elegante
de hombre

ROPA INTERIOR DE
HOMBRE EN OFERTA

calzoncillos

Q24.40

calcetines

Q7.50

Q135

zapatillas

Actividad 4 Las prendas de ropa

Con tu compañero/a, empareja los objetos con su descripción.

____ 1. las zapatillas

____ 2. el camisón

____ 3. la guayabera

____ 4. la bata

____ 5. la corbata

____ 6. el sostén

____ 7. la bufanda

____ 8. los calcetines

____ 9. los guantes

____ 10. la bolsa

a. Se usa después de bañarse o encima del pijama.

b. Nos los ponemos en los pies, antes de ponernos los zapatos.

c. Se pone en el cuello, especialmente cuando hace frío.

d. Es una prenda de ropa interior para mujeres.

e. Algunas mujeres lo usan para dormir.

f. Los hombres y algunas mujeres la llevan en el cuello cuando llevan traje.

g. Lo llevamos en las manos cuando hace frío.

h. Muchas personas la usan para guardar sus llaves, la cartera y otras cosas.

i. Es una camisa de varios bolsillos que se lleva especialmente en los países del Caribe.

j. Las usamos en vez de zapatos, para andar por la casa.

¡Me queda pequeño y apretado este saco!
©McGraw-Hill Education/Federico Gil

Comunícate Comprando ropa

Gramática *The Verb* quedar

When used in the context of trying on clothes, the verb **quedar** has the same grammatical structure as the verb **gustar**:

Me gusta el vestido. (El vestido **me gusta**.) / **Me queda** bien el vestido. (El vestido **me queda** bien.)

Le gustan los pantalones. / **Le quedan** apretados los pantalones.

A los chicos **les gustan** las camisetas. / A los chicos **les quedan** grandes las camisetas.

Actividad 5   ¿Cómo me queda?

Algunos miembros del club Amigos sin Fronteras van de compras. Todos encuentran algo que les gusta y se lo prueban. Di cómo les quedan estas prendas de ropa.

MODELO: **E1:** ¿Cómo le queda *la blusa* a *Estefanía*?
E2: Le queda *muy suelta. Necesita una talla más pequeña.*

Vocabulario

¿Cómo le queda(n) el/la/los/las...?

Le queda(n) grande(s) [pequeño(s)/a(s), corto(s)/a(s), largo(s)/a(s), apretado(s)/a(s), suelto(s)/a(s).]

Necesita una talla más grande/pequeña.

(No) Le queda(n) (muy) bien/mal.

Estefanía

Camila

Radamés

Lucía

Sebastián

Ana Sofía

Vocabulario

Quiero/Necesito probármelo(s)/la(s).

    ¿Dónde están los probadores?

    ¿Qué talla usa/lleva?

    ¿En qué color lo(s)/la(s) quiere?

    Pruébese este/estos/esta(s).

¿Cómo le queda(n)?

    Creo que (no) me queda(n) bien/mal.

    Este/Esta/Estos/Estas sí/tampoco me...

¿Aceptan tarjetas de crédito?

    Sí, por supuesto. / No, solamente efectivo.

    Me lo(s)/la(s) llevo.

¿Cuánto cuesta(n)?

    Está(n) en oferta por / rebajado(s)/a(s) a...

    ¡Qué ganga! / ¡Qué caro(s)/a(s)! / ¡Qué barato(s)/a(s)!

©Michael Krasowitz/Getty Images

A estas amigas les gusta ir de compras juntas. Hoy buscan pantalones de mezclilla.

Imagínate que estás en Guatemala estudiando español y necesitas ropa nueva para ir a una fiesta. Trabaja con tu compañero/a para escribir la conversación con el/la dependiente de una tienda.

DEPENDIENTE/A: Buenas tardes, ¿en qué puedo servirle?

        CLIENTE: Pues, voy a ir a una fiesta. Quisiera...

DEPENDIENTE/A: Sí, como no. ¿Qué talla usa/lleva?

        CLIENTE: Creo que...

DEPENDIENTE/A: A ver, le ayudo a buscar. ¿En qué color lo(s)/la(s) quiere?

        CLIENTE: Pues tal vez en... o en...

DEPENDIENTE/A: Mire, aquí tiene...

        CLIENTE: Perfecto, quiero probármelo/la(s). ¿Dónde están los probadores?

  DEPENDIENTE/: ...

Cinco minutos más tarde.

DEPENDIENTE/A: ¿Cómo le queda(n)?

        CLIENTE: Pues realmente no... Creo que necesito...

DEPENDIENTE/A: ...

        CLIENTE: ...

DEPENDIENTE/A: Ese(a/os/as) sí le queda(n) bien.

        CLIENTE: ¿Cuánto cuesta(n)... ?

           ...

Cultura *La moneda nacional de Guatemala*

La moneda de Estados Unidos es el dólar; la de Guatemala es el **quetzal**. En Guatemala, se usa la **Q** de quetzal antes de un precio y un punto antes de los centavos (*cents*): Q235.50 = doscientos treinta y cinco quetzales con cincuenta centavos. Un dólar estadounidense es más o menos igual a Q7.50; se puede encontrar el tipo de cambio actual (*current exchange rate*) en el Internet.

A. ¿Dónde se compran estas cosas?

MODELO: los dulces → *Los dulces se compran en la dulcería.*

1. un pastel	**7.** el perfume
2. las flores	**8.** las tortillas
3. un collar (las joyas)	**9.** la carne
4. los zapatos	**10.** unos plátanos
5. un libro	**11.** los muebles
6. el pan	**12.** un helado

B. Hoy en día muchas cosas no se compran en tiendas tradicionales. Conversa con tu compañero/a sobre dónde compra él/ella las cosas que necesita.

1. ¿Cómo se llama tu zapatería favorita? ¿Por qué compras los zapatos allí?

2. ¿Hay muchas librerías en tu ciudad? ¿Cuál prefieres? ¿Por qué? ¿Compras muchos libros allí? ¿Prefieres comprar libros en una librería o bajar la versión electrónica a tu tableta? ¿Por qué?

3. Cuando quieres escuchar música, ¿compras canciones de iTunes o de otros sitios Web? ¿Cuáles prefieres? Y para mirar películas, ¿compras (o alquilas) discos blu-ray o tienes servicio de streaming de compañías como Netflix y Hulu? ¿Por qué?

4. ¿Compras el pan en el supermercado o vas a una panadería? ¿Hay una panadería buena en tu barrio? ¿Cómo se llama?

5. ¿Compras chocolates para el Día de la Madre? ¿Y los compras para el Día de los Enamorados? ¿Cómo se llama la dulcería más popular donde tú vives? ¿Comes chocolates y dulces con frecuencia? ¿Por qué?

Actividad 8 Entre amigos

Vocabulario

¿Me prestas... ?

No puedo, está(n) descompuesto/a(s).

Lo siento, se lo/ la/los/las presté a... ayer.

Lo siento pero lo/ la/los/las necesito hoy.

Con mucho gusto te lo/la/ los/las presto.

Lo siento, no tengo...

Lee las situaciones y pídele prestadas a tu compañero/a las cosas de la lista. Contéstale usando algunas de las frases del **Vocabulario.** Luego, cambien los papeles.

un abrigo	**cincuenta dólares**	**el móvil**
el asador	**los esquíes**	**una sillas**
el carro	**el libro de texto**	

MODELO: E1: Quiero asar unos pollos para la fiesta de esta noche. ¿Me prestas *el asador?*
    E2: Con mucho gusto *te lo* presto. (Lo siento, *se lo* presté a mi hermano ayer.)

1. Hace mucho frío y necesito salir al mercado. ¿Me prestas... ?

2. Tengo una reunión del club Amigos sin Fronteras en mi casa y somos diez. ¿Me prestas...?

3. Se me descompuso el carro y tengo que trabajar. ¿Me prestas... ?

4. Necesito hacer una llamada urgente y mi teléfono no funciona. ¿Me prestas... ?

5. Quiero hacer una carne asada hoy. ¿Me prestas... ?

6. Voy a ir a esquiar con unos amigos. ¿Me prestas... ?

7. Tengo un examen mañana en mi clase de biología y se me perdió el libro de texto. ¿Me prestas... ?

8. Tengo que comprarle un regalo a mi novio/a y necesito dinero. ¿Me prestas... ?

Actividad 9 Electrónica Centroamericana

Vocabulario

a plazos

pagos
    mensuales

al contado

A. Mira el anuncio de la compañía guatemalteca Electrónica Centroamericana y hazle preguntas a tu compañero/a sobre los precios de estos aparatos.

MODELO: **E1:** ¿Cuánto cuesta *la refrigeradora*? ¿Cuánto hay que pagar al mes?
E2: Cuesta *Q10.500.*^{00} en total. Hay que pagar *Q875.*^{00} al mes.

 # ELECTRÓNICA CENTROAMERICANA

TECNOLOGÍA ⚡ FRESCURA

VIVÍS LA TECNOLOGÍA EN **12 PAGOS MENSUALES**

 refrigeradora 36" dispensador de agua
12XQ875.^{00} pagos mensuales

 estufa policromada
12XQ875.^{00} pagos mensuales

 secadora eficiente
12XQ215.^{00} pagos mensuales

 lavadora carga frontal filtro de pelusa
12X345.^{00} pagos mensuales

 lavaplatos
12XQ565.^{00} pagos mensuales

 congeladora horizontal
12XQ225.^{00} pagos mensuales

 tetera apagado automático
Q875.^{00} precio contado

 licuadora alta capacidad
Q475.^{00} precio contado

 aspiradora anti polen
Q1.425.^{00} precio contado

 ventilador pedestal 16"
Q285.^{00} precio contado

 impresora multiusos fax, escáner fotocopiadora
Q1.750.^{00} precio contado

 televisor de pantalla plana
12 X Q1.100.^{00} pagos mensuales

OFERTAS VÁLIDAS EN TODAS LAS TIENDAS

Metronorte
Centro Comercial Miraflores
Metrocentro Villanueva
C.C. Plaza Express San Cristóbal

C.C. Pradera Xela
Plaza Américas Plazatenango
C.C. Coatepeque
Cobán Plaza Magdalena

Lengua *Variaciones léxicas*

En el mundo hispano hay variantes regionales del español. Por ejemplo, hay varias palabras para *refrigerator:* **el frigorífico, el frigo** (coloquial), **el refrigerador, el refri** (coloquial), **la nevera, la heladera.** En Guatemala dicen **la refrigeradora.** Otra palabra que cambia en muchos países es *stove.* En España y Argentina, por ejemplo, le llaman **la cocina** (**cocina de gas, cocina eléctrica**) pero en Guatemala, como en muchos otros países, se dice **la estufa.**

B. Ahora, conversa con tu compañero/a.

   1. En tu opinión, de los aparatos modernos, ¿cuál es el más útil? ¿Más o menos cuánto cuesta ese aparato donde tú vives? ¿Necesitas comprarlo o ya tienes uno? ¿Cuál es el aparato moderno menos útil? Si ya tienes uno, ¿por qué lo compraste?

   2. Cada día hay más aparatos nuevos. ¿Crees que uno debe comprar los aparatos en cuanto salen al mercado? ¿Por qué?

   3. ¿Conoces a gente que cambia sus muebles, su móvil, su coche u otro objeto con frecuencia para tener lo último que sale al mercado? ¿Por qué crees que lo hacen?

   4. ¿Cuándo debe uno comprar las cosas: cuando las necesita, en cuanto salen al mercado, cuando están en oferta? ¿Por qué? ¿Has comprado algo que no necesitabas solamente porque estaba en oferta? ¿Qué compraste?

   5. ¿Crees que comprar todo lo que uno quiere aunque no lo necesite es bueno o malo para la economía? ¿Por qué? ¿Es bueno o malo para el ambiente? Explica.

Lengua *Cómo expresar los números*

En español, los números se expresan solamente de una manera. Por ejemplo, para expresar 1.200, se dice **mil doscientos** solamente; no hay un equivalente para el inglés *twelve hundred*.

¿Recuerdas?

Here is a short review of the numbers up to the thousands and millions, which you learned in **Capítulo 2** and **Capítulo 7**.

1.000	**mil**	500.000	**quinientos mil**
2.000	**dos mil**	879.000	**ochocientos setenta y nueve mil**
9.000	**nueve mil**	1.000.000	**un millón**
12.000	**doce mil**	9.900.000	**nueve millones novecientos mil**
25.000	**veinticinco mil**	20.000.000	**veinte millones**
100.000	**cien mil**	50.000.000	**cincuenta millones**
133.000	**ciento treinta y tres mil**	100.000.000	**cien millones**

When quantifying people or objects, if the words **millón/millones** will be followed by a noun, use of the preposition **de** is required.

Hay mil personas en el teatro hoy.

Hay un **millón de personas** en las calles hoy.

Hay dos **millones** trescientos dólares en su cuenta.

C Hablando de las compras y el regateo

LOS MERCADOS AL AIRE LIBRE

En muchas ciudades del mundo hispano hay mercados donde se vende una variedad de cosas al aire libre. Tienen lugar[a] durante uno o varios días de la semana en lugares públicos, como un estacionamiento,[b] una plaza o una calle que se cierra al tráfico. Estos mercados tienen muchos puestos[c] y, por lo general, cada puesto tiene un toldo[d] para proteger al vendedor y a los clientes del sol y de la lluvia. En estos mercados uno puede comprar productos muy variados: frutas y verduras frescas, ropa, plantas, artesanías y a veces objetos de segunda mano.

Estas mujeres guatemaltecas hacen sus compras en un mercado al aire libre.
©Lissa Harrison

Los mercados al aire libre tienen diferentes nombres. Mercadillo es el nombre genérico que se usa en España, donde también lo llaman rastro o rastrillo. En Madrid desde 1740 hay uno muy famoso, El Rastro, y tiene lugar todos los domingos y días feriados cerca de la Plaza Mayor. En México y partes de Centroamérica un mercado así es un tianguis. Esta palabra se deriva del náhuatl *tianquiztl*, que significa mercado y también cosecha.[e]

Hay pueblos que se fundaron inicialmente como mercados regionales, entre ellos El Tajín y Santiago Tianguistenco, los dos en México, y Chichicastenango en Guatemala. Chichicastenango es ahora un pueblo de la región del quiché.[f] En su fascinante y famoso mercado, los vendedores—muchos de ellos indígenas que hablan la lengua quiché—llegan desde lejos los jueves y los domingos con su mercancía. Llevan fruta, verdura, maíz, frijol, pollos, carne, utensilios de cocina, cerámica y mucho más.

Las guías turísticas recomiendan que los que van al mercado de Chichicastenango regateen mucho. También aconsejan que vayan por la tarde porque los vendedores bajan el precio un poco para poder venderlo todo antes de regresar a casa. Para mucha gente lo mejor de este mercado son las artesanías, sobre todo los huipiles. Estas blusas típicas de mujer están bordadas a mano y requieren semanas de trabajo. Se venden por entre $65,00 y $132,00 o más si el trabajo está finamente hecho y los diseños son muy delicados. Los huipiles son los más populares entre los turistas pero también se venden hermosos rebozos,[g] cinturones bordados, cintas[h] para el pelo y otras prendas. Los que visitan este mercado pueden encontrar regalos lindos para la familia y los amigos a buenos precios. Y por supuesto, en el mercado también hay puestos en donde se venden frescas bebidas como horchata y comidas sencillas como tortillas hechas a mano con puré de frijoles. Los clientes pueden descansar y disfrutar de esta comida típica después de un día largo de regateo.

---

[a]Tienen... *They take place* [b]*parking lot* [c]*stands* [d]*tarp, usually plastic* [e]*harvest* [f]grupo indígena de mayas en Guatemala [g]*shawls, wraps* [h]*ribbons*

Actividad 10 En un mercado al aire libre

Mira esta mercancía guatemalteca y escoge lo que vas a comprar. Luego, escribe un diálogo con tu compañero/a. Una persona es el vendedor / la vendedora y la otra es el/la cliente. ¡Recuerda que debes regatear!

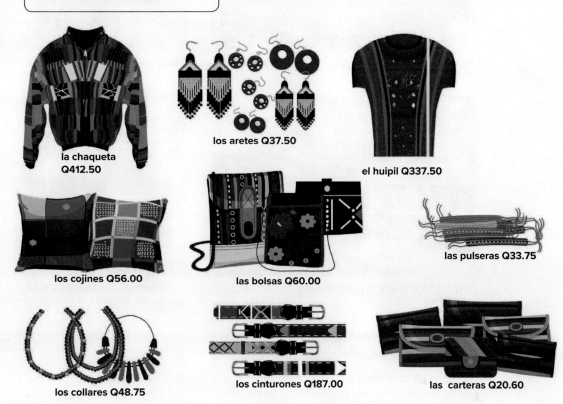

la chaqueta
Q412.50

los aretes Q37.50

el huipil Q337.50

los cojines Q56.00

las bolsas Q60.00

las pulseras Q33.75

los collares Q48.75

los cinturones Q187.00

las carteras Q20.60

MODELO: VENDEDOR(A): ¡Buenas, señor(a)/señorita! Tengo muchos objetos típicos de Guatemala. Pase y vea. Le van a encantar. ¿Busca algo en particular?
CLIENTE: Pues sí, quiero...
VENDEDOR(A): Aquí tengo tres, ¿cuál le gusta?
CLIENTE: ...

Cultura *El regateo*

Regatear es una práctica común en mercados por todo el mundo. En muchos lugares, los vendedores saben que los clientes, especialmente los turistas, van a regatear. Esta práctica puede ser divertida, aunque a veces los vendedores sienten que los clientes no respetan su trabajo cuando insisten en bajar mucho el precio. Por otra parte, los turistas con frecuencia sienten que el vendedor los está estafando (*cheating*) si no consiguen el precio más bajo. Es importante que los compradores piensen en el valor intrínseco del objeto que quieren comprar, así como en el trabajo del artesano.

 **Gastos y ahorros**

Lee *Gramática 14.4*

A veces compramos cosas que no necesitamos en vez de ahorrar.

Algunas personas saben desde pequeñas que ahorrar es importante, pero otras no creen que sea necesario.

Familia Retamoza:
Ahorros $21.304,95 / Deudas $00,00

Esta familia dice que está preparada para cualquier emergencia.

Familia Martínez:
Ahorros $00,00 / Deudas $988.190,76

Me sorprende que algunas personas gasten más de lo que ganan. ¡Eso puede causarles grandes problemas!

Cultura *¡¿Esto es una ganga?!*

Según un dicho popular, un elefante que cuesta diez centavos es una ganga solamente si necesitas un elefante y no necesitas los diez centavos para algo más importante. ¿Estás de acuerdo?

Gramática *Making Assertions vs. Casting Doubt*

Use **indicative** forms after phrases that make assertions.

> **creer que, decir que, pensar que, es cierto/indudable/seguro/verdad que**

Use **subjunctive** forms after phrases that cast doubt.

> **no creer que, dudar que, es dudoso que, es (im)posible que, es (im)probable que, no es cierto/seguro/verdad que**

Actividad 11 Una venta de zaguán

Los miembros del club Amigos sin Fronteras están en una venta de zaguán. Mira los objetos en la tabla y luego, con tu compañero/a, haz comentarios sobre por qué los miembros del club van / no van / posiblemente vayan a comprar cada objeto.

MODELO:
> **E1:** ¿Crees que Franklin quiere comprar *una guitarra acústica?*
> **E2:** No, no creo (dudo) que Franklin *quiera una guitarra acústica.*
> **E1:** ¿Y Ángela?
> **E2:** Es posible que ella compre *la guitarra acústica para su hijo.*
> **E1:** ¿Y Radamés?
> **E2:** Sí, seguro que *Radamés la quiere comprar porque él es músico.*

	una guitarra acústica	un libro de cocina	una cafetera eléctrica	una raqueta de tenis	un diccionario de español	una tableta iPad usada
Franklin, profesor de español	Si es una ganga, tal vez.	No.	Sí.	No la necesita.	Sí, para su clase.	Es probable.
Ángela, estudiante de español	Tal vez, para su hijo Andrés.	Si es una ganga, tal vez.	No, ya tiene una.	No la necesita.	Sí.	Sí, para sus hijos.
Radamés, músico	Sí.	No.	Sí.	No la necesita.	No lo necesita.	Sí.
Camila, jugadora de tenis	No.	Tal vez.	Si es una ganga, tal vez.	Sí.	Sí.	Ya tiene una nueva.
Sebastián, el «gran» chef	No.	Sí.	Sí, para hacerle café a Radamés.	No.	No lo necesita.	Tal vez.

Cultura *Una ayuda para la economía*

Muchos inmigrantes hispanohablantes que trabajan en otros países mandan una parte de su sueldo mensual a la familia en su país de origen. La palabra para referirse al dinero enviado es **remesa**. Las remesas familiares que llegan a Guatemala desde Estados Unidos y otros países son muy importantes pues **mantienen a flote** (*keep afloat*) la economía del país.

Actividad 12 Gastos, compras y ahorros

A. Trabaja con tu compañero/a para emparejar acciones y resultados/consecuencias, según las opiniones de ustedes. **OJO:** Algunas acciones pueden tener más de un resultado/consecuencia.

ACCIONES

1. Comprar mercancía barata en los países en vías de desarrollo...

2. Cambiar de coche cada dos años o comprar un coche de lujo...

3. Gastar más de lo que podemos pagar con nuestro sueldo...

4. Comprar frutas y verduras frescas en los mercados al aire libre...

5. Comprar un refrigerador más moderno aunque el nuestro funcione bien...

6. Gastar menos y ahorrar más...

7. Comprar objetos usados y ropa de segunda mano...

8. Comprar cosas cuando están en oferta...

9. Comprar a crédito un modelo más moderno...

10. Pedir préstamos para salir de vacaciones o hacerle mejoras a la casa...

RESULTADOS/CONSECUENCIAS

a. ayuda a mejorar la economía.

b. puede ayudarnos a conservar energía.

c. es agradable pero estresante.

d. nos ayuda a estar preparados para las emergencias de la vida.

e. es bueno si les pagamos precios justos a los artesanos/fabricantes.

f. es buena idea solo en una emergencia y si es algo indispensable.

g. es bueno para la salud personal y para la economía local.

h. puede dañar el ambiente.

i. es buena idea pero solamente si los/las necesitamos y podemos pagarlos/las en efectivo.

j. es bueno porque podemos tener lo que nos gusta y ahorrar al mismo tiempo.

B. Con tu compañero/a, haz una lista de seis ideas para ahorrar dinero. Sugieran ideas que ayuden a otros estudiantes como ustedes.

Actividad 13 Consejos: ¿gastar o ahorrar?

Lee las siguientes situaciones. Luego, con tu compañero/a, inventa varios consejos para estas personas. En cada caso digan si es mejor gastar el dinero o ahorrarlo.

1. Radamés acaba de recibir un cheque de un pariente para su cumpleaños por la cantidad de $300,00. ¿Qué debe hacer, gastarlo en entradas para un concierto o ahorrarlo? ¿Por qué?

2. Ángela trabajó muchas horas extra el mes pasado y ahora tiene $500,00 extra. Uno de sus hijos quiere un iPad nuevo para Navidad. ¿Debe comprárselo o ahorrar el dinero? Explica.

3. Camila tiene $7.500,00 ahorrados en el banco para sus gastos en Berkeley. Ya es junio y no va a tomar cursos en el verano. Por esta razón, piensa gastar todo el dinero en un coche usado. ¿Qué le aconsejas? ¿Por qué?

4. Franklin y Estefanía están preparándose para su boda. Han ahorrado por varios años para tener una boda muy elegante e ir de luna de miel a un país del Caribe. ¿Qué les recomiendas que hagan? Explica.

5. Rodrigo va a trabajar en la universidad durante julio y agosto. Va a ganar más o menos $6.500,00. Quiere usar ese dinero para viajar por Europa. Detalles: Sus libros en la universidad cuestan más cada semestre y su hijo va a entrar a primer año y necesita uniformes, zapatos y libros. Rodrigo necesita descansar y tiene muchas ganas de conocer Europa. ¿Qué debe hacer?

Actividad 14 ¡Te ganaste la lotería!

Imagínate que te has ganado dos millones de dólares en la lotería. Escribe una lista de las cosas que les vas a comprar de regalo a cinco familiares o amigos y di por qué. Luego, comparte tu lista con tu compañero/a y di también cuánto de ese dinero piensas poner en ahorros y por qué.

Lotería Monterrico

¡Háganse ricos en Monterrico!

MODELO: **E1:** Yo voy a comprar un carro nuevo para mi mamá porque el que ella tiene ya no funciona bien... También voy a comprar un... para...

E2: ¿Y cuánto piensas poner en ahorros?

E1: Pienso poner... porque... ¿Y tú?

Exprésate

ESCRÍBELO TÚ

Vivo dentro de mis posibilidades

Escribe un ensayo sobre lo que haces para vivir dentro de tus posibilidades. ¿Prefieres gastar dinero o ahorrarlo? En tu opinión, ¿es importante ahorrar? ¿Por qué? ¿Cuánto ahorras al mes? ¿En qué gastas más dinero: en comida, en libros, en música, en ropa, en el alquiler de la casa o apartamento, en el carro? ¿Tienes un presupuesto? Descríbelo. ¿Es fácil para ti ajustarte a ese presupuesto? ¿Por qué? Si no tienes un presupuesto, ¿cómo decides en qué gastar tu dinero? Completa la actividad en el *Cuaderno de actividades* o en Connect Spanish.

CUÉNTANOS

Un regalo

Háblanos sobre algo que compraste para otra persona, un regalo que fue un gran éxito o un gran fracaso. Di:

- qué compraste y descríbelo **(Compré un suéter azul de lana muy...)**
- dónde lo compraste **(en un tianguis)**
- para quién **(para mi novia)**
- por qué **(porque era su cumpleaños)**

Si tienes una foto, tráela para mostrársela a la clase. Finalmente, explica bien por qué fue un éxito o un fracaso ese regalo. **(Fue un gran éxito porque a ella le gustó mucho y luego todas sus amigas querían uno igual).**

Comunícate Gastos y ahorros   cuatrocientos ochenta y nueve **489**

Cultura

Mundopedia

El misterio de las ciudades mayas

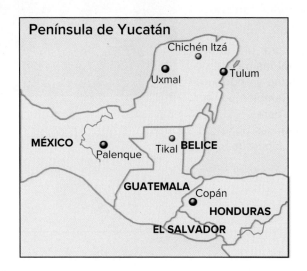

Península de Yucatán

Chichén Itzá

Uxmal
Tulum

MÉXICO
Palenque
Tikal BELICE

GUATEMALA
Copán

HONDURAS

EL SALVADOR

Vocabulario de consulta	
surgió	came into being
escritura	writing
se destacan	stand out
d.C.	**después de Cristo** (A.D.)
fuentes	sources
guerras	wars
Sea cual sea	Whatever may be

La civilización maya **surgió** en la vasta región llamada Mesoamérica, en el territorio hoy formado por cinco estados mexicanos del sureste de México: Campeche, Chiapas, Quintana Roo, Tabasco y Yucatán; y en Guatemala, Belice, Honduras y El Salvador. En todos esos lugares se pueden admirar ahora extraordinarias ruinas de una civilización avanzada que duró 3.000 años y cayó en decadencia antes de la llegada de los españoles.

LA CULTURA Y LA RELIGIÓN

Los mayas produjeron obras de arquitectura, escultura, pintura, cerámica y joyería. Inventaron sistemas de numeración que incluían el cero y una **escritura** que aún no se ha podido interpretar totalmente. Tenían también conocimientos avanzados de la astronomía y construyeron observatorios astronómicos. Basándose en esos observatorios, los mayas inventaron calendarios muy exactos y tablas que incluían predicciones precisas de los eclipses del sol y de la luna. Sus ceremonias religiosas también se relacionaban con la astronomía y formaban una parte esencial de su rica cultura.

DOS CIUDADES MAYAS

Las hermosas ciudades mayas surgieron en los bosques tropicales de lo que hoy es el sureste de México y en Centroamérica. Entre las ruinas más conocidas de estas ciudades —Palenque, Tikal, Tulum, Chichén Itzá, Copán y Uxmal— **se destacan** Chichén Itzá en México y Tikal en Guatemala. Chichén Itzá fue el centro religioso y político de Yucatán. Tikal fue la ciudad más grande de la América precolombina.

TIKAL, GUATEMALA

Al estar en Tikal, uno puede imaginarse la belleza del mundo prehispánico. En su momento de prosperidad, Tikal tenía una población de 50.000 habitantes. Era una ciudad de tres mil hermosas construcciones, todas distintas: templos, palacios y cinco pirámides. En el palacio ceremonial hay más de doscientos monumentos de piedra, altares y figuras. La estructura más conocida es el Templo del Gran Jaguar. Es un templo funerario construido en el año 700 **d.C.** que se utilizaba para ceremonias rituales. Tiene más o menos cuarenta y cinco metros de altura y la forma de pirámide. Hoy en día sorprende más el hecho de que Tikal, una ciudad tan grande, pudo sostenerse en una zona selvática donde no hay **fuentes** de agua. El agua que tenían era solamente de la lluvia; la recogían en diez estructuras en forma de botella llamadas «chultunes».

CHICHÉN ITZÁ, MÉXICO

Las ruinas mayas en Tikal, Guatemala
©Melba Photo Agency/Alamy RF

Chichén Itzá está en la parte oriental de la península de Yucatán, en México. Es uno de los principales sitios arqueológicos de México y fue una de las ciudades mayas más grandes. En sus ruinas hay una gran variedad de estilos arquitectónicos. Fundada alrededor del 525 d.C., Chichén Itzá se convirtió en una capital regional importante en el siglo IX, que dominaba la vida política, sociocultural y económica de las tierras mayas del norte. Una construcción impresionante de Chichén Itzá es el Caracol, que se usaba como observatorio astronómico y que tiene la forma de un observatorio de épocas recientes. Pero la más impresionante es el Castillo o la Pirámide de Kukulkán, que culmina en un templo. Todavía hoy se celebra allí el equinoccio primaveral con una interesante ceremonia basada en los grandes conocimientos de astronomía de los mayas.

EL FINAL DE UNA CULTURA

Los antiguos mayas, creadores de Tikal y Chichén Itzá, abandonaron estas ciudades mucho antes de la llegada de los españoles. La razón es un misterio. Los estudiosos ofrecen varias explicaciones posibles: epidemias, cambios en el clima, **guerras**, sequías, sobrepoblación. Hay quienes dicen que los mayas no pudieron sobrevivir dedicándose a la agricultura en los bosques tropicales. Se dice también que el cambio más significativo fue la desaparición de la clase religiosa, es decir, los sacerdotes.

Sea cual sea la explicación del misterio, lo cierto es que, después de 900 d.C.,* la gente maya empezó a irse de Tikal y sus otras ciudades. Pero afortunadamente su civilización no desapareció. Cuando los españoles colonizaron la península de Yucatán entre 1524 y 1546, varios grupos de mayas les hicieron resistencia. Hoy en día hay siete millones de personas que descienden de esos supervivientes. Estos mayas se dedican a la agricultura y mantienen vivas sus tradiciones.

---

*Año que representa el final del período maya clásico. Tikal fue construida entre los años 50 d.C. y 800 d.C., durante este período clásico.

Contesta las preguntas.

1. ¿Cuáles son algunos grandes logros de la civilización maya?

2. ¿Con qué se relacionaban las ceremonias religiosas?

3. ¿Dónde surgieron las ciudades mayas?

4. ¿Qué tipo de construcciones había en Tikal?

5. ¿Cómo se llama la estructura más conocida de Tikal y cuándo fue construida?

6. ¿Qué es un chultún y por qué tuvieron que construir chultunes en Tikal?

7. ¿Desapareció totalmente la cultura maya en el siglo X (los años 900)? Explica tu respuesta.

Palabras regionales: Guatemala	
alunado/a	enojado/a
un chapín / una chapina	un(a) guatemalteco/a
estar gafo/a	no tener dinero
un(a) patojo/a	un(a) muchacho/a

CONEXIÓN CULTURAL

LA ARTESANÍA MAYA

Una tradición de Guatemala que viene de sus antepasados (*ancestors*) mayas es la de las artesanías. Los artesanos guatemaltecos tienen una gran creatividad que revela fuertes lazos (*ties*) con la cultura de esta región de más de mil años. De la gran variedad de artesanías, que incluye la cerámica y la joyería, los que más llaman la atención son los textiles o tejidos (*fabric, cloth*) de algodón. Una leyenda guatemalteca dice que el tejido es un regalo que la diosa Ixchel, diosa de la luna, les dio a las mujeres mayas. Ella les dio los telares de cintura* y les dijo qué símbolos debían tejer para decorar sus telas. ¿Quieres saber más sobre la artesanía guatemalteca? Lee la lectura «La artesanía maya» en el *Cuaderno de actividades* o en Connect Spanish.

---

*Los telares de cintura (literally, *waist looms*) are portable looms that women hold steady by tying one end to a post and the other to their waist.

Videoteca

Amigos sin Fronteras

Episodio 14: ¡Me gusta regatear!

©McGraw-Hill Education/Klic Video Productions

Resumen

Franklin, Ana Sofía y Claudia están en casa de Claudia, buscando en *Craigslist* algunas cosas que necesitan. Pero no las encuentran en línea, sino (*but rather*) en la publicación *Pennysaver*. Luego, van a la cochera (el garaje) de una casa donde se venden los objetos que buscan y allí regatean con el dueño hasta conseguir un buen precio. Al final, consiguen lo que necesitan y practican el regateo.

Vocabulario de consulta	
me urge	it's urgent for me
modestia aparte	all modesty aside
lo imprimo	I'll print it
propia	own
de todos modos	anyway

Preparación para el video

A. **¡Comencemos!** Mira la foto y contesta las preguntas.

1. ¿Quiénes son las personas que están en la foto de arriba?

2. Hay una persona que no conoces. ¿Quién puede ser (might be)?

3. ¿Dónde están? ¿Por qué crees que están allí?

Comprensión del video

B. **La idea principal.** Indica la idea principal del video.

1. A Ana Sofía, a Claudia y a Franklin les gusta *Craigslist*.

2. Estos amigos quieren comprar cosas que necesitan pero no quieren gastar mucho.

3. Es fácil regatear para todos.

4. Franklin es un caballero, por eso acompaña a las chicas y las ayuda a regatear.

©McGraw-Hill Education/Klic Video Productions

C. ¿Cierto o falso?

©McGraw-Hill Education/Klic Video Productions

1. Ana Sofía dice que cuando pasa muchas horas estudiando le duele la espalda.
2. El anuncio del *Pennysaver* pide $200 por el televisor.
3. Claudia dice que sí va a regatear porque es experta.
4. Ana Sofía nunca se siente mal cuando regatea.
5. El vendedor es mexicano y está recién casado.

D. Detalles. Contesta las preguntas según el video.

1. Al principio (primero), ¿dónde buscan los chicos las cosas que quieren comprar? ¿Las encuentran?
2. ¿Dónde pueden encontrar muebles y aparatos, según Franklin?
3. Ana Sofía dice que es muy buena para regatear. ¿Por qué se ríen de ella sus amigos en España?
4. Claudia se pone nerviosa porque no sabe regatear bien. ¿Cómo se imagina ella los resultados de su regateo?
5. De los tres amigos, ¿quién sabe regatear mejor?

Mi país GUATEMALA

Comprensión

1. ¿Cuál es la segunda ciudad más grande de Guatemala, después de la capital, Ciudad de Guatemala?
2. ¿Qué tiene de especial la iglesia San Andrés Xecul?
3. ¿Qué ropa típica llevan las mujeres guatemaltecas?
4. ¿Qué se puede comprar en el mercado de Chichicastenango? Nombra tres elementos.
5. ¿Cuál es el libro sagrado de los mayas quiché?
6. ¿Qué hay alrededor del lago Atitlán?
7. ¿Cuál fue la capital de Guatemala durante la colonia española?
8. Tikal es una ciudad _____, muestra del mundo prehispánico.
   a. inca
   b. taína
   c. maya
9. ¿Cómo se llama un templo famoso de Tikal que se usaba para ceremonias rituales?

El lago Atitlán, Guatemala
©Moisés Castillo/LatinFocus.com

La iglesia de San Andrés Xecul, Totonicapán, Guatemala
©Hemis/Alamy

Gramática

14.1 Price, Beneficiary, and Purpose: **por** and **para** (Part 2)

A. You already know from **Gramática 11.2** that **por** is used as an equivalent for *through, by,* and *along*: **Caminamos por el río.** You also know that it is used with time: **Esperamos por diez minutos.** Quantities and prices also call for **por**, which corresponds to English (*in exchange*) *for*.

—Estefanía, tu suéter es muy bonito. ¿Cuanto pagaste **por** él?	*Estefanía, your sweater is very pretty. How much did you pay for it?*
—Lo compré **por** 154 quetzales.	*I bought it for 154 quetzals.*

If a number expressing distance, time period, or exchange rate/quantity is involved when you are choosing between **por** and **para** to express *for*, **por** is usually correct.

por diez kilómetros	**por** tres horas
por veintitrés quetzales	**por** ocho meses

---

para = *in order to; for* (*recipient*); *purpose*

Necesito un paraguas **para** salir cuando está lloviendo.

Preparé esta comida **para** mi padre; es su favorita.

Usamos una escoba **para** barrer.

---

por		**para**	
substitution	Juan está enfermo. Trabajo por él.	*employer*	Mi novio trabaja para el gobierno.
in exchange for/paying	Lo compré por treinta dólares.	*recipient*	Este regalo es para ti.
movement by, through, or along a place	Caminé por el parque.	*destination*	Salgo para Madrid hoy.
length of time (por *may be omitted*)	Dormí (por) doce horas.	*telling time*	Faltan diez para las once.
general time or area	Estudian por la noche.	*deadline*	La tarea es para el lunes.
transportation	Viajan por avión.	*purpose*	Un lápiz es para escribir.

B. You can use **para** to indicate destination: **Mañana salgo para Madrid.** It is also used with deadlines: **La tarea es para el lunes.** When followed by an infinitive, **para** indicates function or purpose (what something is *for*). In such cases, **para** corresponds to English *in order to*. (Note that when **por** is followed by an infinitive, it expresses *due to / because of*.)

Para coser su propia ropa, uno necesita mucha paciencia.	(*In order*) *To make your own clothes, you need a lot of patience.*
—¿**Para** qué usas tú la licuadora?	*What do you use the blender for?*
—La uso **para** hacer margaritas.	*I use it to make margaritas.*
—Pues, **por** llegar tarde, no pude probar tus margaritas.	*Well, because of arriving late, I didn't get to try your margaritas.*

Para is also used to indicate the beneficiary or recipient of something.

—¿**Para** quién es esta mecedora?	*For whom is this rocking chair? / Who is this rocking chair for?*
—Es **para** Estefanía.	*It is for Estefanía.*

Contesta las preguntas, escogiendo la opción más lógica.

MODELO: ¿Para qué haces la tarea, para sacar buenas notas o para divertirte?
Hago la tarea **para** sacar buenas notas.

1. ¿Para qué vas a la biblioteca, para bailar o para estudiar?
2. ¿Para qué usas la sartén, para freír algo o para hacer ensalada?
3. ¿Para qué trajiste las herramientas, para reparar el coche o para limpiarlo?
4. ¿Para qué compraste el jamón, para hacer un sándwich o para preparar un postre?
5. ¿Para qué puedes usar la aspiradora, para limpiar la alfombra o para cocinar?

Completa los diálogos entre Estefanía y Franklin con **por** o **para,** según el contexto.

MODELO: FRANKLIN: *¿Para* quién compraste ese huipil tan bonito?

ESTEFANÍA: Lo compré *para* mi hermana.

ESTEFANÍA: Mira, Franklin, ¡qué blusa tan bonita! Y la compré _____ [1] solamente 107 quetzales.

FRANKLIN: ¿ _____ [2] quién la compraste?

ESTEFANÍA: La compré _____ [3] mi hermana, pero me gustaría comprar una _____ [4] mí también.

FRANKLIN: En Slash vi unos pantalones Levi perfectos _____ [5] ti y _____ [6] solo veinticinco dólares.

ESTEFANÍA: Eso es un poco caro; ya compré unos en Ovation _____ [7] solamente dieciocho dólares.

ESTEFANÍA: Oye, Franklin, acabo de comprar una bufanda de lana _____ [8] cincuenta dólares.

FRANKLIN: ¿ _____ [9] quién es?

ESTEFANÍA: Es _____ [10] mi padre; su cumpleaños es el mes que viene.

FRANKLIN: Yo vi unas bufandas de seda muy elegantes en Bossa Nova a treinta dólares.

ESTEFANÍA: ¿Bufandas de seda? ¡A ese precio... es una ganga! Tal vez compre dos, una _____ [11] mi mamá y otra _____ [12] mi hermana.

> Note that Slash, Ovation, and Bossa Nova are department stores.

14.2 Using Indirect and Direct Object Pronouns Together

¿Recuerdas?

A. Certain verbs describe the exchange of items between two or more people.

dar	to give (something to someone)
devolver	to return (something) / give (something) back (to someone)
llevar	to carry/take (something to someone or somewhere)
prestar	to lend (something to someone)
regalar	to give (something) as a gift (to someone)
traer	to bring (something to someone or somewhere)

Indirect object pronouns generally answer the questions *to whom?* and *for whom?* Review **Gramática 2.3, 6.1, 11.3,** and **12.3** for more information about these pronouns.

Nayeli me va a **traer** el libro que le **presté** la semana pasada.	*Nayeli is going to bring me the book I lent her last week.*
Estefanía le **devolvió** a Eloy el dinero que le debía.	*Estefanía gave back to Eloy the money she owed him.*

Normally these verbs are accompanied by indirect object pronouns (**me, te, le, nos, os,** and **les**) even when the person involved is specifically mentioned.

Le di el dinero **a mi hermano Eduardo.**	*I gave the money to my brother Eduardo.*
Franklin, ¿**le** llevaste **a Estefanía** las flores que **le** prometiste?	*Franklin, did you take Estefanía the flowers you promised her?*
Estefanía, ¿qué **le** vas a regalar **a tu novio** para Navidad?	*Estefanía, what are you going to give (to) your boyfriend for Christmas?*

Indirect object pronouns are used with verbs of giving and exchanging.

Franklin **le dio** un anillo de compromiso **a Estefanía.**

Franklin gave an engagement ring to Estefanía.

B. Sometimes there is more than one object pronoun in a sentence. This is common if you want to do something for someone, take something to someone, fix something for someone, buy something for someone, and so forth. The indirect object pronoun (**me, te, le, nos, os,** or **les**) usually refers to the person(s) for whom you are doing something. (The change from **le** and **les** to **se** is presented in section D.) The direct object pronoun (**lo, la, los, las**) usually refers to the object(s) involved.

When the context is clear, you will probably be able to understand speech with two object pronouns, but you may not be able to produce such sentences for a while. Give yourself time to acquire double-object pronouns!

—Franklin, Sebastián **nos** trajo **un regalo** de boda.
Franklin, Sebastián brought us a wedding gift.

—¿De verdad, Estefanía? ¿Ya **nos lo** trajo?
Really, Estefanía? He brought it to us already?

—Estefanía, ¿**me** compraste **las camisas** ayer?
Estefanía, did you buy me the shirts yesterday?

—Sí, **te las** compré por la tarde.
Yes, I bought them for you in the afternoon.

—¿Quiere usted ver **el vestido rojo** también?
Do you want to see the red dress as well?

—Sí, muéstre**melo**, por favor.
Yes, please show it to me.

1. Note the following possible combinations with **me, te, nos,** and **os.**

me lo(s)		nos lo(s)	
me la(s)	it/them for/to me	nos la(s)	it/them for/to us
te lo(s)		os lo(s)	
te la(s)	it/them for/to you *(fam. sing.)*	os la(s)	it/them for/to you *(fam. pl. Sp.)*

—Eloy, si **te** falta dinero, puedo prestár**telo**.
Eloy, if you need money, I can lend it to you.

—Muchas gracias, Lucía. Présta**me** veinte dólares, por favor.
Thanks a lot, Lucía. Please lend me twenty dollars.

—Alex, ¿**me** lavaste las camisas el lunes?
Alex, did you wash my shirts on Monday?

—Sí, **te las** lavé. Aquí están.
Yes, I washed them for you. Here they are.

—¿**Les** sirvo el postre ahora?
Should I serve you the dessert now?

—No, sírve**noslo** más tarde.
No, please serve it (to us) later.

---

indirect object pronoun **(I) (me, te, le, nos, os, les)** = person(s) to/for whom you are doing something

direct object pronoun **(D) (lo, la, los, las)** = the thing(s) or person(s) involved

When two object pronouns are used together, the indirect object pronoun always precedes the direct object pronoun **(ID).**

¿Las flores? **Me las** trajo Franklin ayer. *The flowers? Franklin brought them to me yesterday.*

The correct order of pronouns in a sentence is **ID:** *indirect object + direct object.* Object pronouns...

• are usually placed immediately before the verb.

• may optionally be attached to the end of infinitives and present participles.

• *must* be attached to the end of affirmative commands.

C. The indirect object pronouns **le** and **les** change to **se** when used together with the direct object pronouns **lo, la, los, las.**

se lo	it (*m.*) to you (*pol. sing./pl.*), him, her, them
se la	it (*f.*) to you (*pol. sing./pl.*), him, her, them
se los	them (*m.*) to you (*pol. sing./pl.*), him, her, them
se las	them (*f.*) to you (*pol. sing./pl.*), him, her, them

—Nayeli, ¿**les** prestaste el carro a Camila y a Claudia?	*Nayeli, did you lend your car to Camila and Claudia?*
—Sí, **se lo** presté anoche.	*Yes, I lent it to them last night.*
—¿Y **le** diste las fotos a tu mamá?	*And did you give the photos to your mother?*
—Sí, **se las** di hace unos minutos.	*Yes, I gave them to her a few minutes ago.*

All these combinations may look confusing in abstract sentences, but in the context of real conversations, you will generally know to whom and to what the pronouns refer.

—¿**Me** compraste las zapatillas?	*Did you buy me the slippers?*
—Sí, **te las** compré esta mañana.	*Yes, I bought them for you this morning.*
—¿Quiere usted que **le** traiga los guantes ahora?	*Do you want me to bring you the gloves now?*
—Sí, tráiga**melos** ahora, por favor.	*Yes, please bring them to me now.*
—¿**Le** devolviste la sartén al vecino?	*Did you return the frying pan to the neighbor?*
—Sí, **se la** devolví ayer.	*Yes, I returned it (to him) yesterday.*

> **Le** and **les** become **se** when they precede the direct object pronouns **lo, la, los,** or **las.**
>
> —¿**Le** llevaste **los documentos** al profesor Sotomayor?
>
> *Did you take the documents to Professor Sotomayor?*
>
> —Sí, **se los** llevé ayer.
>
> *Yes, I took them to him yesterday.*

D. Remember that object pronouns can be attached to infinitives and present participles and are always attached to affirmative commands. When the verb form and both object pronouns are written together as one word, you must place an accent mark on the stressed syllable.

—Señor, este vestido es muy bonito. ¿Puede **dejármelo** en doscientos quetzales?	*This is a very pretty dress, sir. Can you give it to me for 200 quetzals?*
—Lo siento, no puedo **dejárselo** en doscientos. Se lo dejo en doscientos sesenta quetzales.	*Sorry, I cannot give it to you for 200. I can give it to you for 260 quetzals.*
—Nayeli, ¿**me** vas a preparar las enchiladas hoy?	*Nayeli, are you going to prepare the enchiladas for me today?*
—Ya estoy **preparándotelas**.	*I am already preparing them for you.*

Ejercicio 3

Completa las oraciones con el pronombre apropiado: **me, te, le, nos, os, les.**

1. La semana pasada Omar llegó tarde a casa y Marcela _____ hizo muchas preguntas a él.
2. Ayer el profesor de química _____ dio mucha tarea (a nosotros).
3. —No, Camila, no _____ puedo decir con quién voy a ir al Baile de los Enamorados; es un secreto. ¡No _____ preguntes otra vez!

   —Ay, Nayeli, si tú no me dices ese secreto, ¡voy a estar muy enojada contigo!
4. ANA SOFÍA: Franklin y Estefanía, mañana _____ voy a preparar una cena romántica para celebrar vuestro compromiso.
5. Lucía dice que ella _____ va a hornear el pastel de bodas a Estefanía y a Franklin. ¡Sabe hornear muy bien!

Ejercicio 4

A. Hoy Franklin le hace muchas preguntas a Estefanía. Ella contesta diciendo que ya hizo todo ayer.

MODELO: FRANKLIN: Estefanía, ¿ya *le devolviste el libro* a Eloy?
   ESTEFANÍA: Sí, ya *se lo devolví* ayer.

1. ¿Ya le entregaste la tarea al profesor de sociología?
2. ¿Ya le diste el regalo de cumpleaños a Xiomara?
3. ¿Ya les llevaste los disfraces a Daniel y a Sebastián?
4. ¿Ya me compraste las novelas que te pedí para Navidad?
5. ¿Ya les mandaste las invitaciones a todos?

B. Ahora, Marcela le hace muchas preguntas a Omar. Haz el papel de Omar y contesta según el modelo.

MODELO: MARCELA: ¿Cuándo *me vas a prestar tu nuevo iPad?*
   OMAR: *Te lo voy a prestar mañana. / Voy a prestártelo mañana.*

1. ¿Cuándo me vas a mostrar el proyecto de la clase de Macroeconomía?
2. ¿Cuándo me vas a comprar la cámara que te pedí para mi cumpleaños?
3. ¿Cuándo le vas a traer los libros a Maritza?
4. ¿Cuándo les vas a dar el regalo a los niños?
5. ¿Cuándo nos vas a mostrar las fotos que nos tomaste con tu móvil?

Ejercicio 5

Hoy Sebastián le pide muchos favores a Daniel. Pero antes de que Sebastián le pida que haga algo, ¡Daniel ya lo está haciendo! ¿Cómo le responde Daniel a Sebastián?

MODELO: SEBASTIÁN: Daniel, ¿puedes servirme un café, por favor?
   DANIEL: Te lo estoy sirviendo ahora mismo. / Estoy sirviéndotelo ahora mismo.

1. Oye, ¿puedes prepararme un sándwich también? Tengo hambre.
2. Daniel, no sé dónde dejé mi móvil. ¿Me lo buscas, por favor?
3. Por favor, pídele a tu amigo Roy su calculadora.
4. ¿Puedes enviarle a tu prima las bufandas que le compramos para su cumpleaños?
5. Ponte ya los zapatos porque necesitamos salir en unos minutos.

Omar regresó de Francia hoy y le trajo una botella de perfume a Marcela.

Carlitos les pide dinero a sus padres.

¿Las plantas? Ricky las está regando ahora. / Ricky está regándolas ahora.

¿El carro? Eloy va a lavárnoslo hoy. / Eloy nos va a lavar el carro hoy.

¿Las verduras? Cómetelas ahora o no te voy a servir el postre.

¿La tarea? Hazla hoy; no la dejes para mañana.

A simple set of rules governs the placement of reflexive **(me, te, se, nos, os, se)**, indirect **(me, te, le, nos, os, les)**, and direct **(me, te, lo/la, nos, os, los/ las)** object pronouns.*

A. Reflexive pronouns, like object pronouns, directly precede a conjugated verb (a verb with endings in any tense).

—¿A qué hora **se acostaron** ustedes anoche?

What time did you all go to bed last night?

—**Nos acostamos** muy tarde, a las dos de la madrugada.

We went to bed very late, at two in the morning.

—¿De niña **te bañabas** todos los días, Nayeli?

Nayeli, did you use to take a bath every day when you were a little girl?

—No, **me duchaba** todos los días pero **me bañaba** los sábados.

No, I showered every day but took a bath on Saturdays.

---

*For recognition only: The reflexive, direct, and indirect object pronoun that corresponds to the subject pronoun **vos** is **te.** (Recall that **os** is the reflexive, direct, and indirect object pronoun that corresponds to the subject pronoun **vosotros.**)

B. When a conjugated verb is followed by an infinitive or a present participle, object pronouns can either precede the conjugated verb or be attached to the end of the infinitive or the present participle.

¿Qué **ibas a decirme** / **me ibas a decir**?	*What were you going to tell me?*
—¿Ya llamaste a Claudia y a Radamés?	*Did you already call Claudia and Radamés?*
—No, pero **estoy llamándolos** / **los estoy llamando** ahora.	*No, but I am calling them now.*

C. These same pronouns are attached to the end of affirmative commands but precede negative ones.

—**Tráigame** el café después de la cena; no **me lo traiga** ahora.	*Bring me the coffee after dinner; don't bring it to me now.*
—¡**Hazlo** ahora! ¡No **lo dejes** para mañana!	*Do it now! Don't leave it for tomorrow!*

D. Double pronoun sequences such as **me lo** (*it to me*) and **se los** (*them to her/ him/you/them*) also follow the rules previously described.

¡**Dámelos** a mí; no **se los des** a Lucía!	*Give them to me; don't give them to Lucía!*
—¿**Le** envuelvo la blusa ahora?	*Shall I wrap the blouse for you now?*
—Sí, **envuélvamela** ahora, por favor.	*Yes, please wrap it for me now.*
—Estefanía, ¿tienes las llaves del coche?	*Estefanía, do you have the car keys?*
—No, Franklin no **me las ha dado** todavía.	*No, Franklin hasn't given them to me yet.*
—¿Cuándo vas a **llevarle** el libro a Eloy?	*When are you going to take the book to Eloy?*
—Ya **se lo llevé** ayer.	*I already took it to him yesterday.*

E. Accent marks may be necessary to preserve the original stress on the verb form when pronouns are added. The following summarizes when written accent marks are needed.

1. Present participles with one or two pronouns attached (**bañándome, dándoselo**)

2. Affirmative commands with one or two pronouns attached (**tráigame, lléveselo**). Exceptions include one-syllable commands that have only one pronoun attached (**hazme, ponle, dinos**)

3. Infinitives with two pronouns attached (**vendérmelo**)

Say the infinitive, command, or present participle without the pronouns to hear which syllable is stressed, then place the accent mark over the stressed vowel when you write the word with pronouns attached.

Ejercicio 6

Completa las respuestas que da cada persona con el verbo y un pronombre reflexivo (**me, te, se, nos, os, se**) o con una combinación de pronombres: **me lo(s)/la(s), te lo(s)/la(s), se lo(s)/la(s), nos lo(s)/la(s), os lo(s)/la(s), se lo(s)/la(s).** Si la pregunta tiene un asterisco (*), hay dos maneras de contestar.

> MODELO: OMAR: Marcela, ¿puedes *buscarme el cinturón?**
>
> MARCELA: Ya *estoy buscándotelo.* / Ya *te lo estoy buscando.*

1. ESTEFANÍA: Franklin, ¿me vas a comprar el diccionario mañana?*
   FRANKLIN: Sí, _____ mañana temprano.

2. MARCELA: ¿Cuándo te vas a duchar?*
   OMAR: _____ en cinco minutos.

3. DANIEL: ¿Cuándo quieres que te compre los bolígrafos?
   SEBASTIÁN: Necesito que _____ hoy. ¡No tengo con qué escribir!

4. DANIEL: ¿Cuándo le vas a llevar las sartenes a Ana Sofía?
   SEBASTIÁN: Ya _____ anoche.

5. MARCELA: ¿Me estás haciendo el desayuno?*
   OMAR: Sí, _____ ahora.

> **Note:** the answer to item 4 the requires past tense.

Ejercicio 7

A. Estefanía está enojada. Franklin quiere ayudarla pero ella siempre le contesta que no. ¿Qué dice Estefanía? Contesta por ella en forma negativa usando **me lo(s)** o **me la(s)** y el mandato.

> MODELO: FRANKLIN: Estefanía, ¿te traigo tu refresco favorito?
> ESTEFANÍA: No, no me lo traigas.

1. ¿Te reparo el televisor?
2. ¿Te preparo un sándwich?
3. ¿Te busco los libros que perdiste ayer?
4. ¿Te compro las blusas que viste ayer en la tienda?
5. ¿Te digo la verdad?

B. Ahora, Estefanía está contenta y contesta que sí a todas las preguntas de Franklin. Contesta por ella en forma afirmativa usando **me lo(s)** o **me la(s)** y el mandato.

> MODELO: ¿Te compro las faldas que te gustaron ayer?
> Sí, *cómpramelas*, por favor.

1. ¿Te digo la verdad?
2. ¿Te lavo el coche?
3. ¿Te plancho tus blusas?
4. ¿Te sirvo la cerveza que está en el refrigerador?
5. ¿Te limpio los zapatos?

A. The most common way to convey opinions is by asserting an idea directly. An assertion is expressed by indicative verb forms.

La tecnología digital **es** muy útil.	*Digital technology is very useful.*

Another way to convey opinions is to report others' assertions by using verb phrases such as **decir que** (*to say that*) and a second clause. Indicative verb forms are also used in such sentences.

El profesor Sotomayor **dice que** los caribeños **son** optimistas.	*Professor Sotomayor says that Caribbeans are optimists.*

In addition, it is possible to introduce assertions of opinion with verb phrases such as **creer que** (to *believe that*), **pensar que** (to *think that*), and **es verdad (cierto, seguro, indudable) que** (*it is true* [*certain, sure, indubitable*] *that*). The verb in the second clause of such sentences is still indicative.

Creo que los inmigrantes **deben** conservar su lengua y su cultura.	*I believe immigrants should keep their language and their culture.*

B. To deny a statement or to cast doubt on it, use a verb phrase such as **no creer que** (*not to believe that*) or **dudar que** (*to doubt that*). In such statements, use a subjunctive verb form in the second clause. (See **Gramática 12.1, 12.2, 13.3.**)

No creo que la tecnología digital **mejore** nuestra vida.	*I do not believe that digital technology improves our lives.*
Dudo que nuestro hijo siempre nos **cuente** todo.	*I doubt that our son always tells us everything.*

Here are more verb phrases that express doubt or disbelief. They all require the use of the subjunctive in the second clause.

dudar que	*to doubt that*
es dudoso que	*it's doubtful that*
es (im)posible que	*it's (im)possible that*
es (im)probable que	*it's probable (unlikely) that*
no creer que	*not to believe that*
no es seguro que	*it's not certain that*

C. The following expressions are commonly used by Spanish speakers to react with emotion or surprise to information.

(Eso) Es interesante.	*That's interesting.*
(Eso) Me sorprende.	*That surprises me.*
Estoy muy contento/a.	*I'm very happy.*
Lo siento mucho.	*I'm very sorry.*
Me alegro.	*I'm glad.*
¡Qué bueno!	*How nice!*
¡Qué lástima!	*What a pity!*
¡Qué triste!	*How sad!*

These expressions can stand alone or be combined into longer sentences explaining what the speaker is reacting to. The conjunctions **y, pero,** and **porque,** followed by the indicative, can be used to link the two parts of the sentence.

| Estoy muy contenta **porque** mi familia **vive** en un barrio donde hay gente que habla varios idiomas. | *I am very happy because my family lives in a neighborhood where there are people who speak several languages.* |
| Lo siento mucho, **pero** el inglés **es** el idioma oficial de este país. | *I am very sorry, but English is the official language of this country.* |

Another possibility is to join the two parts of the sentence directly with **que.** In this structure and because these expressions express doubt, disbelief, and surprise, the verb in the second clause must be conjugated in the subjunctive.

| **Siento** mucho **que tengas** esa opinión; a mí me gusta hablar con personas de otras culturas. | *I'm sorry that you feel that way; I like to speak with people from other cultures.* |
| **Es una lástima que** no **estemos** de acuerdo. | *It's a pity (that) we don't agree.* |

Ejercicio 8

Eloy y Estefanía hablan de la economía. Escoge entre el presente de indicativo y el presente de subjuntivo para completar su conversación.

ESTEFANÍA: ¡Qué triste que tanta gente _____ (ha / haya)[1] perdido su casa durante esta crisis económica!

ELOY: Sí, yo creo que los bancos _____ (deben / deban)[2] ayudar a esa gente.

ESTEFANÍA: Tienes razón, pero no creo que los bancos _____ (tienen / tengan)[3] interés en ayudar a nadie.

ELOY: Es seguro que lo único que los bancos _____ (quieren / quieran)[4] es ganar dinero.

ESTEFANÍA: Bueno, también es verdad que la gente no _____ (ahorra / ahorre)[5] y que _____ (gasta / gaste)[6] sin pensar en el futuro.

ELOY: Sí, estoy seguro de que esa _____ (es / sea)[7] una de las causas principales de esta crisis.

ESTEFANÍA: Claro, pero dudo que _____ (es / sea)[8] la única causa.

ELOY: No, por supuesto que no. Creo que _____ (podemos / podamos)[9] nombrar muchas más.

Ejercicio 9

Al día siguiente, la conversación entre Estefanía y Eloy continúa. Completa cada oración con el presente de subjuntivo o de indicativo de los verbos entre paréntesis, según el contexto.

ESTEFANÍA: Es una lástima que la gente no _____ (saber)[1] ahorrar.

ELOY: Es seguro que _____ (haber)[2] mucha gente que nunca ha ahorrado en su vida.

ESTEFANÍA: Sí, es verdad que la gente _____ (comprar)[3] por comprar, sin pensar en el futuro.

ELOY: Bueno, dudo que esa _____ (ser)[4] la única razón por la cual no ahorran.

ESTEFANÍA: Claro, es cierto que _____ (existir)[5] muchas otras: sueldos muy bajos, desempleo, emergencias médicas, medicinas cada día más caras...

ELOY: Pues, a mí me sorprende que tantas personas todavía _____ (gastar)[6] tanto en cosas que no necesitan.

ESTEFANÍA: Es probable que esas personas _____ (estar)[7] convencidas de que las necesitan.

ELOY: Creo que cuando nosotros _____ (querer)[8] algo, es fácil convencernos de que lo necesitamos. En mi caso es siempre así.

ESTEFANÍA: Es obvio que te _____ (conocer)[9] bien a ti mismo.

ELOY: Sí, por eso me alegro de que mi familia no _____ (tener)[10] problemas económicos en estos tiempos tan difíciles.

Lo que aprendí

Al final de este capítulo, ya puedo:

☐ hablar sobre productos y materiales.

☐ comprar ropa en un país hispano.

☐ ir de compras y regatear en español.

☐ expresar mi opinión sobre diferentes temas.

Y ahora sé más sobre:

☐ la gran variedad de regionalismos que hay en el mundo hispano.

☐ los mercados al aire libre en los países hispanos.

☐ dos ciudades mayas muy importantes.

Los materiales

¿De qué (material) es la bolsa?	What (material) is the purse (made) of?
Es de cuero.	It's (made of) leather.
¿De qué está(n) hecho/a(s)... ?	What is/are . . . made of?
La caja está hecha de cartón.	The box is made of cardboard.
Los ladrillos están hechos de barro.	Bricks are made of clay.
El florero está hecho de vidrio.	The vase is made of glass.
el acero (inoxidable)	(stainless) steel
el carbón	coal
la fibra de vidrio	fiberglass
la goma	rubber
el hilo	thread; linen
la lana	wool
la madera	wood
la materia prima	raw material
la mezclilla	denim
el oro	gold
el petróleo	oil, petroleum
la piedra (preciosa)	(gem) stone
la piel	leather; skin
la plata	silver
la seda	silk
la tela	cloth, fabric

Palabras semejantes: el aluminio, la cerámica, el diamante, el metal, el plástico

Las prendas de vestir, los accesorios y las joyas — Articles of Clothing, Accessories, and Jewelry

Repaso: el abrigo, la blusa, la bolsa, las botas de vaquero, la bufanda, la camisa, la camiseta, la chaqueta, la corbata, la falda, los guantes, el pantalón (los pantalones), el saco, las sandalias, el sombrero, el suéter, el traje, los vaqueros, el vestido, los zapatos

el arete	earring
la bata	robe
el bolsillo	pocket
los calcetines	socks
los calzoncillos	men's underpants
el camisón	nightgown
la cartera	wallet
el cinturón	belt
el collar (de perlas)	(pearl) necklace
la guayabera	embroidered lightweight shirt worn by men in tropical climates
el huipil	traditional embroidered dress/blouse worn by indigenous women in Mexico and Central America
las pantaletas	women's underpants
las pantimedias	pantyhose
la prenda de ropa	garment, piece of clothing
la pulsera	bracelet
la ropa interior	underwear
el sostén	bra
las zapatillas	slippers
los zapatos de tacón alto	high-heeled shoes
los zuecos	clogs

De compras — Going Shopping

Repaso: ¿Cuánto cuesta(n)?; el/la cliente, el/la dependiente, el (dinero en) efectivo, los gastos, el precio, la tarjeta de crédito/débito

¿Cómo te/le queda(n)?	How does it (do they) fit you/him/her?
Me quedan apretados estos vaqueros.	These jeans are tight on me.
Le queda suelta esa camisa.	That shirt is loose on him.
No me queda bien este vestido. (Me queda mal este vestido.)	This dress doesn't fit me well.
Le quedan grandes esos zapatos.	Those shoes are big on him/her.
¿Cuánto vale(n)?	How much is it/are they (worth)?
Déjemelo/la/los/las en (+ number).	Let me have it for (amount of money).
Se lo/la/los/las dejo en...	I'll let you have it/them for . . .
Le doy...	I will give you . . .
Lléveselo/la/los/las por (cantidad).	Take it/them for (amount of money).
Me lo/la/los/las llevo.	I'll take it/them.
¿En qué puedo servirle?	How may I help you?
¡Qué ganga!	What a bargain!
¿Qué talla lleva/usa?	What size do you (sing. pol.) take/wear?
estar (irreg.) en oferta	to be on sale
llevarse	to take away

probarse (ue)	to try on
Pruébatelo/la/los/las.	Try (you *fam. sing.*) it/them on.
Pruébeselo/la/los/las.	Try (you *pol. sing.*) it/them on.
regatear	to bargain
valer (*irreg.*)	to be worth
la calidad	quality
la mercancía	merchandise
el probador	fitting room
el precio rebajado/a	reduced price
el regateo	bargaining
el/la vendedor(a)	salesperson
la venta	sale

Los aparatos	Appliances
Repaso: la computadora, la estufa, la lavadora, el refrigerador, la secadora, el ventilador	
el abrelatas	can opener
el asador	barbecue grill
la congeladora	freezer
la impresora	printer
la licuadora	blender
el/la sartén	frying pan; skillet
el televisor a pantalla plana	flat screen television
Palabras semejantes: la cámara, el escáner, la fotocopiadora	

Los lugares	
Repaso: el almacén, el banco, la librería, el mercado (al aire libre), la panadería, la zapatería	
la carnicería	meat market
la dulcería	candy store
la florería	flower shop
la frutería	store that sells fruit; fruit stand
la heladería	ice cream parlor
la joyería	jewelry store
la juguetería	toy store
la mueblería	furniture store
la pastelería	cake shop
la perfumería	perfume store
la tienda de segunda (mano)	secondhand store
la tortillería	tortilla store

Los verbos	
Repaso: alquilar, imaginar(se), sorprender(se),	
acabar de + *inf.*	to have just (*done something*)
asar	to roast, to grill
cambiar papeles	to switch (change) roles
comprar a crédito	to buy on credit
comprar a plazos	to buy in installments
comprar al contado	to pay cash
dañar	to damage
dudar	to doubt
fabricar (qu)	to manufacture
gastar	to spend
imprimir	to print
pedir (i, i) prestado/a(s)	to borrow
prestar	to lend
¿Me presta(s)... ?	Can you (*pol./fam. sing.*) lend me . . . ?
salir (*irreg.*) al mercado	to come out on the market (*a product*)
Palabras semejantes: aceptar, conservar, construir (y), derivar, manufacturar, producir (produzco), utilizar	

Los sustantivos	
Repaso: la botella, la caja, el envase	
la aguja	needle
los ahorros	savings
el anuncio	announcement, advertisement
el/la artesano/a	craftsman/craftswoman
la cantidad	quantity
la carne asada	grilled meat
el cojín	cushion, pillow
la compañía	company
las deudas	debts
la entrada	(event) ticket
el fabricante	manufacturer
la herramienta	tool
el martillo	hammer
la mecedora	rocking chair
la mejora	improvement
la mezcla	mixture
el músico	musician
el pago (mensual)	(monthly) payment
el país en vías de desarrollo	developing country

el quetzal	quetzal (*national currency of Guatemala*)
la tabla de surfeo	surfboard
las tijeras	scissors
la venta de zaguán	garage sale (see **zaguán**)
el zaguán	entryway/vestibule/portico of a house

Palabras semejantes: el artículo, la construcción, el curso, el diccionario, el esquí (los esquíes), el instrumento, la lotería, la margarita, la raqueta, el uniforme, el uso, la versión

Los adjetivos

Repaso: demasiado/a(s), justo/a

ahorrado/a	saved (*money or time*)
bordado/a	embroidered
de cuadros	checkered
de lujo	luxury
de lunares	polka-dotted
de rayas	striped
descompuesto/a	broken
estresante	stressful
prestado/a	loaned
usado/a	used

Palabras semejantes: acústico/a, beige, derivado/a, durable, local, manual, rectangular, resistente, sintético/a, tóxico/a

Palabras y expresiones útiles

Repaso: tal vez

a mano	by hand
al mes	monthly
al mismo tiempo	at the same time
A ver...	Let's see . . .
Buenas.	Hello (*informal*).

¡Cómo no!	Of course!
con mucho gusto	gladly, with pleasure
¿Para qué se usa?	What is it used for?
¡Por supuesto!	Of course!

Palabras semejantes: realmente

Las opiniones y las reacciones

dudar que + *subj.*	to doubt that . . .
Es cierto que + *ind.*	It's true that . . .
Es dudoso que + *subj.*	It's doubtful that . . .
Es (im)posible que + *subj.*	It's (im)possible that . . .
Es (im)probable que + *subj.*	It's (un)likely that . . .
Es indudable que + *ind.*	There's no doubt that . . .
Es seguro que + *ind.*	It's certain that . . .
Es una lástima que + *subj.*	It's too bad that . . .
Es verdad que + *ind.*	It's true that . . .
no creer que + *subj.*	to not believe that . . .
¡Qué bueno que + *subj.*!	It's good that . . . !

Repaso de los números

mil	a thousand
doce mil	twelve thousand
veinticinco mil	twenty five thousand
cien mil	one hundred thousand
ciento treinta y tres mil	one hundred thirty three thousand
quinientos mil	five hundred thousand
un millón	a million
un millón de (dólares)	a million (dollars)
nueve millones novecientos mil (dólares)	nine million, nine hundred thousand (dollars)
cincuenta millones de (habitantes)	fifty million (inhabitants)

15 Nuestro porvenir

El volcán Arenal de Costa Rica

Upon successful completion of **Capítulo 15,** you will be able to express your opinions and talk about your future plans. You will also be able to discuss cultural and social issues that affect our society, the role of technology in our lives, and environmental problems and concerns. In addition, you will have learned about some interesting places in Costa Rica.

www.mhhe.com/connect

©Stig Stockholm Pedersen/Moment Open/Getty Images RF

COSTA RICA

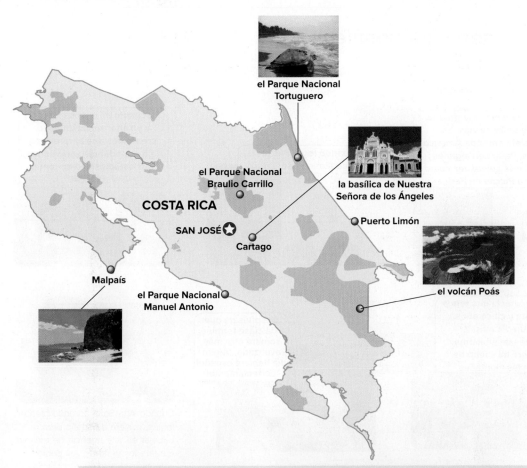

el Parque Nacional Tortuguero

la basílica de Nuestra Señora de los Ángeles

el Parque Nacional Braulio Carrillo

COSTA RICA

SAN JOSÉ

Puerto Limón

Cartago

Malpaís

el Parque Nacional Manuel Antonio

el volcán Poás

Amigos sin Fronteras

Los amigos conversan sobre lo mucho que los jóvenes dependen de sus aparatos electrónicos. Eloy está muy cansado y estresado por sus exámenes y se queda dormido. Entonces tiene un sueño muy interesante...

www.mhhe.com/connect

©McGraw-Hill Education/Klic Video Productions

Conócenos

Juan Fernando Chen Gallegos
©Glow Images RF

Juan Fernando Chen Gallegos tiene diecinueve años y nació el once de noviembre. Vive en San José, Costa Rica, con sus padres y hermanos. Juan Fernando estudia química farmacéutica en la Universidad de Costa Rica. Le apasiona hacer ejercicio, tanto en un gimnasio como al aire libre. Juan Fernando levanta pesas, juega varios deportes y anda en bicicleta. Se transporta a todas partes en motocicleta. Su meta es tener su propia farmacia algún día.

©Kryssia Campos/Getty Images RF

 Mi país

Comunícate

C Las metas personales

Lee Gramática 15.1

Planes para el porvenir

> Tan pronto como me gradúe, haré un largo viaje en motocicleta por toda América Latina. Pararé en algunos lugares que quiero ver, como Machu Picchu en Perú.

> Cuando logre mis metas académicas, seré feliz.

> En cuanto mi esposa Marcela y yo ahorremos un poco, crearemos una empresa en la que podamos aprovechar sus estudios de economía y mi MBA.

> Trabajaré hasta que tenga sesenta y cinco años. ¡Ni un día más! Y después de jubilarme, realizaré mi sueño de vivir en las montañas.

> Después de que esta clase termine, tomaré otra más avanzada. ¡Algún día hablaré español perfectamente!

Español 102

Cuando Ana Sofía aprenda bien el inglés, volverá a España para trabajar en una agencia de turismo durante los veranos. Así podrá comunicarse con los turistas de Inglaterra y Estados Unidos.

¡CUMBANCHA EN GIRA!

Tan pronto como Cumbancha venda muchas canciones en línea, Radamés y su grupo darán una gira por Latinoamérica.

> Cuando nazca nuestro primer hijo, nos sentiremos muy orgullosos.

En unos años haré mi sueño realidad y ¡tendré mi propia farmacia!

¿Recuerdas?

In **Gramática 12.2**, you learned that Spanish requires subjunctive verb forms in time clauses whenever the time expressed is in the future. The word **cuando** is commonly used to introduce time clauses, but there are similar conjunctions such as **hasta que, después de que, tan pronto como, en cuanto,** and **antes de que.** You may want to review **Gramática 12.2** now.

A. ¿Cómo será tu futuro? Indica si estás de acuerdo o no con estas afirmaciones y di por qué.

> MODELO: **E1:** *Estoy de acuerdo* con el número 1. Dentro de diez años estaré casado y tendré hijos porque *quiero tener una familia grande.*
> **E2:** *No estoy de acuerdo* con el número 1. Dentro de diez años *no* estaré casada *ni* tendré hijos porque *quiero enfocarme en mi carrera antes de formar una familia.*

DENTRO DE DIEZ AÑOS...

		ESTOY DE ACUERDO.	NO ESTOY DE ACUERDO.	PORQUE...
1.	Estaré casado/a y tendré hijos.	☐	☐	_____
2.	Hablaré el español perfectamente.	☐	☐	_____
3.	Viviré en una casa grande y bonita.	☐	☐	_____
4.	Ganaré mucho dinero.	☐	☐	_____
5.	Tendré más tiempo libre.	☐	☐	_____
6.	Haré un largo viaje por todo el mundo.	☐	☐	_____
7.	Me sentiré contento/a con mi vida.	☐	☐	_____
8.	Tendré un buen empleo.	☐	☐	_____
9.	Aprenderé otro idioma.	☐	☐	_____

Gramática *Expressing the Future with the Verb* Haber

There are two ways to express the future with the verb **haber**. You can use the construction **va + a + haber.** This is the *immediate future,* which you learned in **Gramática 4.4,** and which is often used in everyday speech to refer to immediately upcoming future actions and conditions. For longer-term references to the future, you can also use the formal future tense of **haber: habrá.** In both cases, only the singular form **(va a haber, habrá)** is always used for singular and plural statements.

El lunes **va a haber** una reunión del club Amigos sin Fronteras.	There will be a meeting of the Amigos sin Fronteras club on Monday.
En veinte años ya no **habrá** problemas del medio ambiente.	There will no longer be environmental problems in twenty years.

B. ¿Cómo será el mundo? Ahora, imagínate cómo será el mundo de aquí a veinte años. Indica si estás de acuerdo.

DE AQUÍ A VEINTE AÑOS...

		ESTOY DE ACUERDO.	NO ESTOY DE ACUERDO.
1.	Ya no habrá terrorismo en el mundo.	☐	☐
2.	Se resolverá la crisis económica mundial.	☐	☐
3.	Descubrirán una vacuna para el SIDA.	☐	☐
4.	Será normal pasar las vacaciones en el espacio.	☐	☐
5.	Habrá coches híbridos y eléctricos solamente.	☐	☐
6.	Se eliminará el virus del zika.	☐	☐

Actividad 2 Los sueños y las metas

Piensa en tu porvenir y completa cada oración. Luego, conversa con tu compañero/a.

A. Di cuándo harás estas cosas.

1. Me casaré tan pronto como...
2. Viajaré por todo el mundo en cuanto...
3. Compraré un carro nuevo cuando...
4. Daré muchas fiestas después de que...

Vocabulario

... compre la casa de mis sueños.

... conozca a la persona ideal.

... empiece a trabajar.

... gane más de **$8.000** al mes.

... la economía mejore.

... me case y tenga hijos.

... me gradúe de la universidad.

... tenga mi propio apartamento.

B. Ahora, di qué harás en cada caso.

Vocabulario

Aprenderé a...	Seguiré estudiando...
Escribiré mis memorias...	Tendré una casa en la playa...
Iré a muchos conciertos...	Trabajaré sesenta horas por semana...
Me casaré...	Viajaré por todo el mundo...
Pasaré mucho tiempo leyendo...	Viviré en...

1. ... después de que encuentre un buen empleo.
2. ... hasta que nazca mi primer hijo.
3. ... antes de que muera.
4. ... en cuanto me jubile.

Cultura *El Carnaval de Limón*

El Carnaval de Limón es una celebración muy popular en Costa Rica y tiene lugar (*it takes place*) en Puerto Limón la semana del doce de octubre. En este carnaval hay desfiles, comida muy rica, música, baile y conciertos. Si vas de viaje a Costa Rica, ¡no te lo pierdas!

Cultura *La comunidad china en Costa Rica*

La comunidad china en Costa Rica representa solo el uno por ciento de toda la población, pero la influencia de la cultura china se percibe en muchos aspectos de la sociedad costarricense. En 1855, setenta y siete inmigrantes chinos llegaron a Costa Rica para trabajar en el ferrocarril de Panamá. Casi todos se establecieron en Puntarenas, en la costa del océano Pacífico. Muchos descendientes de esos primeros inmigrantes, como Juan Fernando, son hijos de matrimonios interraciales. Entre los chinocostarricenses conocidos en Estados Unidos se encuentra el astronauta Franklin Chang-Díaz y el actor y bailarín Harry Shum Jr., famoso por su papel en el programa de televisión *Glee* y en la serie de televisión *Shadowhunters*.

Actividad 3 El futuro de Juan Fernando

Vocabulario

ganar el concurso	**parientes por parte de padre**
estar en buena forma	**subir a Machu Picchu**
propia	

Juan Fernando consultó a una adivina en el Carnaval de Limón. Narra la vida futura de Juan Fernando según lo que le dijo la adivina. ¡Recuerda que vas a hablar del futuro!

¿Qué más hará Juan Fernando?

Actividad 4 Las metas y la felicidad

Conversa con tu compañero/a.

1. ¿Cuáles son tus metas en la vida? ¿Las podrás lograr sin un título universitario?

2. ¿Qué carrera quieres seguir? ¿Qué tipo de trabajo buscarás después de graduarte?

3. ¿Qué conseguirás en tu profesión? ¿dinero? ¿prestigio? ¿satisfacción personal? ¿aventuras? ¿Son importantes esas cosas para ti? Explica.

4. ¿Crees que trabajarás toda la vida en la misma profesión? Explica.

5. ¿Tendrás tu propio negocio algún día? ¿Qué tipo de negocio te gustaría tener? ¿Piensas tener tu oficina en casa?

6. ¿En qué consiste la felicidad para ti? ¿Se puede comprar la felicidad?

© Cuestiones sociales

Lee Gramática 15.2

Quiero vivir en un lugar donde pueda respirar aire puro y donde no haya tanta gente. ¡La sobrepoblación es un problema serio!

Espero que dejen de construir reactores nucleares para que no ocurra otro accidente grave como el de Fukushima. ¡Pobre gente!

No creo que todos los inmigrantes en Estados Unidos pierdan sus costumbres tradicionales. Cuando se trata de la comida, ¡mi familia sigue siendo muy mexicana!

DAY CARE / GUARDERÍA

En algunas escuelas primarias de California, el gobierno ha establecido guarderías para que los padres puedan dejar a sus hijos de edad preescolar durante sus horas de trabajo.

NAYELI: No conozco ninguna ciudad grande que no se enfrente diariamente con la cuestión de los desamparados.

ELOY: Ojalá los gobiernos encuentren pronto alguna manera de ayudarlos.

SEBASTIÁN: ¿Cuándo vamos a escribir la petición contra el uso de pesticidas?

DANIEL: Cuando tú quieras, pero antes de que sea demasiado tarde. ¡Es urgente!

ESTEFANÍA: ¿Estás de acuerdo con el nuevo programa de educación sexual para los jóvenes?

FRANKLIN: Sí, con tal de que los padres puedan participar en esos programas.

La causa del estrés estudiantil es variada: problemas académicos o familiares, recursos económicos, horarios, vida social...

Español 102

¡Qué bueno que tantos estudiantes universitarios estudien español!

No hable más y tráigame un café.

¡Qué lástima que todavía exista la discriminación sexual en el campo del trabajo!

¡Qué triste es que la gente pase tanto tiempo con sus aparatos electrónicos y no converse con sus seres queridos! Cuando estés con tu familia o amigos, ¡deja la tecnología por un rato!

Gramática *Present Subjunctive of* Haber

In certain constructions, the present subjunctive is needed (review **Gramática 12.1, 12.2, 12.3, 13.3, 14.4,** and **15.2**). When using the impersonal **hay** (there is/are) with a construction that requires present subjunctive, use **haya** (always used in singular).

Ojalá en el futuro **haya** más soluciones a los problemas energéticos del mundo.	*I hope in the future there will be more solutions to the world´s energy problems.*
Queremos que **haya** menos desamparados en nuestra sociedad.	*We want there to be fewer homeless people in our society.*

Actividad 5　Tu opinión

Selecciona la mejor de las condiciones para completar las oraciones, según tu opinión.

MODELO:　El problema de los desamparados será más grave cada día a menos que...

　a. se construyan más viviendas para los pobres.

　b. el gobierno les ofrezca más cupones de comida a los pobres.

　c. se provean más trabajos para la gente desempleada.

El problema de los desamparados será más grave cada día a menos que *se construyan más viviendas para los pobres*.

1. Qué lástima que tantos ciudadanos...

　a. dependan del gobierno económicamente.

　b. no voten en las elecciones nacionales.

　c. no estén dispuestos a usar el transporte público.

2. Busco una ciudad donde...

　a. haya un buen sistema de transporte público.

　b. se ofrezcan programas sociales para los pobres.

　c. la tasa de crimen sea baja.

3. Quiero vivir en una sociedad donde...

　a. todo ciudadano tenga seguro médico.

　b. se respeten los derechos civiles.

　c. haya diversidad cultural y programas bilingües en las escuelas.

4. Vamos a destruir el medio ambiente a menos que...

　a. usemos más del transporte público.

　b. controlemos la población mundial.

　c. desarrollemos más fuentes de energía renovable.

5. Es imposible eliminar las industrias que dañan el medio ambiente sin que...

　a. sufra la economía.

　b. aumente la tasa de desempleo.

　c. se aprueben nuevas leyes contra la contaminación.

6. Debemos iniciar una campaña de educación sexual para que...

　a. no haya tantos abortos.

　b. no aumente el contagio del SIDA.

　c. haya menos madres adolescentes.

7. Seguirá el problema de la sobrepoblación a menos que...

　a. el gobierno ofrezca más programas de planificación familiar.

　b. el gobierno limite la cantidad de hijos que puede haber en cada familia.

　c. el gobierno ofrezca incentivos económicos a las familias que tengan solo dos hijos.

8. Estoy de acuerdo con una reducción en el presupuesto federal con tal de que...

　a. (no) se reduzcan los fondos para la defensa del país.

　b. (no) se reduzcan los fondos para la educación.

　c. (no) se reduzcan los fondos para el bienestar social.

Cultura ¿Un idioma oficial?

En veintisiete estados de Estados Unidos se han promulgado leyes declarando el inglés como lengua oficial. Entre estos estados se encuentran Arizona, California, Kansas, Oklahoma, Utah, Virginia y Wyoming. ¿Qué opinas de esto? ¿Crees que cada país debe tener un solo idioma oficial?

Actividad 6 Problemas actuales

Lee estas afirmaciones sobre algunas cuestiones que nuestra sociedad enfrenta actualmente. Decide si estás de acuerdo o no y por qué. Luego, comparte tu opinión con tus compañeros.

Vocabulario

acabarse	la escasez
el agua potable	la guardería
dejar de	el hostigamiento
el desperdicio	la maquiladora
la empresa	

1. Es importante que el gobierno establezca buenas guarderías para que los padres puedan trabajar tranquilos.
2. Es importante que se eliminen los programas bilingües en las escuelas para que todos los niños aprendan bien el inglés.
3. Es urgente que se legalice a todos los inmigrantes indocumentados.
4. Es necesario crear más programas educativos y recreativos en las escuelas para que los jóvenes dejen de usar drogas.
5. No se acabará la pobreza en América Latina hasta que las empresas internacionales establezcan más maquiladoras allí.
6. Es dudoso que la privatización de los sistemas del agua resuelva la escasez de agua potable.
7. Vamos a permitir el transporte de los desperdicios nucleares con tal de que se usen camiones seguros y choferes responsables.
8. Es necesario acabar con el hostigamiento en las escuelas para que los estudiantes puedan asistir a clase sin temor.

Cultura El problema de la drogadicción

El problema de la drogadicción ha llegado a un punto crítico en nuestra sociedad. Por ejemplo, según las estadísticas, más de veintisiete millones de estadounidenses han usado drogas ilegales en el último mes. ¿A qué se puede atribuir este problema?

Actividad 7 Los estereotipos en el trabajo

A. Observa las distintas actitudes hacia el hombre y la mujer en situaciones iguales. ¿Qué opinas de estos estereotipos?

Situaciones	Así lo describen a él	Así la describen a ella
En su oficina hay fotos de su esposo/a e hijos.	Es un hombre que piensa mucho en su familia. Es muy responsable.	Es obvio que su familia le importa más que su carrera.
Su escritorio (o lugar de trabajo) está muy desordenado.	¡Qué bueno que sea una persona tan dedicada a su trabajo! Siempre está ocupado.	¡Qué desorganizada es! No va a avanzar en su trabajo hasta que se organice mejor.
A menudo conversa con sus compañeros de trabajo.	Está hablando sobre cuestiones importantes relacionadas con el trabajo y sus nuevos proyectos.	Es dudoso que esté hablando de los nuevos proyectos de la compañía. ¡Chismea demasiado!
El jefe lo/la invitó a almorzar.	Es posible que ahora tenga más importancia en la compañía. El jefe confía en él.	Es posible que su relación con el jefe no sea solo de amigos o colegas.
Se ha comprometido para casarse.	Es muy posible que el matrimonio traiga estabilidad a su vida y le ayude a triunfar.	Pronto quedará embarazada y no podrá trabajar más.
Va a hacer un viaje de negocios.	Viaja mucho para que la compañía reciba más ganancias.	¿Qué pensará su esposo?

B. Conversa con tu compañero/a.

1. Según la tabla, ¿cuál es el estereotipo de un hombre que tiene fotos de su familia sobre su escritorio? ¿y cuando se trata de una mujer? ¿Crees que es cierto que la familia tiene prioridad en las carreras de las mujeres? ¿Crees que debe ser así?

2. Si ves a un empleado o a una empleada ante un escritorio lleno de papeles, ¿lo/la caracterizas tú como una persona ocupada o desordenada?

3. En tu opinión, ¿chismean las mujeres más que los hombres o es esta una idea preconcebida? ¿En qué se basa tu opinión?

4. Según la tabla, ¿cuál es el estereotipo de la mujer que sale a almorzar con el jefe? ¿Y el estereotipo del hombre?

5. ¿Cuáles son algunos estereotipos negativos del hombre en el mundo del trabajo?

6. ¿Son válidos algunos de los estereotipos en esta tabla? ¿Cuáles? ¿Por qué piensas que son válidos? ¡Opina!

La tecnología

Lee *Gramática 15.3, 15.4*

Si Omar tuviera más dinero, se compraría un Tesla (un automóvil eléctrico).

Si fuera posible, Eloy haría todas sus investigaciones en línea y nunca consultaría los libros.

Es importante que todos los estudiantes del mundo tengan acceso a una computadora.

paneles solares

Xiomara hablará con sus abuelos y podrá verlos con frecuencia cuando ellos instalen el programa de Skype en su computadora.

Necesitamos una tecnología digital que no esté expuesta a los piratas informáticos.

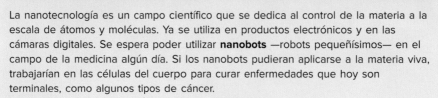

Cultura *La nanotecnología*

La nanotecnología es un campo científico que se dedica al control de la materia a la escala de átomos y moléculas. Ya se utiliza en productos electrónicos y en las cámaras digitales. Se espera poder utilizar **nanobots** —robots pequeñísimos— en el campo de la medicina algún día. Si los nanobots pudieran aplicarse a la materia viva, trabajarían en las células del cuerpo para curar enfermedades que hoy son terminales, como algunos tipos de cáncer.

Usa el **Diccionario digital** para dar la palabra apropiada en español para las siguientes definiciones.

1. propaganda que nos llega al buzón electrónico
2. un documento que se envía por correo electrónico
3. conversar en línea
4. un programa que protege la computadora de los virus
5. programa que se instala en nuestro sistema para grabar nuestra navegación
6. la primera página que vemos cuando visitamos un sitio Web
7. el nombre requerido para entrar en el buzón electrónico
8. lo que se hace para poner un documento o una foto en línea
9. lugar donde se pueden guardar los archivos
10. guardar un documento del Internet en nuestra computadora
11. es recomendable hacer esta copia de nuestros documentos
12. una persona que entra en nuestro sistema sin permiso
13. programa de *malware* que se replica y manda una gran cantidad de sus copias a otras computadoras
14. palabra, número o combinación de palabra y número que se requiere para tener acceso al correo electrónico

Diccionario digital			
anti-virus program	**el programa antivirus**	hacker	**el/la pirata, el hacker**
app	**la aplicación**	homepage	**la portada**
attachment	**el archivo adjunto**	icon	**el icono**
backup	**la copia de respaldo**	keyboard	**el teclado**
blog	**el blog**	link	**el enlace**
browser	**el navegador**	mail server	**el servidor de correo**
bug	**el error, gazapo**	mouse	**el ratón**
to chat	**chatear**	online	**en línea; conectado/a**
chat (*n.*)	**el chateo**	password	**la contraseña**
cookie	**el espía (de Internet)**	to save	**guardar**
directory	**el directorio**	social network	**la red social**
to download	**bajar; descargar**	software	**los programas, el software**
e-mail	**el correo/mensaje electrónico, el email, el mail**	spam	**el correo no deseado**
file	**el archivo, el documento**	to upload	**subir, cargar**
firewall	**el cortafuegos**	username	**el nombre del usuario**
folder	**la carpeta**	worm	**el gusano**

Actividad 9 Una encuesta

Haz la siguiente encuesta como proyecto de clase. Responde usando estas letras.

D = definitivamente   **TV** = tal vez   **N** = nunca.

1. Si no pudieras bajar música del Internet, ...

_____ ¿escucharías la radio?

_____ ¿comprarías discos compactos/de vinilo?

_____ ¿dejarías de escuchar música?

2. Si fuera imposible hacer investigaciones en línea, ...

_____ ¿irías a la biblioteca pública?

_____ ¿comprarías los libros que necesitaras?

_____ ¿usarías la biblioteca de tu universidad?

3. Si fuera posible, ...

_____ ¿trabajarías en casa con tu computadora?

_____ ¿comprarías una nueva computadora?

_____ ¿crearías una nueva red social como Facebook?

4. Si no pudieras textear a tus amigos, ...

_____ ¿les hablarías por teléfono?

_____ ¿les mandarías mensajes electrónicos?

_____ ¿harías Snapchat / usarías WhatsApp?

5. Si hubiera escasez de electricidad, ...

_____ ¿montarías paneles solares en el techo de tu casa?

_____ ¿verías la televisión o escucharías música?

_____ ¿usarías la computadora?

Actividad 10 Un futuro posible

¿Qué harías si las siguientes situaciones fueran posibles?

> MODELO: **E1:** ¿Qué harías si fuera posible viajar al pasado?
> **E2:** Pues, *visitaría a varias personas famosas.*
> **E1:** ¿A quiénes, por ejemplo?

¿QUÉ HARÍAS... ?

1. si pudiéramos tener un microchip en el cerebro para comunicarnos mentalmente

2. si la nanotecnología sirviera para curar enfermedades que hoy son terminales

3. si fuera posible viajar al pasado en una máquina del tiempo

4. si los seres humanos pudieran transportarse a la velocidad de la luz

5. si pudiéramos vivir 300 años gracias a los avances médicos

Vocabulario

aprender a tocar varios instrumentos musicales

aprender varios idiomas

conocer a mis antepasados

hablar a menudo con mis seres queridos

hacer muchos viajes rápidamente

no preocuparme por las enfermedades genéticas

no usar aparatos electrónicos

tener muchas profesiones

visitar otros planetas

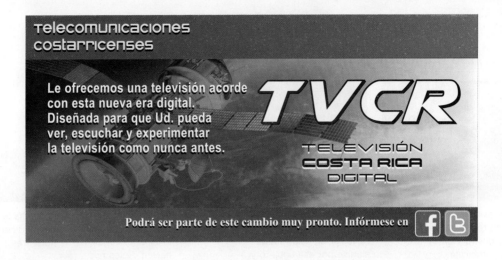

Actividad 11 La tecnología digital

A. Conversa con tu compañero/a.

1. ¿Para qué usas más la computadora? ¿Para tus estudios? ¿Para el trabajo? ¿Para divertirte?

2. ¿Lees el periódico en línea o prefieres leer el periódico de papel? ¿Bajas música o podcasts del Internet? ¿Participas en un foro de discusiones en línea?

3. ¿Usas mucho el correo electrónico? ¿A quiénes les mandas mensajes electrónicos? ¿Prefieres comunicarte por correo electrónico o enviar mensajes de texto desde el móvil?

4. Si fuera posible, ¿te gustaría trabajar usando la computadora en tu casa? ¿Qué ventajas y desventajas tendría para ti este tipo de trabajo? Explica.

5. Si fuera necesario, ¿podrías vivir sin computadora? ¿sin televisor? ¿sin móvil?

6. En tu opinión, ¿nos ahorran mucho tiempo las computadoras o por el contrario, nos quitan tiempo? En general, ¿han mejorado o empeorado la condición humana? Menciona tres ventajas de esta invención. ¿Hay algunas desventajas también?

B. Indica los programas o aplicaciones que tienes y utilizas con frecuencia. Luego, habla con tu compañero/a sobre las ventajas y las desventajas de cada uno programa o aplicación.

¿Qué tienes?	VENTAJAS	DESVENTAJAS
☐ Facebook		
☐ Snapchat		
☐ Twitter		
☐ Instagram		
☐ WhatsApp		
☐ FaceTime		
☐ Otro: _____		

C El futuro del planeta

Lee *Gramática 15.5*

A los científicos **les interesa** mucho resolver el problema de la destrucción de las selvas tropicales.

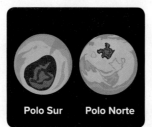

Polo Sur   Polo Norte

A todos **nos preocupan** los agujeros en la capa de ozono. La radiación solar puede filtrarse por ese agujero y destruir la vida en el planeta.

JORGE: **Me parece** que debemos tratar de eliminar la contaminación de los ríos.

CAMILA: Sí, porque sin ríos no hay vegetación en el planeta.

A Camila **le dan miedo** los desperdicios de las plantas nucleares.

ELOY: Hay que eliminar la lluvia ácida porque **nos urge** salvar los árboles.

CAMILA: Sí, como dice el profesor, una de las causas principales de la lluvia ácida es el humo tóxico que emiten los carros.

ELOY: ¡Debemos encontrar otros medios de transporte!

ÁNGELA: **Me preocupa** mucho el sistema ecológico del desierto.

NAYELI: ¡La contaminación del aire es un problema grande! ¡Qué horror!

XIOMARA: Sí, el esmog **nos afecta** y **nos molesta** a todos.

FRANKLIN: ¿Qué **te parece** la energía solar, Estefanía?

ESTEFANÍA: Es mucho más limpia y eficiente que la energía nuclear, ¿no crees?

FRANKLIN: Sí, tienes razón. ¡Pongamos paneles solares en nuestra futura casa!

A Sebastián y a Daniel **les llama la atención** la cantidad de especies en peligro de extinción. **Les da rabia** que los seres humanos sigan destruyendo la fauna del planeta.

A Juan Fernando **le fascinan** los avances que están haciendo los activistas ambientales. **Le molesta** no poder dedicarle más tiempo a las causas del medio ambiente.

Cultura *El mal uso de los recursos*

- En Estados Unidos, se usan 16.000.000 de barriles de petróleo cada año en la fabricación de botellas plásticas para agua. Además, se requieren dos litros de agua para producir una botella de plástico de un litro.

- La recolección, el transporte y la eliminación de la basura gasta energía y contamina el aire y la tierra; además, ocupa espacio vital en las ciudades.

- Solo el cinco por ciento de la población mundial reside en Estados Unidos, pero en este país se produce el veinticinco por ciento de los gases de efecto invernadero.

- En los basureros, debido a la falta de oxígeno, los desperdicios no se descomponen, incluso si son biodegradables.

A. Empareja cada definición con el problema ecológico que describe.

PROBLEMAS
ECOLÓGICOS

_____ **1.** exceso de personas en una ciudad, un país o el planeta

_____ **2.** largo período de clima muy seco cuando no llueve lo suficiente

_____ **3.** especies que desaparecen porque su hábitat se ha destruido

_____ **4.** cuerpos de agua del planeta que ya no son saludables

_____ **5.** precipitación con sustancias tóxicas que derivan de la gasolina

_____ **6.** contribuyen al calentamiento de la atmósfera al absorber y luego emitir radiación

_____ **7.** sustancia química que se utiliza para matar insectos

_____ **8.** aumento de la temperatura del planeta debido en parte a los gases de efecto invernadero

_____ **9.** parte del planeta donde no hay atmósfera y se deja pasar radiación ultravioleta dañina

_____ **10.** la basura que producen los reactores nucleares

a. el agujero de la capa de ozono

b. los animales en peligro de extinción

c. el calentamiento global

d. los desperdicios nucleares

e. los gases de efecto invernadero

f. la lluvia ácida

g. los pesticidas

h. los ríos y océanos contaminados

i. la sequía

j. la sobrepoblación

B. Ahora, trabaja con tu compañero/a. Miren los problemas ecológicos de **Parte A** y digan qué podemos hacer para resolver estos problemas y salvar el planeta. Usen verbos de la lista con la misma estructura de **nos preocupa**.

nos da miedo   **nos molesta**   **nos urge**

nos importa   **nos preocupa**

MODELO: **Nos preocupa** _la sequía_. Para resolver este problema, (creemos que) no debemos _desperdiciar el agua_.

Nos molestan _los ríos y océanos contaminados_. Para resolver este problema, (creemos que) debemos _imponerles fuertes restricciones a las industrias_.

Vocabulario

SOLUCIONES POSIBLES

controlar la tasa de natalidad

crear nuevas reservas naturales

criar animales en los zoológicos

comprar botellas y vasos reusables

fomentar la agricultura orgánica

gastar menos energía

imponerles fuertes restricciones a las industrias

no desperdiciar el agua

pedir envases biodegradables o de cartón

reciclar el papel/plástico/vidrio

reducir o eliminar la producción de carburos fluorados

usar pesticidas no tóxicos

usar el transporte público o un carro híbrido/eléctrico

Actividad 13 · La protección del medio ambiente

A. ¿Cómo protegen el medio ambiente los miembros del club Amigos sin Fronteras? Conversa con tu compañero/a.

MODELO: **E1:** ¿Qué hace *Omar* para proteger el medio ambiente?
E2: *Va a su trabajo en autobús en vez de manejar.* También...

OMAR

MARCELA

FRANKLIN

ESTEFANÍA

B. ¿Cuáles de estas actividades haces tú?

MODELO: Yo reciclo el vidrio y el plástico. También manejo un carro híbrido.

Cultura *Animales y plantas en peligro de extinción*

Muchas especies de animales y plantas están en peligro de extinción, entre otros, **la abeja, el leopardo cazador** (*cheetah*), **la mariquita** (*ladybug*), **el oso, la serpiente y el tucán.** La abeja es la que más debe preocuparnos, pues este insecto es responsable por uno de cada tres bocados de comida a nivel mundial gracias a su función polinizadora. Tristemente, el treinta por ciento de las abejas desaparece cada año debido a lo que los científicos llaman «**anomalía de desplomo de colonia**» (*colony collapse disorder*). Dos de los causantes principales de esta desaparición, según especulan los científicos, son los pesticidas y las enfermedades causadas por otros organismos.

Vocabulario

OMAR
la energía renovable
energía verde

MARCELA
la bolsa de lona
sembrar verduras
el reciclaje, reciclar

FRANKLIN
el carro híbrido/ eléctrico
la impresora
usar ambos lados

ESTEFANÍA
la botella de plástico/ aluminio
pájaros cubiertos de petróleo
recoger la basura

Actividad 14 Especies en peligro de extinción

Lee la información sobre los animales en peligro de extinción y luego conversa con tu compañero/a sobre el hábitat de cada especie. Presenten soluciones para evitar su extinción.

MODELO:
E1: ¿Sabes cuál es el hábitat del *manatí*?
E2: Sí, el manatí vive en *el mar Caribe*.
E1: Y dime, ¿cuál es la solución al problema *del manatí*?
E2: Debemos *limitar el uso de barcos de motor*.

la abeja
©Martin Ruegner/Photodisc/Getty Images RF

el águila (*f.*) calva
©Frank Leung/Getty Images RF

la ballena
©Tory Kallman/Shutterstock RF

el manatí
Source: Jim Reid/USFWS

la mariposa monarca
©Purestock/Getty Images RF

el quetzal
©Glenn Bartley/Getty Images

Nombre	Hábitat	Solución
la abeja	colmenas en regiones de clima templado y tropical	no usar pesticidas; cultivar sus plantas preferidas
el águila (*f.*) calva	las montañas Rocosas de Norteamérica	no permitir la caza de esta especie
la ballena	los océanos del mundo	imponer fuertes restricciones para la caza de esta especie
el delfín	los océanos y mares del mundo	requerir el uso de redes especiales en la pesca
el gorila	las tierras bajas de África	crear reservas
el lobo	los bosques del hemisferio norte	no permitir la caza de esta especie
la mariposa monarca	las sierras de México	no usar pesticidas
el quetzal	las selvas de Centroamérica	no permitir su exportación
el manatí	el mar Caribe	limitar el uso de barcos de motor
el oso panda	los bosques de bambú de Asia	proteger su hábitat creando reservas
la tortuga marina	las playas tropicales	proteger sus huevos

Hablando del futuro del planeta

LA COMUNIDAD VERDE DE JESÚS LEÓN SANTOS

En 2008, un campesino[a] mexicano de nombre Jesús León Santos recibió el Premio Ambiental Goldman, que tiene tanto prestigio en el campo de la ecología como el Premio Nobel tiene en los campos de la literatura, la ciencia y la paz. Cuando tenía dieciocho años, Jesús León se propuso[b] reforestar la región donde vivía —la Mixteca Alta[c] en Oaxaca, México— para transformar las áridas tierras en una región de agricultura sostenible y árboles frutales.[d] Los campos de esta región sufrían de mucha erosión; habían sido destruidos tras años de cultivo, pastoreo excesivo, cría de cabras y tala de árboles.[e]

©The Goldman Environmental Prize

Durante la juventud de Santos, los habitantes de la Mixteca Alta tenían que viajar largas distancias para conseguir agua y leña;[f] además, muchos jóvenes emigraban, escapándose de la sequía, el hambre y la desolación de su vida diaria, y nunca regresaban. Jesús León Santos decidió cambiar todo eso. En 1983, aprendió lecciones valiosas de unos campesinos guatemaltecos, quienes le enseñaron a trabajar la tierra con técnicas precolombinas de cultivo. Desde ese momento, el plan de Santos fue cavar zanjas[g] para retener el agua de lluvia, sembrar árboles en pequeños viveros[h] y aprovechar el estiércol[i] como fertilizante. Para realizar su meta, tuvo que convencer a sus vecinos de que era importante pensar en el futuro, no solo en el presente.

Santos utilizó un sistema indígena de trabajo: **el tequio,** palabra que en náhuatl significa «trabajo» y «tributo». El tequio es una forma de labor colectiva no remunerada[j] en la que participa todo el pueblo para crear obras comunitarias, por ejemplo, una escuela, un camino o, en este caso, un terreno fértil. Con la ayuda y participación de 400 familias de doce municipios, Santos fundó el Centro de Desarrollo[k] Integral Campesino de la Mixteca (CEDICAM). Los miembros de CEDICAM no tenían muchos recursos económicos pero sí tenían un objetivo claro y firme: combatir la erosión y devolverle la vida a su pequeño rincón del planeta. Entre todos, plantaron varios millones de árboles de especies nativas a la región —en particular una variedad muy resistente a la sequía. También crearon un sistema de agricultura sostenible y orgánica que otras comunidades mexicanas han imitado; este sistema incluye viveros comunitarios y plantaciones masivas de árboles. El resultado es impresionante, pues la producción agrícola de la región ha aumentado[l] un cincuenta por ciento; además, ¡el ochenta por ciento de la tierra se ha vuelto arable!

Hoy, un poco más de dos décadas después, la Mixteca Alta ofrece manantiales, arboledas, frutos.[m] Ahora los jóvenes de esta región ya no emigran, y Santos continúa trabajando sin descanso, ayudando a plantar 200.000 árboles anualmente. El famoso campesino opina que las generaciones futuras tienen derecho a disfrutar de los recursos del planeta. Al destruir la tierra, dice él, «estamos destruyendo el futuro de nuestros hijos y nietos».

[a]*agricultural worker* [b]*se… decidió* [c]*la… the highland subregion of an area encompassing several states in Mexico, originally inhabited by the Mixteca people* [d]*fruit (adj.)* [e]*cultivo… farming, excessive grazing, goat-breeding, and logging* [f]*firewood* [g]*cavar… dig trenches* [h]*nurseries* [i]*manure* [j]*no… unpaid* [k]*Development* [l]*increased* [m]*manantiales… springs, groves, fruits*

©Joaquín S. Lavado, QUINTO, *Toda Mafalda*, Ediciones de La Flor.

Exprésate

ESCRÍBELO TÚ

Cuestiones ambientales urgentes

Piensa en una cuestión ambiental que te parezca urgente, por ejemplo, alguna especie animal en peligro de extinción o el calentamiento global. Escribe una breve composición sobre el tema. Explica el problema, luego di dónde ocurre, cuáles son sus causas principales y cuáles son las consecuencias. Para terminar, sugiere qué se puede hacer para mitigar o resolver el problema. Lee y completa la actividad entera en el *Cuaderno de actividades* o en Connect Spanish.

¡AYÚDENOS CON LOS PROYECTOS DE CONSERVACIÓN FORESTAL!

20 años ayudando con la sostenibilidad de Costa Rica

Por una Costa Rica sostenible y limpia

CUÉNTANOS

La cuestión social que más te preocupa

Comenta sobre la cuestión social que más te preocupa y explica por qué. ¿Hay maneras de remediar este problema o situación? Puedes usar el modelo como guía.

MODELO: La cuestión social que más me preocupa es la sobrepoblación porque no creo que la tierra resista el impacto de tanta gente. Creo que la sobrepoblación es la causa de muchos otros problemas, como las guerras, la escasez de agua y la falta de energía. Espero que la gente deje de tener tantos hijos y que los gobiernos ayuden a establecer más clínicas de planificación familiar.

Cultura

Mundopedia

Los logros de Costa Rica

El bosque tropical Monteverde
©Mary Plage/Getty Images

Vocabulario de consulta

logros	achievements
oro	gold
ejército	army
surgió	arose
vanguardia	forefront
encabezó	led
concedió	granted
presupuesto	budget
cuarteles	barracks
deterioro	damage
planteó	presentó
dañara	harm

LAS RIQUEZAS DE COSTA RICA

El nombre de Costa Rica es muy apropiado: la costa atlántica del país es rica en selvas tropicales. Pero, en realidad, los exploradores españoles le dieron este nombre al país porque pensaban que iban a encontrar allí grandes cantidades de oro. Costa Rica no es rica en oro, pero sí tiene otras riquezas impresionantes. Varios aspectos de la sociedad costarricense contribuyen a formar su carácter excepcional. Por ejemplo, el país no tiene ejército. Además, los costarricenses trabajan para proteger su riqueza natural. El concepto de «ecoturismo» surgió en Costa Rica. Es un tipo de turismo que no destruye el medio ambiente y educa a los turistas en cuestiones ambientales. En todos estos aspectos, Costa Rica se considera a la vanguardia de asuntos políticos, sociales y ecológicos.

LA ABOLICIÓN DEL EJÉRCITO

En 1948, el economista José Figueres Ferrer, después de denunciar la corrupción del gobierno, provocó una guerra civil que duró ocho semanas. Luego, Ferrer encabezó una junta militar no opresiva con la que logró hacer importantes reformas de carácter socialista. Figueres Ferrer gobernó el país durante solo dieciocho meses, pero en ese tiempo concedió el voto a las mujeres, garantizó la educación pública a todos los ciudadanos y abolió el ejército. Una de sus metas realizadas fue asignar el presupuesto militar a la educación, convirtiendo los cuarteles en escuelas, museos y centros culturales.

EL ECOTURISMO

Por más de treinta años, Costa Rica ha servido de ejemplo como líder del turismo sostenible y de la protección de los recursos naturales, presentando una alternativa valiosa al **deterioro** que normalmente causa el turismo. El concepto de ecoturismo surgió en los años ochenta cuando el gobierno costarricense **planteó** la necesidad de ofrecerles a los turistas una experiencia con la naturaleza que no **dañara** la flora y la fauna del país. En 1995, el Instituto Costarricense de Turismo (ICT) creó un programa de certificación para lograr que todos los trabajadores de la industria turística —en hoteles, compañías de giras y de transporte— implementaran las prácticas de turismo sostenible. Catorce años después, en 2009, Costa Rica organizó la primera Conferencia Internacional de Ecoturismo, en la cual el ICT compartió con los participantes las estrategias y prácticas que habían dado resultado en Costa Rica. Esta conferencia única, conocida como la Conferencia P3 (La Conferencia Internacional de Turismo Sostenible: Planeta, Personas, Paz), ya se ha organizado seis veces en Costa Rica.

SITIOS ECOTURÍSTICOS

El cuarenta por ciento del territorio de Costa Rica está poblado de bosques, y hay en este país centroamericano uno de los sistemas más extensos de parques nacionales en todo el planeta. El bosque tropical de Monteverde, por ejemplo, es una zona de conservación muy famosa en Centroamérica y uno de los destinos principales para el ecoturismo. Este bosque tiene más de cien especies de mamíferos, más de cuatrocientas especies de aves y 2.500 especies de plantas. Otros sitios ecoturísticos importantes son los parques nacionales Manuel Antonio, Braulio Carrillo, Tortuguero y el lago Arenal. En el lago Arenal podrás navegar y andar en bicicleta, visitar el fantástico volcán Arenal y disfrutar de sus aguas termales, que se mantienen calientes gracias al volcán.

Hoy en día, el gobierno de Costa Rica tiene reglas estrictas para la construcción de viviendas y hoteles en zonas selváticas. Además, el noventa y nueve por ciento de toda la energía eléctrica de Costa Rica proviene de fuentes limpias. Sin duda son muchos los logros de este país excepcional donde el ejército ha sido reemplazado por escuelas, donde la gente valora y protege la naturaleza.

Cultura *Beneficios de la bicicleta al medio ambiente*

Según la organización Sierra Club, si cada uno de los residentes de una comunidad de 100.000 habitantes reemplazara un viaje en automóvil de **catorce kilómetros** (nueve millas) con uno en bicicleta una vez al mes, ayudaría a reducir la cantidad de emisiones de bióxido de carbono en 3.764 toneladas al año.

Contesta las preguntas.

1. ¿Por qué le pusieron el nombre «Costa Rica» a este país los exploradores españoles?
2. ¿Cuáles son los aspectos excepcionales de Costa Rica?
3. Describe el ecoturismo.
4. ¿Qué reformas importantes hizo José Figueres Ferrer durante los dieciocho meses de su gobierno?
5. Hay tres momentos importantes en la historia del ecoturismo. ¿Cuáles son?
6. Ofrece por lo menos tres ejemplos de por qué Costa Rica se considera a la vanguardia de asuntos sociales, políticos y ecológicos.
7. Menciona tres sitios ecoturísticos de Costa Rica.

Palabras regionales: Costa Rica	
atigrado/a	lazy
un(a) mae	chum, friend, "dude" (derogative)
¡Pura vida!	**¡Saludos!, ¡Que estés bien!**
tico/a	**costarricense**

CONEXIÓN CULTURAL

LA INMIGRACIÓN ILEGAL EN COSTA RICA

Desde hace años Costa Rica se ha enfrentado al problema de la inmigración ilegal de nicaragüenses, a quienes llaman «turistas perpetuos». Pero en los últimos años, migrantes de otros países también están llegando de forma irregular a Costa Rica. De hecho, en 2016 llegaron grandes oleadas de africanos, asiáticos, haitianos y cubanos. Algunos inmigrantes llegan a Costa Rica para quedarse y vivir una mejor vida; pero otros están en Costa Rica solo temporalmente, mientras encuentran la forma de llegar a su objetivo final: Estados Unidos. ¿Qué opinas de la cuestión de la inmigración? Para informarte más sobre este debate, lee la lectura «La inmigración ilegal en Costa Rica» en el *Cuaderno de actividades* o en Connect Spanish.

Videoteca

Amigos sin Fronteras

Episodio 15: La siesta

©McGraw-Hill Education/Klic Video Productions

Resumen

En el centro estudiantil, Sebastián, Claudia, Nayeli y Eloy conversan sobre la tecnología y lo mucho que los jóvenes dependen de sus aparatos electrónicos. Nayeli propone que todos pasen un día sin sus aparatos, pero Eloy está muy cansado y estresado por sus exámenes. Él no reacciona a la idea de Nayeli porque se duerme. Entonces tiene un sueño muy interesante...

Preparación para el video

A. **¡Comencemos!** Mira la foto y contesta las preguntas.

　1. ¿Cómo se llaman los cuatro personajes de la foto?

　2. ¿Quién se queda dormido?

Comprensión del video

B. **La idea principal.** Indica la idea principal del video.

　1. Los amigos del club piensan que vivir sin tecnología es muy divertido.

　2. Nayeli y Claudia quieren pasar un día sin aparatos electrónicos.

　3. Eloy depende mucho de la tecnología, pero en su pesadilla no existe nada de eso.

Vocabulario de consulta

esclavo	slave
capaz	capable, able
malos modales	bad manners
Colgaron.	They hung up.
bromeando	joking
caray	dang (*Mex., col.*)
jalarlo	pull it
atarlo	tie it up
una broma	a prank
de mal gusto	in bad taste
pesadilla	nightmare

©McGraw-Hill Education/Klic Video Productions

C. ¿Cierto o falso?

1. Eloy está concentrado solo en el libro después de sentarse con sus amigos.
2. Eloy toma café durante la época de exámenes.
3. Sebastián propone pasar un día sin usar los aparatos electrónicos.
4. En el sueño, Eloy está en el apartamento de Nayeli.
5. Eloy soñó que no había Internet ni computadoras.

©McGraw-Hill Education/Klic Video Productions

D. Detalles. Contesta las preguntas según el video.

1. En el sueño, ¿por qué está Eloy en el apartamento de Nayeli?
2. En el sueño, ¿dónde está el televisor de Nayeli?
3. ¿De qué materia es el ensayo que debe escribir Nayeli en el sueño?
4. ¿Por qué se despertó gritando Eloy?

Mi país COSTA RICA

Comprensión

1. ¿Cuál es la expresión que usa Juan Fernando para describir Costa Rica?
2. ¿Dónde tiene playas Costa Rica?
3. ¿De qué color es la arena de algunas de esas playas?
4. Nombra dos volcanes de Costa Rica.
5. Menciona el parque nacional que recomienda visitar Juan Fernando.
6. ¿Qué tipo de animales se pueden ver en Costa Rica? Nombra dos.
7. ¿Qué producto es muy importante para la economía de Costa Rica?
8. Nombra dos platos típicos de Costa Rica.

Una cascada en el río Celeste, Parque Nacional Volcán Tenorio, Costa Rica
©Kryssia Campos/Getty Images

Unas tortugas en la playa Ostional, Costa Rica
©Jeff Rotman/Getty Images

Gramática

15.1 The Future Tense

A. In **Gramática 4.4**, you learned to use the construction **ir + a** + *inf.* to express future plans: **Esta tarde voy a estudiar.** Spanish also has a future tense, with its own set of endings. It is generally used to talk about long-term or important future events. This future tense is formed by adding these endings to the infinitive: **-é, -ás, -á, -emos, -éis,** and **-án.**

Future		
(yo)	jugar**é**	*I will play*
(tú)	terminar**ás***	*you (fam. sing.) will finish*
(usted, él/ella)	escribir**á**	*you (pol. sing.) will write; he/she will write*
(nosotros/as)	lavar**emos**	*we will wash*
(vosotros/as)	comer**éis**	*you (fam. pl., Sp.) will eat*
(ustedes, ellos/ellas)	dormir**án**	*you (pl.) will sleep; they will sleep*

Me jubilaré en dos años.	*I will retire in two years.*
Los políticos nunca **admitirán** sus errores.	*Politicians will never admit their mistakes.*

B. A few verbs have irregular stems to which the future-tense endings are attached.

caber → **cabré**	poner → **pondré**	decir → **diré**
haber → **habré**	salir → **saldré**	hacer → **haré**
poder → **podré**	tener → **tendré**	
querer → **querré**	valer → **valdré**	
saber → **sabré**	venir → **vendré**	

Mi hermano dice que **tendrá** por lo menos cinco hijos cuando se case.	*My brother says that he will have at least five children when he gets married.*
Sabremos más sobre el asunto cuando salga el informe.	*We'll know more about the issue when the report comes out.*

C. For statements in conversation about future events, the **ir + a** + *inf.* construction is more frequently used than are the future-tense verb forms.

Mañana **vamos a manejar** a la montaña.	*Tomorrow we are going to drive to the mountains.*

When there is doubt or speculation, however, especially in questions, the future tense is common. This is called the future of probability.

¿Dónde **estarán** mis amigos? Todavía no han llegado.	*Where could my friends be? (I wonder where my friends are.) They haven't arrived yet.*

---

*Alternative form for recognition only: **vos terminarás.**

Ejercicio 1

¿Qué pasará durante los próximos quince años?

> MODELO: El profesor Sotomayor *se jubilará* y *se mudará* a Guatemala con su esposa.

1. _____ (*Yo:* Casarse) y _____ (tener) dos hijos.
2. Mi mejor amigo y yo _____ (graduarse) e _____ (ir) a Europa.
3. Mis padres _____ (mudarse) y _____ (vivir) en una isla tropical.
4. Después de terminar esta clase, mis compañeros y yo _____ (hablar) español y _____ (poder) escribir en ese idioma perfectamente.
5. El presidente _____ (venir) a cenar a mi casa y me _____ (decir) que le gustan mis ideas y mi comida.

15.2 More Uses of the Subjunctive (Part 2)

A clause is a part of a sentence that has its own verb and subject, but functions like another part of speech, such as a noun, adjective, or adverb. This section presents clauses in which the verbs must be in the subjunctive. They include certain types of adjective clauses, adverbial and nominal (noun) clauses, and purpose clauses.

A. Adjective Clauses

Adjective clauses modify nouns, just as adjectives do. In English, adjective clauses usually begin with *that, which,* or *who.*

Adjective	Adjective Clause
It is a *big* country.	It is a country *that welcomes immigrants in an era of economic decline.*
The *long* and *difficult* war was fought in the name of equality.	The Spanish Civil War, *which was fought in the 1930s,* resulted in the loss of political freedom for the Spaniards.
He is the *new* senator.	Senator Ortega, *who proposed the negotiation of a peaceful solution,* is from my state.

In Spanish, adjective clauses normally begin with the conjunction **que,** whether they refer to things or to people.

Señor Presidente, aquí está el grupo de inmigrantes **que** viene a protestar contra la nueva ley.

Mr. President, this is the immigrant group that is here to protest the new law.

José Figueres Ferrer fue el presidente costarricense **que** abolió el ejército de su país en 1948.

José Figueres Ferrer was the Costa Rican president who abolished his country's army in 1948.

When an adjective clause that modifies a person contains a preposition **(a, de, con, para),** then **quien** (not **que**) follows the preposition.

Es un cuento escrito por el famoso escritor colombiano de **quien** les hablé en la clase pasada.

It's a short story written by the famous Colombian writer about whom I spoke to you in the last class.

If the person, place, or thing the adjective clause modifies is unknown to the speaker, the verb in the adjective clause must be in the subjunctive. Note the difference between describing something one *has* (known) versus something one *is looking for* (unknown).

INDICATIVE (KNOWN):

Juan Fernando compró **un libro** que **tiene** información sobre Costa Rica.	*Juan Fernando bought a book that has information about Costa Rica.*

SUBJUNCTIVE (UNKNOWN):

Julia busca **un sitio Web** que **tenga** buenos consejos para viajeros.	*Julia is looking for a website that has good advice for travelers.*

The subjunctive is also used in adjective clauses if the person, place, or thing modified is nonexistent.

INDICATIVE (EXISTENT):

En Costa Rica **hay varias regiones** que **producen** grandes cantidades de café.	*In Costa Rica there are several regions that produce large amounts of coffee.*

SUBJUNCTIVE (NONEXISTENT):

No hay ninguna región que **produzca** tanto café como esta.	*There is no region that produces as much coffee as this one.*

B. Adverbial and Nominal Expressions

Some adverbial and nominal (noun) expressions take subjunctive verb forms when the wishes of the person being addressed are not clear to the speaker. For example: *We will travel for as long as you want.* In this sentence, it is not clear to the speaker for how long the addressee wishes to travel. Following are some common adverbial and nominal expressions.

Como usted quiera / tú quieras.	*However you want.*
Cuando usted diga / tú digas.	*Whenever you say.*
Donde usted quiera / tú quieras.	*Wherever you want.*
Lo que usted diga / tú digas.	*Whatever you say.*
—¿Cómo lo vamos a hacer?	*How are we going to do it?*
—**Como tú quieras.**	*However you want.*
—¿Cuándo nos vamos?	*When are we leaving?*
—**Cuando usted quiera.**	*Whenever you want.*
—¿Adónde vamos mañana?	*Where are we going tomorrow?*
—**Adonde tú digas.**	*Wherever you say.*
—¿Qué vamos a hacer ahora?	*What are we going to do now?*
—**Lo que usted diga.**	*Whatever you say.*

OJO: These expressions contain indicative forms if what is expressed in the second clause is already known.

Lo que tú **dices** es verdad.	*What you are saying is true.*

C. Purpose Clauses

The purpose (or dependent) clause is used to show the intention of the action of the main verb in the sentence (independent clause). Spanish requires subjunctive verb forms in purpose clauses introduced by conjunctions such as **para que** (so *that, provided that, in order to/that*), **sin que** (*without*), **con tal (de) que** (*provided that*), **de modo (manera) que** (so that), and **a menos que** (*unless*). As opposed to clauses with **porque** + indicative, clauses with these phrases do not state whether something really happens or not.

INDICATIVE

Siempre ando en bicicleta **porque** manejar un carro **contamina** el ambiente.	*I always ride a bicycle because driving a car pollutes the environment.*

SUBJUNCTIVE

¡La legislatura va a aprobar la nueva ley **sin que** los ciudadanos lo **sepan!**	*The legislature is going to pass the new law without the citizens knowing it!*
Es necesario reparar ese edificio **para que** no **se caiga** durante un terremoto.	*That building needs to be repaired so that it won't collapse in an earthquake.*
Estoy de acuerdo con el contrato **con tal de que** todos los trabajadores **reciban** la misma oferta.	*I'm in agreement with the contract provided that all of the workers receive the same offer.*
El problema de los desamparados será más grave cada día **a menos que se construyan** más casas para los pobres.	*The homeless problem will become more serious each day unless we build more homes for the poor.*

Ejercicio 2

Estefanía y Franklin están planeando su luna de miel. Escoge entre el presente de indicativo o el presente de subjuntivo para completar su conversación.

FRANKLIN: Prefiero ir a un lugar que no _____ **(es / sea)**[1] muy turístico.

ESTEFANÍA: Pero, Frankin, en agosto no hay ningún lugar que no _____ **(está / esté)**[2] lleno de gente.

FRANKLIN: Tienes razón, Estefanía. También busco un lugar que _____ **(ofrece / ofrezca)**[3] mucho para hacer, tanto de día como de noche.

ESTEFANÍA: Pues, hay varias ciudades de Europa que _____ **(tienen / tengan)**[4] muchas diversiones.

FRANKLIN: ¡Europa, sí! Quiero ir a un lugar donde se _____ **(vende / venda)**[5] mucha ropa elegante.

ESTEFANÍA: Bueno, como tú sabes, París es una ciudad en la que se _____ **(fabrica / fabrique)**[6] más ropa fina que en cualquier otra ciudad del mundo.

FRANKLIN: Sí, y París es una ciudad donde _____ **(hay / haya)**[7] mucha actividad cultural, además de tiendas elegantes.

ESTEFANÍA: Entonces, ¿por qué no hacemos una gira por Europa?

FRANKLIN: Sí, quizás. Sigamos pensándolo...

Los estudiantes del profesor Sotomayor expresan su opinión. Escoge entre el presente de indicativo y el presente de subjuntivo para completar sus comentarios.

1. Es necesario construir más apartamentos para que _____ (hay / haya) suficientes viviendas para todos.

2. No podemos seguir usando tanta gasolina porque _____ (aumenta / aumente) la contaminación ambiental en nuestra sociedad.

3. Hay tantos crímenes violentos porque el gobierno no _____ (prohíbe / prohíba) portar armas de fuego.

4. Voy a escribirle una carta al gobernador para que nos _____ (ayuda / ayude) a resolver el problema de las drogas en nuestro estado.

5. Seguirá el problema de la escasez de atención médica a menos que el gobierno _____ (adopta / adopte) un plan nacional de seguro médico.

6. Debemos controlar lo que los niños ven en la televisión y el Internet porque esos medios _____(influyen / influyan) en su manera de pensar.

7. Todos los niños deben tener acceso a una computadora, con tal de que _____ (podemos / podamos) limitar el tiempo que la usan.

8. Los medios sociales coleccionan nuestra información personal sin que nosotros lo _____ (sabemos / sepamos).

> portar armas de **fuego** = *to carry firearms*

15.3 The Conditional

A. The conditional is formed by adding these endings to the infinitive: **-ía, -ías, -ía, -íamos, -íais,** and **-ían.**

Conditional		
(yo)	jugaría	*I would play*
(tú)	comerías*	*you (fam. sing.) would eat*
(usted, él/ella)	dormiría	*you (pol. sing.) would sleep; he/she would sleep*
(nosotros/as)	tomaríamos	*we would drink*
(vosotros/as)	leeríais	*you (fam. pl., Sp.) would read*
(ustedes, ellos/as)	escribirían	*you (pl.) would write; they would write*

Yo **hablaría** con su familia primero.	*I would speak with her family first.*
A Franklin le **gustaría** ir de luna de miel a Europa.	*Franklin would like to go to Europe for her honeymoon.*

---

*Alternative form for recognition only: **vos comerías.**

B. The verbs that have irregular stems in the future tense use the same stems in the conditional.

caber → **cabría**	poner → **pondría**	decir → **diría**
haber → **habría**	salir → **saldría**	hacer → **haría**
poder → **podría**	tener → **tendría**	
querer → **querría**	valer → **valdría**	
saber → **sabría**	venir → **vendría**	

—¡Yo no **sabría** qué decirle!　　　*I wouldn't know what to tell him!*
—Pues yo le **diría** la verdad.　　　*Well, I would tell him the truth.*

Ejercicio 4

Juan Fernando habla de las actividades que a los estudiantes del club Amigos sin Fronteras les gustaría hacer en Costa Rica, cuando lo visiten. Completa sus comentarios con el condicional del verbo más lógico de la lista.

bañarse invitar ir mandar nadar pasar tomar tratar viajar visitar

1. Franklin y Estefanía _____ los sitios turísticos.
2. Sebastián _____ de conocer nuevos amigos.
3. Eloy _____ mucho tiempo conmigo.
4. Lucía y Claudia _____ en la playa Manuel Antonio.
5. Ana Sofía _____ fotos del volcán Poás.
6. Xiomara _____ en las aguas termales de Arenal.
7. Nayeli _____ al Museo Nacional de Costa Rica.
8. Camila le _____ mensajes de texto a su familia todos los días.
9. Yo los _____ a todos a almorzar en la casa de mis padres.
10. Todos nosotros _____ juntos en el transbordador a la península de Nicoya.

15.4 Past Subjunctive and Summary of Uses of the Subjunctive

A. Statements of possibility in the present tense introduced with the conjunction **si** (*if*) take indicative verb forms in both the *if* clause and the conclusion.

Si el gobierno **congela** los alquileres, **habrá** menos desamparados.
If the government freezes rents, there will be fewer homeless people.

Si hay poco trabajo, menos trabajadores sin documentos **cruzan** la frontera.
If there is little work, fewer undocumented workers cross the border.

B. However, to imply that a situation is contrary to fact (hypothetical), a verb form called the *past subjunctive* (in Spanish, **el imperfecto de subjuntivo**), must be used in the *if* clause, and a conditional verb form is then used in the conclusion.*

Si tuviera más dinero, **me jubilaría.**
If I had more money, I would retire.

Si ganara la lotería, **haría** muchos viajes.
If I won the lottery, I would take many trips.

To form the past subjunctive, drop the **-on** from the preterite form of any regular or irregular Spanish verb, and add these endings: **-a, -as, -a, -amos, -ais, -an.** Add a written accent to the second from last syllable of the **nosotros/as** forms.

PAST SUBJUNCTIVE			
	hablar hablar~~on~~ → hablar-	sentir sintier~~on~~ → sintier-	tener tuvier~~on~~ → tuvier-
yo	hablara	sintiera	tuviera
tú	hablaras†	sintieras†	tuvieras†
usted, él/ella	hablara	sintiera	tuviera
nosotros/as	habláramos	sintiéramos	tuviéramos
vosotros/as	hablarais	sintierais	tuvierais
ustedes, ellos/ellas	hablaran	sintieran	tuvieran

Si Marcela **trabajara** fuera de casa, su hija Maritza **tendría** que estar todo el día en la guardería.

If Marcela worked outside the home, her daughter Maritza would have to be in day care all day.

This pattern is true for all verbs, regular and irregular, no exceptions: **decir: dijer~~on~~ → dijer-, traer: trajer~~on~~ → traj-, ir/ser: fuer~~on~~ → fuer-.**

Te sorprenderías si yo te **dijera** la verdad.

You'd be surprised if I told you the truth.

Si **fuera** posible, yo viajaría a otro planeta.

If it were possible, I would travel to another planet.

Si **fueras** conmigo al concierto, me sentiría más segura.

If you went with me to the concert, I'd feel safer.

C. You can also use the expression **ojalá que** (*I wish that*) followed by the past subjunctive to express a desire that is contrary to fact. The word **que** is optional but frequently used.

Ojalá (que) hubiera menos contaminación.

I wish there were less pollution.

Ojalá (que) tuviéramos más tiempo para estudiar.

I wish we had more time to study.

D. Here is a summary of the most common occurrences of the subjunctive in Spanish.

- With "softened" commands such as **le(s) sugiero que, te recomiendo que, me aconseja que, esperamos que,** and impersonal expressions such as **es importante que** and **es mejor que**. (See **Gramática 12.1** and the second **Comunícate** section of **Capítulo 13**.)

Te aconsejo que mandes el documento por correo electrónico.

I advise you to send the document by e-mail.

Es importante que todos **reciclemos** los periódicos.

It's important that we all recycle our newspapers.

---

*In some areas of the Spanish-speaking world, the imperfect subjunctive is used in both the *if* clause and the conclusion: **Si supiera, te lo dijera.** (*if I knew, I would tell you.*)

†Alternative forms for recognition only: **vos hablaras, vos comieras, vos tuvieras.**

- In time clauses introducing future (pending) events. (See **Gramática 12.2.**)

| La fiesta empezará cuando tú **llegues.** | *The party will begin when you arrive.* |
| Tendremos problemas de sobrepoblación **hasta que logremos** controlar la tasa de natalidad. | *We will have overpopulation problems until we manage to control the birthrate.* |

- With *Let/Have* commands and **ojalá.** (See **Gramática 13.3.**)

—Tenemos que resolver el problema de la venta ilegal de armas nucleares.	*We have to solve the problem of the illegal sale of nuclear weapons.*
—¡No, que lo **resuelva** el gobierno!	*No, let the government solve it!*
Ojalá que **podamos** descubrir una vacuna contra el SIDA.	*I hope we can discover a vaccine for AIDS.*

- Expressing opinions and reactions with verbs such as **dudar,** phrases such as **es dudoso que, es (im)probable que, es (im)posible que,** and expressions such as **¡Qué bueno que...!, ¡Qué lástima que...!,** and **¡Qué triste que...!** (See **Gramática 14.4.**)

Dudo que **se pueda** erradicar el crimen en las ciudades grandes.	*I doubt that crime can be eradicated in large cities.*
No creo que la participación de Estados Unidos en la guerra de Siria **resuelva** el problema del terrorismo.	*I don't believe that United States participation in the war in Syria will solve the problem of terrorism.*
¡Qué lástima que Marcela no **haya terminado** su carrera universitaria!	*It's too bad that Marcela hasn't finished her college education.*

- In adjective clauses, as presented in **Gramática 15.2, A.**

| En las guarderías infantiles necesitamos personal que **sepa** educar a los niños. | *In day care centers we need personnel who know how to educate children.* |

- With adverbial and nominal expressions as presented in **Gramática 15.2, B.**

| —¿Cuándo vamos a salir? | *When will we leave?* |
| —Cuando ustedes **quieran.** | *Whenever you want.* |

- With purpose clauses, as presented in **Gramática 15.2, C.**

| Vamos a hablar con nuestros hijos sobre las drogas y el sexo **para que estén** bien informados. | *We'll talk with our children about drugs and sex so that they are well informed.* |

- In *if* clauses in the past tense that are hypothetical or contrary to fact, as presented in **Gramática 15.4, B.**

| Si **conserváramos** más el agua, **se acabaría** la escasez. | *If we conserved more water, the shortage would end.* |
| Si todos **dejaran** de usar el automóvil como transporte personal, no **habría** tanta contaminación ambiental. | *If everyone quit using automobiles for personal transportation, there would not be so much air pollution.* |

Completa las oraciones con el presente de subjuntivo del verbo entre parén-
tensis. ¿Puedes explicar brevemente por qué se requiere el uso del subjuntivo en cada oración?

1. Compraré una casa más grande en cuanto _____ (tener)
   dinero.

2. ¡Carlitos, no quiero que _____ (jugar) a la pelota aquí adentro!

3. Te sugiero que _____ (ir) al sitio Web y _____
   (buscar) la información necesaria.

4. Es importante que todos ustedes _____ (llegar) a tiempo
   a clase.

5. Siento mucho que _____ (estar) enfermo, Juan Fernando. ¡Que
   _____ (mejorarse) pronto!

6. Espero que no _____ (haber: hay) mucha gente en el cine.
   ¡No me gusta esperar!

7. —Quiero comprar una casa que _____ (tener) un jardín grande.
   —Dudo que (tú) la _____ (encontrar) aquí tan cerca de la playa.

8. Es probable que nadie _____ (saber) la respuesta a tu pregunta.

Lee las oraciones con cuidado y decide si debes completarlas con el presente
de indicativo o el presente de subjuntivo de los verbos entre paréntesis.

1. Cuando tenemos dinero, siempre _____ (ir) de vacaciones a
   Costa Rica.

2. Cuando _____ (nosotros: ahorrar) dinero, iremos a Costa Rica.

3. —No creo que nadie _____ (querer) vivir en este barrio tan
   peligroso.
   —Pues, yo no creo que el barrio _____ (ser) tan peligroso
   como tú dices.

4. Si _____ (poder), iré a tu casa después del trabajo.

5. Los ciudadanos no _____ (estar) bien informados sobre el
   peligro de radiación solar.

6. Es importante que todos nosotros _____ (estar) bien informados sobre los problemas ecológicos.

7. Esta es una universidad excelente. Hay profesores que _____
   (saber) enseñar muy bien.

8. Si no hay electricidad, los estudiantes no _____ (poder) usar
   su computadora para hacer la tarea.

En español, **la
gente** (*people*)
requiere un verbo
en singular.

Ejercicio 7

Escoge entre el imperfecto de subjuntivo y el condicional de los verbos
entre paréntesis para completar cada oración. **OJO:** Todas son oraciones
hipotéticas.

1. Si más gente _____ **(usar)** la energía verde, el gobierno
   no _____ **(necesitar)** construir más reactores nucleares.

2. Si los jóvenes _____ **(pasar)** menos tiempo con su computadora, _____ **(aprender)** mejores maneras de comunicarse
   en persona.

3. Si los estudiantes del profesor Sotomayor _____
   (consultar) solamente sitios Web en español, _____ **(tener)**
   un vocabulario mucho más amplio.

4. Si las computadoras no _____ **(contaminar)** tanto el medio
   ambiente, yo _____ **(estar)** más contento de tenerlas.

5. Si los estudiantes de secundaria _____ **(tener)** más actividades recreativas en la escuela, no _____ **(usar)** drogas.

6. Si todos los estadounidenses _____ **(manejar)** carros híbridos,
   la contaminación ambiental _____ **(disminuir)** muchísimo.

7. Si mi hermano _____ **(ser)** más responsable, no
   _____ **(llegar)** tarde a clase.

8. Si siempre _____ (*yo:* **andar**) en bicicleta a todas partes,
   no _____ **(gastar)** tanto dinero en gasolina.

15.5 Expressing Reactions: More Verbs Like **gustar**

In **Gramática 2.3**, you studied **gustar**, and you learned that this verb uses a
structure different from the one you use in English.

Me gusta **la nanotecnología.**   *I like nanotechnology.*

Like **gustar** (*to like*) and **encantar** (*to love*), several other verbs also use indirect object pronouns.

dar miedo	*to frighten*	**llamar la**	*to surprise, to catch*
dar rabia	*to infuriate*	**atención**	*one's attention*
fascinar	*to be fascinating to;*	**molestar**	*to bother*
	to love	**parecer**	*to seem (like)*
importar	*to matter*	**preocupar**	*to worry, to be worrying*
interesar	*to be interesting*	**urgir**	*to be pressing/urgent*

Note that the person whose opinion/interest/reaction is described **(me, te, le,
nos, os, les)** is mentioned first through use of the indirect object pronoun.
These are the pronouns used with **gustar, encantar,** and the verbs mentioned above to express *to whom* something is pleasing/interesting/pressing.
These pronouns always precede these verbs.

me	*to me*	nos	*to us*
te	*to you* (tú; vos)	os	*to you* (vosotros, *Sp.*)
le	*to you* (usted), *to him/her*	les	*to you* (ustedes), *to them*

The **subject** of the verb normally follows the verb and determines if the verb
is singular or plural.

Nos importa **el medio ambiente.**   *The environment matters to us.*

Me preocupa<u>n</u> **los desperdicios
nucleares.**   *Nuclear wastes worry me.*

Me molesta mucho **el humo.**   *Smoke bothers me a lot.*

However, in some occasions, the subject may also appear before the complement and the verb.

El humo me molesta mucho.   *Smoke bothers me a lot.*

A. **Verb + nouns:** In the following sentence, *our* opinion **(nos)** is described, and the smoke **(el humo)** is the subject of the sentence. The verb form **molesta** is singular because **el humo** is singular.

Nos molesta **el humo.**   *The smoke bothers us.*

In the next sentence, the subject **(los paneles solares)** is plural, so the verb **(fascinan)** is plural.

Me fascina**n los paneles solares**   *I love the solar panels you installed.*
   que instalaste.

B. **Verb + infinitives:** As you learned in **Gramática 2.3, gustar** is always used in third person singular **(gusta)** when the subject is one infinitive or even several infinitives. So in the following sentences, since the **gustar**-type verb is followed by infinitives, the verb is singular—it remains singular **(importa, urge)** even when there is more than one infinitive.

Le importa **conservar** energía.   *He cares about conserving energy.*
Les urge **limpiar y repoblar** los   *It's pressing for them to clean and*
   lagos contaminados.   *repopulate contaminated lakes.*

Ejercicio 8

Expresa tu opinión usando la forma apropiada de los verbos indicados. Primero, escribe la forma correcta correcta de los verbos. Recuerda usar el pronombre. Luego, indica la frase que mejore expresa tu opinión.

MODELO: La contaminación del aire...

(a.) _____*me molesta*_____ (**molestar**).   b. _____*me encanta*_____ (**encantar**).

1. La conservación de nuestros recursos naturales...

   a. _____ (**parecer**) necesaria.   b. no _____ (**importar**).

2. Los bosques y las selvas...

   a. _____ (**fascinar**).   b. no _____ (**interesar**).

3. Vivir en un clima caluroso...

   a. _____ (**encantar**).   b. no _____ (**gustar**).

4. El tránsito en las autopistas...

   a. _____ (**molestar**).   b. no _____ (**gustar**).

5. Los ríos del mundo...

   a. _____ (**importar**).   b. no _____ (**preocupar**).

6. El agujero de la capa de ozono...

   a. _____ (**dar**) miedo.   b. no _____ (**preocupar**).

Ejercicio 9

A. ¿A quiénes les preocupan estos problemas ecológicos? Completa con el pronombre **(me, te, le, nos, os, les)** y la forma del verbo apropiados.

PROBLEMAS ECOLÓGICOS

1. (A las autoridades) _____ _____ **(importar)** el consumo excesivo de petróleo.

2. (Al mundo entero) _____ _____ **(preocupar)** la destrucción de las selvas tropicales.

3. (A nosotros) _____ _____ **(dar miedo)** las consecuencias del uso excesivo de productos plásticos.

4. (A muchos ciudadanos) _____ _____ **(interesar)** parar la destrucción del hábitat de algunas especies de animales y plantas.

5. (A mis padres y a mí) _____ _____ **(preocupar)** la contaminación del aire en las grandes ciudades.

B. Ahora escribe el número de los problemas ecológicos de la parte A, al lado de las posibles soluciones que hay abajo.

1. restringir el uso de los autos y desarrollar otros medios de transporte.

2. pedir envases de cartón o comprar productos en envases de vidrio y participar en programas de reciclaje.

3. repoblar las selvas, ponerles fuertes multas a los causantes de la destrucción y grandes restricciones a las industrias.

4. animar (*encourage*) a las personas a usar menos envases plásticos, más transporte público y menos combustible.

5. crear nuevas reservas naturales y criar animales en zoológicos.

Lo que aprendí

Al final de este capítulo, ya puedo hablar sobre:

☐ mis planes para el futuro.

☐ el mundo del futuro.

☐ algunas cuestiones sociales de nuestra sociedad.

☐ mi opinión sobre varios aspectos de la tecnología.

☐ el impacto de la tecnología digital en mi vida y en nuestra sociedad.

☐ los problemas ambientales más urgentes.

☐ las maneras en que podemos proteger el medio ambiente.

Y ahora sé más sobre:

☐ algunas especies de animales en peligro de extinción.

☐ el ecoturismo.

☐ la transformación verde de la Mixteca Alta en Oaxaca, México.

Los sustantivos

el aumento	rise, increase
el bienestar social	social welfare
el cambio	change
el camión	truck, bus (*Mex.*)
la campaña	campaign
la causa	cause
la caza	hunting
el concurso	contest, competition
la costumbre	habit, custom
la cuestión	issue, matter
los derechos civiles	civil rights
la empresa	company; corporation
la escasez	shortage
la escuela primaria	elementary school
la felicidad	happiness
los fondos	funds
la guardería	day care (center), nursery
el hostigamiento	bullying
las investigaciones	research
la ley	law
la maquiladora	assembly plant (*located in developing countries to take advantage of lower wages*)
la máquina	machine
la meta	goal
el peligro	danger
la pesca	fishing
la planificación familiar	family planning
la pobreza	poverty
el porvenir	future
el presupuesto	budget
el rato	while, moment (*a short period of time*)
el SIDA	AIDS
la (sobre)población	(over)population
la tasa de desempleo/natalidad	unemployment/birth rate
el temor	fear; worry
el título universitario	university degree
la vivienda	housing

Palabras semejantes: el aborto, el acceso, la actitud, el avance, la categoría, el contagio, el crimen, la defensa, la destrucción, la discriminación (sexual), la droga, la electricidad, la estructura, la extinción, el futuro, el incentivo, la industria, la manera, el período, el prestigio, la prioridad, la privatización, la restricción, el terrorismo, el turismo, el zika

La tecnología — Technology

Repaso: bajar, subir; el correo electrónico, la dirección electrónica, el mensaje de texto, el teclado

guardar un documento	to save a document
la aplicación	application, app
el archivo	file
el archivo adjunto	attached file; attachment
el buzón	mailbox
la carpeta	folder; file
la contraseña	password
la copia de respaldo	backup copy
el correo no deseado	junk mail
el enlace	link
el espía (de Internet)	(Internet) cookie
el foro de discusiones	discussion forum
el gusano	worm
el nombre de usuario	user name
el pirata (informático)	hacker
la portada	homepage
el ratón	mouse
la red	the web
la red social	social network

Palabras semejante: el (anti)virus, la memoria, la nanotecnología, la navegación, el disco compacto / de vinilo; digital

Las personas

el/la adivino/a	fortune teller
el/la antepasado/a	ancestor
el/la científico/a	scientist
el/la ciudadano/a	citizen
el/la desamparado/a	homeless person
el ser humano	human being
el ser querido	loved one

Palabra semejante: el/la inmigrante

La ecología y el medio ambiente — Ecology and the Environment

Repaso: el océano, el planeta, el río, la sierra

el agua potable	drinking water
el agujero de la capa de ozono	hole in the ozone layer
la bolsa de lona	canvas bag
el calentamiento global	global warming
los desperdicios (nucleares)	(nuclear) waste
el efecto invernadero	greenhouse effect
la energía renovable	renewable energy

la fuente de energía	energy source
la lluvia ácida	acid rain
el reciclaje	recycling
el recurso (natural)	(natural) resource
la reserva (natural)	(nature) reserve
la sequía	drought

Palabras semejantes: los carburos fluorados, la contaminación, el esmog, la fauna, el panel solar, el pesticida, la precipitación, la radiación, el reactor (nuclear), reciclar

Los animales	Animals
Repaso: la ballena, la tortuga (marina)	
la abeja	bee
el águila (f. but el águila) (calva)	(bald) eagle
ave f. (but el ave)	bird
la colmena	beehive
el lobo	wolf
el mamífero	mammal
la mariposa (monarca)	(monarch) butterfly
el oso panda	panda bear
el quetzal	quetzal, colorful bird native to southern Mexico and Central America
el zoológico	zoo

Palabras semejantes: el delfín, la especie, el gorila, el hábitat, el insecto, el manatí, el reptil

Los verbos	
Repaso: evitar, había, opinar, proveer (like ver)	
aprobar (ue)	to pass (a law)
aprovechar	to take advantage of
basar	to base
chismear	to gossip
depender de	to depend on
desaparecer (zc)	to disappear
desarrollar	to develop
desperdiciar	to waste
destruir (y)	to destroy
empeorar	to make worse
enfocar(se) (qu)	to focus
enfrentar(se)	to confront, face
establecer (zc)	to establish
estar (irreg.) en buena forma	to be in good shape
fomentar	to foster, encourage
grabar	to record
haber (irreg.)	
hay	there is, there are
puede haber	there could be
va a haber / habrá	there will be
hubo	there was / there were
imponer (like poner)	to impose

jubilarse	to retire
matar	to kill
montar	to set up; to assemble; to ride
nacer (zc)	to be born
salvar	to save (someone/ something . . .)
sembrar (ie)	to plant
tratarse de	to be about

Palabras semejantes: absorber, afectar, caracterizar (c), chatear, consistir (en), cultivar, dedicar (qu), emitir, iniciar, legalizar (c), limitar, ocurrir, reducir (zc), replicar (qu), requerir (ie, i), respetar, responder, votar

Los verbos como gustar	
Repaso: molestar(le), parecer(le) (zc)	
dar(le) (irreg.) miedo	to scare/frighten (someone)
dar(le) rabia	to make (someone) angry
llamar(le) la atención	to draw (someone's) attention
preocupar(le)	to be worrisome (to someone)
urgir(le) (j)	to be urgent, pressing (to someone)

Palabras semejantes: fascinar(le), importar(le), interesar(le)

Los adjetivos	
Repaso: imposible	
actual	present, current
ambiental	environmental
cubierto/a	covered
dañino/a	harmful
desempleado/a	unemployed
dispuesto/a	ready; willing
educativo/a	educational
expuesto/a	exposed
igual	equal, same
mundial	world
orgulloso/a	proud
preconcebido/a	preconceived
recreativo/a	recreational
requerido/a	required
rocoso/a	rocky
templado/a	mild, temperate

Palabras semejantes: académico/a, avanzado/a, bilingüe, biodegradable, contaminado/a, distinto/a, ecológico/a, económico/a, eficiente, estudiantil, indocumentado/a, orgánico/a, preescolar, preferido/a, puro/a, recomendable, reusable, válido/a, variado/a

Los adverbios	
actualmente	currently, nowadays

Palabras semejantes: definitivamente, económicamente, mentalmente, perfectamente, totalmente

Las opiniones y las reacciones

Repaso: Es dudoso que + *subj.*	
no creer (y) que + *subj.*	not to believe that . . .
¡Qué bueno que + *subj.***!**	How/It's great that . . . !
¡Qué lástima que + *subj.***!**	How/It's too bad that . . . !
¡Qué triste que + *subj.***!**	How/It's sad that . . . !

Las condiciones

a menos que	unless
con tal de que	as long as
para que	in order that
sin que	without
tan pronto como	as soon as

Palabras y expresiones útiles

ante	facing
de aquí a (+ *time*)	(period of time) from now to
debido a	owing to, due to
dentro de (+ *time*)	within (time period)
¡Ni un día más!	Not one more day!
por el contrario	on the contrary, on the other hand
por parte de	on behalf of
¡Qué horror!	How awful!

ANSWER KEY FOR *GRAMÁTICA* EXERCISES

Capítulo 1

Ej. 1: 1. c 2. d 3. b 4. e 5. a **Ej. 2:** 1. soy 2. es, son 3. Son, somos **Ej. 3:** 1. La 2. El 3. La 4. La 5. El 6. La 7. El 8. La 9. El 10. El **Ej. 4:** 1. chicas, inteligentes, rubias 2. alto/bajo, creativo, hombre, joven, moreno 3. bajo, creativo, muy joven, moreno, niño 4. alto/bajo, creativo, hombre, moreno 5. bonita, delgada, joven, mujer 6. amigos, guapos, inteligentes 7. bonita, delgada, mujer, vieja **Ej. 5:** 1. Javier Bardem es alto y guapo. 2. Penélope Cruz es baja, delgada y morena. 3. Jack Black es bajo y cómico. 4. Beyoncé es bonita y creativa. 5. Justin Bieber y Jaden Smith son jóvenes, impulsivos y materialistas. 6. Mark Zuckerberg y Scarlett Johansson son ricos, famosos y trabajadores. **Ej. 6:** 1. Las mujeres son conservadoras y trabajadoras. 2. Los chicos son perezosos y creativos. 3. El libro es interesante y difícil. 4. Los zapatos blancos son nuevos y pequeños. 5. Los políticos son mentirosos y agresivos. 6. El sombrero negro es elegante y caro. 7. La amiga es impulsiva y sincera. 8. La casa amarilla es vieja y bonita. 9. Los hermanos son generosos y tímidos. 10. Las faldas azules son cortas y bonitas. **Ej. 7:** 1. El ex presidente Obama no es muy cómico. 2. Justin Bieber no es muy feo. 3. Los estudiantes no son millonarios. 4. Tú no eres muy materialista. 5. Nosotros no somos tontos. 6. Penélope Cruz no es vieja. **Ej. 8:** 1. No, no es una falda. / No, es un vestido. / No, no es una falda. Es un vestido. 2. No, no es hombre. / No, es mujer. / No, no es hombre. Es mujer. 3. No, no es alto. / No, es bajo. / No, no es alto. Es bajo. 4. No, no es una zona de Nueva York. / No, es (una zona) de Florida. / No, no es una zona de Nueva York. Es (una zona) de Florida. 5. No, no son zapatos de mujer. / No, son (zapatos) de hombre. / No, no son (zapatos) de mujer. Son (zapatos) de hombre. 6. No, no cuesta $40,00. / No, cuesta $25,00. / No, no cuesta $40,00. Cuesta $25,00. 7. No, no es la capital de México. / No, es la capital de España. / No, no es la capital de México. Es la capital de España. 8. No, no es una zona de Florida. / No, es (una zona) de California. / No, no es una zona de Florida. Es (una zona) de California.

Capítulo 2

Ej. 1: 1. estoy 2. están 3. está 4. está 5. están 6. estamos 7. estás 8. están **Ej. 2:** 1. Eloy tiene veintiún años. 2. Rodrigo tiene veintisiete años. 3. Yolanda tiene cincuenta y cuatro años. 4. Sebastián tiene dieciocho años. 5. Eduardo tiene cuarenta y cinco años. 6. Omar tiene veintinueve años. 7. Mi papá y el amigo de mi papá tienen cincuenta y un años. 8. Mi amigo y yo tenemos veintitrés años. 9. Mi profesor tiene sesenta y dos años. **Ej. 3:** *Age will depend on the year you do this exercise.* *2018:* 1. cuarenta y seis 2. diecinueve 3. veintiocho 4. ochenta y ocho 5. cuarenta y dos *2019:* 1. cuarenta y siete 2. veinte 3. veintinueve 4. ochenta y nueve 5. cuarenta y tres *2020:* 1. cuarenta y ocho 2. veintiuno 3. treinta 4. noventa 5. cuarenta y cuatro **Ej. 4:** 1. te, me 2. te, Me 3. les, nos 4. le, le 5. les, nos 6. les, les **Ej. 5: A.** 1. le gusta, leer 2. les gusta bailar 3. les gusta jugar 4. le gusta lavar 5. le gusta escribir **B.** 1. le gustan 2. les gusta 3. le gustan 4. Le gusta 5. le gustan **Ej. 6:** 1. Omar y Marcela son de Ecuador, pero ahora están en Los Ángeles. 2. Juan Fernando es de Costa Rica, pero ahora está en Nueva York. 3. Estefanía es de Guatemala, pero ahora está en Santo Domingo. 4. Claudia es de Paraguay, pero ahora está en España. 5. Sebastián es de Perú, pero ahora está en México. **Ej. 6:** 1. Omar y Marcela son de Ecuador, pero ahora están en Los Ángeles. 2. Juan Fernando es de Costa Rica, pero ahora está en Nueva York. 3. Estefanía es de Guatemala, pero ahora está en Santo Domingo. 4. Claudia es de Paraguay, pero ahora está en España. 5. Sebastián es de Perú, pero ahora está en México.

Capítulo 3

Ej. 1: 1. tenemos 2. tiene 3. tienes 4. Tengo 5. tienen **Ej. 2:** 1. El carro es de Franklin. 2. La blusa es de Marcela. 3. Los perros son de Eloy. 4. Los lentes son de Xiomara. 5. El saco es de Rodrigo. 6. Las bicicletas son de Carlitos y Maritza. **Ej. 3:** 1. tu, Mi 2. sus, Nuestras 3. tu, Mi 4. nuestro 5. tu, Mi 6. mis 7. tus 8. su 9. tus 10. mis **Ej. 4:** 1. tu, Mis 2. tus, mis 3. tu, Mi 4. sus, nuestras **Ej. 5:** 1. Son las cuatro y veinte. 2. Son las seis y cuarto/quince. 3. Son las ocho y trece. 4. Es la una y diez. 5. Son las siete y siete. 6. Son las cinco y media/treinta. 7. Son las cuatro menos veinticinco. / Faltan veinticinco para las cuatro. / Son veinticinco para las cuatro. 8. Son las dos menos once. / Faltan once para las dos. / Son once para las dos. 9. Son las doce y media/treinta. 10. Son las cinco y cuarto/quince. **Ej. 6:** 1. La clase de español es a las once. 2. El baile es a las nueve y media/treinta. 3. La conferencia es a las diez. 4. La clase de álgebra es a la una. 5. La fiesta del club Amigos sin Fronteras es a las siete y media/treinta. **Ej. 7:** 1. Son las diecisiete cinco. 2. Son las quince doce. 3. Son las siete y media/treinta (de la mañana). 4. Son las trece quince. 5. Son las catorce cincuenta. 6. Son las dieciséis (horas). **Ej. 8:** 1. hablan 2. habla 3. habláis 4. hablas 5. hablo 6. habla **Ej. 9:** 1. leen 2. Lees 3. lee 4. Leo 5. lee 6. vives, Vives, vivimos 7. viven 8. Vivo 9. Viven **Ej. 10:** 1. escribimos 2. lleva 3. limpiamos 4. desayunan 5. lee 6. comen 7. hablo 8. andan 9. asisten 10. escuchamos **Ej. 11:** 1. esa, Esa 2. aquella 3. este 4. aquellos, Aquellos 5. esas, Esas, esas 6. esta, Esta **Ej. 12:** 1. Esos 2. Aquella 3. Estos 4. Aquellos 5. Esa 6. Este

Capítulo 4

Ej. 1: 1. d 2. b 3. a 4. e 5. f 6. c **Ej. 2:** 1. b 2. a 3. a 4. b 5. a **Ej. 3:** 1. No, me baño a las... 2. No, me lavo el pelo con champú. 3. No, me afeito en el baño / la casa. 4. No, me levanto tarde los domingos. (Sí, me levanto temprano los domingos.) 5. No, me ducho en el baño. 6. No, me acuesto temprano de lunes a viernes. (Sí, me acuesto tarde de lunes a viernes.) 7. No, me cepillo el pelo con un cepillo. **Ej. 4:** 1. ¿Es una estudiante muy buena Ángela? (¿Es Ángela una estudiante muy buena?) 2. ¿Habla japonés Juan Fernando Chen Gallegos? (¿Habla Juan Fernando Chen Gallegos japonés)? 3. ¿Son amigas Estefanía y Ana Sofía? (¿Son Estefanía y Ana Sofía amigas?) 4. ¿Tiene tres perros Eloy? (¿Tiene Eloy tres perros?) 5. ¿Somos nosotros amigos de Facebook? (¿Somos amigos de Facebook nosotros?) **Ej. 5:** 1. Claudia, Camila, ¿toman (ustedes) mucho café cuando estudian? / ¿toman mucho café (ustedes) cuando estudian? 2. Doña Estela, ¿cocina (usted) todos los días? / ¿cocina todos los días (usted)? 3. Jorge, ¿haces ejercicio en un gimnasio? 4. Franklin, ¿trabajas por la noche? 5. Señor Calvo, ¿ve (usted) la televisión durante el día? / ¿ve la televisión durante el día (usted)? **Ej. 6:** 1. ¿Dónde viven Juan Fernando y su familia? 2. ¿Qué idiomas habla Juan Fernando? 3. ¿Cuándo es la fiesta? 4. ¿Cuántos hijos tienen Omar y Marcela? 5. ¿Cuándo nació Radamés? 6. ¿Cómo se llama el padre de Eloy? **Ej. 7:** 1. prefieren, quiero 2. prefieren, quiere 3. prefiere, quieren 4. prefieres, quiero 5. prefieren, quieren **Ej. 8:** 1. queremos, preferimos 2. quiero, prefiero 3. quieres, prefiero 4. quieres, Prefiero 5. quieren, preferimos **Ej. 9:** 1. vas a, Voy a 2. van a, va a, va a 3. van a, vamos a 4. vas a, Voy a 5. vas a, Voy a **Ej. 10:** 1. piensa 2. piensan 3. piensas, pienso 4. tienen ganas de 5. tienes ganas de 6. tenemos ganas de 7. tengo ganas de **Ej. 11:** 1. van al 2. voy a la 3. vas a la 4. van al 5. Vamos a la 6. va al 7. va a la 8. va a la

Capítulo 5

Ej. 1: 1, 4, 2, 5, 8, 7, 6, 3   **Ej. 2:** 1. Duermen, dormimos 2. Almuerzan, almorzamos 3. Vuelven, volvemos 4. Juegan, jugamos 5. cierran, cerramos 6. Pierden, juegan; perdemos, jugamos 7. Prefieren; preferimos 8. Empiezan, empezamos **Ej. 3:** 1. Traigo 2. pongo 3. digo 4. oigo 5. salgo 6. vengo 7. tengo 8. Hago **Ej. 4:** 1. la 2. las, Las 3. las, la 4. los 5. lo, los **Ej. 5:** 1. los 2. lo 3. la 4. Las 5. lo **Ej. 6:** 1. c 2. a 3. d 4. f 5. e 6. b **Ej. 7:** 1. tiene hambre 2. tienes frío 3. tenemos calor 4. tengo sueño 5. tiene prisa 6. tienen sed, tienen calor 7. tengo miedo 8. tengo sed **Ej. 8:** 1. b 2. f 3. c 4. d 5. a 6. e **Ej. 9:** 1. miramos 2. corro 3. hablan 4. come 5. vives 6. canto **Ej. 10:** 1. me lavo 2. se queda 3. nos maquillamos 4. se pone 5. se ducha 6. se quita 7. te pones 8. se levantan **Ej. 11:** 1. enciende 2. vuelven 3. prefiere 4. almuerzas/juegas 5. juegan 6. duermo 7. empieza 8. piensa 9. se viste **Ej. 12:** 1. sales 2. tengo 3. tienes 4. traigo 5. hago 6. me encuentro

Capítulo 6

Ej. 1: 1. les (explicarles) 2. le, nos 3. les 4. decirme, te 5. les 6. nos, le 7. me, decirte (te) 8. Le, nos **Ej. 2:** 1. me 2. te 3. le 4. le 5. le 6. le 7. me 8. nos **Ej. 3:** 1. Claudia está leyendo el periódico. 2. Los estudiantes están tomando un examen. 3. El profesor está escribiendo en la pizarra. 4. Marcela está cocinando. 5. Marcela y Omar están viendo (mirando) la televisión. 6. Eloy y Ricky están jugando al béisbol. **Ej. 4:** 1. está calificando 2. hablando 3. está explicando 4. Están lavando 5. Está estudiando 6. están ayudando **Ej. 5:** 1. sé 2. Sabes 3. sabe 4. sabemos 5. saben **Ej. 6:** 1. podéis 2. puede 3. puedo 4. puedes 5. podemos **Ej. 7:** 1. tiene que 2. tienen que 3. tengo que 4. tenemos que 5. tienes que **Ej. 8:** 1. debe 2. debo 3. deben 4. debes 5. debemos

Capítulo 7

Ej. 1: 1. La mesa pesa menos que el sillón. / El sillón pesa más que la mesa. 2. En mi casa viven más personas que en la casa de los vecinos. / En la casa de los vecinos viven menos personas que en mi casa. 3. La casa de los Chen tiene más dormitorios que la casa de los vecinos. / La casa de los vecinos tiene menos dormitorios que la casa de los Chen. 4. En el patio de mis abuelos hay menos árboles que en nuestro patio. / En nuestro patio hay más árboles que en el patio de mis abuelos. 5. Eloy tiene más perros que Omar. / Omar tiene menos perros que Eloy. **Ej. 2:** (*Answers may vary.*) (En mi opinión,...) 1. Vivir en el centro es peor que vivir en un barrio residencial. / Vivir en un barrio residencial es peor que vivir en el centro. 2. Vivir en una casa es mejor que vivir en un apartamento. / Vivir en un apartamento es mejor que vivir en un apartamento. 3. Un refrigerador es el más útil de todos. / Un microondas es el más útil de todos. Un ventilador es el más útil de todos. 4. (Mi hermano) Eduardo es mayor que (mi hermana) Patricia. 5. Mi hijo es menor que tu hija. 6. El iPhone es el más caro de todos. **Ej. 3:** 1. La piscina de la familia Lugo es tan bonita como la piscina de la familia Montes. 2. El edificio de la Avenida de la Media Luna no es tan alto como el edificio nuevo de la Avenida de Bolívar. 3. La lavandería vieja de la Avenida Almendros no es tan limpia como la lavandería nueva de la Calle de los Estribos. 4. Los condominios La Estrella no son tan modernos como los condominios Vista del Mar. **Ej. 4:** 1. La sala de su casa no tiene

tantas lámparas como la sala de nuestra casa. 2. La casa de los Londoño no tiene tantos cuartos como la casa de los Rozo. 3. La casa de los vecinos tiene tantos baños como la casa de mis padres. / La casa de mis padres tiene tantos baños como la casa de los vecinos. 4. El patio del señor Londoño no tiene tantas flores y plantas como el patio de la señora Márquez. **Ej. 5:** 1. Sabe 2. Conoce 3. Sabe 4. Conoce 5. Conoce 6. Sabe 7. Sabe 8. Sabe 9. Conoce **Ej. 6:** 1. Sí, (No, no) compré un móvil. 2. Sí, (No, no) comí en un restaurante. 3. Sí, (No, no) hablé por teléfono. 4. Sí, (No, no) mandé mensajes de texto. 5. Sí, (No, no) estudié por cuatro horas. 6. Sí, (No, no) subí fotos. 7. Sí, (No, no) visité a un amigo / una amiga. 8. Sí, (No, no) corrí por la mañana. 9. Sí, (No, no) salí a bailar. 10. Sí, (No, no) lavé los platos. **Ej. 7:** 4, 5, 3, 2, 7, 6, 9, 1, 8 **Ej. 8:** 1. Mi madre (no) charló con el presidente la semana pasada. 2. El presidente de México (no) comió tacos en la calle ayer. 3. La profesora de español (no) salió con el actor Javier Bardem anoche. 4. El rey de España, Felipe VI, (no) visitó los Estados Unidos el mes pasado. 5. Yo (no) canté con Shakira ayer a medianoche. **Ej. 9:** 1. llegaste 2. Llegué 3. llegamos 4. llegó 5. leíste 6. leí 7. leyeron 8. leyó 9. leímos

Capítulo 8

Ej. 1: 1. vinieron 2. fue 3. dijo 4. trajeron 5. dieron 6. hizo 7. pusieron 8. vieron **Ej. 2:** 1. fue, Estuvo, asistió, hizo, visitó, vio, Asistió, comió, compró, Tomó, Caminó, Regresó 2. fue, Visitó, tomó, Estuvo, vio, pasó, Llamó a su familia, habló con sus amigos, llegó, hizo, habló, escuchó **Ej. 3:** Generalmente, Estefanía se despierta a las diez, pero ayer se levantó temprano y mañana va a estudiar toda la mañana.; Generalmente, Lucía asiste a clase por la tarde, pero ayer leyó en la biblioteca y mañana va a hacer la tarea en casa; Generalmente, Omar y Marcela cenan con amigos, pero ayer estuvieron en casa todo el día y mañana van a ir al cine.; Generalmente, Xiomara estudia en la biblioteca, pero ayer tomó café con Eloy y mañana va a visitar a una amiga.; Generalmente, Ángela se queda en casa, pero ayer salió a almorzar y mañana va a leer en el parque.; Generalmente, Eloy y Ricky barren el patio temprano, pero ayer fueron a la playa y mañana van a lavar el carro. **Ej. 4:** 1. cerré 2. mintió 3. prefirió 4. conté 5. durmió 6. murió 7. sentí 8. pidió, pedimos **Ej. 5:** 1. dormiste 2. Dormí 3. duermes 4. duermo 5. sientes 6. siento 7. sentiste 8. sentí 9. pediste/pidieron 10. pedí 11. pidió 12. pidieron 13. pedimos 14. mentiste 15. mentí 16. mintió **Ej. 6:** 1. supe 2. tuvo, pudo 3. conocí 4. quiso, quiso 5. pude, pudiste **Ej. 7:** (*Possible answers*) 1. Hace casi 500 años. 2. Hace casi cien años. 3. Hace más de noventa años. 4. Hace más de treinta años. 5. Hace más de veinte años. 6. Hace más de veinte años. 7. Hace más de 140 años. 8. Hace más de 120 años. 9. Hace más de cuarenta años. 10. Hace más de veinticinco años. **Ej. 8:** 1. Pero Marcela, limpié el baño hace una semana. / Pero Marcela, lo limpié hace una semana. 2. Pero Marcela, barrí el patio hace un mes. / Pero Marcela, lo barrí hace un mes. 3. Pero Marcela, bañé a los niños hace dos horas. / Pero Marcela, los bañé hace dos horas. 4. Pero Marcela, pasé la aspiradora hace cinco minutos. Pero Marcela, la pasé hace cinco minutos. 5. Pero Marcela, te ayudé (a cocinar) hace dos días.

Capítulo 9

Ej. 1: 1. La, c 2. Las, b 3. Lo, b 4. La, a 5. Los, c 6. la, b 7. Lo, a 8. las, b 9. la, a 10. los, a **Ej. 2:** 1. la vamos a poner / vamos a ponerla 2. lo voy a preparar / voy a prepararlo 3. los estoy horneando / estoy horneándolos 4. lo está rallando / está rallándolo 5. las va a abrir / va a abrirlas **Ej. 3:** 1. nadie 2. nada 3. nunca 4. nadie 5. ninguna 6. nada 7. Nunca 8. ninguno **Ej. 4:** 1. f 2. a 3. d 4. e 5. c 6. b **Ej. 5:** 1. se cortan 2. se puede 3. se lava, se pone 4. se preparan 5. se mezclan 6. se necesitan 7. Se habla 8. Se baten   **Ej. 6:** 1. pides 2. sirve 3. pedir 4. pedir 5. pides 6. sirvió 7. pidieron 8. pedimos 9. sirvieron 10. sirvió 11. pidieron 12. pedí

Capítulo 10

Ej. 1: 1. Para él 2. Para mí 3. Para él 4. Para ella 5. Para él 6. Para ti 7. Para nosotros 8. Para ellos   **Ej. 2:** 1. conmigo 2. contigo 3. ti 4. mí 5. él 6. él 7. él 8. mí 9. ellos 10. ella   **Ej. 3:** 1. Omar andaba en bicicleta. 2. Claudia y yo jugábamos con muñecas. 3. Ángela leía las tiras cómicas del periódico los domingos. 4. Nayeli se bañaba en el mar en Acapulco. 5. Franklin comía muchos dulces. 6. Marcela limpiaba su cuarto. 7. Camila y sus primos pasaban las vacaciones en Mar del Plata. 8. Radamés escuchaba música rock. 9. Sebastián veía muñequitos en la televisión. 10. Don Rafael Sotomayor iba al cine los domingos.   **Ej. 4:** 1. Ángela; comía. 2. Eloy y Eduardo; jugaban 3. Lucía; peleaba 4. Ana Sofía; saltaba 5. Omar; leía 6. Xiomara; lloraba   **Ej. 5:** (*Yes/no answers will vary.*) 1. durmiendo 2. asistiendo 3. viendo 4. estudiando 5. actualizando 6. leyendo   **Ej. 6:** 1. estaba preparando 2. estaba haciendo (escribiendo) 3. estaban comiendo 4. estaban limpiando 5. estaba escribiendo (preparando)   **Ej. 7:** 1. Iba a venir en carro, pero me quedé sin gasolina. 2. Iba a comprarte un regalo, pero no tuve tiempo. 3. Iba a cenar con ustedes, pero cené en casa antes. 4. Iba a ir al concierto (de Radamés y su grupo), pero no funcionó mi carro. 5. Iba a asistir (a clase), pero no sonó la alarma del móvil. 6. Iba a almorzar, pero no tuve tiempo. 7. Iba a llamarte, pero llegaron mis tíos de visita. 8. Iba a viajar, pero tuve que trabajar.

Capítulo 11

Ej. 1: (*Possible answers*) 1. Sí, he comido hamburguesas muchas veces. 2. Sí, he cantado en la ducha pocas veces. 3. Sí, he comprado chocolates muchas veces. 4. Sí, he leído *Harry Potter* una vez. 5. Sí, he dormido más de ocho horas pocas veces.   **Ej. 2:** 1. No, nunca he robado un banco. 2. No, nunca he comido hormigas. 3. No, nunca he actuado en una película de Almodóvar. 4. No, nunca he escalado los Pirineos. 5. No, nunca he escrito una novela famosa.   **Ej. 3:** 1. habéis hecho 2. Hemos visitado 3. hemos comprado 4. hemos descansado 5. hemos visto 6. Habéis cenado 7. hemos comido 8. Habéis ido 9. hemos estado 10. he llevado 11. hemos leído 12. He escrito 13. hemos oído 14. hemos hablado   **Ej. 4:** 1. por 2. por 3. por 4. para 5. por 6. por 7. por 8. por 9. para 10. por   **Ej. 5:** 1. Sí, vaya dos horas antes. 2. Sí, duerma allí. (Sí, duerma en el aeropuerto para estar allí a tiempo.) 3. Sí, hágalas mañana. 4. Sí, cómprelos ya. 5. Sí, tráigalo pasado mañana. 6. Sí, recójalos la semana que viene.   **Ej. 6:** 1. preparen 2. saquen 3. pidan 4. compren 5. hagan 6. hablen   **Ej. 7:** 1. manejaba 2. leía 3. corrían 4. cruzaba 5. bailaba   **Ej. 8:** 1. llegaron 2. empezó 3. quisieron 4. saltó 5. llamaste   **Ej. 9:** 1. charlaba, quemó 2. almorzaba, cayó 3. entró, jugaban 4. besaban, llegó 5. limpiaba, encontró 6. Perdiste, corrías 7. miraban, apagó   **Ej. 10:** 1. hacía 2. sonó 3. charlábamos 4. empecé 5. noté 6. tenía 7. llevaba 8. se descompuso 9. hablaba 10. robó 11. corría 12. me caí 13. preparaba 14. sonó 15. contesté

Capítulo 12

Ej. 1: 1. empiece 2. consultes 3. visite 4. terminen 5. comas 6. salgas 7. leamos 8. escriban 9. recete 10. pidas   **Ej. 2:** 1. Le sugerimos a Eloy que visite a Lucía, porque ella no se siente bien. 2. El hermano de Jorge espera que él esté mejor hoy. 3. Nayeli y Claudia prefieren que volvamos a su casa inmediatamente. 4. Eloy le recomienda a Jorge que no tome antibióticos para el resfriado. 5. Tú esperas que tus amigos no necesiten ir al hospital. 6. Yo le sugiero a Jorge que beba mucho jugo de naranja. 7. Mi madre os aconseja que durmáis el

resto del día. 8. Eloy y sus compañeros esperan que los miembros del club les den remedios caseros para el Boletín de salud.   **Ej. 3:** 1. salga 2. nos sentimos 3. se sienta 4. se duerman 5. sabemos 6. pida 7. bañe 8. empiece 9. está   **Ej. 4:** 1. venga 2. empiece 3. dé 4. traiga 5. pida 6. te laves, te seques 7. exijamos 8. hagas 9. salgan   **Ej. 5: A.** 1. Sra. McNeil, no le muestre la pierna a la terapeuta. 2. No me diga dónde le duele. (No le diga al médico dónde le duele.) 3. No le lleve los papeles al recepcionista. 4. No les traiga la comida a los pacientes. 5. No le dé la receta al farmacéutico. **B.** 1. Llámeme el miércoles. (Llámele el miércoles.) 2. Tráiganos la medicina hoy. (Tráigales la medicina hoy.) 3. Dígale su nombre al médico. 4. Súrtales la receta a los pacientes. 5. Deme más información, por favor. (Dele más información, por favor.)   **Ej. 6:** 1. le; le ponga la inyección a la paciente del cuarto número 512. 2. le; le pida mañana los resultados del análisis de sangre. 3. les; le expliquen los síntomas de la gripe a la señora Galván. 4. le; le lleve a los señores Martínez los documentos del seguro médico. 5. les; les cuenten a la enfermera y a él cómo ocurrió el accidente.   **Ej. 7:** 1. (Los gatitos) Se perdieron. 2. (El reloj) Se rompió. 3. (Los lentes de Franklin) Se cayeron de la mesa. 4. (La ambulancia) Se descompuso.   **Ej. 8:** 1. A las enfermeras se les perdió la medicina del paciente. 2. A Rodrigo se le cayó y se le rompió el móvil. (A Rodrigo se le cayó el móvil y se le rompió.) 3. Al paciente se le olvidó el dinero en casa. 4. Al médico se le quedó el estetoscopio en el coche. 5. A Jorge se le descompuso la afeitadora eléctrica. 6. A los niños se les soltaron los vendajes cuando peleaban.

Capítulo 13

Ej. 1: 1. ser 2. están 3. es 4. están, Son 5. Estamos 6. Soy   **Ej. 2:** 1. está, es 2. son, están 3. están, están 4. estás, soy 5. son, Estaban 6. son, están   **Ej. 3:** 1. Levántate 2. Ven 3. Ten 4. Sal 5. Bájate 6. Habla 7. Acuéstate; apaga 8. Dile 9. Ve; lee 10. Haz   **Ej. 4:** 1. Tráigame; me dé 2. Muéstreme; me diga 3. Espérame; te vayas 4. Escríbeme; me lo dictes 5. Mira; me digas 6. compres; come   **Ej. 5:** 1. ¡Que lo barra Emiliano! 2. ¡Que las pague Emilio! 3. ¡Que los desempolve Beto! 4. ¡Que la saque Izel! 5. ¡Que las ponga allí Nayeli! 6. ¡Que lo limpie Beto!   **Ej. 6:** 1. Ojalá que reciba muchos regalos. 2. Ojalá que haga buen tiempo. 3. Ojalá que no tenga que trabajar. 4. Ojalá que (mi novio/a) no esté enfermo/a. 5. Ojalá que (mis amigos) vengan a visitarme.   **Ej. 7:** 1. (No) Escuchemos música de hip hop. 2. (No) Visitemos mi página de Facebook. 3. (No) Hagamos ejercicio. 4. Vamos (No vayamos) al cine. 5. (No) Miremos una película en línea.   **Ej. 8:** 1. he disfrutado 2. he tenido 3. pasó 4. di 5. trabajé 6. Salí 7. caminé 8. Había 9. era 10. Entré 11. Pensaba 12. vi 13. caminaban 14. golpeó 15. empezaron 16. Estaban 17. se gritaban 18. salí 19. atacó 20. iba 21. dejaron 22. llegué   **Ej. 9:** 1. era 2. íbamos 3. alquilábamos 4. nadábamos 5. salíamos 6. caminábamos 7. tenía 8. fuimos 9. estaban 10. jugaba 11. charlaba 12. conocía 13. miré 14. estaba 15. vi 16. metimos 17. Salimos 18. buscamos 19. pudimos 20. estaba 21. trajo 22. estábamos 23. nadaba 24. estaba 25. regañé 26. enojé

Capítulo 14

Ej. 1: 1. Voy a la biblioteca para estudiar. 2. Uso la sartén para freír algo. 3. Traje las herramientas para reparar el coche. 4. Compré el jamón para hacer una sándwich. 5. Voy a usar la aspiradora para limpiar la alfombra.   **Ej. 2:** 1. por 2. Para 3. para 4. para 5. para 6. por 7. por 8. por 9. Para 10. para 11. para 12. para   **Ej. 3:** 1. le 2. nos 3. te, me 4. os 5. les   **Ej. 4: A.** 1. Sí, ya se la entregué ayer. 2. Sí, ya se lo di ayer. 3. Sí, ya se los llevé ayer. 4. Sí, ya te las compré ayer. 5. Sí, ya se las mandé ayer. **B.** 1. Voy a mostrártelo mañana. / Te lo voy a mostrar mañana. 2. Voy a comprártela mañana. / Te la voy a comprar mañana. 3.

Voy a traérselos mañana. / Se los voy a traer mañana. 4. Voy a dárselo mañana. / Se lo voy a dar mañana. 5. Voy a mostrárselas mañana. / Se las voy a mostrar mañana. **Ej. 5:** Te lo estoy preparando ahora mismo. / Estoy preparándotelo ahora mismo. 2. Te lo estoy buscando ahora mismo. / Estoy buscándotelo ahora mismo. 3. Se la estoy pidiendo ahora mismo. / Estoy pidiéndosela ahora mismo. 4. Se las estoy enviando ahora mismo. / Estoy enviándoselas ahora mismo. 5. Me los estoy poniendo ahora mismo. / Estoy poniéndomelos ahora mismo. **Ej. 6:** 1. te lo voy a comprar / voy a comprártelo 2. Me voy a duchar / Voy a ducharme 3. me los compres 4. se las llevé 5. te lo estoy haciendo / estoy haciéndotelo **Ej. 7: A.** 1. No, no me lo repares. 2. No, no me lo prepares. 3. No, no me los busques. 4. No, no me las compres. 5. No, no me la digas. **B.** 1. Sí, dímela, por favor. 2. Sí, lávamelo, por favor. 3. Sí, plánchamelas, por favor. 4. Sí, sírvemela, por favor. 5. Sí, límpiamelos, por favor. **Ej. 8:** 1. haya 2. deben 3. tengan 4. quieren 5. ahorra 6. gasta 7. es 8. sea 9. podemos **Ej. 9:** 1. sepa 2. hay 3. compra 4. sea 5. existen 6. gasten 7. estén 8. queremos 9. conoces 10. tenga

Capítulo 15

Ej. 1: 1. Me casaré, tendré 2. nos graduaremos, iremos 3. se mudarán, vivirán 4. hablaremos, podremos 5. vendrá, dirá **Ej. 2:** 1. sea 2. esté 3. ofrezca 4. tienen 5. venda 6. fabrica 7. hay **Ej. 3:** 1. haya 2. aumenta 3. prohíbe 4. ayude 5. adopte 6. influyen 7. podamos 8. sepamos **Ej. 4:** 1. visitarían 2. trataría 3. pasaría 4. nadarían (se bañarían) 5. tomaría 6. se bañaría (nadaría) 7. iría (viajaría) 8. mandaría 9. invitaría 10. viajaríamos (iríamos) **Ej. 5:** 1. tenga 2. juegues 3. vayas, busques 4. lleguen 5. estés, te mejores 6. haya 7. tenga, encuentres 8. sepa **Ej. 6:** 1. vamos 2. ahorremos 3. quiera, sea 4. puedo 5. están 6. estemos 7. saben 8. pueden **Ej. 7:** 1. usara, necesitaría 2. pasaran, aprenderían 3. consultaran, tendrían 4. contaminaran, estaría 5. tuvieran, usarían 6. manejaran, disminuiría 7. fuera, llegaría 8. anduviera, gastaría **Ej. 8:** 1.a. me parece, b. me importa 2.a. me fascinan, b. me interesan 3.a. me encanta, b. me gusta 4.a. me molesta, b. me gusta 5.a. me importan, b. me preocupan 6.a. me da, me preocupa **Ej. 9: A.** 1. les importa, 2. le preocupa / nos preocupa (*both answers are correct*), 3. nos dan miedo, 4. les interesa / nos interesa (*both answers are correct*), 5. nos preocupa **B.** a. 5, b. 3, c. 2, d. 1, e. 4

A. REGULAR VERBS: SIMPLE TENSES

Infinitive Present Participle Past Participle	INDICATIVE					SUBJUNCTIVE		IMPERATIVE
	Present	Imperfect	Preterite	Future	Conditional	Present	Imperfect	
hablar **hablando** **hablado**	hablo	hablaba	hablé	hablaré	hablaría	hable	hablara	
	hablas	hablabas	hablaste	hablarás	hablarías	hables	hablaras	habla tú, no hables
	habla	hablaba	habló	hablará	hablaría	hable	hablara	hable Ud.
	hablamos	hablábamos	hablamos	hablaremos	hablaríamos	hablemos	habláramos	hablemos
	habláis	hablabais	hablasteis	hablaréis	hablaríais	habléis	hablarais	hablen
	hablan	hablaban	hablaron	hablarán	hablarían	hablen	hablaran	
comer **comiendo** **comido**	como	comía	comí	comeré	comería	coma	comiera	
	comes	comías	comiste	comerás	comerías	comas	comieras	come tú, no comas
	come	comía	comió	comerá	comería	coma	comiera	coma Ud.
	comemos	comíamos	comimos	comeremos	comeríamos	comamos	comiéramos	comamos
	coméis	comíais	comisteis	comeréis	comeríais	comáis	comierais	coman
	comen	comían	comieron	comerán	comerían	coman	comieran	
vivir **viviendo** **vivido**	vivo	vivía	viví	viviré	viviría	viva	viviera	
	vives	vivías	viviste	vivirás	vivirías	vivas	vivieras	vive tú, no vivas
	vive	vivía	vivió	vivirá	viviría	viva	viviera	viva Ud.
	vivimos	vivíamos	vivimos	viviremos	viviríamos	vivamos	viviéramos	vivamos
	vivís	vivíais	vivisteis	viviréis	viviríais	viváis	vivierais	vivan
	viven	vivían	vivieron	vivirán	vivirían	vivan	vivieran	

B. REGULAR VERBS: PERFECT TENSES

INDICATIVE

Present Perfect		Past Perfect		Preterite Perfect		Future Perfect		Conditional Perfect	
he		había		hube		habré		habría	
has	hablado	habías	hablado	hubiste	hablado	habrás	hablado	habrías	hablado
ha	comido	había	comido	hubo	comido	habrá	comido	habría	comido
hemos	vivido	habíamos	vivido	hubimos	vivido	habremos	vivido	habríamos	vivido
habéis		habíais		hubisteis		habréis		habríais	
han		habían		hubieron		habrán		habrían	

SUBJUNCTIVE

Present Perfect		Past Perfect	
haya		hubiera	
hayas	hablado	hubieras	hablado
haya	comido	hubiera	comido
hayamos	vivido	hubiéramos	vivido
hayáis		hubierais	
hayan		hubieran	

Infinitive / Present Participle / Past Participle	INDICATIVE					SUBJUNCTIVE		IMPERATIVE
	Present	Imperfect	Preterite	Future	Conditional	Present	Imperfect	
andar **andando** **andado**	ando andas anda andamos andáis andan	andaba andabas andaba andábamos andabais andaban	anduve anduviste anduvo anduvimos anduvisteis anduvieron	andaré andarás andará andaremos andaréis andarán	andaría andarías andaría andaríamos andaríais andarían	ande andes ande andemos andéis anden	anduviera anduvieras anduviera anduviéramos anduvierais anduvieran	anda tú, no andes ande Ud. andemos anden
caber **cabiendo** **cabido**	quepo cabes cabe cabemos cabéis caben	cabía cabías cabía cabíamos cabíais cabían	cupe cupiste cupo cupimos cupisteis cupieron	cabré cabrás cabrá cabremos cabréis cabrán	cabría cabrías cabría cabríamos cabríais cabrían	quepa quepas quepa quepamos quepáis quepan	cupiera cupieras cupiera cupiéramos cupierais cupieran	cabe tú, no quepas quepa Ud. quepamos quepan
caer **cayendo** **caído**	caigo caes cae caemos caéis caen	caía caías caía caíamos caíais caían	caí caíste cayó caímos caísteis cayeron	caeré caerás caerá caeremos caeréis caerán	caería caerías caería caeríamos caeríais caerían	caiga caigas caiga caigamos caigáis caigan	cayera cayeras cayera cayéramos cayerais cayeran	cae tú, no caigas caiga Ud. caigamos caigan
creer **creyendo** **creído**	creo crees cree creemos creéis creen	creía creías creía creíamos creías creían	creí creíste creyó creímos creisteis creyeron	creeré creerás creerá creeremos creeréis creerán	creería creerías creería creeríamos creeríais creerían	crea creas crea creamos creáis crean	creyera creyeras creyera creyéramos creyerais creyeran	cree tú, no creas crea Ud. creamos crean
dar **dando** **dado**	doy das dadamos dais dan	daba dabas daba dábamos dabais daban	di diste dio dimos disteis dieron	daré darás dará daremos daréis darán	daría darías daría daríamos daríais darían	dé des dé demos deis den	diera dieras diera diéramos dierais dieran	da tú, no des dé Ud. demos den

Infinitive / Present Participle / Past Participle	INDICATIVE					SUBJUNCTIVE		IMPERATIVE
	Present	Imperfect	Preterite	Future	Conditional	Present	Imperfect	
decir **diciendo** **dicho**	digo dices dice decimos decís dicen	decía decías decía decíamos decíais decían	dije dijiste dijo dijimosd ijisteis dijeron	diré dirás dirá diremos diréis dirán	diría dirías diría diríamos diríais dirían	diga digas diga digamos digáis digan	dijera dijeras dijera dijéramos dijerais dijeran	di tú, no digas diga Ud. digamos digan
estar **estando** **estado**	estoy estás está estamos estáis están	estaba estabas estaba estábamos estabais estaban	estuve estuviste estuvo estuvimos estuvisteis estuvieron	estaré estarás estará estaremos estaréis estarán	estaría estarías estaría estaríamos estaríais estarían	esté estés esté estemos estéis estén	estuviera estuvieras estuviera estuviéramos estuvierais estuviera	está tú, no estés esté Ud. estemos estén
haber **habiendo** **habido**	he has ha hemos habéis han	había habías había habíamos habíais habían	hube hubiste hubo hubimos hubisteis hubieron	habré habrás habrá habremos habréis habrán	habría habrías habría habríamos habríais habrían	haya hayas haya hayamos hayáis hayan	hubiera hubieras hubiera hubiéramos hubierais hubieran	
hacer **haciendo** **hecho**	hago haces hace hacemos hacéis hacen	hacía hacías hacía hacíamos hacíais hacían	hice hiciste hizo hicimos hicisteis hicieron	haré harás hará haremos haréis harán	haría harías haría haríamos haríais harían	haga hagas haga hagamos hagáis hagan	hiciera hicieras hiciera hiciéramos hicierais hicieran	haz tú, no hagas haga Ud. hagamos hagan
ir **yendo** **ido**	voy vas va vamos vais van	iba ibas iba íbamos ibais iban	fui fuiste fue fuimos fuisteis fueron	iré irás irá iremos iréis irán	iría irías iría iríamos iríais irían	vaya vayas vaya vayamos vayáis vayan	fuera fueras fuera fuéramos fuerais fueran	ve tú, no vayas vaya Ud. vamos, no vayamos vayan

C. IRREGULAR VERBS (CONTINUED)

Infinitive / Present Participle / Past Participle	INDICATIVE Present	Imperfect	Preterite	Future	Conditional	SUBJUNCTIVE Present	Imperfect	IMPERATIVE
oír **oyendo** **oído**	oigo / oyes / oye / oímos / oís / oyen	oía / oías / oía / oíamos / oíais / oían	oí / oíste / oyó / oímos / oísteis / oyeron	oiré / oirás / oirá / oiremos / oiréis / oirán	oiría / oirías / oiría / oiríamos / oiríais / oirían	oiga / oigas / oiga / oigamos / igáis / oigan	oyera / oyeras / oyera / oyéramos / oyerais / oyeran	oye tú, no oigas / oiga Ud. / oigamos / oigan
poder **pudiendo** **podido**	puedo / puedes / puede / podemos / podéis / pueden	podía / podías / podía / podíamos / podíais / podían	pude / pudiste / pudo / pudimos / pudisteis / pudieron	podré / podrás / podrá / podremos / podréis / podrán	podría / podrías / podría / podríamos / podríais / podrían	pueda / puedas / pueda / podamos / podáis / puedan	pudiera / pudieras / pudiera / pudiéramos / pudierais / pudieran	
poner **poniendo** **puesto**	pongo / pones / pone / ponemos / ponéis / ponen	ponía / ponías / ponía / poníamos / poníais / ponían	puse / pusiste / puso / pusimos / pusisteis / pusieron	pondré / pondrás / pondrá / pondremos / pondréis / pondrán	pondría / pondrías / pondría / pondríamos / pondríais / pondrían	ponga / pongas / ponga / pongamos / pongáis / pongan	pusiera / pusieras / pusiera / pusiéramos / pusierais / pusieran	pon tú, no pongas / ponga Ud. / pongamos / pongan
querer **queriendo** **querido**	quiero / quieres / quiere / queremos / queréis / quieren	quería / querías / quería / queríamos / queríais / querían	quise / quisiste / quiso / quisimos / quisisteis / quisieron	querré / querrás / querrá / querremos / querréis / querrán	querría / querrías / querría / querríamos / querríais / querrían	quiera / quieras / quiera / queramos / queráis / quieran	quisiera / quisieras / quisiera / quisiéramos / quisierais / quisieran	quiere tú, no quieras / quiera Ud. / queramos / quieran
saber **sabiendo** **sabido**	sé / sabes / sabe / sabemos / sabéis / saben	sabía / sabías / sabía / sabíamos / sabíais / sabían	supe / supiste / supo / supimos / supisteis / supieron	sabré / sabrás / sabrá / sabremos / sabréis / sabrán	sabría / sabrías / sabría / sabríamos / sabríais / sabrían	sepa / sepas / sepa / sepamos / sepáis / sepan	supiera / supieras / supiera / supiéramos / supierais / supieran	sabe tú, no sepas / sepa Ud. / sepamos / sepan

Infinitive / Present Participle / Past Participle	INDICATIVE					SUBJUNCTIVE		IMPERATIVE
	Present	Imperfect	Preterite	Future	Conditional	Present	Imperfect	
salir / **saliendo** / **salido**	salgo / sales / sale / salimos / salís / salen	salía / salías / salía / salíamos / salíais / salían	salí / saliste / salió / salimos / salisteis / salieron	saldré / saldrás / saldrá / saldremos / saldréis / saldrán	saldría / saldrías / saldría / saldríamos / saldríais / saldrían	salga / salgas / salga / salgamos / salgáis / salgan	saliera / salieras / saliera / saliéramos / salierais / salieran	sal tú, no salgas / salga Ud. / salgamos / salgan
ser / **siendo** / **sido**	soy / eres / es / somos / sois / son	era / eras / era / éramos / erais / eran	fui / fuiste / fue / fuimos / fuisteis / fueron	seré / serás / será / seremos / seréis / serán	sería / serías / sería / seríamos / seríais / serían	sea / seas / sea / seamos / seáis / sean	fuera / fueras / fuera / fuéramos / fuerais / fueran	sé tú, no seas / sea Ud. / seamos / sean
tener / **teniendo** / **tenido**	tengo / tienes / tiene / tenemos / tenéis / tienen	tenía / tenías / tenía / teníamos / teníais / tenían	tuve / tuviste / tuvo / tuvimos / tuvisteis / tuvieron	tendré / tendrás / tendrá / tendremos / tendréis / tendrán	tendría / tendrías / tendría / tendríamos / tendríais / tendrían	tenga / tengas / tenga / tengamos / tengáis / tengan	tuviera / tuvieras / tuviera / tuviéramos / tuvierais / tuvieran	ten tú, no tengas / tenga Ud. / tengamos / tengan
traer / **trayendo** / **traído**	traigo / traes / trae / traemos / traéis / traen	traía / traías / traía / traíamos / traíais / traían	traje / trajiste / trajo / trajimos / trajisteis / trajeron	traeré / traerás / traerá / traeremos / traeréis / traerán	traería / traerías / traería / traeríamos / traeríais / traerían	traiga / traigas / traiga / traigamos / traigáis / traigan	trajera / trajeras / trajera / trajéramos / trajerais / trajeran	trae tú, no traigas / traiga Ud. / traigamos / traigan
venir / **viniendo** / **venido**	vengo / vienes / viene / venimos / venís / vienen	venía / venías / venía / veníamos / veníais / venían	vine / viniste / vino / vinimos / vinisteis / vinieron	vendré / vendrás / vendrá / vendremos / vendréis / vendrán	vendría / vendrías / vendría / vendríamos / vendríais / vendrían	venga / vengas / venga / vengamos / vengáis / vengan	viniera / vinieras / viniera / viniéramos / vinierais / vinieran	ven tú, no vengas / venga Ud. / vengamos / vengan
ver / **viendo** / **visto**	veo / ves / ve / vemos / veis / ven	veía / veías / veía / veíamos / veíais / veían	vi / viste / vio / vimos / visteis / vieron	veré / verás / verá / veremos / veréis / verán	vería / verías / vería / veríamos / veríais / verían	vea / veas / vea / veamos / veáis / vean	viera / vieras / viera / viéramos / vierais / vieran	ve tú, no veas / vea Ud. / veamos / vean

Infinitive Present Participle Past Participle	INDICATIVE Present	Imperfect	Preterite	Future	Conditional	SUBJUNCTIVE Present	Imperfect	IMPERATIVE
pensar (pienso) **pensando** **pensado**	pienso piensas piensa pensamos pensáis piensan	pensaba pensabas pensaba pensábamos pensabais pensaban	pensé pensaste pensó pensamos pensasteis pensaron	pensaré pensarás pensará pensaremos pensaréis pensarán	pensaría pensarías pensaría pensaríamos pensaríais pensarían	piense pienses piense pensemos penséis piensen	pensara pensaras pensara pensáramos pensarais pensaran	piensa tú, no pienses piense Ud. pensemos piensen
volver (vuelvo) **volviendo** **vuelto**	vuelvo vuelves vuelve volvemos volvéis vuelven	volvía volvías volvía volvíamos volvíais volvían	volví volviste volvió volvimos volvisteis volvieron	volveré volverás volverá volveremos volveréis volverán	volvería volverías volvería volveríamos volveríais volverían	vuelva vuelvas vuelva volvamos volváis vuelvan	volviera volvieras volviera volviéramos volvierais volvieran	vuelve tú, no vuelvas vuelva Ud. volvamos vuelvan
dormir (duermo) (u) **durmiendo** **dormido**	duermo duermes duerme dormimos dormís duermen	dormía dormías dormía dormíamos dormíais dormían	dormí dormiste durmió dormimos dormisteis durmieron	dormiré dormirás dormirá dormiremos dormiréis dormirán	dormiría dormirías dormiría dormiríamos dormiríais dormirían	duerma duermas duerma durmamos durmáis duerman	durmiera durmieras durmiera durmiéramos durmierais durmieran	duerme tú, no duermas duerma Ud. durmamos duerman
sentir (siento) (i) **sintiendo** **sentido**	siento sientes siente sentimos sentís sienten	sentía sentías sentía sentíamos sentíais sentían	sentí sentiste sintió sentimos sentisteis sintieron	sentiré sentirás sentirá sentiremos sentiréis sentirán	sentiría sentirías sentiría sentiríamos sentiríais sentirían	sienta sientas sienta sintamos sintáis sientan	sintiera sintieras sintiera sintiéramos sintierais sintieran	siente tú, no sientas sienta Ud. sintamos sientan
pedir (pido) (i) **pidiendo** **pedido**	pido pides pide pedimos pedís piden	pedía pedías pedía pedíamos pedíais pedían	pedí pediste pidió pedimos pedisteis pidieron	pediré pedirás pedirá pediremos pediréis pedirán	pediría pedirías pediría pediríamos pediríais pedirían	pida pidas pida pidamos pidáis pidan	pidiera pidieras pidiera pidiéramos pidierais pidieran	pide tú, no pidas pida Ud. pidamos pidan

Infinitive Present Participle Past Participle	INDICATIVE					SUBJUNCTIVE		IMPERATIVE
	Present	Imperfect	Preterite	Future	Conditional	Present	Imperfect	
reír (río) (i) **riendo** **reído**	río ríes ríe reímos reís ríen	reía reías reía reíamos reíais reían	reí reíste rio reímos reísteis rieron	reiré reirás reirá reiremos reiréis reirán	reiría reirías reiría reiríamos reiríais reirían	ría rías ría riamos riáis rían	riera rieras riera riéramos rierais rieran	ríe tú, no rías ría Ud. riamos rían
seguir (sigo) (i) **siguiendo** **seguido**	sigo sigues sigue seguimos seguís siguen	seguía seguías seguía seguíamos seguíais seguían	seguí seguiste siguió seguimos seguisteis siguieron	seguiré seguirás seguirá seguiremos seguiréis seguirán	seguiría seguirías seguiría seguiríamos seguiríais seguirían	siga sigas siga sigamos sigáis sigan	siguiera siguieras siguiera siguiéramos siguierais siguieran	sigue tú, no sigas siga Ud. sigamos sigan
construir **(construyo) (y)** **construyendo** **construido**	construyo construyes construye construimos construís construyen	construía construías construía construíamos construíais construían	construí construiste construyó construimos construisteis construyeron	construiré construirás construirá construiremos construiréis construirán	construiría construirías construiría construiríamos construiríais construirían	construya construyas construya construyamos construyáis construyan	construyera construyeras construyera construyéramos construyerais construyeran	construye tú, no construyas construya Ud. construyamos construyan
conducir **(conduzco) (j)** **conduciendo** **conducido**	conduzco conduces conduce conducimos conducís conducen	conducía conducías conducía conducíamos conducíais conducían	conduje condujiste condujo condujimos condujisteis condujeron	conduciré conducirás conducirá conduciremos conduciréis conducirán	conduciría conducirías conduciría conduciríamos conduciríais conducirían	conduzca conduzcas conduzca conduzcamos conduzcáis conduzcan	condujera condujeras condujera condujéramos condujerais condujeran	conduce tú, no conduzcas conduzca Ud. conduzcamos conduzcan

This Spanish-English Vocabulary contains all of the words that appear in the textbook, with the following exceptions: (1) most close or identical cognates that do not appear in the chapter vocabulary lists; (2) most conjugated verb forms; (3) most diminutives ending in **-ito/a**; (4) augmentatives ending in **-ísimo/a**; (5) most adverbs ending in **-mente**. Only meanings used in the text are given. Numbers following translations indicate the chapter in which that meaning of the word was presented as active vocabulary.

The gender of nouns is indicated, except for masculine nouns ending in **-o** and feminine nouns ending in **-a**. Stem changes and spelling changes are indicated for verbs: **dormir (ue, u); llegar (gu); conocer (zc).**

The following abbreviations are used in this vocabulary.

abbrev.	abbreviation	*L.A.*	Latin America
adj.	adjective	*lit.*	literally
adv.	adverb	*m.*	masculine
Arg.	Argentina	*Mex.*	Mexico
aux.	auxiliary	*n.*	noun
C.A.	Central America	*obj.*	object
Carib.	Caribbean	*p.p.*	past participle
coll.	colloquial	*pl.*	plural
comm.	command	*pol.*	polite (v. formal)
conj.	conjunction	*P.R.*	Puerto Rico
dir.	direct	*prep.*	preposition
D.R.	Dominican Repbulic	*pret.*	preterite
f.	feminine	*pron.*	pronoun
fam.	familiar [v. informal]	*rel.*	relative
ger.	gerund	*sing.*	singular
gram.	grammatical term	*S. A.*	South America
Guat.	Guatemala	*Sp.*	Spain
ind.	indicative	*sub.*	subject
indir.	indirect	*subj.*	subjunctive
inf.	infinitive	*Uru.*	Uruguay
inv.	invariable	*v.*	verb
irreg.	irregular	*var.*	variant

Spanish-English Vocabulary

A

a to (1); **a cambio de** in exchange for; **a causa de** because of; **¡a comer!** let's eat! (5); **¡a contar!** let's count! (1); **a continuación** next (upcoming), following, the text below (12); **¡a conversar!** let's talk (1); **a horcajadas** astride; **a mano** by hand (14); **a la derecha/izquierda (de)** to the right/left (of) (2); **a la mañana siguiente** the next morning (11); **a la parrilla** grilled (9); **a la semana** per week (12); **a la vez** at the same time (6); **a menos que** unless (15); **a menudo** often (13); **a pesar de** *prep.* in spite of; **a pie** on (by) foot (7); **a tiempo** on time (10); **a todo volumen** at full volume (6); **a través de** across; **a ver...** let's see . . . (14); **al día** (m.) per day (12); daily; **al día** (m.) **siguiente** the next day, the following day (5); **al gusto** to taste (9); **al horno** baked (9); **al mes** monthly (14); **al lado (derecho/ izquierdo) (de)** to the (right/ left) side (of) (2); **al mes** monthly (14); **al mismo tiempo** at the same time (14); **al momento** instantly, momentarily (8); **al norte/sur (de)** to the north/south (of) (2); **al principio** at the beginning (13); **al punto** medium rare (9); **al tiro** immediately

abajo *adv.* below; down, downwards (11); **miren hacia abajo** look down (*pol. pl. comm.*) (B)

abandonar to abandon

abecedario alphabet (1)

abeja bee (15)

abierto/a (*p.p. of* **abrir**) open; opened

abogado/a lawyer (6)

abolición *f.* abolition

abolir to abolish

abordar to board (11); **pase** (*m*) **de abordar** boarding pass (11)

aborto abortion (15)

abrazar (c) to hug; to embrace (12); **abrazarse** to hug each other

abrazo hug

abrelatas *m. sing.* can opener (14)

abreviatura abbreviation

abrigo coat (B)

abril *m.* April (2)

abrir (*p.p.* **abierto**) to open (5); **abran** open (*pol. pl. comm.*) (B)

abrumado/a overwhelmed

absorber (*p.p.* **absorbido, absorto**) to absorb (15)

abuelo/a grandfather/grandmother (3); **abuelito/a** grandpa/grandma; **abuelos** pl. grandparents

abundancia abundance

abundante abundant

aburrido/a boring; bored (2); **¡qué aburrido!** how boring (4)

aburrirse to get bored (10)

abuso abuse (13)

acá here (3)

acabar: acabar de (+ inf.) to have just (done something) (14) **acabar(se)** to end (12); to finish (12)

academia academy

académico/a adj. academic (15)

acampar to camp (2)

acceder to agree; to consent

acceso access (15)

accesorio accessory (14)

accidente m. accident (8)

acción f. action; **Día** (m.) **de Acción de Gracias** Thanksgiving (5)

aceite m. oil (9)

aceituna olive (9)

aceptar to accept (14)

acero (inoxidable) (stainless) steel (14)

ácido/a adj. acid (15) **lluvia ácida** acid rain (15)

acompañamiento accompaniment

acompañar to accompany (9)

acondicionador m. conditioner (4)

aconsejar to advise (6)

acostarse (ue) to go to bed (4); **me acuesto** I go to bed (4); **se acuesta** he/she goes to bed, you (pol. sing.) go to bed (4)

actitud f. attitude (15)

actividad f. activity (B); **actividades diarias** daily activities

activista m., f. activist (8)

activo/a active (10)

acto act

actor m. actor (4)

actriz f. (pl. **actrices**) actress (4)

actualización f. update

actualizado/a updated (15)

actualizar (c) to update (5)

actualmente currently (15), nowadays (15)

actuar (actúo) to act (8)

acuarela watercolor (6)

acuático/a aquatic

acueducto aqueduct (11)

acuerdo: ¡de acuerdo! I agree!, you're right!; OK!; **de acuerdo con** in accordance with; **estar** (irreg.) **de acuerdo** to agree (13)

acumular(se) to accumulate

acusar to accuse

acústico/a acoustic (14)

adaptación f. adaptation

adaptar(se) to adapt

adecuado/a adequate

adelante adv. forward, straight ahead; (11); **de hoy en adelante** as of today

además moreover, furthermore; **además (de)** in addition, besides (12)

adentro (de) inside (7)

aderezo (salad) dressing (9)

adicción f. addiction

adicto/a adj. addicted

adiós goodbye (B)

adivino/a fortune-teller (15)

adivinar to guess (13)

adjetivo adjective (1)

adjunto/a enclosed; **archivo adjunto** attached file; attachment (15)

administrar to administer

admirar to admire (11)

admitir to admit

adolescencia adolescence (10)

adolescente m., f. adolescent (4)

adonde where; **¿adónde?** to where? (2)

adoptar to adopt

adornar garnish (9)

adorno decoration (10)

adquirir (ie, i) to acquire

aduana sing. customs (immigration) (11); **derechos** (pl.) **de aduana** customs duty, taxes (11)

adulto/a adult (4)

adverbio adverb

advertencia warning

aéreo/a aerial; **compañía aérea** airline (company) (14); **transporte aéreo** air travel (11)

aeróbico/a aerobic (3)

aeropuerto airport (4)

afectar to affect (15)

afeitadora razor; **afeitadora eléctrica** electric razor (4)

afeitarse to shave (4)

Afganistán Afghanistan

afgano/a adj. Afghan

afiche m. poster

aficionado/a n. enthusiast, adj. fond of

afirmación f. statement (1)

afirmativo/a affirmative

afluencia flow (of water)

afortunado/a fortunate, lucky

africano/a n., adj. African

afroamericano/a adj. African-American (8)

afrocubano/a n., adj. Afro-Cuban

afuera (de) outside (of) (7)

agencia agency

agente m., f. agent; **agente de seguros** insurance agent (6)

agosto August (2)

agotarse to run out

agradable pleasant (12)

agregar (gu) to add (information) (12)

agresivo/a aggressive (1)

agrícola m., f. agricultural

agricultura agriculture

agua f. (but **el agua**) water (3); **agua con sal** salt water; **agua mineral** mineral water (9); **agua potable** drinking water (15)

aguacate m. avocado (9)

aguacero rain shower; downpour (11)

águila f. (but **el águila**) **(calva)** (bald) eagle (15)

aguja needle (14)

agujero hole (15); **agujero en la capa de ozono** hole in the ozone layer (15)

ahijado/a godson/goddaughter (13)

ahora now (1); **ahora mismo** right now (12)

ahorrado/a saved (money or time) (14)

ahorrar to save (money, time) (10)

ahorro n. saving (14)

aire m. air; **al aire libre** outdoors (4)

aislamiento isolation

ajedrez m. chess

ají m. (bell/chili) pepper (9); **ají de gallina** spicy creamed chicken (Cuba) (9)

ajo garlic (9)

ajustarse to adjust

alacena kitchen cupboard (7)

alarma n. alarm

alarmante alarming (12)

albaricoque m. apricot (9)

alberca swimming pool (Mex.)

albóndiga meatball (9)

alcance m. reach

alcanzar (c) to reach

alcoba bedroom

alcohol m. alcohol (12)

aldea village

alegrar to cheer up; **alegrarse** to be glad, to be happy (14)

alegre happy

alegría happiness

alemán n. m. German (language) (4)

alemán, alemana n., adj. German (4)

Alemania Germany (4)

alergia allergy (12)

alérgico/a allergic (9)

alfabetización f. literacy teaching

alfabeto alphabet

alfombra carpet (7)

álgebra f. (but **el álgebra**) algebra

algo something (3)

algodón m. cotton (12)

alguien someone (7)

algún, alguno/a some (1); any; **alguna vez** once; ever; **algunos/as** some (1)

alianza alliance

alienígena m., f. alien

alimentarse to feed oneself

alimento food item; nourishment (9)

aliviar to relieve

allá there (3)

allí there (3); **allí mismo** right there (11)

alma *f.* (*but* **el alma**) soul

almacén *m.* department store (7)

almacenar to store (12)

almeja clam (9)

almohada pillow (7)

almorzar (ue) (c) to have lunch (3); **almorcé** I ate lunch (8); **almorzaste** you (*fam. sing.*) ate lunch (8); **almorzó** he/she/you (*pol. sing.*) ate lunch (8)

almuerzo lunch (5)

áloe *m.* aloe

alojamiento lodging (11)

alquilar to rent (10); **se alquila** for rent

alquiler *m.* rent

alrededor (de) around (3)

alrededores *m.* outskirts

alta: dar de alta to release (*from hospital*) (12)

altar *m.* altar

alterado/a upset (12)

alternativo/a alternative (2)

altitud *f.* altitude

¡alto! stop! (11)

alto/a tall (B); **en voz alta** aloud, out loud (6); **alta velocidad** high speed (11)

altura height

alucinante amazing

aluminio aluminum (14)

alumno/a student

ama *f.* (*but* **el ama**) **de casa** housewife (6)

amable *adj.* kind; how nice of you!, thanks! (11)

amante lover

amar to love

amarillo/a yellow (B)

amarrete stingy

Amazonas *m.* Amazon (River)

amazónico/a *adj.* Amazonian, Amazon

ambición *f.* ambition

ambiental environmental (15); **contaminación** (*f.*) **ambiental** environmental contamination

ambiente *m.* environment (9); **medio ambiente** environment (15)

ambiguo/a ambiguous

ambos/as *pl.* both (12)

ambulancia ambulance (12)

ambulante *adj.* traveling

amenaza threat

amenazar (c) to threaten

América Central Central America

América del Sur South America

América Latina Latin America

americano/a *n., adj.* American (4); **pagar (gu) a la americana** to go Dutch, pay individually (9)

amerindio/a *n.,* American Indian

amigo/a friend (B); **Amigos sin Fronteras** Friends without Borders (B); **mejor amigo/a** best friend (1); **presenta a tu amigo/a** introduce (*fam. sing.*) your friend (B)

amiguito/a dear friend, little friend

amistad *f.* friendship (13)

amistoso/a friendly

amo/a (*but* **el ama**) owner

amor *m.* love (5)

amoroso/a loving

amplio/a roomy

amueblado/a furnished

análisis *m.* analysis (12)

analizar (c) to analyze

ananá *m.* pineapple (*Arg., Uru.*)

anaranjado/a orange (B)

anatomía anatomy

anciano/a elderly person

andar *irreg.* to walk; **andar en patineta** to skateboard (2); **andar en bicicleta (bici) / en motocicleta (moto)** to ride a bicycle (bike) / motorcycle (3)

andino/a *adj.* Andean (9)

anestesia anesthesia

angelito/a little angel

ángulo angle

anidar to nest

anillo ring; **anillo de compromiso** engagement ring (13)

animado/a cheerful

animal *m.* animal; **animal doméstico** pet

animar to encourage

anímico/a: estado anímico mental state (5)

anís *m.* anise

aniversario anniversary (5)

anoche last night (7)

anomalía anomaly

ante before; facing (15)

anteayer day before yesterday (2)

antemeridiano antemeridian, a.m.

antena antenna (11)

antepasado/a ancestor (15)

antes (de) *adv.* before (4); **antes de** + *inf.* before (*doing something*) (4); **antes de que...** *conj.* before... (12); **lo antes posible** as soon as possible (11)

antibiótico antibiotic (12)

anticipación *f.* anticipation (9)

anticucho kebab

antidepresivo antidepressant (12)

antigüedades *f.* antiques

antiguo/a old; ancient (2)

antihistamínico antihistamine (12)

antiinflamatorio anti-inflammatory (12)

antipático/a unpleasant (1)

antropología anthropology (6)

anual annual

anunciar to announce; **anunciar la sentencia** to read a (court) judgement/ruling (6)

anuncio announcement, advertisement (14)

añadir to add (9)

año year (2); **año escolar** school year; **Año Nuevo** New Year's Day (5); **¿cuántos años tiene(n)?** how old is he/she (are they)? (2); **¿cuántos años tienes / tiene usted?** how old are you (*fam./pol.*)? (2); **cumplir años** to have a birthday (8); **el próximo año** next year (4); **¡feliz Año Nuevo!** happy New Year! (5) **tengo... años** I am . . . years old (2); **tiene... años** he/she is (you [*pol. sing.*] are) . . . years old (2); **tienen... años** they / you (*pol. pl.*) are . . . years old (2)

apagar (gu) to turn off (6); to put out; **apagar incendios** to put out fires (6)

aparato appliance; **aparato doméstico** household appliance (7); **aparato reproductor** reproductive system (12)

aparecer (zc) to appear (11); **aparece** it appears (1)

apariencia appearance

apartamento apartment (3)

apasionado/a passionate; enthusiastic

apasionar to excite

apellido last name (1)

aperitivo aperitif; appetizer (9)

apio celery (9)

aplicación *f.* app (15)

aplicarse (qu) a to apply (*something*) to

apodo nickname

apreciar to appreciate

aprender to learn (6)

apresar to take prisoner, capture

apretado/a tight

aprobar (ue) to pass (*a law*) (15)

apropiado/a appropriate; suitable (2)

aprovechar to take advantage of (15)

aproximadamente approximately (11)

apto/a suitable

apuntes *m. pl.* notes; **tomar apuntes** to take notes (2)

aquel, aquella that (over there) (3)

aquellos/as those (over there) (3); **¡qué tiempos aquellos!** those were the days! (10)

aquí here (2); **aquí lo tiene** here it is (11); **de aquí a** (+ *time*) (*period of time*) from now (15)

árabe *n. m., f.* Arab; *n. m.* Arabic (*language*) (4); *adj.* Arabic (4)

Arabia Saudita Saudi Arabia

arahuaco Arawakan (*indigenous language of C.A. and S.A. and the Carib.*)

árbol *m.* tree (3); **árbol genealógico** family tree (10); **arbolito de Navidad** Christmas tree (5); **subirse a los árboles** to climb trees (10)

arboleda *n.* grove

arbusto bush (7)

arcángel *m.* archangel

archipiélago archipelago (11)

archivo file (15); **archivo adjunto** attached file; attachment (15); **archivo carpeta** file folder

arco arch; **arcoíris** rainbow (11)

área *f.* (*but* **el área**) area (13)

arena sand (11)

arepa thick corn cake (*Col.*) (9)

arete earring (14)

argentino/a *adj.* Argentine (2)

árido/a arid (11)

arma *f.* (*but* **el arma**) arm, weapon

armario closet (7)

armonía harmony

arpa *f.* (*but* **el arpa**) harp

arpista *m., f.* harpist

arqueología archaeology

arqueológico/a archaeological (8)

arquitecto/a architect (11)

arquitectónico/a architectural

arquitectura architecture

arrecife *m.* reef (11); **arrecife de coral** coral reef

arreglar to fix; to arrange (6); **arreglarse** to get dressed up; to get ready (4)

arrendar (ie) to rent; **se arrienda** for rent; for lease

arrepentirse (ie, i) to repent

arrestar to arrest (8)

arriba (de) above (2); **miren hacia arriba** look up (*pol. pl. comm.* (B)

arriesgar (gu) to risk

arroba @ sign (1)

arroz *m.* rice (9); **arroz con coco** coconut rice (*Cuba*) (9)

arruinar to ruin (8)

arrullar to lull asleep

arte *m.* (*but* **las artes**) art; **artes musicales** music appreciation (6)

artefacto artifact (8)

arteria artery (12)

artesanal handmade

artesanía *sing.* handicrafts (8)

artesano/a craftsman/craftswoman (14)

artículo article (14)

artista *m., f.* artist (8)

artístico/a artistic

asado/a roasted; **bien asado** well-done (9); **carne asada** grilled meat (14); **poco asado** rare (9)

asador *m* barbecue grill (14)

asar to roast (14)

ascensor *m.* elevator (7)

asegurar to assure; to insure

asesinar to assassinate

asfalto asphalt

así thus, so, this way

Asia Asia (8)

asiático/a *adj.* Asian

asiento seat (11)

asignar to assign (6)

asignatura subject, class (6); **asignatura principal** major

asimilarse to assimilate

asistente *m., f.* assistant (6); **asistente de vuelo** flight attendant (11)

asistir (a) to attend (3); **asistir (a clases)** to attend (classes) (3)

asma *f.* (*but* **el asma**) asthma (12)

asociado/a associated

asociar to associate (13)

aspecto aspect (5)

aspiradora vacuum cleaner (7); **pasar la aspiradora** to vacuum (6)

aspirina aspirin (12)

asterisco asterisk

astilla: de tal palo, tal astilla a chip off the old block; like father, like son

astronauta *m., f.* astronaut

astronomía astronomy

astronómico/a astronomical

asunto subject, topic; matter, affair

asustado/a scared, frightened (8)

atacar (qu) to attack

ataque *m.* (**al corazón**) (heart) attack (12)

atar to tie (8)

ataúd *m.* coffin

atención *f.* attention; **llamar (le) atención** to draw (someone's) attention (15); **poner** (*irreg.*) **atención** to pay attention (6)

atender (ie) a to wait on; to assist; to attend to (6)

aterrizar (c) to land (11)

atigrado/a striped

atlántico/a Atlantic; **océano Atlántico** Atlantic Ocean

atlético/a athletic (B)

atletismo *sing.* Athletics

atmósfera atmosphere (11)

atmosférico/a atmospheric

átomo atom

atracción *f.* attraction

atractivo/a attractive

atraer (*like* **traer**) to attract

atrapar to catch (8)

atrás *adv.* behind

atrasarse to run late; to fall behind (11)

atreverse a (+ *inf.*) to dare to (do *something*]

atribuir (y) (a) to attribute (to)

atropellar to run over, knock down (12)

atún *m.* tuna (9)

auditivo/a auditory; listening *adj.* (6)

aumentar to increase (12)

aumento rise, increase (15)

aún still, yet

aunque even though (5)

Australia Australia (4)

australiano/a *adj.* Australian (4)

austro *adj.* Austrian; **austro húngaro/a** *adj.* Austro-Hungarian

auténtico/a authentic

auto auto (11)

autoayuda *n.* self-help

autobús *m.* bus; **parada del autobús** bus stop (3)

autóctono/a indigenous, native

automático/a automatic (7)

auto(móvil) *m.* automobile (8)

autopista freeway, expressway (11)

autor(a) author

autorizado/a authorized

¡auxilio! help! (8)

avance *m.* advance (15)

avanzado/a advanced (15)

avanzar (c) to advance (15)

ave *f.* (*but* **el ave**) bird (15); poultry (9); **AVE** high-speed train (*Sp.*)

avena oatmeal (9)

avenida avenue (7)

aventura adventure

avión *m.* plane; jet (5)

¡ay! ouch!; oh!, oh no! (10); **¡ay no!** oh no! (5)

ayer yesterday (2)

ayuda help (12)

ayudante *m., f.* assistant

ayudar to help (6)

azteca *adj, m, f.*, Aztec (9)

azúcar *m.* sugar (5)

azul blue (B)

B

babosa slug

bacán: ¡Qué bacán! How cool! (S.A.)

bachata *fast-tempo music from the D. R. incorporating Carib. and West African rhythms* (13)

bacteria bacterium; **bacterias** *pl.* bacteria

bahía bay (8)

bailador(a) dancer

bailar to dance (2)

bailarín, bailarina dancer (10)

baile *m.* dance

bajar to lower; to download (8); **bajarse** to get down; **baje(n)** (*comm.*) get off, get down (11)

bajo *prep.* under (13); **bajo cero** below zero (3)

bajo/a short (*height*) (B); low; **planta baja** first floor (7), ground floor

bala bullet

balanceado/a balanced

balcón *m.* balcony (7)

ballena whale (8)

balón *m.* ball

baloncesto basketball

balonmano handball (12)

balsa raft

bambú *m.* bamboo

banana banana (9)

banco bank (6); bench (7)

banda band

bandera flag

bañar to bathe (6); **bañarse** to bathe (oneself) (4); to go in the water, to go for a swim (8); to swim (8)

bañera bathtub (7)

baño bathroom (7); bath

bar *m.* bar (9)

barato/a cheap (1)

barba beard (B)

barco boat (8)

barra (nutrition) bar (12)

barranquillero/a *n.* person from Barranquilla, Colombia

barrer to sweep (7)

barrio neighborhood (4)

barro negro clay (*Oaxacan pottery*) (8)

barroco/a baroque

basado/a based (1)

basar to base (15); **basarse (en)** to be based (on)

base *f.* base, foundation

básico/a basic

básquetbol *m.* basketball

bastante *adj.* plenty of, quite a lot (10)

bastón *m.* walking stick, cane (12)

basura trash; **sacar (qu) la basura** to take out the trash (7)

basurero garbage can; dump

bata robe (14)

batalla battle (8)

batata sweet potato

bate *m.* (baseball) bat (3)

batido milk shake (9), **batido de maracuyá** passion fruit shake (*C.R.*) (9)

batir to beat

bautizar (c) to baptize (13)

bautizo baptism (13)

bebé *m, f.* baby (6)

bebeleche: jugar (ue) (gu) al bebeleche to play hopscotch (*Mex.*)

beber to drink (3)

bebida drink (5)

beca scholarship

beige beige (14)

béisbol *m.* baseball (2)

beisbolista *m.* baseball player (10)

belleza beauty

bello/a beautiful

bemba *sing.* thick lips

bendición *f.* blessing

beneficio benefit

beneficioso/a beneficial

besar to kiss (12); **besarse** to kiss each other

beso kiss (8)

bestia beast

Biblia Bible

biblioteca library (3)

bicarbonato de soda bicarbonate of soda (9)

bici *f.* bike (3)

bicicleta bicycle (3); **andar** (*irreg.*) **en bicicleta (bici)** to ride a bicycle (bike) (3)

bicicross bicycle motocross, BMX

bicitaxi bike-taxi, pedicab

bien *adv.* well; **(muy) bien, gracias** (very) well, thanks (B); **bien asado/a** well-done (9); **bien cocido/a** well-done (9); **estoy bien** I'm fine (B); **llevarse bien con** to get along well with (*someone*) (6); **¡qué bien!** that's great! (5)

bienes (*m. pl.*) **raíces** real estate

bienestar *m.* well-being; **bienestar social** social welfare (15)

bienvenida *n.* welcome; **dar** (*irreg*) **la bienvenida** to welcome (11)

¡bienvenido/a(s)! welcome! (B)

bife *m.* steak

bigote *m.* mustache (B)

bilingüe bilingual

billete *m.* ticket; bill (*paper money*) (11)

biodegradable biodegradable (15)

biodiversidad biodiversity

biográfico/a biographical

biología biology (1)

bióxido dioxide

bisabuelo/a great-grandfather/ great-grandmother (13); **bisabuelos** *pl.* great-grandparents

bistec *m.* steak (5)

bisturí *m.* scalpel (12)

blanco/a white (B); **espacio en blanco** blank space

bloguear to blog

bloguero/a blogger

blusa blouse (B)

bluyín blue jeans (*Carib.*)

boca mouth (2)

bocadillo sandwich

bocado bite

bocina horn (11)

boda wedding (5)

bola: jugar (ue) (gu) a las bolas to play marbles

bolero *popular slow-tempo Latin musical style originating in Cuba*

boletín *m.* bulletin

boleto ticket

bolígrafo pen (B)

boliviano/a *n., adj.* Bolivian (2)

bolsa bag (8); purse; **bolsa de lona** canvas bag (15)

bolsillo pocket (14)

bomba bomb

bombero, mujer (*f.*) **bombero** firefighter (6)

bondi autobús

boniato sweet potato

bonito/a pretty (B)

boquerón anchovy (9)

bordado *n.* embroidery

bordado/a *adj.* embroidered (14)

borrador *m.* eraser (B)

bosque *m.* forest (11)

bostezar (c) to yawn (5)

bota boot (B); **botas de vaquero** cowboy boots (1)

botana snack, appetizer (*Mex.*)

botánica drugstore

bote *m.* boat (11); **bote de remos** rowboat (11)

botella bottle (9)

botones *m. sing.* bellhop (11)

boxear to box

boxeo boxing

brasileño/a *n., adj.* Brazilian (2)

brazo arm (2)

breve *adj.* brief

brindar to drink a toast

brindis *m.* toast (*drink or speech;*) **hacer** (*irreg.*) **un brindis** to toast, make a toast (9)

británico/a British

brocheta skewer

brócoli *m.* broccoli (9)

bronquitis *f.* bronchitis (12)

broza undergrowth

brujo/a wizard/witch (5); **Día** (*m.*) **de las Brujas** Halloween (5); **Noche** (*f.*) **de Brujas** Halloween

bucear to skin/scuba dive (4)

buceo underwater swimming, diving

budista *m., f.* Buddhist (13)

bueno/a (buen) good (1); **¡buen provecho!** bon appetit! (9); **¡buen viaje!** have a nice trip (11); **¡(buena) suerte!** (good) luck! (13); **buenas** hello (*informal*) (14); **buenas noches** good night (B); **buenas tardes** good afternoon (B); **buenos días** good morning (B); **estar** (*irreg.*) **de buen (mal) humor** to be in a good (bad) mood (5); **estar** (*irreg.*) **en buena forma** to be in good shape (15); **hace buen tiempo** the weather is nice (3); **¡qué buena idea!** what a good idea! (4); **¡qué bueno que + subj.!** How/It's great that . . .! (15); **tener buenas/malas notas** to have good/bad grades (6)

bueno... well. . . (6)

bufanda scarf (B)

búho owl

bulto: hacer (*irreg.*) **bulto** to swell the numbers

burbuja bubble

busca: en busca de in search of *m.* search engine

buscador *m* search engine

buscar (qu) to look (for) (3); **busca** look for (*fam. sin. comm.*) (2); **buscaste** you (*fam. sing*) looked for (8); **buscó** he/she/you (*pol. sing*) looked for (8); **busqué** I looked for (8)

búsqueda search

buzón *m.* mailbox (15)

C

caballero gentleman (14)

caballito rocking horse

caballo horse; **montar a caballo** to ride a horse (6)

cabello hair

caber (*irreg.*) to fit

cabeza head (2); **dolerle (ue) la cabeza** to have a headache; **tener** (*irreg.*) **dolor** (*m.*) **de cabeza** to have a headache (12)

cable *m.* cable (6)

cabo: llevar a cabo to carry out

cabra goat

cacahuate *m.* peanut (*S.A.*) (9)

cachumbambé *m.* seesaw (*Cuba*); **montar en el cachumbambé** (*Cuba*) to ride the seesaw (10)

cada *inv.* each (1), every; **cada año** every year; **cada día** (*m.*) every day

cadena chain

cadera hip (12)

caer(se) *irreg.* (*p.p.* **caído**) to fall (8); **caerse** to drop (12); **me cae(n) mal** it doesn't (they don't) agree with me (9); **me caí** I fell (8); **se cayó** he/she/you (*pol. sing.*) fell (8); **se me/te/le/les cayó/cayeron** (*something [sing/pl]*) fell (from my / your (*fam. sing*) / your (*pol. sing.*), his, her / you (*pol. pl*), their, hands); **te caíste** you (*fam. sing.*) fell (8)

café *m.* coffee (3); café; **color café (claro)** (light) brown (B); **tomar café** to drink coffee (3)

cafeína caffeine (9)

cafetera coffeepot; coffee maker (7)

cafetería cafeteria (8)

caída fall (*accident*)

caja box; cash register (6)

cajero/a cashier (6); **cajero automático** ATM (11)

calabacita summer squash (9)

calabaza pumpkin (9); **el pastel de calabaza** pumpkin pie (5)

calamar squid (9)

calavera skull (5)

calcetín *m.* sock (*pl.* **calcetines**) socks (14)

calcio calcium (9)

calculadora calculador

calcular to calculate (9)

caldillo broth

calendario calendar

calentador *m.* heater (7)

calentamiento heating; **calentamiento global** global warming (15)

calentar (ie) to heat (12)

calentura: tener (*irreg.*) **calentura** to have a fever (12)

caleño *n.* Colombian from Cali

caleta cove

calidad *f.* quality (14)

calidez *f.* warmth

cálido/a hot; warm (13)

caliente hot (*to the touch*) (4); **chocolate caliente** hot chocolate (5); **perro caliente** hot dog (5); **té** (*m.*) **caliente** hot tea

calificar (qu) to grade (6)

callado/a quiet (1)

calle *f.* street

calma: con calma calmly

calmado/a calm (13)

calmar to calm

calor *m.* heat; **hace calor** it's hot (3); **tener** (*irreg.*) **calor** to be hot (5)

caloría calorie (5)

caluroso/a hot (*climate*) (11)

calvo/a: águila (*f. but* **el águila**) **calva** bald eagle (15)

calzoncillos *pl.* men's underpants (14)

cama (matrimonial) (double) bed (7); **guardar cama** to stay in bed (12)

cámara camera (14)

camarera hotel maid (11)

camarón *m.* shrimp (9)

cambiar to change (3); **cambiar de turno** take turns; trade shifts (14); **cambiarse de ropa** to change clothes (8); **cambiar dinero** to exchange money (11) **cambiar papeles** to switch (change) roles (14)

cambio change (15); money exchange; **cambios** (pl.) gears (of *a car*) (11); **a cambio de** in exchange for; **en cambio** on the other hand

camello camel (5)

camilla gurney, stretcher; cot (12)

caminar to walk (3); **caminen** walk (*pol. pl. comm.*) (B)

caminata *n.* walk; hike

camino road

camión *m.* truck, bus (*Mex.*) (15)

camioneta pickup (12), small truck (12); van (12)

camisa shirt (B)

camiseta T-shirt (B)

camisón *m.* nightgown (14)

camote sweet potato (9), yam (9)

campamento camp

campanada chime

campaña campaign (15)

campeón, campeona champion

campera jacket

campesino/a peasant; field worker

campo field (11); countryside (11); country (11); field (*of study*)

campus *m.* campus (5)

camuflarse to camouflage

Canadá Canada (4)

canadiense *n., adj.* Canadian (4)

canal *m.* channel (3)

canario canary

cáncer *m.* cancer (15)

cancha court (4), field (*sports*); **cancha de tenis** tennis court (4)

canción *f.* song (6)

candelabro candelabra; menorah (5)

canela cinnamon (9)

cangrejo crab (9)

canicas: jugar (ue) (gu) a las canicas (*Mex.*) to play marbles (10)

canoa canoe (11)

canoso/a white-haired (B)

cansado/a tired (1); **un poco cansado/a** a little tired (1)

cansancio tiredness (12)

cansarse to get tired

cantante *m., f.* singer (6)

cantar to sing (3)

cantautor(a) singer-songwriter

cantidad *f.* quantity (14)

caña cane

cañón *m.* canyon

caos *m.* chaos

capa cape; layer; **agujero en la capa de ozono** hole in the ozone layer (15)

caparazón *m.* shell

capaz capable

capilla chapel

capital *f.* capital city (2)

capítulo chapter (B)

capó *m.* hood (11)

cápsula capsule (12)

cara face (2); **lavarse la cara** to wash one's face (4)

caracol *m.* snail

carácter *m.* character

característica *n.* feature, characteristic (13)

característico/a *adj.* characteristic

caracterizar (c) to characterize (15)

¡caramba! (*expression*) darn! (6)

caramelo candy

carbohidrato carbohydrate (9)

carbón coal (14)

carbono carbon

carburo carbide; **carburo fluorado** fluorocarbon (15)

cardíaco/a cardiac, of or related to the heart

cardiólogo/a cardiologist (12)

carga cargo (11)

cargar (gu) to upload (15); to carry, haul

Caribe *m.* Caribbean (2)

caribeño/a *adj.* Caribbean (7)

caries *sing.* tooth decay, cavity (12)

cariñoso/a affectionate (13)

carismático/a charismatic

carnaval *m.* carnival

carnavalesco/a *adj.* carnival

carnavalito small carnival

carne *f.* (red) meat (5); **carne asada** grilled meat (14); **carne de res** beef (9); **carne molida** ground beef (9)

carnicería meat market (14)

caro/a expensive (1)

carpaccio *appetizer of thinly sliced raw meat or fish*

carpeta folder; file (15); **archivo carpeta** file folder

carrera career; course of study (6)

carretera highway (11)

carrito: jugar (ue) (gu) con carritos to play with little cars

carro car, automobile (3)

carroza carriage

carta letter (7); card; menu (9); **jugar (ue) (gu) a las cartas** to play cards (4)

cartel *m.* poster (2)

cartera wallet (14)

cartón *m.* cardboard (9)

casa house (7); **ama** *f.* (*but* **el ama**) **de casa** housewife (6); **de casa en casa** from house to house (5); **en casa** at home (4); **ir** (*irreg.*) **a casa** to go home (3)

casado/a married (3); **recién casado/a** newlywed; **recién casados** newlyweds (13);

casarse to get married (10)

cascada waterfall

cáscara skin (*of fruit or vegetable*) (9), husk (9), shell (9)

casco helmet (8)

casero/a home, domestic

casi almost (3); **(casi) nunca** (almost) never (3)

casita little house; **jugar (ue) (gu) a las casitas** to play house (10)

caso case (6)

castaño/a brown (*hair, eyes*) (B)

castañuela castanet

castigar (gu) to punish (8)

castigo (corporal) (corporal) punishment (13)

castillo castle; **castillo-palacio** castle-palace

catalán *m.* Catalonian (*language*)

Cataluña Catalonia

catarata waterfall

catarro *n.* cold; **tener** (*irreg.*) **catarro** to have a cold (12)

catedral *f.* cathedral (8)

categoría category (15)

catire/a fair-skinned person

católico/a *adj.* Catholic (5)

catorce fourteen (B)

causa cause (15); **a causa de** because of

causante *m., f.* cause

causar to cause (12)

cavar to dig

caza hunting (15)

cazador(a) hunter

cebolla onion (9)

cebra zebra (10)

ceja eyebrow (12)

celebración *f.* celebration (5)

celebrar to celebrate (4)

celeste celestial

célula cell

celular *n.* cell(phone) (1); *adj.* cellular

cementerio cemetery (5)

cempasúchil Mexican marigold (*flower*)

cena dinner (3)

cenar to have dinner (3); **salir (a cenar)** to go out (to eat) (3)

centavo cent (1)

centígrado: grado centígrado degree centigrade (3)

central central (7); **el correo central** post office (7); **América Central** Central America

centro center; downtown (4); **centro comercial** mall

Centroamérica Central America

centroamericano/a *n., adj.* Central American (5)

cepillarse el pelo / los dientes to brush one's hair/teeth (4)

cepillo (de dientes) (tooth)brush (4)

cerámica *sing.* ceramics (14)

cerca *adv.* close; *n.* fence (7); **cerca de** *prep.* close to (2)

cercano/a near, neighboring

cerdo pork (9); **chuleta de cerdo** porkchop (9)

cereal *m.* cereal (5)

cerebro brain (12)

ceremonia ceremony (7)

ceremonial ceremonial

cero zero (B)

cerrar (ie) to close (7); **cierren** close (*pol. pl. comm.*) (B)

cerro hill (7)

certificación *f.* certification

cervantino/a relating to Cervantes

cerveza beer (5)

césped *m.* lawn, grass (7); **cortar el césped** to cut/mow the grass (7)

cesta basket

ceviche *m.* raw marinated fish (*Perú*) (9)

chabacano apricot (*Mex.*)

chambelán *m.* chamberlain

champaña *m.* champagne (5)

champú *m.* shampoo (4)

chao bye (B)

chaqueta jacket (B)

charlar to chat (3)

charqui *m.* dried beef

chatarra: comida chatarra junk food (9)

chatear to chat online (15)

chateo online chatting

cheque *m.* check; **cambiar un cheque** to cash a check (6)

chicha *traditional Peruvian drink* (9)

chícharo green pea (*Mex.*) (9)

chico/a *n.* boy/girl (B); *adj.* small (1); **chicos** children

chido/a fantastic (*Mex.*)

chifa Chinese restaurant

chileno/a *n., adj.* Chilean (2)

chile (*m.*) chili pepper (9); **chile relleno** stuffed pepper (*Mex.*) (9)

chimenea fireplace (7)

China China (4)

china orange (*P. R.*)

chino *n.* Chinese (*language*) (4)

chino/a *n., adj.* Chinese (4)

chinocostarricense *n.* Chinese-Costa Rican

chismear to gossip (15)

chistoso/a funny

chivo/a kid, young goat

chocar (qu) to crash (11); to run into (*something*)

choclo ear of corn

chocolate *m.* chocolate (5); **chocolate caliente** hot chocolate (5)

chofer *m., f.* driver (11)

chompa sweater

choque *m.* crash (12)

chubasco rain shower; downpour

chuleta (de cerdo) (pork) chop (9)

chultún rain barrel

churrasco barbecued meat (8)

cibercafé *m.* Internet café (4)

cibernético/a cybernetic

cicatriz *f.* (*pl.* **cicatrices**) scar (12)

ciclismo cycling

ciclista *m., f.* cyclist

ciclón *m.* cyclone (11)

cicloturista cycling tourist

cielo sky (11)

cien, ciento one hundred (1); **por ciento** percent (9)

ciénaga swamp

ciencia science; **las ciencias** (6); **ciencia ficción** science fiction; **ciencias naturales** natural sciences; **ciencias** (pl.) **políticas** political science (7); **ciencias sociales** social sciences (6)

científico/a *n.* scientist (15); *adj.* scientific

cierto/a correct; true (3); **es cierto que** + *ind.* it's true that . . . (14)

cigarro cigar

cilantro cilantro (9)

cima top

cinco five (B)

cincuenta fifty (1)

cine *m.* movie theater; **ir** (*irreg.*) **al cine** to go to the movies (2)

cinematográfico/a cinematographic

cinta ribbon

cintura waist (12)

cinturón *m.* belt (14); **cinturón de seguridad** seatbelt (11)

circulación *f.* circulation (12)

circular *v.* to circulate; *adj.* circular (11)

círculo circle (11)

cirugía surgery

cirujano/a surgeon (12)

cita appointment (12); date

ciudad *f.* city (3)

ciudadano/a citizen (15)

civil civil; **derechos civiles** civil rights (15); **estado civil** marital status (4); **guerra civil** civil war

civilización *f.* civilization

claro/a *adj.* clear; *adv.* **claro** clearly; **claro (que sí)** of course (4); **color café claro** light brown (B)

clase *f.* class (1); **compañero/a de clase** classmate (1)

clásico/a classic (2)

clasificado/a classified

clic: hacer (*irreg.*) **clic** to click

cliente *m., f.* client (6)

clima *m.* climate (11); weather (3)

climático/a climatic

climatología climatology

clínica clinic (6)

club *m.* club (1); **club nocturno** nightclub (6)

coartada alibi (10)

cobrar to charge

coca cocaine

cocaína cocaine

cocer (ue) (z) to cook

coche *m.* car (3); **coche eléctrico** electric car; **coche híbrido** hybrid car

cocido/a cooked (9); **bien cocido/a** welldone (9); **huevo cocido** hard-boiled egg (9); **poco cocido/a** rare (9)

cocina kitchen (5)

cocinar to cook (2)

cocinero/a cook (6)

coco coconut (9); **arroz** (*m.*) **con coco** coconut rice (*Cuba*) (9)

cocodrilo crocodile

cóctel *m.* cocktail

código code

codo elbow (12)

coincidir to coincide

cojín *m.* cushion, pillow (14)

cola tail; **hacer** (*irreg.*) **cola** to stand in line (11)

colaboración *f.* collaboration

colección *f.* collection

colectivo/a collective

colega *m., f.* colleague

colegio private school (4)

cólera *m.* cholera

colesterol *m.* cholesterol (5)

colgado/a *adj.* hanging

colibrí *m.* hummingbird

coliflor *f.* cauliflower (9)

collar *m.* necklace; **collar (de perlas)** (pearl) necklace (14)

colmena beehive (15)

colombiano/a *n., adj.* Colombian (2)

colonia colony

colonización *f.* colonization

colonizar (c) to colonize

coloquial colloquial

color *m.* color (B); **color café (claro)** (light) brown (B); **color kaki** khaki colored (B); **¿de qué color es?** what color is it? (B)

colorante *m.* coloring (9)

colorido/a colorful

columna columna (4)

comadre/compadre *name to express the relationship between a child's parents and the godparents* (13)

combatir to fight

combinar to combine (13)

combustible *adj.* combustible; **combustible fósil** fossil fuel

comedia comedy

comedor *m.* dining room (7)

comentar to talk about; to discuss (4)

comentario comment (13)

comenzar (ie) (c) to begin; **comenzar a** (+ *inf.*) to begin to (*do something*)

comer to eat (2); **comer (en restaurantes)** to eat (out) (2); **comer fuera** to eat out; **comerse las uñas** to bite one's nails (5); **dar** (*irreg.*) **de comer** to feed (7)

comercial commercial (7); **centro comercial** mall, shopping center (7)

comestibles *m. pl.* food (9)

cometa kite; **volar (ue) cometa** to fly a kite (10)

comezón *f.* rash; itch; **tener** (*irreg.*) **comezón** to have a rash, itch (12)

cómico/a funny (1); **tiras cómicas** comic strips (10)

comida food (2); **comida chatarra** junk food (9); **comida preelaborada** convenience food (9); **comida rápida** fast food (2)

comienzo beginning (5)

como as; as a; like (6); since; **tan pronto como** as soon as (15)

¿cómo? how?; what?; **¿cómo eres?** what are you (*fam. sing.*) like? (1); **¿cómo es él/ella/ usted?** what is he/she / are you (*pol. sing.*) like? (1); **¿cómo está usted / estás tu?** how are you (*pol./fam. sing.*) (B); **¿cómo se llama?** what is his/her name? (B); **¿cómo se llama usted?** what is your (*pol. sing.*) name? (B); **¿cómo se llaman?** what are their names? (B); **¿cómo se escribe?** how do you spell? (1); **¿cómo son ellos/as?** what are they like? (1); **¿cómo te llama(s)?** what is your (*fam. sing.*) name? (B)

¡cómo no! of course (14)

cómoda chest of drawers (7)

cómodamente comfortably (11)

cómodo/a comfortable (4); **estar** (*irreg.*) **cómodo/a** to be comfortable

compacto/a: disco compacto compact disc (15)

compadre/comadre *name to express the relationship between a child's parents and the godparents* (13)

compañero/a (de cuarto) roommate; **compañero/a de apartamento** roommate, housemate (3); **compañero/a de clase** classmate (1); **compañero/a (de trabajo)** co-worker (6)

compañía company (14); **compañía aérea** airline (company)

comparación *f.* comparison (7)

comparar to compare (6); **comparen** compare (*pol. pl. comm.*) (2)

compartir to share (7)

competencia competition

competición *f.* competition (2)

competir (i, i) to compete (10)

complejo/a complex

complemento *gram.* **pronombre de complemento directo** direct object pronoun

completamente completely

completar to complete (2)

completo/a complete (6); **el empleo de jornada completa** full-time employment

complicado/a complicated (2)

componer (*like* **poner**) (*p.p.* **compuesto**) to make up; **componer música** to compose music (6)

comportamiento behavior (13)

composición *f.* composition (6)

compositor(a) composer (13)

compra purchase (9); **hacer** (*irreg.*) **la compra** to do the (grocery) shopping (3); **ir** (*irreg.*) **de compras** to go shopping (2)

comprar to buy (4); **comprar a crédito** to buy on credit (14); **comprar al contado** to pay cash (14); **comprar a plazos** to buy in installments (14); **compre(n)** buy (*pol. sing., pl. comm.*) (11)

comprender to understand (6)

comprensión *f.* understanding (12)

comprometerse to become engaged; to undertake something

comprometido/a engaged (13)

compromiso engagement (13); **anillo de compromiso** engagement ring

computadora (portátil) (laptop) computer (2)

común common (13)

comunicación *f.* communication (6)

comunicarse (qu) to communicate with each other (13)

comunidad *f.* community

comunitario/a community

con with (1); **con anticipación** in advance (11); **con cuidado** carefully (6); **con frecuencia** frequently (3); **con gusto** with pleasure; **con mucho gusto** gladly, with pleasure (14); **¿con qué frecuencia?** How often? (3); **¡con razón!** no wonder!; **con tal de que** as long as (15)

conceder to concede

concentrar to concentrate

concepción *f.* conception

concepto concept

concierto concert (4)

conclusión *f.* conclusion

concurrido/a well-attended

concurso contest, competition (15)

condición *f.* condition (5)

condicional conditional

condimento condiment (9)

condominio condominium (7)

cóndor *m.* condor

conducir *irreg.* to drive (8); **conduje** I drove (8); **condujiste** you (*fam. sing.*) drove (8); **condujo** he/she/you (*pol. sing.*) drove (8)

conectar to connect; **conecta** connect (*fam. sing. comm.*) (4)

conexión *f.* connection

conferencia conference

confiar (confío) to trust (13); to confide

conflicto conflict

confortable comfortable (1)

congelado/a frozen (9)

congelador a *m.* freezer (14)

congelar to freeze

congestionado/a congested; **tener** (*irreg.*) **la nariz congestionada** to have a stuffy nose (12)

congreso congress

congrio conger eel

conjugar (gu) to conjugate

conjunto collection

conmigo with me (13)

conmovedor(a) moving, touching

cono cone

conocer (zc) to meet; to know people or places (7); **conocerse** to meet each other (10); to get to know each other

conocido/a known

conocimiento knowledge

conquista conquest

conquistador(a) conqueror

conquistar to conquer (8)

consecuencia consequence (12)

conseguir (*like* **seguir**) to obtain; to get (10)

consejo advice (12)

conservación *f.* conservation

conservador(a) *adj.* conservative (1)

conservante *m.* preservative (9)

conservar to preserve (14)

considerado/a considerate (1)

considerar to consider (7)

consistir (en) to consist (of) (15)

consolar (ue) to console

constipado/a: estar (*irreg.*) **constipado/a** to have a cold

constitución *f.* constitution

construcción *f.* construction (14)

construir (y) to build

consuelo consolation

consultar to consult (12); **consulta** consult (*fam. sing. comm.*) (2)

consultorio doctor's office (12)

consumir to consume

contactar to contact

contacto contact **estar en contacto** to be in touch (4)

contador(a) accountant (6)

contagio contagion (15)

contagioso/a contagious

contaminación *f.* contamination (15); **contaminación ambiental** environmental contamination

contaminado/a contaminated (15)

contaminar to contaminate

contar (ue) to count; to tell (1); to narrate; **¡a contar!** let's count! (1); **cuéntame** tell me (8); **cuenten** count (*pol. pl. comm.*) (B)

contemplar to contemplate

contemporáneo/a contemporary

contener (*like* **tener**) to contain (9)

contento/a happy; **estar** (*irreg.*) **contento/a** to be happy (5)

contestar to answer

contexto context

contigo with you (*fam.*) (5)

continente *m.* continent (8)

continuación: a continuación next (upcoming) (12); following; the text below (12)

continuar (continúo) to continue (13)

contra against (8)

contrabando contraband (11)

contracción *f.* contraction (12)

contrario contrary; **al contrario** on the contrary; **por el contrario** on the contrary, on the other hand (15)

contraseña password (15)

contratiempo mishap (12)

contrato contract

contribución *f.* contribution

contribuir (y) to contribute (13)

control *m.* control

controlar to control (13)

convencer (z) to convince

convención *f.* convention

convencional conventional

convento convent

conversación *f.* conversation (3)

conversar to talk, to chat; **¡a conversar!** let's talk! (1); **conversa** talk (*fam. sing. comm.*) (1); **converse(n)** (*pol. comm.*) converse, talk

convertir(se) (ie, i) to convert

convincente convincing (10)

cooperar to cooperate (13)

cooperativa *f.* cooperative, company store

copa wine glass (9)

copia copy (11); **copia de respaldo** backup copy (15)

copiar to copy (13)

coquí *small tree frog native to P.R.*

coral *m.* coral (11); **arrecife** (*m.*) **de coral** coral reef

corazón *m.* heart (12); **ataque** (*m.*) **al corazón** heart attack (12)

corbata tie (B)

cordero lamb (9)

cordillera mountain range (11)

Corea del Norte/Sur North/South Korea

coreano *n. m.* Korean (*language*)

coreano/a *n., adj.* Korean

coro choir

corporal: castigo corporal corporal punishment

corrección *f.* correction

correcto/a right, correct (2)

corregir (i) (j) to correct

correo mail; **correo electrónico** e-mail (4); **correo no deseado** junk mail (15); **oficina de correos** post office (7); **servidor de correo** e-mail server

correr to run (3); **corran** run (*pol. pl. comm*) (B)

correspondencia correspondence

corresponder to correspond (3)

correspondiente corresponding

corriente *f.* current (11)

corrupción *f.* corruption

cortado/a cut (9)

cortafuegos *m. sing.* firewall

cortar to cut (5); **cortar el césped** to cut/ mow the grass (7); **cortar el pelo** to cut hair; **cortarse** to cut oneself (12)

corte *f.* court

cortésmente courteously

cortina curtain; **cortinas** curtains, drapes (7)

corto/a short (B); **pantalones** (*m., pl.*) **cortos** shorts (B)

cortometraje *m.* (movie) short

cosa thing (B)

cosecha *n.* harvest

coser to sew

cosmología cosmology

cosmovisión *f.* world view

costa coast (11)

costado side (12)

costar (ue) to cost (12); **¿cuánto cuesta(n)?** how much does it (do they cost)? (1); **cuesta(n)...** it costs (they cost) . . . (1)

costarricense *n., adj., m., f.* Costa Rican (2)

costilla rib (12)

costo cost

costoso/a costly (11)

costumbre *f.* habit, custom (15)

cráter *m.* crater

creación *f.* creation; **creación literaria** creative writing

creador(a) creator

crear to create (6)

creatividad *f.* creativity

creativo/a creative (1)

crecer (zc) to grow; to grow up

creciente growing

crédito: comprar a crédito to buy on credit (14); **tarjeta de crédito** credit card (9)

creencia belief

creer (y) to believe (6); **no creer que +** *subj.* not to believe that (15); **¡no lo creo!** I don't believe it! (10)

crema cream

cremoso/a creamy (9)

cresta crest

crianza upbringing (13)

criar (crío) to bring up, to raise (13); **criarse** to be brought up; to grow up

criatura small child/animal (13)

crimen *m.* (*pl.* **crímenes**) crime (15)

criminal *n. m., f.* criminal

criollo/a *adj.* Creole

crisis *f.* crisis

cristal *m.* crystal

cristalino *adj.* crystal clear (8)

cristianismo Christianity

cristiano/a *n., adj.* Christian

crítica criticism

criticar (qu) to criticize

crítico/a critical

cronológico/a chronological (7)

crucero cruise ship (11)

crudo/a raw (9)

cruz *f.* (*pl.* **cruces**) cross (12)

cruzar (c) to cross (11); **cruce(n)** cross (*pol. sing., pl. comm.*) (11)

cuaderno workbook; notebook (B)

cuadrado *n.* square; **cuadrado/a** *adj.* square

cuadro picture, picture (*on the wall*) (7); graph; **de cuadros** checkered (14)

cual that; which

¿cuál? what? (2); **¿cuál? / ¿cuáles?** which? which one? / which ones? (1); **¿cuál es su/tu nombre?** what is your (*pol./fam. sing.*) name? (1); **¿cuáles?** what? (2)

cualidad *f.* quality (13)

cualquier(a) any (6); **a cualquier hora** at any time (6); **en cualquier parte** any place (6)

cuando when (3); **de vez en cuando** once in a while (3)

¿cuándo? when? (2); **¿cuándo? es tu/su cumpleaños?** when is your (*fam./pol. sing.*) birthday? (2); **¿cuándo naciste / nació usted?** when were you (*fam./pol.*) born? (2)

cuandoquiera whenever

cuanto: en cuanto(a) as soon as; in regards to (12)

¿cuánto? how much?; how long?; **¿cuánto cuesta(n)?** how much does it (do they) cost? (1); **¿cuánto (tiempo) hace que… ?** how long has it been since . . . ? (8); **¿cuánto vale(n)?** how much is it/are they (worth)? (14); **¿cuántos años tiene(n)?** how old is he/she (are they)? (2); **¿cuántos años tienes / tiene usted?** how old are you (*fam./pol.*)? (2)

¿cuánto/a? how much?; **¡cuánto/a(s) +** *noun***!** how many+ *noun*! (11); **¿cuántos/as?** how many?; **¿cuántos/as hay?** how many are there? (B)

cuarenta forty (B)

cuaresma Lent

cuartel *sing.* barracks

cuarto room; bedroom; fourth (4); **compañero/a (de cuarto)** roommate; **y cuarto / menos cuarto** quarter after / quarter till (3)

cuatrimestre *m.* four-month period

cuatro four (B)

cuatrocientos/as four hundred (2)

cubano/a *n., adj.* Cuban (2)

cubanoamericano/a *n., adj.* Cuban American (2)

cubierto/a (*p.p. of* **cubrir**) covered (15); **cubierto/a** overcast (11); **cubiertos** utensils (9)

cubrir (*p.p.* **cubierto**) to cover (9)

cuchara spoon (9)

cucharada tablespoon (*measurement*) (9)

cucharadita teaspoon (*measurement*) (9)

cucharita teaspoon (*utensil*) (9)

cucharón *m.* ladle (9)

cuchillo knife (9)

cuello neck (2)

cuenco large serving bowl

cuenta bill, check; account; **darse** (*irreg.*) **cuenta (de)** to realize; **pagar (gu) la cuenta** to pay the bill (9); **pedir (i, i) la cuenta** to ask for the bill (9)

cuento short story

cuerda rope; **saltar la cuerda** to jump rope (10)

cuerno horn

cuero leather (14)

cuerpo body (2)

cuestión *f.* issue, matter (15)

cuestionario questionnaire (12)

cueva cave (8)

cuidado care; **con cuidado** carefully (6); **¡cuidado!** be careful! (6); **tener** (*irreg.*) **cuidado** to be careful (6)

cuidar(se) to take care (of oneself) (12)

culinario/a culinary

culminar to culminate

culpa guilt; blame; **tener** (*irreg.*) **la culpa** to be at fault (11)

cultivar to cultivate (15)

cultivo cultivation

cultura culture (1)

cultural cultural (7)

cumbia *music and dance style originating in Colombia*

cumpleaños *m. sing.* birthday; **¿cuándo? es tu/su cumpleaños?** when is your (*fam./pol. sing.*) birthday? (2); **¡feliz cumpleaños!** happy birthday! (2)

cumplir años to have a birthday (8)

cuna cradle

cuñado/a brother-in-law/sister-in-law (10)

cuota fee (14)

cura *m.* priest (13)

curandero/a healer

curar to cure (12)

curativo/a curative

curiosidad *f.* curiosity

curioso/a curious

curita Band-Aid™, adhesive bandage strip (12)

currículum *m.* curriculum; **currículum vitae** curriculum vitae, CV, resume

curso course (14)

cuyo/a whose

D

dama lady

danza dance

danzante dancer in a procession

danzón *m. type of dance favored in Cuba*

dañar to damage (14)

dañino/a harmful (15)

daño harm; damage; **me hace(n) daño** it upsets (they upset) my stomach (9)

dar *irreg.* to give (4); **dar de alta** to release (*from hospital*) (12); **dar de comer** to feed (7); **dar instrucciones** to give directions (11); **dar la bienvenida** to welcome (11); **dar las gracias** to thank; **dar masajes** to give massages (6); **dar miedo** to frighten (11); **dar(le) miedo** to scare/frighten (someone) (15); **dar nalgadas** to spank (13); **dar permiso** to give permission (10); **dar rabia** to make angry (15); **dar una fiesta** to give/throw a party (4); **dar un paseo** to go for a walk/stroll (2); **darle vergüenza** to make someone ashamed (8); **darse cuenta de** to realize; **darse la mano** to shake hands with each other (13); **darse la vuelta** to turn around; **dense la vuelta** turn around (*pol. pl. comm.*)

dato piece of information; **datos** *pl.* data; **datos personales** personal data (4)

de *prep.* of, from, by (B); **¡de acuerdo!** I agree!, you're right!; OK!; **de acuerdo con** in accordance with; **de aquí a (+** *time***)** (*period of time*) from now (15); **de casa en casa** from house to house (5); **de cuadros** checkered (14); **¿de dónde es/son?** where is he/she (are you [*pol. sing.*]) / are they/you (*pol. pl.*) from? (2); **¿de dónde es usted / eres (tú)?** where are you (*pol./fam.*) from? (2); **de estatura mediana** medium height (B); **de hoy en adelante** as of today; **de la mañana/tarde/noche** in the morning/afternoon/evening (3); **de joven…** as a young person . . . / when I was young . . . (10); **de la(s)… a la(s)…** from . . . to/until . . . (*with time*) (4); **de lujo** luxury (14); **de lunes a viernes** from Monday to Friday (4); **de lunares** polka-dotted (14); **de moda** in style (14); **de nada** you're welcome (1); **de niño…** as a child . . . /when I was a child . . . (10); **de nuevo** again, once more (6); **de pronto** all of a sudden (13); **¿de qué está(n) hecho/a(s)… ?** what is/are . . . made of? (14); **¿de quién(es)?** whose?; **de rayas** striped (14); **de repente** suddenly (8); **de segunda mano**

secondhand (14); **¿de veras?** really? (8); **de vez en cuando** once in a while (3); **del** of/from/by the (1)

debajo (de) below, under, underneath (2)

debate *m.* debate

deber to owe; **deber** (+ *inf.*) must, ought to (*do something*) (6)

debido a owing to, due to (15)

débito: tarjeta de débito debit card (11)

década decade (8)

decadencia decadence

decidir to decide (8) **decidan** decide (*pol. pl. comm.*) (2); **decide** decide (*fam. sing. comm.*) (4)

décimo/a tenth (4)

decir *irreg.* (*p.p.* **dicho**) to say (5); **di** say (*fam. sing. comm.*) (1); **digan** say (*pol. pl. com.*) (2); **dije** I said (8); **dijiste** you (*fam. sing.*) said (8); **dijo** he/she/you (*pol. sing.*) said (8)

decisión *f.* decision

declaración *f.* declaration; statement

declarar to declare, state (8)

decoración *f.* decoration (5)

decorar to decorate

dedicar (qu) to dedicate (15)

dedo finger (2)

defecto fault, defect

defender (ie) to defend (6)

defensa defense (15)

definición *f.* definition (11)

definir to define

definitivamente definitely (15)

definitivo/a definitive

deforestación *f.* deforestation

dejar to permit (10), to allow (10); to leave (*something or someone*) (10); **dejar de** (+ *inf.*) to stop (*doing something*) (13); **dejar en** to let go for . . .; **se lo/la/los/las dejo en...** I'll let you have it/them for . . . (14); **dejar reposar** to let sit (9); **dejar una propina** to leave a tip (9)

del (*contraction of* **de** + **el**) of/from/by the (1); **del... al...** from . . . to . . . (2)

delante (de) in front (of) (2)

delfín *m.* dolphin (15)

delgado/a thin (B)

delicado/a delicate

delicia delight

delicioso/a delicious (3)

demás: los/las demás the others; the rest (8)

demasiado *adv.* too much (13)

demasiado/a *adj.* too much, too many

demostrar (ue) to demonstrate (12)

demostrativo/a *gram., adj.* demonstrative

dental dental; **pasta dental** toothpaste

dentífrico/a: pasta dentífrica toothpaste

dentista *m., f.* dentist (12)

dentro inside; **dentro de** inside; within (*time period*) (15)

denunciar to report, accuse

departamento department; apartment (*Mex.*)

dependencia part of the house

depender (ie) de to depend on (15)

dependiente (*m.*), **dependienta** salesclerk (6)

deporte *m.* sport; **practicar (qu) un deporte** to play a sport (3) **ver deportes** to watch sports (2)

deportista *m., f.* athlete

deportivo/a sporty, sport (10)

depositar to deposit (7)

deprimido/a depressed; **estar** (*irreg.*) **deprimido** to be depressed (5)

derecha *n.* right side; **a la derecha de** to the right of (2)

derecho *n.* right (*legal*); law; straight ahead, forward; **derechos de aduana** customs duty, taxes (11); **derechos civiles** civil rights (15); **derechos humanos** human rights

derecho/a *adj.* right; **al lado derecho** to the right side (2)

derivado/a derived (14)

derivar to derive (14)

derramarse to spill; to overflow (12)

derrotar to defeat

desafío challenge

desafortunadamente unfortunately

desagradable unpleasant (12)

desamparado/a *n.* homeless person (15); *adj.* homeless (15)

desaparecer (zc) to disappear (15)

desaparición *f.* disappearance

desarrollar to develop (15)

desarrollo development; **en vías de desarrollo** developing; in the process of developing; **país** (*m.*) **en vías de desarrollo** developing country (14)

desayunar to have breakfast (3)

desayuno breakfast (4)

descansar to rest (3)

descanso rest; break

descarga shock; download; discharge (11); **descarga eléctrica** electric shock

descargar (gu) to download

descartar to discard

descendencia *sing.* descendants

descender (ie) to descend

descendiente *m., f.* descendant

descomponerse (*like* **poner**) (*p.p.* **descompuesto**) to break down (12); **se me/te/le/les descompuso/descompusieron** my / your (*fam. sing.*) / your (*pol. sing.*), his, her / your (*pol. pl.*), their (*something* [*sing./pl.*]) broke down

descompuesto/a (*p.p. of* **descomponer**) broken (14)

descongestionante *n.* decongestant (12)

descontento dissatisfaction

descontrol chaos

descremado/a skimmed; **leche** (*f.*) **descremada** skim milk (9)

describir (*p.p.* **descrito**) to describe (1); **describe** describe (*fam. sing. comm.*) (1); **describan** describe (*pol. pl. comm.*) (2)

descripción *f.* description (B)

descriptivo/a descriptive

descubierto/a (*p.p. of* **descubrir**) discovered

descubrir (*p.p.* **descubierto**) to discover (8)

desde *prep.* from; since; **desde la(s)... hasta la(s)...** from . . . to/until (*with time*) (4)

deseado/a: correo no deseado junk mail (15)

desear to want, desire (9)

desembarcar (qu) to disembark

desempleado/a unemployed (15)

desempleo unemployment; **tasa de desempleo** unemployment rate (15)

desempolvar to dust (7)

deseo wish (4); desire

desértico/a *adj.* desert

desesperado/a desperate (8)

desfile *m.* parade (5)

desierto desert (11)

designación *f.* designation

desilusionado/a disillusioned

desinflado/a deflated; **llanta desinflada** flat tire (11)

desmayarse to faint (12)

desnutrido/a malnourished

desobedecer (zc) to disobey (13)

desolación *f.* devastation

desorden *m.* untidiness, mess (7)

desordenado/a messy (7)

desorganizado/a unorganized

despacio *adj.* slow (12)

despedida good-bye, farewell (B)

despedir (*like* **pedir**) to fire; **despedirse** to say goodbye (12)

despejado/a clear (11)

despensa pantry

desperdiciar to waste (15)

desperdicios (nucleares) *pl.* (nuclear) waste (15)

despertador *m.* alarm (clock) (10)

despertar (ie) to wake (*someone*) up; **despertarse** to wake up (4); **me despierto** I wake up (4); **se despierta** he/she wakes up, you (*pol. sing.*) wake up (4)

despierto/a awake **soñar (ue) (despierto/a)** to (day)dream (5)

desplomo *n.* collapse

después *adv.* afterwards; after (3); **después de** *prep.* after (3); **después de** + *inf.* after (*doing something*) (4); **después de que** *conj.* after (12); **poco después** a little later

destacar (qu) to stand out

destino destination (11)

destrucción *f.* destruction (15)

destructivo/a destructive

destruir (y) to destroy (15)

desván *m.* attic (7)

desventaja disadvantage (11)

desvestirse (i, i) to undress, to get undressed (4)

detalle *m.* detail (5)

detective *m., f.* detective (2)

detener(se) (*like* **tener**) to stop (*oneself*) (12)

detergente *m.* detergent

deterioro deterioration

determinar to determine (6)

detrás (de) behind (2)

deuda debt (14)

devoción *f.* devotion

devolver (*like* **volver**) (*p.p.* **devuelto**) to return (*something*) (6)

devoto/a devout

día *m.* day (2); **al día** per day (12), daily (10); **al día siguiente** the next day, the following day (5); **buenos días** good morning (B); **cada día** every day; **Día de Acción de Gracias** Thanksgiving (Day) (5); **día de fiesta** holiday (5); **Día de la Independencia** Independence Day (5); **Día de la Madre** Mother's Day (5); **Día de las Brujas** Halloween (5); **Día de los Enamorados** Valentine's Day (5); **Día de los Muertos** All Souls' Day (5); **Día de los Presidentes** (5); **Día de los Reyes (Magos)** Epiphany (Visit of the Magi) (5); **Día de San Valentín** Valentine's Day (5); **Día de Todos los Santos** All Saints' Day; **Día del Padre** Father's Day (5); **día del santo** saint's day; **Día del Trabajo** Labor Day (5); **día feriado** holiday (5); **hoy (en) día** nowadays (10); **¡ni un día más!** not one more day! (15); **plato del día** today's specialty; **todo el día** all day; **todos los días** every day (2)

diablo devil

diagnosticar (qu) to diagnose (12)

diagnóstico diagnosis (12)

dialecto dialect

diálogo dialogue, conversation (1)

diamante *m.* diamond (14)

diariamente daily (13)

diario/a daily (3); **actividades** (*f. pl.*) **diarias** daily activities; **rutina diaria** daily routine (4)

diarrea diarrhea (12); **tener** (*irreg.*) **diarrea** to have diarrhea

dibujar to draw (6)

dibujo drawing (1)

diccionario dictionary

dicho saying

dicho/a (*p.p. of* **decir**) said

diciembre *m.* December (2)

dictador(a) dictator

dictar to dictate

diecinueve nineteen (B)

dieciocho eighteen (B)

dieciséis sixteen (B)

diecisiete seventeen (B)

diente *m.* tooth; **cepillarse los dientes** to brush one's teeth (4); **cepillo (de dientes)** (tooth) brush (4); **lavarse los dientes** to brush one's teeth (4)

diésel *adj.* diesel

dieta diet (5); **estar** (*irreg.*) **a dieta** to be on a diet (9)

diez ten (B)

diferencia difference (3)

diferente different (3)

difícil difficult (1)

dificultad *f.* difficulty (12)

difunto/a *n., adj.* deceased (5)

digestión *f.* digestion

digestivo/a digestive

digital digital (15); **cámara digital** digital camera

dilema *m.* dilemma

dimensión *f.* dimension

diminuto/a tiny

dinero money (6); **(dinero en) efectivo** cash (11); **cambiar dinero** to exchange money (11)

dios(a) god/goddess; **Dios** *m.* God

dirección *f.* direction; address (4); **dirección (electrónica)** (e-mail) address (4); **¿cuál es su** (*pol. sing./pl.*) **dirección?** what is your (*pol. sing./pl.*) address? (4); **¿cuál es tu dirección electrónica?** what is your (*fam. sing.*) e-mail address? (4)

directamente directly (13)

directo direct; *gram.* **pronombre de complemento directo** direct object pronoun

director(a) director

directorio directory

dirigir (dirijo) to direct (8)

disciplina discipline

disco CD, record disc (7); **disco compacto** compact disc (15); **disco de vinilo** vinyl disc (15)

discoteca discotheque (7)

discriminación *f.* **(sexual)** (sexual) discrimination (15)

disculpas: pedirse perdón/disculpas to ask each other for forgiveness (13)

disculpe(n) (*comm.*) excuse me (11); I'm sorry (11)

discurso speech

discusión *f.* discussion; **foro de discusiones** discussion forum (15)

discutir to discuss; to argue (10)

diseñar to design

diseño design

disfraz *m.* (*pl.* **disfraces**) costume (5)

disfrazado/a disguised

disfrutar to enjoy (11)

disminuir (y) to decrease, diminish

disperso/a dispersed

disponer (*like* **poner**) **de** to have (*something*) available

dispuesto/a ready (15)

distancia distance

distinto/a distinct, different (15)

diversidad *f.* diversity (7)

diversión *f.* entertainment

diverso/a diverse

divertido/a fun; **¡qué divertido!** what fun! (4)

divertirse (ie, i) to have fun (7); to have a good time (8); **me divertí** I had a good time (8); **se divirtió** he/she/you (*pol. sing.*) had a good time (8); **te divertiste** you (*fam. sing.*) had a good time (8)

dividirse to be divided

división *f.* division

divorciado/a divorced (4)

divorcio divorce (13)

doblar to turn; to fold (11); **doble(n)** (*comm.*) turn (11)

doble *n., adj.* double

doce twelve (B)

docena dozen (9)

doctor(a) doctor (1)

doctorado doctorate, Ph.D.

documental *adj.* documentary

documento document; **guardar un documento** to save a document (15)

dólar *m.* dollar (1)

doler (ue) to hurt (12); **dolerle la cabeza** to have a headache; **duele** it hurts (12); **le(s) duele(n)** his/her/ your (*pol.*) . . . hurt(s) (12); **me/te duele(n)** my/your (*fam.*) . . . hurt(s) (12)

dolor *m.* pain, ache; **tener** (*irreg.*) **dolor** (*m.*) **de cabeza/estómago/garganta/ muelas** to have a headache / stomachache / sore throat / toothache (12)

doméstico/a domestic; household (*adj.*) (7); **animal** (*m.*) **doméstico** pet; **aparato domestico** household appliance (7); **quehacer** (*m.*) **doméstico** household chore (7)

dominar to dominate

domingo Sunday (2); *pl.* **los domingos** (on) Sundays (3)

dominicano/a *n., adj.* Dominican (2)

dominicanoamericano/a Dominican-American (10)

dominó: jugar (ue) (gu) al dominó to play dominoes (7)

don *m. respectful title used with the first or first and last name of a man* (7)

dona donut (9)

donativo donation (14)

donde *adv.* where (*conjunction*) (5)

¿dónde? where?; **¿de dónde es/son?** where is he/she (are you [*pol. sing.*]) / are they/you (*pol. pl.*) from? (2); **¿de dónde es usted / eres (tú)?** where are you (*pol./fam. sing.*) from? (2); **¿dónde está(n)... ?** where is (are) . . . ? (2); **¿dónde vives?** where do you (*fam. sing.*) live? (4)

doña *f. respectful title used with the first or first and last name of a woman* (7)

dormir (ue, u) to sleep (3) **dormir la mañana** to sleep in; **dormirse** to fall asleep (12); **durmió** he/she/you (*pol. sing.*) slept (8)

dormitorio bedroom (7)

dos two (B); **los/las dos** both (4) **dos mil** two thousand (2)

doscientos/as two hundred (1)

dragón *m.* dragon

drama *m.* drama, play

dramático/a dramatic; **obra dramática** play (8)

droga drug (15)

drogadicción *f.* drug addiction

drogadicto/a drug addict

ducha shower (4)

ducharse to shower (4)

duda doubt

dudar to doubt (14); **dudar que** + *subj.* to doubt that (14)

dudoso/a doubtful; **es dudoso que** + *subj.* it's doubtful that . . . (14)

dueño/a owner (8)

dueto duet

dulce *adj.* sweet (9); *n. m.* candy; **dulces** *m. pl.* candy (5)

dulcería candy store (14)

duna dune

dúo duo

duque *m.* duke

durable durable (14)

durante during (3)

durar to last (11)

durazno peach (9)

duro/a hard

E

e and (*used instead of* **y** *before words beginning with stressed* **i-** *or* **hi-,** *except* **hie-**)

ebrio/a giddy

echar de menos to miss (*someone*) (13); **echarse de menos** to miss each other (13)

eclipse *m.* eclipse

ecología ecology (15)

ecológico/a ecological (15)

economía economy, economics

económicamente economically (15)

económico/a economical (15)

economista *m., f.* economist

ecopaseo ecoride

ecoturismo ecotourism

ecoturístico/a *adj.* ecotourism

ecuatorial equatorial

ecuatoriano/a *n., adj.* Ecuadorian (2)

edad *f.* age (2)

edificio building (6)

educación *f.* education (6); **educación física** physical education, P.E. (6)

educar (qu) to educate

educativo/a educational (15)

efectividad *f.* effectiveness, efficacy

efectivo cash; **dinero en efectivo** cash (11)

efectivo/a effective

efecto effect (12); **efecto invernadero** greenhouse effect (15)

eficaz (*pl.* **eficaces**) efficient (12)

eficiente efficient (15), effective

efigie *f.* image

egipcio/a *n., adj.* Egyptian

Egipto Egypt

egoísta *m., f.* selfish (1)

ejecución *f.* execution

ejemplo example; **por ejemplo** for example (2)

ejercicio (aeróbico) (aerobic) exercise (3); **hacer (irreg.) ejercicio** to exercise (3)

ejército army

ejote *m.* green bean (*Mex.*)

el *def. art. m.* the (B); **el/la cual** the one which/ that (13); **el/la más** + *adj.* the most + *adj.* (6)

él *sub. pron.* he (B)

elección *f.* election (8)

electricidad *f.* electricity (15)

electricista *m., f.* electrician (6)

eléctrico/a electric (6); **afeitadora eléctrica** electric razor (4); **coche** (*m.*) **eléctrico** electric car; **descarga eléctrica** electric shock

electrónico/a electronic; **correo electrónico** e-mail; **mensaje electrónico** e-mail message

elefante/a elephant (10)

elegancia elegance

elegante elegante (B)

elemento element

elevado/a tall

eliminación *f.* elimination

eliminar to eliminate (8)

ella *sub. pron.* she (B)

ellos/as *sub. pron.* they (B); *obj. of prep.* them

elote *m.* ear of corn (*Mex.*)

email *m.* e-mail (1)

embajada embassy (11)

embajador(a) ambassador

embarazada pregnant (12); **quedar embarazada** to become pregnant (15)

embarazo pregnancy (12)

embarcarse (qu) to get involved (in)

embargo: sin embargo however

embarque embarkation, boarding

emergencia emergency; **sala de emergencias** emergency room (12)

emigrar to emigrate

emisión *f.* emission

emisora de radio radio station

emitir to emit (15)

emoción *f.* emotion

emocionado/a excited (5)

emocionante exciting

emotivo/a emotional

empanada small meat/vegetable pie (6)

empanizado/a breaded (9)

empapado/a soaked (13)

emparejar to pair up; to match; **empareja** match (*fam. sing. comm.*) (3)

empaste *m.* (tooth) filling (12)

empeorado/a worsened

empeorar to make worse (15)

emperador *m.* emperor

empezar (ie) (c) to begin (3)

empleado/a employee (6)

emplear to employ

empleo employment, job (4); **el empleo de jornada completa / de media jornada** full-time / part-time employment (6)

empresa company, firm (15)

en in, on (1); **en busca de** in search of (11) **en cambio** on the other hand; **en casa** at home (4); **en cuanto** in regards to (12); **en línea** online (2); **en medio (de)** in the middle (of) (2); **en orden** in order; **en punto** sharp (*time*) (3); **en todas partes** everywhere (8); **en realidad** really (10); **en vez de** instead of (13); **en vías de desarrollo** developing; in the process of developing; **en voz** (*f.*) **alta** aloud, out loud (6); **es a las once en punto** it's at eleven o'clock sharp (3)

enamorado/a in love (5); **Día** (*m.*) **de los Enamorados** Valentine's Day (5); **estar** (*irreg.*) **enamorado/a** to be in love (5)

enamorarse to fall in love (13)

encabezar (c) to head

encantado/a pleased to meet you; delighted (B)

encantador(a) charming

encantar to delight, charm; **me encanta(n)...** I love (+ *sing./pl. n.*) (9)

encanto charm

encender (ie) to light (5)

encerrado/a locked up; enclosed

enchilada *rolled tortilla filled with meat and topped with cheese and sauce, cooked in an oven* (*Mex.*) (9)

encías *pl.* gums (12)

encierro *the moment during the running of the bulls just before the bulls are released*

encima (de) on top (of) (2)

encontrar (ue) to find (8); **encontrarse** to meet (*someone in some place*) (4)

encuentro encounter

encuesta survey (6)

energía energy (11); **energía renovable** renewable energy (15); **fuente** (*f.*) **de energía** energy source (15)

enero January (2)

enfermarse to get sick (8)

enfermedad *f.* illness (12)

enfermero/a nurse (6)

enfermo/a sick; **estar enfermo/a** to be sick (5)

enfilado/a lined up, in a row

enfocarse (qu) to focus (15)

enfrentar(se) to confront, face (15); **enfrentarse a** to face (*something*), to deal with (*something*)

enfrente de in front of (7)

engordar to make fat (9)

enlace *m.* link (15)

enlatado/a canned

enojado/a mad, angry; **estar** (*irreg.*) **enojado** to be angry (5)

enojar to anger (13); **enojarse** to get angry (8)

enojo anger (13)

enorgullecerse (zc) to be proud

enorme enormous (11)

enrolarse to enlist

ensalada salad (5); **ensalada mixta** mixed salad

ensaladera large salad bowl (9)

ensaladilla potato salad (9)

ensayo essay

enseguida *adv.* at once, immediately, right away

enseñanza teaching (6)

enseñar to teach; to show (6)

entender (ie) to understand (6)

enterarse to find out

entero/a entire (11)

entierro funeral, burial

entonces so; then

entorno environment, setting

entrada (event) ticket (14), entrance (11)

entrar to enter (9)

entre between (2)

entregar (gu) to hand in; to deliver (13)

entremés *m.* hors d'oeuvre

entrenador(a) trainer; coach

entrenamiento training

entrenarse to train

entrevista interview (5)

entrevistador(a) interviewer (8)

entrevistar to interview (8)

entusiasmo enthusiasm

entusiasta enthusiastic (1)

envase *m.* packaging, container (9)

enviar (envío) to send (13); **enviarse (se envían)** to send (*something*) to each other (13)

envidia envy; **¡qué envidia!** I'm so envious! (8), how lucky! (8)

envuelto/a (*p.p. of* **envolver**) wrapped

envolver (*like* **volver**) (*p.p.* **envuelto**) to wrap

enyesado/a in a cast (12)

enyesar to put a cast on (12)

enzima enzyme

epidemia *n.* epidemic

época era

equinácea echinacea (*herb*)

equinoccio equinox

equipaje *m.* luggage (11)

equipo team (10)

equivalente equivalent

ergonómico/a ergonomic (1)

erosión *f.* erosion

erradicar (qu) to eradicate

error *m.* mistake

escala scale

escalar to climb, scale (8); **escalar montañas** to climb mountains (11)

escalera stairs (7); ladder (7)

escalón step

escándalo scandal **escáner** scanner (14)

escaparse to escape (10); to run away; to let slip (12) **se me/te/le/les escapó/escaparon** (*something* [*sing./pl.*]) escaped from me / you (*fam. sing.*) / you (*pol. sing.*), him, her / you (*pol. pl.*), them

escarcha frost (11)

escasez *f.* (*pl.* **escaseces**) shortage (15)

escena scene

esclavo/a slave

escoba broom (7)

Escocia Scotland

escoger (j) to choose (5)

escolar *adj.* school; **año escolar** school year

esconder to hide (*something*); **esconderse** to hide (*oneself*) (5)

escondite: jugar (ue) (gu) al escondite to play hide-and-seek (10)

escribir (*p.p.* **escrito**) to write (3); **¿cómo se escribe?** how do you spell/write? (1); **escriban** write (*pol. pl. comm.*) (B); **escribe** write (*fam. sing. comm.*) (1); **se escribe (así)** it's spelled/written (like this) (1)

escrito/a (*p.p. of* **escribir**) written

escritor(a) writer (10)

escritorio desk (2)

escritura writing

escuchar (música) to listen (to music) (2); **escucha** listen (*fam. sing. comm.*) (2); **escuchen** listen (*pol. pl. comm.*) (B)

escuela school (3); **escuela primaria** elementary school (15); **(escuela) secundaria** high school (8)

escultura sculpture

ese, esa that (there) (3)

esencia essence

esencial essential

esfuerzo effort

esguince *m.* sprain (12); **hacerse un esguince de...** to sprain one's . . . (12)

esmog *m.* smog (15)

eso that (7); **por eso** for that reason, therefore (13)

esos/as those (there) (3)

espacio space (11)

espacioso/a spacious

espada sword

espaguetis *m. pl.* spaghetti, pasta (5)

espalda back (2)

España Spain (2)

español *n. m.* Spanish (*language*) (B)

español(a) *n.* Spaniard; *adj.* Spanish (2); **tortilla española** omelete made of eggs, potatotes, and onions (*Sp.*) (9)

espárragos *pl.* asparagus (9)

especia spice (9)

especie *f. sing.* species (15)

especial special

especialidad *f.* major (6)

especialización *f.* major (13)

especializarse (c) (en) to specialize (major) (in) (6)

especialmente especially (8)

específico/a specific

espectacular spectacular

espectáculo show

espectador(a) spectator

especular to speculate

espejo mirror (4); **espejo retrovisor** rearview mirror (11)

espera: sala de espera waiting room (11)

esperar to wait (for) (3); to hope (for)

espeso/a thick (*consistency*) (9)

espía (de Internet) *m.* (Internet) cookie (15)

espinaca spinach

espíritu *m.* spirit; soul

espolear to (give a) spur

esposo/a husband/wife (3); **ex exposo/a** ex-husband, ex-wife (10)

espuela spur

esqueleto skeleton (12)

esquí *m.* (*pl.* **esquíes**) ski (14)

esquiar (esquío) to ski (3)

esquina corner (*street*) (11)

estabilidad *f.* stability

establecer (zc) to establish (15)

establo *n.* stable (8)

estación *f.* station (11); season (2)

estacionamiento parking lot

estadio stadium (7)

estadística statistic; *sing.* statistics (*discipline*)

estado state; **estado anímico** mental state (5); **estado civil** marital status (4); **estado físico** physical state (5)

Estados Unidos United States (1)

estadounidense *n. m., f.* American, U.S. citizen (2); *adj.* of, from, or pertaining to the United States

estafar to swindle

estampilla stamp (7)

estancia *n.* stay (12)

estándar *n.* standard; *adj. m., f.* standard

estante *m.* shelf (7)

estaño tin

estar *irreg.* to be (2); **¿de qué está(n) hecho/a(s)... ?** what is/are . . . made of? (14); **está(n) hecho/a(s) de...** it is / they are made of . . . (14); **está nublado** it's cloudy (3); **estar a dieta** to be on a diet (9); **estar cómodo/a** to be comfortable; **estar constipado/a** to have a cold; **estar contento/a** to be happy (5); **estar de acuerdo** to agree (13); **estar de buen (mal) humor** to be in a good (bad) mood (5); **estar deprimido/a** to be depressed (5); **estar en buena forma** to be in good shape (15); **estar en contacto** to be in touch (4); **estar en oferta** to be on sale (14); **estar enamorado/a** to be in love (5); **estar enojado/a** to be angry (5); **estar internado/a** to be admitted (12); **estar mareado** to be dizzy (12); **estar ocupado/a** to be busy (5); **estar preocupado/a** to be worried (5); **estar triste** to be sad (5); **estuve** I was (8); **estuviste** you (*fam. sing.*) were (8); **estuvo** he/she was, you (*pol. sing.*) were (8)

estático/a static

estatua statue (7)

estatura: de estatura mediana medium height (B)

este *m.* east; *adj.* eastern

este/a *pron.* this (one); **estos/as** these (ones)

este/a *adj.* this (1); **esta mañana** this morning; **esta noche** tonight (4); **estos/as** these (1)

estereotipo stereotype (1)

estetoscopio stethoscope (12)

estiércol *m.* manure

estilo style (9)

estimado/a esteemed (11), dear (*salutation*) (11)

estimulante *m.* stimulant (12)

esto this (7)

estómago stomach (2); **tener** (*irreg.*) **dolor** (*m.*) **de estómago** to have a stomachache (12)

estornudar to sneeze (12)

estornudo sneeze (12)

estrategia strategy

estrecho/a narrow

estrella star (11); **estrella de mar** starfish (13)

estrenar to premiere, debut

estreñido/a constipated

estrés *m.* stress (13)

estresante stressful (14)

estricto/a strict (13)

estructura structure (15)

estudiante *m., f.* student (B)

estudiantil *adj.* student (15); **residencia estudiantil** dormitory (6)

estudiar to study (3)

estudio study; course of study (6)

estudioso/a studious (1)

estufa stove, range (7)

etapa period (*of time*)

estupendo/a stupendous

etcétera etcetera

etiqueta label (9)

etnia ethnic group

étnico/a ethnic

etnomusicología ethnomusicology

euro euro, monetary unit of European Union (11)

Europa Europe (2)

europeo/a *adj.* European

evangélico/a Evangelist

evento event (5)

evidencia evidence

evitar to avoid; **evitarse** to avoid each other (13)

evolución *f.* evolution

evolucionar to evolve

exacto/a exact

examen *m.* exam, test (4)

examinar to examine (12)

excelencia: por excelencia par excellence

excelente *m., f.* excellent (9)

excepcional *m., f.* exceptional

excepto except

excesivo/a excessive

exceso excess (8)

exclusivamente exclusively

excursión *f.* tour, field trip

excusa excuse

exhausto/a exhausted (12)

exhibición *f.* exhibition (7)

exhibir to show, display

exigir (j) to demand (6)

exiliarse to be exiled

exilio exile

existir to exist (13)

éxito success; **tener** (*irreg.*) **éxito** to be successful (12)

exitoso/a successful

expectativa expectation

expedición *f.* expedition

expediente *m.* file

experiencia experience (5)

experimento experiment

experto/a expert (13)

explicación *f.* explanation (5)

explicar (qu) to explain (6)

explorador(a) explorer (10)

explorar to explore

explosión *f.* explosion

exportación *f.* exportation, export

exportar to export

exposición *f.* exhibition

expresar to express (5)

expresión *f.* expression (B)

expuesto/a exposed (15)

exquisito/a exquisite (9)

extendido/a extended (13)

extensión *f.* expanse (11), area (11); extensión (11)

extenso/a extensive

exterior *adj.* external, *n. m.* exterior

externo/a external

extinción *f.* extinction (15)

extra extra

extranjero abroad

extranjero/a foreign

extrañar to miss (someone or something) (5); **extrañarse** to miss each other (13)

extraño/a strange, odd (5)

extraordinario/a extraordinary

extraterrestre *m., f.* alien, extraterrestrial (2)

extremo/a extreme

F

fábrica factory (6)

fabricación *f.* making, manufacture

fabricante *m., f.* manufacturer (14)

fabricar (qu) to manufacture (14)

fabuloso/a fabulous (8)

fachada façade

fácil easy (1)

facilitar to facilitate, make easy

fácilmente easily

factor *m.* factor (13)

facturado/a checked

facultad *f.* school (*of a university*)

falda skirt (B)

falla defect

fallas *pl.* huge painted figures burned during the celebration of **Las Fallas** on March 19 in Valencia

fallecido/a *adj.* deceased

falso/a false (3)

falta lack (11)

faltar to be missing, lacking

fama fame

familia family (1); **en familia** as a family (3)

familiar *n. m., f.* relative (5); *adj.* familiy, of/relating to family (4); **lazo familiar** family relationship (13) **planificación** (*f.*) familiar family planning (15)

famoso/a famous (1)

fantasía fantasy

fantasma *m.* ghost (5)

fantástico/a fantastic (2)

farmacéutica pharmacology; pharmaceutical industry

farmacéutico/a pharmacist (12)

farmacia pharmacy (7)

fármaco medicine

faro headlight (11)

fascinante fascinating

fascinar(le) to fascinate (15)

fatiga tiredness (12)

fauna fauna (15)

favor *m.* favor; **por favor** please (2)

favorito/a favorite (2)

febrero February (2)

fecha date; **fecha de nacimiento** date of birth (4)

federal *adj.* federal

felicidad *f.* happiness (15)

feliz happy (2); **¡feliz Año Nuevo!** happy New Year! (5); **¡feliz cumpleaños!** happy birthday! (2)

femenino/a feminine (12)

fenómeno phenomenon (11)

feo/a ugly (1)

feria fair

feriado/a: día (*m.*) **feriado** holiday (5)

feroz ferocious (13)

ferrocarril *m.* railroad

fértil fertile

fertilizante *m.* fertilizer

festejo celebration

festival *m.* festival (11)

festividad *f.* festivity

festivo/a festive

fibra fiber (5); **fibra de vidrio** fiberglass (14)

ficción *f.* fiction; **ciencia ficción** science fiction

fideo noodle (9)

fiebre *f.* fever; **tener** (*irreg.*) **fiebre** to have a fever (12)

fiel faithful, loyal

fieltro *n.* felt

fiesta party; **dar** (irreg.) **una fiesta** to give/throw a party (4); **ir** (*irreg.*) **a fiestas** to go to parties (3)

figura figure (2)

fila line, row

filete *m.* filet (9)

filme *m.* movie

filosofía philosophy (8)

filosófico/a philosophical (1)

filtrar to filter (12)

fin *m.* end; **por fin** at last, finally (4); **fin de semana** weekend (2)

final *n. m.* end; **al final** in the end

finalmente finally (3)

finamente finely

finca farm

fino/a fine (9)

finamente finely (9)

firma signature (2)

firmar to sign (12); **firma** sign (*fam. sing. comm.*) (2)

firme firm

físico/a physical (5); **educación** (*f.*) **física** physical education, P.E. (6); **estado físico** physical state (5) **la física** physics (6)

fisiología physiology

fisioterapeuta *m., f.* physical therapist (12)

flamenco flamenco (dance)

flan *m.* custard (9)

flecha arrow

flor *f.* flower (3)

florecer (zc) to flourish

florería flower shop (14)

florero vase (*for flowers*) (12)

flotante *adj.* floating

flotar to float (11)

flote: a flote afloat

fluctuar to fluctuate

fluir (y) to flow

fluorado/a: carburo fluorado fluorocarbon (15)

fobia phobia

folclor (folklore) *m.* folklore

folclórico/a pertaining to folklore (2)

fomentar to foster, encourage (15)

fondo fund (15)

fontanero/a plumber

forestal *adj.* forest

forjar to create

forma form (8); **estar** (*irreg.*) **en buena forma** to be in good shape (15)

formación *f.* education, preparation

formado/a formed

formar to form (4)

fórmula formula

foro forum; **foro de discusiones** discussion forum (15)

fortalecer (zc) to strengthen

fortaleza strength

fortuna fortune

fósil *m.* fossil; **combustible fósil** fossil fuel **fotocopiadora** photocopier (14)

foto(grafía) picture, photo(graph); **sacar (qu) fotos** to take pictures (7); **subir fotos** to upload pictures (4); **tomar fotos** to take pictures (6)

fotografía photography

fotógrafo/a photographer

fracaso failure (13)

fractura fracture (12)

fracturado/a fractured (6)

fracturarse to fracture (*a bone*) (12)

francés *n. m.* French (*language*) (3)

francés, francesa *n., adj.* French (4)

Francia France (4)

frase *f.* sentence, phrase

frecuencia frequency; **con frecuencia** frequently (3); **¿con qué frecuencia?** how often? (3)

frecuente frequent

frecuentemente frequently (9)

fregadero kitchen sink (6)

freír (*like* **reír**) (*p.p.* **frito**) to fry

frenar to stop (brake) (12); to step on the brakes (12)

freno brake (11)

frente *m.* front; forehead (12); **frente a** *adv.* in front of; facing, in the face of; in front of

fresa strawberry; **helado (de fresa)** (strawberry) ice cream (5)

fresco *n.* cool(ness); **hace fresco** it's cool (3)

fresco/a fresh (9); tender, new

frigorífico refrigerator

frijol (refrito) *m.* (refried) bean (9)

frío/a cold; **hace frío** it's cold (3); **tener** (*irreg.*) **frío** to be cold (5)

frito/a (*p.p. of* **freír**) fried; **huevos fritos** fried eggs (5); **papas fritas** French fries (5); **plántano frito** fried plantain (*Cuba*) (9); **pollo frito** fried chicken (5) **yuca frita** friend cassava (*Cuba*) (9)

frondoso/a lush

frontera border; frontier (8)

frustrado/a frustrated (12)

fruta fruit (5)

frutal *adj.* fruit

frutería fruit store (14)

frutilla strawberry (*Arg.*)

fruto fruit

fuego fire; **fuegos artificiales** fireworks (5)

fuente *f.* source; fountain (7); **fuente de energía** energy source (15); **fuente de vidrio** glass serving dish (9)

fuera (de) outside (of) (4); **comer fuera** to eat out

fuerte strong (B)

fuerza force (11)

fugitivo/a *adj.* fugitive

fumar to smoke (10)

función *f.* function (12)

funcionar to function, to work (5)

fundación *f.* foundation

fundar to found

funerario/a *adj.* funeral

furioso/a furious (12)

fusilar to execute

fusión *f.* fusion; crossover (*music*); **comida fusión** fusion cuisine; **en fusión con** together with

fusionar to fuse, to combine

fútbol *m.* soccer (2); **jugar al fútbol** to play soccer (2); **jugar al fútbol americano** to play football (3)

futbolista *m., f.* soccer player

futuro *n.* future (15)

futuro/a *adj.* future

G

galería gallery

gallego *n.* Galician (*language*)

galleta cracker, cookie (5)

galletita cookie (5)

gallina hen; **ají de gallina** spicy creamed chicken (*Cuba*) (9)

gallo rooster; **gallo pinto** black beans and rice (*C.R.*) (9)

galón *m.* gallon (11)

ganador(a) winner

ganancia profit

ganar to win (8); **ganar (dinero)** to earn (money) (6)

ganas: tener (*irreg.*) **ganas de** (+ *inf.*) to feel like (*doing something*) (4)

ganga bargain; **¡qué ganga!** what a bargain! (14)

garaje *m.* garage (7)

garantizar (c) to guarantee

garganta throat (12); **tener** (*irreg.*) **dolor** (*m.*) **de garganta** to have a sore throat (12)

gárgaras: hacer (*irreg.*) **gárgaras** to gargle (12)

garífuna *indigenous language of C.A.*

gas *m.* gas

gasoil *m.* diesel

gasóleo *m.* diesel

gasolina gasoline (7); **gastar gasolina** to use (waste) gas (11)

gasolinera gas station (7)

gaspar: pez (*m.*) **gaspar** tropical gar

gastar to spend (14); **gastar gasolina** to use (waste) gas (11)

gasto expense (13)

gastronomía gastronomy (11)

gatito/a kitten

gato/a cat (3); **jugar (ue) (gu) al gato** to play tag (10)

gazapo misprint

géiser *m.* geyser

gemelo/a *n., adj.* (identical) twin (3)

genealógico/a genealogical; **árbol genealógico** family tree (10)

generación *f.* generation

generar to generate

general *n.* general; *adj.* general (11); **en general** in general; **por lo general** generally (9)

generalización *f.* generalization (1)

generalmente generally (2)

genérico/a generic

generoso/a generous (1)

genético/a genetic (15)

genialidad *f.* genius

gente *f., sing.* people (3)

geografía geography (6)

geográfico/a geographic

geología geology

gerente *m., f.* business manager (6)

gesto gesture

gigante *adj.* giant

gimnasia *sing.* gymnastics

gimnasio gymnasium; gym (2)

ginecólogo/a gynecologist (12)

gira tour (11)

girar to turn (11)

gis *m.* chalk (*Mex.*)

gitano/a *n.* gypsy

glaciar *m.* glacier

glifo glyph (*symbolic writing*)

global: calentamiento global global warming (15)

globo balloon (12)

glorieta traffic circle (11), roundabout (11)

gluten *m.* gluten (9)

gobernador(a) governor

gobernar (ie) to govern (8)

gobierno government (7)

goleador(a) scorer

golfo gulf (11)

golpe (*m.*) **de estado** coup d'etat

golpear to beat (13); to hit (13); **golpearse** to hit each other (13)

goma rubber (14)

gordo/a *adj.* fat (B)

gordito/a chubby (1)

gorila *m.* gorilla (15)

gorro cap (B)

gota drop (11); **gotas (para los ojos)** *pl.* (eye) drops (12)

gótico/a Gothic (11)

gozar (c) to enjoy

gozo joy

grabar to record (15)

gracias thanks, thank you (1); **(muy) bien, gracias** (very) well, thanks (B); **dar** (*irreg.*) **las gracias** to thank (12); **Día** (*m.*) **de Acción de Gracias** Thanksgiving (5)

grado degree; **grado centígrado** degree centigrade (3)

gradualmente gradually

graduarse (me gradúo) to graduate (8)

gramática grammar

gramo gram

gran, grande big (1)

granizado flavored ice drink, slushi

grano grain

grasa fat (5)

gratis *adj.* free

gratuito/a *adj.* free (6)

grave grave (12); serious (12)

grifo faucet

gringo/a person from the United States

gripe *f.* flu (12)

gris gray (B)

gritar to shout (5)

grito shout (8); yell, scream (13)

grúa tow truck

grueso/a thick

grupo group (1)

guacamole *m.* guacamole (9)

guajiro/a peasant; *Cuban folk song*

guajolote *m.* turkey (*Mex.*)

guante *m.* glove (5)

guapo/a handsome, good-looking (B)

guaraní *m.* Guarani (language)

guarapo *una bebida preparada con el jugo de la caña de azúcar*

guardabarros *m., sing.* fender (11)

guardafango *m.* fender (11)

guardar (algo) to put (something) away (7); **guardar cama** to stay in bed (12); **guardar un documento** to save a document (15)

guardería day care (center), nursery (15)

guatemalteco/a *n., adj.* Guatemalan (2)

guay: ¡qué guay! how cool! (*Sp.*)

guayaba guava

guayabera *embroidered lightweight shirt worn by men in tropical climates* (14)

guerra war (8); **guerra civil** civil war

guía *m., f.* guide (*person*) (10)

guiar (guío) to guide

guiri *m., f.* foreigner (*Sp.*)

guisante *m.* green pea (9)

guita string

guitarra guitar; **tocar (qu) la guitarra** to play the guitar (2)

gusano worm (15)

gustar to be pleasing; to like; **me gusta...** I like to . . . (2) **¿qué te/le gusta hacer?** what do you (*fam./pol. sing.*) like to do? (2); **sí, me gustó mucho** yes, I liked it a lot (7); **¿te gustó?** did you like it? (7)

gusto pleasure (4); **al gusto** to taste (9); **con gusto** with pleasure; **gusto de verte** nice to see you (*fam. sing.*) (1); **mucho gusto** nice to meet you (B)

H

haber *irreg.* (*inf.* of **hay**) to have (*aux.*); to exist; **¿cuántos/as hay?** how many are there (B); **había** there was / there were (10); **habrá** there will be (15); **hay** there is / there are (1); **hay que** (+ *inf.*) one must (*do something*) (6); **hubo** there was were (15)

habichuela green bean (9)

habilidad *f.* ability (6)

habitación *f.* room (11)

habitante *m., f.* inhabitant

hábitat *m.* habitat (15)

hablador(a) talkative

hablante *m., f.* speaker

hablar to speak, talk; **habla** talk (*fam. sing. comm.*) (1); **hablar por teléfono** to talk on the phone (3); **hablen** talk (*pol.pl. comm.*) (2)

hacer *irreg.* (*p.p.* **hecho**) to do; to make (2); **¿cuánto (tiempo) hace que... ?** how long has it been since . . . ? (8); **hace** (+ *time*) **que** (*time*) ago (8); **hace buen/mal tiempo** the weather is nice/bad (3); **hace calor** it's hot (3); **hace fresco** it's cool (3); **hace frío** it's cold (3); **hace sol** it's sunny (3); **hace (mucho) tiempo**

que... it's been a long time since . . . (8); **hace viento** it's windy (3); **hacer clic** to click; **hacer cola** to stand in line (11); **hacer ejercicio** to exercise (3); **hacer el papel de** to play the role of (12); **hacer gárgaras** to gargle (12); **hacer la compra** to grocery shop (3); **hacer la maleta** to pack a suitcase (5); **hacer las reservas** to make reservations (11); **hacer senderismo** to hike, to backpack (3); **hacer Snapchat** to Snapchat (2); **hacer snowboard** to snowboard (3); **hacer un brindis** to toast, make a toast (9); **hacer un picnic** to have a picnic (3); **hacer una reclamación** to file a claim; **hacer un viaje** to make a trip (8); **hacerse** to become (10); **hacerse novios** to become boyfriend and girlfriend; **hacerse tarde** to become late (12); **hacerse un esguince de...** to sprain one's . . . (12); **hacerse un tatuaje** to get a tattoo (13); **haga(n)** (*comm.*) do; make (11); **me hace(n) daño** it upsets (they upset) my stomach (9); **¿qué te/le gusta hacer?** what do you (*fam./pl. sing*) like to do? (2); (*fam./pl. sing*) like to do? (2); **¿qué te/le gusta hacer?** what do you (*fam./pl. sing.*) like to do? (2); (*fam./pl. sing.*) like to do? (2); **¿qué tiempo hace?** what is the weather like? (3)

hacia toward(s) (11)

hambre *f.* (*but* **el hambre**) hunger; **tener** (*irreg.*) **hambre** to be hungry (5)

hamburguesa hamburger (5)

harina flour (9)

harmonía harmony

hasta *prep.* up to; until (4); **desde la(s)... hasta la(s)...** from . . . to/until . . . (*with time*) (4); **hasta luego** see you later (B); **hasta que...** until . . . (12)

hay there is, there are (B); (*see* **haber**)

hebreo *n. m.* Hebrew (*language*) (4)

hecho *n.* event (8)

hecho/a (*p.p. of* **hacer**) made; **de hecho** in fact; **¿de qué está(n) hecho/a(s)... ?** what is/are . . . made of? (14); **está(n) hecho/a(s) de...** it is / they are made of . . . (14)

heladera refrigerator

heladería ice cream parlor (14)

helado (de fresa) (strawberry) ice cream (5); **té helado** iced tea (9)

helicóptero helicopter

hemisferio hemisphere (3)

herbolario herbalist shop

herida wound (12)

herido/a *n.* wounded person (12); *adj.* wounded

hermanastro/a stepbrother/ stepsister (10)

hermanito/a little brother/sister (5)

hermano/a brother/sister (1); **hermanos** siblings (1); **medio/a hermano/a** half brother / half sister (10)

hermoso/a beautiful, lovely (8)

héroe *m.* hero (8)

heroico/a heroic (8)

heroína heroine

herramienta tool (14)

hervir (ie, i) to boil

híbrido/a hybrid (11); **coche** (*m.*) **híbrido** hybrid car

hielo ice; **patinar (en el hielo)** to (ice)skate (4)

hierba grass

hierbería *shop that sells medicinal herbs and other natural treatments*

hierro iron (12)

hígado liver (9)

hijastro/a stepson/stepdaughter (10)

hijo/a son/daughter (1); **hijo/a único/a** only child (10); **hijos** sons and daughters (children) (1)

híjole gosh! (*Mex.*)

hilo thread; linen (14)

hinchado/a swollen (12)

hindú *n. m., f.* Hindu

hispánico/a *adj.* Hispanic

hispano/a *adj.* Hispanic (2)

hispanoamericano/a *adj.* Spanish-American

hispanohablante *m., f.* Spanish speaker

historia history (6); story (10)

histórico/a historical (8)

hogar *m.* hogar

hoja leaf (11); **hoja de papel** sheet of paper (4)

hola hello, hi (B)

Holanda Holland

hombre *m.* man (B); **hombre de negocios** businessman (6)

hombro shoulder (2)

homenaje *m.* tribute

homeópata *m., f.* homeopath

homeopático/a homeopathic

hondureño/a *n., adj.* Honduran (2)

honestidad *f.* honesty

honor *m.* integrity; sense of honor

honrar to honor

hora time; hour (3); **¿a qué hora (es)** at what time (is it)? (3); **horas pico** peak hours (11); **¿qué hora es?** what time is it? (3)

horario schedule (6)

horcajadas: a horacajas astride

horchata *rice drink* (3)

hormiga ant

hornear to bake

horno oven; **al horno** baked (9); **horno de microondas** microwave (oven) (7); **papa al horno** baked potato (5)

horrible horrible (8)

horror horror **¡qué horror!** how awful! (15)

hospedaje *m., sing.* accomodations (11)

hospedarse to stay (*lodging*) (11)

hospital *m.* hospital (6)

hostigador(a) bully, harasser (13) **hostigamiento** bullying (*n.*) (15)

hostigar (gu) to bother; to harass (13)

hotel *m.* hotel (7)

hoy today (1); **hoy (en) día** (*m.*) nowadays (10)

huancaína: papa a la huancaína potatoes in a spicy cheese sauce (*Peru*) (9)

huérfano/a orphan

hueso bone (12)

huésped(a) guest

huevo egg (5); **huevo cocido** hard-boiled egg (9); **huevos fritos** fried eggs (5); **huevos rancheros** fried eggs served on corn tortillas an smothered with salsa (*Mex.*) (9); **huevos revueltos** scrambled eggs (5)

huipil *m. traditional embroidered dress worn by indigenous women in Mex. and C.A.* (14)

huir (y) to flee

humanidad *f.* humanity

humano/a *adj.* human; **derechos humanos** human rights; **ser** (*m.*) **humano** human being (15)

humedad *f.* humidity (11)

humo (de segunda mano) (secondhand) smoke (12)

humor *m.* humor; **estar** (*irreg.*) **de buen (mal) humor** to be in a good (bad) mood (5)

humorístico/a humorous

húngaro/a: austro húngaro/a *adj.* Austro-Hungarian

huracán *m.* hurricane (11)

I

ibérico Iberian (*or or relating to the Iberian Peninsula: Spain*) (11)

icono icon

idea idea (4); **¡qué buena idea!** what a good idea! (4)

ideal ideal (6)

idealista idealistic (1)

idéntico/a identical (3)

identidad *f.* identity

identificación *f.* identification (14)

identificar (qu) to identify (11)

ideológico/a ideological

idioma *m.* language (4)

iglesia church (5)

igual equal, same (15)

igualmente likewise (B)

ilegal illegal

iluminación *f.* illumination (7)

ilustración *f.* illustration

imagen *f.* image (5)

imaginación *f.* imagination (5)

imaginario/a imaginary

imaginarse to imagine (13); **imagínate** imagine (*fam. sing. comm.*) (9)

imitación *f.* imitation

imitar to imitate

impaciente impatient (5)

impacto impact (12)

impartir clases to teach

imperfecto/a imperfect

imperio empire

implante *m.* implant

implementar to implement

imponente impressive

imponer (*like* **poner**) (*p.p.* **impuesto**) to impose (15)

importancia importance

importante important (5)

importar(le) to matter, be important (to be someone) (15)

imposible impossible; **es imposible que** + *subj.* it's impossible that . . . (14)

impresión *f.* impression

impresionante impressive

impreso/a printed (4)

impresora printer (14)

imprimir (*p.p.* **impreso**) to print (14)

improbable unlikely; **es improbable que** + *subj.* it's unlikely that . . . (14)

impuesto tax; **los impuestos** taxes (6)

impulsivo/a impulsive (1)

inactivo/a inactive

inalámbrico/a wireless

inauguración *f.* inauguration

inca *n., adj.* Inca (9)

incendio fire

incentivo incentive (15)

incidente *m.* incident (12)

incluir (y) to include (9)

incluso even (13)

incondicional unconditional (13)

incomparable incomparable

inconsciente unconscious (12)

incorporarse to join

increíble incredible

independencia: Día (*m.*) **de la Independencia** Independence Day (5)

independiente independent

indicar (qu) to indicate (4); **indica** indicate (*fam. sing. comm.*) (3)

indicativo indicative

Índico: océano Índico Indian Ocean

indiferente indifferent

indígena *m., f.* native, indigenous person (8)

indio/a *n.* Indian

indiscreto/a indiscreet (8)

indispensable necessary (12)

indocumentado/a undocumented (15)

indudable doubtless; **es indudable que** + *ind.* there's no doubt that . . . (14)

industria industry (15)

industrial industrial (6)

inexistente nonexistent

infancia childhood

infantil childlike; relating to children

infarto heart attack (12)

infección *f.* infection (12)

infinito/a infinite

inflamado/a inflamed (12)

influencia influence (9)

información *f.* information (6)

informar to inform (6)

informática computer science

informático/a: pirata informático hacker (15)

informativo/a informative

informe *m.* report (8)

ingeniería engineering (6)

ingeniero *m., f.* engineer (6)

Inglaterra England (4)

inglés *n. m.* English (*language*) (4)

inglés, inglesa *n., adj.* English (4)

ingrediente *m.* ingredient (9)

ingreso income

inicialmente initially

iniciar to initiate (15)

inigualable incomparable

inmaterial intangible

inmediatamente immediately (8)

inmenso/a immense

inmigración *f.* immigration (11)

inmigrante *m., f.* immigrant (15)

inmóvil inmobile

inmunológico/a immune

inmunólogo/a immunologist

innecesario/a unnecessary

innovador(a) innovative

inocencia innocence

inodoro toilet (7)

inolvidable unforgettable

insecto insect (15)

insistente insistent (13)

insistir to insist

insomnio insomnia

inspiración *f.* inspiration

inspirar to inspire

instagram *m.* instagram

instalación *f.* installation

instalar to install

instantáneo/a instantaneous (11)

institución *f.* institution

institucional institutional

instituto institute

instrucción *f.* instruction; **dar** (*irreg.*) **instrucciones** to give instructions (11)

instrumento instrument (14)

insultar to insult (13); **insultarse** to insult each other (13)

insulto insult

intacto/a intact

integral comprehensive

integrar to integrate

inteligencia intelligence (13)

inteligente intelligent (1)

intentar to try

interés *m.* interest; **tener interés en** to be interested in (12)

interesado/a interested

interesante interesting

interesar(le) to interest (someone) (15)

interior interior; **ropa interior** underwear (14)

internacional international (7)

internacionalmente internationally

internado/a: estar (*irreg.*) **internado/a** to be admitted (12)

internar to admit (*to a hospital*)

Internet *m.* Internet; **espía** (*m.*) **de Internet** Internet cookie (15)

internista *m., f.* internist (12)

interno/a internal (12)

interpretación *f.* interpretation

interpretar to interpret

intérprete *m., f.* interpreter

interrogar (gu) to interrogate (10)

interrumpir to interrupt (12)

intersección *f.* intersection (11)

íntimo/a private, close (13)

intrínseco/a intrinsic

introducción *f.* introduction

inundación *f.* flood (11)

invadir to invade

invasión *f.* invasion

invasivo/a invasive

invención *f.* invention

inventar to invent (8); **inventa** invent (*fam. sing. comm.*) (4); **inventen** invent (*pol. pl. comm.*) (2)

invento invention

invernadero greenhouse; **efecto invernadero** greenhouse effect (15)

investigación *f.* investigation; *pl.* research (15)

investigaciones *pl.* research (15)

investigar (gu) to investigate

invierno winter (2)

invitación *f.* invitation (4)

invitar to invite (4); to treat (*someone*) (9), pay (*for someone's food*) (9)

inyección *f.* shot, injection (12); **ponerle** (*irreg.*) **una inyección a (alguien)** to give (someone) a shot / an injection (12)

ir *irreg.* to go (2); (4); **ir a casa** to go home (3); **ir al cine** to go to the movies (2); **ir a fiestas** to go to parties (3); **ir de compras** to go shopping (2); **ir de vacaciones** to go on vacation (2); **ir de viaje** to go on a trip (11); **ir de visita** to visit (4); **irse** to leave, go away (12); **vaya(n)** go (*pol. sing., pl. comm.*) (11); **ir a fiestas** to go to parties (3); **ir de compras** to go shopping (2); **ir de vacaciones** to go on vacation (2); **ir de viaje** to go on a trip (11); **ir de visita** to visit (4); **irse** to leave, go away (12); **va a...** you (*pol. sing.*) are going to; he/she is going; **vas a...** you're (*fam. sing.*) going to . . .; **vaya(n)** go (*pol. sing., pl. comm.*) (11); **voy a...** I'm going to . . .

Irak Iraq (4)

Irán Iran (4)

iraní *adj.* Iranian (4)

iraquí *adj.* Iraqi (4)

Irlanda Ireland

irlandés, irlandesa *adj.* Irish

ironía irony

irritar to irritate

isla island (11)

islandés, islandesa *adj.* Icelandic

Islandia Iceland

Israel Israel (4)

israelí *adj.* Israeli (4)

Italia Italy (4)

italiano *n. m.* Italian (*language*) (4)

italiano/a *n. adj.* Italian (4)

itinerario itinerary (11)

izquierda *n.* left (2); **a la izquierda de** to the left of (2)

izquierdo/a *adj.* left; **al lado izquierdo** to the left side (2)

J

jabón *m.* soap (4)

jalar to pull (13)

jalea jelly (9)

jamaica *tropical drink made from hibiscus petals* (3)

jamás never (9)

jamón *m.* ham (5)

Janucá (*var.* **Jánuca**) *m.* Hanukkah (5)

Japón Japan (4)

japonés *n. m.* Japanese (*language*) (4)

japonés, japonesa *n., adj.* Japanese (4)

jarabe *m.* **(para la tos)** (cough) syrup (12)

jardín *m.* garden (3)

jarra pitcher (9)

jazz *m.* jazz

jefe/a *m., f.* boss (6)

Jehová *m.* Jehovah

jengibre *m.* ginger

jeroglíficos hieroglyphics

jersey *m.* sweater; **Nueva Jersey** New Jersey

Jesucristo Jesus Christ

jesuita *adj.* Jesuit

jesuítico/a *adj.* Jesuit

¡Jesús! bless you! (*said after a sneeze*) (12)

jinetuelo/a little rider (*dim. of* **jinete**)

jitomate tomato (9)

jonrón *m.* home run (13)

jornada completa full time

joropo Venezuelan folk dance

joven *m., f.* young man/woman (B); *adj.* young (B); **jovencito/a** young man/lady; **jóvenes** young people (B)

joya jewelry (14)

joyería jewelry store (14)

jubilarse to retire (15)

judío/a Jewish (5); **Pascua Judía** Passover (5)

juego game (2); **jugar (ue) (gu) juegos de mesa** to play board games (7); **Juegos Olímpicos** Olympic games (10)

jueves *m. sing.* Thursday (2); **los jueves** on Thursdays (2)

juez(a) *m., f.* (*pl.* **jueces**) judge (6)

jugador(a) player (14)

jugar (ue) (gu) to play (2); **jugar a la pelota** to play ball (10); **jugar a la rayuela** to play hopscotch (10); **jugar a las bolas** to play marbles; **jugar a las canicas** to play marbles; **jugar a las cartas** to play cards (4); **jugar a las casitas** to play house (10); **jugar a mamá y papá** to play house (10); **jugar a videojuegos** to play videogames (3); **jugar al básquetbol (al baloncesto)** to play basketball (2); **jugar al bebeleche** to play hopscotch (*Mex.*); **jugar al béisbol** to play baseball (2); (10); **jugar al dominó** to play dominoes (7); **jugar al escondite** to play hide-and-seek **jugar al fútbol** to play soccer (2); **jugar al fútbol americano** to play football (3); **jugar al gato** to play tag (10); **jugar al tenis** to play tennis (2); **jugar al voleibol** to play volleyball (2); **jugar con muñecas** to play with dolls (10); **jugar juegos de mesa** to play board games (7) **jugar ráquetbol** to play racquetball (7)

jugo juice; **jugo de naranja** orange juice (5)

juguete *m.* toy (5)

juguetería toy store (14)

juguetón, juguetona playful

julio July (2)

junio June (2)

junta militar military junta

juntarse to come/get together (11)

junto con together with

juntos/as together (3)

jurado jury

jurídico/a *adj.* legal

justicia justice

justo/a just, fair (6)

juvenil *adj.* juvenile

juventud *f.* youth (10)

juzgado court

K

kaki: color kaki kakhi colored (B)

kayak *m.* kayak (11)

kilo kilogram

kilómetro kilometer (3)

L

la *def. art. f. sing.* the (B)

la (*impersonal dir. obj. pron.*) it (5)

labio lip (12)

laboral *adj.* labor

laboratorio laboratory (6)

lacio/a straight (B)

lado: al lado (derecho/izquierdo) to the (right/ left) side (2)

ladrador(a) barking

ladrar to bark

ladrillo brick (14)

ladrón, ladrona thief (8)

lagarto lizard

lago lake (4)

lágrima tear

laguna lagoon

lámina sheet

lámpara lamp (7)

lana wool (14)

lancha motorboat (11)

langosta lobster (9)

lapicero pen

lápiz pencil (B)

largo/a long (B)

las *def. art. f. pl.* the (B)

las (*impersonal dir. obj. pron.*) them (5)

lasaña lasagna (9)

lástima shame; **es una lástima que** + *subj.* it's too bad that . . . (14); **¡qué lástima que** + *subj.* it's too bad that . . . (15)

lastimarse to get hurt (12)

lata can (9)

latino/a *adj.* Latin

Latinoamérica Latin America

latinoamericano/a *n., adj.* Latin American (2)

lavabo bathroom sink (7)

lavadora washing machine (7)

lavandería laundromat (7)

lavaplatos *m. sing.* dishwasher (7)

lavar (los platos) to wash (dishes) (3); **lavarse el pelo / la cara** to wash one's hair/face (4); **lavarse los dientes** to brush one's teeth (4)

lazo tie; **lazo familiar** family relationship (13)

lealtad *f.* loyalty (13)

le *ind. obj. pron.* to/for him her, you (*pol. sing.*) (6)

lección *f.* lesson

leche *f.* milk (4); **leche descremada** skim milk (9)

lechuga lettuce (5)

lectura reading

leer (y) to read (2); **leer las noticias (en línea)** to read the news (online) (2); **leer novelas** to read novels (2); **lean** read (*pol. pl. comm.*) (B); **lee** read (*fam. sing. comm.*) (1)

legalizar (c) to legalize (15)

legislatura legislature

legumbre *f.* vegetable (9)

lejano/a distant

lejos (de) far (from) (2)

lema *m.* motto

lengua language (1); tongue (12)

lenguaje *m.* language (6)

lentamente slowly

lentes (*m. pl.*) **(de sol)** sunglasses (B)

lento/a slow

leña firewood

león *m.* lion

leopardo leopard

leotardos *pl.* tights, leotard

les *ind. obj. pron.* to/for them, you (*pol, pl.*) (6)

letra letter (*of the alphabet*) (11)

letrero sign (11)

levantar to raise; to lift; **levantar pesas** to lift weights (2); **levantarse** to get up (4); **levanten la mano** raise your hands (*pol. pl. comm.*) (B)

ley *f.* law (15)

leyenda legend

libanés, libanesa *adj.* Lebanese

libertad *f.* liberty

Libia Libya

libio/a Libyan

libra pound (9)

libre free; available, unoccupied (8); **al aire** (*m.*) **libre** outdoors (4); **tiempo libre** free time; **versos libres** free verse

librería bookstore (3)

libro book (B)

licenciado/a *n.* graduate

licenciatura degree

licor *m.* liquor (6)

licuadora blender (14)

líder *m., f.* leader

ligero/a light (*weight*) (11)

limitar to limit (15)

límite *m.* limit

limón *m.* lemon (9)

limonada lemonade (9)

limpiaparabrisas *m. sing.* windshield wiper (11)

limpiar to clean (3)

limpio/a clean (8)

lindo/a cute, pretty (10)

línea line; **en línea** online (2)

líquido liquid (9)

lírico/a lyrical

lista list

listo/a ready (9); **estar** (*irreg.*) **listo/a** to be ready; **ser** (*irreg.*) **listo/a** to be smart, clever

literalmente literally

literario/a literary; **creación** (*f.*) **literaria** creative writing (13)

literatura literature (6)

litro liter

llamada call (5); **llamada telefónica** telephone call (13)

llamar to call (6); **¿cómo se llama?** what is his/her name? (B); **¿cómo se llama usted?** what is your (*pol. sing.*) name? (B); **¿cómo se llaman?** what are their names? (B); **¿cómo te llamas?** what is your (*fam. sing.*) name? (B); **llamar la atención** to draw (someone's) attention (15); **llamarse** to be called/named; **me llamo** my name is (B); **se llama** his/her name is (B); **se llaman** their names are (B)

llamativo/a showy; getting one's attention

llano plain (11)

llanta tire (11); **llanta desinflada/pinchada** flat tire (11)

llave *f.* key (11)

llegada arrival (8)

llegar (gu) to arrive (3); **llegue(n)** arrive (*pol. sing., pl. comm.*) (11)

llenar to fill (5)

lleno/a full (11)

llevar to wear (1); to take (2); to contain (*ingredients*) (9); **llevarse** to take away (14); **llevarse bien/mal con** to get along well with (*someone*) (6); **llevarse mal con** to not get along with (*someone*) (10); **lléveselo/la/los/las por** (*cantidad*) take it/ them for (*amount of money*) (14); **llevo** I'm wearing (B); **me lo/la/ los/las llevo** I'll take it/them (14); **¿qué ropa lleva?** what is he/she / are you (*pol. sing.*) wearing? (B); **¿qué ropa llevan?** what are they/you (*pol. pl.*) wearing? (1); **¿qué ropa llevas tú?** what are you (*fam. sing.*) wearing? (B); **¿quién lleva?** who's wearing? (B)

llorar to cry (5)

llover (ue) to rain (11); **llueve** it rains / it's raining (3)

llovizna drizzle (11)

lloviznar to drizzle (*rain*) (11)

lluvioso/a rainy

lo (*impersonal dir. obj. pron.*) it (5); *d.o. m. sing.* him/it/you (*pol. sing.*); **lo antes posible** as soon as possible (11); **lo que** that which (4)

lobo wolf (15)

local local (14)

localizar (c) to locate

locamente madly

loción *f.* lotion (12); **loción de sábila** aloe vera lotion (12)

loco/a crazy; **volverse (ue) loco/a** to go crazy (12)

locro soup of potatoes, fish, and cheese

lógicamente logically (8)

lógico/a logical (7)

lograr to achieve; to accomplish (10)

logro achievement

lomo side, loin (*of an animal*); **lomo saltado** stir-fried steak (*Peru*) (9)

lona canvas; **bolsa de lona** canvas bag (15)

loro/a parrot; **tortuga lora** Atlantic ridley sea turtle

los *def. art. m. pl.* the (B)

los (*impersonal dir. obj. pron.*) them (5)

lotería lottery (14)

luchar to fight

lucir (*like* **conducir**) to shine

luego then (1); **hasta luego** see you later (B)

lugar *m.* place (2); **lugar de nacimiento** place of birth (4); **lugar de trabajo** workplace (6); **tener** (*irreg.*) **lugar** to take place (13)

lujo luxury (14); **de lujo** luxury (14)

luna moon (11); **luna de miel** honeymoon (13)

lunares: de lunares polka-dotted (14)

lunes *m. sing.* Monday (2); *pl.* **los lunes** (on) Mondays (3)

luz *f.* (*pl.* **luces**) light (2)

M

maché: papel (*m.*) **maché** paper mache

macroeconomía *sing.* macroeconomics

madera wood (14)

madrastra stepmother (10)

madre *f.* mother (1); **Día** (*m.*) **de la Madre** Mother's Day (5)

madrina godmother; bridesmaid (13)

madrugada dawn

madrugar (gu) to get up early

maduro/a ripe

maestría master's degree

maestro/a teacher (6)

mágico/a magic

magíster *m.* master's degree

magnífico/a magnificent

magnitud *f.* magnitude

magos: Día (*m.*) **de los Reyes Magos** Day of the Magi, Epiphany (5); **Reyes** (*m. pl.*) **Magos** Wise Men, Magi (5)

magro/a lean

mahones *m. pl.* jeans (*P.R.*)

maíz *m.* corn (9); **mazorca de maíz** ear of corn (9); **palomitas** (*pl.*) **de maíz** popcorn (9)

majestuoso/a majestic

mal *n. m.* bad; *adv.* badly (11); **estoy (muy) mal** I'm not (at all) well (B); **llevarse mal con...** to not get along with (10)

mal, malo/a *adj.* bad (5); **estar** (*irreg.*) **de mal humor** to be in a bad mood (5); **hace mal tiempo** the weather is bad (3); **tener malas notas** to have bad grades (6)

males *m. pl.* ailments (12)

malestar *m.* discomfort

maleta suitcase (11); **hacer** (*irreg.*) **la maleta** to pack a suitcase (11)

maletero trunk (11)

mamá mom (B); **jugar (ue) (gu) a mamá y papá** to play house (10)

mamífero mammal (15)

manantial *m.* spring

manatí *m.* manatee (15)

mandar to send (4)

mandato command (B)

manejar to drive (3)

manera manner, way (15)

mango mango (9)

maní *m.* peanut (*S. A.*) (9)

manito little hand

mano *f.* hand (2); **a mano** by hand (14); **darse** (*irreg.*) **la mano** to shake hands with each other (13); **de segunda mano** secondhand (14); **levante la mano** raise your hands (*pol. pl. comm.*) (B); **humo de segunda mano** secondhand smoke (12)

manojo bunch (9)

manta blanket (12)

mantel *m.* tablecloth (9)

mantener (*like* **tener**) to maintain (11)

mantequilla butter (5)

manual *adj.* manual (14)

manufacturar to manufacture (14)

manzana apple (9)

manzanilla camomile

mañana *n.* morning; tomorrow (2); **de la mañana** in the morning (3); **dormir (ue, u) la mañana** to sleep in; **esta mañana** this morning; **mañana por la mañana** tomorrow morning (4); **pasado mañana** day after tomorrow (2); **por la mañana** in the morning (2)

mapa *m.* map (2)

mapundungun *m. language of the Mapuches*

maquiladora assembly plant (*located in a developing country to take advantage of lower wages*) (15)

maquillar to make up; **maquillarse** to put on make-up (4)

máquina machine (15)

maquinilla de afeitar safety razor

mar *m.* sea; **nadar en el mar** to swim in the ocean (2)

maracuyá *m.* passion fruit

marañón *m.* cashew

maratón *m.* marathon (8)

maravilla *n.* wonder

maravilloso/a marvelous

marca brand (11); mark (11)

marcador *m.* marker (B)

marcar (qu) to mark; **marca** mark (*fam. sing. comm.*) (2)

marcha gear (11)

marearse to get seasick (11); to feel dizzy

mareo nausea, seasickness, dizziness; vertigo (12)

margarita margarita (14)

marino/a marine, of the sea

mariposa (monarca) (Monarch) butterfly (15)

mariquita ladybug

marisco seafood (9)

martes *m. sing.* Tuesday (2); *pl.* **los martes** (on) Tuesdays (3)

martillo hammer (14)

marzo March (2)

más more (2); **el/la más** + *adj.* the most + *adj.* (6); **el/la más** + *adj.* **de todos** the most + *adj.* of all (6); **más o menos** more or less (6); **más que** more than (6); **más tarde** later (1); **¡ni un día más!** not one more day! (15)

masa dough

masaje *m.* massage; **dar** (*irreg.*) **masajes** to give massages (6)

máscara mask

mascota pet (3)

masculino/a masculine

masticar (qu) to chew (12)

matar to kill (15)

matemáticas *pl.* mathematics (6)

materia school subject (6); **materia prima** raw material (14)

material *m.* material (B)

materialista materialistic (1)

materno/a maternal (10)

matriarcal matriarchal

matrícula license plate (11) **enrollment**, registration (13)

matricularse to enroll (8)

matrimonial: cama matrimonial double bed (7)

matrimonio marriage (13)

máximo/a maximum (3)

maya *n. m., f.; adj.* Maya(n)

mayo May (2)

mayonesa mayonnaise (9)

mayor *adj.* older (2); **es mayor/menor que...** he/she is (you [*pol. sing.*] are) older/youngr than . . . (2); oldest; major, main; greater

mayoría majority

mayúscula uppercase letter

mazorca de maíz ear of corn (9)

me *dir. obj. pron.* me; *ind.obj. pron.* to/for me (6)

mecánico/a mechanic (6)

mecedora rocking chair (14)

mediano/a medium (B); **de estatura mediana** medium height (B)

medianoche *f.* midnight; **es medianoche** it's midnight (3)

medias *pl.* stockings

medicamentos *pl.* medication

medicina medicine (5)

médico/a *m.* doctor (6); *adj.* medical (7); **seguro médico** medical insurance (12)

medida measurement (9)

medio/a half (6); **en medio (de)** in the middle (of) (2); **medio ambiente** environment (15);

medio/a hermano/a half brother / half sister (10); **medios de transporte** modes of transportation (11); **por medio de** by means of (12); **y media** half past (3)

mediodía *m.* noon; **es mediodía** it's noon (3)

mediterráneo/a Mediterranean

médula bone marrow

megalítico/a megalithic

mejilla cheek (12)

mejor better (7); best; **el/la mejor** the best (7); **mejor amigo/a** best friend (1)

mejora improvement (14)

mejorar to improve; to get better (10); **mejorarse** to get better (12) **¡que te mejores! / ¡que se mejore!** get well! (12)

melodía melody

memorable memorable (8)

memoria memory (15)

mencionado/a mentioned

mencionar to mention (3)

menor younger (2); **es mayor/menor que...** he/she is (you [*pol. sing.*] are) older/younger than . . . (2); youngest

menos less; least (5); **echarse de menos** to miss each other (13); **a menos que** unless (15); **menos cuarto** quarter till (3); **el/la menos** + *adj.* **de todos** the least + *adj.* of all (6); **menos que** less than (6); **son las nueve menos cuarto** it's eight forty-five / (a) quarter to (of, till) nine (3)

mensaje *m.* message (4); **mensaje de texto** text message; **mensaje electrónico** e-mail

mensual monthly; **pago mensual** monthly payment (14)

menta peppermint; **té** (*m.*) **de menta** peppermint tea (12)

mental mental (12); **trastorno mental** mental disorder (12)

mentalmente mentally (15)

mentir (ie, i) to lie

mentira lie

mentiroso/a liar (1); **¡qué mentiroso/a!** what a liar!

menú *m.* menu (9)

menudo: a menudo often (13)

mercadillo street market

mercado market; **mercado (al aire libre)** (open air) market (7); **mercado sobre ruedas** farmer's market; **salir** (*irreg.*) **al mercado** to come out on the market (*a product*) (14)

mercadotecnia marketing (6)

mercancía merchandise (14)

merendar (ie) to have a snack; to picnic (5)

merengue *m. fast paced Dominican music; official dance and music of the D. R.*

merienda snack (4)

mes *m.* month (2); **al mes** monthly (14)

mesa table (2); **jugar (ue) (gu) juegos de mesa** to play board games (7); **poner** (*irreg.*) **la mesa** to set the table (7)

mesero/a waiter/waitress (6), server (6)

mesías *m. sing.* Messiah

mesita coffee table (7)

Mesoamérica Middle America (*most of Mex. and C. A.*)

mestizaje *m.* the mixing of races

mestizo/a *n.* person of mixed race; *adj.* of mixed blood

meta goal (15)

metabolismo metabolism

metal *m.* metal

metálico/a metallic

meter to put

método method

metro subway (11); meter

mexicano/a *n., adj.* Mexican (1)

mexicoamericano *n., adj.* Mexican-American (2)

mezcla mixture (14)

mezclar to mix (9)

mezclilla denim (14)

mi(s) *sing.* (*pl.*) *poss.* my (B)

mí *obj. of prep.* me (6)

microondas microwave (oven) (7); **horno de microondas** microwave oven (7)

miedo fear; **dar** (*irreg.*) **miedo** to frighten; **darle miedo** to scare/frighten(someone) (15); **tener** (*irreg.*) **miedo** to be afraid (5)

miel *f.* honey (9); **luna de miel** honeymoon (13)

miembro *m., f.* member (2)

mientras while (3)

miércoles *m. sing.* Wednesday (2); *pl.* **los miércoles** (on) Wednesdays (3)

migrar to migrate

mil one thousand (2); **dos mil** two thousand (2); **cien mil** a hundred thousand (7)

militar *adj.* military

milla mile (7)

millón *m.* million (14); **un millón** a million (14); **un millón (de)** a million (*of something*) (7); **cien millones (de)** one hundred million (*of something*) (7)

millonario/a millionaire

mina *n.* mine

mineral: agua (*f. but* **el agua**) **mineral** mineral water (9)

minero/a mining

mínimo/a minimum (3)

minuto minute (3)

mío(s)/mía(s) *poss.* mine (13)

mirar to watch; to look at (2); **mira** look (*fam. sing. comm.*) (B); **mirar series en maratón** to binge watch (2); **mirar (videos)** to look at, to watch (videos); **miren hacia abajo/arriba** look down/up (*pol. pl. comm.*) (B)

misa Mass (*religious*); **ir a misa** to attend Mass (4)

misión *f.* mission

mismo/a same (2); **ahora mismo** right now (12); **él mismo / ella misma** him/herself (14)

misquito Miskito (*indigenous Nicaraguan language*)

misterio mystery (2)

misterioso/a mysterious

místico/a mystic

mitad *f.* half

mitigar (gu) to alleviate

mitología mythology

mixto/a: ensalada mixta mixed salad (9)

mochila backpack (B)

moda fashion; **de moda** in style (14)

modales *m. pl.* manners (13)

modelo model (B)

moderación *f.* moderation

moderno/a modern (2)

modesto/a modest

modo way, manner

mojarse to get wet (11)

molécula molecule

molestar to bother (11)

molestia annoyance

molesto/a mad

molido/a: carne (*f.*) **molida** ground beef (9)

momentito just a moment (13)

momento moment; **al momento** at the time, instantly (8)

monarca *n., adj. m., f.* monarch

monasterio monastery

moneda coin (11); currency (11)

mono monkey

monopatín *m.* skateboard (4)

monopolio monopoly

monótono/a monotonous

montaña mountain (2); **escalar montañas** to climb mountains (11)

montañismo mountaineering

montañoso/a mountainous

montar to set up, assemble (15); to ride (15); **montar a caballo** to ride a horse (6); **montar en el cachumbambé** (*Cuba*) to ride the seesaw (10); **montar en el subibaja** to ride the seesaw (10)

monumento monument

morado/a purple (B)

mordedor(a) biter

morder (ue) to bite (12)

moreno/a brunette; dark-skinned (B)

morir(se) (ue, u) (*p.p.* **muerto**) to die (8)

moro/a Moorish (11)

mosca fly (8)

mostaza mustard (9)

mostrador *m.* counter (11)

mostrar (ue) to show (6); **muéstrenme** show me (*pol. pl. comm.*) (B)

motivo reason (12)

motocicleta motorcycle (3); **andar** (*irreg.*) **en motocicleta (moto)** to ride a motorcycle (3)

moto *f.* bike (when referring to a motorcycle) (3)

motor *m.* motor (11)

moverse (ue) to move (12); **muévete** (*fam. sing. comm.*) move (B); **muevan** move (*pol. pl. comm.*) (2)

movido/a lively

móvil *n.* (mobile) phone, cell(phone) (1); *adj.* mobile

movilidad mobility

movimiento movement (12)

muchacho/a boy/girl (1)

muchísimo/a (muchísimos/as) very much (very many) (8)

mucho *adv.* a lot (of), lots (of); **mucho gusto** nice to meet you (B)

mucho/a much, a lot (1), (*pl.*) many (1)

mudarse to move (*from one residence to another*) (10)

mudéjar Mudejar (*name given to Muslim subjects who remained on the Iberian peninsula after 1492*)

mueble *m.* furniture (7)

mueblería furniture store (14)

muela molar (tooth) (12); **tener** (*irreg.*) **dolor de muelas** to have a toothache (12)

muerte *f.* death

muerto/a dead (5); **Día** (*m.*) **de los Muertos** All Souls' Day (5)

mujer *f.* woman (B); **mujer bombero** firefighter (6); **mujer de negocios** businesswoman (6); **mujer plomero** plumber (6); **mujer policía** police officer (6); **mujer soldado** soldier

muletas *pl.* crutches (12)

multa ticket; **ponerle** (*irreg.*) **una multa** to give a traffic ticket to someone (8)

multidisciplinario/a multidisciplinary

múltiple multiple

multiplicar (qu) to multiply

multitud *f.* multitude

mundial *adj.* world (15)

mundo world (2)

municipal municipal (7)

municipio municipality

muñeca doll; wrist (12)

muñequito cartoon; doll; **ver** (*irreg.*) **muñequitos** to watch cartoons (10)

muralla outside wall

murciélago bat

músculo muscle (12)

musculoso/a muscular, brawny

museo museum (7)

música music; **componer** (*like* **poner**) **música** to compose music (6); **escuchar música** to listen to music (2)

musical musical (3); **artes** (*f.*) **musicales** music appreciation (6)

músico/a musician

muslo thigh (12)

musulmán, musulmana *n., adj.* Muslim

muy very (B)

N

nacer (zc) to be born (15); **¿cuándo naciste / nació usted?** when were you (*fam./pol. sing.*) born? (2); **nací el ocho de enero** I was born on January 8 (2); **naciste / nació el primero de julio** you (*fam. sing.*) were born / you (*pol. sing.*) were (he/she was) born on July first (2)

nacimiento birth; Nativity scene, crèche (5); **fecha de nacimiento** date of birth (4); **lugar** (*m.*) **de nacimiento** place of birth (4)

nación *f.* nation

nacional national (3)

nacionalidad *f.* nationality (2)

nada nothing (8); **de nada** you're welcome (1); **¡para nada!** not at all! (2)

nadar to swim (2) **nadar en el mar** to swim in the ocean (2); **nadar en una piscina** to swim in a pool (2)

nadie nobody (9)

náhuatl *m.* Nahuatl (*indigenous language of the Aztecs*)

nalga buttock (12)

nalgada spanking (13); **dar nalgadas** to spank (13)

nanotecnología nanotechnology (15)

naranja orange; **jugo de naranja** orange juice (5)

nariz *f.* nose (2); **tener** (*irreg.*) **la nariz congestionada/tapada** to have a stuffy nose (12)

narración *f.* narration

narrar to tell a story; to narrate (3) **narra** tell, narrate (*fam. sing. comm.*) (3)

narrativo/a narrative

natación *f.* swimming

natal *adj.* birth

natalidad *f.* birth rate; **tasa de natalidad** birth rate (15)

nativo/a native

natural natural (8); **ciencias naturales** natural sciences; **recurso natural** natural resource **reserva natural** nature reserve (15)

naturaleza nature

naturalmente naturally

naturista *adj.* naturist, naturalist

naufragio shipwreck

náuseas *f. pl.*: **tener** (*irreg.*) **nauseas** to be nauseous (12)

navaja razor

navegable navigable

navegación *f.* navigation (15)

navegador *m.* browser

navegante *m., f.* navigator (10)

navegar (gu) to navigate (10)

Navidad *f.* Christmas (5); **arbolito de Navidad** Christmas tree (5)

nazareno/a penitent (*in Holy Week processions*)

neblina mist, light fog (11)

necesario/a necessary; **es necesario** (+ *inf.*) it's necessary to (*do something*) (6)

necesidad *f.* necessity

necesitar to need (4)

negar (ie) (gu) to deny; **negarse a** + *inf.* to refuse to (*do something*) (13)

negativamente negatively

negativo/a negative

negociación *f.* negotiation

negocio business (6); **hombre** (*m.*) / **mujer** (*f.*) **de negocios** businessman/businesswoman (6)

negro/a black (B); dark-brown (black) (*eyes*) (B); **barro negro** clay (*Oaxacan pottery*) (8)

nervio nerve (12)

nervioso/a nervous (5)

neurona neuron

nevado/a snow-capped

nevar (ie) to snow; **nieva** it snows / it's snowing (3)

nevera refrigerator

ni neither; nor; even; **¡ni pensarlo!** don't even think about it! (5); **¡ni un día más!** not one more day! (15); **no soy... ni...** I am not/neither . . . nor . . . (1)

nicaragüense *n. m., f., adj.* Nicaraguan (2)

niebla fog (11)

nieto/a grandson/granddaughter (3); **nietos** grandchildren

nieve *f.* snow (3)

ninguno/a none, neither (4); **ninguno/a de los/las dos** neither one (*masc./fem.*) (4)

niñero/a nanny, babysitter (10)

niñez *f.* childhood (10)

niñito/a little boy/girl

niño/a boy/girl (B); **de niño...** as a child . . . when I was a child . . . (10)

nitrógeno nitrogen

nivel *m.* level (6)

no no (B); **no soy... ni...** I am not/neither . . . nor . . . (1); **¡yo no!** I don't! (5)

Nobel: Premio Nobel Nobel Prize (8)

noche: buenas noches good night (B); **de la noche** in the evening (3); **por la noche** in the evening (2); at night (2)

Nochebuena Christmas Eve (5)

Nochevieja New Year's Eve (5)

nocivo/a harmful (12)

nocturno/a *adj.* night; **club nocturno** nightclub (6)

Noel: Papá Noel Santa Claus, Father Christmas (13)

nombrar to name

nombre *m.* name (1); **¿cuál es su/tu nombre?** what is your (*pol./fam. sing.*) name? (1); **mi nombre es** my name is (1); **nombre de usuario** username (15)

nominado/a nominated

nordeste *m.* northeast; *adj.* northeastern

normal normal

normalmente normally (3)

noroeste *m.* northwest; *adj.* northwestern

norte *m.* north (2); *adj.* northern

Norteamérica North America

nos *dir. obj. pron.* us; *ind. obj. pron.* to/for us (6); *refl. pron.* ourselves; **nos vemos** see you later (B)

nosotros/as *sub. pron.* we (B); *obj. of prep.* us

nostálgico/a nostalgic

nota grade; note (5); **sacar (qu) una nota** to get a grade (8); **tener** (*irreg.*) **buenas/malas notas** to have good/bad grades (6)

notar to note (13)

noticia(s) news (2)

novecientos/as nine hundred (2)

novedoso/a *adj.* novel

novela novel (2)

novelista *m., f.* novelist

noveno/a ninth (4)

noventa ninety (1)

noviazgo courtship; engagement (13)

noviembre *m.* November (2)

novio/a boyfriend/girlfriend (3); groom/bride (13); **hacerse** (*irreg.*) **novios** to become boyfriend and girlfriend

nube *f.* cloud (10)

nublado cloudy; **está nublado** it's cloudy (3)

nuboso/a cloudy (11)

nuclear: desperdicios nucleares nuclear waste (15); **reactor** (*m.*) **nuclear** nuclear reactor (15)

nuera daughter-in-law (10)

nuestro/a, nuestros/as our (*poss. sing., pl.*) (3)

nueve nine (B)

nuevo/a new (1); **de nuevo** again, once more (6); **Nueva Jersey** New Jersey

nuez *f.* (*pl.* **nueces**) nut (9)

numeración *f.* numeration

número number (B); **número ordinal** ordinal number (4)

numeroso/a numerous

nunca never; **casi nunca** almost never (3)

nutrición *f.* nutrition (9)

nutritivo/a nutritional (9)

ñame *m.* yam

O

o or (1)

oaxaqueño/a of/from Oaxaca

obediente obedient (13)

obeso/a obese (12)

obesidad *f.* obesity (12)

objetivo *n.* objective

objeto object (2)

obligación *f.* obligation (6)

obligar (gu) to obligate (13)

obligatorio/a obligatory (6)

obra work; **obra de teatro** play; **obra dramática** play (8)

obrero/a worker (6)

observar to observe (6)

observatorio observatory

obsesión *f.* obsession

obtener (*like* **tener**) to obtain

obvio/a obvious (15)

ocasión *f.* occasion (4)

occidental western

Oceanía Oceania

océano ocean (2); **océano Atlántico/Pacífico** Atlantic/Pacific Ocean (2); **océano Índico** Indian Ocean

ochenta eighty (1)

ocho eight (B)

ochocientos/as eight hundred (2)

octavo/a eighth (4)

octubre *m.* October (2)

ocultar to hide

ocupado/a busy; **estar** (*irreg.*) **ocupado** to be busy (5)

ocupar to take up, occupy

ocurrencia: ¡qué ocurrencia! what a silly idea! (5)

ocurrir to occur (15)

odontología dentistry

oeste *m.* west; *adj.* western

oferta offer; sale; **estar en oferta** to be on sale (14)

oficial official; **(el oficial de) la aduana** customs (agent) (11)

oficialmente officially

oficina office (3); **oficina (particular)** private office (6)

oficio job (6)

ofrecer (zc) to offer (11)

ofrenda offering

oído (inner) ear (12)

oír *irreg.* to hear (8)

ojalá let's hope (13)

ojo eye (2); **gotas para los ojos** *pl.* eye drops (12); **¡ojo!** pay attention!; **tiene los ojos...** his/her eyes are . . . (B)

ola wave

oler (huelo) (*irreg.*) to smell (12)

olímpico/a Olympic; **Juegos Olímpicos** Olympic games (10)

oliva olive

olla pot

olmeca *n., adj.* Olmec

olvidar to forget (11); **olvidarse** to forget (12), to slip one's mind

once eleven (B)

onda: ¿qué onda? what's new?, what's up? (*Mex.*)

ondulado/a wavy (B)

onza ounce (9)

opción *f.* option

ópera opera

operación *f.* operation (12)

opinar to think, to believe (13)

opinión *f.* opinion

oportunidad *f.* opportunity

opresivo/a oppressive

optimista *n. m., f.* optimist; *adj.* optimistic

oración *f.* sentence (2); prayer (6)

oral oral

orden (*pl.* **órdenes**) *f.* command (13)

orden (*pl.* **órdenes**) *m.* order (2); **en orden** in order

ordenar to order; to put in order (6)

ordinal: número ordinal ordinal number (4)

oreja ear (2)

orgánico/a organic (15)

organismo organism (12)

organización *f.* organization

organizador(a) organizer

organizar (c) to organize (15)

órgano organ (12)

orgulloso/a proud (15)

oriental eastern

origen *m.* origin (2)

originado/a originated

original original

originalmente originally

originar to originate (9)

orilla shore, riverbank (11)

oro gold (14)

orquesta orchestra

os *dir. obj. pron.* (*Sp.*) you (*fam. pl.*); *ind. obj. pron.* (*Sp.*) to/for you (*fam. pl.*) (6); *refl. pron.* (*Sp.*) yourselves (*fam. pl.*)

oscuro/a dark

óseo/a *adj.* bone

oso bear; **oso panda** panda bear (15)

ostentoso/a ostentatious

ostra oyster (9)

otoño fall (*season*) (2)

otorgar (gu) to award

otro/a other, another (2); **otra vez** once more (8)

oxigenado/a oxigenated

oxígeno oxygen

ozono ozone; **agujero en la capa de ozono** hole in the ozone layer (15)

P

paciencia patience (13)

paciente *n. m., f.* patient (6); *adj.* patient (6)

Pacífico: océano Pacífico Pacific Ocean

padrastro stepfather (10)

padre *m.* father (1); **Día** (*m.*) **del Padre** Father's Day (5); **padres** *m.* parents (1)

padrino godfather; best man in a wedding (13)

paella *Spanish* (Valencian) *rice-based entree seasoned with saffron and cooked and served in a large shallow pan* (9)

pagar (gu) to pay (8); **pagar a la americana** to go Dutch, pay individually (9); **pagar la cuenta** to pay the bill (9)

página page (B)

pago (mensual) (monthly) payment (14)

país *m.* country (1); **país en vías de desarrollo** developing country (14)

paisaje *m.* landscape

pájaro bird (3)

pala shovel

palabra word (B)

palacio palace (11); **castillo-palacio** castle-palace

palito small stick

palmada clap (of the hands)

palo: de tal palo, tal astilla a chip off the old block; like father, like son

palomitas (*pl.*) **de maíz** popcorn (9)

palta avocado (*S. A.*)

pan *m.* bread (5); **pan tostado** toast (5); **pan tostado a la francesa** french toast (9); **pudín** (*m.*) **de pan** bread pudding (*D.R.*) (9)

pana *m., f.* buddy

panadería bakery (7)

panameño/a *n., adj.* Panamanian (2)

panamericano/a Pan-American (2)

panda: oso panda panda bear (15)

panel (*m.*) **solar** solar panel (15)

panqueque *m.* pancake (9)

pantaletas *pl.* women's underpants (14)

pantalla screen (2) **televisor a pantalla plana** flat screen (14)

pantalón (*m. sing,*) **pantalones** (*m. pl.*) pants (B); **pantalones cortos** shorts (B)

pantimedias *pl.* pantyhose (14)

pantorrilla calf (12)

paño woollen cloth

pañuelo handkerchief, scarf (12)

papá *m.* dad (2); **jugar (ue) (gu) a mamá y papá** to play house; **Papá Noel** Father Christmas (13)

papa potato (5); **papas a la huancaína** *potatoes in a spicy cheese sauce* (*Peru*) (9); **papa al horno** baked potato (5); **papas fritas** french fries (5); **puré** (*m.*) **de papas** mashed potatoes (5)

papalote *m.* kite; **volar (ue) papalote** to fly a kite (10)

papaya papaya (9)

papel *m.* paper (B); role; **hacer** (*irreg.*) **el papel de** to play the role of (12); **hoja de papel** sheet of paper (4); **papel maché** paper maché

papelería stationery store (7)

paquete *m.* package (7)

par pair (13)

para for (B); **¡para nada!** not at all! (2); **para que** in order that (15); **para qué** for what (*reason, purpose*) (7); **son diez para las siete** it's ten to seven (3)

parabrisas *m. sing.* windshield (11)

paracetamol *m.* acetaminophen, Tylenol™ (12)

parachoques *m. sing.* bumper (11)

parada del autobús bus stop (3)

paradisíaco/a heavenly

parador *m.* government-run hotel

paraguas *m. sing.* umbrella (11)

paraguayo/a *n., adj.* Paraguayan (2); **sopa paraguaya** *creamy dish similar to cornbread (Par.)* (9)

paraíso paradise

parar to stop (11); **¡pare!** stop! (11)

parecer (zc) to seem (8); **parecerse (me parezco)** to look like (10) **¿a quién te pareces?** who do you (*fam.sing.*) look like? (10); **me parezco a...** I look like . . . (10); **se parece a...** he/she/ looks like . . . / you (*pol. sing.*) look like . . . (10)

parecido/a resemblance, similarity (10)

pared wall (2)

pareja couple (13)

parentesco family relationship (10)

paréntesis *m.* parenthesis

pariente *n. m., f.* relative (5)

París Paris

parlanchín, parlanchina *adj.* chatty; *n.* chatterbox

parque *m.* park (2)

párrafo paragraph

parrilla grill (9); **a la parrilla** grilled (9)

parrillada grilled meat (*Arg.*) (9)

parte *f.* part (2); **por (en) todas partes** everywhere (8); **por parte de** on behalf of (15)

participación *f.* participation

participante *m., f.* participant

participar to participate (6)

particular individual (6); **oficina particular** private office (6)

particularmente particularly

partido game, match (*sports*) (5); match; political party (8)

parvulario nursery school (6)

pasado *n.* past (8); **pasado/a** *adj.* past (7); **el sábado (mes, año) pasado** last Saturday (month, year) (7); **la semana pasada** last week (7); **pasado mañana** day after tomorrow (2)

pasaje *m.* fare, ticket price

pasajero/a passenger (11)

pasaporte *m.* passport (4)

pasar to happen; to pass; to cross (8); **pasar la aspiradora** to vacuum (6); **pasar tiempo** to spend time (3)

pasatiempo pastime

Pascua Easter (5); **Pascua Judía** Passover (5)

pase (*m.*) **(de abordar)** (boarding) pass (11)

pasear to stroll, to go for a walk (2)

paseo walk (7); **dar** (*irreg.*) **un paseo** to go for a walk/stroll (2)

pasiflora passionflower

pasillo hall

pasión *f.* passion

paso step (9)

pasta *paste*; **pasta de tomate** tomato paste (9); **pasta dental** toothpaste (4); **pasta dentífrica** toothpaste

pastel *m.* pastry; cake; pie (5); **el pastel de calabaza** pumpkin pie (5)

pastelería cake shop (14)

pastoreo pasture

pata foot (animal)

patata potato (*Sp.*)

paterno/a paternal (10)

patín (*pl.* **patines**) *m.* skate

patinar to skate (4); **patinar en el hielo** to ice-skate (4)

patineta skateboard (2); **andar** (*irreg.*) **en patineta** to ride a skateboard (2)

patio patio (3); **patio de recreo** playground (10)

patrimonial hereditary

patrimonio patrimony

patrón, patrona patron; **santo patrono / santa patrona** Patron Saint (5)

pavo turkey; **pavo relleno** (stuffed) turkey (5)

paz *f.* peace

peatón, peatona pedestrian (11)

pecho chest (12)

pediatra *m., f.* pediatrician (12)

pedir (i, i) to ask for (5); to order (8); **pedir la cuenta** to ask for the bill (9); **pedir prestado/a** to borrow (14); **pedirse perdón /disculpas** to ask each other for forgiveness (13); **pedir permiso** to ask for permission (13)

pegar (gu) to hit; to glue (13)

peinar to comb, to arrange hair (6); **peinarse** to comb one's hair (4)

pelar to peel (9)

pelea fight (13)

pelear to fight (10)

película movie; **poner** (*irreg.*) **(una) película** to show a movie; **ver películas** to watch movies (3)

peligro danger (15)

peligroso/a dangerous (6)

pelo hair (B); **cepillarse el pelo** to brush one's hair (4); **cortar el pelo** to cut hair; **lavarse el pelo** to wash one's hair (4) **tiene el pelo...** his/her hair is . . . (he/she has . . . hair) (B)

pelota ball; **jugar (ue) (gu) a la pelota** to play ball (10)

peluquería hair salon, hairdresser's (6)

peluquero/a hairdresser, hair stylist (6)

pena: valer (*irreg.*) **la pena** it's worth the trouble

penicilina penicillin

península peninsula (11)

pensamiento thought (12)

pensar (ie) to think (4); **¡ni pensarlo!** don't even think about it! (5); **pensar + inf.** to plan to (*do something*) (4)

peña rock, outcropping; group (*of people*)

peor worse (6); **el/la peor** the worst (7)

pepino cucumber (9)

pequeño/a small, little (1)

pequeñuelo/a little one; **mi pequeñuelo** my little son

percibir to perceive

percusión percussion

perder (ie) to lose; **perderse** to get lost (12)

perdido/a lost

perdón *m.* pardon; **pedirse (i, i) perdón** to ask each other for forgiveness (13)

perezoso/a lazy (1)

perfectamente perfectly (15)

perfecto/a perfect (6)

perfil *m.* profile

perfume *m.* perfume (6)

perfumería perfume store (14)

periódico newspaper (3); **leer (y) el periódico** to read the newspaper (3)

periodismo journalism

periodista *m., f.* reporter (6)

período period (15)

periquito parakeet

perla pearl (14)

permanecer (zc) to stay, remain

permiso permission; **dar** (*irreg.*) **permiso** to give permission (10)

permitir to permit (12)

pero but (1)

perpetuo/a perpetual

perrito/a little dog

perro/a dog (3); **perro caliente** hot dog (5)

persa *n. m.* Persian (*language*) (4)

persistir to persist

persona person (1); **las personas** people (B)

personaje *m.* character (*fictional*)

personal: datos personales personal data (4)

personalidad *f.* personality (1)

perturbación *f.* disturbance (11); disruption

peruano/a *n., adj.* Peruvian (2)

pesado/a heavy

pesar to weigh; **a pesar de** *prep.* in spite of

pesas: levantar pesas to lift weights (2)

pesca *n.* fishing (15)

pescado fish (*food*) (5)

pescar (qu) to fish

pesimista *n. m., f.* pessimist; *adj.* pessimistic

peso weight

pestaña eyelash (12)

pesticida *m.* pesticide (15)

petición *f.* petition (15)

petróleo oil, petroleum (14)

pez *m.* (*pl.* **peces**) fish (3)

pianista *m., f.* pianist

piano piano (2); **tocar el piano** to play the piano (2)

picadillo *Cuban-style hash of ground meat, vegetables, and raisins* (9)

picado/a chopped (9)

picante spicy (9)

picar (qu) to chop (9)

pícaro/a rascal; **¡qué pícaro/a!** how naughty! (10)

picnic *m.* picnic (3); **hacer un picnic** to have a picnic (3)

pico peak; **horas pico** peak hours (11)

pie *m.* foot (2); **a pie** on (by) foot (7); **pónganse de pie** stand up (*pol. pl. comm.*) (B)

piedra stone (12); **piedra (preciosa)** (gem)stone (14)

piel *f.* skin (12); leather (14)

pierna leg (2)

pieza piece

pijama *m. sing.* pajamas (4)

pila pile

pileta swimming pool (*Arg.*)

piloto *m., f.* pilot (6)

pimentero pepper shaker (9)

pimienta pepper (*spice*) (9)

pimiento bell pepper (9)

pinchado/a: llanta pinchada flat tire (11)

pino pine tree

pintar to paint (6) **pinto: gallo pinto** black beans and rice (*C.R.*) (9)

pintor(a) painter (11)

pintoresco/a picturesque

pintura (rupestre) (cave) painting (8)

piña pineapple (*Arg., Uru.*) (9)

piragua canoe

pirámide *f.* pyramid (8)

pirata *m.* hacker (15)

Pirineos *pl.* Pyrenees (11)

pisar to tread on

piscina pool (2); **nadar en una piscina** to swim in a pool (2)

piso floor (2)

pista trail, track

pizarra (chalk)board; whiteboard (2)

pizarrón *m.* chalkboard

pizca little bit (9); a pinch (*of salt*)

placa license plate (11)

placentero/a pleasant

placer *n. m.* pleasure

plan *m.* plan (4)

planchar to iron (7)

planear to plan (11)

planeta *m.* planet (2)

planetario planetarium

planificación (f.) familiar family planning (15)

plano street map (7)

planta plant (3); floor; **planta baja** first floor (7), ground floor

plantación *f.* plantation

plantar to plant

plástico *n.* plastic (14)

plástico/a *adj.* plastic

plata silver (14)

plátano banana; plantain (9); **plátano frito** friend plantain (*Cuba*) (9)

platillo saucer (9)

plato dish; dish of food (9); **plato del día** today's specialty (9)

playa beach (2)

playera T-shirt (*Mex.*)

plaza plaza; town square (4)

plazos: comprar a plazos to buy in installments (14)

plegable *adj.* folding

plomero, mujer (f.) plomero plumber (6)

pluma pen

plumaje *m.* plumage

población *f.* population (15); **sobrepoblación** overpopulation (15)

poblado/a populated; **poblado/a de** full of; covered with

pobre poor (5)

pobrecito/a poor thing (5)

pobreza poverty (15)

poco *adv.* little, not much; **poco** (+ *adj.*) not very (+ *adj.*) (5); **poco asado/a** rare (9); **poco cocido/a** rare (9); **un poco cansado/a** a little tired (1); *pron.* **un poco** a small amount, a little bit (1)

poco/a little, not much

poder *n. m.* power (8)

poder *v. irreg.* to be able (6); **¿en qué puedo servirle?** how may I help you? (14); **poder** (+ *inf.*) to be able to (*do something*) (6); **pude** I was able (8); **pudiste** you (*fam. sing.*) were able (8); **pudo** he/she was, you (*pol. sing.*) were able (8)

poderoso/a powerful

poema *m.* poem

poesía poetry

poeta *m., f.* poet (10)

poético/a poetic

póker *m.* poker (6)

policía, mujer (f.) policía police officer (6)

policial *adj.* police

polinizador(a) *adj.* pollinating

política *sing.* politics

político/a *n.* politician (1); *adj.* political; **ciencias** (*pl.*) **políticas** political science (7)

pollera skirt

pollo chicken (5); **pollo frito** fried chicken (5)

pololo/a boyfriend/girlfriend

poner *irreg.* to put (5); to put on; to put up; **pon** put (*fam. sing. comm.*) (6); **poner atención** to pay attention (6); **poner la mesa** to set the table (7); **poner (una) película** to show a movie; **ponerle una inyección a (alguien)** to give (someone) a shot / an injection (12); **ponerle una multa** to give a traffic ticket to someone (8); **ponerse** (+ *adj.*) to get, to become (8); **ponerse (la ropa)** to put on (clothes) (4); **ponerse rojo** to turn red, get embarrassed (8); **pongan** put (*pol. pl. comm.*) (2) **pónganse de pie** stand up (*pol. pl. comm.*) (B); **puse** I put (8); **pusiste** you

(*fam. sing.*) put (8); **puso** he/she/you (*pol. sing.*) put (8)

popular popular (2)

popularizado/a popularized

poquito/a small amount (5)

por for; by (3); through; because of; for; per (6); **por ciento** percent (9); **por ejemplo** for example (2); **por eso** for that reason, therefore (13); **por el contrario** on the contrary, on the other hand (15); **por excelencia** par excellence; **por favor** please (2); **por fin** at last, finally (4); **por la mañana/ tarde** in the morning/afternoon (2); **por la noche** in the evening (2); at night (2); **por lo general** generally (9); **por medio de** by means of (12); **por parte de** on behalf of (15); **¿por qué?** why? (2); **por suerte** luckily (13); **¡por supuesto!** of course!; **por teléfono** on the phone (3); **por todas partes** everywhere (8); **por último** lastly (3)

porcentaje *m.* percentage (15)

porción *f.* portion (9)

poroto bean

porque because (3)

portada homepage (15)

portarse to behave (13)

portugués *n. m.* Portuguese (*language*) (4)

porvenir *m.* future (15)

posesión *f.* possesion (3)

posesivo/a possessive

posibilidad *f.* possibility (8)

posible possible (7); **es posible que +** *subj.* it's possible that . . . (14); **lo antes posible** as soon as possible (11)

posiblemente possibly (3)

positivo/a positive

poste *m.* post

póster *m.* poster

postmeridiano postmeridian, p.m.

postre *m.* dessert (5)

potable: agua (*f. but* **el agua**) **potable** drinking water (15)

potasio potassium (9)

práctica practice; internship

practicante *adj.* practicing

practicar (qu) to practice (3); **practicar un deporte** to play a sport (3)

práctico/a practical (1)

precio price (1); **tiene buen precio** that's a good price (1) **precio rebajado** reduced price (14)

precioso/a precious

precipitación *f.* precipitation (15)

precisamente precisely

preciso/a precise

precolombino pre-Columbian

preconcebido/a preconceived (15); **idea preconcebida** preconception (15)

predecir (*like* **decir**) (*p.p.* **predicho**) to predict

predicción *f.* prediction

predominar to predominate

preelaborado/a: comida preelaborada convenience food (9)

preescolar *adj.* preschool (15)

preferencia preference (4)

preferible preferable

preferido/a preferred (11)

preferir (ie, i) to prefer (4); **prefieres** you (*fam. sing.*) prefer; **prefiero** I prefer

pregunta question (B); **hazle** (*fam. sing. comm.*) **preguntas** ask him/her questions (3); **hagan** (*pol. pl. comm.*) **preguntas** ask questions (3)

preguntar to ask (6); **pregunta** ask (*fam. sing. comm.*) (2)

prehispánico/a pre-hispanic

premio award (13); **Premio Nobel** Nobel Prize (8)

prenda de ropa/de vestir garment, piece of clothing (14); article of clothing (14)

preocupación *f.* worry

preocupado/a worried; **estar** (*irreg.*) **preocupado** to be worried (5)

preocupar to worry; **preocuparse** to be worried; **no se preocupe(n)** don't worry (*pol. sing., pl. comm.*) (11)

preparación *f.* preparation (9)

preparado/a ready (6)

preparar to prepare (3); **prepararse** to prepare yourself (4)

preparativos *pl.* preparations

preposición *f.* preposition

presbiteriano/a *n.* Presbyterian

presencia presence

presentación *f.* introduction (B); **presentación de libros** book show, lauch

presentar to present (3); **preséntate** introduce yourself (*fam. sing.*) (B); **presenta a tu amigo/a** introduce (*fam. sing.*) your friend (B); **te presento a...** I'd like to introduce you (*fam. sing.*) to / this is ... (1)

presente *n. m.* present (time); *gram.* present tense; *adj.* present, in attendance (13)

presidencial presidential (8)

presidente/a president (2)

presión *f.* pressure (6)

prestado/a loaned (14); **pedir (i, i) prestado/a** to borrow (14)

préstamo loan (13)

prestar to lend (14); **¿me presta(s)... ?** can you (*pol./fam. sing.*) lend me ... ? (14)

prestigio prestige (15)

prestigioso/a prestigious (6)

presupuesto budget (15)

pretérito preterite

prevenir (*like* **venir**) to prevent (12)

primario/a primary, elementary; **escuela primaria** elementary school (15)

primavera spring (2)

primaveral spring-like

primer, primero/a first (3)

primo/a *n.* cousin (3); **materia prima** raw material (14)

princesa princess (8)

principal main, principal

príncipe *m.* prince

principio beginning; **al principio** at the beginning (13)

prioridad *f.* priority (15)

prisa: tener (*irreg.*) **prisa** to be in a hurry (5)

prisionero/a prisoner

privado/a private

privar to deprive

privatización *f.* privatization (15)

privilegio privilege

probabilidad *f.* probability (12)

probable likely (14), probable; **es probable que** + *subj.* it's likely that . . . (14)

probablemente probably

probador *m.* fitting room (14)

probar (ue) to taste (9); **probarse** to try on (14); **pruébatelo/la/los/las** (*comm.*) try (*fam. sing.*) it/them on (14); **pruébeselo/ la/los/las** (*comm.*) try (*pol. sing.*) it/them on (14)

problema *m.* problem (6)

problemático/a problematic

procesión *f.* procession **proceso** process (11)

producción *f.* production (15)

producido/a produced (11)

producir (*like* **conducir**) to produce (14)

producto product (9)

profe *m., f.* prof (*short for* **profesor**) (2)

profesión *f.* profession (6)

profesional professional (10)

profesor(a) professor (B)

profundidad *f.* depth

profundo/a deep

programa *m.* program (2)

programación *f.* programming (3)

progresión *f.* progression

progreso progress

prohibido/a prohibited

prohibir (prohíbo) to prohibit

prolífico/a prolific

prolongar (gu) to prolong

promedio average

prometido/a fiancé(e) (13)

prometer to promise

promover (ue) to promote

promulgado/a enacted

pronombre *m.* pronoun (14)

pronosticar (qu) to forecast (11)

pronóstico forecast (11)

pronto soon (5); **tan pronto como** as soon as (15)

pronunciación *f.* pronunciation

propaganda propaganda (15)

propina tip; **dejar una propina** to leave a tip (9)

propio/a own (7)

proponer (*like* **poner**) (*p.p.* **propuesto**) to propose

prosperidad *f.* prosperity

protagonista *m., f.* protagonist

protección *f.* protection (15)

proteger (j) to protect (11)

protegido/a protected (15)

proteína protein (9)

protestar to protest

provecho: ¡buen provecho! bon appetit! (9)

proveer (y) (*p.p.* **proveído, provisto**) to provide (12)

provenir (*like* **venir**) to come from (*something*)

provincia province

provisión *f.* provision

provocar (qu) to provoke (13)

proximidad *f.* proximity

próximo/a next (4); **la próxima semana** next week (4); **el próximo año** next year (4)

proyecto project (7)

proyector *m.* projector (2)

prudencia caution, prudence

prueba test, quiz (15)

psicología psychology (6)

psicólogo/a psychologist (12)

psiquiatra *m., f.* psychiatrist (12)

público/a *adj.* public

publicar (qu) to publish (12)

publicación *f.* publication

públicamente publically (13)

publicidad *f.* publicity

publicitario/a *adj.* advertising

público *n.* public (7); audience, fan-base; **público/a** *adj.* public

pudín *m.* pudding; **pudín de pan** bread pudding (*D.R.*) (9)

pueblo town (7); people

puente *m.* bridge (11)

puerco pig

puerta door (2); **tocar (qu) a la puerta** to knock on the door (12)

puerto port

puertorriqueño/a *n., adj.* Puerto Rican (2)

pues well, then (6)

puesto market stall, small shop

puesto/a (*p.p. of* **poner**) placed; turned

pulgar *f.* thumb (12)

pulga flea

pulmón *m.* lung (12)

pulsera bracelet (14)

pulso pulse (12)

puma *n. m.* puma, mountain lion

punta point, tip; **hora punta** rush hour

punto dot; point (1); **al punto** medium rare (9); **en punto** sharp (*time*) (3); **es a las once en punto** it's at eleven o'clock sharp (3); **punto de vista** point of view

puntualmente punctually

pupitre *m.* student desk (1)

pupusa bean-stuffed cornmeal cakes (*El Salvador*) (9)

puré (*m.*) **de papas** mashed potatoes (5)

puro/a pure (15)

Q

que that, which; than; **lo que** that which, what

¿qué? what: **¿de qué color es?** what color is it? (B); **¿de qué está(n) hecho/a(s)... ?** what is/are . . . made of? (14); **¿en qué puedo servirle?** how may I help you? (14); **¿por qué?** why?; **¿qué es?** what is it? (1); **¿qué hora es?** what time is it? (3); **¿qué le pasa?** what is wrong with you/him/her? (8); **¿qué onda?** what's new?, what's up?; **¿qué pasa?** what's wrong? (8); **¿qué pasó?** what happened? (8); **¿qué ropa lleva?** what is he/she / are you (*pol. sing.*) wearing? (B); **¿qué ropa llevas tú?** what are you (*fam. sing.*) wearing? (B); **¿qué tal?** how's it going?, what's up? (B); **¿qué talla lleva/usa?** what size do you (*sing. pol.*) take/wear? (14); **¿qué te/le gusta hacer?** what do you (*fam./pol. sing.*) like to do? (2); **¿qué tiempo hace?** what is the weather like? (3)

¡qué! what!; ¡qué (+ *adj.*)**!** how . . . ! (8); **¡qué + noun + más/tan + *adj.*!** what a + *adj.* + noun! (11); **¡qué aburrido!** how boring! (4); **¡qué bien!** that's great! (5); **¡qué buena idea!** what a good idea! (4); **¡qué divertido!** what fun! (4); **¡qué envidia!** I'm so envious! how lucky! (8); **¡qué ganga!** what a bargain! (14); **¡qué lástima que +** *subj.* it's too bad that . . . (15); **¡qué mentiroso/a!** what a liar!; **¡qué ocurrencia!** what a silly idea! (5); **¡qué pícaro/a!** how naughty! (10); **¡qué susto!** how scary! (8); **¡qué tiempos aquellos!** those were the days! (10); **¡qué triste que +** *subj.* how sad that . . . (15)

quechua Quechua/Quichua (*language*)

quedar(se) to remain; **quedar embarazada** to become pregnant (15); **quedar satisfecho** to be full (9); **quedarse** to stay (5)

quehacer (*m.*) **doméstico** household chore (7)

quejarse to complain (8)

quemadura burn

quemar to burn (12)

querer *irreg.* to want (4); to love (5); **quererse** to love each other (13)

querido/a dear; **ser** (*m.*) **querido** loved one (15)

queso cheese (5)

quetzal *m.* quetzal (*national currency of Guat.*) (14); quetzal, *colorful bird native to southern Mex. and C. A.* (15)

quiché *m. sing.* language of the department of Quiché (*Guatemala*); *pl.* people of Quiché

quichua Quechua/Quichua (*language*)

quién who: **¿de quién es?** / **¿de quién son?** whose is it / whose are they? (3); **¿de quién(es)?** whose? **¿quién es?** who is it? (B); **¿quién lleva?** who's wearing? (B)

química chemistry (6)

químico/a chemical (9)

quince fifteen (B)

quinceañero/a fifteen-year old

quinientos/as five hundred (2)

quinto/a fifth (4)

quitar to take away (8); **quitarse (la ropa)** to take (clothes) off (4)

quizá(s) perhaps (5)

R

rábano radish (9)

rabia: dar (*irreg.*) **rabia** to make angry (15)

radiación *f.* radiation (15)

radio *f.* radio (*medium*); **emisora de radio** radio station

radiografía *n.* X-ray

raíz (*pl.* **raíces**) root

rallar to grate (9)

Ramadán *m.* Ramadan (5)

rana frog

ranchero/o: huevos rancheros *fried eggs served on corn tortilla and smothered with salsa* (*Mex.*) (9)

rapero/a rapper (*music*)

rápidamente quickly, rapidly (4)

rápido/a fast (2)

raqueta racket (14)

ráquetbol *m.* **jugar** al **ráquetbol** to play racketball (7)

raro/a strange (2); **raras veces** rarely (5)

rascar(se) (qu) to scratch (12)

rasgo characteristic

rastrillo open-air market (*Sp.*)

rastro trail, track; open-air market (*Sp.*)

rasuradora electric razor

rata stingy (*coll.*)

ratito little while, short time

ratón *m.* mouse

raviolis *m. pl.* ravioli

rayas: de rayas striped (14)

rayuela hopscotch; **jugar (ue) (gu) a la rayuela** to play hopscotch (10)

razón *f.* reason; **¡con razón!** no wonder! (13); **tener** (*irreg.*) **razón** to be right (12)

razonable reasonable

reacción *f.* reaction (5)

reaccionar to react (4); **reacciona** react (*fam. sing. comm.*) (1)

reaccionario/a reactionary

reactor (*m.*) **(nuclear)** (nuclear) reactor (15)

realidad *f.* reality

realismo realism

realista *adj.* realistic

realizar (c) to achieve; to carry out (13)

realmente really, in fact

rebajado/a reduced (14)

rebajar to lower a price

rebanada slice (9)

rebozo shawl

recámara bedroom (*Mex.*)

recepción *f.* hotel lobby (11); front desk

recepcionista *m., f.* receptionist

receta recipe (9); prescription (12); **surtir una receta** to fill a prescription (12)

recetar to prescribe (12)

rechazar (c) to reject

rechazo rejection

recibir to receive (5)

recibo receipt

reciclaje *m.* recycling (15)

reciclar to recycle (15)

recién recent; **recién casados** *pl.* newlyweds (13); **recién nacido/a** newborn baby boy/girl (13)

reciente recent (7)

recientemente recently (13)

recipiente *m.* container

reclamacion *f.* complaint; **hacer** (*irreg.*) **una reclamación** to file a claim (11)

recoger (recojo) to pick up (3)

recolección *f.* recollection

recomendable recommendable (15)

recomendación *f.* recommendation (12)

recomendar (ie) to recommend (9)

reconocido/a recognized

recordar (ue) to remember (5); **recuerda** remember (*fam. sing. comm.*) (3)

recorrer to tour, travel across

recreativo/a recreational (15)

recreo recess (10); **patio de recreo** playground (10)

rectangular rectangular (14)

rectángulo rectangle

recto/a straight

recuerdo memory (8)

recuperar to recover (12)

recurrir to turn to

recurso resource

red *f.* the web (15); **red social** social network (15)

redondo/a round

reducción *f.* reduction (15)

reducir (*like* **conducir**) to reduce (15)

reembolso refund

reemplazar (z) to replace

referirse to refer to

reflejar to reflect (15)

reflexivo/a reflexive

reforestar to reforest

reforma reform

refrán *m.* saying

refresco soft drink (4)

refri *m.* fridge

refrigerador *m.* refrigerator (7)

refrigeradora refrigerator

regadera shower

regalar to give as a gift

regalo present, gift (5)

regañar to scold (13)

regar (ie) (gu) to water (7)

regatear to bargain (14)

regateo bargaining (14)

régimen *m.* (*pl.* **regímenes**) regime; diet

región *f.* region (2)

regla rule

regresar to return; to come back (3)

regreso return (7)

regular: estoy regular I'm OK (B)

regularmente regularly (12)

rehabilitación *f.* rehabilitation

reina queen (2)

reino kingdom

reír (i, i) (río) to laugh

relación *f.* relation (10)

relacionado/a related

relajación *f.* relaxation

relajarse to relax (4)

relámpago lightning (11)

relato *short story, tale*

religión *f.* religion

religioso/a religious (5)

rellenar to stuff

relleno *n.* filling, stuffing, dressing (5); *adj.* **relleno/a** stuffed; **chile** (*m.*) **relleno** stuffed pepper (*Mex.*) (9); **pavo relleno** (stuffed) turkey (5)

reloj *m.* clock (1); wrist watch (1)

remal very bad

remediar to remedy

remedio remedy (12)

remera T-shirt (*Arg.*)

remesa remittance

remis *m.* taxi (*Arg.*)

remos: bote (*m.*) **de remos** rowboat (11)

remoto/a remote

remunerado/a paid

rencor *m.* resentment

renovable renewable (15); **energía renovable** renewable energy (15)

reparación *f.* repair

reparar to repair (4)

repasar to review

repaso *n.* review (1)

repeler to repel

repente: de repente suddenly (8)

repertorio repertoire

repetir (i, i) to repeat

replicar (qu) to replicate (15)

reposar: dejar reposar to let sit (9)

representación *f.* representation

representar to represent (3)

representativo/a representative

reproductor: aparato (sistema *m.*) **reproductor** reproductive system (12)

reptil *m.* reptile (15)

república republic (2); **República de Sudáfrica** South Africa

republicano/a *adj.* Republican

reputación *f.* reputation (6)

requerido/a required (15)

requerir (ie, i) to require (15)

requisito requirement

res: carne (*f.*) **de res** beef (9)

resbalarse to slip (12)

resentido/a resentful

reserva reservation; preserve (15); **reserva natural** nature preserve (15)

reservación *f.* reservation (9)

resfriado (resfrío) *n.* cold (12)

residencia home, residence; **residencia estudiantil** dormitory (6)

residencial residential

residente resident

residir to reside (15)

resistencia resistance

resistente resistant (14)

resistir to resist

resolver (ue) (*p.p.* **resuelto**) to resolve (6)

respaldo: copia de respaldo backup copy (15)

respetar to respect (15)

respeto respect; **por respeto** out of respect (4)

respirar to breathe (12)

resplandor *m.* brightness, flash of light (11)

responder to answer; to respond; **responde** respond; answer (*fam. sing. comm.*) (2)

responsabilidad *f.* responsibility (6)

responsable responsible (8)

respuesta answer (B)

restaurante *m.* restaurant (2)

resto rest; *pl.* remains

restricción *f.* restriction (15)

resucitar to resuscitate (12)

resultado result (12)

resumen *m.* summary

resurrección *f.* resurrection

retener (*like* **tener**) to retain

retirarse to withdraw

retrato portrait (13)

retrovisor: espejo retrovisor rearview mirror (11)

reunión *f.* reunion (5)

reunirse (me reúno) to get together (5)

reusable reusable (15)

revelar to reveal

revisar to review; to check, to inspect (11)

revista magazine (4)

revolución *f.* revolution (8)

revolucionario/a revolutionary

revuelto: huevos revueltos scrambled eggs (5)

rey *m.* king (2); **Día** (*m.*) **de los Reyes Magos** Epiphany, (Visit of the Magi) (5); **Reyes Magos** Wise Men, Magi (5)

riachuelo stream

rico/a rich; tasty (5)

rígido/a rigid

rima rhyme

rincón *m.* corner (*of a room*)

riñón *m.* kidney (12)

río river (4)

riqueza wealth

riquísimo/a delicious

risa laughter

risueño/a smiling

rítmico/a rhythmic

ritmo rhythm

ritual *m.* ritual (13)

rizado/a curly (B)

robar to steal (8)

robo robbery

robusto/a robust

roca rock (11)

rocío dew (11)

rock *n., adj.* rock

rodaja slice (9)

rodar (ue) to roll

rodeado/a surrounded (11)

rodear to surround (11)

rodilla knee (12)

rojo/a red (B); **ponerse** (*irreg.*) **rojo** to turn red, to get embarrassed (8)

románico/a romance

romano/a *adj.* Roman (8)

romántico/a romantic (8)

romería procession

romero rosemary

romper(se) (*p.p.* **roto**) to break (12)

roncar (qu) to snore (12)

roncha bump; swelling (12)

ronquido *n.* snoring, snore (12)

ropa clothing (B); **cambiarse de ropa** to change clothes (8); **ponerse** (*irreg.*) (**la ropa**) to put on (clothes) (4); **prenda de ropa** garment, piece of clothing (14); **ropa interior** underwear (14); **¿qué ropa lleva?** what is he/she / are you (*pol. sing.*) wearing? (B); **¿qué ropa llevan?** what are they / you (*pol. pl.*) wearing? (1); **¿qué ropa llevas tú?** what are you (*fam. sing.*) wearing? (B)

rosado/a pink (B)

roto/a (*p.p. of* **romper**) broken (12)

rotulador *m.* felt-tip pen

rubio/a blond (B)

rueda wheel (11); **mercado sobre ruedas** farmer's market (14)

ruido noise (8)

ruidoso/a noisy (6)

ruina ruin (8)

Rusia Russia (4)

ruso *n. m.* Russian (*language*) (4)

ruso/a *adj.* Russian (4)

ruta route

rutina routine; **rutina diaria** daily routine (4)

S

sábado Saturday (2); *pl.* **los sábados** (on) Saturdays (3)

sábana sheet

saber *irreg.* to know (6); **saber** (+ *inf.*) to know how to (*do something*) (6); **supe** I found out (8); **supiste** you (*fam. sing.*) found out (8); **supo** he/she/you (*pol. sing.*) found out (8)

sabiduría wisdom

sábila aloe vera (12); **loción** *f.* **(de sábila)** (aloe vera) lotion (12)

sabio/a wise (13)

sabor *m.* flavor

saborear savor

sabroso/a tasty (9)

sacar (qu) to take out; **sacar fotos** to take photos (7); **sacar la basura** to take out the trash (7); **sacar una nota** to get a grade (8); **saquen** take out (*pol. pl. comm.*) (B)

sacerdote *m.* priest

saco sport coat; suit jacket (B)

saeta *devotional song*

sagrado/a holy

sal *f.* salt (5); **agua** (*f. but* **el agua**) **con sal** salt water

sala living room (7); **sala de emergencias** emergency room (12); **sala de espera** waiting room (11)

salado/a salty, savory (5)

salchicha sausage (9)

salero salt shaker (9)

salida exit; department (11)

salir *irreg.* to go out (3); **salir a bailar** to go out dancing (2); **salir (a cenar)** to go out (to eat) **salir al mercado** to come out on the market (*a product*) (14); **salir de vacaciones** to go on vacation (4); **salir de viaje** to go on a trip (7); **salga(n)** leave (*pol. sing./pl. comm.*) (11)

salmón *m.* salmon (9)

salón (*m.*) **(de clase)** classroom (2)

salsa sauce (9); salsa (*dance*)

saltado: *lomo saltado* stir-fried steak (*Peru*) (9) jump (*pol. pl. comm.*) (B)

saltar to jump (6); **saltar la cuerda** to jump rope (10); **salten** jump (*pol. pl. comm.*) (B)

salud health (12); **¡salud!** cheers!; to your health! (9); bless you! (*said after a sneeze*) (12)

saludable healthy (5)

saludablemente *adv.* healthily

saludar to greet (3); **saluda** say hello, greet (*fam. sing. comm.*) (1)

saludo greeting (B)

salvadoreño/a *n., adj.* Salvadoran (2)

salvadoreñoamericano/a *n., adj.* Salvadoran American (2)

salvaje wild

salvar to save (*someone/something from . . .*) (15)

salvavidas *sing. m., f.* lifeguard

san saint (*used before masculine names except those that begin with* **Do-** *and* **To-**); **Día** (*m.*) **de San Valentín** Valentine's Day (5)

sandalias sandals (B)

sandía watermelon (9)

sándwich *m.* sandwich (3)

sanfermines *pl.* Festival of San Fermín (*where the famous running of the bulls takes place in Pamplona, Sp.*)

sangre *f.* blood (12)

sangría sangria

sanguíneo/a *adj.* blood

sano/a healthy

santería Santeria (*religion resulting from fusion of slave religion and Catholocism*)

santo/a saint; **Día** (*m.*) **de Todos los Santos** All Saints' Day; **día del santo** saint's day; **Santa Clós** Santa Claus (13); **santo patrono** patron saint; **Semana Santa** Holy Week (Easter Week) (5)

sarampión *m. sing.* measles (12)

sartén *m., f.* skillet (14)

satisfacción *f.* satisfaction (15)

satisfecho/a satisfied; **quedar satisfecho** to be full (9)

saudí, saudita Saudi (Arabian)

saya smock

secador *m.* hair dryer (4); **secador de pelo** hair dryer (7)

secadora clothes dryer (7)

secar (qu) to dry (6); **secarse** to dry off (4); **secarse el pelo** to dry one's hair (4)

sección *f.* section (2)

seco/a dry

secretario/a secretary

secreto secret

secuencia sequence (8)

secundario/a secondary (6); **escuela secundaria** high school (8)

sed *f.* thirst; **tener** (*irreg.*) **sed** to be thirsty (5)

seda silk (14)

sede *f.* seat

segmento segment (6)

seguir (i, i) (g) to follow; to continue; **siga(n)** keep going (*pol. sing./pl. comm.*) (11); follow (9) (*pol. sing./pl. comm.*)

según according to (3)

segundo/a second (4); **de segunda mano** secondhand (14); **humo de segunda mano** secondhand smoke (12); **tienda de segunda** secondhand store (14)

seguramente probably

seguridad *f.* security; **cinturón** (*m.*) **de seguridad** seatbelt (11)

seguro *n.* insurance; **agente** (*m., f.*) **de seguros** insurance agent (6); **seguro de auto** car insurance (11); **seguro médico** medical insurance (12)

seguro/a *adj.* safe (11, 15); **es seguro que** it's certain that . . . (14)

¿seguro/a? are you sure? (6)

seis six (B)

seiscientos/as six hundred (2)

selección *f.* selection

seleccionar to select (15)

selva jungle (8)

selvático/a *adj.* forest

semáforo traffic light (11)

semana week (2); **a la semana** per week (12) **fin** (*m.*) **de semana** weekend (2); **la semana pasada** last week (7); **la próxima semana** next week (4); **Semana Santa** Holy Week (Easter Week) (5)

sembrar (ie) to plant (15)

semejante similar (B)

semestre *m.* semester (6)

semilla seed (9); **semilla de marañón** cashew nut

sencillo/a simple

senderismo backpacking, hiking; **hacer** (*irreg.*) **senderismo** to hike, to backpack (3)

sensacional sensational

sentado/a seated (13)

sentarse (ie) to sit (down) (8); **siéntense** sit down (*pol. pl. comm.*) (B)

sentencia ruling, judgment (6)

sentido *n.* meaning

sentir(se) (ie, i) to feel (8); **lo siento** I'm sorry (1); **(me) sentí** I felt (8); **(te) sentiste** you (*fam. sing.*) felt (8); **(se) sintió** he/she/you (*pol. sing.*) felt (8)

señal *f.* sign ; **(la señal de) tránsito** traffic (sign) (11)

señalar to signal

señor man; Mr. (B)

señorita young lady; Miss (B)

señora woman; Mrs. (B)

separar to separate (13)

séptico/a septic

septiembre *m.* September (2)

séptimo/a seventh (4)

sequía drought (15)

ser *m.* being; **ser humano** human being (15); **ser querido** loved one (15)

ser *irreg.* to be (1); **¿a qué hora (es)... ?** at what time (is it) . . . ? (3); **¿de dónde es/son?** where is he/she (are you [*pol. sing.*]) / are they/you (*pol. pl.*) from? . . . (2); **¿de dónde eres tú / es usted?** where are you (*fam./pol.*) from? (2); **es...** he/she is . . . (*you* [*pol. sing.*] are (B); **es a las once (en punto)** it's at eleven o'clock (sharp) (3); **es a la una y media** it's at one thirty (3); **es/son de...** he/she is (you [*pol. sing.*] are) / they/you (*pol. pl.*) are from . . . (2); **es dudoso que** + *subj.* it's doubtful that . . . (14); **es (im)posible que** + *subj.* it's (im)possible that . . . (14); **es (im) probable que** + *subj.* it's (un)likely that . . . (14); **es indudable que** + *ind.* there's no doubt that . . . (14); **es la una y media** it's one thirty (3); **es necesario...** (+ *inf.*) it's necessary to (*do something*) (6); **es seguro que** it's certain that . . . (14); **es una lástima que** + *subj.* it's too bad that . . . (14); **es verdad que** + *ind.* it's true that . . . (14); **fue** he/she was, you (*pol. sing.*) were (8); **fui** I was (8); **fuiste** you (*fam. sing.*) were (8); **no soy... ni...** I am not/neither . . . nor . . . (1); **son** they/you (*pl.*) are (B); **son diez para las siete** it's ten to seven (3); **son las nueve menos cuarto** it's eight forty-five / (a) quarter to eight (3); **soy** I am (B); **soy de...** I am from . . . (2)

seriamente seriously (13)

serie *f. sing.* series (3)

serio/a serious (1)

serpiente *f.* snake

serrano: jamón (*m.*) **serrano** cured ham

servicio service (2)

servidor (*m.*) **de correo** e-mail server (15)

servilleta napkin (9)

servir (i, i) to serve (6); to be used for (9); **¿en qué puedo servirle?** how may I help you? (14)

sesenta sixty (1)

sesión *f.* session

setecientos/as seven hundred (2)

setenta seventy (1)

severo/a severe (12)

sevillano/a *adj.* Sevillian; **sevillana** *n.* typical Sevillian dance

sexo sex

sexto/a sixth (4)

sexual sexual (15); **discriminación** (*f.*) **sexual** sexual discrimination

si if (2)

sí yes (B); **¡yo sí!** I do! (5)

SIDA *m. sing.* AIDS (15)

siempre always (3)

mountains, mountain range (8)

siesta nap; **tomar una siesta** to take a nap (3)

siete seven (B)

siglo century (6)

significativo/a significant

significar (qu) to mean (13)

siguiente following (1); **al día** (*m.*) **siguiente** the next day, the following day (5)

silbar to whistle (12)

silla chair (1)

sillón *m.* easy chair (7)

simbólico/a symbolic

símbolo symbol

similar similar (6)

simpático/a nice (1)

simple simple (2)

simplemente simply (11)

sin without (1); **sin embargo** however; **sin que** without (15)

sinagoga synagogue

sincero/a sincere (1)

sino but (rather), instead

sintético/a synthetic (14)

síntoma *m.* symptom (12)

Siria Syria

sirio/a Syrian

sistema *m.* system; **aparato (sistema** *m.*) **reproductor** reproductive system (12)

sitio site, place, location (3); **sitio Web** web site (3)

situación *f.* situation (4)

snowboard: hacer (*irreg.*) **snowboard** to snowboard (3)

sobre about (1); over, above (8); on, on top of; **sobre todo** above all; especially

sobrenombre nickname (13)

sobrepoblación *f.* overpopulation (15)

sobresalir (*like* **salir**) to project

sobreviviente *m., f.* survivor

sobrevivir to survive

sobrino/a nephew/niece (3)

socavón *m.* (*pl.* **socavones**) hole

social social (6); **bienestar** (*m.*) **social** social welfare (15); **ciencias sociales** social sciences (6); **red** (*f.*) **social** social network (15); **trabajador(a) social** social worker (6)

socialista *adj.* socialist

sociedad *f.* society (10)

socio/a member (10) partner (*business*)

sociología sociolo

socorrista *m., f.* paramedic, emergency responder (12)

¡socorro! help! (12)

sofá *m.* sofa (7)

sofá-cama *m.* sofa bed

sol *m.* sun; *national currency of Peru;* **hace sol** it's sunny (3); **tomar el sol** to sunbathe (3)

solamente only (5)

solar solar (15); **panel** (*m.*) **solar** solar panel (15)

soldadera *woman soldier of the Mexican Revolution*

soldado, mujer (*f.*) **soldado** soldier

soleado/a sunny (11)

soledad *f.* solitude

soler (ue) (+ *inf.*) to be accustomed to (*doing something*)

sólido/a solid

solo *adv.* only (6)

solo/a alone (5)

solsticio solstice

soltar (ue) to release

soltero/a single, unmarried (3)

solución *f.* solution (13)

sombra shadow

sombrero hat (B)

sonar (ue) to ring (9)

sonido sound

sonoro/a resonant; **cine** (*m.*) **sonoro** talking film

sonreír (i, i) (sonrío) to smile (5)

soñar (ue) (con) to dream (about); **soñar (despierto/a)** to (day)dream (day)dream (5)

sopa soup (5); **sopa paraguaya** *creamy dish similar to cornbread* (*Par.*) (9)

sorprender to surprise; **sorprenderse** to be/get surprised (9)

sorprendente surprising

sorpresa surprise

sorteo raffle, drawing

sos *sub. pron.* you (*fam. sing.*) (*Arg., C.R., Guat., Uru.*)

sospechoso/a *n.* suspect

sostén *m.* bra (14)

sostener (*like* **tener**) to hold; to support (12)

sostenible sustainable

sótano basement (7)

soviético/a Soviet

su(s) *poss.* his/her (*sing.*), their (*pl.*) (1); your (*sing./pl. pol.*); their (3)

suave soft

subibaja *m.* seesaw; **montar en el subibaja** to ride the seesaw (10)

subida incline, ascent

subir to go up; to climb (7); to upload (4); **suba(n)** (*comm.*) get on, climb up (*pol. sing./pl.*) (11); **subir fotos** to upload pictures (4); **subirse a los árboles** to climb trees (10)

subjuntivo *gram.* subjunctive

subrayado/a underlined

subte *m.* subway

subterráneo/a underground (11)

suceder to happen

suceso event, happening

sucio/a dirty (7)

sudadera sweatshirt (B)

sudado *n.* stew

Sudáfrica South Africa; **República de Sudáfrica** South Africa

sudafricano/a *n., adj.* South African

Sudamérica South America

sudamericano/a *adj.* South American

sudeste *m.* southeast; *adj.* southeastern

suegro/a father-in-law/mother-in-law (10)

sueldo salary (6)

suelo ground (12)

suelto/a loose

sueño dream (13); sleepiness; **tener** (*irreg.*) **sueño** to be sleepy (5)

suerte *f.* luck; **¡(buena) suerte!** (good) luck! (9); **por suerte** luckily (13)

suéter *m.* sweater (B)

suficiente sufficient (12)

sufrir to suffer (13)

sugerencia suggestion (11)

sugerir (ie, i) to suggest (12)

sulfúrico/a sulfuric

súper super (14)

superar to exceed

superficie *f.* surface (11)

superior superior (6)

supermercado supermarket (3)

superpoblación *f.* overpopulation

supervisor(a) supervisor

superviviente *m., f.* survivor

suponer (*like* **poner**) (*p.p.* **supuesto**) to suppose

supremo/a supreme

supuesto: ¡por supuesto! of course!

sur *m.* south (2); *adj.* southern

sureste *m.* southeast; *adj.* southeastern

surfear to surf (3)

surfeo: tabla de surfeo surfboard (14)

surfista *m., f.* surfer

surgir (j) to arise, emerge

surtir (una receta) to fill (a prescription) (12)

suspender to suspend

sustancia substance (12)

sustantivo noun (1)

susto fright; **¡qué susto!** how scary! (8)

suyo/a *poss.* your, of yours (*pol. sing., pl.*); his, of his; her, of hers; their, of theirs

T

tabaco tobacco

tabla table; graph; board (4); **tabla de snowboard (de surf)** snowboard/surfboard (3); **tabla de surfeo** surfboard (14)

tablero bulletin board

tableta tablet (1)

tacaño/a stingy (1)

taco taco (5)

tacón: zapato de tacón alto high-heeled shoe (14)

taconeo heel stamping

tailandés, tailandesa *adj.* Thai

taita *m.* dad

tal such; such a; **con tal de que** as long as (15); **¿qué tal?** how's it going?, what's up? (B); **tal vez** perhaps (5)

tala *n.* cutting

talento talent

talentoso/a talented

talla size; **¿qué talla lleva/usa?** what size do you (*pol. sing.*) take/wear? (14)

tallado/a carved

taller *m.* workshop; **taller (de reparaciones)** (repair) shop (6)

tamal *m.* tamale (*dish of minced meat and red peppers rolled in cornmeal wrapped in corn husks or banana leaves*) (*Mex.*) (5)

tamaño size (7)

también also (1)

tambor *m.* drum

tamborrada drum procession

tampoco neither, not either (5)

tan so; **tan** + *adj.* so + *adj.* (12) **tan... como** as . . . as (7); **tan pronto como** as soon as (15)

tango tango (8)

tanque *m.* tank (6)

tanto *adv.* so much; as much

tanto/a *adj.* so much; **tanto/a / tantos/as... como** as much / as many . . . as (7)

tapa hors d'oeuvres (*Sp.*) (9)

tapado/a covered; **tener** (*irreg.*) **la nariz tapada** to have a stuffy nose (12)

tapa hors d'oeuvre (*Sp.*)

taquería taco stand/restaurant (3)

taquillero/a box-office

tarde *adv.* late (3); **hacerse** (*irreg.*) **tarde** to become late (12); **más tarde** later (1); **ya es tarde** it's already late (3)

tarde *n. f.* afternoon; **buenas tardes** good afternoon (B); **de la tarde** in the afternoon (3); **por la tarde** in the afternoon (2)

tarea homework (3)

tarjeta card (5); **tarjeta de crédito** credit card (9); **tarjeta de débito** debit card (11)

tarro jar (9)

tasa de desempleo/natalidad unemployment/birth rate (15)

tatuaje *m.* tatoo (13)

taza cup (9)

tazón *m.* bowl, mixing bowl (9)

te *ind. obj.* to/for you (*fam. sing.*) (6)

té *m.* tea (5); **té caliente** hot tea (9); **té de menta/yerbabuena** peppermint/spearmint tea (12);

té helado iced tea (9)

teatral *adj.* theater

teatro theater (2); **obra de teatro** play **ir al teatro** to go to the theater (2)

techo ceiling (2); roof (2)

teclado keyboard (1)

técnica *n.* technique

tecnología technology (13)

tejer to weave

tela cloth, fabric (14)

telar *m.* loom

tele *f.* television

teleférico cable car

telefónico/a *adj.* telephone; **llamada telefónica** telephone call (13)

teléfono telephone (2); **por teléfono** on the phone (3)

telenovela soap opera

televisión *f.* television

televisor *m.* television (set) (7)

tema *m.* topic; theme

temperamental temperamental (1)

temperatura temperature (3)

tempestad *f.* storm (11)

templado/a mild, temperate (15)

templo temple

temporada season; sports season (3)

temprano early (4)

tendedero clothesline

tender (ie) la cama to make the bed (7)

tenedor *m.* fork (9)

tener *irreg.* to have (2); **tener ... años** to be . . . years old (2); **tener buenas/malas notas** to have good/bad grades (6); **tener calentura** to have a fever (12); **tener calor** to be hot (5); **tener catarro** to have a cold (12); **tener comezón** to have a rash, itch (12); **tener cuidado** to be careful (6); **tener diarrea** to have diarrhea; **tener dolor** (*m.*) **de cabeza/ estómago/garganta/muelas** to have a headache / stomachache / sore throat / toothache (12); **tener éxito** to be successful (12); **tener fiebre** to have a fever (12); **tener frío** to be cold (5); **tener ganas de** (+ *inf.*) to feel like (*doing something*) (4); **tener hambre** to be hungry (5); **tener la culpa** to be at fault (11); **tener la nariz congestionada/tapada** to have a stuffy nose (12); **tener lugar** to take place (13); **tener miedo** to be afraid (5); **tener nauseas** to be nauseous (12); **tener prisa** to be in a hurry (5); **tener que** (+ *inf.*) to have to (*do something*) (6); **tener razón** to be right (12); **tener sed** to be thirsty (5); **tener sueño** to be sleepy (5); **tener tos** to have a cough (12); **tener vómitos** to be vomiting (12); **tengo** I have (1); **tengo una pregunta** I have a question (B); **tiene** he/she has (B) / you (*pol. sing.*) have (1); **tiene buen precio** that's a good price (1); **tiene el pelo...** his/her hair is . . . (he/she has . . . hair) (B); **tiene los ojos...** his/her eyes are . . . (B); **tienen** they have / you (*pol. pl.*) have (1); **tuve** I had (8); **tuviste** you (*fam. sing.*) had (8); **tuvo** you (*pol. sing.*) had (8)

tenis *m.* tennis (2); **jugar (ue) (gu) al tenis** to play tennis (2); **zapatos de tenis** tennis shoes (B)

tenista *m., f.* tennis player (10)

tentempié *m.* snack

teoría theory

tequio *indigenous labor collective system*

terapeuta *m., f.* therapist (6)

tercer, tercero/a third (4)

terma natural hot spring; **las termas** thermal baths; hot springs (4)

termal thermal

terminal terminal (15)

terminar to finish (3)

término term

termómetro thermometer (12)

ternera veal (9)

ternura tenderness

terraza terrace (7)

terremoto earthquake

terreno plot of land (11)

terrestre earthly

territorio territory

terrorismo terrorism (15)

tesoro treasure

testigo *m., f.* witness (12)

tetera teapot (7)

textear to text (2)

textil *adj., m.* textile

texto text (2); **mensaje** (*m.*) **de texto** text message (13)

ti *obj. of prep.* you (*fam. sing.*)

tianguis *m.* street market

tibio/a (luke)warm (5)

tiempo time; weather (3); **a tiempo** on time (10); **¿cuánto (tiempo) hace que... ?** how long has it been since . . . ? (8); **hace buen/mal tiempo** the weather is nice/bad (3); **hace (mucho) tiempo que...** it's been a long time since . . . (8); **tiempo libre** free time; **pasar tiempo** to spend time (3); **¿qué tiempo hace?** what is the weather like? (3); **¡qué tiempos aquellos!** those were the days! (10)

tienda store (6); **tienda de ropa** clothing store (6); **tienda de segunda** secondhand store (14)

tierno/a tender

tierra earth, land (11); soil; property; **Tierra** Earth

tijeras *pl.* scissors (14)

tímido/a shy (1)

tinto/a: vino tinto red wine (5)

tío/a uncle/aunt (3)

típicamente typically (9)

típico/a typical (3)

tipo type (3)

tirar to throw

tiras (*pl.*) **cómicas** comic strips

tiro: al tiro immediately

titularse to be called

título universitario university degree (15)

tiza chalk (B)

tizate chalk

toalla towel (4)

tobillo ankle (12)

tocador *m.* dresser (7)

tocar (qu) to touch (12); to play (*an instrument*) (2); **tocar a la puerta** to knock on the door (11); **tocar la bocina** to sound (honk) the horn (11); **tocar la guitarra (el piano)** to play the guitar (the piano) (2)

tocino bacon (5)

todavía still (5); **todavía no** not yet

todo *n.* all; **sobre todo** above all, especially

todo/a(s) *adj.* all (1), every; *pl.* everyone; **a todo volumen** at full volume (6); **Día** (*m.*) **de Todos los Santos** All Saints' Day; **por (en) todas partes** everywhere (8); **por todas partes** everywhere (13); **todo el día** all day; **todos los días** everyday (2)

togoroz *m.* (*pl.* **togoroces**) national bird of El Salvador

toldo canopy

tolteca *adj.* Toltec

tomar to take (2); to drink (3); **tomar apuntes** to take notes (2); **tomar café** to drink coffee (3); **tomar el sol** to sunbathe (3); **tomar fotos** to take pictures (6); **tomar una siesta** to take a nap (3); **tome(n)** take (*pol. sing./pl. comm.*) (11)

tomate *m.* tomato (5)

tonelada ton

tonto/a silly, foolish (1)

torcerse (ue) (z) to twist, to sprain (12)

tormenta storm (11)

tornado tornado (11)

toro bull

toronja grapefruit (9)

torre *f.* tower (8)

torta sandwich (*Mex.*)

tortilla tortilla (*thin bread made of cornmeal or flour*) (9); *omelet made of eggs, potatoes, and onions* (*Sp.*) (9)

tortillería tortilla store (14)

tortuga turtle (3)

tos *f.* cough; **jarabe** (*m.*) **para la tos** cough syrup (12); **tener** (*irreg.*) **tos** to have a cough (12)

toser to cough (12)

tostada *crispy tortilla with toppings* (*Mex.*)

tostado/a: pan (*m.*) **tostado** toast (5); **pan** (*m.*) **tostado a la francesa** French toast (9)

tostadora toaster (7)

total total; **en total** altogether (3)

totalmente totally

totopo tortilla chip (9)

totora bulrush, cattail

tóxico/a toxic (14)

toxina toxin (12)

trabajador(a) hard-working (1); **trabajador(a) social** social worker (6)

trabajar to work (3); **trabajen** work (*pol. pl. comm.*) (2)

trabajo work, job (3); **compañero/a de trabajo** co-worker (6); **lugar** (*m.*) **de trabajo** workplace (6)

tradición *f.* tradition

tradicional traditional (5)

tradicionalmente traditionally

traducir (*like* **conducir**) to translate (8); **traduje** I translated (8); **tradujiste** you (*fam. sing.*) translated (8); **tradujo** he/she/you (*pol. sing.*) translated (8)

traer *irreg.* to bring (5)

tráfico traffic (11)

tragar (gu) to swallow (12)

trágico/a tragic

traje *m.* suit (B)

tranquilamente calmly (9)

tranquilidad *f.* peace

tranquilizante tranquilizing

tranquilo/a quiet (7)

transbordador *m.* ferry (11)

transbordo transfer, change (of train of plane) (11)

transformar to transform

transición *f.* transition

transitado/a busy

tránsito traffic (11)

translúcido/a translucent

transmisión *f.* transmission (3)

transportar to transport (11)

transporte: medios (*pl.*) **de transporte** means of transportation; **transporte** (*m.*) **aéreo** air travel (11)

tranvía *m.* cable car, streetcar (11)

trapiche *m.* sugar mill

tras *prep.* after

traste *m.* utensil

trastorno mental mental disorder (12)

tratamiento treatment (12)

tratar to try; to treat (12); **tratar de** + *inf.* to try to (do *something*) (12); **tratarse de** to be about (15)

traumático/a traumatic

través: a través de across

travieso/a naughty, mischievous (10)

trece thirteen (B)

treinta thirty (B)

tren *m.* train (5)

tres three (B)

trescientos/as three hundred (2)

tribunal *m.* courtroom (6)

triciclo tricycle

trilogía trilogy

trimestre *m.* trimester (6)

trinidad *f.* trinity

triste sad; **estar** (*irreg.*) **triste** to be sad (5); **¡qué triste que** + *subj.* ... it's sad that . . . (15)

tristemente sadly

triunfalmente triumphantly

triunfar to triumph (8)

trocito small piece (9)

tropezar (ie) (c) to trip (12)

tropical tropical (11)

trozo piece (5); slice (5); piece, chunk (9)

trueno thunder (11)

tu(s) *fam. sing.,* (*pl.*) *poss.* your (B)

tú *sub. pron.* you (*fam. sing.*) (B); **¿y tú?** and you (*fam. sing.*)? (B)

tubería plumbing (6)

tuitear to tweet (4)

tumba grave; tomb (5)

tumbadora conga (*percussive instrument*)

turismo tourism (15)

turista *m., f.* tourist (11)

turístico/a *adj.* tourist (11)

turno: cambiar de turno take turns; trade shifts (14)

tutear to address as **tú** (4)
tutor(a) tutor (6)
tuyo/a *poss.* yours (*fam. sing.*) (13)

U

u or (*used instead of* **o** *before words beginning with* **o** *or* **ho**)
ubicado/a located
ubicarse (qu) to be located
últimamente lately
último/a *n.* last (one); **por último** lastly (3)
último/a *adj.* last
ultravioleta ultraviolet (15)
un, uno/a *indef. art.* a, an (B); one (B); **unos/as** *pl. indef. art.* some (B)
únicamente solely
único/a *adj.* only; unique; **hijo/a único/a** only child (10)
unido/a united; unified; **Estados Unidos** United States (1)
uniforme *m.* uniform (14)
unión *f.* union
unir to join (13)
universidad *f.* university (B)
universitario/a *adj.* university; **título universitario** university degree (15)
universo universe
uno/a, unos/as (*see* **un**)
uña nail (12); **comerse las uñas** to bite one's nails (5)
urgente urgent (12)
urgir(le) (j) to be urgent (to someone) (15)
uruguayo/a *n., adj.* Uruguayan (2)
usado/a used (14)
usar to use (4); **usa** use (*fam. sing. comm.*) (1)
uso use (14)
usted *sub. pron.* you (*pol sing.*) (B); *obj. of prep.* you (*pol. sing.*); **¿y usted?** and you (*pol. sing.*)? (B)
ustedes *sub. pron.* you (*pl.*) (B); *obj. of prep.* you (*pl.*)
usuario/a user; **nombre de usuario** user name (15)
utensilio utensil
útil useful (B)
utilizar (c) to utilize
uva grape (9)

V

vacaciones *f. pl.* vacation; **ir de vacaciones** to go on vacation (2); **salir** (*irreg.*) **de vacaciones** to take a vacation
vacío/a empty
vacuna vaccine (11)
vainilla vanilla (9)

valenciano/a Valencian
Valentín: Día (*m.*) **de San Valentín** Valentine's Day (5);
valer *irreg.* to be worth (14); **¿cuánto vale(n)?** how much is it / are they (worth)? (14); **vale la pena** it's worth the trouble
válido/a valid (15)
valiente brave (6)
valioso/a valuable (12)
valle *m.* valley (11)
valor *m.* value (12)
valorar to value (13)
vals *m. sing.* waltz
vanguardia vanguard
vaquero: botas de vaquero cowboy boots (1); **vaqueros** *pl.* jeans (B)
variante variant
variar (varío) to vary
varicela chicken pox
variación *f.* change
variedad *f.* variety (9)
varios/as several (3)
varón *m.* male infant, male child (13)
vasco *n.* Basque (*language*)
vasco/a *adj.* Basque
vaso drinking glass (5)
vasto/a vast
vecindad *f.* neighborhood
vecindario neighborhood (7)
vecino/a neighbor (7)
vegano/a vegan (9)
vegetación *f.* vegetation (11)
vegetal *m.* vegetable
vegetariano/a vegetarian (9)
vehículo vehicle (11)
veinte twenty (B)
veinticinco twenty-five (B)
veinticuatro twenty-four (B)
veintidós twenty-two (B)
veintinueve twenty-nine (B)
veintiocho twenty-eight (B)
veintiséis twenty-six (B)
veintisiete twenty-seven (B)
veintitrés twenty-three (B)
veintiuno twenty-one (B)
vela candle (5)
velero sailboat (11)
velocidad *f.* speed (8)
vena vein (12)
vencimiento expiration
vendaje *m.* bandage (12)
vendar to bandage (12)
vendedor(a) saleman/salewoman (14)
vender to sell (9)
venezolano/a *n., adj.* Venezuelan (2)
venganza revenge

venir *irreg.* to come (6); **vine** I came (8); **viniste** you (*fam. sing.*) came (8); **vino** he/she/you (*pol. sing.*) came (8)
venta sale (14)
ventaja advantage (7)
ventana window (2)
ventanal *m.* large window
ventilador *m.* fan (7)
ver *irreg.* to watch; to see (2); **a ver...** let's see . . . (14); **gusto de verte** nice to see you (*fam. sing.*) (1); **nos vemos** see you later (B); **ver deportes** to watch sports (2); **ver películas** to watch movies (3); **ver televisión/videos** to watch television/videos (2); **ver muñequitos** to watch cartoons (10); **vi** I saw (8); **viste** you (*fam. sing.*) saw (8); **vio** he/she/you (*pol. sing.*) saw (8)
verano summer (2)
veras: ¿de veras? really? (8)
verbo verb (B)
verdad *f.* truth (5); **es verdad que** + *ind.* it's true that . . . (14); **¿verdad?** right? (5)
verde green (B)
verdura vegetable; **las verduras** vegetables (5)
versión *f.* version (14)
verso verse (10)
vertebral spinal
verter (ie) to shed; to pour
vestido dress (B)
vestir (i, i) to dress; **vestirse** to get dressed (4); **me visto** I get dressed (4); **prenda de vestir** article of clothing (14); **se viste** he/she gets dressed, you (*pol. sing.*) get dressed (4)
veterinario/a veterinarian (6)
vez *f.* (*pl.* **veces**) time; **a veces** sometimes (3); **¿cuántas veces?** how many times? (3); **de vez en cuando** once in a while (3); **en vez de** instead of (13); **otra vez** once more (8); **raras veces** rarely (5)
vía: en vías de desarrollo developing; in the process of developing; **país** (*m.*) **en vías de desarrollo** developing country (14)
viajar to travel (2)
viaje *m.* trip (7); **hacer** (*irreg.*) **un viaje** to make a trip (8); **salir** (*irreg.*) **de viaje** to go on a trip (7)
viajero/a traveler
vibrante vibrant
victoria victory
victorioso/a victorious
vida life (3)
videojuegos: jugar (ue) (gu) (a) videojuegos to play videogames (3)
videoteca video collection (6)
vidrio glass; **fibra de vidrio** fiberglass (14); **fuente** (*f.*) **de vidrio** glass serving dish (9)
viejo/a old (B)
viento wind; **hace viento** it's windy (3)
vientre *m.* belly
viernes *m. sing.* Friday (2); *pl.* **los viernes** (on) Fridays (3)

Vietnam Vietnam

vietnamita *n. m.* Vietnamese (*language*)

vietnamita *adj. m., f.* Vietnamese

vigilar to keep watch on

vikingo/a *adj.* Viking

vínculo bond, tie

vino (tinto) (red) wine (5)

violencia violence (13)

violentamente violently (13)

violento/a violent (13)

virtud *f.* virtue

virus *m.* virus (15)

visa visa (11)

visado visa (11)

visibilidad *f.* visibility

visigodo/a *n.* Voisigoth

visigótico/a Visigothic

visita visit (11); guest (13); **ir de visita** to visit (4)

visitante *m., f.* visitor

visitar to visit (3)

vista view; **punto de vista** point of view

visto/a (*p.p. of* **ver**) seen

visual: contaminación (*f.*) **visutal** visual pollution

vitae: currículum vitae curriculum vitae, CV, resume

vital lively

vitamina vitamin (5)

viudo/a widowed (4)

vivero nursery

vivienda housing (15)

vivir to live (4); **¿dónde vives?** where do you (*fam. sing.*) live? (4); **¡viva... !** long live . . . !; **vivo en...** I live at . . . (4)

vivo/a alive; bright, vivid (11)

vocabulario vocabulary (B)

vocalista *m., f.* singer

volante *m.* steering wheel (11)

volar (ue) to fly; **volar cometa(s)/papalote(s)** to fly a kite/kites (10)

volcán *m.* volcano

voleibol *m.* volleyball; **jugar al voleibol** to play volleyball (2)

volumen *m.* volume; **a todo volumen** at full volume (6)

voluntario/a volunteer

volver (ue) (*p.p.* **vuelto**) to come back (5); **volverse loco/a** to go crazy (12)

vómitos: tener (*irreg.*) **vómitos** to be vomiting (12)

vos *sub. pron.* you (*fam. sing.*) (*Arg., Guat., Uru.*)

vosotros/as *sub. pron.* you (*fam. pl.*) (*Sp.*) (B); *obj. of prep.* (*fam. pl.*) (*Sp.*)

votar to vote (15)

voto vote

voz *f.* (*pl.* **voces**) voice; **en voz alta** aloud, out loud (6)

vuelo flight (5); **asistente** (*m., f.*) **de vuelo** flight attendant (11)

vuelta: dense la vuelta turn around (*pol. pl. comm.*) (B)

vuelto (*p.p. of* **volver**)

vuestro/a, vuestros/as your (*fam. sing., pl.*) (*Sp.*) (3)

Y

y and (B); **y cuarto** quarter after (3); **y media** half past (3); **¿y usted/tú?** and you (*pol./fam. sing.*)? (B)

ya already (3); **ya no** no longer (10)

yate yacht (11)

yerbabuena spearmint; **té** (*m.*) **de yerbabuena** spearmint tea (12)

yerbería *shop that sells herbs and other medicinal plants*

yerno son-in-law (10)

yeso cast (12)

yo *sub. pron.* I (B); **¡yo no!** I don't! (5); **¡yo sí!** I do! (5)

yoga yoga (3)

yogur *m.* yogurt (5)

yuca cassava, manioc; **yuca frita** fried cassava, manioc (*Cuba*) (9)

Z

zaguán *m.* entryway/vestibule/portico of a house (14) **venta de zaguan** garage sale

zanahoria carrot (9)

zanja ditch

zapatería shoe store (7)

zapatilla slipper (14)

zapato (de tenis) (tennis) shoe (B); **zapato de tacón alto** high-heeled shoe (14)

zapoteca *m., f.* Zapotec

zona zone (11)

zoológico zoo (10)

zueco clog (14)

zumo juice (*Sp.*)

Index

Index

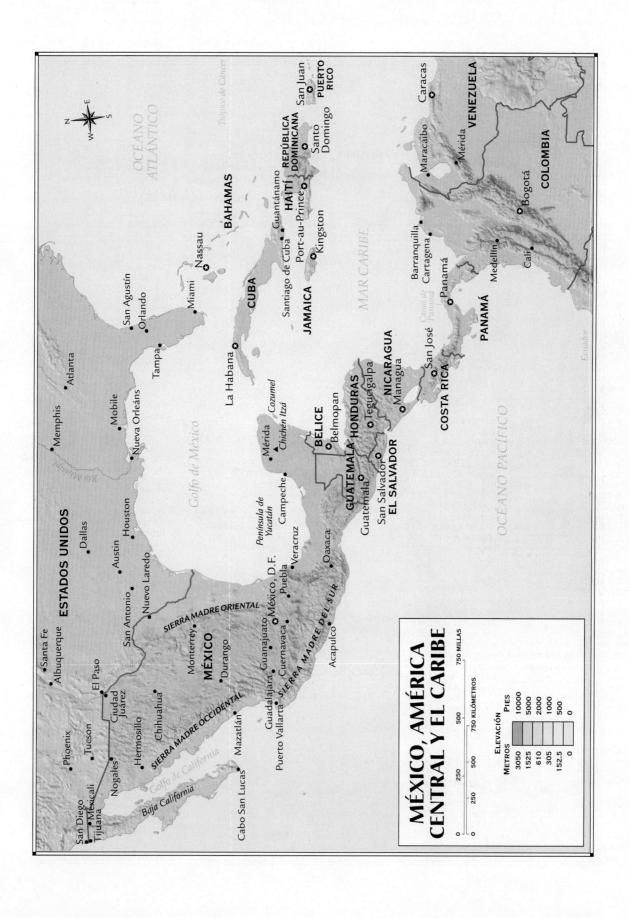

MÉXICO, AMÉRICA CENTRAL Y EL CARIBE

ELEVACIÓN

METROS	PIES
3050	10000
1525	5000
610	2000
305	1000
152.5	500
0	0

0 250 500 750 KILÓMETROS

0 250 500 750 MILLAS

N E S W

OCÉANO ATLÁNTICO

ESTADOS UNIDOS

Santa Fe
Albuquerque
Phoenix
Tucson
El Paso
Ciudad Juárez
Nogales
Hermosillo
Chihuahua
San Diego
Mexicali
Tijuana
Cabo San Lucas
Mazatlán
Baja California
Golfo de California

SIERRA MADRE OCCIDENTAL

Memphis
Atlanta
Mobile
Nueva Orleáns
Río Mississippi

Dallas
Austin
Houston
San Antonio
Nuevo Laredo
Monterrey
Durango

MÉXICO

SIERRA MADRE ORIENTAL

Guadalajara
Guanajuato
Puerto Vallarta
Cuernavaca
México, D.F.
Puebla
Acapulco
Oaxaca
Veracruz

SIERRA MADRE DEL SUR

San Agustín
Orlando
Tampa
Miami

Golfo de México

Nassau

BAHAMAS

La Habana

CUBA

Santiago de Cuba
Guantánamo

Trópico de Cáncer

Península de Yucatán

Mérida
Cozumel
Chichén Itzá
Campeche

Belmopan
BELICE

GUATEMALA
Guatemala

HONDURAS
Tegucigalpa

San Salvador
EL SALVADOR

NICARAGUA
Managua

COSTA RICA
San José

PANAMÁ
Panamá
Canal de Panamá

JAMAICA
Kingston

HAITÍ
Port-au-Prince

REPÚBLICA DOMINICANA
Santo Domingo

San Juan
PUERTO RICO

MAR CARIBE

OCÉANO PACÍFICO

Ecuador

Barranquilla
Cartagena
Medellín
Bogotá
Cali

COLOMBIA

Maracaibo
Mérida
Caracas

VENEZUELA

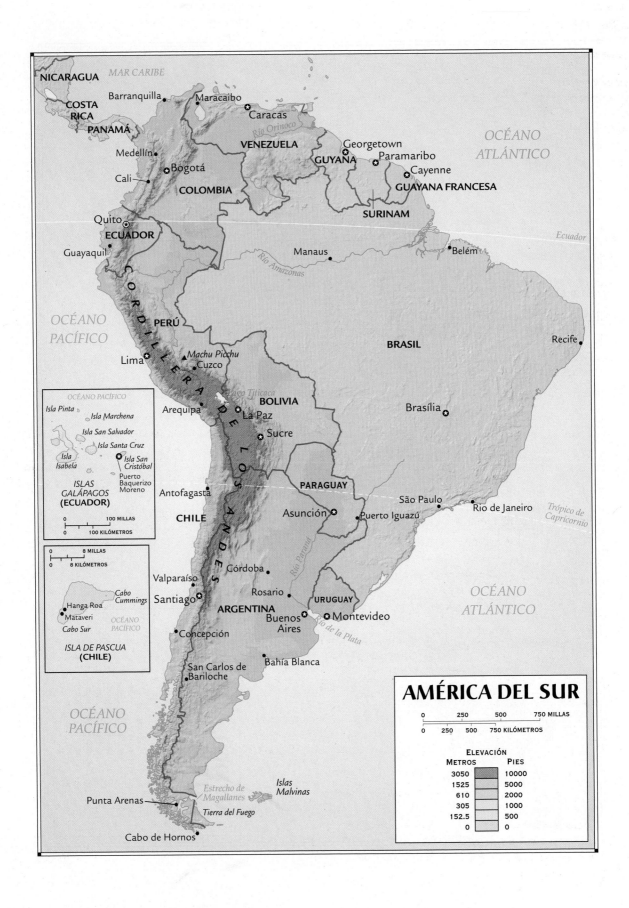

NICARAGUA

MAR CARIBE

COSTA
RICA

PANAMÁ

Barranquilla

Maracaibo

Caracas ✪

Rio Orinoco

VENEZUELA

Georgetown ✪

GUYANA

Paramaribo ✪

Cayenne ✪

GUAYANA FRANCESA

Medellín

Bogotá ✪

Cali

COLOMBIA

SURINAM

OCÉANO
ATLÁNTICO

Quito ✪

ECUADOR

Guayaquil

CORDILLERA

Manaus

Río Amazonas

Belém

Ecuador

OCÉANO
PACÍFICO

PERÚ

DE

Machu Picchu ▲
Cuzco

Lima

BRASIL

Recife

LOS

Lago Titicaca

BOLIVIA

La Paz

Sucre

Brasília ✪

OCÉANO PACÍFICO

Isla Pinta

Isla Marchena

Isla San Salvador

Isla Santa Cruz

Isla
Isabela

Isla San
Cristóbal

Puerto
Baquerizo
Moreno

ISLAS
GALÁPAGOS
(ECUADOR)

0   100 MILLAS
0   100 KILÓMETROS

Arequipa

ANDES

PARAGUAY

São Paulo

Puerto Iguazú

Rio de Janeiro

Trópico de
Capricornio

Antofagasta

CHILE

Asunción ✪

Río Paraná

0   8 MILLAS
0   8 KILÓMETROS

Hanga Roa

Cabo
Cummings

Mataveri

Cabo Sur

OCÉANO
PACÍFICO

ISLA DE PASCUA
(CHILE)

Valparaíso

Santiago ✪

Córdoba

Rosario

URUGUAY

ARGENTINA

Buenos
Aires

✪ Montevideo

Río de la Plata

OCÉANO
ATLÁNTICO

Concepción

Bahía Blanca

San Carlos de
Bariloche

OCÉANO
PACÍFICO

Islas
Malvinas

Estrecho de
Magallanes

Punta Arenas

Tierra del Fuego

Cabo de Hornos

AMÉRICA DEL SUR

0   250   500   750 MILLAS
0   250   500   750 KILÓMETROS

ELEVACIÓN

METROS		PIES
3050		10000
1525		5000
610		2000
305		1000
152.5		500
0		0